A Complete Guide of
Corporate Social Responsibility
for Financial Community

金融CSR総覧

経済法令研究会 編

経済法令研究会

発刊にあたって

　CSR（企業の社会的責任）への取組みの必要性が今、叫ばれています。新聞・雑誌等のメディアでも関連の記事が頻繁に出てきており、ビジネスの現場でこの言葉は相当浸透していることでしょう。

　皆さんは"CSR"や"企業の社会的責任"から何を連想されるでしょうか。おそらく「企業が果たす責任」として、「誰に」「何を」果たすかを考えて、各人の身近な物事や言葉を連想されるのではないかと思います。CSRの言葉そのものの意味は、「お客さま」「消費者」「取引会社」「従業員」「地域社会」「NGO・NPO」「地球環境」といったステークホルダー（利害関係者）に対して、企業が様々な責任を果たしていくことだからです。

　では、責任を果たしたその先に何があるのでしょうか。CSRはその答えをも出してくれました。それが「持続可能性（サステナビリティ）」といわれるものです。企業ならずとも、関連の取引先、そして地域社会、最後には美しい地球環境のもと、人類が幸せに持続・発展するところまで行き着きます。

　ここまで話が展開すると、「CSRとは私たちの生活や仕事から遠いもの」と思われがちですが、これは全く逆の話で、1つの社会的責任を果たすことが、どれだけ地球環境と人類の発展につながるのかが理解できると思います。CSRには良い社会に変えていくパワーがあります。

　この『金融CSR総覧』は、実際のCSRの現場で活躍されている多くの方々のご協力のもとに作られました。事業活動には欠かせないお金の流れ、すなわち「金融」をひとつのキーワードに、様々な切り口からCSRのすべてを表現しています。読者の皆さまにはぜひとも、CSRのパワーを感じ取っていただき、正しい理解と日々の実践をされ、共に明日の美しい日本、世界を作っていく…、本書がその一助になれば幸いに思います。

　弊社は2007年1月10日に創業50周年を迎えます。創業以来、主に金融業界における社会人教育や業務知識習得等の分野でのサポ

ート役として出版・教育事業に邁進してまいりました。本書は、「経済法令研究会創業50周年記念企画」として、これまでの50年のご愛顧への感謝と、これからの50年、100年の持続的な発展を命題とし、いわば弊社のCSRとしての意味も込めて発刊をさせていただきました。

　この場をお借りして、これまでお世話になりましたお客さまと、執筆、添削指導、セミナー等の先生方にお礼を申し上げますと共に、出版業界のサプライチェーンである、印刷会社、製紙会社、製本会社、デザイン会社等の制作工程での関係者の皆さまにもお礼を申し上げます。

2006年12月吉日

経済法令研究会

謝　辞

　下記の皆さまには、原稿執筆、座談会、取材等で多大なご協力を賜りました。ここに心からの深謝の意を表します。(50音順、敬称略)

饗場崇夫	木下弘志	長谷川俊明
秋山をね	金原主幸	花岡隆司
浅井茂利	倉阪秀史	原口　真
浅田里花	古賀純一郎	菱山隆二
足達英一郎	小樽雅章	平井茂雄
足立直樹	後藤敏彦	日和佐信子
荒井　勝	古宮正章	藤井敏彦
飯田哲也	五味祐子	藤井良広
猪刈正利	斎藤　仁	藤巻正志
伊納正宏	坂　清次	星野公平
植原崇文	塩見信太郎	桝井成夫
上山靜一	末吉竹二郎	松井慎哉
大井幸子	砂川直樹	松本恒雄
大橋恵明	高橋敦司	水口　剛
岡部幸徳	高橋清二	満田夏花
奥村武司	高橋陽子	三橋規宏
金井　司	田村直義	向田映子
金田晃一	寺中　誠	向殿政男
唐木宏一	冨田秀実	村木　満
河口真理子	長坂寿久	山村宜之
川村雅彦	野原蓉子	山本利明
木内　孝	倍　和博	山本良一

本書の特徴と利用の仕方

　この『金融CSR総覧』は、全体を3部でくくり、内容的には第1編から第5編に分けて特徴をもたせた構成になっています。以下に、本書の効果的な活用法をご説明いたします。

●第1編　CSRへのアプローチ
　CSRを理解するための必要な知識について、基本事項、ステークホルダー、地球環境、諸事情、SRIと金融、展望と課題という切り口で、50のトピックスを集めました。日本を代表するCSRに一生懸命携わる方々が、今の様々なCSRにアプローチします。
→**「CSRの知識を得る」「今のCSRの動きを知る」「CSRで活躍されている方々の話（原稿）に触れる」**ことができます。

●第2編　業界別CSR取組みの動向
　自動車、鉄鋼、電力・ガス、石油、化学、医薬品、電気通信、エレクトロニクス、コピー（複写機）、総合商社、運輸、生活用品、食品、建設といった各業界のCSRへの取組みについての動向をまとめ、14業界の今をレポートします。
→**「業界ごとのCSRの取組みを知る」「他業界のCSRの取組みを参考にする」**ことができます。

●第3編　［座談会］金融とCSR
　CSRにおける金融ないし金融機関が果たす役割に、専門家による4本の座談会を通して迫ります。
〈座談会Ⅰ〉金融機関のCSRを考える〜金融機能から生まれる様々な金融機関のかたち
→**「各金融業態自らのCSRの取組み状況とその特性」「取引先のCSR促進のための金融機関の役割」「金融機関が取り組む社会貢献や環境問題」**がわかります。
〈座談会Ⅱ〉日本企業のCSR問題〜期待される金融のサポートとは
→**「日本企業のCSRの取組みとその問題点」「期待される金融機関のサポート」**がわかります。
〈座談会Ⅲ〉SRI（社会的責任投資）とCSR〜良い社会をつくるための普及促進策
→**「SRIとCSRの関係」「SRIの現状と今後」「投資を通じて良い社会にしていくことの意味」**がわかります。
〈座談会Ⅳ〉環境と金融〜金融主導での地球問題への取組み
→**「地球環境問題の深刻さ」「金融と環境問題の深いつながり」「金融機関ができる地球環境問題対策」**がわかります。

●第4編　金融機関のCSR評価基準
　金融機関におけるCSRのチェックポイント（評価基準）を、リスクマネジメントの観点から作成、併せてCSRへの取組み方、進め方を解説します。
→**「CSRに取り組みたいが何をすべきかわからない」「CSRの取組みが不十分なので整備したい」「取引先からCSRの相談を受けているがどう対応すべきかわからない」「金融機関が整備すべきCSRのポイントを参考にしたい」**などへの対応の参考として利用できます。

●第5編　CSRの用語解説
　CSR関係用語をステークホルダー別に分類し、簡潔に説明します。
→**「CSRの理解やその実践のための知識を整理する」**ことができます。

目次

第1部 第1編 CSRへのアプローチ

CSRの基本事項

- CSR（企業の社会的責任）とは何か　　　　　河口真理子 ……… 2
- 欧州におけるCSRの歴史と現状　　　　　　　藤井敏彦 ………… 9
- 米国におけるCSRの歴史と現状　　　　　　　大井幸子 ………… 17
- 開発途上地域におけるCSR　　　　　　　　　満田夏花 ………… 26
- 日本におけるCSRの歴史と現状　　　　　　　足達英一郎 ……… 36
- デファクト・グローバルスタンダードの進展　　後藤敏彦 ………… 43
- 倫理・コンプライアンスとCSR　　　　　　　菱山隆二 ………… 51
- リスクマネジメントとCSR　　　　　　　　　田村直義 ………… 59
- コーポレートガバナンスとCSR　　　　　　　長谷川俊明 ……… 66

ステークホルダー

- 株主・投資家に対するCSR　　　　　　　　　藤井良広 ………… 72
- 消費者に対するCSR　　　　　　　　　　　　日和佐信子 ……… 79
- 従業員に対するCSR　　　　　　　　　　　　小樽雅章 ………… 87
- 取引企業に対するCSR　　　　　　　　　　　冨田秀実 ………… 93
- 労働組合に対するCSR　　　　　　　　　　　浅井茂利 ………… 100
- コミュニティに対するCSR（コミュニティ・リレーションのCSR展開）　金田晃一 ………… 107
- 経済団体が取り組むCSR　　　　　　　　　　斎藤　仁・金原主幸 …… 116
- 行政のCSR（整備される国際規格）　　　　　　古賀純一郎 ……… 125

地球環境

- 地球環境問題とCSR　　　　　　　　　　　　川村雅彦 ………… 129
- 循環型社会とCSR　　　　　　　　　　　　　三橋規宏 ………… 136
- 地球温暖化対策とCSR　　　　　　　　　　　饗場崇夫 ………… 144
- エネルギー問題とCSR　　　　　　　　　　　飯田哲也 ………… 155
- 生物多様性・生態系の保全とCSR　　　　　　足立直樹 ………… 163
- 環境と経済の両立とCSR　　　　　　　　　　倉阪秀史 ………… 172

CSRの関連諸事情

- 消費者保護法制とCSR　　　　　　　　　　　松本恒雄 ………… 178
- 内部通報制度とCSR　　　　　　　　　　　　五味祐子 ………… 186
- 企業とNGO・NPOとの協働　　　　　　　　　長坂寿久 ………… 196

v

目次

CSRとグリーン調達	満田夏花	202
CSR調達とサプライチェーン・マネジメント	足立直樹	214
人権問題とCSR	寺中 誠	226
貧困問題とCSR	川村雅彦	232
社会貢献（フィランソロピー）とCSR	高橋陽子	240
メンタルヘルスケアとCSR	野原蓉子	248
CSR担当部署の現状とその役割	岡部幸徳	256
環境報告書から、サステナビリティ報告書・CSR報告書へ	後藤敏彦	262
CSR会計の考え方と実践	倍 和博	270
安全とCSR	向殿政男	280
技術者倫理とCSR	坂 清次	286
CSRとしての環境教育の取組み	山村宜之	293

SRIと金融

SRIの意義とその目的	河口真理子	298
海外におけるSRIファンド	山本利明	306
日本におけるSRIファンド	金井 司	313
年金の運用におけるSRI	山本利明	321
SRIと株主行動	水口 剛	327
SRIと地域開発	唐木宏一	334
CSRに着目した融資の新しい仕組み	古宮正章	340

展望と課題

日本型のCSRへ	川村雅彦	347
海外進出企業に求められるCSR戦略	足達英一郎	354
CSRが育む企業文化	古賀純一郎	361
新しいリスク社会とCSR	桝井成夫	365
迫力あるCSR活動の構築のために	木内 孝	373

第1部　第2編　業界別CSR取組みの動向

古賀純一郎

自動車業界	381
鉄鋼業界	387
電力・ガス業界	391

石油業界	397
化学業界	402
医薬品業界	406
電気通信業界	410
エレクトロニクス業界	414
コピー（複写機）業界	422
総合商社	427
運輸業界	434
生活用品業界	438
食品業界	442
建設業界	447
中小企業のCSR	452

第2部 第3編 [座談会] 金融とCSR

〈座談会1〉金融機関のCSRを考える
　　　　　〜金融機能から生まれる様々なCSRのかたち ……… 456
　○参加者：藤井良広（司会・上智大学大学院教授）、大橋恵明（株式会社みずほフィナンシャルグループ）、花岡隆司（信金中央金庫）、村木　満（東京海上日動火災保険株式会社）。

〈座談会2〉日本企業のCSR問題〜期待される金融のサポートとは ……… 466
　○参加者：藤井良広（司会・上智大学大学院教授）、足達英一郎（株式会社日本総合研究所）、藤巻正志（社団法人経済同友会）。

〈座談会3〉SRIとCSR〜良い社会をつくるための普及促進策 ……… 474
　○参加者：秋山をね（司会・株式会社インテグレックス）、浅田里花（有限会社生活設計塾クルー・FP）、荒井　勝（大和証券投資信託委託株式会社）、平井茂雄（新日本石油株式会社）。

〈座談会4〉環境と金融〜金融主導での地球問題への取組み ……… 482
　○参加者：河口真理子（司会・大和総研経営戦略研究所）、末吉竹二郎（国連環境計画・金融イニシアチブ：UNEP FI）、向田映子（女性・市民信用組合（WCC）設立準備会）、山本良一（東京大学生産技術研究所教授）。

第2部 第4編 金融機関のCSR評価基準

本編を利用するにあたって ……… 492
Ⅰ．総論
　1　経営理念 ……… 494

目次

  2 ガバナンス・内部統制
   （1）ガバナンス ……………………………………………… 496
   （2）内部統制システム ……………………………………… 502
  3 CSR マネジメント ………………………………………………… 508
  4 コンプライアンス ………………………………………………… 517
  5 リスク管理／リスクマネジメント ……………………………… 524
  6 情報開示・説明責任 ……………………………………………… 531
 II．各論
  1 お客さま（預金者および融資先） ……………………………… 538
  2 地域社会 …………………………………………………………… 545
  3 従業員 ……………………………………………………………… 552
  4 環境 ………………………………………………………………… 559
評価基準・チェックリスト ……………………………………………… 565

第3部　第5編　CSR の用語解説
株式会社　インターリスク総研

掲載用語一覧 ………………………………………………………………… 570
A 基本用語 …………………………………………………………… 573
B ガバナンス ………………………………………………………… 581
C マネジメント ……………………………………………………… 587
D 歴史 ………………………………………………………………… 593
E 規格・規範 ………………………………………………………… 596
F 法令等 ……………………………………………………………… 604
G 関連機関 …………………………………………………………… 613
H 環境 ………………………………………………………………… 619
I 金融 ………………………………………………………………… 629
J 顧客・消費者 ……………………………………………………… 633
K 取引先 ……………………………………………………………… 635
L 従業員・労働 ……………………………………………………… 635
M 社会貢献 …………………………………………………………… 639

Column　「イオン株式会社」 ……………………………………… 378・454
主要事項索引 ………………………………………………………………… 641

第1部 / 第1編

CSRへのアプローチ

CSRの基本事項

CSR（企業の社会的責任）とは何か

大和総研 経営戦略研究所 主任研究員　河口真理子

1 なぜ今CSRか（マクロ的な視点から）

　CSR（企業の社会的責任）という言葉が社会に定着して久しい。2003年が日本におけるCSR元年、という説もあるが、世界的に見てCSRに対する関心が高まったのは、ついこの10年ほどのことである。欧州では大きな社会問題となった若年や移民の失業問題、米国では途上国の児童労働問題スキャンダルやエンロン事件など、日本では環境経営の本格化、食中毒事件以降頻繁に起きた様々な企業不祥事、などがCSRへの社会の関心を喚起するきっかけとなったといわれている。そして、国際社会に広く受け入れられているCSRの枠組みである国連グローバル・コンパクトが発足したのも2000年である。さらに、このCSRに対する関心は、これらの先進国だけでなく、アジアやラテンアメリカなど、先進国の経済圏に組み込まれている途上国地域にも広く及び始めている。

　なぜ、世紀を跨ぐこの時代にCSRが注目されるようになったのか。まず、マクロ的な視点で考えると、その回答へのキーワードとして「市場」と「グローバル化」が挙げられよう。

　1989年のベルリンの壁崩壊を契機に、社会主義はほぼ消滅し、「資本主義が勝利した」といわれるようになった。資本主義の特徴とは、生産手段の私的所有と「市場」による取引であり、必然的に「市場」の重要性がより一層国際経済社会でクローズアップされることになった。

　ここで、一般的な経済学の教科書では「市場メカニズム」とは、市場参加者が己の利益の最大化を求めて利己的に行動しても、「神の見えざる手」によって社会全体では、最適な資源配分が達成される仕組みと説明されている。この市場メカニズムによって「参加者の間で競争が起き、それが社会に提供される製品・サービスの質的向上と量的拡大をもたらし、時には技術革新を喚起して社会を発展させる。また同時に"資本"市場によって市場参加者の資本調達力が高められ、市場がますます強大化して、それが一段の社会の発展の原動力となる」という循環が生じ、これは人間社会にとって善、とされてきた。

　ここで「市場」の「グローバル化」とは、この市場原理が地球全体を覆うことを意味する。地球全体がこの市場メカニズムの恩恵を受けて発展の機会を与えられることは、人類にとって歓迎すべきこととされてきた。

しかし、このことを別な角度から見れば「地球規模での競争」すなわち「地球規模での弱肉強食」時代が始まったと、表現することもできる。グローバル化された市場経済では、地球上のすべての資源が潜在的な原材料であり、地球上の人間すべてが潜在的な労働力となる。そして「効率」を唯一の行動基準とする「市場」は、地球上で最も安い原料と最も安い人件費を追い求めることになる。しかしながら、地球は1つしかなく、その環境容量は有限である[※1]。市場参加者である人口は20世紀以降急増して急激な発展を遂げ、森林資源や漁業資源、鉱物資源、エネルギー資源などの地球資源を急速な勢いで消費している。さらにその人間社会は均一に発展しているわけではなく、先進国と途上国、また先進国内の高収入層と低収入層の所得格差が拡大するという二極分化が起きている[※2]。

このような状況で、市場至上主義、すなわち弱肉強食のシステムを放置しておくことは人類にとって善どころか、人類の持続可能性に対する大きな脅威である、という危機感が国際社会のリーダーの間で認識されるようになってきた[※3]。また、市民の声を代表するNGOセクターはこうした問題への危機感を強くもっており、最近のインターネットの普及によって世界中への情報発信力を得ており、彼らの社会における発言力・プレゼンスが急速に強まってきている。その結果、社会的責任（CSR）としてグローバルな市場での主要なプレーヤーである「企業」に対して、持続可能な社会構築のために地球全体のことを視野に入れた経営を行うことを求める声が高まってきているのである。具体的には、従来の経済学での仮定―無限な資源―ではなく、有限な地球環境容量を前提とし環境保全を組み込んだ経営（いわゆる環境経営）や、南北間格差や先進国における二極化が生み出した経済的弱者の人権に配慮した経営を行うことが、企業の「社会的な」責任の観点から必要と認識されるようになってきたのである。

2 企業にとってのCSR（ミクロの視点）

一方、CSRを実施する企業の立場からみると、CSRとはどのような概念であり、行動を指すのか。基本的にCSRとはその言葉が示すように、企業の社会的責任であり、法的責任ではない。すなわち、企業が強制されて行うことではなく、あくまで自主的に自発的に取り組むことを期待されていることである。

営利団体である企業が何らかの行動を自発的に行うためには、そこに何らかの意味で企業価値の向上が見込めることが要件となる。なお、ここでいう企業価値とは、単なる時価総額で表示される株主にとっての企業価値だけでなく、労働者や地域社会、顧客など幅広いステークホルダーにとっての企業価値を意味する。具体的には、企業設立時に掲げた理念が体現化できる（それはすなわち、その企業の存在意義を社会に訴えることになる）、ブランドに結びつく、従業員の士気が上がる、よい人材が獲得できる、などが考えられる。

では、CSRは企業価値にどのように結びつくのか。筆者はCSRを、「CSRとは自分の会

社を内側と外側から理解し、再確認すること。しかもそれを、何が今ビジネスチャンスなのか、という切り口以外の視点で行うこと」と定義している。

まず、自分の会社を内側から理解し再確認する、ということは、設立時に掲げられていた企業の理念・ミッションを再確認することである。最近の企業不祥事の経緯を観察すると、彼らが法律違反や重大な事故を起こす理由は皆「利益確保」である。しかし、それらの企業の設立者は「利益のためには法令違反も辞さず」という考えで企業を設立したのだろうか。当然、企業の設立時には、単なる利益を得るためだけでなく、その企業が社会の役に立つこと、ミッションを果たすことが目的であったのではないか。そもそも、単にお金儲けだけのために会社は存在するのだろうか。

例えば、モノづくりの会社を例にとると、人を雇用し、工場を取得し設備投資し、製品開発をして、従業員の健康安全に配慮しつつ操業し、販売努力を重ね、販売後もアフターサービスを行う、などという気の遠くなる膨大なプロセスを経て、やっと利益を手にすることができる。この膨大なプロセスを行うのは、単に利潤のためだけだろうか。モノ自体が好きという動機、あるいは、そのモノが社会に貢献するからという自負が企業を支えるバックボーンにあるのではないか。このように、その企業の社会的な意義やミッションが社員の間で共有され、日々の事業活動に徹底されていれば、従業員も自分の仕事に誇りをもつことができ、おのずと利益優先・法令・倫理軽視という行動を防げるのではないか。

次に、外側からその企業を再確認するということは、外部のステークホルダーの視点に立って経営や事業のあり方を確認すること、と言い換えることができる。企業を取り巻く外部の様々なステークホルダーの中には、社内では気がつかないあるいは重要視しない点に着目している場合もある。一般的に不祥事を起こした企業の釈明として「社内の常識が社会の常識からずれてしまった」とよく言われるが、社内にも常に社外のステークホルダーの視点があれば、こうしたことはかなり未然に防げるのではないか。また社内に外部のステークホルダーの意見が反映されやすい風通しのよい土壌があれば、将来はその会社や業界における大きな課題となる可能性があるが、現在社内でも業界でもビジネス上の課題としては認識されていない事柄に、事前に気がつき、対処することも可能となろう。

このことを図表1をもとに説明する。例えば、食品会社にとって産地偽装ラベルの問題は2000年以降の一連の食品会社の不祥事発生以前は、経営を揺るがす大問題ではなかった。それが、消費者の食の安全性への意識の高まりのなかで、産地偽装や、無認可添加物の使用などの不祥事が経営上の大きな課題となるようになった。温暖化対策としての環境税導入の話も、10年ほど前は一部のNGOが議論する程度で経済界が真剣に議論する話題ではなかったが、最近では、企業や経済団体などが環境税の可否について真剣に議論するようになってきている。土壌汚染に絡んだ不祥事は、法令が制定されたことで、刑事事件となった事例もあった。また、顧客満足についても、従来は重要視されていなかった「お客様相談窓口」を、重要なビジネスチャンスであるとして社長直轄にする会社も今は少なくない。

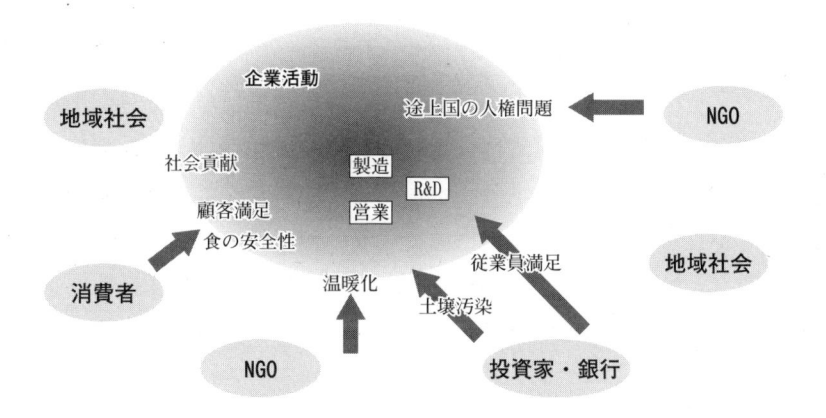

【図表1　ステークホルダーとの関係】

（図：企業活動を中心に、地域社会、消費者、NGO、投資家・銀行、地域社会などのステークホルダーが配置され、社会貢献、顧客満足、食の安全性、温暖化、土壌汚染、従業員満足、途上国の人権問題などの課題が示されている。企業活動内には製造、営業、R&Dが含まれる。）

　このことは、従来は企業活動として重要視されていなかった分野が、外部のステークホルダーの意識や社会の情勢の変化によって、重要な経営課題となる可能性があることを示している。企業が外部のステークホルダーと常にコミュニケーションを図っていれば、ステークホルダーの考えやニーズを常に把握することができるし、それに真摯に対応することを心がけていれば、短期的にはそれが収益につながらなくても、ステークホルダーの信頼を獲得することになるだろうし、また長期的には社会の情勢が変われば、大きなビジネスチャンスとなる可能性もある。

3 利益とCSR

　しかしながら、一般に「CSR」といわれる活動にはお金がかかる、といわれる。そして、CSR先進企業と称される企業には日本を代表する優良企業の名前が多く挙がるため、「業績がよい、ゆとりのある大企業だからできること。ゆとりのない中小企業にはその余力がない」などという批判も聞く。そこで、改めてCSRと利益の関係について考えてみたい。

　前項で述べたように、CSR活動として外部ステークホルダーの視点を組み入れるということは、企業にとって短期的にはコスト増要因となる場合が多い。しかし、はたして今後、このコスト増を受け入れずに済む選択肢があるのか、といえば、実はその選択肢が狭められつつあるのだという点を強調しておきたい。なぜかというと、一般的にコスト増要因とされることが、ステークホルダーにとっては利益となるのである。

　例えば、環境に関していえば、環境保全技術や設備の導入、有害物質の無害化努力、自然資源の乱伐の自粛などの環境保全活動は、自然環境の保全修復、あるいは悪化を食い止めることとなり、その地域のアメニティや住民の健康の向上、生態系の回復による自然資源量の改善、などが見込めることになる。また、ワークライフバランスのとれた職場環境の整備や途上国の労働条件を改善することは、企業にとり労働コストの上昇ではあるが、労働者にと

っては正当な報酬を受け取ることである。こうした本来ならステークホルダーに帰属すべき利益を、市場の不完全性のおかげで企業は自身のコストとして計上しなくても済んでいたに過ぎない。

しかし、もはやステークホルダーがそれを見逃さない状況になってきた。欧米では、自然破壊を続ける企業や、途上国で児童労働をさせている企業をNGOが告発し、不買キャンペーンを展開することは日常茶飯事である。また、日本でも2000年以降多発した企業不祥事を受けて、消費者も不正を起こした企業は信用できないので購入したくない、という考えが広がってきている[※4]。またNGOセクターも動き始めており、企業に対しペットボトルビールの開発を断念させたり、逆に企業と協同してノンフロン冷蔵庫を開発するなど企業への働きかけを積極化している。さらに、最近のLOHAS（ロハス）ブームにみられるように、オーガニック製品やフェアトレード製品など、環境や途上国の人権に配慮した製品を購入してそういう企業を応援したい、という消費者層も育ちつつある。

そこで、CSRが要求していることは「CSRか利益か」との二者択一ではなく、利益を得るためのプロセスを変えることである。ステークホルダーに帰属すべき利益をコストとして支払わず、自社の利益とする企業は否定され、ステークホルダーのニーズに応えつつ、持続可能な社会づくりに貢献するような事業を行った結果、得られた利益が本当の利益として承認されるようになってきた。つまり、利益の質が問われるようになってきたといえよう。

4 経営の品質とCSR

最後に、「良い経営」とCSRの関係を考えてみたい。通常、「良い経営」とは、人事、財務、製品、技術開発、マーケティングなどの個別のビジネス戦略において長け、それらを包括した経営戦略が秀でている経営を行っていることとされ、CSRの果たす役割はほとんど認識されてこなかった。ではなぜ、CSRが議論されてこなかったかについて、図表2に筆者独自のCSRと経営の品質との関連について仮説を紹介したい。

CSRと経営の質を考えるうえで、「経営の質はビジネス戦略と経営理念・倫理（CSR）を掛け合わせたもの」と定義すると説明が容易につく。企業不祥事が多発したりステークホルダーの立場が強力になる以前すなわち、CSRが経営課題として重要視されるようになる前の時代もCSRが必要なかったわけではない。ただ、昔はCSRが変数ではなく1という「定数」だったのではないか。定数だから、経営品質を評価するには、ビジネス戦略の巧拙に着目すれば十分だったのである。

しかしながら、ここまで述べてきたように、ステークホルダーの力が強くなり、地球環境問題や貧富の差というグローバルな問題が人類共通の課題と認識され、NGOを始めとした、市民セクターのステークホルダーとしての発言力が増えるなかで、CSRはまさに企業理念、従業員、経営リーダーによって、大きくも小さくもなる変数になっているのである。

【図表2　企業経営の品質】

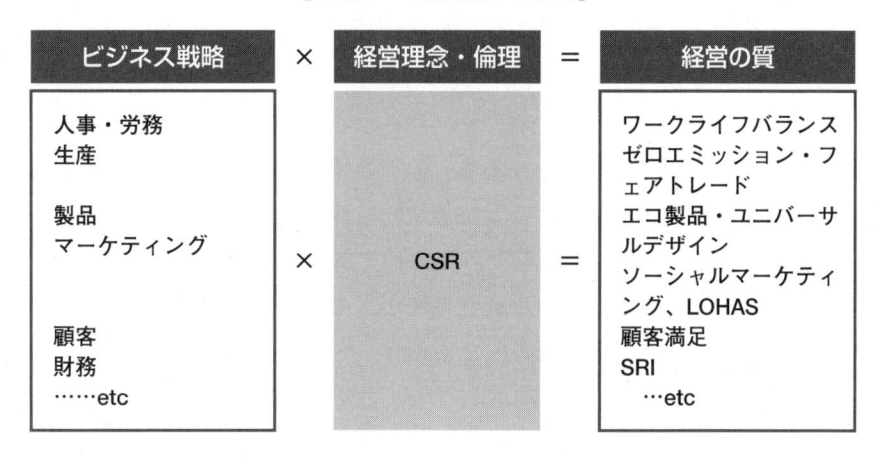

ビジネス戦略	×	経営理念・倫理	=	経営の質
人事・労務 生産 製品 マーケティング 顧客 財務 ……etc	×	CSR	=	ワークライフバランス ゼロエミッション・フェアトレード エコ製品・ユニバーサルデザイン ソーシャルマーケティング、LOHAS 顧客満足 SRI …etc

　きちんとしたすばらしい経営理念をベースに、巧みな経営戦略が掛け合わされば、それはエクセレントカンパニーのベストプラクティスとして具体的な形で見えてくる。例えば、人事戦略に「従業員にとって働きがいのある職場づくり」という理念が掛け合わされれば、ワークライフバランスのとれた職場環境が作られよう。また、製品戦略と「環境保全」が合わされば、すばらしいエコ製品が開発できよう。

　ただし、ここで留意すべきポイントがある。すばらしいエコ製品や労働条件という事象だけを見てその会社の理念を判断することは危険である。もともと会社に環境問題に対する経営倫理が欠如していたとしても、「環境は今のトレンドでビジネスチャンス」という経営判断のもと、優れた製品戦略があれば、それなりのエコ製品で成功することも可能だからである。こうした表面的に優れたCSRに見える企業と、本来のCSR先進企業はどのように見分ければよいのだろうか。もともと倫理観が欠如していれば、たまたまそのときのエコの製品戦略が一時的に成功したとしても、環境に対する理念がなければ社会情勢の変化にもついていけず、長続きはしない。また企業の生産の現場や労働現場の状況はベストプラクティスとは程遠いものだろう。つまり、バックボーンとなる倫理観がなければ、方便的に「エコ企業」の形を取り繕っても、早晩馬脚が現れるのである。ここにCSRを形から入ることの危険性がある。他社のベストプラクティス事例を、単に真似してもそれはその企業のCSR活動にはならない。

　もう1つこの図から読み取れる点は、そもそもビジネス戦略が拙劣な企業はいくら高邁な理念があっても良い経営とはいえない、というごく当たり前のことである。よく「CSR理念のすばらしい企業は、すべて良い企業なのか」という質問も受けるが、いくら理念が良くても、適正な利潤を出せないビジネスモデルでは、そもそも事業として失格である。すなわち、CSRは、「AかBか」（利潤かCSRか、経営理念かビジネス戦略か、など）という二者択一問題ではなく、企業のバックボーンである経営哲学であり、それをいかに生かしてビジネスに展開できるか、というのはまさに、経営者の人格・理念・長期的視点、企業カルチャ

ーがすべてないまぜになった、社柄そのもの、ということができる。

　営利法人である企業は、社会に受け入れられているからこそ、存在できる。すなわち、その企業に労働力を提供する従業員と原材料や工場などの場所を提供する取引先がいて、その企業の製品・サービスが法令上・社会通念上認められるもので、かつそれを購入する顧客が存在するからこそ企業は存続できる。つまり、多くのステークホルダーの承認を常に得ていることが企業存続の必要条件である。企業が長期的に社会の承認を得続けるためには、短期的な自社の利益を上げるための経営戦略だけでは不十分である。自社のミッションを常にきちんと認識しつつ、社会のステークホルダーの視点による規律づけがあってこそ、社会で尊敬される「良い企業」として存続できるのである。

　最後に、特に金融機関に求められるCSRについて簡単に触れたい。本稿第1項でグローバル市場の影響について述べたが、そこで金融の果たす役割というのはきわめて大きい。シベリアやアラスカにおける大規模な天然資源の採掘プロジェクト、東南アジアの巨大ダムプロジェクト、ラテンアメリカの大規模なアパレル製造工場、アフリカのカカオプランテーション等々が実行できるのは、資金の出し手が「市場」を通じて資金を投入しているからである。すなわち、金融とは、資金の出し手が金融市場に参加することで、地球市場の資源配分決定に関与する仕組みでもある。民主主義では、国民の政治参加（投票）によって、国としての意思、が決まる。それが政治のあり方とされてきた。一方、グローバル市場では、市場メカニズムを通じお金による投票行動によってグローバルレベルでの資源配分がなされる。すなわち、参加当事者たちが無自覚なままで金融市場は、グローバルガバナンスを担わされているのである。

　このような理解のうえで、金融機関に求められるCSRとは、①まず金融市場というグローバルなインフラの意義（地球資源を配分するという）を理解し、②そしてその配分を決定する際に多くの資金を投入されたプロジェクトや企業が、大規模な自然破壊を行ったり先住民などの地域コミュニティを崩壊させたり、劣悪な労働条件で労働者を雇用するなどの、われわれ地球上に多大なマイナスの影響を与えている可能性がある、という点を重要視し、そして③それを防ぐことを自身の責任として自覚することから始まるものである。

※1　2002年の段階で、人類は地球の生産力を22%上回る資源を消費しているという試算もある。（原典）Global Footprint Network.
※2　1960年に、世界の所得上位20%の高所得国が得ている所得シェアは70%であったが、1998年には89%に拡大、一方下位20%の低所得国のシェアは2.3%から1.2%に低下。
※3　国連のアナン事務総長がグローバル・コンパクトを提唱した背景にはこの危機意識がある。
※4　小樽雅章『「良心ある企業」の見わけ方』宝島社新書（2006）。

河口真理子　*Mariko Kawaguchi*

1986年一橋大学大学院修士課程修了、同年大和証券入社。94年に大和総研に転籍、企業調査などを経て現在、経営戦略研究所主任研究員。GRI日本フォーラム評議委員、社会的責任投資フォーラム運営委員、青山学院大学・南山大学非常勤講師。著書には、『SRI　社会的責任投資入門』『CSR　企業価値をどう高めるか』（ともに共著：日本経済新聞社）などがある。研究テーマは、環境経営、企業の環境評価、企業の社会的責任、社会的責任投資。

CSRの基本事項

欧州におけるCSRの歴史と現状

経済産業研究所 コンサルティングフェロー　**藤井敏彦**

1 欧州におけるCSR概念の生成過程

(1) 2つの起源と「第三の道」

　欧州のCSRは2つの明確な起源を有している。1つは若年失業問題の深刻化に悩んだ政府が産業界に問題解決への協力を「社会的責任」として要請したことである。もう1つはアンチグローバリズムの動きである。この2つの「起源」は時間的にもほぼ同時期に姿を現している。さらにその2つを包含する思想的な源流はイギリスのブレア政権が提唱し、その後ヨーロッパの社会民主主義の新しい方向性を指し示す標語となった「第三の道」にあると考えられる。「第三の道」は市場主義と国家管理的色彩の強い社会民主主義の中間を模索する思想である。CSRが市場原理を前提としながら企業の利益極大主義に一定の抑制をかけようとしている点において、その政策思想は「第三の道」の延長線上にあるといってよいだろう。

　失業問題への対処としては、欧州委員会（EUの行政機関）からの呼びかけに応える形で産業界が発表した1996年の「社会的疎外に反対するビジネスのヨーロッパ宣言（European declaration of businesses against social exclusion）[※1]」がヨーロッパのCSRの実質的な出発点となっている。

　アンチグローバリズムについては、ナイキのベトナムの委託工場での児童労働問題をはじめとして、先進国企業がアンチグローバリストの標的になる時期は1990年代中盤以降である。1999年のシアトルでのWTO閣僚会議でアンチグローバリズムの動きは1つの頂点を迎える。

　この2つの運動はしばらく相互に独立して展開されるが、CSRという概念が社会的に広く受容されていくなかで、アンチグローバリズムはCSR概念の中に流れ込んでいき、さらにはその中心的な柱となるに至る。時に「ヨーロッパのCSRの主な関心はヨーロッパの外にある」といわれる所以である。

(2) 環境保護の位置づけ

　政策として考案されたCSRは失業問題への対処から出発しており、当初環境保護はCSRの概念から明示的に排除されていた。「社会的責任」の「社会的」という言葉は「非環境」という含意があった。

　EU首脳が初めて公式にCSRを呼びかけた場は、2000年のリスボンEUサミットである。同サミットは、「<u>より多くより良い雇用とより強い社会的連帯</u>を確保しつつ、持続的な経済発展を達成し得る、世界で最も競争力があり、かつ力強い知識経済となること」(下線は筆者による)という10年間のEUの持続可能な発展戦略を明確にした。しかし、環境問題には一切触れられていない。これに対して「環境派」の不満が高まり、結果として翌2001年のヨーテボリ・サミットにおいて環境保護が持続可能な発展戦略に加えられることになる。このように環境保護は二次的存在であることも欧州のCSRの特徴である。

(3) CSR概念を明確にしたマルチステークホルダーフォーラム

　環境保護とアンチグローバリズムの動きを吸収したCSR概念が明確に定義される場となったのが、2002年に設置された「ヨーロピアン・マルチステークホルダーフォーラム(European Multistakeholder Forum on CSR)」(以下、「マルチステークホルダーフォーラム」という)である。このマルチステークホルダーフォーラムには途上国問題、環境保護、消費者保護、社会問題などテーマごとに10のNGOが席を与えられており、2004年の報告書においてヨーロッパのCSRを定義した。なお、このマルチステークホルダーフォーラムの議長は企業総局(日本の経済産業省に相当)と雇用社会総局(日本の厚生労働省に相当)が務めており、環境総局には席が与えられていない。このことも環境保全がCSRに占める位置を暗示するものである。

　いずれにせよ、ヨーロッパのCSR概念はここにおいて一定の外枠を得るに至る。この枠については広く合意が存在し、法令遵守などCSR概念の枠の外に置かれたものをCSRの名のもとで論じられることはあまりない。しかし、定義の枠の中では次々と新しい課題が企業に突きつけられている。例えば、肥満の問題、エイズの問題、さらには大企業の節税対策までCSRの名のもとで批判される。近年「CSR」という概念のもとで語られる項目は増大する一方である。

2 若年失業の改善に向けて提案された「政策」としてのCSR

　ヨーロッパのCSRのエッセンスをもし一言で総括するとすれば、それは「政策」ということになるだろう。CSRの出発点は政策当局が若年失業という特定の問題の解決のための処方箋として考案した政策概念——企業に自主的協力を要請するという形態の政策——であ

ることは見落とされがちである。1996年の「社会的疎外に反対するビジネスのヨーロッパ宣言」の中から具体例をとり、欧州のCSRについての「頭のつくり」を概観する。

- 社員の採用にあたり、長期失業者への偏見および若年者、技能の低い者、身体障害者など就職に苦労している応募者への偏見は排除されるべきだ。
- 高い技能や豊富な経験をもつ者ばかりを採用することは避けるべきだ。そのような採用は技能の低い者を罰することと等しい。

この2つの項目は単純化すれば、企業に対して「十分な技能」のない者をあえて雇用するように要請している。このような要請は明らかに政策的であり、かつ、性格上法令上の義務にはなり得ない。法令上の義務を上回る内容である。さらに、このような要請に応えるかどうかは企業が「正直」であるかどうかといった擬似人格的性向とは別の次元の問題である。問われているのは「政策への共感」である。

- 見習い制度と教育訓練制度を導入し、技能の低い者が活躍できるようにすべきだ。特に、そのような機会はとりわけ低賃金の新入社員に与えられるべきだ。会社はそのために必要な時間と資源を用意しておかなければならない。
- トレーニー制度と教育訓練を結びつけ、将来の就職のクオリフィケーションを改善できるようにすべきだ。

上記の2つの項目はいずれも企業の教育訓練制度のあり方についての要請である。若年失業者の問題の解決のためには、雇用するだけではなく、企業による教育訓練制度の貢献が不可欠であるとの認識が前提となっている。しかし、最も重要なことは、従業員教育という企業の事業活動の中に「統合された」行為としてCSRが問われていることである。失業問題が寄付や社会貢献という事業に「統合されない」方法では解決できない問題であるからだ。

3 持続的発展についての考え方とCSRの定義

(1) ヨーロッパの持続的発展の定義

ヨーロッパのCSRを理解するために必要なもう1つの前提が「持続的発展」という概念に対するヨーロッパの解釈である。ヨーロッパは伝統的に持続的発展を「環境保全」、「社会的一体性確保」そして「経済成長」という3つの要素の同時達成ととらえてきた。ヨーロッパの理解の背景には経済のグローバル化が社会階層を分断しているという認識がある。他方、日本、アメリカなどは「環境保全」と「経済成長」のあくまで2つの要素の両立という理解をしてきた。CSRが持続的発展の方法論であることについては広く合意がある一方で、その「持続的発展」の理解の仕方がヨーロッパとそれ以外では必ずしも一致していない。この

ことは、日本がヨーロッパのCSRの「社会性」を見落とす1つの原因になったように思える。

(2) マルチステークホルダーフォーラムによる定義

2004年、マルチステークホルダーフォーラムはヨーロッパのCSRについての「頭のつくり」を文章におこし、次のように定義した。

> 「CSRとは、社会面及び環境面の考慮を自主的に業務に統合することである。それは、法的要請や契約上の義務を上回るものである。CSRは法律上、契約上の要請以上のことを行うことである。CSRは法律や契約に置き換わるものでも、また、法律及び契約を避けるためのものでもない」

ヨーロッパのCSRを理解するうえで鍵となるのが上記の定義の中の「自主的に」、「業務に統合」、「法律上、契約上の義務を上回る」という3点である。「自主的に」および「法律上、契約上の義務を上回る」という要請から法令遵守はCSRの外に置かれる。「業務に統合」という観点から社会貢献（フィランソロピー）も同じくCSRから排除されている。この定義はCSRが対処することを要請された問題の性格から演繹されたものである。社会貢献事業、法令遵守、環境保護のいずれも若年失業の有効な解決策にはならない。

4 ヨーロッパのCSRの現状と限界

(1) 壁に突き当たったヨーロッパのCSR

ヨーロッパのCSRは現在大きな屈曲点にある。CSRというコンセプトが一般化し、ある意味で肥大化することによって一種の自壊作用ともいうべきものが働きつつあるとさえいえるかもしれない。この点は、CSRという器にヨーロッパにもまして多くの事柄を詰め込んでしまった日本にとっても教訓となるだろう。理想主義的な視点から見れば、ヨーロッパのCSRは変質しつつあり、社会的、環境的配慮のもとで利益極大主義を修正するという当初の理念は希釈されつつある。他方、より現実的な視点に立てば、CSRの理念が市場経済の厳しい現実の中で生き残るための工夫が練られているとも表現できる。

実際のところ「社会的疎外に反対するビジネスのヨーロッパ宣言」の内容のような要請に応えることができる企業は、ほんの一握りの大企業に限られる。「十分な技能のない」若者を雇用して訓練していく等の負担に耐えることができる一部の大企業と欧州政策当局の協力がCSRの出発点である。

CSRが次第に主流の政策アジェンダに格上げされ、また、様々なNGOが関与していくにつれ、CSRは中小企業を含めたあらゆる企業に対して奨励されるべきものとなる。しかし、

中小企業が限られた経営資源をCSRに振り向けることを期待することは現実的ではない。現に、マルチステークホルダーフォーラムにおいて中小企業代表は情報開示などあらゆる制度的な提案に強く反対した。

(2) 市場原理との衝突、調整

ここにきて持ち出される議論が「ビジネスケース（ビジネス合理性）」である。すなわち、CSRへの取組みは企業の利益増進に寄与するという議論である。このような説明は中小企業にCSRへの取組みを促すためにはどうしても必要なものである。欧州委員会はビジネスケースの研究に大きな資金を投入している。まだ研究は初期的段階で、CSRの企業業績への影響はプラスもマイナスもあるという結果になっている。しかし、ヨーロッパのCSRが大企業と欧州委員会という「エリート間の約束」を超えてより普遍性をもった次のステップに進めるかどうかの関門となっている。

CSRの理念と市場経済原理との衝突の典型的な例がSRIである。SRI市場は二極分化しつつある。トリプル・ボトムラインと呼ばれ、企業を収益性のみならず環境保護、社会的一体性強化への貢献の3つの側面から総合的に評価して投資するファンドへの需要は停滞している。ヨーロッパ最大のSRI評価機関のアナリストはこう語った。「倫理的投資家、企業の社会的責任を考える投資家向けのSRI商品は永遠のニッチ[※2]」。盛んに喧伝された「CSRに取り組む企業を応援する啓蒙された」投資家は確かに存在するものの、その層の厚みは誇張されていたといえる。結果として、ヨーロッパのSRI企業評価サービスは供給過剰となり、企業の合併などは再編が進んでいる。

一方で、金銭的収益を最大化するべく株や社債に投資するファンドは、SRI型ファンドと区別するため、「メインストリーム」のファンドと呼ばれる。このような従来型の投資ファンドが企業選別情報として財務、経営情報に加えて環境や社会問題に関連する情報を使いはじめている。EUにおいても、コーポレートガバナンス年次報告EU指令案に「社会と環境関連リスクの記載をする」という条項を追加することが2006年2月に欧州議会で可決され、理事会で承認される見込みである[※3]。

例えば、シェル社のサハリンでの石油・天然ガス開発プロジェクトは、環境保護対策が不十分であるとしてロシア政府からプロジェクトの中止を求められた。このような事例を見れば企業業績予測を行うファンドが環境、社会情報に関心をもつのは自然な流れである。SRI企業評価サービスへの需要拡大の期待も込めて、「SRIのメインストリーム化」という表現が使われることもある。しかし、EU指令に追加される文言が「社会と環境関連リスクの記載」であることに象徴されるが、メインストリームの投資ファンドは環境保全の取組みや社会的な配慮そのものを評価するのではない。最終的な企業評価軸は収益性一本のシングルボトムラインである。が、その実態は、社会、環境問題への企業の対応が「収益リスク」という限定的な視野の中に矮小化されたとみることもできる。

(3) 依然影響力をもつ巨大 NGO

　他方、アンチグローバリズムについていえば、NGO との衝突という「無対応のリスク」がはっきりしている点において、途上国における CSR 対応は企業にとっては「投資」が正当化されやすい。典型例が CSR 調達である。ヨーロッパ内の CSR が方向性を見失いつつあるなかで、途上国の労働問題、人権、環境についての企業の危機感は高まる一方である。先に「ヨーロッパの CSR の主な関心はヨーロッパの外にある」とのコメントを紹介したが、その背景にはこのようなダイナミズムが存在している。

　企業にとって「リスク」と明確に認識された問題、端的にいえば児童労働や原生林伐採など、巨大 NGO と衝突する可能性がある事柄は CSR の核心部分として生き残っている。シェルのケースのように、このような企業業績に打撃を与えるリスクの高い問題の存在は SRI の「メインストリーム化」の原動力でもある。

　このようないわば「他律的」CSR の状況に危機感を抱く関係者は企業が CSR に取り組むことが「利益」につながるような制度整備、例えば CSR ラベリングや政府調達等の政策を政策当局が展開することに強い期待を寄せていた。しかし、次に述べるとおり現時点では EU 政策当局にそのような意志はみられない。

5 欧州委員会の姿勢とヨーロッパの CSR の方向性

(1) 欧州委員会の新コミュニケーション

　2004年6月のマルチステークホルダーフォーラムの報告書を受けて欧州委員会がどのような政策方針（コミュニケーション）を発表するか関係者から注目されてきた。しかし、当初予定されていた期日を過ぎてもコミュニケーションは発表されず、その理由をめぐって様々な憶測が流れた。その1つ、最も有力な「憶測」は欧州委員会内の政策路線対立を理由としてみるものである。バローゾ新委員長のもとで欧州委員会は経済競争力強化に注力することを政策公約の大きな柱としており、したがって CSR に懐疑的ではないのか、特に企業総局が CSR の推進に反対しているのではないかという見方である。結局、当初2004年内にもと言われた欧州委員会のコミュニケーションが発表されたのは2006年3月であった。

　コミュニケーション「成長と雇用のためのパートナーシップの実践～欧州を CSR のエクセレンスの支柱にするために～ (Implementing the Partnership for Growth and Jobs: Making Europe a Pole of Excellence on Corporate Social Responsibility)[※4]」の最大の特徴は、政策方向性が打ち出されなかったことにある。唯一の具体的提案は企業の CSR アライアンスの結成であるが、あくまで CSR に関心をもつ企業の自主的な集まりを促したにすぎない。広く関心を集めていた情報開示義務や政府調達などの具体的政策についてはほとんど語って

いない。この内容から欧州委員会は企業競争力の強化に軸足を移し、CSRの主導権は雇用社会総局から企業総局に移ったとみるのが一般的である。しかし、欧州委員会の立場に立ってみれば、中小企業も含めた広範な企業にCSRに関する情報開示義務を課するなどということが現実的ではないこともまた明らかである。CSRの対象が当初の想定を超えて一般化したがゆえに、政策方向性を打ち出すことが難しくなってしまっている面は否定できない。

(2) 欧州のCSRの今後の方向性

同コミュニケーションによれば、アライアンスの優先課題として次の課題を挙げている。

①社会のニーズを満たすための持続可能な技術、製品、サービスにおけるイノベーションと企業家精神の促進
②中小企業の成長と繁栄の支援
③特にサプライチェーンなどにおいて、環境・社会面の配慮を企業の事業活動に統合していくための支援
④雇用促進のためのスキル改善・開発
⑤高齢化など人口動態の変化を考慮した多様性と機会均等への取組み向上
⑥サプライチェーンも巻き込んだ労働環境の改善
⑦製品・サービス創出プロセスにおけるエコ効率と、エネルギー節約の統合に特に配慮した環境イノベーションの促進
⑧全てのステークホルダーとの積極的対話とエンゲージメントの強化
⑨非財務面のパフォーマンスをステークホルダーにとってより理解しやすく、かつ財務パフォーマンスに統合するための透明性とコミュニケーションの向上
⑩EU域内と同様、社会・環境責任に基づく活動をEU域外でも展開

（出典）『欧州CSR動向レポートNo.2』（日本機械輸出組合：2006年）

　もちろん、このような取組みを通して欧州のCSRが地に足をつけた形で前進していく可能性は否定できず、現時点での評価は難しい。ただ、もし欧州委員会が主導性を発揮しなくなるとすれば、そのCSRの牽引役を代わって引き受ける可能性がある主体は2つである。1つは特定の加盟国。もう1つはNGOである。もしくは両方かもしれない。

　少なくとも環境規制については、北欧諸国のようにEUに先んじて措置を講ずることに価値を見出している国が存在している。CSRについても特定の加盟国が積極的なCSR政策を打ち出してくる可能性がある。その場合には国家間の制度の違いが企業の事業展開の障害となる可能性が懸念材料となるだろう。

　一方、NGOは今回の欧州委員会の「産業寄り」の対応を鋭く批判している。彼らの「不満」が産業界に向かうかもしれない。CSRに関する政策とは別のものとして、欧州委員会

および欧州各国政府はNGOに対して莫大な資金的援助をしており、このような支援は今後とも継続されると考えられる。NGOの影響力は日本では想像できないくらい大きい。今後の欧州のCSRの動向について、私は2つの意味でアンチグローバリゼーション運動の時代に一度戻るのではないかと考えている。1つは、NGOと企業の力のぶつかり合いが方向性を決めていくという意味であり、もう1つは、問題点として世間の耳目を集めやすく、かつ戦闘的なNGOが多く存在する途上国問題（典型的にはサプライチェーン中の労働問題やエクエーター〈赤道〉原則にみられる開発プロジェクト批判）が中心になるという意味においてである。

日本の関係者の間には欧州委員会がCSRについて一定のルールを作るのではないかという一面の期待と一面の不安が混在していたが、当面そのような事態は起こらないだろう。企業の自主的取組みを通じて環境、社会問題の改善を希求した「政策的」CSRとリスク回避の「現実的」CSRとの間でヨーロッパのCSRは揺れているように思える。政策当局のイニシアティブで生まれたCSRが今後どのような進路をとるのか、興味深いところである。

※1　http://www.csrEurope.org/aboutus/governance2/socialexclusion/
※2　2006年7月のプレゼンテーション
※3　「欧州CSR動向レポートNo.2」12p（日本機械輸出組合：2006年）
※4　Com_2006_0136　http://europa.eu.int/comm/enterprise/csr/policy.htm

---

藤井 敏彦　*Toshihiko fujii*

1987年東京大学経済学部卒業。同年通商産業省（当時）入省。94年ワシントン大学MBA取得。2000年より4年間、在欧日系ビジネス協議会事務局長として対EUロビイストとして活動。現在、経済産業省勤務、経済産業研究所コンサルティングフェロー兼務。主著に『ヨーロッパのCSRと日本のCSR―何が違い何を学ぶのか』『グローバルCSR調達―サプライチェーンマネジメントと企業の社会的責任』（共編著：以上、日科技連出版社）。
E-mail : weeeros@hotmail.com

CSRの基本事項

米国におけるCSRの歴史と現状

Strategic Alternative Investment Logistics 社代表、国際金融アナリスト　大井幸子

はじめに

(1) 体制へのアンチテーゼとしての市民活動

　米国では、大統領制にみられるように、トップダウンで意思決定を行う。そのため、トップには大きな権力が集中しがちである。第2次世界大戦後の冷戦下、共産主義ソビエトの核の脅威のもと、米国は、常に緊張した国際関係を前提に、対外的に覇権主義を貫くために、国内には強力な「軍産体制」を必要とした。

　軍産体制下、国益と結びつき巨大化する企業。そうした体制へのアンチテーゼとして、米国では、企業による汚染や欠陥製品に対する集団訴訟や消費者運動、人権、地域社会から環境問題まで幅広い市民運動が展開されてきた。

　体制側の企業と市民との間の闘いにおいて、米国は「法治国家」ゆえ、最終的な判断は法廷にゆだねられる。企業は敗訴すれば、実際に賠償責任をとって破綻するケースもある。企業経営者に「敗訴による事業撤退のリスク」を認めさせたことが、企業への強い「抑止力」となった。と同時に、法治国家の枠組みで、権利を守る市民の闘争手段としての集団訴訟の手続きも確立していった。

　このような米国の事情を踏まえ、「企業の社会的責任」（Corporate Social Responsibility：CSR）とは、企業側から見たあらゆる利害関係者（ステークホルダー）に対して、企業がどのように責任を果たすかという観点から論じられてきた。実際のCSRは、企業組織の様々な分野、雇用面では人事部、企業のレピュテーション・マネジメントという点ではリスク管理部、そしてブランド管理部に、それぞれ及ぶ。

(2) 多面的に活動する個人

　そもそもCSRが登場した背景には、IT革命とグローバリゼーションという大きな地殻変動がある。90年代後半以降、インターネットなど通信技術の発展により、個人は自宅にいながらいつでも好きなときに世界中の情報を得られるようになった。そして、ネットを通じた

個人は、金融市場では投資家、企業にとっては株主、さらに、経済活動を担う消費者であり、また、ボランティアに参加する地域住民として、様々な主体性をもち、多面的な分野で活動する存在となった。

こうしたネット上で多面性をもった個人が投資家としてあるいは株主として、よい運用収益を求めて企業情報に直接アクセスする。グローバリゼーションが急ピッチで進むにつれ、投資家と企業の間に存在する各国の行政や規制など、各種利権の絡んだローカルな垣根は、情報の透明性を阻む障害と認識されるようになった。そして、国境を超えたシームレスで共通の価値に基づく、新しいビジネス規範・ルールが求められるようになっていった。

(3) 企業市民は投資家に向けて情報発信する

こうした大きな変化に気づいたビジネスリーダーたちは、グローバル化時代の共通規範を「Corporate Citizenship」(企業市民)と表象し、「企業市民」への自主参加を積極的に投資家に向けてPRするようになった。こうしたIR活動がグローバル企業のイメージを高め、そして、ブランド力促進が顧客のロイヤリティーを高め、最終的には企業価値を高めるという前提に立った経営戦略こそ、競争力強化につながると考えたためだ。

こうしてCSRは、特に米国の多国籍企業などグローバル企業が持続的な事業発展と競争力を維持する (sustainable development and sustainable competitiveness) ために、自主的に投資家に向けて情報発信を行うPRツールとして波及していった。

(4) 温度差がある「社会的責任」の果たし方

しかし、実際に企業側の"Sustainable Report"を見ると、企業によって「社会的責任」の果たし方について解釈が異なり、温度差がある。まず、米国にはキリスト教的な倫理観からたばこや酒、ギャンブルを反社会的な活動とみなす伝統があるが、こうした道徳的価値観から企業倫理を守るべく自主規制を行っているという意味で、CSRを捉える企業もあれば、道徳的価値観を広い意味で遵法精神と解釈し、コンプライアンスの徹底という意味で、CSRへの取組みを印象づける企業もある。あるいは、慈善事業に多額の寄付を行い、従業員にボランティア活動を促すことで社会的責任を果たしているとアピールする企業もある。また、企業側の記述の中には、客観性を欠いた自画自賛的な内容もあり、あるべきCSRとは異なるという批判もある。

本稿では、企業側からではなく、様々なステークホルダーの立場から、米国のCSRについて概観する。この場合、ステークホルダーを静態的な利害関係者として位置づけるのではなく、意識をもって行動し、既存の企業との関係を改善しようと変化を起こす主体と捉える。

そのうえで、まず、経済の屋台骨である金融市場において、ステークホルダーである投資家 (=株主) がどのようにCSRを推進してきたか、SRIの発展に触れる。そして、資本市

場でサーベンス・オクスレー（SOX）法制定の意義について述べる。

次に、金融資本市場から視野を広げ、ステークホルダーの多面性に注目する。GDPの3分の2を占める個人消費の主体としての消費者、と同時に生産活動を行う企業にとっては従業員、また法治国家の一員としての市民、あるいは地域のボランティア活動に従事する住民、NPOや基金活動への参加者、そうした行動する個人の多面性を前提に、米国の企業が社会的責任をどのように認識し果たしているのか、それぞれのCSR事情について概観する。

最後に、グローバリゼーションが進む今日、米国の多国籍企業の事例を参考に、将来の見通しについて述べる。

1 金融市場とステークホルダー（投資家・株主）～SOX法の重要性

（1）直接金融と運用の大衆化

金融市場とCSRについて考えるとき、米国には1980年代以降、2つの大きな契機がある。1つは、直接金融である。1980年代にレーガン大統領が金融自由化を推進し、企業経営はその根幹となる資金調達を借入れではなく、証券化や社債発行を利用して直接市場から行うようになった。こうした間接金融から直接金融への流れ（disintermediation）のなか、企業経営はウォール街の投資銀行に代表される金融資本との関係を深めていった。

もう1つの契機は、「運用の大衆化」である。1990年代後半には、IT革命で右上がりの株式市場が出現した。多くの人々は値上がりを見込んで株や公募投信（ミューチャルファンド）に投資した。投資信託など金融商品は順調に売れ、個人投資家の持ち株比率が高まった。同時に、企業にとっては株主の裾野が広がり、運用会社にとっては「運用の大衆化」が進んだ。

また、インターネットが普及するにつれ、オンライン取引などのインフラ整備が進み、一般の個人投資家も機関投資家と遜色のない金融サービスを安く、速く、使えるようになった。IT革命は、株式市場の活況を通して、投資家・株主の経営への参加意欲を高め、その動きを加速させた。

右上がりの株式市場で家計部門が直接の株式保有を増やすなか、企業部門は株価維持の努力を惜しまなかった。企業はスリム化を目指し、従業員の福利厚生の負担を減らす目的で確定給付型の企業年金から個人向けの確定拠出年金（いわゆる401k）への移行を奨励した。こうした株価至上主義は、株主に、そしてストック・オプションを与えられた従業員や経営者にも、すべてのステークホルダーにとって、株価が上昇し続ける限りは、プラスに作用した。

（2）ITバブルの終焉と会計不祥事

しかし、2000年4月にナスダック市場が急落、ITバブルは終わった。続く2001年には世界同時多発テロが勃発。ブッシュ政権は「テロとの戦い」を宣言し、先行き不安のなかマーケットは続落した。そして、2002年、株価至上主義のマイナス面が一気に噴出した。エンロン、ワールドコムを始めとする多くの企業が、株価をつり上げるために会計を不正に偽造し、虚偽の報告をしていた。しかも、監査法人をも巻き込んでである。

さらに、監査法人に加えて投資銀行のアナリストまでもが虚偽の株式リポートを投資家向けに発信していた。実際に、ドットコム銘柄などインターネット関連株の発行引受け先の大手投資銀行は、アナリストたちに圧力をかけて、株価を上げるために価値がないとわかっている銘柄を推奨するリポートを書かせていた。新株発行の引受け部門と、投資家向けに客観的な株式リサーチを行う調査部門とは、明らかに利益相反を起こしていた。

大手投資銀行のリサーチを信じて推奨株を買い、その後のバブル崩壊で多大な損失を受けた個人投資家が続出した。彼らは、大きな値上がりを見込んで、確定拠出年金を株式投資につぎ込み、将来の年金の原資を失い、リタイアできなくなってしまった。

広範な個人株主からの圧力を受けて、米国議会は個人投資家保護の立場から公聴会を開き、ウォール街の投資銀行の関係者を召集した。個人株主のみならず大手ミューチャルファンド運用者もまた、株価下落で大きな損失を被った。やがて、投資銀行の責任が問われる裁判が始まると、個人投資家も機関投資家も一丸となって「モノ言う投資家」として発言力を強めていった。

（3）サーベンス・オクスレー（SOX）法の制定

2002年7月に、大統領署名により、サーベンス・オクスレー法案が法律として承認された。通称SOX法は、"To protect investors by improving the accuracy and reliability of the corporate disclosure made pursuant to the securities laws, and for other purposes"（投資家保護を目指し、証券法に従い、またその他の目的のために、企業財務の開示における正確さと信頼性を改善する）という一文で始まる。

SOX法はエンロン、ワールドコムなど一連の不正会計事件の反省に立って、ここで起こったあらゆる犯罪を将来にわたり防止することを目的とする。具体的な内容は、上場企業の会計監視、監査法人の独立性、企業責任、財務会計ディスクロージャーの徹底、会計虚偽報告に対する処罰、ホワイトカラー犯罪など広範囲に及ぶ。

特に重要なのは、第一に、内部統制の強化と経営者による不正行為に対する罰則の強化である。企業内部の財務責任者および経営責任者に対して、虚偽の申告があった場合、個人的な刑罰が課せられる。第二に、会計報告の透明性を高めるためのデータ、プロセスの明確化など会計システムそのものの証明が要求される。これはシステムへの投資など、特に中小企

業にとっては大きなコスト負担になる。第三に、SOX法は、米国の上場企業とその連結対象会社、また米国証券市場に公開した外国企業にも適応される。今後、日米間で三角合併の動きが活発化するなか、世界戦略を目指す日本企業にとってもSOX法は重要性を増すだろう。

(4) 厳格なSOX法のマイナス面

　その一方、米国では今、SOX法のマイナス面が問題視され始めている。新規事業を育成するベンチャー・キャピタルがSOX法の見直しを迫っている。起業家にとって、新株発行により公開企業になる（IPOを果たす）ことは成功の証であった。しかし、National Venture Capital Association（NVCA）によると、2006年第3四半期（7－9月期）にベンチャー・キャピタルの支援を受けてIPOを達成した企業数はわずか8件、総額9億3,400万ドルと、先細りのペースになっている。

　IPO減少の原因は、実はSOX法の影響にあるというのがベンチャー・キャピタリストの意見である。会計ルールが厳格になり、大手会計事務所が中堅の成長企業の監査を躊躇するようになってきた。会計事務所にとっては監査のリスクが少ない安定した大手企業がよい顧客であり、会計リスクの高い成長企業は監査に高い手数料を払わなければならず、これが比較的スタートアップに近い成長企業の財務を圧迫する要因になっている。

　こうした状況下、バイオやハイテクなどの分野で優れた技術をもつ成長企業は、IPOで資金調達を行う公開市場へは行かず、私募市場で投資ファンドから資金調達を行い、M&Aやマネジメント・バイアウト（MBO）の手法を使うようになっている。IPO減少はやがては公開市場の勢力減退につながるだろう。SEC（証券取引委員会）はSOX法の中小企業に与える弊害について調査を開始するといわれており、SOX法の行き過ぎの是正が求められている。

2 NPOとステークホルダー～SRIの重要性

　SRIは、金融資本主義体制下、同じ趣旨に賛同する「清き一票」を集めたファンド（Social Responsible Funds: SRF）運用といえる。投資家には、個人のほか、ミューチュアルファンド運用者、年金などの大手機関投資家、財団、大学基金などが含まれる。World Bankの"CSR Main Concept"によると、SRFはいまや第四世代である。

　第一世代SRFは、「ネガティブ・クライテリア」に基づくファンドで、投資家へ社会道徳に反する分野（たばこや酒、ギャンブルなど）への投資を行わないと確約している。第二世代SRFは、「ポジティブ・クライテリア」に基づくファンドで、環境や社会的政策など特定のセクターやテーマに的を絞って投資する。

　第二世代から発展した第三世代SRFは、「サステナブル・ファンド」と称される。投資先

企業が持続的な起業家精神（サステナブル・アントレプレナーシップ）に基づいているかどうか、あらゆる角度から調査したうえで投資を行う。さらに第四世代SRFは、文字どおり「社会的責任」を果たす幅広い領域へ投資する。ファンドは、投資先の経営者、従業員、顧客、仕入先、組合、環境問題の専門家、平和活動家などあらゆる関係者（ステークホルダー）が同じ価値を追求し、相互に緊密なコミュニケーションをとることに重点を置く。

米国ではSRFは1997年から99年にかけて飛躍的に増加した。その背景には、IT革命以降、インターネットによる低コストの通信網が整備され、情報がシームレスにしかも瞬時に伝わる「フラットな世界」が出現するにつれ、投資家の民意の汲み上げや世論形成が、速く、効率的に行われるようになったことがある。

投資家である株主の発言力が増すにつれ、反グローバリズムや人権問題がクローズアップされ、NPOの活動がCNNなどメディアで取り上げられ、世論の誘導という点において、SRFとNPOは重要な役割を果たすようになった。例えば、1999年の「グローバル・サリバン原則」確立においては、人種差別的雇用政策に反対する市民運動団体は世論をリードした。

社会・環境・倫理面で正しいと信じる投資を行うSRIは、経済的な収益性が最終的な目標ではないため、市場の主要インデックスやSRI以外のファンドと比較することは「りんごとオレンジを比べる」ようなものである。りんごをりんごと比較するには、以下のようなSRI関連インデックスをベンチマークとして利用することが望ましい。Dow Jones Sustainability Group Index（DJSI），FTSE 4 Good, Calvert Social Index, Domini 400 Social Index（DSI）

3 米国企業の取組み

（1）グローバル化するライフスタイル：スターバックス・コーヒー

スターバックス・コーヒーは、東京でもマンハッタンでもおなじみのコーヒーショップである。コーヒーを楽しむというライフスタイルは、世界中の街角に普及している。同社はグローバル化するコーヒーを文化的メッセージとし、世界でのブランド普及によるフランチャイズ展開をしている。そのメッセージの中核に、企業と従業員、生産者と消費者が目標を共有する、グローバル・パートナーシップを位置づける。

また、グローバル化するコーヒー文化とCSRのテーマとを呼応させ、企業ぐるみで環境問題、地域社会の強化に取り組む姿勢を打ち出す。具体的には、コーヒー栽培に関しては、発展途上国の生産者の家族、地域社会との直接的な連携、公平な取引価格で取得したコーヒーの提供を強調する。

加えて、リサイクルなど環境に優しい配慮、スターバックス財団による子どもたちへの慈善活動、そして民主主義と自由の精神から、海外駐在の軍人およびその家族への支援活動も

行っている。この点は、米国人からみると非常に愛国心に満ちたメッセージとなっている。

さらに、同社の本拠地シアトルでは積極的に地域社会への収益還元を実施している。識字率向上プログラムのために図書館へ50万ドルを寄付、シアトル交響楽団に55万ドルを寄付、キング・カントリー公園へ10万ドルを寄付、また、「スターバックス&マジック・ジョンソン」という街角のコーヒー店を、地元の起業家たちの溜まり場として地域活性化につなげようと草の根的なプログラムも実行している。

（2）地域活性化を機軸に環境保護へ拡大していく金融CSRの根源的な姿：ショアバンク

スターバックス・コーヒーは1997年に設立された比較的新しい企業であるが、1973年創立のショアバンクは、地方銀行として草の根的な地域活性化に取り組んできたパイオニア的存在である。ショアバンクはその誕生から人種差別をなくし、地域のマイノリティの人々の健康増進と地域社会経済の発展のために貢献してきた。

ショアバンクの前身、サウスショア・ナショナルバンクはシカゴ市の南側にあり、当時この地域にはマイノリティ人口が流入した。同行の財政事情は悪化し、市の北側の商業地域への移転を申請した。ところが連邦規制当局が移転を拒否したため、同行は売りに出された。そのときに同行の4名の従業員が有志としてこの銀行を買い取り、資本金80万ドルとアメリカン・ナショナルバンクから230万ドルの融資を受けて創業したのが、ショアバンクである。

ショアバンクのミッションは、まず地域経済の悪化をくい止め、そして再生・活性化することだった。そのためには、まず地域住民が健康で汚染のない環境で生活することを基本方針とし、ショアバンクは銀行としては最も早い時期、1994年から環境問題に取り組んできた。そして、自らが手本となるよう、行内で省エネとリサイクルの実施、再生品購入を始め、その情報を顧客である預金者に広め、地域全体で環境問題の意識を高める教育活動を実践した。さらに、省エネ対策のためのビルの建替えに融資するなど、地域環境に直接影響のある不動産開発を優先的に支援した。2000年以来、シェアバンクは1億8,200万ドルを地域の再開発に直接投資し、目に見えて環境整備が進んだ。

ショアバンクには、預金者である地域住民、地元企業のためにユニークなプログラム、Development Deposit（開発のための預金）と Eco Deposit（環境のための預金）がある。どちらのプログラムも預金保険機構による10万ドルまでの保証や金利など、通常の銀行預金と変わらない。違うのは、このプログラムを通して地域住民の預金が地域開発融資、中小企業融資、アパートなど住宅の再開発、あるいは熱帯雨林の保護など環境、リサイクルなどに投資される点にある。

ショアバンクのCSRは単なる哲学的なアピールではなく、規模は小さくとも身近で具体的なプログラムを地域住民である預金者と共に実践していく、きわめて草の根的な姿勢が貫かれている。その意味で、ショアバンクの取組みこそ、「地元地域活性化を機軸に環境保護へ拡大していく金融CSRの根源的な姿」と評価できる。

(3) トップダウン型CSR：フォード

ショアバンクの草の根的なボトムアップ型CSRとその実践に比べて、米国の3大自動車メーカーの1つ、フォードは、実践的な地域社会への貢献というボトムアップというよりは、英、米、中国など各生産拠点地域の経営トップに任せる、トップダウン形式である。フォード社長は、会社全体として環境保護への予算枠の拡大、元メリルリンチのトップアナリスト、ジョン・カセッサをCSR政策担当に任命し、企業の取組み方に一貫性を与えようとしている。

(4) 消費者へのブランド強化：P&G

P&Gは創業169年の米国老舗企業である。日本でもおなじみのおむつのパンパースなどの身近な生活用品メーカーとして、220億ドルものブランド品を世界の家庭に提供している。同社CSRのミッションは「生活の質の改善：Improving Quality of life」であり、製品のブランド力を高める、消費者への力強いメッセージとなっている。

同社のグローバル・サスティナビリティでは、経済発展、環境保護に取り組み、ジレットとの合併後はエンドユーザーである消費者への慈善活動に結びつける努力をしている。その一環として、パンパース部門では、赤ちゃんの健康、医療部門、特に中国の小児病院への寄付などに注力している。さらに、同社はNPOと協力し、基本的な生活の質に関わるもの、例えば飲み水について、途上国10ヵ国に安全な飲み水を供給するなど、「生活の質の改善」を中核として公衆衛生に関わる取組みを行っている。

(5) GRIへの取組み：バクスター

バクスターは、グローバルに事業展開するヘルスケア企業である。同社のサスティナビリティのアプローチは、1999年の早い時期からGlobal Reporting Initiative (GRI) ガイドラインに基づく報告書づくりに注力してきた。バクスターは客観的基準に批准したサスティナビリティ・リポートを報告し続けているパイオニア企業である。同社はサスティナビリティの重要性は、「限られた経営資源を最も効率的に活用する」ことにあると述べている。経営資源の配分の優先順位を決める際に、このリポートを活用するという。

CSRの国際的な基準は、製造業など具体的な製品に関しては国際規格を設けることで、統一化が進んでいる。バクスターは、グローバル企業として自らGRIガイドラインに照合し国際規格を内規としたところにCSRに真摯に取り組む姿勢がうかがえる。

4 米国におけるCSR～本音と建前

将来、米国企業がCSR国際基準に積極的に取り組むかどうかについては、本音と建前

がある。一般にCSRは倫理・道徳的にグローバル企業が取り組むべき課題と認識されている。ビジネスニュースによると、MBAを目指す若い世代の8割がCSRは必要だと感じている。問題は、資本主義という建前、システムにおいて、CSRをどのように推進できるかである。

　資本主義である限り、株主に選ばれた執行役員は「会社は株主のもの」という原則をもって経営にあたらなければならない。企業が常に生きるか死ぬかの厳しい競争にさらされている環境下、CSRは株主と株主以外のステークホルダーの利害調整機能としてどのくらいの利用価値があるのか、これが経営者の現実的な本音である。

　理念的にはCSRはステークホルダーの利益を調整し最大化すべきである。しかし、すべての外交と同様、個々のステークホルダーにはそれぞれの利益のためのアジェンダ（政策目標）がある。例えば、労働組合やアクティビストなど企業経営に反対する人々の意見を取り入れれば、企業は消費者やユーザーに不利なサービス提供や価格設定を余儀なくされる場合がある。労働組合やアクティビストの利益をユーザーや株主の利益よりも優先すれば、その企業の株価が下がり、経営が悪化し、破綻するという最悪のケースも考えられる。

　資本主義である限り、公開企業は株主の利益を長期にわたり最大化すること「持続的収益：sustained profitability」が最重要課題である。これが米国企業の原則、行動原理である。その一方で、新興諸国が経済発展を遂げていくなか、グローバリゼーションの動きは加速され、世界に占める米国経済の役割は相対的に低下していく。米国の一国覇権主義が傾き、米国の資本主義原則そのものが、国際的な利害調整を阻むという事態も、今後十分に予想される。

　その場合、個々の企業のCSRの取組みが、様々なステークホルダーの国際的な利害調整を行う機能を果たすだろうか。この問いは、国際連合がすべての主権国家間の利害調整の場として有効性を保てるのかどうかという問いに類似している。グローバリゼーションを所与としたビジョンを掲げる経営者の台頭、行動する若い世代の登場、こうした新しい変化が、CSRをさらに次の段階へ推し進めていくだろう。

大井幸子 *Sachiko Ohi*

1981年慶応義塾大学卒業。83年同大学院経済学修士。85年からフルブライト奨学生として米国スミス・カレッジとジョンズ・ホプキンズ大学院高等国際問題研究所に留学。87年同大学院経済学研究科博士課程修了。明治生命保険国際投資部勤務後、89年格付け機関ムーディーズ社へ転職のためニューヨークへ移住。2001年コンサルティング専門会社SAIL社をニューヨークに設立。証券化による直接金融やオルタナティブ投資・運用など金融の最先端に立つ。著書に、『ヘッジファンドで増やす時代』（共著：東洋経済新報社）、『ウォール街のマネー・エリートたち』（日本経済新聞社）ほか、その他論文多数。

CSRの基本事項

開発途上地域におけるCSR

財団法人 地球・人間環境フォーラム 主任研究員　**満田夏花**

　本稿においては、開発途上地域、とりわけアジア地域におけるCSRの背景と現状について述べる。

1 市民社会からの批判が築いたCSRの「ミニマム・ライン」

(1) 資源採掘産業とCSR

　開発途上国においてのCSRは、しばしばグローバル企業が引き起こした人権侵害や環境汚染、労働問題などに対するNGOをはじめとする市民社会からの厳しい弾劾の経験を経て、その基盤が築かれてきたと考えられる。

　特に、石油や鉱物といった採掘産業、大規模プランテーション経営を伴うアグロビジネスや関連する食品関連産業、労働集約型のアパレル・スポーツ用品産業において、多くみられる。以下、いくつかの事例を概観する。

　軍事政権と結びついたロイヤル・ダッチ・シェル社(以下、「シェル」という)等の国際石油メジャーによるナイジェリアの大規模な石油開発は、地元住民、特にオゴニ族の居住地、農地や水源を汚染した。1995年、これに抗議した作家のケン・サロウィワら9人の環境活動家が、ナイジェリアの軍事政権に処刑された[※1]。この時、国際世論の非難は、ナイジェリア政権はもとより、軍事政権の財政基盤を支えていたシェルに集まり、不買運動が起こったほか、シェルはアメリカで訴えられた[※2]。

　シェルは、1997年から「シェル・レポート」を発行し、経済・環境・社会の価値に基づいた企業戦略を打ち出している。生物多様性の保全、関係者の意見の尊重、環境影響評価の徹底を行い、さらに世界中の国際的な研究機関やNGOと協働して、世界中で120もの生物多様性関連のプロジェクトに参加している。一方で、個々の事業へのNGOの監視の目は依然として厳しく、国際環境NGO、FoEは「輝きのかげで」「学ばれなかった教訓」などの「もう1つのシェル・レポート」を刊行し、ニジェール・デルタ(ナイジェリア)、ダーバン(南アフリカ)、サンパウロ(ブラジル)、パンダカン(フィリピン)などにおけるシェルの操業を批判している。ナイジェリアの石油開発に対する紛争は現在も続き、人権侵害や反

対運動への弾圧も深刻な状況である[※3]。

　アフリカのコンゴ、アンゴラ、シエラレオネにおいては、コルタン（タンタルを含む鉱石）やダイヤモンドの採掘が資金源となり、各勢力の間の紛争を長引かせる要因となったことはよく知られている。これらの採掘は、紛争の資金源となっているばかりか児童労働の温床でもある。このため、ノキア社は携帯電話に使われるタンタルにコンゴ産のものは使わないことを宣言している。ダイヤモンド業界では、"紛争のダイヤモンド"の販売を避け、ダイヤモンドの出所を明らかにするという「キンバリー・プロセス」に合意している。

　インドネシアにおいては、フリーポート・マクモラン社（本社：アメリカ）のパパア（イリアンジャヤ）における鉱山操業が、周辺の山地や河川、湿地に大量のテーリングを投棄していること、人権侵害、軍との癒着などによって、政治問題とも結びつき、たびたび新聞紙上をにぎわしてきた。スラウェシで操業を行っていたニューモント・ミナハサ・ラヤ社についても、テーリングの海中放流（STD：Sub-marine Tailing Disposal）が、スラウェシ島のブイヤット湾における住民の健康被害の原因になったとして、訴訟が生じている[※4]。

（2）大規模農園における人権侵害の実態

　人権侵害や環境破壊は、開発途上国にとって有力な外貨獲得手段となる、カカオ、ゴム、サトウキビ、アブラヤシ等の輸出型農産物を生産する大規模農園においても生じがちである。
　チョコレートの主原料であるカカオは、西アフリカ諸国において多く産出されている。しかし、厳しい競争により価格が低く抑えられ、生産農園は安い労働力を必要としてきた。この労働を担うため、およそ25万人もの子どもたちがカカオ農園で働かされていたと推定されている[※5]。コートジボアールにおいては、推定1万5,000人から5万人の子どもたちが、近隣の国（主としてマリ）から奴隷のように連れてこられ、逃げようとしてつかまり、ひどい制裁を受けた少年もいる[※6]。2001年、カカオ豆農場に連れていかれるはずの子どもたちを乗せた船が消息を断ったというエティレノ号事件により、このような児童労働の実態が欧米において広く報道され、世論が盛り上がった[※7]。この時も、政府のガバナンスの不在よりもむしろ、ネスレ、キャドバリー・シュウェプスをはじめとするカカオ豆のバイヤーであるグローバル企業の倫理的な責任が鋭く問われたのである。アメリカのトム・ハーキン議員がこの問題を積極的に追及し、2001年、チョコレート、ココア業界の企業、労働組合、消費者団体、NGOは、カカオ栽培における最悪の形態の児童労働と強制労働をなくすことを目的とした協定を締結。国際世論が業界を問題の解決に向けて動かした一例である[※8]。なお、批判を浴びた企業のうち、例えばキャドバリー・シュウェプスは、カカオ豆のみならず、ヘーゼルナッツ、パーム油などの農産物についても生産国における調査を行い、サプライヤー（供給先）のチェックや資格認定、働きかけ、バイヤーのトレーニング強化などを行っている。
　ゴムにおいても同様の問題が生じている。リベリアにおけるファイアストン・プランテーションでは、過剰なノルマを課されたため、子どもも含む一家総出で1日12～14時間もの長

時間労働が行われていた。また、農薬や殺虫剤の使用による危険な労働環境が指摘されている。これにより、ファイアストン・プランテーションの労働者計35名が、2005年11月、アメリカに本部を置く国際人権NGO国際労働権利基金（ILRF）を代理人として、ゴム園を経営するファイアストン・プランテーションのみならず、アメリカ側で直接ゴムを輸入するファイアストン天然ゴム会社（本社：米国）、ブリジストン・アメリカス・ホールディングス（本社：米国）などを相手取り、訴訟を起こしている[※9]。

(3) ナイキの教訓とサプライ・チェーン管理の強化

アパレル・スポーツ用品業界においては、1990年代半ば頃から開発途上国の工場において、劣悪な労働環境を放置、あるいは過酷な契約により促進してきたことが批判された。特にナイキのベトナムの下請け工場において、生産コスト削減のために労働者が搾取されていた例が典型的であり、NGOのキャンペーンにより大規模な不買運動が展開された。ナイキはこの批判を教訓とし、開発途上国における労務管理体制とNGOとのコミュニケーション戦略を打ち立てている。

近年では、2004年3月、アテネオリンピックを前に、オックスファム等3つのNGOが「オリンピック・キャンペーン "Play Fair at Olympic"」を立ち上げた。これは国際オリンピック委員会（IOC）およびいくつかのスポンサー企業に対するもので、スポーツ用品を生産する労働者の権利向上を呼びかけたもの。キャンペーンでは、サプライヤーが納期をせかされる結果、労働現場では、時間外労働、休日が保証されないなどの状況が生じていること、あるいは最低賃金が支払われていない現状があることが指摘された。この中には、アシックス、ミズノなどの日本企業の名前も挙げられていた。このうち、ミズノは、指摘を受けて調査を行い、他社の経験も踏まえて「労働慣行」「環境保全慣行」を柱とする「供給者基本原則」を策定し、サプライヤーの当該原則の遵守を求めている[※10]。

以上、いくつかの事例を概観したが、開発途上国において強大な影響力を有するグローバル企業の操業または購買行動が、時に大きな社会問題を引き起こし、被害をもたらしてきたこと、NGOの告発に端を発した国際世論による批判、ボイコット運動、訴訟などにより企業自体も手痛い制裁を受けてきたこと、それによりある企業は、開発途上国における現地法人または関連企業、サプライヤーも含めた形でのCSR戦略を構築していったことなどは注目される。このように構築されていったCSR戦略は、リスク管理の色彩が強く、企業活動のネガティブ・チェックの機能に重点を置いていることが特徴である。

今なお、開発途上国において、グローバル企業の経済活動に関係した人権侵害や環境破壊などは依然として生じている。大きな利権を生む経済活動ほど、国家権力と深く結びつき、弱い立場の住民などの声がかき消されてしまいやすいこと、メディアやNGOの監視の目が及ばない国ほどこうした問題が表面化せず、解決が難しいことにも留意しなければならない

だろう。

2 CSRの現状～アジア諸国を例に

(1) 広がるCSRの取組み

アジア地域においては、2002年頃からCSRアジアフォーラム[※11]など定期的にCSRに関する国際会議が開かれ、さらにASrIA[※12]、PBSP（Philipinnes Business for Social Progress）[※13]、SVN（Social Venture Network）、CCSR（Center for Corporate Social Responsibility）[※14]、KIASIA（Kenan Institute Asia）[※15]などCSRやSRIに関するNGOがアジア地域のネットワークを形成し、CSRの促進に寄与している。

また、本社のCSR方針に準拠する外資系企業、また先進国のサプライ・チェーンに組み込まれた輸出型企業を中心に、環境、人権、労働、貧困などの分野においてCSRの取組みが広がっている。これらの企業のあるものは、サプライ・チェーンを通じたCSRの浸透に貢献している。

例えば、ネスレ・フィリピンは2000年から「サプライ・チェーンのグリーン化」プログラムを開始、サプライヤーに対し環境管理能力を強化するための情報提供、トレーニング、サプライヤー同士の対話・情報交換の場の提供を行うことにより、大きな効果をあげている。インドネシア・エプソン・インダストリーでは、大口のサプライヤーの監査を行う一方、CSR調達やISO14001に知見をもつ社員グループが、サプライヤー企業に対する情報提供、説明会の開催、問題解決のための支援にあたっている。

また、農民の経済的な自立を図り、農村の貧困削減に寄与し、これがビジネスとして成功している例もある。タイの農村部においては市場に出荷するルートを持たない多くの小規模農家が、農産物を仲買人に安く買い叩かれているという現状がある。農産物の輸出を手がけるタイのスウィフト社は、農家から高品質の農産物を公正な価格で買い取り、海外向けに輸出するというビジネスを展開している。同社がユニークなのは、作付け前に買取価格を保証し、農家に作物ごとの委員会を作るように働きかけ、さらに専門家を派遣して有機農業などの農業指導を行っていることだ。農家の能力の向上と公正な取引の双方を両立させ、さらにヨーロッパや日本の環境や社会を意識した買い手のニーズも満たすことによりビジネス上の成功も得ている。これは、地域の課題を解決するために、国際的に高まるCSR調達の気運やフェアトレードの考え方を取り入れた新しいビジネス・モデルとして注目される。

(2) 多様なCSRの捉え方

とはいうものの、アジア地域においてCSRは比較的新しい言葉であり、CSRの捉え方もまちまちである。報道や国際会議の議論を概観しても、CSRは企業の経済活動に伴う環境

社会影響を未然に防ぐための取組みとして語られることもあれば、伝統的な寄付に代表される慈善活動、あるいは貧困削減のためのコミュニティ開発などと同義で語られることもある。さらに、頻繁にデモや紛争が発生し、グローバル企業がそのターゲットになりやすい国々においては、CSRを危機管理体制の一環として捉えるニーズもある。多様なCSRの捉え方は、相互に関連し合っており、なかなか切り分けることは難しいのだが、その対象範囲、また考え方のポイントにより、以下のように整理を試みた。

【図表　CSRを考える際の範囲／視点とその取組み事例】

範囲＼視点	リスク管理	ネガティブ・インパクトの回避	ポジティブ・インパクトの付与または最大化
自社のグループ企業の活動範囲	例）法令遵守、公害対策、環境管理計画、社会方針などの徹底など	例）公害対策、環境管理計画、社会方針などの徹底など	例）現地雇用の確保、従業員教育、環境対応製品の開発、環境ビジネスなど
サプライ・チェーンの範囲	例）サプライヤー管理、監査など	例）サプライヤー管理、監査など	例）サプライヤー支援、生産者支援、CSR調達など
地域社会	例）地域社会への各種寄付および支援、災害支援、賄賂の禁止・汚職の撲滅など	例）環境社会影響評価の実施・公表、賄賂の禁止・汚職の撲滅など	例）貧困対策支援、コミュニティ開発、災害支援など

　これらはすべてCSRの重要な要素といってもよいが、それぞれの国の抱える社会的な課題や優先順位、企業文化、あるいはCSRを扱う主体の利害関係に応じて、力点の置き方は異なっているように思える。例えば、貧困対策や教育支援へのニーズが高いフィリピンやインドネシアのような国々においては、農村開発や教育支援などの分野での地域社会への支援が、重要なCSRプログラムとして強調される。インドネシアにおいても、災害支援、コミュニティ開発などをCSRの同義であるかのように考えられている。これは、欧米系企業が、立地する周辺地域におけるコミュニティ開発を「我が社のCSRプログラム」として宣伝してきていることに加え、災害緊急支援もCSRの一環として大きく扱われること、また地域において活動を行う草の根活動型のNGO等も、こうした「流行」を利用していることなどによると考えられる。

　一方で、地元の中小企業の大多数にとっては、まだまだCSRは縁遠い概念であり、キャパシティの限界から、「法令遵守もままならない」というのが実態である。当面、CSRの推進役としては、グローバル企業およびそのサプライ・チェーンに組み込まれた輸出産業が大きな役割を果たしていくだろう。

　CSRに関するアジア諸国のNGOの見解は興味深い。NGOとして企業と協働して活動するチャンスであると認識するNGOもいる一方、企業活動の環境・社会面での負の影響から世間の目をそむけるためのグリーンウォッシュの一種であるとして疑問視する見方も根強い。
　「すべてのCSRがグリーンウォッシュだとは言わないが、私たちは企業が掲げているCSR

の看板よりも、その企業が実際に何をやっているのか、その影響について注意深く見る必要がある」というのは、インドネシアの大手の環境 NGO である Walhi の見解である。これらの CSR に懐疑的な NGO は、特に企業の本業に起因したネガティブ・インパクトの低減を重要視しており、寄付やコミュニティ開発について懐疑的な意見を呈することが多い。一方、CSR を「企業の社会的な説明責任を向上させるための機会」と捉えるのは、BWI（ビジネス・ウォッチ・インドネシア）や PBSP（フィリピン）のような NGO である。これらの NGO は、CSR を利用して、企業の環境・社会側面のパフォーマンス改善のためのプログラムを実施している。

（3）企業と NGO のパートナーシップ

　前述のとおり、現在、開発途上地域において先進的な取組みを行っている企業のうち、特に欧米系の企業の多くは、過去 NGO からの批判やキャンペーンにさらされた経験をもつことは見逃せない。市民社会の幅広い支持と専門知識を背景に、徹底的にグローバル企業をウォッチし、問題を提起する NGO の影響力は大きなものがある。

　一方で、企業会員を多く有するネットワーク型 NGO、また、農村開発や貧困削減、教育などに現地で取り組む事業実施型の NGO は、企業にとって特に「ポジティブ・インパクトの増大」「付加価値創出」といった面からの CSR 推進のパートナーとして重要である。グローバル企業に対してキャンペーンを行っている NGO も、企業の重要なパートナーになる例もある。NGO のタイプやその機能は非常に多面的であるが、CSR との関連でいえば、例えば以下のような類型化が考えられよう。

① 問題提起型／政策提言型 NGO

　グローバル企業の行動をウォッチし、開発途上国で生じている環境社会問題を現地の住民を代弁して国際社会に問題提起を行う。また、これらの事態が生じないように政策提言を行う。こうした NGO の活動の結果、問題を引き起こしたり放置したりした企業は世間からの評判・企業価値が下がるという現実のコストを負うことになる。言い換えれば、グローバル経済の外部不経済を内部化する役割の一端を担っていると考えられる。企業側から言えば、これらの NGO は問題点を指摘してくれる外部モニターであり、企業戦略の立案にあたり、これらの NGO と対話を行い、その意見を取り入れる価値は高い。

〈事例〉インドネシアにおけるオックスファムとユニリーバとの共同調査「多国籍企業と貧困削減」
　　　　ユニリーバとオックスファムの間で、多国籍企業の地域社会への影響、貧困との関係について調査を行ったもの。ユニリーバ・インドネシアの経済活動が地域に与える

> 影響を、サプライ・チェーンにわたって把握し、直接・間接の雇用効果、市場の低所得者層への影響、コミュニティに対するより広い影響などについて記述することを試みている。

② ネットワーク型 NGO

　企業のネットワーク化を行うことにより、CSR に関する企業相互の情報やグッド・プラクティスの共有を進める。事業実施型 NGO と、企業や国際機関との間の仲介を果たすこともある。企業にとっては、これらの NGO は、自らの CSR 戦略構築のための情報源であり、さらに CSR 活動を自社内部にとどめずサプライ・チェーンや社会全体に広げていくために活用できる可能性もある。

> 〈事例〉PBSP（フィリピン）の「サプライ・チェーンのグリーン化事業」
> 　　　PBSP は、参加企業に対して「サプライ・チェーンのグリーン化」に関するツールの提供、トレーニングを実施し、バイヤー各社が自社のサプライ・チェーン全体の環境パフォーマンスを向上させることを狙っている。

③ 事業実施型 NGO

　環境問題、農村開発、貧困問題、医療、教育、フェアトレードといった分野で、現場に入り込んで事業を実施する。専門性が高く、国連機関や企業のパートナーとなる実力を有する NGO もある。NGO によっては営利コンサルタントとの差が不明瞭な場合もある。企業にとっては自らの CSR 戦略に基づき、現地の社会的要請に応えるための具体的な活動を展開する際の良きパートナーとなる可能性は高い。

（4）CSR を利用・推進する各国政府

　アジアの各国政府は、CSR への対応は経済の国際水準対応の重要な要素であり、輸出力を高め投資を呼び込むためには不可欠であるという認識に基づき、CSR の促進に熱心に取り組んでいる。この背景には、企業をコントロールし、あるいは政府だけでは解決ができない貧困や環境汚染などの社会的課題の解決に、経済力をもつ企業の力を活用していくために、CSR を利用することが得策であるといった思惑もあるようだ。

　例えば、インドネシアでは、インドネシア環境省が、企業から提供された環境情報をもとに、企業を 5 段階に格付けし、公表するという PROPER（Performance Level Evaluation Program）制度を設けている。従来は環境パフォーマンスを評価する制度であったのだが、2005 年からはコミュニティ開発を、2006 年からは CSR を評価指標として加えた。2005 年には 466 の企業を評価し（うち、180 が外資系企業）、2006 年には 678 の企業を評価している。PROPER への参加は自主的なものであるが、環境省は、上場企業、輸出企業、環境負荷が大きい企業には参加を強く要請している。2 年連続「黒」（法令遵守に向けた努力を行っていない）と

評価された企業には融資をしないという銀行もあり、企業にとっては影響力のある評価制度となっている。

一方、中国では、2005年だけで、政府あるいは政府関係機関が主催するCSRセミナーが100以上も開催されたという[16]。2005年11月には、上海におけるグローバルコンパクトに関する国際会議「連合国全球契約峰会・中国」において、CSRを促進するための各種の制度や法整備などの政府の役割を強調した「上海宣言」を採択、中国政府がCSRの推進に積極的に関わる方針を明示した。中国においては、NGOの糾弾を受けて、特にアパレル、スポーツ用品などの労働集約型産業において欧米企業による契約工場やサプライヤーの社会面からの監査が進められてきたが、当初は中国の産業界はこれを警戒・反発していた。しかしその後、こうした動きが避けられないものであるということを認識すると、今度は中国流の基準を作ろうという動きも出始めた[17]。

タイにおいては、社会的課題の1つに労働問題が挙げられるが、同国政府は「タイ労働規格：企業の社会的責任」(Thai Labor Standard: TLS8001－2003) を策定し、2004年から認証を開始した。この規格は、タイ企業の国際競争力の強化、公正な労働条件の確保にあるが、認証費用が高額な国際規格の代替制度によるタイ企業の支援といった意味合いもある[18]。

3 今後の課題

以上、アジアを中心とした開発途上地域のCSRの背景と現状について述べた。これらを踏まえて、開発途上国において経済活動を行う日本企業および関係機関が今後、留意すべき点についてポイントを記す。

(1) 忘れてはならないミニマム・ラインの堅持、確認

1において概観したように、開発途上国においては、過去、多くのグローバル企業が人権侵害、環境破壊を引き起こし、手痛い教訓を得てきた。それらの教訓から自社のCSR戦略を立案し、実践している企業は、CSRに積極的に取り組む企業として高い評価を得始めている。開発途上国の多くの国々において、法の施行が必ずしも徹底されていないこと、汚職・賄賂が蔓延していること、特権階級が存在し既得権益を享受していること、社会的弱者の発言力が弱いこと、外貨獲得のための輸出振興が政府主導で進められていること、産業がしばしば厳しい価格競争にさらされ、そのひずみを社会の弱い層が受けること——などにより、こうした問題が起こりやすいと考えられる。よってこれらの国々において操業あるいは取引を行う企業は、当該国の社会的背景を踏まえ、自社のみならずそのサプライ・チェーンをも対象として、CSRのミニマム・ラインともいうべき人権の尊重、環境関連基準の遵守、生態系の保全、汚職防止・賄賂の禁止、透明性の確保などに努める必要があろう。この際、サプライヤーのチェックは重要であるが、明確な基準は示しつつも、当該社会の背景をよく

知るスタッフによる「協議型」チェック、場合によってはサプライヤーへの支援などが効果を発揮することにも留意が必要である。

（2）世界規模での戦略と現地レベルでの実施

CSRを考える際、世界規模でのサプライ・チェーン管理は避けて通れない課題である。日本企業は、化学物質対応などの環境管理体制の構築においては先進的な事例を多く有するが、一方、例えば木材、漁業資源等の一次産品生産の際の環境社会配慮を考慮して調達を行うことや人権・雇用・労働といった社会側面の対応においては、未だ蓄積は少ない。こうした側面にも配慮しつつ、世界規模でのサプライ・チェーン管理の構築が必要であろう。

一方、労務、安全・衛生などの課題について現地レベルで対応してはいるものの、グループ全体でその運用状況を確認する体制ができていないことも往々にして見かけられる。このような状況においては、ある地域における操業で法令違反の可能性を指摘されたとしても、それを本社が把握できていないこともあり得る。環境管理システムと同様に、社会側面においても世界共通で適用し得る原則・規範を作り、徹底を図るとともに、その実施状況をチェックできる体制を構築することが必要になる。さらに、このような世界規模での原則・規範を踏まえたうえで、現地の社会経済の特色を考慮に入れ、現地事業所等により、その適用の促進を図ることが重要である。

（3）ODAおよび公的資金とCSR

ODAの効率的な実施のなかでの民間活力導入がさかんに試みられているが、それを一歩進めて、グローバル企業がCSRの一環として進める開発途上地域における様々な事業を、ODA事業の中にうまく組み込み、官民の連携による貧困削減事業、環境協力事業につなげていくことも考え得る。例えば、英国開発省（DFID）、米国国際開発庁（USAID）、ホームデポ社（米国：ホームセンターチェーン）のインドネシアの林業省に対する森林関連の協力事業の例がある。この場合はTNC（The Nature Conservancy）という国際環境NGOを巻き込んで、政府、企業、NGOの三者パートナーシップにより、インドネシアにおける森林ガバナンスの構築を目指した参加型事業である。DFID、USAID、ホームデポ三者とも木材消費国の政府機関および企業であるため、生産地の持続可能な林業支援に資金を出す理由が存在した。このようなODA案件を、日本でも構築することは意義深い。

他方、ODAや公的資金による国際融資の際の環境社会審査や配慮そのものも、日本にとっては、最も重要な社会的責任（SR）の実践といっても過言ではない。ODAや公的資金による後押しにより、民間企業の行う開発や操業が発展途上国において甚大な環境社会影響が生じることも多々あるからである。公的資金の使途における審査を充実させることにより、グローバル企業の海外における不適切な施業を未然に防止することができる。すでにJBIC（国際協力銀行）、JICA（国際協力機構）、NEXI（日本貿易保険）とも環境社会配慮ガイド

ラインを施行しているが、これらの環境社会配慮に関するガイドラインの適切な施行および透明性の確保を通じて、相手国政府および事業実施者の環境社会配慮を促進するとともに、民間企業に対する同様の手法の浸透を促進させることが今後の課題であろう。

※1　Boycott Shell,' Shell in Nigeria: What are the issues', 2001, http://www.essentialaction.org/shell/issues.html
※2　地球の権利インターナショナル『被告席に座る石油会社～海外開発事業とその責任』(2002)
※3　アムネスティ発表国際ニュース『ナイジェリア：原油産地ニジェール・デルタから人権侵害の新たな証拠』(2005年11月3日付)
※4　一連の訴訟に対し、ニューモントは、ブヤット湾の水銀とヒ素の濃度は、政府が設定した上限を大きく下回っていることを、国際調査団を含む複数の研究結果が示していると反論している。インドネシア政府がニューモント・ミナハサ・ラヤ社を廃棄物管理義務違反等で訴えた訴訟については、2006年2月、両者の間で環境被害調査のための中立パネル設置とコミュニティ開発促進基金設立の合意が成立したことを受けて取り下げられた。ニューモントは、コミュニティ開発促進基金のために、9年間にわたり3,000万ドルを拠出する。
※5　ILO駐日事務所『児童労働をなくすために』など。
※6　「グローバル企業の人権侵害を法廷で糾すー日本企業へのメッセージ」地球・人間環境フォーラム『グローバルネット』(2006年8月号)
※7　グローバル・ヴィレッジ主催　アムネスティ・インターナショナル日本・事務局長　寺中誠氏講演『企業の社会的責任と人権』(2006年2月)
※8　欧米と並ぶ一次産品の巨大バイヤー日本においては、このような問題がメディアによって論じられることは少ないのが現状であるが、NGOによる問題提起やフェアトレードによる社会的に公平なチョコレートを買おうという運動が少しずつ広がってきている（ピープルツリー、第3世界ショップ、チョコレート・レボリューション、ふぇあういんず等）。
※9　http://www.laborrights.org、http://www.stopfirestone.org 参照。
※10　地球・人間環境フォーラム『平成17年度我が国ODA及び民間海外事業における環境社会配慮強化調査業務』pp. 54－55
※11　フィリピンのアジア経営研究所（Asian Institute of Management）が主催する国際会議で、2002年から毎年開催されている。
※12　ASrIAは、アジア太平洋地域で企業の社会責任と持続可能な投資活動の振興を行う非営利組織。事務所は香港。
※13　フィリピンのNGOで、50の企業のイニシアティブにより、1970年に設立された。現在では会員企業は160以上に増加した。貧困削減や企業の環境管理能力の向上などの分野に関して活動を展開。
※14　シンガポールのCSRを推進する民間団体として、2002年に設立された。シンガポール国内企業にCSRについての理解を深めるための活動とともに、アジアのCSRに関するネットワークづくりに取り組む。
※15　タイのNPOであり、企業とパートナーシップを組んで環境問題やCSRに関する人材能力開発、調査研究、環境教育を進めている。
※16　足立直樹『急展開する中国のCSR』（グローバルネット2006年6月号）
※17　同上
※18　地球・人間環境フォーラム『平成17年度我が国ODA及び民間海外事業における環境社会配慮強化調査業務』pp. 54－55

満田夏花　Kanna Mitsuta

地球・人間環境フォーラム主任研究員。明治学院大学非常勤講師など。テーマは開発途上国における開発と環境社会問題。現地調査に基づく開発の環境社会影響の評価、調査研究に根ざした政策提言活動を行うことを目指す。現在は、「開発途上国における企業の社会的責任」「国際金融機関の環境社会配慮」「原材料調達のグリーン化支援」調査に従事。1991年東京大学教養学部卒。同年地球・人間環境フォーラム、2001年～2004年国際協力銀行環境審査室。

CSR の基本事項

日本における CSR の歴史と現状

株式会社 日本総合研究所 上席主任研究員 足達英一郎

はじめに

　CSR（企業の社会的責任）なる用語は決して新しいものではなく、その論が過去、度々世上の関心を集めてきたことは、すでに多くの指摘があるところである。

　海外においても、18世紀からすでに、労働者や社会問題、環境への配慮に熱心な企業が存在していたことが指摘されている。1790年代、カリブ海の奴隷労働者を使って生産した砂糖製品に対する英国消費者からのボイコットの後、東インド会社は従来の手法を変え、ベンガルの"奴隷のいない"生産者から砂糖を購入することに調達先を変更した事例をCSRの起源とする論もある。1800年代に、Quaker Lead 社は、英国に自社の労働者のための街区や、家族のための学校と図書館を建設し、自社の工業プロセスの一部として水を再利用するための送水ポンプを使用したと伝えられている。英国の Cadbury's 社、Rowntrees 社、アイルランドの Guinness 社、米国の Hershey's 社なども、19世紀から社会的配慮を経営の中に盛り込んだ取組みで知られてきた。

　我が国においても、以下に述べるように、「企業の社会的責任」が「商人道」もしくは企業の経営理念に古くから垣間見られるとする意見は有力である。本稿では、そうした「日本における企業社会責任論」の系譜を概観した後、「21世紀に入って再び生じたCSRブーム」の特徴を整理し、それを欧州のそれと比較したうえで、今後さらに議論が進化していくための課題があるとすれば何かを明らかにしていきたい。

1 日本における CSR の系譜

(1) 江戸から明治へ

　日本にある「企業の社会的責任」論の源流として常に引用されるのは、江戸時代の儒学者石田梅岩の言説である。2004年9月に経済産業省から公表された「企業の社会的責任（CSR）に関する懇談会」中間報告書には「我が国において、CSRは決して新しい概念では

ない。誠実な経営を行う、社会に対して貢献する、そして自らも相手も潤うという考え方は、古くは江戸時代にもみられ、現代に特徴的な考え方ではなく、古来より我が国商工業の底流に流れていることがわかる。例えば、江戸中期の儒学者で『石門心学』の祖である石田梅岩は『売利を得るは商人の道なり。(中略) 商人の買利は士の禄に同じ』という考え方に代表されるように商人の商行為の正当性を説いたことで知られるが、同時に『二重の利を取り、甘き毒を喰ひ、自死するやうなこと多かるべし…実の商人は先も立、我も立つことを思うなり』と説き、現代のCSRに通じる考え方を示している」のような記述がされている。

また、「企業の社会的責任」論の江戸時代におけるモデルとして紹介されるのが「近江商人」の考え方である。「江戸時代から明治期にわたって近江(現在の滋賀県)を本拠地として活躍した近江商人は、地方の原材料と上方の完成商品を売買し、主に近江国外を他国行商する形で活躍するなか、行商先の人々との間に信用を築いていく必要性から『売り手よし、買い手よし、世間よし』の『三方よし』の理念を置きながら商売した。『売り手』、『買い手』は企業にとって、取引先、顧客、消費者ということになる。さらに『世間』は、まさに『社会』を表しているといえる」と同中間報告書は紹介している。

その後、明治時代には、「文明論之概略」で、短期的利潤を追求するあまり、長期的に大きな損失を被ることを戒めた福沢諭吉や「道徳経済合一説」を唱え、単なる利益追求ではなく、道徳、公益を踏まえた経済活動が重要であるとし、「事業という以上は、自己を利益すると同時に社会国家をも益することでなくてはならぬ」と説いた渋沢栄一も「CSRは我が国の伝統のなかにある」とする論拠としてよく登場する。

(2) 経済同友会と企業社会責任

さらに、日本におけるCSRの系譜を考える際に、極めて重要な位置を占めるのは、社団法人経済同友会にほかならない。経済同友会は、戦後の財界人追放のもと、企業の復興を託された中堅経済人の個人加入の経営者団体として1946年4月に設立されている。戦後の米国流経営学の流入、経済民主化の進展、東側陣営の出現と労働運動の高揚という時代背景のなかで、新しい企業のかたち、新しい経営者の地位、新しい経営学を確立することが必要とされていた。1956年11月、経済同友会は「経営者の社会的責任の自覚と実践」を決議する。そこでは「そもそも企業は、今日においては、単純素朴な私有の域を脱して、社会諸制度の有力な一環をなし、その経営もただに資本の提供者から委ねられておるのみではなく、それを含めた全社会から信託されるものとなっている。と同時に、個別企業の利益が、そのまま社会のそれと調和した時代は過ぎ、現在においては、経営者が進んでその調節に努力しなければ、国民経済の繁栄はもちろんのこと、企業の発展をはかることはできなくなるに至っている」と述べている。50年前に、現在にも通用するCSRの考え方が提起されていることに驚かされるが、「経済優先」「企業利潤重視」の有力な異論が提起され、この決議は必ずしも多くの支持を得たわけではなかったとも伝えられる。

しかし、こうした財界リベラルの伝統は、その後も経済同友会のなかで引き継がれていく。1964年には木川田一隆代表幹事は「協調的競争への道」と題する所見で、企業は単に経済的諸機能を果たすのみではなく、人間性の尊重という論理を貫かなければならない、社会進歩の牽引力とならなければならないとし、企業の社会的責任をあらためて強調した。さらに同氏は、1971年4月の代表幹事所見「自由と秩序の調和社会へ」で「われわれは、自由な経済活動に先立って（筆者傍点）、社会資本の発展方向、あるいは世界の中の日本としての国際的関係の将来について、静かに思いをいたし、大きな全体的視点から個別的な行動を自律的に調整して、その進歩に参加する思考と行動が要求されている」と述べている。

さらに1973年には経済同友会から「社会と企業の相互信頼の確立を求めて」とする提言が発表される。そこでは、従来の利益率等の経営指標のみでなく、環境・公害問題、地域社会との調和の問題等も指標化して社会に提示したい、企業を評価する新しい指標が必要であるとの認識が示されている。これも、今日の課題につながる先駆的な提言であると評価できるだろう。

2 CSRブームを振り返る

(1) 個別に異なるCSRの理由

さて、戦後だけに限っても数度目になる我が国の今回のCSRブームは、2002年頃始まったといえよう。日本経済新聞社のデータベースで、「CSR」の文字が登場する記事数を調べると、2002年の52件から2005年には972件に急伸する。

では、今回のブームの時代背景とは何であろうか。「CSRは決して新しい概念ではない」という言説を否定するものではないが、筆者は各々の地域にCSRを求める理由は個別に存在し、かつ我が国においても時代ごとに理由は異なると考えている。

米国では、ビル・ゲイツ氏の設立する財団に世界第2位の資産家、ウォーレン・バフェット氏も資産を寄贈し、600億ドル以上の資金が貧しい国々での医療や米国内での教育分野で使われるという。「政府の失敗」が先進国の共通認識となった今、最後の切り札が、企業フィランソロピーと非営利セクターを担い手とした「民間公益活動」であるというのが米国モデルだ。

欧州では、NGOや消費者団体、労働組合などのステークホルダーの圧力がCSRの牽引力となっている。企業はリスクマネジメントもしくは「操業の許可」としてCSRを捉えて、取組みを実践しようとしている。

我が国の経緯を振り返っても、石田梅岩や近江商人の主張には、士農工商という身分秩序で貶められていた商人の地位を何とか向上させるというねらいがあったと思われる。福沢諭吉や渋沢栄一は「殖産興業」のようなナショナリズムを鼓舞することから私益とともに公益

を強調したに違いない。終戦直後の経済同友会の決議は、復興を託された若き経営者が「単に株主の代理として利潤追求に邁進することだけに甘んじない」と自らのアイデンティティーを宣言したものと解せるし、60～70年代に現れてくる「社会との調和」論は、公害問題に代表される高度経済成長がもたらした様々な歪みに先取の対応を図ろうとする動きだったと考えられる。

　よく、我が国の今回のCSRブームの時代背景として「グローバル経済化の影の拡大とそれへの懸念」という説明がなされることがある。しかし、それは欧州のCSRブーム(それは日本より一足先に1995年に始まった)の説明にはなっても、我が国の今回のブームの適切な理由にはふさわしくない。

(2)我が国の今回のブームの時代背景

　我が国の場合、今回のブームの時代背景の第一は「失われた10年からの脱却」という一種の自信回復下での「日本的経営」の再評価であったと思われる。「失われた10年」の間、構造改革の名のもとに我が国企業の従来の経営システムはほぼすべてが否定されるような雰囲気が支配していた。反対に、米国流のガバナンスと短期成果主義が怒涛のごとく日本に流れ込んできた。しかし、一部の経営者を除いて、それは「外圧」であり「痛み」として受け止められてきた。1999年には経団連の奥田碩会長(当時)が「最近、競争力強化のために過剰雇用を整理すべきだとの意見が見受けられる。しかし、仮に本当に雇用が過剰であるにしても、まずはその雇用を新しいビジネスに生かすことを考えるのが経営者の役割だ」「安易に人員削減に至るような経営者は、まず自ら退陣すべきである」と発言したことが話題となった。

　また、今回のブームをリードすることになった2003年の経済同友会第15回企業白書で小林陽太郎代表幹事(当時)は、CSRを改めて検討する理由の1つに「行き過ぎた株主資本主義の是正」を挙げ、「いわゆる米国型経営の過度の行き過ぎに対し、バランスをとり直す必要が生じた」と記述している点も注目したい。

　第二には、「日本的経営」の再評価とともに、「企業の信頼」に関する危機感というのも今回のブームとして見逃せない。90年代後半から企業不祥事が著しく増加した。これは、企業が急に悪事を始めたということよりも、これまでの慣行がコンプライアンスの点から問題視されるようになったことと、短期的な成果主義の導入で企業現場に無理な力が働いたことの2つが原因であるといえよう。ただいずれにせよ、この結果、企業の信頼度低下が大きく進むことになった。例えば、財団法人経済広報センターが毎年実施している「企業観アンケート」では「企業は十分に社会的役割を果たしているか」という設問に肯定的な回答が、97年度には56.2％あったが、53.3％(98年度)、50.0％(99年度)、44.6％(00年度)、38.3％(01年度)と、20ポイント近くも減少している。これに対して、企業側も危機感を強め、経団連は1991年に制定・発表した「経団連企業行動憲章」を96年暮れに改定、さらに2002年に再改正

するとともに、あわせて「企業不祥事防止への取り組み強化について」を発表している。
　こうした2つの時代背景があったところに、海外からCSRという言葉が伝えられたのであった。「倫理的価値、法の順守、そして人間、地域社会および環境の尊重に関わる企業の意思決定」というその定義に、日本企業の多くがその重要性を再確認し、そうした考え方を広げていくことに賛意を示したのであった。

(3) 海外との比較

　上で述べたような時代背景から、今回、普及した我が国のCSRは、海外のそれと比較したとき、明確な1つの特徴を有している。それは、ひとことで言えば、我が国においては「企業が自ら襟を正すCSR」だということである。
　多くの経営者が「企業の社会的責任」という表現よりも「企業の社会に対する責任」という表現がより適切だと述べる。これは「社会が企業に要求する社会的責任」と「企業が自らのミッションとして自分に課す社会に対する責任」の認識を峻別し、CSRの出発点は決して、企業の外にあるのではないとする考え方である。
　2004年に発表された日本経団連の「企業の社会的責任(CSR)推進にあたっての基本的考え方」も同様のニュアンスを強く感じさせる内容となっている。まず、「1．日本経団連はCSRの推進に積極的に取り組む」として、「CSRの具体的な内容については国、地域によって考えが異なり、国際的な定義はないが、一般的には、企業活動において経済、環境、社会の側面を総合的に捉え、競争力の源泉とし、企業価値の向上につなげることとされている。日本経団連は、かねてより企業の社会的責任を重要な課題と位置付け積極的に推進してきたが、このような新たな意味合いのCSRについても積極的に取り組む」としたうえで、「2．CSRは官主導ではなく、民間の自主的取り組みによって進められるべきである」として、「本来、社会的責任に配慮した経営や、その情報発信、コミュニケーション手法等は、企業の自主性、主体性が最大限に発揮される分野であり、民間の自主的かつ多様な取り組みによって進められるべきものである。また、官主導の取り組みは、簡素で効率的な政府づくりにも反する。よって、CSRの規格化や法制化に反対する」とした。そして「3．企業行動憲章および実行の手引きを見直し、CSR指針とする」として、「企業行動憲章の10ヶ条は、消費者・ユーザー、市場、株主、環境、社会貢献、従業員、海外など、CSRで求められるステークホルダーとの関係を網羅しており、実質的なCSR憲章である」とうたっている。
　そこには、海外のCSR論の前提となっている「社会の中で、相対的にステークホルダーのプレゼンスが大きくなっている」「企業には今まで以上に社会的問題解決のための新たな役割が期待されている」「同時に企業行動は、社会的公正という観点からより厳しく監視・批判されるようになっている」という認識は表立っては示されていないのである。

3 日本におけるCSR論の課題

(1) 今回のブームの限界

　二分法に過ぎるという批判をあえて恐れずにいえば、日本のCSRが「企業が自ら襟を正す」ことだとすれば、海外のCSRは「企業があえてステークホルダーから鍛えられる経営を選択すること」であると筆者はよく表現している。しかし、後者の解釈に違和感を唱える企業関係者は実に多い。

　「CSRの出発点は決して、企業の外にあるのではないとする考え方」は見方によっては、非常に高い志を表している。また、日本国内を見る限り、消費者団体も労働組合も株主もNGOも、海外のそれと比べたら活動は穏やかであるのも事実であり、「ステークホルダーからのプレッシャーで始まるCSR」というものの現実感が希薄なものになるのもやむを得まい。

　しかし、若干の危惧を感じるのは、ステークホルダーからのプレッシャーが希薄で、CSRの出発点は決して企業の外にあるのではないとする考え方が有効であるのは、我が国の社会が比較的ホモジニアス（同質）な構造で、国内の社会的問題を顕在化せずに済ませることができたからではないかという点である。これに対して、今後は、少子高齢化がなお進むにあたって、日本企業は国内市場の縮小を補うために海外への進出を今以上に図らなければならなくなる。と同時に、国内においても深刻な格差社会や外国人移民に直面することになるだろう。

　海外の消費者、従業員、株主を相手にしたとたんに、「ステークホルダーからのプレッシャーで始まる」現実に、日本企業も直面しよう。しかも、国内でもステークホルダーの声は次第に大きくなっていく方向は避けられない。そこではCSRの対応力こそが、競争力の源泉となる可能性がある。そして、「ステークホルダーからのプレッシャーで始まるCSR」というディシプリン（厳しい体験）に長けた海外企業に競争優位を奪われる、そのことを危惧するのである。

(2)「市場の進化」とCSR

　では、そうした隘路を避ける道筋とは何であろうか。それは、CSRをより普遍的に解釈することであろう。ここで、再び経済同友会の先駆性に注目したい。経済同友会は、2000年12月、「21世紀宣言」と題するビジョンを発表している。「経済同友会の新しいあり方を問う」と形容された文書の中には、「我々は、市場機能のさらなる強化とともに、市場そのものを『経済性』のみならず『社会性』『人間性』を含めて評価する市場へと進化させるよう、企業として努力する必要がある。市場は、価格形成機能を媒介として資源配分を効率的に進めるメカニズムを備えているが、社会の変化に伴い市場参加者が『経済性』に加えて『社会

性』『人間性』を重視する価値観を体現するようになれば、それを反映して市場の機能もより磨きのかかったものとなるダイナミズムを内包している。いわば市場は社会の変化と表裏一体となって進化するものである。事実、今日の社会は『経済性』に限らず多様な価値尺度で企業を評価するようになっている。例えば、環境への配慮や様々な社会的課題の解決に取り組む企業を選別するグリーン／ソーシャル・コンシューマリズムや企業評価基準に社会性指標も組み込んだ『社会的責任投資』といった新しい投資ファンドなどは、そうした先駆け的な動きである。こうした動きがさらに一般的になれば、広い意味で経済的評価と社会的評価が市場の評価として総合化されていくと考えられる。我々にとって重要なのは、こうした市場の進化に向けて積極的にイニシアティブを発揮していくことであり、それによって社会の期待と企業の目的とが市場のダイナミズムを通じて自律的な調和が図られるようになることである。これこそが、我々の目指す『市場主義』の真の姿である」という一説がある。

　ここで、述べられているのは、「企業が自ら襟を正す」としても、マーケットにおけるステークホルダーの行動がそれを評価しなければ、企業の行動も決して長続きしない。逆に「ステークホルダーからのプレッシャー」を嫌悪するのではなく、企業はむしろそうした状況を自ら作り出していくことで、価値を一層高めることができるという考え方である。

おわりに

　こうした「市場の進化」という考え方を下敷きにしたとき、日本におけるCSRの最大の問題は、企業の側にあるのではなくステークホルダーの側にあるという結論に達しよう。消費者、従業員、株主が、例えば製品・サービスを購入する際に、就業する企業を選択する際に、資金運用のための投資先を選定する際に、「経済的」観点以外の要素を加味するようになれば、企業も変わらざるを得ない。それが、結果としてのCSRとなるのである。

　弁護士の国広正氏は、新聞に次のように書いている。「コストダウンは消費者や株主の利益になるが、発展途上国の児童労働を助長する面がある。途上国の住民はいや応なく、利害の利に乏しいステークホルダーの立場に立たされるのだ。この現実を直視し、安ければよいのか、もうかればよいのかを問い直すのもCSRだ。(中略)CSRは企業だけに課される責任ではない。直接利益を生まない人権や地球環境のための企業行動には消費者や株主など市民の支持が不可欠だ。だから市民にも、企業と同じ社会の構成員として、企業のCSRを支持する社会的責任がある」。この主張には全面的に賛成である。

足達英一郎 *Eiichiro Adachi*

1986年一橋大学経済学部卒業。90年㈱日本総合研究所入社。99年から社会的責任投資のための企業調査の業務に従事。現在、ESGリサーチセンター長、上席主任研究員。著書（共著）に『図解　企業のための環境問題』（東洋経済新報社）、『SRI社会的責任投資入門』（日本経済新聞社）、『CSR経営とSRI』『ソーシャル・ファイナンス―ヨーロッパの事例に学ぶ"草の根金融"の挑戦』（以上、きんざい）など。

CSRの基本事項

デファクト・グローバルスタンダードの進展

NPO法人 社会的責任投資フォーラム 代表理事 **後藤敏彦**

1 デファクト・グローバルスタンダードとは何か

　まず、「デファクトスタンダード」「デファクト・グローバルスタンダード」という似通った言葉があるので、その違いを考えてみる。

　結論的に、「デファクト・グローバルスタンダード」とは何かについて確定した定義があるわけではない。インターネット上のフリー百科事典『ウィキペディア』では、図表1に示すとおり「デファクトスタンダード」についての定義が出てくる。商品やサービスでの使用から始まったものと理解され、デファクトは「事実上の」という意味である。

　「グローバルスタンダード」は英語の原義では「地球標準」となろうが、経済や経営、さらには倫理などの世界では英語として使われることはなく、どうも和製英語というのが定説のようである。では、「日本語でのグローバルスタンダード」とは何であろうか。日本ではよく、「グローバルスタンダードはアメリカン・スタンダードの押し付けだ」という反発を示す人がいる。これはアメリカ型の企業のあり方、経済社会システム、考え方が圧力をもって押し付けられることを言っているようである。

　以上のようなことから、「デファクト・グローバルスタンダード」はこうしたシステムや考え方までをも含めたもので事実上グローバルに受け入れられたか、何らかの勢力が「事実上」世界中に受け入れさせようとしているものを意味しているようである。そこで、本稿では経営や経済社会システムについてグローバルに事実上、通用している、もしくは、事実上、強弱を問わず何らかの拘束力をもっているようなルールと解釈し、主にそれに焦点を当てていくこととする。また、この意味では、図表1では「デジュールスタンダード」として「デファクトスタンダード」からははずされている国際標準化機構（ISO）の標準（規格）なども「デファクト・グローバルスタンダード」に含められる。

　つまるところ「デファクト・グローバルスタンダード」とは、「条約等により直接的拘束力を持ち罰則を伴うものを除くグローバルなスタンダード」というようなきわめて曖昧な幅広い概念で、「グローバルなソフトロー（soft law）」と言い換えてもよい。ソフトローとは何かについて簡潔に解説したものを東京大学ホームページから引用し、図表2に記載する。

【図表1　デファクトスタンダード（抜粋）】

> 　デファクトスタンダード（de facto standard）は、「事実上の標準」を指す用語である。
> 　ISOやJISなどの標準化機関等が定めた規格ではなく、市場における競争の結果として標準化した基準を指す。デファクトスタンダードに対して、国際標準化機関等により定められた標準をデジュールスタンダード（de jure standard）と呼ぶ。
> 　インターネットの通信規格であるTCP/IPや、接続規格の多いコンピュータ関連分野で使われ始めた言葉だが、現在ではこれらの分野に限らず各種商品やサービスに広く使われるようになった。

（出典）フリー百科事典『ウィキペディア（Wikipedia）』　http://ja.wikipedia.org/wiki/

【図表2　ソフトロー】

> 　国家と市場の相互関係におけるソフトロー
> 「ソフトロー」とは、国の法律ではなく、最終的に裁判所による強制的実行が保証されていないにもかかわらず、現実の経済社会において国や企業が何らかの拘束感を持ちながら従っている規範を指します。その形態は、国の側から発出されるもの、企業あるいは市場の側で作成されるもの、国境をまたいだ国際的諸関係において成立しているものなどさまざまです。現代のビジネスローにおいては、このような一見つかみどころのないソフトローが膨大に存在し、また実際にも重要なウエイトを占めており、企業活動のありかたを大きく左右しています。
>
> 　　　　　拠点リーダー：中山信弘教授／法学政治学研究科民刑事法専攻

（出典）東京大学21世紀COE　http://www.u-tokyo.ac.jp/coe/list23_j.html

2 デファクト・グローバルスタンダードの背景

　グローバリゼーションという言葉が一般に使われるようになったのはそれほど古くはなく、以前はインターナショナリゼーション（国際化）であった。文字どおりネーション（国家）間の交流であり、国民国家（Nation States）を前提にしていた。現在でも国家がなくなったわけではないが、善悪の価値観は別として、グローバリゼーションは1つの地球、地球一体化への動きであり、国家の役割は20世紀までとは著しく変容しつつある。CSRの議論は、この新しい時代における、政府、企業、市民の役割の見直し、関係性に関する議論である。

　グローバリゼーションの象徴的な出来事は1995年1月1日のWTO（世界貿易機構）体制

への移行である。第2次世界大戦の原因の1つとして自国産業保護のため様々な貿易障壁が設けられたことが挙げられた。その反省のうえで、1944年のブレトンウッズ会議に基づく金融面での枠組みに続き、貿易面での国際経済を支える仕組みとして1948年にガット（GATT：General Agreement on Tariffs and Trade、関税と貿易に関する一般協定）が作られた。これらや、第2次世界大戦後の大工業化の進展等により、市場経済は国際化・グローバル化し、1990年前後の冷戦構造の終結にもつながり、さらにはITの大発展等により企業が世界中で自由に活動する時代になってきた。まさにインターナショナリゼーションからグローバリゼーションである。しかしながら、そこには当然、光と影がある。

　グローバリゼーションの進展下では、当然、様々なルール間での軋轢がある。そこで、ルールを統一しようというニーズはあるものの国家間の条約や国際機関での拘束力あるルールづくりは容易ではなく、ビジネスの観点からは現実的ではない。このようなことは、1992年に気候変動枠組み条約が提案され、京都議定書が発効する2005年までに13年かかったことを考えれば容易に理解されよう。

　ルールが統一されることにメリットがあると思う勢力からは、国家によるルールづくりばかりでなく、様々な形での統一ルール、すなわちデファクト・グローバルスタンダードへのニーズが出てくる。他方、統一ルールでは不利、もしくは正しくないと思う勢力は反対することになる。これが、1999年シアトルでのWTO閣僚会議への反対デモなどの背景であり、ISOの標準化過程ではこれが20世紀までの先進国と途上国の対立構造の基本にあったといえよう。

　ガットやWTOは、ともに自由貿易、グローバリゼーションを推進する仕組みであり、ルール統一への推進力である。1995年1月に発効したWTO/TBT協定は、旧ガット東京ラウンドの成果を引き継いだ。1979年に、東京ラウンドの一環として調印されたTBT協定（Technical Barriers to Trade：貿易の技術的障害に関する協定）には、「GATT加盟の各国が国内規格を発行する場合、ISO規格など国際規格がすでに存在する場合にはこれに準拠すること」が記載されており、各国の規格および審査登録制度が貿易障壁とならないようにしている。ISO規格が世界標準（IS：International Standards）として各国での新しい規格を拘束する根拠である。

　ISOでは、様々なマネジメント関連の規格が作られ続けており、企業は使用することを強制はされないが、使用するからにはほとんど従わざるを得ない。品質管理9000s、環境マネジメント14000s、食品安全22000s、情報セキュリティ27001、後述するCSRについての26000：SRなど様々なものがある。

　これらは上述のTBT協定により、一種の公的な色彩がほどこされているので正統性の問題はないが、他のデファクト・グローバルスタンダードの正統性の根拠は曖昧である。代替物もなく事実上使われているものは別として、新しく提唱されるものは何らかの国際的権威を背景とするか、マルチステークホルダー・プロセスを正統性の根拠としている。国連事務

総長の提唱したグローバル・コンパクト※1や、UNEP FI（国連環境計画ファイナンシャル・イニシアティブ）が2006年に提唱した責任投資原則（PRI）※2などは前者であり、サステナビリティ報告ガイドラインを提唱している GRI※3などは後者であろう。

3 デファクト・グローバルスタンダードと CSR

(1) コンプライアンスと内部統制

グローバリゼーションには当然のことながら光と影がある、と前述した。

21世紀に入っての企業の社会的責任論の元となった事件としては、世界的にみれば、エンロン事件、それに伴う巨大監査法人のアーサー・アンダーセンの消滅、その他ワールド・コム事件などがある。日本でも、雪印、日本ハム、三菱自動車、西武鉄道、最近ではカネボウ、ライブドア、多数の談合事件、生損保の不払い事件など、まさに不祥事のオンパレードである。これに対する様々な対応が図表3のようなものである。主として規制強化、コンプライアンスの流れである。

【図表3　規制強化の流れ】

○米国　2002年サーベンス・オクスレー（SOX）法
○欧州　2003年の EC の会社法現代化指令（2003／51／EC）
○日本　会社法　（2005/ 7 公布、2006/ 5 施行）
○日本　金融商品取引法（2006/ 6 制定）（日本版 SOX 法）

米国では SOX 法に先立ち COSO による内部統制フレームワークがいわれていた。

CSR の議論は社会のアクター間の役割の見直しと前述した。企業の役割は"S"を取り、CR と呼ばれ、より大きな役割を果たしてもらいたいという「社会からの期待」であり、企業からみれば社会的信頼度である。コンプライアンスや内部統制は当然の前提であり、それらを信頼性を増す攻めの経営活動にどのようにリンクさせていくかが課題であろう。

(2) CSR の実践

グローバリゼーションの影の部分からの批判を少しでも減らしたいがため、デファクト・グローバルスタンダードでは正統性が常に問題となり、「マルチ・ステークホルダープロセス」が1つの根拠とされることも前述した。マルチ・ステークホルダープロセスという言葉は美しい。しかし、一般論としてその実践は容易ではなく、非英語圏、ましてや途上国の人々にとっては幻想としか言いようもないのが実情に近い。それでも、作られたものはグローバル・デファクトスタンダードとして世界中の人々を縛っていく。法ではないが、まさにソフトローと呼ばれるゆえんである。

ロー（Law）だけでなくソフトローということを考えると、「法と倫理道徳」との関係の議論とリンクしてくる。法は「必要最小限のもの」という伝統的な考え方ではなく、「法と倫理道徳」、「ローとソフトロー」をあわせて広い意味の「法」として捉え、「むしろその法への遵法が自発的か否かで、倫理道徳か否かが問われるのである」※4ということがいわれる。企業は、狭い意味の「法令遵守」をしておればよいという時代ではないのである。CSR、企業の社会的信頼性は実行力と「徳」に裏打ちされていなければ確保はできない。倫理道徳は文化と密接に結びついているが人類普遍のものも多い。グローバリゼーションのもとでは何が普遍的なものであろうか。

日本では「徳」といえば古くから儒教倫理の五常の徳として、仁・義・礼・智・信がいわれてきた。新渡戸稲造の『武士道』では、義・勇・仁・礼・誠・名誉・忠義が語られている。

世界的な大哲学者今道友信博士は21世紀に、個人と組織の両者に求められる徳目として以下のようなものを挙げている※5。「勇気・忠・謙遜・責任・異邦人愛・定刻性・国際性・語学と機器の習得・（芸術等への）気分転換」。なかでも「責任」というのは18世紀にレスポンス（応答する）ということから出てきた比較的新しい徳目で、現代社会では大切な言葉であると述べられている。また、サステナビリティの危機のなかで環境倫理も重要なテーマである。

ところで日本では、グローバルスタンダードはアメリカン・スタンダードの押し付けという被害者意識が強いと前述した。しかし、筆者の認識では、軍事とマーケットエコノミー万能主義を除いて、特に21世紀社会をかたち作る「理想」はどちらかといえば欧州原理が色濃く打ち出されてきていると理解している。今、欧州はグローバルなスタンダードのインキュベーター（孵化器）ということを主張し出している。有言不実行※6とも批判されるが、戦争のない欧州の建設を目指してエリートたちが理想を掲げて邁進している。日本人は数年で目途を立てないと有言不実行と考えてしまうが、彼らのタイムスパンは10年、20年は当たり前で、粘り強く実現に向かっていく。欧州の理想主義の背景にはユダヤ・キリスト教という一神教、ルネッサンス以来の科学志向、その後の啓蒙主義、さらには民主性に若干欠陥をもつEU（欧州連合）政府の理想主義に走りがちな性格などもあり、多くの日本人には違和感のあるものも多かろう。しかし、長期的に欧州に対抗するためには、とにかくCSRの正しい方向性に向けて実績を積み重ねることと、欧米の提案に対してはカウンター・オファーを用意し、粘り強く国際会議等でのプレゼンスを続けていくことが肝要と思われる。

4 CSR規格

（1）規格策定開始までの経緯と解説

そもそもは2001年4月のISO理事会での議論を受け、5月にISO理事会の下にある消費者政策委員会（COPOLCO）※7に検討を指示したのが始まりである。2002年9月には、6月

のトリニダード・トバゴ会議を経てISO/TMBはハイレベル・アドバイザリー・グループ（HLAG）設置を決定している。20数名のマルチ・ステークホルダーで構成、日本からは高巌麗澤大学教授が参画され、そこでの議論を経て、以下のように策定開始に至った。

2004年6月、ISOのストックホルム会議にて規格化の方向性が決定され、後述するトゥイニングの考え方も打ち出された。

2005年1月、NWIP（New Work Item Proposal）の賛否投票に対して規定の賛成数を上回り規格化開始が決定された。

2005年3月からISOのCSR規格（ISO／26000：SRガイダンス文書）の検討が始められ、発行は現時点では2009年の第一四半期[※8]が予測されている。

ISOの標準化の過程での先進国と途上国の対立構造ということを前述した。ISO14000sの時も含め、従来、途上国は概してこうした規格策定には反対の立場をとるものと一般には考えられてきた。事実、日本は上記ストックホルム会議でも、日本経団連の強い意向もあり途上国と欧米産業界は反対の立場をとるとの立場で臨み反対票を投じたが、全く逆の結果に遭遇した。しかも、トゥイニング（Twinning）という新しい概念とマルチ・ステークホルダー参画が導入された。

トゥイニングは各種規格が先進国主導で、実質的には先進国のみで作成されていることに対するアンチ・テーゼで、この規格策定では先進国スウェーデンと途上国ブラジルのペアをジョイント・リーダーシップ[※9]として選んでいる。具体的にはこの規格策定のための全体的なワーキンググループ（WG SR）の議長はブラジル、副議長はスウェーデン、事務局はスウェーデン、共同事務局としてブラジルから、という襷がけでペアを組んでいる。また、本稿執筆時ではWGの下に6つのタスク・グループ[※10]が作られているが、それぞれのコンビナー（議長）と事務局については同じくトゥイニングの考え方が踏襲されている。

こうした考えが出てきたのは、途上国が国境の壁を高くして自国産業を育成し先進国の企業に対抗しようという考え方から、グローバリゼーションの進展をにらみCSRレベルの高い優秀な外資を導入することで自国経済を活性化しようという考え方が勝ってきたものと筆者は理解している。

マルチステークホルダー・プロセスがデファクト・グローバルスタンダードの正統性の根拠の1つということは前述したが、ISOもこの規格ではその考え方を取り入れている。具体的にはエキスパート（各国から参加する国際委員）は下記6セクターからのメンバーで構成することとしている[※11]。

- 産業界（Industry）
- 労働組合（Labour）
- 政府（Government）
- NGO（Non Governmental Organizations）
- 消費者（Consumer）
- SSRO（Service, support, research and others）

(2)規格の内容

　規格は最終策定までは紆余曲折があり得る。発行時期についても、当初は36ヵ月ルール[12]により2008年発行といわれ、今でもISOのウェブサイト[13]ではそうなっているが、前述したように2009年発行予定に変わってきている。筆者が国際委員として関わったISO14063（環境コミュニケーション）のように2001年から2006年まで5年もかかってしまったものもあり、予定と考えておいたほうがよい。とはいえ、数百人の国際委員やオブザーバー[14]という数の多さから考えると、ほぼ予定どおりに進捗していくのではないかと推察している。

　まず項目案は、図表4のようになっている。

【図表4　ISO/WD26000の項目（案）】

0．序文（Introduction）
1．適用範囲（Scope）
2．引用規格（Normative reference）
3．用語の定義（Terms and definition）
4．SRの内容（SR Context）
5．SRの原則（SR Principles）
6．SRの項目（Core subjects）
7．SR履行のガイダンス（Guidance for implementing SR）
8．ガイダンス付属書（Guidance annexes）
・参考文献（Bibliography）

（出典）　国際委員　矢野友三郎氏資料より。(2006年9月7日サステナビリティ・コミュニケーションネットワーク（NSC）定例研究会)

　WDは日本規格協会のウェブ上で公開されているが、かつ、上述したように紆余曲折があり得るので立ち入らないが、規格の性格についてのみ適用範囲（案）から解説しておく。適用範囲（案）は、図表5のとおりである。

　ポイントは、まず1行目の「ガイダンス」ということであり、下2行に述べられているように「マネジメントシステム規格（MSS）ではなく、適合性評価もしくは認証目的に適したものではない」ということにある。もう1つは、下から3行目の「規模、所在地、セクターに関わりなく、すべてのタイプの組織に適用しうる」ということで、企業のみについてのものではないということである。そこでCSR（Corporate Social Responsibility）規格ではなく、「社会的責任」SR（Social Responsibility）規格と称されている。

　最後に蛇足ではあるが、いかにISOが「認証用ではない」として規格を作成しようと、それを使い認証事業を行う民間機関が出てくることは止めようがない。しかし、保証内容、レベル、米国での訴訟リスク等々、多くの問題があり、今後議論を深めていく必要があるように思われる。

【図表5　適用範囲（案）】

> この国際規格は、以下のガイダンスを組織に提供する：
> ・社会的責任（SR）についての、原則・実務慣行・課題。
> ・組織およびサプライ・チェーンを含め組織が影響を及ぼす圏域を通しての、社会的責任の統合および実施。
> ・ステークホルダー（利害関係者）の特定とエンゲージメント。
> ・社会的責任に関するコミットメントおよびパフォーマンスのコミュニケーション。
> ・持続可能な発展への組織の貢献
> ※すべてのタイプの組織（規模、所在地、セクター）に適用しうる。
> ※マネジメントシステム規格（MSS）ではなく、適合性評価もしくは認証目的に適したものではない。

（出典）国際委員　矢野友三郎氏資料を、筆者（訳責）が仮訳。（2006年9月7日サステナビリティ・コミュニケーションネットワーク（NSC）定例研究会）

※1　http://www.unic.or.jp/globalcomp/index.htm
※2　http://www.unpri.org/principles/japanese.html
　　　http://www.unglobalcompact.org/
※3　http://www.globalreporting.org/，http://www.gri-fj.org/
※4　道徳科学研究センター編『倫理道徳の白書Vol.1』㈶モラロジー研究所（2006）
※5　今道友信『エコエティカ』講談社学術文庫（1990）
※6　藤井敏彦『ヨーロッパのCSR 日本のCSR―何が違い何を学ぶのか』日科技連出版社（2005）
※7　http://www.iso.ch/iso/en/aboutiso/isostructure/isostr.html
※8　「ISO/TMB/WG on SR 第三回総会報告会」2006年6月6日㈶日本規格協会資料より
※9　http://isotc.iso.org/livelink/livelink/fetch/2000/2122/830949/3934883/3935096/home.html
※10　http://isotc.iso.org/livelink/livelink/fetch/2000/2122/830949/3934883/3935096/04_organization/org_str.html
※11　同上
※12　日本規格協会　http://www.jsa.or.jp/itn/pdf/itn08_directive01.pdfの2.1.6項を参照
※13　http://isotc.iso.org/livelink/livelink/fetch/2000/2122/830949/3934883/3935096/07_gen_info/timefr.html
※14　http://isotc.iso.org/livelink/livelink/fetch/2000/2122/830949/3934883/3935096/04_organization/participants.html

---

後藤 敏彦　*Toshihiko Goto*

1941年愛知県生まれ。64年東京大学法学部卒。NPO法人社会的責任投資フォーラム代表理事事務局長。サステナビリティ・コミュニケーション・ネットワーク（NSC）代表幹事、環境監査研究会代表幹事、NPO法人GRI日本フォーラム代表理事。オーフスネット運営委員、環境管理規格審議会WG委員、環境省・国土交通省等政府各種委員会委員。滋賀県立大学・東京経済大学非常勤講師。著書・論文は多数。

CSRの基本事項

倫理・コンプライアンスとCSR

企業行動研究センター 所長　菱山隆二

はじめに

　1991年9月、経済団体連合会は「経団連企業行動憲章」を制定した。前後して日本企業は倫理・コンプライアンス[※1]の定着に取り組んできた。しかし、企業不祥事は依然としてあとを絶たない。また、昨今CSRが強調されているが、根底に倫理・コンプライアンスが存在しないCSRはありえない。本論では、重要度を増す倫理・コンプライアンスに関して時代の変化を踏まえながら今日的な課題を考えてみることにしたい。

1 時代認識

　我々が拠って立つ今の時代をどう認識するか、基本的なスタンスとしてまずそれを確認しておきたい。企業や個人が行動をとるに際し、2つの時代的要請を頭の中に入れ込んでおくべきと思う。

(1) 新しい国のかたちと価値観

　現時の日本は新しい国のかたちを構築している。「大きな政府は小さい政府に」「国から地方に」「官から民に」「事前の調整・規制から事後の制裁・救済に」と、国のかたちの構造改革が進展しつつある。基本的には民間が経済的、社会的に活動の中心となり、自己責任原則に立って創意を発揮しながら自由な事業活動、競争を行う、そして社会的責任を果たす時代を迎えている、ということであろう。2006年5月に施行された新会社法が会社の設立運営に関して原則自由としたことは象徴的である。

　自由は規律を伴う。野放図に何をしても許されるわけではない。事業展開には、透明性と公正なルールを守ることが条件である。自己責任の時代であればこそ、自律のための倫理・コンプライアンスの重要性が増していると考えられる。

　2006年5月に検事総長が次のようなスピーチをした。

　『制裁・救済型社会で、制裁・救済が実効性がないとなると、国のかたちが崩れてしまう。

法律の網の目をくぐってうまくやって儲けた者が勝ち、カネさえあれば何とかなるということに続いてしまうような社会になりかねない。それを許してはならない。そういう事件が起きたらきちんと捜査する』

現実に司法当局や金融庁、公正取引委員会などの事後制裁が強まっている。ライブドア事件、村上ファンド事件、生損保各社への業務停止命令、入札談合の摘発など国のかたちを健全に保とうと意識して動いていると考えられる。ドミニカ移民訴訟、血液製剤薬害訴訟、厚木基地騒音訴訟、原爆症認定訴訟などで国の敗訴が続いているのも、事後救済によって国のかたちを正そうとしているからであろう。

民間サイドにおいても、物言う株主・機関投資家や市民団体・消費者が経営者に厳しい批判や事後制裁を加えるようになった。企業年金基金連合会は、2006年6月の株主総会時に自家運用ファンドの議決権を行使して819社4,105議案の会社提案に対して、928議案（22.6％）に反対を表明した。ライブドアの旧経営陣を相手取った株主の集団訴訟は5件、原告数は約3,100人、請求総額は約200億円に上る。

もとより事後制裁を受けるような行為は好ましくない。自己責任のもとに創意と活力を発揮して自由な事業活動をエンジョイしたいものである。その基盤として倫理・コンプライアンスを自分自身も職場も確立しておくことが必須である。しかし、日本経団連の2005年の調査によれば、「最近報道されるさまざまな企業不祥事が自社やグループ会社で起こりうる不祥事であり、危機感を持っている」と答えた人は75.9％に達した。経済同友会の2005年の調査によれば、「我が社では不正行為が発生していない、と言い切ることに不安を持っている」と答えた人は66.8％に上った。すなわち、この2つの調査は約7割の企業人が自社における不祥事発生を懸念していることを示している。事態は楽観を許さない。

背景の1つとして考えられるのは、未だ自社の経営者や従業員の認識と行動が新しい国のかたちに対応しきれておらず、倫理・コンプライアンスの自浄作用が有効に機能する態勢になっていない不安を抱いているからではないだろうか。一方、社会や司法が厳しく企業を見つめ、必要であれば躊躇なく制裁を加える姿勢になっている世相を感じているからでもあろう。新しい国のかたちへの適応が急がれるゆえんである。

(2) 持続可能性（サステナビリティ）への志向

現代の時代認識として2番目に考えたいのは、自然環境や人類社会の持続可能性への寄与が企業や個人の行動を規定する要因となっていることである。持続可能性の問題は、本書で別途様々に論じられると思うので詳論を避けるが、本稿をお読みいただく僅か1秒の間にも地球の環境負荷が増大している。世界で人口が24人増え、グリーンランドの氷河が1,620㎡溶け、天然林が5,100㎡消滅し、耕地が2,300㎡減少し、化石燃料が252トン使用され、二酸化炭素が39万㎡排出されている[※2]。過去において経験したことのない新しいリスクが人類社会の安寧を損なう恐れがある（本編365頁の『新しいリスク社会とCSR』を参照）。

現状のまま推移すれば、未来世代は否応なく劣化した環境と枯渇した資源に直面せざるを得ない。1987年に国連「環境と開発に関する世界委員会」は、「持続可能な発展」について「将来の世代のニーズを満たす能力を損なうことなく、今日の世代のニーズを満たすような発展」と規定した。現時点で将来世代が意思表明できるとすれば「我々は差し止め請求権を持っている」と言いたいことであろう。「ほとんど確実に不幸になる人々を故意に誕生させることは無責任であり、将来の人々の福祉を軽蔑することである。それが間違っているのは、それが将来において不必要な苦痛をもたらすからである」[※3]。

　日本の「共生」概念には、時間を超越して未来世代との共生も視野に入っていると考えられる。中国には『先人木を植えて、後人その下に憩う』という古くからの表現がある。現代における経営とは、自然環境や人類社会の維持・発展に寄与する経営を創造的に行い、その過程で社会からの信頼を得て自社の発展を図っていくことである。それが企業の社会的責任であって、サステナビリティにかなうビジネスモデルを創出していくことが求められている。倫理性に基づくトリプル・ボトムライン（経済、エコロジー、ステークホルダー）への取組みが行動基準になると考えられよう。

2 倫理・コンプライアンスの今日的な課題

(1) 経営トップの価値観と責務

　第一の課題としては、経営トップの倫理的資質と率先垂範の重要性についてあらためて考えてみたい。ローマ時代から『魚は頭から腐る。頭から広がる病気が最も重症』（小プリニウス「書簡」第4巻・22.7）と言われているように、組織におけるトップのありようは、マネジメント・ギャップとも言うべき優劣差があり、古くて新しい課題である。経済同友会の調査（2005年　複数回答）によれば、不祥事の原因として「経営者」を挙げる者は68.9％に達する。次いで「社内体質」を挙げるものが56.2％、「社内体制」を挙げるものが44.0％、「経営環境」を挙げるものが15.9％、「従業員」を挙げるものが11.6％であった。この結果を言い換えれば、もし確固たる倫理観をもち、リーダーシップに優れた有能な経営者が存在する場合には、以下のかたちになるはずである。

①そのような経営者自身が不祥事の原因として指摘されることはあり得ない
②「社内体質」が利益偏重に行き過ぎていると見れば修正する手を打つ
③「社内体制」に欠陥を見てとれば有効な内部統制を構築して不祥事の芽を摘む
④「経営環境」を克服する経営を行う
⑤「従業員」はそのような経営者の背中を見て育ち、襟を正して仕事に取り組む

　したがって、前述の回答数字はゼロに収斂していく。すなわち経営トップ次第で不祥事の

発生は抑えられるということである。

　某商社の社長は、不祥事のあとに自浄作用を浸透させる責務を負って就任したが、「コンプライアンスと儲けのどちらを取るべきか悩むことはない。正しい仕事をすることが当たり前。会社の目指すところは、目線を高くし、高い志を持って、社会に誇れるような良い仕事をしていくことにある」と社員に説いている。わかりやすい自分の言葉で何度も繰り返し話しかけて対話するかたわら、「社内体質」（価値基準）と「社内体制」（リスクマネジメント）の改善・整備を進めている。

　反対の例もある。名門の某損保会社の社長は、会議の席上、「てめえ、首だ！」と担当役員を怒鳴りつけた。担当役員の説明内容が自分の立場を不利に導くことに怒り、品性に欠けた罵声を浴びせたのだという。営業出身のこの社長は「自ら部・支店長に対して営業目標達成のための取り組み強化を強く促すメールを送信していた」（金融庁）。経営トップが売上ノルマ達成を最優先にしてムチを当てたらどうなるか。行き過ぎた利益至上主義が営業のインフラとなって組織ぐるみの不正を誘引する。「複数の支社や代理店において、顧客の名前の印鑑を大量に保有しており、当該印鑑を不正に使用して、顧客に無断で契約の継続処理等を行っている事例（23件）や顧客の最終意思を確認しないまま保険申込書や保険金請求書等に押印している事例（2,947件）が認められていた」（金融庁）という事態を生んだ。社長は「コンプライアンスは営業のインフラ」と繰り返していたというが、それは表向きの空念仏であったと言うしかない。

　野村総合研究所の調査では、「社長や経営幹部が経営理念を実践していると思うか」との問いに対して社長の61％は「そう思う」と答えている[※4]。しかし同じ質問を「自社の経営理念を知っている」と答えた従業員を選んでぶつけてみると、「そう思う」と答える社員は15％にとどまる。すなわち社長自身は経営理念を実践しているつもりでも、それは社長の一人よがりにすぎず、社員にその姿はほとんど見えていない可能性がある。経営トップが本気になっての価値観の浸透や率先垂範がまだまだ不十分、さらなる努力が望ましいと言わざるを得ない。

（２）経営理念（価値観）と経営判断の整合性

　多くの企業が経営理念を掲げるのは、会社の存在意義、社会的な使命、拠るべき価値基準などを簡潔に示して全社員のベクトル合わせを図るためである。問題は、その理念（価値観）が骨太に社内に共有されて日々の意思決定の拠りどころになっているか否かである。経営理念が「ショーウインドーの飾り」的な存在となって日々の経営判断と乖離し、意思決定に生かされていない例は少なくないと思われる。それでは経営理念の存在意義がない。

　精密測定器具メーカーのM社は、1934年に創立以来、人の心構えが如何に大切かを痛感した創業者の志を受けて「良い環境　良い人間　良い技術」を社是としてきた。しかしその理念と経営の現実は完全に遊離し、理念は浮いていた。結果として、

「本来外為法輸出規制該当品として許可を得た上で輸出されるべき機種について、弊社幹部の関与の下に、長期にわたり規制非該当品として輸出するという法令違反行為が行われたことは、誠に申し訳なく、深く反省しております」
との社告を出すに至った。社長ほか役員3名が起訴・逮捕された。

米国のジョンソン&ジョンソン社の場合を見よう。以下のとおり、同社は120年に及ぶ古い歴史を有するが、依然すばらしい営業成績を続けている。

- 創立：1887年　　● 従業員：57ヵ国に115,600人
- 売上高（2005年）：505億ドル。うち33％は5年以内の新製品
- 73年連続、売上増達成中　　● 21年連続、2けたの増益達成中

この実績は並大抵のことではない。さらに『我が信条（Our Credo）』を基盤にした倫理的な経営でも有名だ。社内では"Compliance Is Not Negotiable！（コンプライアンスに妥協なし）"、"One Dollar Out！（1ドルでも不正をしたらクビ）"など直截な表現が人口に膾炙している。2006年年央の時点ですでに「世界の大会社の中で最も尊敬される会社」（バロンズ紙）、「米国の製薬企業のなかで最も賞賛される会社」（フォーチュン誌　5年連続）、「企業市民賞」（ホワイトハウス）などに選定されている。経営判断に際しては、"Back to Our Credo！（『我が信条』に戻れ）"という表現がある。タイレノール（鎮痛解熱剤）を服用して死者が連続発生した事件では、『我が信条』に「第1の責任は顧客」と誓っている以上当然だとして、直ちに店頭からの商品回収に踏み切った。南アフリカの人種差別が批判を浴び事業撤退論が盛んだったとき、「第2の責任は社員」に鑑み現地社員を慮って事業継続を決めた。本社周辺の環境が悪化したとき、「第3の責任は地域社会」に拠って移転論を排して地域正常化に尽くした。

上記の両社の違いは顕著である。経営理念を骨太に浸透させてDNAとし、日常の意思決定に生かして軸がぶれない経営を行うことが大切にされなければならない。原点の尊重が、営業成績の面でも企業倫理の面でも良い結果を残すのである。

なお、最近は非正規社員の雇用比率の増加が著しいが、彼らも同じ共同体の構成員であり、会社の理念や存在意義、社会的使命を理解してもらうのが望ましい。一層の努力をして共通のベクトルを持つようにしたいものである。

(3) 開示する企業と隠ぺいする企業

2006年6月9日、大阪高裁は未認可添加物の食品混入事件に関し、次の判断を示した。
『未認可添加物が混入した違法な食品を、それと知りながら継続して販売したということになると、その食品添加物が実際に健康被害をもたらすおそれがあるのかどうかにかかわらず、違法性を知りながら販売を継続したという事実だけで、当該食品販売会社の信頼性は大きく損なわれることになる。ましてや、その事実を隠ぺいしたなどということになる

と、その点について更に厳しい非難を受けることになるのは目に見えている。それに対応するには、自ら進んで事実を公表して、すでに安全対策が取られ問題が解消していることを明らかにすると共に、隠ぺいがすでに過去の問題であり克服されていることを印象づけることによって、積極的に消費者の信頼を構築していく道をとるしかないと考えられる』※5。

本件の当事者であったD社（食品）や最近のP社（燃焼器具）あるいは談合に絡んだ建設会社など、事実を隠ぺいしてきたものの、結果として露見して社会に叩かれ、経営に深い傷跡を残した事例は多い。

一方では、N社（電力）、T社（都市ガス）、K社（鉄鋼）などの例のように、自主的な努力で問題を発見し、それを隠さず公表する企業が増えてきた。先進企業に定着しつつあるパターンといえる。メディアの扱いも隠ぺいが暴露された場合とは筆致が異なっているやに思える。自浄努力が着実に進展して社内の意識改革が推進されていると判断されるからであろう。

2006年1月から談合に対する課徴金減免制度が適用されるようになった。その対応をめぐっても先行する企業、遅れている企業の差が現れている。最初の事例となったトンネル換気設備工事事件では、

①公取委に最初に自主申告したM社は課徴金が全額免除され、指名停止期間が半減されることになった。
②2番目、3番目に自主申告したI社とK社は課徴金が30％減免された。
③減免適用をみなかったE社とH社には、各々3億円台の課徴金が命じられた。

M社は、社内調査で談合の事実が明らかになったとき、課徴金制度が整ってきた以上「淡々と制度にのってやるしかない」との経営判断があって「過去との決別をしただけだ」と語っている。一方、多額の課徴金が科されたE社とH社の株主はどう思うだろうか。経営者が談合の事実を把握できなかったとすれば内部統制が機能しなかった過失責任がある、談合を把握したのに自主申告しなかったとすれば減免制度をないがしろにして違法行為の継続を容認したことになる。いずれにしろ会社に高額の損害を及ぼしたことは責められるべきだと考えれば代表訴訟を提訴するかもしれない。

M社（商業）、N社（システム構築）などのように、不正を発見したあとに担当役員だけでなく取締役全員の責任を追及して処罰する、常勤監査役も処罰の対象にするなどの事象も現れている。役員には等しく内部統制態勢を構築する義務があり、「自分は知らなかった」と言って逃れることはできないのである。企業倫理担当取締役に相対的に重い処分を加える例も出てきている。倫理・コンプライアンスの徹底が遅れている企業の経営層は、挽回を急がねば火の粉を自ら浴びることになろう。

（4）厳しさを増す海外の取組み

最近、中国、ベトナム、タイなど各国政府の腐敗に対する自浄努力が加速している。中国

は、2006年1月施行の改正会社法5条で「(会社は) 社会公徳、商業道徳を遵守し、誠実に信用を守り、……社会的責任を負わなければならない」と定めた[※6]。刑法改正も具体案が検討されており、収賄罪の適用対象を広げる方向にある。商業賄賂（企業が事業遂行に際して不法な便宜供与を得るため公務員に金品を贈る行為）の現行取締規定の改定も、実践体制整備を含めて急がれている。反不正競争法、独占禁止法、商業賄賂撲滅法、労働契約法の行方も注視しなければならない。現実に上海汚職事件にみるように、党中央が経済犯罪の摘発・撲滅に力を入れている。

　外国公務員贈賄防止条約では、手続きの円滑化のみを目的とした『少額の円滑化のための支払い（Facilitation Payments：ファシリテイション・ペイメント）』は処罰対象に該当せず、犯罪とならないものとされてはいる（同指針）。しかし、ファシリテイション・ペイメントを推奨しているわけではない。支払いに際しては透明性・遵法性・説明責任が肝要である。「本来それはその国のルーティンの文化ではないか」「レストランでチップを払うようなものではないか」という論もあるが、英国は2001年の反テロリズム法でファシリテイション・ペイメントを行う英国企業および多国籍業の英国人社員に刑罰を与えると定めた。

　BP（British Petroleum）は、2002年に多国籍企業として初めてこの支払いを禁止した。ロイヤルダッチ・シェルは2005年に経営基本原則を改訂して「ファシリテイション・ペイメントもまた賄賂であり、許されない」と規定した。今後、ファシリテイション・ペイメントを容認しない流れが世界で強まると思われるので、注意深いケアが要請される。

　欧米において自由な競争を阻害したときの追及は日本では想像しがたいほどの厳しさがある。各国の独禁当局が科す高額制裁金に加えて実刑や集団訴訟に繋がる可能性があるので、カルテル行為は儲からないと考えるべきである。EUでは当該談合企業の全世界での売上高の10%まで制裁金を科すことが可能とされている。2006年6月には独禁法運用ガイドラインを強化した。2006年9月だけを取り上げてみても、いくつか巨額の制裁金が課せられた事実がある。航空貨物の燃料サーチャージの談合疑惑に関して、ルフトハンザが85百万ドルを支払うことで米国とECの独禁当局と和解した。ちなみに本件は16社（AA：アメリカン航空，UA：ユナイテッド航空，BA：英国航空，JAL：日本航空ほか）が調査を受けているが、制裁金は10億ドル超になるだろうとの観測がある[※7]。欧州のアスファルト・カルテルでは14社に339百万ドルの課徴金が科せられた。化学洗浄剤（グルコン酸ナトリウム）の談合ではEUから5社に30百万ドルの制裁金が言い渡された（日本のF社（製薬）は情報を提供したために80%減となったと伝えられている）。

(5) 倫理の要としての感受性と気遣い

　「水俣病問題に係る懇談会」は2006年9月19日、環境大臣に対して提言書を提出したが、提言の第1に行政官は「行政倫理」を実践することを求めている。その含意は、行政の仕事に対する姿勢や判断基準が杓子定規に規則・基準・マニュアルに依拠するのみでは「冷たい

乾いた3人称の視点」でしか問題を見ないことになるが、それはゆがんだ現代社会そのものである、「もしこれが自分や家族に降りかかった問題であったら」という「温もりと潤い」の視点をもってほしい、当事者（1人称）の視点と家族（2人称）の視点を併せもった人間性の回復が望まれる、「乾いた3人称の視点」ではなく、「温もりと潤いのある2.5人称の視点」をもって事案にあたるように、ということである。

　これは企業倫理についても当てはまる指摘であろう。法令・規則・基準・マニュアルの遵守を要求するあまり杓子定規に冷たい乾いた3人称の視点となってはならない。「根底に感受性や気遣いがもっと重要なものとして求められている。実際、感受性と気遣いとは倫理の要なのだ」という指摘がある[8]。企業は世のため人のために有意義な価値を創造する存在であり、企業は他者とのふれあいで成り立っているがゆえに、我々企業人は従業員、消費者、株主、取引先などのステークホルダーや彼らの思いに対峙するとき、根底に「感受性と気遣い」「温もりと潤い」を忘れてはならない。

　究極的には「企業は人なり」である。優れた全人的な人材を抱えているか否かが会社の命運を定める。倫理・コンプライアンスのDNA化のためには、中長期的に心の教育を含めた総合的な人材育成を心掛けるべきであろう。今後、ハーバード大学では人文科学とサイエンスに加えて宗教の履修を含める方向で一般教養教育の見直しを検討中と伝えられているが、これも同様の考え方に立ってのことと思われる[9]。

※1　本稿では、「倫理」とは倫理観、価値観、価値基準、立法の精神、道徳的な社会常識などに通じる意味で用いている。「コンプライアンス」とは法令・ルールの遵守を意味する。価値観の重要性を強調する意図で倫理・コンプライアンスと表現している。
※2　山本良一『一秒の世界』ダイヤモンド社（2003）
※3　Mary Warren, "*Future Generations*"、ジョゼフ・R・デ・ジャルダン著、新田功ほか訳『環境倫理学』人間の科学社（2005）115p から引用
※4　野村総合研究所が2006年5月に東証1部上場企業の社長を対象に行い、同年6月にその従業員を対象に行った調査
※5　「速報・ダスキン株主代表訴訟事件（大阪高裁平成18年6月9日判決）」判例タイムズ1214、2006年9月15日号、156p、判例タイムズ社
※6　「社会的責任」が盛り込まれていることに留意されたい。北京（2006年2月）と深圳（同年10月）でのCSRフォーラムで、筆者がパネリストを務めた経験からすれば、中国におけるCSRの急ピッチな展開には刮目すべきものがある。
※7　「*Financial Times*」（Sept. 13. 2006）
※8　アンソニー・ウエストン著、野矢茂樹ほか訳『ここからはじまる倫理』4p、春秋社（2004）
※9　「*Wall Street Journal*」（Oct. 5. 2006）

菱山隆二　*Takaji Hishiyama*

ICU（国際基督教大学）卒業。コンサルタント。三菱石油㈱入社後、米国三菱石油社長、三菱石油開発代表取締役専務、三菱石油顧問を経て、米国ベントレー大学経営倫理センター客員特別研究員。帰国後、経営倫理、CSR、SRI に関する「企業行動研究センター」を設立。現在、㈱インテグレックス経営諮問委員長、3つのNPO法人理事、米・中・韓のシンポジウムでのパネリスト等を務める。主著に『社会責任投資の基礎知識』（共著：岩波書店）、『倫理コンプライアンス』（経済法令研究会）、『ビジネス倫理10のステップ』（共訳：生産性出版）、『談合がなくなる』（分担執筆：日刊建設工業新聞社）。

CSRの基本事項

リスクマネジメントとCSR

株式会社 インターリスク総研 法務・環境部 上席コンサルタント 田村直義

はじめに

　あらゆる企業において、CSR（企業の社会的責任）経営を実践するうえでリスクマネジメントは必要不可欠な要素である。CSRの取組みを進めることにより、マルチ・ステークホルダー（様々な利害関係人）の満足度をバランスよく向上させることを目指すことは大切であるが、その大前提として、ステークホルダーの最低限の期待を裏切らないことが肝心である。

　一方、CSR経営の実践がなければ、リスクマネジメントの実効性は期待できないともいえる。各種のリスク対策を講じたとしても、CSR経営による健全な統制環境、換言するならば誰からも信頼される企業風土が存在し、それを踏まえてすべての役職員が日々の判断や行動を実施しなければ、リスクの低減は期待できない。

　このように、リスクマネジメントはCSRに必要不可欠な要素であり、CSRはリスクマネジメントを実効ならしめるための土台であるといえる。

1 リスクマネジメントの必要性

(1) 日本企業を取り巻く経営環境とリスクマネジメントの必要性

　グローバル化の進展により、全世界レベルで政治経済の不安定性や事件・事故・災害などの影響によるリスクは増大している。また、高度情報化に伴い、経営のスピードを加速させる必要性、情報自体の価値および付加価値に着目する必要性がある。

　一方、国内では、少子高齢化、終身雇用や年功序列の崩壊、帰属意識の低下などが、日本企業の体力を弱めているとの指摘もなされ、これからの時代にふさわしい新たな日本型経営を確立させなければならない時期が到来している。バブル崩壊後の失われた10年の後、景気は緩やかな回復基調にあり、バブル崩壊の教訓を生かしつつも戦略的に事業を推し進めることが今後の重要な経営課題である。

このようななか、これまでの超優良企業すなわちエクセレントカンパニーの要件は「ビッグ・ストロング」が中心であったが、さらに「グッド」の要素がより強く求められるようになっている。評価格付会社、マスコミ、市場、顧客、取引先、株主は、「グッド」すなわち「よい企業」を選別する時代となっている。企業を取り巻くリスクは巨大化・多様化・複雑化しており、様々なリスクを正確に認識して対策を講じると同時に、マルチステークホルダーの期待に応えるべく、戦略的な経営を加速させるというネガティブ側面とポジティブ側面のバランスがとれた「よい企業」となることが持続可能な発展への必須条件といえる。

(2) 判例・会社法にみるリスクマネジメントの必要性

①株主代表訴訟判決

大手銀行巨額損失事件に関する株主代表訴訟（大阪地裁2000年9月判決、大阪高裁2001年12月和解）は、ニューヨーク支店の元嘱託行員が米国債の不正取引で損失を発生させた事件について、リスク管理が取締役の義務であることを明示した我が国初の判例である。一審判決においては、取締役ニューヨーク支店長であった元副頭取に対し、リスク管理の点で取締役としての注意義務および忠実義務違反があったとして、5億3千万ドルの損害賠償を命じ、「会社経営の根幹に係わるリスク管理体制の大綱については、取締役会で決定することを要し、業務執行を担当する代表取締役および業務担当取締役は、大綱を踏まえ、担当する部門におけるリスク管理体制を具体的に決定するべき職務を負う」と判示した。当時の様々な企業不祥事（乳製品大規模食中毒事件、自動車リコール隠蔽事件など）と同時期の判決でもあり、我が国において、大企業の経営者が本格的にリスクマネジメントに取り組む意思決定をする契機となった。

また、肉まん無認可添加物事件に関する株主代表訴訟（大阪地裁2005年2月9日判決、大阪高裁2006年6月9日判決）では、不祥事認識後の危機管理対応における取締役の注意義務についても具体的に示している。

②会社法・会社法施行規則

2006年5月に施行された会社法362条において、①取締役会を設置する会社においては、「内部統制システム構築に関する基本方針」の決定を取締役会の専決事項とし、②取締役会を設置する大会社については上記基本方針の決定を義務付け、③上記決議の概要については事業報告書の記載事項とする、ことが新たに規定された。

さらに、会社法施行規則100条により、具体的体制について規定された。これにより、企業グループ全体でリスクマネジメントおよびコンプライアンスについて体制構築を行い、取組みを実施していくことが取締役会・取締役の責務であることが明文化された。

> 会社法施行規則第100条1項
> 法第362条第4項第6号に規定する法務省令で定める体制は、次に掲げる体制とする。

（1号）取締役の職務の執行に係る情報の保存及び管理に関する体制
（2号）損失の危険の管理に関する規程その他の体制
（3号）取締役の職務の執行が効率的に行われることを確保するための体制
（4号）使用人の職務の執行が法令及び定款に適合することを確保するための体制
（5号）当該株式会社並びにその親会社及び子会社から成る企業集団における業務の適正を確保するための体制

　会社法・会社法施行規則は、企業が取り組むべきリスクマネジメントについて個別具体的な要求事項や要求レベルを定めているわけではない。しかし、取締役会で決議された「内部統制システム構築に関する基本方針」の中で、リスクマネジメントに関して一定以上具体的な取組方針をコミットメントしているのが通常である。この方針に従って具体的な取組みを進めることなく、不幸にして何らかの事件事故による損失が発生した場合は株主代表訴訟での防御が危くなる可能性がある、すなわち仮に会社に発生した損失を埋め合わせるよう株主から取締役が請求を受けた場合においても、「取締役はリスクマネジメントに関して善良なる管理者としての注意義務を果たしたのだから損失を埋め合わせる義務はない」と主張立証することが困難となるおそれがある。
　したがって、経営者は法の要請により単に基本方針を定めたことにとどまるのではなく、当該基本方針を踏まえ、適切なリスクマネジメントの取組みを推進する必要に迫られているのである。

2 CSRの全体像におけるリスクマネジメントの位置づけ

（1）CSR・リスクマネジメントの定義

【図表1　リスクマネジメントのサイクル】

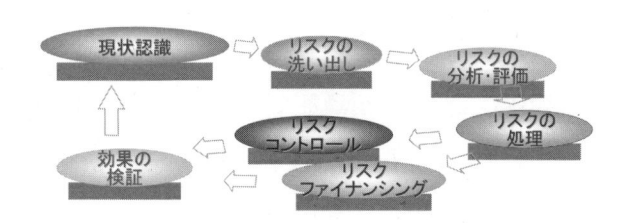

　CSRの定義は一様ではないが、ISOのSRに関するワーキンググループでの合意事項を踏まえ、企業における既存の様々な活動、様々なステークホルダーの企業に対する期待などを勘案すれば、CSRは以下のとおり、定義することができる。また、リスクマネジメントについても、画一的な定義は存在しないが、旧来からの伝統的なリスクマネジメントについては以下のとおり、定義することができる。PDCAサイクルに沿って実践するのが原則である（図表1）。

【CSRの定義】
「企業が社会における良き企業市民として、経済的・環境的・社会的な各側面に配慮して事業活動を行い、様々ステークホルダーとのより良い信頼関係を構築し、社会および企業の持続可

能な発展を追求すること」
【リスクマネジメントの定義】
「企業を取り巻く様々なリスクを予見し、そのリスクがもたらす損失を予防するための対策や不幸にして損失が発生した場合の事故処理対策などを効果的・効率的に講じることによって、事業の継続と安定的発展を確保していく企業経営上の手法」

（注）米国のCOSO（トレッドウェイ委員会組織委員会）が公表している「エンタープライズ・リスクマネジメントの統合的枠組み」では以下の通り、定義づけがされているが、本稿でCSRとの関係を論ずるうえでは、上記の旧来からの伝統的なリスクマネジメントを主眼としている。
「事業体の取締役会、経営者及び従業員が実行し、全事業を対象とした戦略設定に適用し、事業体に影響する潜在的なイベントを特定するよう設計し、リスク選考できるようマネジメントするプロセスであり、事業体の目的の達成に関して合理的な保証を提供するもの」

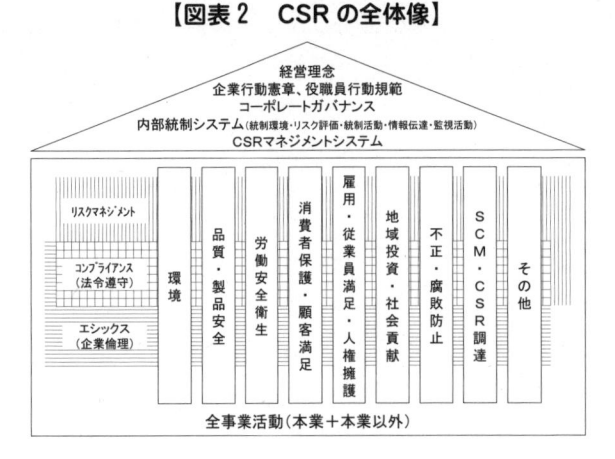

【図表2　CSRの全体像】

（構成要素：経営理念／企業行動憲章、役職員行動規範／コーポレートガバナンス／内部統制システム（統制環境・リスク評価・統制活動・情報伝達・監視活動）／CSRマネジメントシステム／リスクマネジメント／コンプライアンス（法令遵守）／エシックス（企業倫理）／環境／品質・製品安全／労働安全衛生／消費者保護・顧客満足／雇用・従業員満足・人権擁護／地域投資・社会貢献／不正・腐敗防止／SCM・CSR調達／その他／全事業活動（本業＋本業以外））

（2）CSRにおけるリスクマネジメントの位置づけ

CSR活動の全体像の中で、リスクマネジメントはコンプライアンスとともに重要な位置を占める。あらゆる事業活動においてすべからく法令を遵守することが大前提であるが、それにとどまらず社会通念や商慣習を踏まえた倫理的判断や行動も求められている。一方、単に明文化された法令を遵守するだけではなく、リスクマネジメントの実践により、損失の最小化を図ることが、社会および企業の持続可能な発展を追求するうえでは、不可欠である。

CSR経営を推進するために、ステークホルダー分析を実施することが得策である。様々なステークホルダーが自社もしくは各部門に対して何を期待しているかを踏まえ、具体的なCSR活動の課題を抽出し、優先順位づけの評価を行い、取組計画策定へと展開する。この際に、「ミニマム」と「モア」という2つの切り口を用いる。ステークホルダーが最低限要求している事項と、満足度向上のためにさらに期待している事項は各々何か、という考え方である。

そして、この「ミニマム」の切り口からは、どのクライアント企業においても必ずネガティブな状態の極小化、損失の最小化が挙げられる。つまり、様々なCSRに関する活動が存在するなかで、リスクマネジメントは必要最低限かつ最優先の経営課題の1つであるとの結論に至る。

このように、理論上はもちろんのこと、様々なステークホルダーの期待を分析した結果においても、リスクマネジメントはCSRの全体像の中で中核に位置づけられるのである。

3 CSR 経営におけるリスクマネジメントのあり方

(1) CSR 経営にリスクマネジメントをビルトインする

　本格的に CSR 活動を展開するうえでは、限られた資源を有効に活用するため、既存の各種の取組み、例えばリスクマネジメント、コンプライアンス、環境、品質、安全衛生等が可能な限り統合的に管理され、効率化されることが必要である。統合的管理に際しては、以下の点に配慮して PDCA サイクルを構築する。

①概念整理

　自社の CSR ビジョンの実現に向けた経営理念の具現化、企業行動憲章に従った事業活動に際して、リスクマネジメントが不可欠であることに言及する。自社の RM 基本方針や目標を CSR の観点から見直すことも肝要である。そして以下の各項目のとおり、統合的な CSR マネジメントシステムの構築と運営を目指すことが得策である。

②審議機関

　CSR 経営全般については CSR 委員会もしくは経営会議にて審議し、リスクマネジメント固有の事項は、リスクマネジメント委員会その他課題別の委員会にて審議する、特定のリスクに関する固有の取組みについてはさらに下位の小委員会・部会・ワーキンググループにて検討実施する、というように階層化を図る。基本的に主要テーマごとの委員会に審議を委ねるが、CSR の視点で大所高所から判断するに際しては、CSR 委員会が一定以上の関与をすることが大切である。屋上屋を重ねることは避けるべきであるが、効率的な審議や実効性のある取組みのためには、上記例も踏まえ、審議機関の階層的設置や各審議機関の役割分担について、慎重に検討することが求められる。

③責任者の役割権限

　リスクマネジメントの推進に際しては、最高責任者・CRO（チーフ・リスクオフィサー）・リスクマネジャーなどを設置し、相応の役割と権限を付与するのが慣例であり、コンプライアンス等についても、同様の構図となり、同一人物がその役を担っているケースが少なくない。効率的な推進に向けて、CSR に関する最高責任者・CSR 推進責任者・CSR 推進担当者などを設置する際には、その他テーマの既存の役割権限を踏まえ、可能な範囲で統合化を図りたい。

④推進部署

　必ずしもCSRやリスクマネジメント推進の専管部署を設置する必要はないが、担当部署は明確にする必要がある。また、これらテーマの担当部署が複数にまたがる場合は、別個独立した業務遂行ではなく、相互に連携して社内各部門に対して統合的な指示連絡が可能となるよう配慮することが肝要である。

⑤各部門別現状調査・取組計画・進捗管理

　リスクマネジメントの実施に際しては、調査票やインタビューによってリスクの洗い出し・評価を行い、その結果を踏まえて取組計画を策定し、その後、進捗管理を行っていく。これと同様に、リスクマネジメント以外のCSR全般に関しても、各主要テーマごとに現状分析やステークホルダー分析を行い、優先順位づけを行って取組みを展開していく。これら各部門別の一連の取組みについても、可能な限り統合化を図るべきである。

⑥監　査

　リスクマネジメントに関し、マネジメントシステム監査・パフォーマンス監査の双方が必要であり、同時に日常的なモニタリング・定期的な部門別自主点検も不可欠である。これらはCSR活動その他の課題別取組みについても該当する。また監査の実施主体は、業務執行の側における監査部門、監査役、社外の専門家や監査法人など、複数の主体が考えられる。多数のテーマにおいて、複数の手法・主体が存在するなか、監査方針・重点監査項目の設定に際して、実施主体間で相互に連携し、無駄な重複を避けつつ、実効性の高い監査を実施することが大切である。

(2)CSRの観点からリスクマネジメントを推進する

①リスクの洗い出し・評価

　リスクの洗い出し・評価の実施に際して、自社の短期的な損失のみを対象にすることは避けなければならない。マルチ・ステークホルダーにおける自社との関係により発生する損失の可能性についても同時に配慮するべきである。中長期的には、マルチ・ステークホルダーにおけるリスクも同時に認識して最小化することを目指すことにより、結果として自社の継続的かつ安定的な発展につながるからである。

②リスク対策選定におけるステークホルダーへの配慮

　リスクの洗い出し・評価を踏まえて、優先順位づけを実施したうえで重要リスク対策を選定する。この優先順位づけは、各リスクを定量的に把握し、対策によるリスク低減効果を勘案して実施する。この際にあわせて、ステークホルダーの視点も加味することが得策である。当該リスクを選定し、当該対策を実施することが様々なステークホルダーの期待に適うか、

信頼向上につながるか、という視点から優先順位づけを行い、対策の内容を検討するのである。

③個別リスク対策の見直し

　例えば、製品欠陥・品質に関するリスク対策についても、CSRの観点からは一考を要する。昨今では環境負荷軽減のため、新たな科学技術が導入される場合が少なくない。この際に地球環境に配慮するあまり、生命身体の安全確保が軽視されているケースが存在する。環境への配慮が人命軽視の抗弁とはならないことを今一度認識する必要がある。

　高齢者、乳幼児、障がい者などのマイノリティへの配慮も忘れてはならない。企業は製造物責任リスクの視点からリスクアセスメントを行い、リスクが許容可能なレベルまで低減されるよう対策を講じ、設計・製造・指示警告する。この際に予見される誤使用については考慮するが、異常使用について考慮する必要はないとされているが、この予見される誤使用の範囲を少数派にも配慮して設定することが求められる。CSRの視点からは、自社が製造物責任に関する損害賠償請求訴訟において敗訴しないことだけを目的に安全設計するのではなく、そもそも事故が発生する頻度・規模をいかに低減するか、という考え方が必要なのである。

④リスクコミュニケーション

　平常時より、自社のリスクマネジメントの取組み、存在するリスクとそれらへの対応策について情報を開示し、ステークホルダーの理解を求める取組みが必要である。CSR全般については、CSR報告書で情報を開示し、ステークホルダーダイアログなどによって意見収集・信頼関係の醸成を志向するのと同様に、リスクマネジメントに関しても情報開示・意見収集などがより一層行われてしかるべきである。

⑤緊急時対応におけるCSRの視点

　何らかの事件事故が発生した場合における緊急時対応方針の意思決定、情報開示・説明責任の履行などに際してもCSRの視点は欠かせない。誤った企業の論理に基づいて対応方針の意思決定をすることなく、直接の被害者のみならず様々なステークホルダーが許容可能か否か、という視点からの意思決定をすべきである。また、具体的対応策の検討・実施の各局面においても、各ステークホルダー毎に対応項目を列挙して管理するステークホルダー分類表を用いる。不幸にして事件事故が発生した際に、様々なステークホルダーに配慮して迅速かつ適切に結論を導き出せるか否かは、経営者のCSRマインドによるところが大きい。

田村直義 *Naochika Tamura*

1990年慶應義塾大学法学部卒業。同年大正海上火災保険㈱（現三井住友海上火災保険㈱）入社。損害調査部門を経て、グループ会社である㈱インタリスク（現㈱インターリスク総研）へ出向。CSR・リスクマネジメント・危機管理・コンプライアンス等に関する企業向けコンサルティング業務に従事。著書に『実践リスクマネジメント［第三版］』『実践CSR』（ともに共著：経済法令研究会）、『最新企業のリスク管理規程集』（共著：新日本法規）など。

CSRの基本事項

コーポレートガバナンスとCSR

長谷川俊明法律事務所 弁護士　**長谷川俊明**

1 CSRの意義の変遷

　CSR（Corporate Social Responsibility）が単に企業の社会に対する責任を意味するのであれば、日本が近代会社制度を導入する前からその必要性が説かれていた。

　日本で企業における社会的責任を厳しく問うようになったのは、1970年代に公害問題が起こる頃からである。

　ただ、21世紀に入った今、CSRの語とともに企業に求められる社会的責任の内容は、1970年代とは異なる。

　従来は、単なる法令遵守や有用な製品・サービスの提供などを内容としていたが、今は、積極的なディスクロージャー、コーポレートガバナンスと経営倫理の確立、自然環境への配慮、地域社会への貢献などを内容とするからである。

　新しい社会的責任論としてのCSRの要求は、欧米から始まったが、国際組織によるイニシアチブもあった。代表的なのは、アナン国連事務総長の呼びかけでつくられた、社会・環境面の企業行動原則（グローバル・コンパクトの9原則）である。2000年7月に発表され、以下の原則から成る（2004年6月に原則10を追加し、現在は10原則）。

〈人権〉
原則1　企業はその影響の及ぶ範囲内で国際的に宣言されている人権の擁護を支持し、尊重する
原則2　人権侵害に加担しない
〈労働〉
原則3　組合結成の自由と団体交渉の権利を実効あるものにする
原則4　あらゆる形態の強制労働を排除する
原則5　児童労働を実効的に廃止する
原則6　雇用と職業に関する差別を撤廃する
〈環境〉

原則7	環境問題の予防的なアプローチを支持する
原則8	環境に関して一層の責任を担うためのイニシアチブをとる
原則9	環境にやさしい技術の開発と普及を促進する
〈腐敗防止〉	
原則10	強要と賄賂を含むあらゆる形態の腐敗を防止するために取り組む

　グローバル・コンパクトへの参加は任意であるが、参加企業は最高経営者による支持表明などの活動を求められる。

　2004年8月10日、三井住友海上火災保険は、日本の金融機関としては初めて、国連グローバル・コンパクトへの参加手続を完了したと発表した。同社は「保険・金融サービス事業を通じて、世界に安心と安全を届け、豊かな社会づくりに貢献する」という経営理念の積極的な実現のため、CSR活動を開始した。具体的にはCSR実行計画を策定するとともに、2003年8月には社長が委員長、主要役員と本社関連部長をメンバーとする「CSR委員会」を設置した。

　社団法人経済同友会が、2003年3月、「『市場の進化』と社会的責任経営」と題するCSRの提言を発表した。同提言は、CSRの本質を「フィランソロピーなどの社会貢献とは異なり、本業における社会的責任の遂行である」として、以下のように捉える。

○**CSRは企業と社会の持続的な相乗発展に資する**
　CSRは、社会の持続可能な発展とともに、企業の持続的な価値創造や競争力向上にも結びつく。その意味で、企業活動の経済的側面と社会・人間的側面は「主」と「従」の関係ではなく、両者は一体のものとして考えられている。
○**CSRは事業の中核に位置づけるべき「投資」である**
　CSRは、事業の中核に位置づけるべき取組みであり、企業の持続的発展に向けた「投資」である。
○**CSRは自主的取組みである**
　CSRは、コンプライアンス（法令・倫理等遵守）以上の自主的な取組みである。

　CSRは、企業理念であり、経営戦略の中に位置づけられなくてはならない。CSRマネジメントは、まず企業経営トップがビジョンを設定し、PDCA（Plan→Do→Check→Action）サイクルを実践することが求められる。

　次に、アカウンタビリティ（説明責任）を重視したCSRの報告が求められる。報告としては、単なる環境報告から社会的パフォーマンスを取り入れたサステナビリティ（持続可能性）報告を行う企業がふえている。

　CSRを投資や融資の面から促進するのがSRIである。我が国のSRIは、1999年のエコファンドからはじまったように、環境特化型といってもよい。近時は、より広い対象と明確な

CSR 基準によるファンドが多くなってきている。

2 コーポレートガバナンスとの関係

　最近は、企業監査に CSR の視点を取り入れる動きもみられる。2003年3月期決算書から、上場企業に企業の存続に関わる重要なリスク開示が義務づけられた。企業が不祥事を起こすと、レピュテーションリスクを生み、財務リスクを伴って企業の存続を危うくすることにもなりかねないからである。

　「法律は道徳の最小律である」というが、法令は社会におけるミニマムルールである。特に企業は、会社法のもとで設立される会社がほとんどを占めるので、法令を遵守することが社会に対する責任の第一歩といわなくてはならない。

　その意味で法令遵守は CSR の中心的な内容でなくてはならないが、単に法令遵守をいうだけであれば、当たり前のことである。今は、CSR が企業に対し、コーポレートガバナンスと一体となった内部統制システムとコンプライアンス体制を構築し、これを社会に広く開示することを要求するようになった。

　コーポレートガバナンスと一体となった内部統制とその開示は、2006年5月1日から施行になった会社法が明文で求めた。これとは別に2006年6月に制定された金融商品取引法が、財務報告とディスクロージャーにターゲットを絞った内部統制システムの構築、評価を経営者に義務づけている。

　会社法と金融商品取引法が共に内部統制システムを企業に要求する明文規定を置いた背景には、続発する企業会計上の不祥事があった。直接のきっかけになったのは、2004年10月頃から明るみに出た有価証券報告書虚偽記載事件である。

　当時、会社法の制定作業は、要綱試案（2003年10月）を要綱案にまとめる段階にあったが、試案には含まれていなかった内部統制システム構築義務を「大会社」（資本金5億円以上または負債総額200億円以上の株式会社）に課すことになった。ただ、会社法が制定になる前に、有価証券報告書に関しては、一足早く内部統制システムの開示が義務づけられている。すなわち、証券取引法を改正し、証券取引法適用会社（証券取引法24条1項）には、2004年4月1日以降はじまる事業年度から、同報告書中の「コーポレートガバナンス状況」の一部として「内部統制システムの整備状況」についての記載を求めた。

　会社法が内部統制についての全般的な規定を置いたのは、コーポレートガバナンスの効いた内部統制システムによって、何よりも経営者主導による会計不祥事を防止するためである。会社法の求める内部統制システムは、コンプライアンス体制、すなわち法令違反による不祥事の防止体制を主な内容とする。しかし、会社法がそれまでなかった義務規定を突然導入したわけではない。平成14（2002）年の商法改正で導入した委員会（等）設置会社には、同様の義務が求められ、営業報告書中での同会社による開示も行われてきた。

また、旧商法のもとでも、判例も含めるならば、取締役（会）に内部統制システム構築義務があることは認めていた。大和銀行株主代表訴訟事件大阪地裁判決（2000年9月20日）は、これを認めた裁判例を代表する。
　会社法が大会社である取締役会設置会社の場合、取締役会において内部統制システムの大綱を決定すべきこととしたのは、代表取締役・代表執行役にこれを一任できないとする趣旨である。
　決定の内容であるが、大会社である取締役会設置会社の場合、会社法362条4項6号が、「取締役の職務の執行が法令及び定款に適合することを確保するための体制その他株式会社の業務の適正を確保するために必要なものとして法務省令で定める体制の整備」とし、さらに同条5項は、「大会社である取締役会設置会社においては、取締役会は、前項第6号に掲げる事項を決定しなければならない」とする。法務省令、すなわち会社法施行規則100条1項の規定する体制は、以下のとおりである。
　①取締役の職務の執行に係る情報の保存及び管理に関する体制
　②損失の危険の管理に関する規程その他の体制
　③取締役の職務の執行が効率的に行われることを確保するための体制
　④使用人の職務の執行が法令及び定款に適合することを確保するための体制
　⑤当該株式会社並びにその親会社及び子会社から成る企業集団における業務の適正を確保するための体制
　また、監査役設置会社の場合であれば、加えて同規則100条3項の掲げる以下の体制も併せて決議しなくてはならない。
　①監査役がその職務を補助すべき使用人を置くことを求めた場合における当該使用人に関する事項
　②前号使用人の取締役からの独立性に関する事項
　③取締役及び使用人が監査役に報告するための体制その他の監査役への報告に関する体制
　④その他監査役の監査が実効的に行われることを確保するための体制
　会社法と同施行規則の求める上記内部統制システムの内容項目を見ると、コーポレートガバナンスの要求が前面に出ていることがよくわかる。というのは、会社法自らが規定している体制項目が取締役の職務執行のコンプライアンスであり、規則100条1項が最初に規定しているのが取締役の職務執行に係る情報の保存管理体制だからである。この場合の「取締役」は経営トップを意味し、その法令違反を防止するのがコーポレートガバナンスの最大の目的だからである。

3 内部統制・ガバナンス体制のPDCA

　会社法と金融商品取引法のいわゆる「日本版SOX法」部分が要求する内部統制システム

は、これを求める規定を置くことになったきっかけを共通にするように基本的に異なるものではない。むしろ両法が相補い合って、下図のような内部統制のPDCAを完成させる。

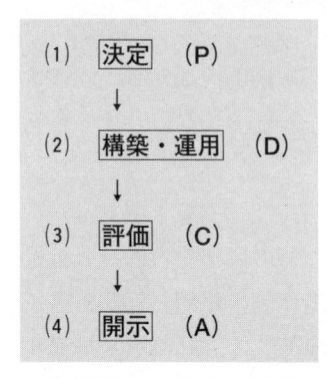

```
(1)  決定    (P)
      ↓
(2)  構築・運用 (D)
      ↓
(3)  評価    (C)
      ↓
(4)  開示    (A)
```

マネジメントシステムのグローバルスタンダードとなった感のあるPDCAサイクルのうち、左記(1)「決定」は、Planに当たり、内部統制システムの基本方針、計画案の策定である。(2)「構築・運用」は、Doに当たり、計画案を実施に移す段階になる。(3)「評価」は、Checkに当たり、内部統制システムの実施状況をモニタリングし、是正・改善につなげる。(4)「開示」は、(1)～(3)までをサイクルで回し維持していく経営者のActionの一部である。

会社法は、決定・決議、構築・運用だけでなく内部統制システムの基本方針を事業報告中に開示することを義務づけた。ただ、多くの会社で経過措置により2007年の定時総会時から開示を行うことになる。

内部統制システムの評価は、経営者、監査役または監査委員、および外部の監査人の3主体によって行うことが義務づけられる。会社法・同施行規則は、監査役・監査委員が、内部統制システムについての評価を監査報告中に表明することを求めているが、経営者と外部監査人による評価を義務づけるのは、「日本版SOX法」である。

4 CSR報告書での内部統制・ガバナンスの開示

日本では、上述のとおり2つの法律でもって、内部統制システムとガバナンスを一体として開示することを義務づけるようになった。

一方、法律で強制されるまでもなく、任意で自主的に「CSR報告書」などにおいて開示する傾向がみられる。CSRは、グローバル・コンパクトの10原則からもわかるとおり、環境問題への取組みを重要な柱とする。その内容には、双方向の「環境コミュニケーション」を「環境報告書」によって実現することが含まれる。

例えば、環境省の「環境報告書ガイドライン」(2003年)は、同報告書には、外部(社会的)機能と内部機能があるとしたうえで、前者には、①事業者の社会に対する説明責任に基づく情報開示機能、②利害関係者の意思決定に有用な情報を提供する機能、および③事業者の社会とのプレッジ・アンド・レビュー(誓約と評価)による環境活動推進機能が含まれ、後者には、①自らの環境配慮の取組みに関する方針・目標・行動計画等の策定・見直しのための機能、および②経営者や従業員の意識づけ、行動促進のための機能が含まれるとする。

一方、1990年代に入るころから、グローバルな観点から、トリプル・ボトムライン(企業活動を「経済」のみならず「環境」「社会」を含めた視点から捉えて評価する)の考え方が台頭してきた。1997年に米国の非営利組織であるセリーズ(CERES)が公表したグローバ

ル・レポーティング・イニシアティブは、この考え方に沿って、環境報告書とは言わずに「持続可能性報告書」（サステナビリティ・レポート）と称する。

　環境省の2003年ガイドラインは、「環境報告書ガイドライン—よくわかる環境報告書の作り方」と題してはいるが、持続可能性報告書（サステナビリティ・レポート）を作る企業がふえていることから、社会的側面（社会的取組）で、「記載することが望ましいと考えられる情報」を大幅に追加している。

　同ガイドラインは、企業が環境保護面だけでなく広く開示すべき項目も掲げているが、その中には、「事業活動における環境配慮の方針・目標・実績等の総括」があり、ポリシー的な基本方針には、「制定時期、制定方法、全体的な経営方針等との整合性及び位置付け、コーポレートガバナンスとの関連」などの情報を記載するのが望ましいとする。

　これをさらに進め、現在では、「CSR報告書」と称する報告書を作成し、コーポレートガバナンスおよびリスク管理体制と一体となった内部統制システムを広く開示する企業が多くなった。

　金融商品取引法は、財務報告・ディスクロージャーの適正を確保するための内部統制システムを要求する。会社法は、企業会計の適正化をターゲットにしつつも、コーポレートガバナンスに適切に裏打ちされた全般的リスク管理体制ともいうべき内部統制システムを広く要求する。

　企業は、これら法律によって強制されるディスクロージャーではなく、任意かつ自主的にコーポレートガバナンスと内部統制のあり方を社会に開示できるかどうかを問われる。このアカウンタビリティ（説明責任）をしっかり果たせる企業が、CSRとガバナンスの良好な企業として高い評価を受ける。

　みずほフィナンシャルグループの『CSRレポート2006』、「コーポレートガバナンス」欄は、「当グループは、透明で効率性の高いグループ経営を目指すとともに、コンプライアンス（法令等遵守）の徹底を経営の基本原則として位置づけ、あらゆる法令やルールを厳格に遵守し、社会規範にもとることのない誠実かつ公正な企業活動を遂行していきます。そのため、以下のようなコーポレートガバナンス体制を整えています」として、監査役、取締役会、内部監査部門、指名委員会、報酬委員会についての説明をしている。

長谷川俊明 *Toshiaki Hasegawa*

弁護士。1973年早稲田大学法学部卒業。1977年弁護士登録。1978年米国ワシントン大学法学修士課程修了（比較法学）。津田国際研究センター講師、国土交通省航空局入札監視委員会委員。現在、渉外弁護士として、企業法務とともに国際金融取引や国際訴訟を扱う。長谷川俊明法律事務所代表。主な著書は、『実践個人情報保護対策Q&A』『敵対的企業買収への対応Q&A』『実践新会社法対策Q&A』（以上、経済法令研究会）、『新・法律英語のカギ—契約・文書—』『法律英語の用法・用語』（以上、レクシスネクシス・ジャパン）他。

ステークホルダー

株主・投資家に対するCSR

上智大学大学院 地球環境学研究科 教授 藤井良広

1 会社それ自体のもの

「会社は誰のものか」。この問いかけは、資本主義社会において、常に繰り返されるテーマだ。おそらく、今後も、問いかけがなくなることはないだろう。

米国流の株主主権主義的な考え方は、明瞭に「会社は株主のもの」と断言する。一方で、株主・投資家以外の、会社の活動に利害関係を要する多様なステークホルダーの存在を重視し、そうしたステークホルダーに対する会社の多様な社会的責任を踏まえるのが、CSRの立場である。

ただ、CSRが必要だからといって、「会社は株主よりもステークホルダーのもの」という人も少数派だろう。ステークホルダーは多様で、相互に利害対立を起こす場合もあるからだ。では、会社は誰のものか。株主と会社の基本的な関係、会社が求められるCSRの意味を考えるとき、1つの方向性として浮上するのが、「会社は、会社それ自体のもの」(中條秀治『株式会社新論』) という視点だ。

株主は会社が発行する株式を所有する。その会社は法人として、会社資産を所有する。法人としての会社が、従業員と雇用契約し、取引契約を結ぶ。つまり株式会社は、岩井克人東大教授がいう「二重の所有関係」によって構成されていることに着目した見方である。

CSR論の対象となる会社を「会社それ自体が、自らを法人として所有し、自ら活動するもの」とみなすことで、会社活動によって生じる多様な利害関係に対して、会社それ自体が社会的責任として適切に向き合う意義が生じてくる。

2 会社と企業と法人と

では、会社と企業と法人はどう違うか。日本語ではそれらの違いは、あまり十分区別されて使われているとは思えない。だが、英語で考えると、違いは明確になる。

Companyは「仲間」という訳もあるように、共同で事業を起こす組織を指す。合名会社や合資会社などである。この場合、株主と経営者・事業家は一体であるケースが多い。一方、

Enterprise は起業・企業である。個人が私財を投じて事業を起こすのだから、当然、株主・投資家と事業者・経営者は同一である。Enterprise が Company に発展して、経営者を外から代理人として迎える場合も、その経営者は株主・投資家からの直接の委任の場合が多いから、「企業は株主のもの」という色彩が強い。

これに対して、米国で会社を指す Corporation には、会社、法人、団体という意味がある。法人とは、株主と経営者が一体的な共同企業が取引に際して、外部の関係者と多様な契約関係を結ぶ際の手続きを簡素化するために導入された法律上の仕組みである。歴史的には古代ローマの昔からあり、株主や出資者などの1人ひとりの権利とは別に、都市や教会、経済事業などの既得権益を統括する制度として発展した。

まさに、CSR の C が Company ではなく、Corporate であるのは、株主と経営者が一体的な起業や共同組織としての会社ではなく、法人としての会社それ自体の社会的責任を求めるためなのだ。そう考えると、本来は CSR の日本語訳も「企業の社会的責任」ではなく、「会社法人の社会的責任」としたほうが適切なような気もする。もっとも、日本語の会社、企業、法人の3つの用語は混在しているが、CSR の活動が日本の経済社会で受け入れられている背景には、暗黙裡に「会社法人としての企業」が共通の理解になっているともいえる。

3 最強かつ最軽視の存在

ただ、会社が株主のものではなく、会社それ自体のもの、であるとしても、株主が株式会社を取り巻く多様なステークホルダーの中で、最重要な存在の1つであることは間違いない。

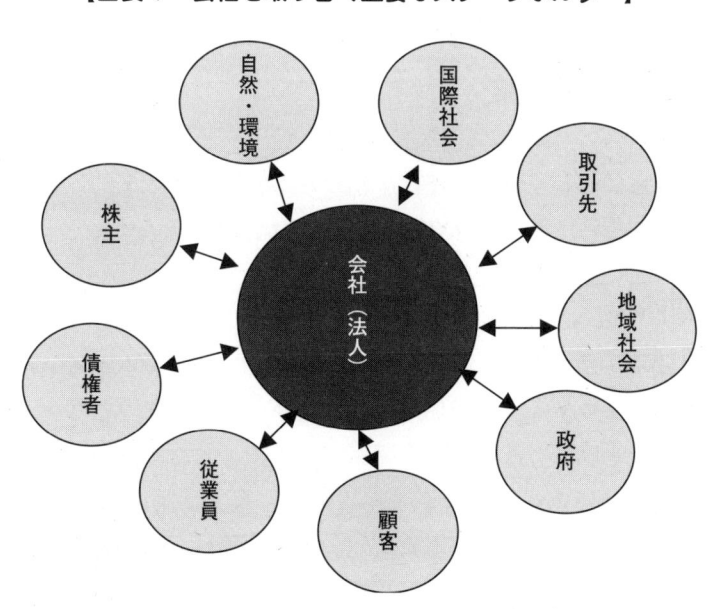

【図表1　会社を取り巻く主要なステークホルダー】

図表1は、会社を取り巻く主要なステークホルダーを列挙したものである。図上では、各ステークホルダーを示す円の大きさも、会社との距離を示す矢印もほぼ同一であるが、個々の企業にとって、どのステークホルダーとの利害関係が重要かは、異なってくる。しかし、どの企業にとっても共通して、重要性が変わらないのが、株主である。

　ステークホルダーという言葉自体が、企業活動が株主（シェアホルダー）偏重になっているのを是正させるために、対比的に導入されたともいわれる。したがって、会社に資本を提供し、常に株主価値の上昇を求める株主は、多様なステークホルダーの中でも、経営者が最重視しなければならない存在の1つで、いわば"最強"のステークホルダーである。

　しかし、実は株主は会社から"軽視"されてきた側面ももつ。株主は株主総会での議決権をもつほか、利益配当請求権、残余財産請求権などをもつ。株主総会では会社資産の使途や、経営者人事の承認も行う。法人としての「会社それ自体」の活動のチェックを株主が直接行える仕組みではある。事実、村上ファンドのように、株価のわりに内部留保の厚い企業の株を買い占め、経営改革を迫る手法でキャピタルゲインを稼いで一世を風靡した事例もある。

　しかし、会社が大きくなればなるほど、個々の株主が保有株式に基づいて行使できる権限の割合は比例的に低下する。特に個人株主の場合、よほどの大株主でない限り、総会などでの発言や提案の機会はまずないと言ったほうがよい。実際、従来の日本企業の多くは、金融機関や取引先との株式持ち合い構造があったことから、なおさら個々の株主への利益還元という視点は軽視されてきた。

　株主・投資家は法制度的には、保有株数に応じて、経営者に対する強いチェック機能を有している。だが、企業価値の配分という実態面では、社員、経営者、取引先、顧客などの会社を取り巻く他のステークホルダーと比べて、経営者から"軽視"され続けてきた面もあるのである。

4 株主・投資家への還元策

　会社が株主・投資家に対して負う責任は、出資された資本を効率的に活用し、見返りとしての株主価値を高めることにある。株主価値の向上は会社が経済社会で果たす経済的責任である。

　株主・投資家が株主価値向上を実感するのは、株価が上昇する場合と、配当が増加する場合だろう。前者ではキャピタルゲインが高まり、後者ではインカムゲインが増える。ただ、株価上昇によるキャピタルゲインの増加は、企業価値向上の結果として生じるケースもあるが、景気の変動で生じる場合もある。

　CSRの視点で株主・投資家への対応を考える場合、企業活動の成果の還元策としての配当の増加がポイントとなる。会社の配当政策だ。配当政策は、現金配当と、自社株買いとに分けることができる。現金配当は、会社が経済活動で得たキャッシュフローから、事業への

再投資分や内部留保分などを差し引いて、株主・投資家に配分する。

自社株買いは、売却に応じる株主から会社が直接、株を買い入れるもので、当該の株主はキャピタルゲインを得る。通常の場合、自社株買いを実施した会社は、買い入れた株を消却するか、金庫株とすることから、流通株数の減少によって株価上昇が見込まれ、他の株主も恩恵を被ることになる。

実際、企業業績の好調さが続くことから、東京証券取引所1部上場企業の2005年度の配当総額は、約5兆5千億円と過去最高額を記録した。3月期決算上場企業（金融を除く）に絞った配当総額は、3兆9,581億円、前年度に比べて25.39％増と大きく伸びた。04年度も25.8％増であったため、2期連続の大幅増である。1980年代の配当総額の年間1兆円前後と比べると、ほぼ4倍増である。自社株買いも年間4兆5,600億円の規模で実施されている。

5 社会的リターンをどう位置づけるか

【図表2　上場企業の経常利益と配当額】

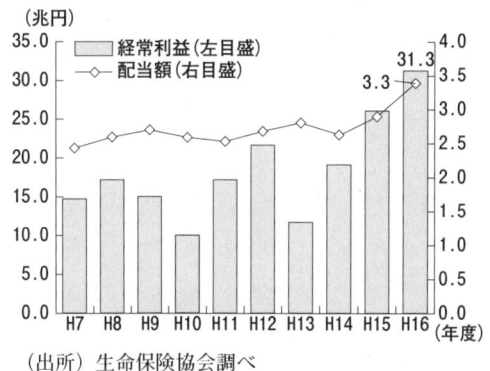

【図表3　日米企業の連結配当性向の推移】

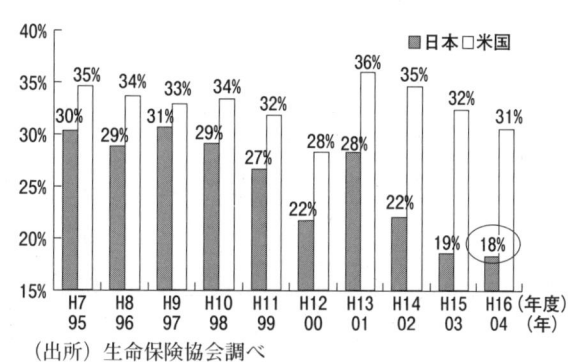

（出所）生命保険協会調べ
【対象企業】全国上場企業のうち、継続してデータ取得可能な企業を対象

（出所）生命保険協会調べ
【対象企業】（日本）TOPIX構成企業（赤字企業を除く）
（米国）S&P500構成企業（赤字企業を除く）
ともに過去10年間継続してデータ取得可能な企業を対照

株主還元策としての配当政策の強化は株主・投資家からは当然、歓迎される。しかし、株主価値だけではなく、CSRとしての企業価値に力点を置くと、キャッシュフローの配分には、事業再投資や内部留保に加えて、ESG（環境・社会・ガバナンス）への配分も必要になる。ここで、株主・投資家と、他のステークホルダーとの利害摩擦が生じる。

日本企業の株主・投資家にとっては、配当総額は増加しているものの、直近の配当性向（当期純利益に占める配当額の割合）は米企業より平均で10％ほど低く、配当利回り（投資額に対する配当の割合）も1.1％で、世界平均（2.2％）の半分でしかない。CSRの視点に基づけば、会社の社会還元策としては、経済的リターンとしての配当増や株価増加だけでなく、環境・社会的リターンの向上を通じた企業価値の増加が求められるが、日本企業の平均的な株主還元の実態から判断すると、環境・社会的リターンの強調で納得する株主・投資家

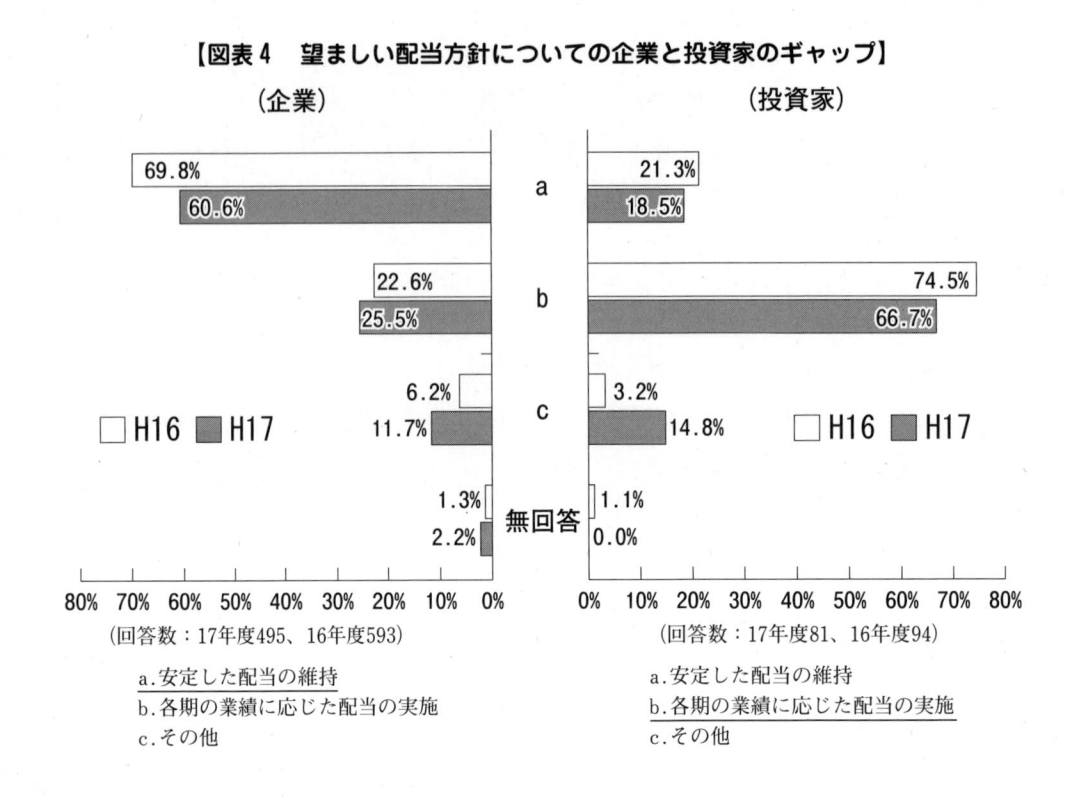

【図表4　望ましい配当方針についての企業と投資家のギャップ】

（企業）
- a. 69.8%（H16）／60.6%（H17）
- b. 22.6%（H16）／25.5%（H17）
- c. 6.2%（H16）／11.7%（H17）
- 無回答 1.3%（H16）／2.2%（H17）

（回答数：17年度495、16年度593）

（投資家）
- a. 21.3%（H16）／18.5%（H17）
- b. 74.5%（H16）／66.7%（H17）
- c. 3.2%（H16）／14.8%（H17）
- 無回答 1.1%（H16）／0.0%（H17）

（回答数：17年度81、16年度94）

a.安定した配当の維持
b.各期の業績に応じた配当の実施
c.その他

は限られるだろう。

　単に、日本企業の配当性向、配当利回りが相対的に低いだけではない。生命保険協会が毎年実施する「株主価値向上に向けた取り組み」調査（2005年度）のアンケートでは、配当政策をめぐる企業と投資家の対照的な姿勢が浮き彫りなっている。同調査によると、「望ましい配当方針」についての問いに対して、企業の過半（60.6％）が「安定した配当の維持」と答えたが、投資家の過半（66.7％）は「各期の業績に応じた配当の実施」を挙げている。

　この2つの答えは必ずしも、対立概念ではない。本来、安定した配当方針を基本として、その上に各期の業績に応じた配当が上乗せされる関係にある。しかし、投資家の過半が業績配当への不満を表明する背景には、基本の配当政策への賛同が十分得られていないことを物語る。これでは、配当の上にさらに上乗せされるべき環境・社会的リターンへの賛同を株主・投資家から得られるとは思えない。

6　株主の不満

　会社が株主還元策をさらに重視する必要性は、株主・投資家をステークホルダーとしてとらえると、なおさら高まる。村上ファンドやライブドアなどの企業買収劇で明らかになったのは、企業の配当政策や長期的な経営方針の不透明さに不満を抱く一般株主が、インサイダー容疑で逮捕された村上ファンドの村上世彰容疑者らが仕掛けたTOB（敵対的買収）など

をかなり支援したことだ。

　日本経済新聞が村上容疑者の逮捕後に実施した個人投資家向けアンケート（2006年6月）では、村上ファンドが資本市場に与えた影響について、何らかの形で「プラス」と評価した回答が6割近くに達した。プラス評価の理由としては、「株主への利益配分策の充実につながった」（37.7%）が最も多く、「市場の効率化を促し、企業に緊張感を与えた」との意見もあった。反対にマイナス評価の理由では、「結局は自分の利益拡大を狙っただけ」（47%）、「市場を混乱させた」（27.3%）などが多かったという。

　株主・投資家に企業の持続可能性を支援するステークホルダーとしての役割を期待するうえでも、まず、シェアホルダーとしての株主・投資家の本来の問いかけに、正面から答える配当政策の明瞭化が求められる。このことは、結局、TOBなどを仕掛けられたときでも、投機家が提示する短期的な株買上げ価格だけではなく、長期的な企業価値を見据えて行動してくれるような安定株主を、どれだけ確保できているか、そうした株主の信頼を得る経営方針を明示し、日頃から実践しているかどうかにかかっている。

　株主・投資家が本来のシェアホルダーとしての役割に加えて、企業の長期的な企業価値向上を意識するステークホルダーとしての役割を理解してはじめて、当該企業のCSRへの株主からの支援が得られるはずだ。その理解は、CSRを配当政策の不十分さの言い訳に流用するような、経営姿勢からは絶対に生まれない。株主・投資家に正面から向き合うなかで、長期的な経営への信頼が醸成される。

【図表5　村上ファンドが資本市場に与えた影響（日本経済新聞調査2006年6月）】

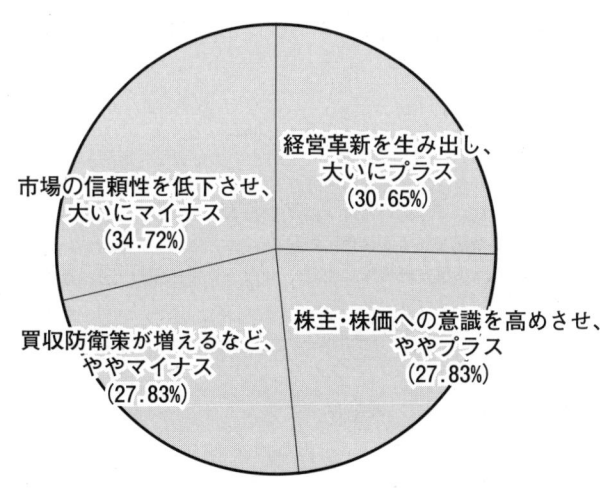

- 経営革新を生み出し、大いにプラス（30.65%）
- 株主・株価への意識を高めさせ、ややプラス（27.83%）
- 買収防衛策が増えるなど、ややマイナス（27.83%）
- 市場の信頼性を低下させ、大いにマイナス（34.72%）

7　PRI投資対象企業は？

　企業が配当政策に正面から取り組むことが求められるのは、株主の構成が個人投資家から

機関投資家にシフトしている最近の構造的変化を見つめると、なおさら必要性が高まる。年金基金や生命保険などの機関投資家は、年金受給者や保険金支払者の委託を受けて資金を運用する。これらの機関投資家は受託者責任を負っており、投資先企業の配当政策の明確性と、長期の企業価値の向上という両面について説明責任を求められる。

UNEP（国連環境計画）FI（金融イニシアティブ）が2006年4月に、責任投資原則（Principles for Responsible Investment）を宣言した。同原則は、世界中の主要な年金基金や運用機関がその資金運用に際して、経済的リターンだけでなく、ESG（環境・社会・ガバナンス）への配慮を運用方針の中に組み込むことを求めるもので、賛同する投資家、金融機関は宣言に署名する。すでに、世界最大の公的年金であるカルパース（CalPERS：カリフォルニア州公務員退職年金基金）を筆頭に、欧米の主要な年金基金などが署名しており、賛同した年金機関および運用機関の総運用資金総額は4兆ドルという。

「**主要な機関投資家がこうした原則に基づく投資プロセスを発展させることによって、PRIの原則は長期投資のリターンをより高め、資本市場の持続性をより高めることが可能となる枠組みを提供することになる**」（コフィー・アナン国連事務総長）。

アナン事務総長の期待が現実化するかどうかは、世界の主要年金基金の投資先となるグローバル企業が、経済的リターンとESGリターンとのバランスをとった企業価値向上の経営を推進できるかにかかっている。

目下の世間の関心は、PRIの署名機関数がどれだけ増えるか、署名年金基金の運用総額がどれだけ高まるかなどであるが、もう1つ気になるのは、日本の主要企業のうちで、彼らの投資対象（つまりPRI投資銘柄）に選ばれる可能性のある企業がどれほどあるのかという点である。株主・投資家を見つめたCSR経営の原点が改めて問われそうだ。

■参考文献
- 中條秀治『株式会社新論』文真堂（2005）
- J・チャーカム／A・シンプソン『株主の力と責任』奥村有敬：訳、日本経済新聞社（2001）
- 岩井克人『会社はこれからどうなるのか』平凡社（2003）
- 生命保険協会『平成17年度・株式価値向上に向けた取り組みについて』生命保険協会（2005）
- 日本経済新聞2006年6月15日朝刊
- 藤井良広『地域金融機関とCSR』（「信用金庫」2006年7月号掲載）

藤井良広 *Yoshihiro Fujii*

1972年大阪市立大学経済学部卒業後、日本経済新聞社に入社。環境庁、国税庁、大蔵省、郵政省、日銀などの記者クラブ、88年欧州総局（ロンドン）駐在、英オックスフォード大客員研究員を経て、93年経済部編集委員。2006年現職。主な著書に、『金融で解く地球環境』（岩波書店）、『縛られた金融政策』（日本経済新聞社）、『現場発CSR優良企業への挑戦』（共著：日本経済新聞社）などがある。

ステークホルダー

消費者に対するCSR

雪印乳業株式会社 社外取締役 日和佐信子

はじめに

(1)社外取締役就任の経緯

　はじめに、全国消費者団体連絡会の事務局長を退任後、雪印乳業株式会社（以下、「雪印乳業」と呼ぶ）社外取締役に就任した経過を記しておきたい。きっかけになったのはNPO株主オンブズマン（代表　森岡孝二・関西大学教授）による雪印乳業への株主提案である。株主オンブズマンは、市民株主の地位を高め、企業の違法行為を是正し、健全な企業活動を推奨する目的で、1996年に大阪市で設立された。会員は弁護士・公認会計士・学者・個人株主・一般市民である。設立以来、調査活動、講演会などを行い、日本航空へ障害者法定雇用率達成を求めて株主代表訴訟を東京地裁へ提訴、ソニー・三井住友銀行へ役員の報酬・退職慰労金の開示と女性取締役の選任を求める株主提案を提出するなど、先進的な活動を展開している。

　2002年、雪印乳業の子会社、雪印食品株式会社が起こした国産牛肉偽装事件が発覚した。2000年の食中毒事件の記憶がまだ生々しい時期に起こしたこの偽装事件は、雪印乳業本体を崩壊させる勢いで、社会から批判を浴びたのである。同年4月、株主オンブズマンは雪印乳業の株主総会に向けて、「消費者団体の推薦を受けて、食品の安全と表示を監視する社外取締役を置き、その社外取締役のもとに恒常的な商品安全監視委員会を設置すること」を求める株主提案を39名、110万2,000株の株主の連名で行った。この提案を雪印乳業は重く受け止め、合意することになった。110万株という数値の大きさに提案の重みと会社としての責任を強く感じたと、後に当時の副社長は話している。このような経過の後に、一大決心をして、6月の株主総会で承認されて社外取締役に就任したのであった。

(2)社外取締役就任にあたって考えたこと

　2000年の食中毒事件の際、原因がなかなか究明されないことに不信感を抱いていた。食品メーカーで起きた食中毒である。メーカーなのだからその道のプロである。であるにもかか

わらず1ヵ月以上たっても原因が特定できないということは信じ難いことであった。全国消費者団体連絡会（以下、消団連と呼ぶ）では、8月に入って説明会を開くことにし、雪印乳業に要請した。対応するが少し時間がほしいとの丁寧な返事だった。その後何度も電話を入れたが、応対は丁寧なのだが具体的な日程が決まらない。ついに忍耐の限界を超えてしまい、日時の返事をくれるまで電話を切るなと担当者に指示してやっと8月10日と決まった。当日、大阪工場の製造ラインを図面を示しながら、HACCP違反やバルブのぬめりの箇所などを、丁寧に説明されたが、原因はまだ確定していないという説明であった。北海道の大樹工場で製造された脱脂粉乳が黄色ぶどう球菌の毒素エンテロトキシンAに汚染されており、その脱脂粉乳を使用して大阪工場で製造された低脂肪乳が食中毒の原因であることを発表したのは8月18日である。これらの経過から、いったい食品メーカーの内部はどうなっているのかという不信感は強くなるばかりだった。

　想像さえしていなかったこの雪印乳業に関わることになったとき、最初に浮かんだのは、このときの強い不信感であった。消費者が口にする食品がどのように製造されているのか、食中毒事件の真相は何なのか、さらには企業とはいったいどういうものなのかを知りたいと思った。

　消団連では製造物責任法（PL法）、消費者契約法の制定に積極的に取り組んできたが、法案作成の最終段階でも対立するのは企業と消費者団体である。消費者は企業との経済力、情報量、交渉力の格差をなくして同じ土俵で交渉できるように、消費者に多くの支援策を求める。企業は常に、乱訴を誘導する、苦情を増大させるといって反対し、結果的には妥協の産物となって、期待した効果を発揮しない法律になってしまう。消費者の権利を主張することが、いわゆるクレーマー的な存在を有利にするという、このいかにも納得できない理由が正当化される無念さをいつも身にしみて感じていた。

　企業に消費者の権利や消費者団体の活動などについて認識を新たにしてもらいたい、糾弾と対立・企業イコール悪の構造から抜け出し、消費者と企業の新しい関係を築いていきたい、そのために努力しようと決心したのだった。

2 お客様か消費者か

（1）消費者団体と企業の反応

　社外取締役就任にあたって消費者団体と企業におけるリアクションの有り様は、まさにそれぞれの立場を表していた。消費者団体からは、消費者が企業へ入るということは初めてのケース、「頑張れ！」と多くの方から激励の言葉を頂いた。それと同じくらい、「どうして企業へ行くのか」「敵に利する行為である」「企業に利用される行為である」「許しがたい、しかも問題を起こした雪印乳業とは！」という厳しい批判と非難の声もいただいた。その団体

や組織の特徴によって応援派と批判派に分かれたのは興味のあることだった。不謹慎なことだが、しばらくは、「応援、批判のどちらかしら」「やっぱり」「意外にも」「そうなんだ」とこれまでとは異なった基準で見ることのおもしろさにひかれた時期があった。

企業では相当な緊張感だったようである。インターネットで筆者の関連記事を検索して、そのあまりの多さに驚いたという。消費者問題などには全く関係のなかった事務局は、妻に「どんな人か知っているか」と聞いて、その返事に緊張感をつのらせたと後に話してくれた。この状況からも、消費者団体と企業の距離の遠さが感じられる。緊張感の真っ只中へ入っていったわけだが、のりこむなどという意識はなく、気負い込むこともなく、まず理解することから始めようと考えていた。

（2）お客様第一主義

違和感を感じた始まりは、「お客様」はしばしば出てくるのだが「消費者」という言葉をほとんど聞かないということだった。雪印乳業は2002年6月以降、市乳（牛乳、ヨーグルトなど）、冷凍食品、育児用食品（粉ミルクなど）、アイスクリーム等の部門を分社化し、2003年より乳製品（チーズ、バター、マーガリン）専門の会社として再スタートした。新たなスタートにあたって企業理念、雪印乳業行動基準も再出発にふさわしいものへと改正することになった。そこで問題になったのが、お客様か消費者かである。雪印乳業の様々な文書に「お客様第一主義」「お客様と向き合う」等の文言が出てくるが「消費者」はなかった。企業は、その企業が提供している商品やサービスを消費してもらうことによって成り立っている。したがって、商品やサービスを消費してくれるお客様が大事なのは言うまでもない。お客様第一主義は当然であって、それをあらためて声を大にして言わなければならなかった状況は納得できる。しかし大事なのはお客様だけなのかということである。企業活動は単に顧客だけに影響を及ぼしているわけではない。社会への強い影響力をもっている。その社会の大きな構成員である消費者という概念をもたなければならない。

雪印乳業の主張は、商品を買ってくれない人もお客様と認識している、さらに「社会」（図表1「雪印乳業の理念・ビジョン」参照）の中に消費者も含められるということだった。理念・ビジョン案の確定は迫っており、そこへ「消費者」を入れるのはあまりにも大きな変更で時間的に間に合わない、食中毒事件後「お客様第一主義」を掲げてきた事情もあって変更できない、ということが本音であった。消費者という言葉を使いたくない強い意向を感じさせられた。食中毒事件後「消費者」を使ったことがあり、その時「客に向って消費者とは失礼だ、商品を買っているのだ、お客様と言え」と厳しい意見がお客様センターに寄せられたそうである。消費者側にもおかしな認識不足があることがわかった。このような経過の末、現在も企業理念・ビジョンに消費者の言葉はない。

同じことが雪印乳業行動基準を策定する際にも議論の対象となった。中心的なステークホルダーの1つがお客様だけでよいのかである。激論の末「お客様・消費者」と並列で記載す

【図表1　雪印乳業の理念・ビジョン】

企業理念

【前文】

雪印乳業は、「乳」の持つ力を引き出すことによって、より健やかで明るいくらしと社会に貢献したい、という強い社会的使命感から創業されました。

それは昔も、今も、これからも変わらない私たち雪印乳業全員の原点であり、共通の願いであり、働き甲斐でもあります。

新生雪印乳業の出発にあたり、私たちは雪印乳業の商品を召し上がっていただく一人ひとりのお客様に必要とされる企業となること、酪農生産者・お取引先・株主の皆様をはじめとして、雪印乳業を支えていただく全ての方々との絆を一層深め、新しい時代・社会から求められる役割を遂行していくことをあらためて決意しています。

2000年の食中毒事件、2002年の牛肉偽装事件という2つの事件の反省を深く胸に刻み、もう一度お客様と社会のお役に立てる企業になるために、ここに新しい企業理念を定めます。

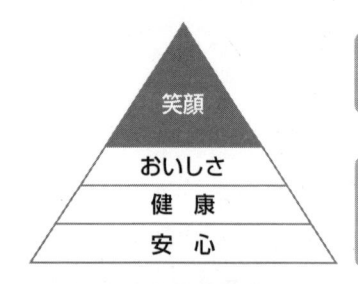

ピラミッド：笑顔／おいしさ／健康／安心

【企業目標】
私たち雪印乳業はお客様の「おいしい笑顔」のあるくらしに貢献します。

【事業領域】
乳製品に関連する高い専門性を生かし、「乳」を科学した新しい価値を引き出し、それによって生み出される知識と商品を提供します。

ビジョン

私たちは、お客様に「安心」「健康」「おいしさ」と「笑顔」をお届けする「おいしい笑顔のカンパニー」を目指します。

（出典）雪印乳業「活動報告書 2006」より

ることで落ち着いたのであった。これほどまでに「消費者」は企業にとって抵抗のある言葉であることがわかったのである。

　2005年、2002年から2004年までの活動報告書を出すことができた。その編集方針に「当社では、お客様を『当社の商品を召し上がっている最終消費者（＝エンドユーザー）』とし、消費者を『商品やサービスを受け取る側にある社会の中の個人全体』と表現しています。なお、消費者基本法では、消費者の8つの権利を尊重し、消費者の自立を支援することが基本であるとされています。お客様もこの『消費者』の中に含まれると考えられます」と記載されている。「消費者」に抵抗のある社員とお客様への理解を求めた文言である。

　雪印乳業は「消費者重視経営」の実践と言いながら、消費者に統一できないのはおかしいと、消費者団体から厳しく指摘されている。「お客様第一主義」を方針として社内に浸透させた経過があり、社内に合意が必要な課題である。現在、雪印乳業行動基準の改定を検討しており、この機会に消費者に統一できるように、お客様か消費者かの議論に結論を出したいと考えている。

3 消費者問題の歴史と企業活動

(1) 消費者問題と企業

　不祥事を起こした雪印乳業においても、消費者関連事項に関して関心が低いことがわかったわけである。他の企業における関心度が気になり、雪印乳業就任以来、企業とのお付き合いが多くなった機会を活用して、ことあるごとに「お客様か、消費者か」の話題を投げかけてきた。はじめは何を意味しているかがほとんど理解されないが、詳しく説明をするに及んで、「消費者という視点で考えたことがなかった、新鮮だった」と感想を出されることがしばしばである。これはひとえに学校教育に問題があるといわざるを得ない。私自身、消費者問題に関心をもったきっかけは、主婦の生活から家族の安全に関心をもち、生活協同組合に加入してからであった。

　そもそも消費者問題が浮上してきたのは、企業活動が活発になったからである。自給自足の時代に消費者問題などはなかった。消費者運動が本格的に始動したのは戦後である。戦後の経済復興期には食糧難、物価高に主婦連合会、日本生活協同組合連合会、戦前から活躍していた婦人会などが中心になって活動を始めた。企業活動が発展していくなかで、ひ素ミルク事件、水俣病、カネミ油症事件、PCB汚染などが問題になり、不当表示事件、危険な農薬・食品添加物の使用禁止へと消費者運動は高揚していった。その後問題は大気汚染、ゴミ問題から環境保全へ、商品の取引もサービスへと広がり、消費者問題は複雑になっていく。そのなかで消費者は組織を結成して問題の解決にあたり、その後を追うように消費者政策が策定され、行政に消費者部門が設置されていった。

　全国消費者団体連絡会が結成されたのが1956年、消費者保護基本法が公布されたのが1968年、国民生活センターが設置されたのが1970年である。消費者問題の歴史は、消費者自身が消費者を守るために展開してきた歴史でもある。そして、企業活動の対象にいるのは消費者なのである。そうであるにもかかわらず、一方の当事者である企業に「消費者」の認識がないということは信じがたいことである。

(2) 企業活動の結果である消費者問題

　企業活動は、消費者のくらしを豊かにし、便利にした。企業活動なくして今の生活は成り立たないのも事実である。しかし、企業活動が社会に与える影響も大きなものがある。消費者の価値観やライフスタイルまで変えてしまう力をもっている。食生活を例に挙げてみよう。企業は簡単で便利、どこでも1人でも食べられる食品を供給してきた。それは消費者のニーズであったということもできる。本当にそうなのかを突き詰めると、流通や企業のニーズであったりするのであるが…。朝食の欠食、バランスを欠いた食生活は結果的に生活習慣病の

増大につながり、今や食育基本法が制定され「早寝早起き朝ごはん」が叫ばれなければならない状況になってしまっている。すべてが企業の責任とは言わないが、責任の一端は自覚する必要があるだろう。大量生産大量廃棄への誘導は、常に新しいデザインを追うライフスタイルを生み、処理しきれない廃棄物を生み出している。企業活動が環境社会に及ぼす強い影響についてもその責任の多くを認識する必要がある。

4 消費者に対するCSR

(1) 役職員への消費者教育

「消費者問題の歴史」「消費者関連法の概要」「消費者団体と消費者問題の現状」などの講座を、新入社員の研修科目、あるいは役職員の研修として入れる。講師としては学者、弁護士、司法書士、行政、研究者などが挙げられるが、ぜひ消費者団体から招聘してほしい。これをきっかけとして、よい関係を作る端緒になる可能性がある。

(2) 多様な消費者との多様な連携

しばしば消費者団体と消費者個人では考え方が乖離しているといわれる。それも否定はしない。だからといって一消費者の声だけを取り上げていては間違うことがある。消費者団体の意見は一般の消費者とは異なるからと否定する傾向があるが、社会全体の方向性を見極めて発言する役割を消費者団体はもっているわけだから、消費者団体との意見交換も重要である。

一般の消費者にはお客様センターなどを通じて意見をくみ上げ、また企業の考え方を説明することができる。その時々の話題には、わかりやすく解説したペーパーを用意してFAX送信することも有益である。企業にも一般消費者に対する消費者教育を行う役割がある。消費者との連携という視点で、モニター制度にも積極的に取り組みたい。消費者団体との意見交換も今後の課題ではないだろうか。雪印乳業では消費者部会を設置して、消費者団体と課題を決めて定期的に意見交換を行っている。企業としては形式的に行うのではなく、真摯に意見を生かすことをしなければ意味がない。回を重ねるごとに有益な指摘をしてもらい、一方、雪印乳業への理解も深まっている。インターネット等の電子情報で消費者の意見を聞くこともできるようになった。

しかし、大事なのは意見をお互いに交換すること、つまりコミュニケーションなのである。食育の取組みで参加者と、工場の開放デーで地域の住民と、など機会はたくさんある。それを意識して進展させることが重要なのである。

【図表2　消費者基本法の消費者の権利と事業者の責務】

（基本理念）

第2条　消費者の利益の擁護及び増進に関する総合的な施策（以下「消費者政策」という。）の推進は、国民の消費生活における基本的な需要が満たされ、その健全な生活環境が確保される中で、消費者の安全が確保され、商品及び役務について消費者の自主的かつ合理的な選択の機会が確保され、消費者に対し必要な情報及び教育の機会が提供され、消費者の意見が消費者政策に反映され、並びに消費者に被害が生じた場合には適切かつ迅速に救済されることが消費者の権利であることを尊重するとともに、消費者が自らの利益の擁護及び増進のため自主的かつ合理的に行動することができるよう消費者の自立を支援することを基本として行われなければならない。

（事業者の責務等）

第5条　事業者は、第2条の消費者の権利の尊重及びその自立の支援その他の基本理念にかんがみ、その供給する商品及び役務について、次に掲げる責務を有する。

1．消費者の安全及び消費者との取引における公正を確保すること。
2．消費者に対し必要な情報を明確かつ平易に提供すること。
3．消費者との取引に際して、消費者の知識、経験及び財産の状況等に配慮すること。
4．消費者との間に生じた苦情を適切かつ迅速に処理するために必要な体制の整備等に努め、当該苦情を適切に処理すること。
5．国又は地方公共団体が実施する消費者政策に協力すること。

2　事業者は、その供給する商品及び役務に関し環境の保全に配慮するとともに、当該商品及び役務について品質等を向上させ、その事業活動に関し自らが遵守すべき基準を作成すること等により消費者の信頼を確保するよう努めなければならない。

(3)消費者団体への支援

NPO法人CSRフォーラムに「消費者支援基金」が創設された。麗澤大学高巖(たかいわお)教授の発想を実現させたのである。消費者契約法が今国会で可決されて改正された。認定された消費者団体が不当な契約条項に対して事前に差し止めを請求できることになった。もちろん訴権ができる。今までは個人でなければ訴権は認められなかったが、個人に代わって団体が訴権できることになった。

ここで問題なのは、消費者団体が資金的に困難な状況を抱えていることである。調査、企業との交渉、訴権費用と活動には資金が必要である。消費者支援基金は企業・個人からの寄付を基金として、申請のあった消費者団体に活動資金を援助するのである。まだ消費者団体の認定は行われていないが、活動は開始されている。すでに3団体へ資金を提供した。これから2次募集を行うことになっている。消費者団体が経済社会を公正に運用していく役割を果たしていることを企業も認識し、公正な市場形成のために消費者団体を支援していこうとする、新しい考え方である。消費者と企業の新しい関係が醸成されることを期待している。

(4)消費者基本法の尊重

　新しく制定された消費者基本法には消費者の8つの権利と、事業者の責務が明記された（図表2参照）。すべてが重要な項目であるが、CSRの基本はコンプライアンス体制の確立にある。事業者の責務として基本となるものは「遵守すべき基準の作成」にあるだろう。遵守すべき基準とはコンプライアンスのガイドライン、すなわち企業の自主行動基準のことである。自主行動基準を作成し社会へ公表することによってコンプライアンス体制を確立していくことを、社会と約束することになる。そしてその結果を社会から評価される。消費者4団体（主婦連合会、日本消費者連盟、全国消費生活相談員協会、全国消費者団体連絡会）による評価基準（「消費者重視経営の評価基準―食品産業を中心とした評価基準―」）も策定されており、すでに評価結果について公表されている。評価を得た企業が消費者から支持され、公正な経済社会が構築されていく仕組みが整ってきている。

　CSR経営ではステークホルダーとの対話を要請されている。ステークホルダーの中でも株主、消費者、従業員、地域社会がコア（中核をなす）ステークホルダーと位置づけられている。消費者はコア・ステークホルダーの一員として重要な位置に位置づけられている。消費者の権利の確立のために消費者は自律して活動することを求められているが、企業も消費者の権利の確立のためにその責務を果たしていくことを、強く求められている。消費者に対するCSRの基本は、消費者基本法を尊重していくことに尽きるといえる。

日和佐信子 *Nobuko Hiwasa*

早稲田大学卒業。コープとうきょう・東京都生活協同組合連合会・日本生活協同組合連合会理事を経て、女性初の全国消費者団体連絡会事務局長。2002年雪印乳業㈱社外取締役に就任。消費者契約法の制定に尽力し、食品安全基本法の制定への道筋を作る。専門は消費者問題、男女共同参画、企業倫理。著書には『消費者運動そして雪印乳業社外取締役へ』（こーぷ出版）がある。

ステークホルダー

従業員に対するCSR

向社会性研究所 主任研究員 小樽雅章

1 相次ぐ不祥事の発覚

　金融業界の不祥事発覚が続いている。
　ここ2、3年の間に、生保も損保もそして銀行も、次々と金融庁や公正取引委員会から業務改善命令や改善の指導、指摘を受けている。多くの保険会社の保険金不当不払いなどは、これが天下の大会社のやるべきことだろうかと暗澹たる思いである。それぞれの企業は、トップを含め、関係者の処分や組織の改革に取り組み、改善策を講じているが、どうしても気になることがいくつかある。
　まずは不祥事が発覚した後の対応である。多くの企業のトップが記者会見で「社員のコンプライアンス教育を徹底し、不祥事を起こさないように努めます」と頭を下げている。今度の生損保の不祥事だけでなく、幾多の企業不祥事のたびに、この言葉が企業トップから発せられるが、これだけ聞くと、まるで「社員が勝手に法律違反をして不祥事をしでかしました。これからはきちんと法律を守るように指導します」ということになる。
　一見ごもっともな言い分だが、本当にそうなのですか、社員だけが法律違反をしたのですか、社員のコンプライアンス教育を徹底したら、企業の不祥事はなくなるのですか、と聞き返したくなる。

2 組織のもつ問題点

(1)コンプライアンスは当たり前

　ご承知のように、コンプライアンスというのは日本では法令遵守と訳されている。悪いことはしてはいけない、法律は守らなければならない、おまわりさんに捕まるよ、ということぐらい、小学生でも知っている。そんな当たり前のことを、企業のトップが公然と言明するところが、この国のなんとも奇妙なことである。それほど法律が軽んじられているということだろう。と同時に、このことは、トップが頭を下げることやコンプライアンス教育を行う

という程度の単純な次元では、決して解決しない多重性をもっているのである。

(2) 企業は利益を上げるための組織である

　まず第一に、企業、特に株式会社は利益を上げるための組織なのである。官営ならいざしらず、民間の株式会社で、利益を上げなくてもよい、というような企業はない。だから、企業のどの組織も、いかに利益を上げるかという目的のために構築されているはずである。そうでなければ、強い企業にはならない。

　例えば、多くの企業が営業拠点ごとの成績を発表し、他部署との数字の比較を行って競争を促し、成績によって表彰も行われている。企業や部署によっては個人単位の業績表も張り出されて比較されている場合も少なくない。我々の社会が自由主義経済を選択し、競争原理のもとに企業活動が行われている限り、モチベーションを維持するうえでも成績評価は当然のことであろう。

(3) 「組織の成績」の中での重圧

　問題はこの先である。野球やサッカーのように成績評価が個人に帰属する場合は、その責は本人が負うべきものだが、企業の場合、営業所や部・課の単位で成績の公表が行われるのが普通だ。もちろん、個人の売上げ成績が毎日グラフ化されて張り出されるような職場も見かける。これを肯定するものではないが、現実はきれいごとではすまない。これほどのことをしてまでも、売上げを上げようというのが企業の現実であることを認識すべきである。

　筆者の危惧するのは、さらにその先である。成績が営業所や部単位で求められている場合、一見そのほうがゆるいように見えるが、そうではない。その組織所属の社員には様々な圧力がかかる。個人の責任評価の場合なら、「自分なりにがんばったけど、まあここまでだな、ボーナスが減るのは仕方がないや」と自分で納得もできるし、あきらめもつく。しかし、組織の成績となると、団体行動だから、1人がこければ全体の足をひっぱり、組織の名誉や所属長の管理能力・力量評価が問われる。会社側も管理職には、その責務を求めているのだから、このマネジメントは日常茶飯事である。だからコンプライアンスでもガバナンスの問題でもない。この日常茶飯事に問題が内在しているから厄介なのである。

3 企業の不祥事からみる従業員の現実

(1) 大会社の消滅

　2002年の春、雪印食品という大企業が、消滅してしまった。パート従業員や嘱託社員約1,000人は3月10日に解雇され、正社員約950人の大半も同年3月31日、桜の花の散る中、解雇された。

なぜこの大会社が消滅するようなことになったか。2002年2月6日の報道に、こう書かれている。

『――雪印食品は昨年10月ごろ、狂牛病や大手スーパー「マイカル」の経営破たんなどの影響で業績が悪化した。同社では各ミートセンターごとに収支が出ており、関西ミートセンターは当時、輸入肉について約50トンの過剰在庫を抱えていた。前センター長は同月26日ごろ、センター社員8人を集めて会議を開き、輸入牛肉を国産に見せかけるため、箱を詰め替える偽装計画を打ち明けた。その席で「責任は自分が取るから心配するな」と戸惑う社員を説得、1人も反対する者がいなかったという』（読売新聞）。

肉を売るのが自分たちの責任。その肉が売れない。商品が売れなければ、自分たちの月給は稼げない。各センターごとに売上げが表示され、業績が裸になり、比較される。何としてでも売りたい。「国産牛肉なら国が買い上げてくれる。品質の検査はない。国産も輸入もわからない。ラベルを張り替えるだけでいいのだ。会社のためだ。我々の部署のためだ。生き残るためだ。みんなやってくれないか…」。

いくつかの報道を勘案するとこういう会議になる。そして8人の社員は「1人も反対する者がいなかった」というのである。悪いということは、誰もがわかっている。でもみんながやった。悪いことだとわかっていて、やったのである。会社のため、センターのため、自分たちのため、やったのだ。

こんなとき、あなただったら、どうするだろうか。絶対にやらないと拒否できるだろうか。上司に逆らっても、断固拒否をするだろうか。上司や会社の意向に反しても、不正は絶対にやらないと、断言できますか。

（2）反社会的不正行為に対する市民の心理～筆者アンケート結果より

筆者は、この答えを求めて、まだ雪印食品の牛肉偽装事件の余韻の冷めやらぬ2002年の2月末から3月にかけて、首都圏と関西圏の主婦749人に、この事件をどのように思うかのアンケートを行った。企業関係者ではなく、なぜ主婦にたずねたのかというと、それなりに理由があるが、大きな理由は、いわば当事者的なサラリーマンよりも、私たち普通の市民がこういう反社会的不正行為に対し、どのような心理を抱いているかを知りたいと思ったからである。

結論を抜き出してみると、（複数回答）
「他の会社も同じことだ」82.5％。
「悪いことは必ず露見する」78.8％

つまりほとんどの人が、雪印だけが悪いことをしているとは思っていないし、どこの会社も同じような悪いことをやっているだろう、しかしそれは必ず露見するという考えである。しかし、こういう無難な一般論なら気軽に答えられるが、会社に逆らい、職を失うかもしれないような厳しい行動についての次の質問の答えはどれも10％台に激減する。

「法律違反の指示なら会社を辞める」と答えた人は、14%
「法律違反は外部に告知する」という内部告発は、14.9%
「首になっても抗議をする」人は、13.6%

この3項目を足すと43%近くなるが、実際は同じ人が3項目をダブって○を付けている場合が多く、別の質問から勘案すると、このような会社や上司に逆らって行動すると答えた人は約5%、20人に1人しかいなかった。

この調査の対象は、一般市民の主婦である。パートや勤めている人もいるが、約半数は専業主婦。その主婦たちの調査結果でも、会社や上司に逆らって行動することはできない。念のために言うが、回答はもちろん無記名である。無記名で無関係の市民でも逆らえない。まして、現実に会社人間として日夜営業成績に追われているサラリーマンだったら、会社や同僚に逆らって反対することなどとてもできない。「わかってはいるが逆らえない」のが現実である。実際、雪印の場合、牛肉を偽るのに8人の社員は「誰も反対しなかった」のである。

4 外部の規範に勝る強制力をもつ「内部の規範」

日本の会社は、長い間、終身雇用制、年功序列制、企業内組合という日本的経営が続いてきた。会社は身分は保証してくれる代わりに、会社への忠誠心が求められ、上司の言うことには服従というのが当然とされてきた。もっとも、ここ10年ほどで、この日本的経営は急激に崩れてきたが、「体質」というのはそんなに簡単に変われるものではない。

集団心理の場合、内集団規範は外集団規範に勝る強制力をもつ。つまり、この雪印のミートセンターという内集団の業績を上げるという大義名分によるしばりが、外集団である世間一般の「虚偽のラベル張替えは不当行為」という規範より勝る。会社を辞める決心でもない限り、逆らえない。世間一般の常識よりも、身内に忠誠を誓うことのほうが、正義のように思えてしまうのだ。「会社のためだ。部のためだ、センターの生き残りのためだ、自分のふところを肥やすわけではない、わが部署の業績が上がるのだ」ということになれば、反対できるはずがない。これは怖いことだが、会社人間なら誰でも身に覚えがあることではなかろうか。

まるで不当行為を肯定しているように思われかねないが、もちろん、よいはずはない。決して許されることではない。ただ、会社というのはそういう組織だということを知るべきなのである。

企業にとって、愛社精神は重要である。社員が自分の会社を愛せないような企業は不幸だし、そのような会社は長続きしない。1人ひとりの社員にとって、愛社精神の発露は所属部署の成績を上げることである。企業としては、一方でせっせと愛社精神の高揚を促して、業績を上げさせようとしているのである。その誉められるべき愛社精神の高揚が、ほんの少しでも狂うと、全く逆に働き、自らを傷つける刃となることに、企業のトップはもっと気を配

らなければならないのである。

5 求められる経営者の変革

　社員たちが、このような自分たちの部署の利益を最優先にしなければならない根底には、ゆがんだ愛社精神や行き過ぎた利益重視風土が必ずある。そのままでは、必死な社員たちがかわいそうである。経営者は、社員を大切に思うなら、そして本当に不祥事を起こしたくないと思うなら、まずこの精神や風土を変えなければならない。

　内集団規範は勝手に形成され、往々にして自分たちに都合のよいように使われる。だが、それは自然に発生したのではなく、企業自身の風土がそれを生み出していると思うべきだ。隠蔽事件の多くは、企業のトップも加わっていることが少なくない。ダスキンの肉まん法定外添加物事件、東京電力や関西電力の原子力発電事故隠蔽事件や虚偽報告事件、三菱自動車リコール隠蔽事件、パロマガス湯沸かし器事故、そして生損保会社の不当不払い事件も企業内部の利益や理屈が優先された結果である。その結果、どれほど甚大な損害を会社に与えているか、企業のトップはまずその反省が必要である。

　筆者は、企業のトップに要望したい。

　社員に愛社精神を求めるなら、それが何か身をもって社員みんなに知らしてほしい。隠蔽したり、不正で得た利益は、結果としてどれほど大きな損害を愛する会社にもたらすか、トップ自ら社員と話し合ってほしい。こういうと、「すぐにコンプライアンス」と言うことになりかねないが、これまでみてきたように、コンプライアンスの問題ではない。法は守るべきことはわかっている。みな法律違反はわかったうえで、会社や我が部署のために行っているのである。勘違いをしないでほしい。法令遵守の問題ではなく、心の問題なのである。

　では何をすべきなのか。

　企業トップのあなた自身に問いたい。

問1　あなたの会社は、社会のために役に立っていますか。具体的に答えてください。
問2　あなたの会社は、社会に損害を与えたり、社会に恥ずべきことはないですか。
問3　あなたの会社は社内の不正を積極的に公表していますか。公表すると恥ずかしいようなことはないですか。隠していることはないと断言できますか。
問4　あなたは社員や会社の事業や行動を誇りに思っていますか。
問5　社内の不正や不公平、不満などに対応し、解決や改善できる機関が社内にありますか。それが堂々と実行されていますか。

　経営者のあなたが、この5つの問いに堂々と答えられるかどうかがまず大切。そのうえで、さらに重要なのは、以上の5つの質問を、社員全員に答えてもらうこと。無記名で結構。トップが恥じないと思っても、社員は恥じているかもしれない。社員が誇りをもっていないか

もしれない。不正や不公平に悩んでいるかもしれない。不可能な売上げ予算に苦慮しているかもしれない。

　トップのあなたがまずやるべきは、コンプライアンスの教育よりも何よりも、まず自らに問いかけること、そして社員の心を知ること。社員の声なき叫びを聞くこと。

　その社員の答えが、あなたの思いと同じなのか食い違うのか、いずれにしても会社の実情と進むべき道筋が見えてくるはずだ。それが、従業員に対する本当のCSRの姿である。

小樽雅章 *Masaaki Kogure*

1937年東京都生まれ。早稲田大学第一文学部卒業。関西大学大学院社会学研究科後期博士課程修了。雑誌「暮しの手帖」編集者、ダイエー取締役秘書室長、流通科学大学常務理事、兵庫エフエムラジオ放送（現 Kiss-FM　KOBE）社長、ダイエー消費経済研究所代表取締役会長等を経て、現在は企業やNPO等の向社会性（社会のために役に立つ）のリサーチをする向社会性研究所の主任研究員。社会学博士。著書に『良心ある企業の見わけ方』（宝島新書）などがある。

ステークホルダー

取引企業に対するCSR

ソニー株式会社 CSR部 統括部長　**冨田秀実**

1 CSRとサプライチェーン

　CSRを考える際、人権、労働、環境などCSRの取組み対象とともに、その適用範囲は重要な要素である。会社の規模が大きくなれば、本体（本社）に加え、子会社のようなグループ企業、さらには、そのグループ企業が海外に展開している場合、対象範囲はかなり広いものとなる。このような場合、本社のCSRの方針や取組みを海外も含めたグループ会社に展開していくには、グループ会社のビジネス内容の違いや、海外の法律、慣習などの違いの壁を克服していかなければならない。このグループ展開は、CSRの展開における第一の壁であるといえる。

　もちろん、このとき、期待される取組みは会社の内部の問題だけではない。製造業の場合を考えてみると、グループ会社を含めた本体のCSRで当然意識されるべき内容に、製品責任がある。すでに、販売され顧客のもとにある製品にも、その企業は「生産者責任」として一定の責任を負っている。特に製品の安全に関しては、企業は万全の配慮が求められる。昨今でも、製品の設計にまつわる人身事故が発生しているが、このような問題に代表されるように製品の品質、アフターサービスは、CSRの重要な課題であることはいうまでもない。

　しかし、このグループ展開が首尾よく実現できたとしても、実はその背後にさらに大きな守備範囲が控えている。これがサプライチェーンである。特にこのサプライチェーンの問題はCSRの分野では近年脚光を浴びており、現在、策定の議論の進むISOの社会的責任規格（国際標準化が完了すると、ISO26000と呼ばれることになる）の策定ワーキンググループの中でも、活発な議論がなされている。CSRの対象範囲は、自社より外にも及び、「サプライチェーン」「バリューチェーン」ないしは「影響力の範囲」といった言葉で表されるようなところにも、CSRの守備範囲は及ぶというものである。ここでは、「サプライチェーン」という考え方でより具体的に分析する。

　図表1に示されるように、製造業におけるサプライチェーンは、原料採掘から素材、部品製造、製品の製造、流通を通じ、顧客の元へたどり着く。さらに製品が最終的に廃棄ないしリサイクルされる。このサプライチェーンの流れは、川の流れにたとえられ、原料採掘や素

【図表1　サプライチェーン】

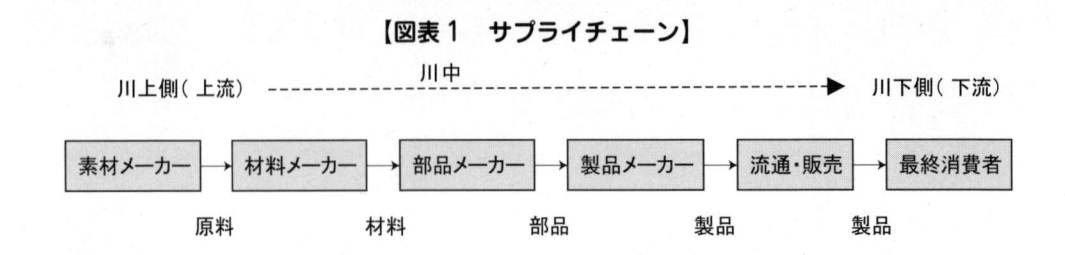

川上側（上流） — — — — — — — — — 川中 — — — — — — — — — → 川下側（下流）

素材メーカー → 材料メーカー → 部品メーカー → 製品メーカー → 流通・販売 → 最終消費者

原料　　　　材料　　　　部品　　　　製品　　　　製品

材の製造は川上（上流）側、製品製造以降を川下（下流）側と呼ぶことが多い。このとき、製品製造会社（製品メーカー）にとってのCSRの守備範囲をどうするのかは、重要な問題である。

　このサプライチェーンに登場する、取引先（例えば、上流ではサプライヤー、下流ではリサイクル業者）は、CSRの世界でいわれる政府、消費者、投資家、NGOなど重要なステークホルダーの一員であることは間違いない。この観点からいえば、取引先との関係で重要なCSR課題は、贈答接待や公正取引といった課題がある。これらの問題は、対象企業の企業倫理の問題であり、対ステークホルダーという観点においては、政府やそのほかの組織に対してもほぼ同様な規範が要求されることから、サプライチェーン特有の問題ではないといえる。

　しかし、取引先には、政府、消費者、投資家、NGOなどの企業にとっては明確に外部のステークホルダーとは異なる課題も存在する。取引先は、企業にとって従業員に準ずる「ビジネスを共有する内部ステークホルダー」であり、その意味では「運命共同体」ともいえる存在だからである。その点から、取引先は、通称「CSR調達・グリーン調達」や「拡大生産者責任」に組み入れられることとなる。具体的な取組みについては次節で詳述するが、サプライチェーンの上流側に関係するCSR調達は、調達側企業が、サプライヤーに対し、その企業と同等ないし、それに準ずるCSR基準の適用を企業行動に求める行為である。グリーン調達は、CSR調達の一部であると考えられるが、グリーン調達の場合は、企業行動より、納入されるモノの環境品質に焦点がおかれる。他方、「拡大生産者責任」は、上記で述べた「生産者責任」のまさに下流側への拡大版であり、製品の廃棄プロセスに関わる取組みとなる。この点から、サプライチェーンのCSRマネジメントは、ステークホルダーとの新しいビジネス上の関係性の構築ということができる。本稿では、特にサプライチェーン上流側の取引先に焦点を当て、具体的な事例を紹介する。

2 グリーン調達

　日本では、CSR活動の一部である環境の取組みとして、事務用品などの調達において、環境配慮製品を優先的に調達するグリーン購入は比較的早い段階から多くの企業において取

り組まれていた。この取組みは「グリーン購入法」の施行により、政府機関はグリーンな物品の購入を義務づけられている。このように、グリーン購入の活動は日本ではかなり定着したものとなってきた。しかし、新たなグリーン調達の潮流が、欧州で近年導入された法規制によって引き起こされた。2003年に施行された ELV（End of Life Vehicle）指令、2006年に施行された RoHS（Restriction on Hazardous Substances）指令（通称：ローズ指令）である。これらは、それぞれ自動車、電気電子製品に、一部の除外用途を除き、一定濃度以上の鉛、水銀、六価クロム、カドミウムなどの有害物質の含有した製品を欧州市場で販売することを禁止した法律である。

この結果、欧州市場に製品を上市する、自動車、家電、IT メーカーなどは、これまでのグリーン購入とは全く異なるタイプの厳しいグリーン調達を行う必要に迫られている。なぜなら、これらの最終製品メーカーは程度の差はあれ、部品や材料をサプライヤーから調達し、最終製品として組み上げた製品を出荷しているため、調達する資材（モノ）、すなわち部品や材料などに禁止された物質が含有していると、結果的にそれらの部品や材料を使用した最終製品は禁止物質を含有することになり、その製品が出荷できないことになるからである。これらの物質を、納入される部品や材料に含まないことを、調達基準に盛り込み、サプライヤーに基準の遵守を徹底するのが、このタイプの「グリーン調達」の特徴である。

ここでは、ソニーの仕組みを例に、サプライヤーとの新しいステークホルダー関係について紹介する。2006年7月に施行された RoHS に代表される、製品に含有される化学物質に関する法規制は、欧州に限らず様々な国、地域に存在している。現在のグローバル調達、グローバル生産、グローバル市場の環境下では、特定の国、地域への対応では確実なコンプライアンスはますます難しい状況にあり、ソニーでは全世界共通の化学物質の管理基準「部品・材料における環境管理物質管理規定（SS－00259）」（SS は Sony Standard の略）を導入している（図表2参照）。この文書は、対象となる化学物質について、使用用途ごとに、即時使用禁止（レベル1）、ある期日をもって使用禁止（レベル2）、期日を定めないが全廃を目指す物質（レベル3）に対応を分類し、サプライヤーに対しての納入基準としている。

しかし、基準を明確にするだけでは、禁止物質の混入を防止するのに十分ではない。1つの製品に数百から数千の部品が用いられるエレクトロニクス製品では、その部品のサプライチェーンがグローバルに広がっている。そのサプライチェーンの一部で、仮に禁止されている物質が用いられると、結果的に最終製品に含有することとなる。したがって、ソニーと直接取引のあるサプライヤーだけでなく、それらの上流をコントロールする必要が生ずる。

そのために、導入された仕組みが、通称「グリーンパートナー制度」である。これは、原材料や部品のサプライヤーの中で一定基準を満たしたサプライヤーを「グリーンパートナー」として認定し、認定を受けたサプライヤーからのみ調達を行うというものである。具体的には、ソニーが規定した環境管理基準を超えた原材料や部品を使用していないことをサプライヤーが証明する「不使用証明書」等の文書管理に加えて、ソニーの監査員が、原材料／

【図表2　SS-00259で規定された管理物質】

	物質名	主な用途の管理水準
重金属	カドミウムおよびカドミウム化合物	レベル1
	鉛および鉛化合物	レベル1※2
	水銀および水銀化合物	レベル1
	六価クロム化合物	レベル1
有機塩素系化合物	ポリ塩化ビフェニル（PCB）	レベル1
	ポリ塩化ナフタレン（PCN）	レベル1
	ポリ塩化ターフェニル（PCT）	レベル1
	塩素化パラフィン（CP）	レベル1
	その他の有機塩素系化合物	レベル3
有機臭素系化合物	ポリブロモビフェニル（PBB）	レベル1
	ポリブロモジフェニルエーテル（PBDE）	レベル1
	その他の有機臭素系化合物	レベル3
有機すず化合物	トリブチルスズ化合物、トリフェニルスズ化合物	レベル1
石綿（アスベスト）		レベル1
特定アゾ化合物		レベル1※2
ホルムアルデヒド		レベル1
ポリ塩化ビニル（PVC）およびPVC混合物		※3

※1 詳細情報については、ソニーの資材調達活動のウェブサイトをご覧ください。
※2 代替技術がないものなど一部の用途はレベル3です。
※3 用途ごとにそれぞれ管理水準を定めています。

管理水準
レベル1：現時点で使用禁止
レベル2：時期を定めて使用禁止
レベル3：全廃を目指す

　部品サプライヤーを訪問し、ソニー自らが設定した環境管理基準に基づいて監査を行い、基準を満たしたサプライヤーを認定するというものである。全世界のサプライヤーに対し監査を実施し、グリーンパートナーとなったサプライヤーからの調達を行っている。
　しかし、文書管理と監査によるマネジメント管理だけでは、不慮の事故として起こり得る禁止物質の混入を防止することはできない。このためソニーでは、社内の生産プロセスに関所を設け、納入部品に対し物理化学的な測定・分析を行い、納入される部品が本当に環境管理基準を満たしているかを確認するというプロセスを実施している。
　このようなグリーン調達の仕組みの導入は、法律への対応上必須のものであるとはいえ、サプライヤーにこれまでなかった対応を迫ることになる。このようなサプライヤーに発生する負担を少しでも低減するため、ソニーでは、自らがSS-00259への遵守を確認した原材料をデータベース化し（グリーンブック）、その情報を1次サプライヤーに提供することで、その材料を使用する限り測定を免除とする仕組みを整えている。このような活動を通じて、サプライヤーと建設的な関係を築くことは、今後より重要になってくると考えられる。

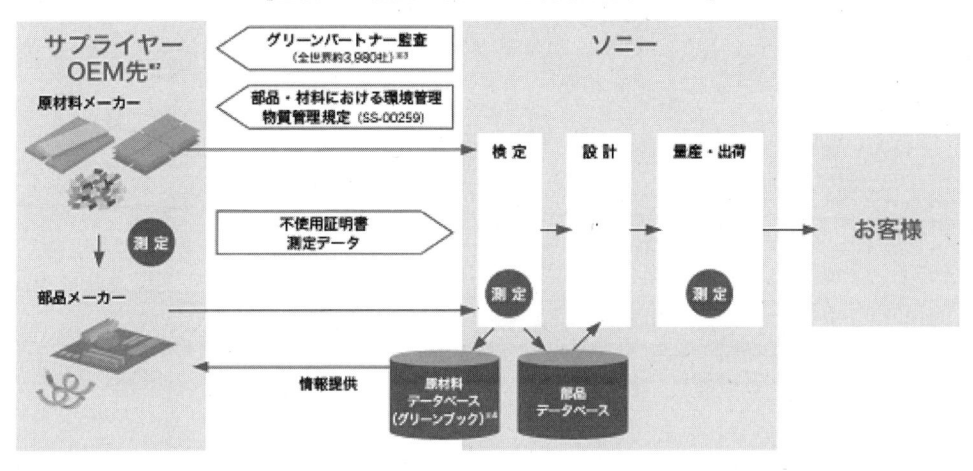

【図表3　製品に含まれる化学物質の管理】

3　CSR調達

　特に、日本では前記のようなグリーン調達の取組みが先行してきた。しかし、近年のCSR活動への積極的な取組みが広がるなか、調達の分野においてもCSR調達が導入され始めている。一方、海外に目を転じれば、グリーン調達とは異なるCSR調達が先行してきた業種もある。例えば、米国のアパレル業界では、1990年代から、児童労働の禁止のような人権配慮、労働環境の改善といったCSR課題をサプライヤーに対して要請し、その実行を担保するために、監査や教育を実施することが積極的に行われてきている。近年では、その取引先の監査結果を、CSRレポートを通じて開示するところまで行う企業も出てきている。

　CSR調達は、前項で述べたような、モノに関わるグリーン調達や、環境マネジメントに関わるグリーン調達もその一部であるが、CSR調達ではそれにとどまることなく、サプライヤーの人権、労働条件、安全衛生に対するマネジメントなども対象として調達条件に組み入れられるのが通例である。

　したがって、CSR調達は、調達先であるサプライヤーに対し、何らかのCSRに関わる調達基準を提示し、それに対する遵守を要請していく行為であると定義できる。

　一般的に、環境負荷が相対的に大きい業種である製造業がグリーン調達に熱心であるのに対し、CSR調達の主役が高度な工業製品の製造業にとどまることなく、一次産品を扱う流通業界や労働集約型の軽工業などでも積極的な取組みが見られるのは、CSR調達の要求事項に「社会的側面」が関係してくることによる。そのため、CSR調達での要求事項は、多岐にわたり、CSR調達がきわめて複雑、多様で奥深いものとなってくる。しかも、すべての事項が、必ずしも同じ重要性をもって要求、管理されるとは限らない。重要視される要求項目が、業種、サプライヤーの企業規模や国、地域などによって異なってくるのは、このよ

うな背景を見れば極めて自然なことである。

ソニーでは、前節に述べたグリーン調達の仕組みに加え、新たにCSR調達の仕組みを導入している。ソニーをはじめとする日本企業が先行したグリーン調達に対し、CSR調達においては、ステークホルダーからの要求が大きい欧米企業が日本企業に対しかなり先行してきた。すでに電気・電子業界でもCSR調達の世界的な共通化の動きが起きており、サプライチェーンを幅広く他社と共有するソニーでは業界共通化の動きを重視し、米国の主要なIT企業や代表的なEMS（Electronics Manufacturing Service：電子機器の受託生産）企業などで構成される「電機業界行動規範運用検討会（EICC－IG）Electronics Industry Code of Conduct Implementation Group」に参画している。

また、EICC－IGは欧州企業が中心となり活動している、GeSI（Global e-Sustainable Initiative）のサプライチェーングループと共同して、事実上ICT（Information and communication technology：情報通信技術）分野で世界標準となるCSR調達の共通の仕組みを構築している。

これらの業界共通化の取組みは、サプライヤーチェーンを共用するエレクトロニクス業界ではきわめて重要である。さもないと、1つのサプライヤーに対し、複数の顧客企業から似て非なる基準が要求され、ほとんど類似の監査を何度も受けざるを得ない状況になる。実際、前節に述べたグリーン調達の世界では、この業界共通化が遅れたため、顧客側企業各社の様々な独自基準がサプライヤーに要求され、サプライヤー企業にとって大きな負荷になっているという事例もみられる。

このEICC－GeSIのアライアンスでは、リスク評価の仕組み、自己評価ツール（サプライヤーへの質問状）、監査方式、さらにはサプライヤーの監査結果などを把握、共有するデータベースの仕組みなどの構築を行っている。同時に、EICCとGeSIでは、これらの仕組みの構築に対し、ステークホルダーとの意見交換を極めて重視しており、SRI投資家やNGOなど、この分野で関心の高いステークホルダーとの意見交換を定期的に行い、このCSR調達の仕組みがステークホルダーの信頼に応えるものとなるよう配慮している。

すでに、自己評価ツールは完成し、活用が始まっているが、例えばこのツールでは、複数の事業所（工場）を有する企業も念頭に、カンパニーレベル（本社レベル）、事業所レベルの2階層に分かれている。事業所レベルの質問項目は、それぞれの事業所で個別に評価することを意図している。評価項目は、企業基本情報、労働、倫理、環境、安全衛生など、500余りの設問が用意されており、必要に応じてその中から部分的に利用することも可能となっている。

また、近い将来導入が予定されているWebツール（通称：E－TASC Electronics Tool for Accountable Supply Chains）は、顧客企業、サプライヤー企業、監査機関が使用し、顧客企業は自己評価結果をアップロードし、監査機関はサプライヤー企業の監査結果をアップロードする。顧客企業は、自らに関わるそれらの情報をどの顧客企業に開示するかを決めるこ

とができ、開示相手として認められた顧客企業はそれらの情報にアクセスできるものである。これにより、サプライヤー企業は、一度の自己診断と監査で複数の顧客企業の期待に応えることができると同時に、顧客企業も他社に自らのサプライヤーを知られることなく、取引のあるサプライヤーから情報が得られるという、ビジネス上の機密に配慮したものとなっている。

ソニーはEICCのグループに中核メンバーとして積極的に参加するとともに、その成果を活用している。2005年に採択、全世界のサプライヤーに対する導入を進めた「ソニーサプライヤー行動規範」(図表4) は、EICC (電機業界行動規範) の内容に準拠している。これまで、サプライヤーの自己評価のための質問状による調査、製造現場の直接訪問などを進めてきているが、今後、EICCとGeSIの共通化の枠組みを含めた業界共通の枠組みを適宜活用し、CSR調達をさらに効率的かつ効果的な形で実行していく予定である。

【図表4　ソニーサプライヤー行動規範（項目）】

・法令遵守	環境許可証の取得と適切な報告
・労働	汚染防止や省資源対策
雇用の自主性	・管理の仕組み
児童労働の禁止	企業のコミットメント
差別の撤廃	経営の説明責任と責任
非人道的な扱いの禁止	法律と顧客要求
最低賃金の確保	リスク評価とリスク管理
労働時間の法令遵守	活動目標、実行計画、測定
結社の自由の尊重	教育・研修
・安全衛生	コミュニケーション
機械装置の安全対策	従業員フィードバックと参画
衛生管理	監査と評価
安全管理	改善措置
緊急災害時対応	文書化と記録
労働災害・職業的疾病管理	・倫理的経営
身体的な負荷のかかる作業への配慮	汚職、恐喝、横領の禁止
寮施設と食堂の衛生面確保	情報の公開
・環境保全	不適切な利益供与・受領
製品含有物質規制の遵守	公正な事業、広告、競争
化学物質と環境汚染物質の管理	内部通報制度
排水と廃棄物の管理	地域貢献
大気汚染の防止	知的財産権の保護

冨田秀実 *Hidemi Tomita*

東京大学工学部物理工学科卒、プリンストン大学工学部化学工学科修士修了。ソニー㈱中央研究所、欧州環境センター、社会環境部を経て、現職。ISO社会的責任規格ワーキンググループタスクグループ2議長、GRI技術諮問委員会委員他。主な著作は、『環境技術革新の最前線』『グローバルCSR調達』(以上、日科技連出版社)、『環境管理会計入門～理論と実践』(産業環境管理協会)、『よくわかるWEEE&RoHS指令』(日刊工業新聞社)。

ステークホルダー

労働組合に対するCSR

全日本金属産業労働組合協議会（金属労協／IMF-JC）政策局部長　浅井茂利

はじめに

　企業の社会的責任という概念は、決して目新しいものではない。しかしながら、90年代以降のいわゆるCSRは、グローバル経済のもとで海外展開を加速させた企業が発展途上国の事業拠点において、ストライキ参加者の解雇や児童労働の使用、最低賃金違反、劣悪な職場環境の放置、従業員に対する暴行などといった労働問題を引き起こしたことが発端であった。したがって、今日的な意味でのCSRにおいては、労働分野こそが中心的な取組み課題であり、CSRと労働組合とはもともと密接にして不可分の関係にある。

　また、従業員は企業においてCSRを実践する主体であり、同時にCSRによって利益を得るべきステークホルダーでもある。従業員を代表する労働組合がCSRの活動に参画していくことは、そうした点からも当然といえる。

　加えて、CSRは社内の既存の担当部署、一般的な指揮命令系統から独立し、社内横断的に推進する必要がある。労働組合の参画によって独立性、横断性を裏付け、補強し、CSRに現場の声を直接反映させていかなければならない。

　労働組合の通常の活動分野とCSRとは、重なり合っている部分が多いが、労働組合は労働運動のいわば本業の部分について、改めてCSRという「フィルター」を通して再検討することにより、問題点を浮き彫りにし、これまでとは異なる観点からの検証を行っていくことが必要である。と同時に、労働以外の分野のCSRについても、CSRの実践主体であり、かつ、またステークホルダーである従業員の代表として、発言していかなくてはならない。

1 良質な雇用の確保

　企業にとって、従業員は顧客と並んで最も重要なステークホルダーである。雇用の確保は、従業員に対する企業の最大の責任であるが、CSRの観点からは、単に量的な確保だけではなく、可能な限り「良質な雇用」を確保していかなければならない。「良質な雇用」とは例えば、

①勤労者のニーズに適った雇用形態であること
　②成果配分が適正になされること
　③昇進昇格などの処遇が公正・公平で、積極的な能力開発が行われること
などが要件となるだろう。
　正社員ではないパート、アルバイト、契約社員、外国人技能実習生などといった有期もしくは契約打ち切りが容易な雇用形態や、派遣労働者、請負といった間接雇用が拡大しており、そうした雇用形態の多様化による格差の拡大がクローズアップされている。これは小泉改革の影響というよりは、1995年に旧日経連が打ち出した「新時代の『日本的経営』」の主張、すなわち正社員は幹部社員のみとし、専門職、一般職、技能職については短期雇用化するという考え方に沿った企業の対応によるものである。総務省統計局の労働力調査によれば、2005年には雇用者5,407万人のうち、30.2％にあたる1,633万人が非正規雇用（役員、正社員以外の雇用者）となっている。
　雇用形態の多様化がよく言われるように、「若年者、女性、高齢者、外国人などの多様な人材に多様な働き方の選択肢を提供して、その能力を有効に活用していく」ということであれば、大変結構なことである。しかしながら現実には、必ずしもそうした場合ばかりでなく、正社員として就職できずに、やむを得ず非正社員の職に就いている場合も少なくない。雇用形態の多様化には、①正社員としての就労を望む勤労者が、他の雇用形態での就労を余儀なくされている、②正社員とその他の雇用形態との間の均等待遇が確保されていない、という2つの問題があることに留意しなければならない。
　厚生労働省の「平成17年有期契約労働に関する実態調査結果」によれば、「正社員として働きたいが、働ける職場がないから」有期契約で働いている者は、契約社員の41.0％、短時間でないパートタイマーの37.5％に達している。また、同じく厚労省の「派遣労働者実態調査結果」（2004年実施）によれば、派遣労働者の33.0％が派遣先に対して「正社員として雇用してほしい」という要望をもっている。非正社員を望む者には本人のニーズにあった適切な雇用形態を提供し、正社員を望む者には正社員の職を提供することが、CSRの観点に立った「良質な雇用」の実現につながるといえよう。
　正社員と非正社員の賃金格差については、労働政策研究・研修機構の「多様化する就業形態の下での人事戦略と労働者の意識に関する調査」（2005年実施）の事業所調査では、「正社員とほとんど同じ仕事をしている非正社員の賃金水準（正社員の基本給との比較）」という質問に対し、正社員の70％以上80％未満とする事業所が23.8％で最も多く、以下、80％以上90％未満が19.2％、60％以上70％未満が15.2％などとなっている。
　賃金格差を容認する理由として、責任の重さの違い、異動の有無・可否などを挙げる場合が多いが、正社員か否かというただ一点によって、責任の重さに違いがあるのかどうかは、はなはだ不明確である。例えば、管理責任などに違いがあるとすれば、それはそもそも「同じ仕事」ではなく、賃金格差の問題にはならないはずである。また、重要なのは従業員のア

ウトプットにどのように報いるかということであって、企業が異動の有無・可否に過度にこだわるとすれば、「多様な働き方の選択肢」を狭め、勤労者の特定のグループを排除し、ワーク・ライフ・バランスの観点からも見直しに迫られることになるのではないか。

労働者派遣法では、労働者派遣を「労働力の需給の適正な調整を図る」ためのものとして位置づけている。しかし非正社員に対する現実の企業側のニーズは、①低い労働コストで、②契約打ち切りの自由を留保しつつ、③継続的に雇用してスキルアップしてほしい、というものになっているのではないか。CSRの観点からは、そのような一方的に企業にとって都合のよいやり方は容認されないのではないだろうか。

2 CSR会計

従業員、役員、株主、地域などへの配分について、CSR会計の考え方に立って配分の適否を検討することは重要な観点である。CSR会計とは、企業の計上する売上について、
　①消費者や販売先に対する適正な価格と販売活動によって生み出された売上かどうか
　②売上の中から、サプライヤーなどの取引先に対して、適正な支払いがなされているかどうか
　③その結果として残った付加価値が、従業員、役員、株主、地域などに対して適正に配分されているかどうか
　④適正に納税されているかどうか
などを検証しようとするものである。

もちろん、最低限法律をクリアしていれば「適正」ということに絶対的な基準はなく、数式で適正さを判断することは困難であるが、
　①同業他社との相違について、合理的な説明ができるかどうか
　②時系列で比較して不自然ではないか
　③公表した場合に世間から批判を浴びる可能性はないか
などが判断基準となってくる。

「適正な価格」とは、決して「コスト＋多すぎない利潤」を意味するわけではなく、市場で受け入れられる限り、製造原価に比べて販売価格が著しく高かったとしても問題にはならない。しかしながら、情報の非対称性による高価格、例えば従来製品と比べさほど性能に違いはないのに、大きな違いがあるように誤認させ、その結果、市場で受け入れられた高価格などは適正な価格とは言いがたい。労働組合員は消費者でもあるわけで、労働組合は企業内に存在する消費者の目という立場からチェックを行っていくことも重要であろう。

販売活動のあり方についても当然問われることになる。近年話題となった住宅リフォームほど極端でなくとも、特に訪問セールスなどでは、強引な販売が行われる場合もあるようである。こうした販売活動は、消費者に対するCSRという観点はもとより、強引な販売活動

に従事する従業員の人格をも損ない、場合によっては犯罪者に仕立てることにもなるため、従業員に対するCSRという点でも、労働組合のチェックが必要であろう。

サプライヤーなど取引先との関係では、価格だけでなく納期や支払い条件も含め、取引全体がサステナブルであることが重要である。とりわけ労働組合としては、取引先の従業員の賃金・労働条件の低下や改善の遅れを招くことがないよう配慮していくことが必要である。

3 ワークルール

ワークルール遵守は、コンプライアンスの中でも特に重要な要素である。不払い残業、偽装請負、労災隠し、雇用調整助成金の不正受給、厚生年金や被用者健康保険からの離脱、外国人不法就労者の雇用、外国人研修・技能実習生に対する違法な取扱いといった事例がよく報道されるが、こうしたことがあってはならないのは当然である。

しかしながらそれだけでなく、コンプライアンスとは、「法令の文言のみならず、その背後にある精神まで守り、実践すること」であるということに留意する必要がある。とりわけ労働法の分野では、緩和措置が設けられることが多く、また努力義務規定なども多数存在しているが、緩和措置はできる限り利用せず、また努力義務規定はできるだけ実行していくことがコンプライアンスに則った対応といえる。

例えば、高年齢者雇用安定法では、65歳までの定年引上げ、希望者全員を対象とした継続雇用制度の導入、定年制の廃止のいずれかの措置を講じなければならないことになっているが、継続雇用制度の場合には、労使協定により希望者全員を対象としないことも可能とされている。しかしながら、この法律が雇用と公的年金満額支給開始年齢との接続を目指すものである以上、希望者全員を対象としない旨の労使協定は、コンプライアンス上、問題を含んでいると認識すべきであろう。

年次有給休暇の取得率は低下傾向を続けており、厚労省「平成18年就労条件総合調査」では47.1％と半分にも達していない状況にある。年次有給休暇を100％取得できる要員が確保されていない場合には、これもコンプライアンス上の問題をはらんでいると判断せざるを得ない。これまで見過ごされてきたことでも、CSRのフィルターを通して検証をすれば、これからはすまされなくなってくるということに敏感でなければ、企業のサステナビリティは困難なものとなるだろう。

所定外労働時間も同様である。短期的な繁忙や季節的要因による超過労働ではない、恒常的な超過労働が行われないように生産体制や仕事の進め方、社風を一新していく必要があるだろう。現状からすれば夢物語のように思えるかもしれないが、定時退社が当たり前となることが時代の要請になってくるかもしれない。

労働時間短縮が労働基準法の強化ではなく、「労働時間等の設定の改善に関する特別措置法」で推進されているのは、労働法の努力義務規定の一例である。努力義務規定を満たさな

くとも、法令違反に問われることにはならないが、コンプライアンスの考え方からすれば、これを満たしていくことが求められる。我が国では、コンプライアンスを「法令に違反しないこと」と捉えられている場合が多いが、社内におけるこうした認識を改めていくことは労使共通の課題といえよう。

4 海外事業展開における労使紛争の発生への対応

グローバル経済の進展による日本企業の生産拠点の海外展開に伴い、日系企業をめぐる労使紛争が増加する状況となっている。ジェトロの「在アジア日系製造業の経営実態」調査によれば、ASEANの日系製造業で「ストライキ、労働組合問題など」を抱えている企業は、2005年度には17.8％に達している。

労使紛争のきっかけとしては、
①賃金・労働条件交渉の紛糾
②十分な労使協議なき生産システムの変更
③中国やベトナムなどへの生産拠点の再移転による工場閉鎖
④生産規模の縮小に見せかけて正社員を解雇し、非正社員に置き換える

といった場合が多いが、現地における労働組合に対する政治的な圧力や労働法の未整備などといった問題を背景に、日系企業では労務政策について、合弁先や現地の経営者、現地の反勤労者的な労務コンサルタントに委ねている場合が少なくない。そうした場合には強権的かつ極端な労務政策がとられやすく、労使紛争に発展しやすい。また労使紛争が発生した場合、すぐに組合役員を解雇することも多く、このため労使紛争が大規模なものになりやすい。さらには、日系企業には「日本的労使関係」のイメージがあるため、それとのギャップが勤労者に失望感を与えやすいこと、現地の労働組合の側にも、組合員の統率力に欠ける場合があること、などといった事情がからみあって、深刻な労使紛争の増加につながっている。

こうした海外事業拠点における労使紛争を未然に防ぐため、日本の労使協議会において、海外投資計画の説明があった場合には、労働組合は展開先の労働法、労使関係、労働運動の実態などについて、問題提起し、CSRの観点に則った対応を求めていく必要がある。

また、実際に労使紛争が発生した場合には、日本的な労使関係から見た価値観だけで判断しないように留意し、産業別労働組合や大産別組織と協力し、必要な場合には当該のGUF（産業別の国際労働組織）と連携を図りながら、問題解決の方策を探っていくことが不可欠である。

GUFは、海外で広く事業を展開する企業に対して、IFA（国際枠組み協約）の締結を求めている。これはILOの8つの基本条約に盛り込まれた4つの中核的労働基準（団結権の保証・結社の自由、強制労働の不使用、児童労働の不使用、差別の撤廃）を世界中の事業拠点で遵守していくことを労使で宣言し、労使連携してモニタリングを行っていくことを確認す

るものである。労働組合の国際的なネットワークを活用して、海外労使紛争の火種を小さなうちに察知し、労使紛争に発展しないように未然に防止し、労使紛争となった場合でもすばやく解決できるようにすることを目指している。

5 企業のCSR推進への労働組合の参画

CSRの実効性をあげるためには、社内のCSR推進体制に労働組合を組み込んでいくことがきわめて重要である。前述のように、
　①今日的な意味におけるCSRでは、労働問題が中心的な分野であること
　②勤労者がCSRの実践主体であり、かつ、また最も重要なステークホルダーであること
　③CSRの推進は、企業の通常の指揮命令系統から独立し、社内横断的に推進する必要が
　　あること
などからすれば、CSRの推進に労働組合の参画が不可欠であることはいうまでもない。単に通常の労使協議会において、CSRを議題の1つとして取り上げるだけではなく、
　①社内のCSR委員会などに労働組合の代表がメンバーとして加わり、CSR推進に恒常的
　　に参画していく。CSR指針、CSR報告書の作成をはじめ、CSR教育、モニタリングな
　　ど企業の様々なCSR関連の活動に対し、労働組合として意見反映を行っていく
　②日常の社内活動を通じて、労働組合が社内通報の窓口の役割を果たしていく。また、通
　　報者に対する差別や不利益取扱いが行われないようチェックする役割を果たす
　③海外事業拠点における労使問題についても、労働組合の国際的なネットワークを活用し、
　　日本の経営者と連携して早期解決を図る
ことなどが重要であるといえよう。

連合総研が2005年に労働組合のある企業に対して行った調査によれば、CSRに関する「行動基準の策定にあたっての組合関与」という質問に対し、「一緒になって」あるいは「組合の意見を聞きながら」作った企業が14.0%にとどまる一方、組合に「報告も説明もしなかった」企業は15.9%に達している。CSRに対する労働組合の参画はいまだ緒についたばかりと言わざるを得ない。巷間、企業においてCSRが根づくかどうかは、社長が直接担当するかどうかにかかっていると言われているが、それと同様、労働組合がCSR推進にどの程度参画しているかが、CSRの実践度合いを示す指標となるかもしれない。

6 労働組合自体としての社会的責任

本稿の最後に、企業とは独立した組織としての、労働組合自体の社会的責任について触れることとしたい。
社会的責任を負っているのは、企業に限ったことではなく、政府も地方公共団体も、NPO

/NGOも、営利・非営利を問わずおよそ組織といわれるものすべてが、社会的責任を果たすことが求められている。現在開発中のISO26000が、CSR（企業の社会的責任）規格ではなくて、SR（社会的責任）規格とされているのは、企業以外の組織についても対象としているためである。

労働組合も、企業におけるCSR推進に参画していくとともに、当然のことながら、労働組合自体として、社会的責任を果たしていかなければならない。地域の住民や児童、社会福祉施設などを対象とした社会貢献活動、あるいは環境問題への対応などは、従来から広く行われてきたが、コンプライアンスや倫理という観点から、労働組合としてのふるまいをチェックするということが、これまで以上に必要となっている。

もともと労働組合は、構成員たる組合員の利益を追求するとともに、それにとどまらず勤労者・生活者全体の利益を追求し、広く社会的な公正の実現を目指す組織である。そうした点から言えば、コンプライアンスや倫理に関しては、一般企業以上に高い次元での実践が求められているということに、特に留意しなければならない。

■参考文献
・日本経営者団体連盟新・日本的経営システム等研究プロジェクト「新時代の日本的経営」(1995)
・日本経済団体連合会 経営労働政策委員会「経営労働政策委員会報告」(2006)
・高巖他「よくわかるコンプライアンス経営」日本実業出版社 (2001)

浅井茂利 *Shigetoshi Asai*

1957年東京都生まれ。1980年明治学院大学法学部卒業。同年全日本金属産業労働組合協議会（金属労協／IMF－JC）本部入職、1993年企画局部長、2000年政策局部長（現）。ほかにIMF（国際金属労働組合連盟）「多国籍企業と行動規範に関する作業部会」委員および「貿易・財政・開発政策に関する作業部会」委員、（財）社会経済生産性本部「生活構造改革企画委員会」委員を務める。

ステークホルダー

コミュニティに対する CSR
―コミュニティ・リレーションの CSR 展開―

大和証券グループ本社 CSR室 次長　**金田晃一**

はじめに

　本稿は、企業の社会的責任（以降、「CSR」と表記）の文脈から、企業によるコミュニティ・リレーション（以降、「CR」と表記）活動に関わる主要な論点について、事例やモデルを通じて、実務担当者としての個人的な立場から解説を試みるものである。CRの具体的な説明に入る前に、関連する2つの概念である「サステナビリティ」「CSR」とCRとの関係について下記のように整理する。

1. CSR活動とは、社会と企業の両方のサステナビリティを高めるという「目的」を達成するための「手段」である
2. CR活動とは、CSR活動の対象となる各種ステークホルダーの中でも、特に、コミュニティとの関係を維持、向上させるための活動であり、CSR活動の一部である

　図表1は、上記1．のフレームワークに基づき、CSR活動の推進アプローチをモデル化したもの[※1]であるが、このモデルにCR活動を当てはめると、新たな視点を得ることができる。

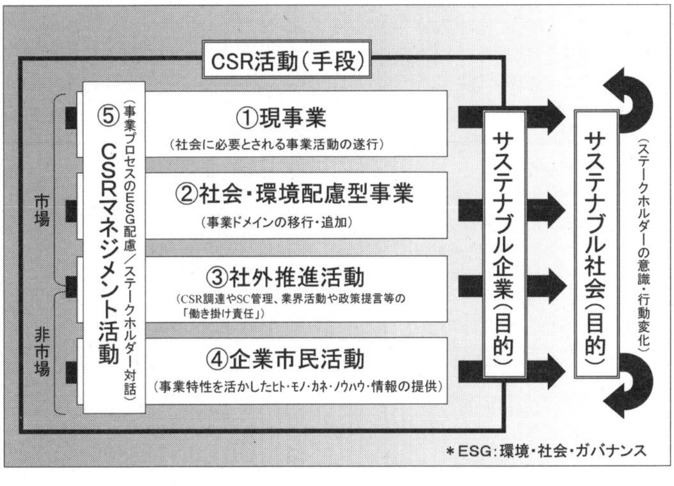

　従来、CR活動とは、寄付や社員ボランティア活動に代表されるいわゆる「企業市民活動」（図表1のルート④）を指すと発想しがちであった。しかし、「企業にとって重要なコミュニティとは何か」「コミュニティが求めているものは何か」という本質的な命題に立ち返り、最近では、ビジネス（市場）を通じてコミュニティの厚生を高め

【図表1　CSR-サステナビリティ関係モデル】

CSR活動（手段）
- ①現事業（社会に必要とされる事業活動の遂行）
- ②社会・環境配慮型事業（事業ドメインの移行・追加）
- ③社外推進活動（CSR調達やSC管理、業界活動や政策提言等の「働き掛け責任」）
- ④企業市民活動（事業特性を活かしたヒト・モノ・カネ・ノウハウ・情報の提供）
- ⑤CSRマネジメント活動（事業プロセスのESG配慮/ステークホルダー対話）

市場／非市場　→　サステナブル企業（目的）　→　サステナブル社会（目的）（ステークホルダーの意識・行動変化）

＊ESG：環境・社会・ガバナンス

るという、「社会・環境配慮型事業」アプローチ（図表1のルート②）の重要性が指摘され始めている。この点については、後に触れることにする。以降、本章では、CR活動の「動機」と「対象」という2つの軸から、CRの一側面を明らかにしていきたい。

1 CR活動の「動機」

企業がコミュニティと関わろうとする動機は何か。図表2は、CR活動の動機をモデル化したものであるが、ほとんどのCR活動は、あるレベルまで遡ると、以下に示す、使命（Mission）、対応（Response）、利益（Interest）の3つの要素の組み合わせで説明できる。

> 1．使命動機：企業としての社会的使命感や人道的見地などから、自発的にコミュニティと関わろうとする動機（M動機）
> 2．対応動機：コミュニティからの期待に対応したい、あるいは、法的な規制やそれに準じる要請に対応しなければならないという動機（R動機）
> 3．利益動機：CR活動の結果、コミュニティや他のステークホルダーから何らかの経済的または社会的な利益を得たいという動機（I動機）

特に、経営戦略の一部として個々のCRプログラムを実践する場合、「そのプログラムで何を実現したいのか」という点について十分に自覚しておく必要がある。MRIモデルでいえば、これら3つの動機がどの程度の割合で存在しているか、すなわち、動機の「混合比」に対する認識が重要となる。この認識が欠如している場合、コミュニティに対してプログラムの趣旨を説明できない⇒プログラムの設計に甘さや妥協が入り込む⇒当初想定したソーシャル・インパクトを出せない⇒企業姿勢を疑われる、という負連鎖の罠に陥ることになる。

以降、本節では、具体的な事例を用いて、MRIそれぞれの動機について解説を試みる。

【図表2　CR動機モデル（MRIモデル）】

「混合比」のイメージ図
（典型例）
・・・・・ 災害支援（M動機が強い）
―― ヒューマン・セキュリティ全般（R動機が強い）
―― CRM（I動機が強い）

M:使命 (Mission)
・人道的見地
・起業家精神

R:対応 (Response)
・ハード／ソフト・ロー対応
・ステークホルダー配慮
・横並び的見地

I:利益 (Interest)
・自社の持続可能性の見地
（Enlightened Self-Interest）
①収益
②生産性
③リスク管理
④レピュテーション

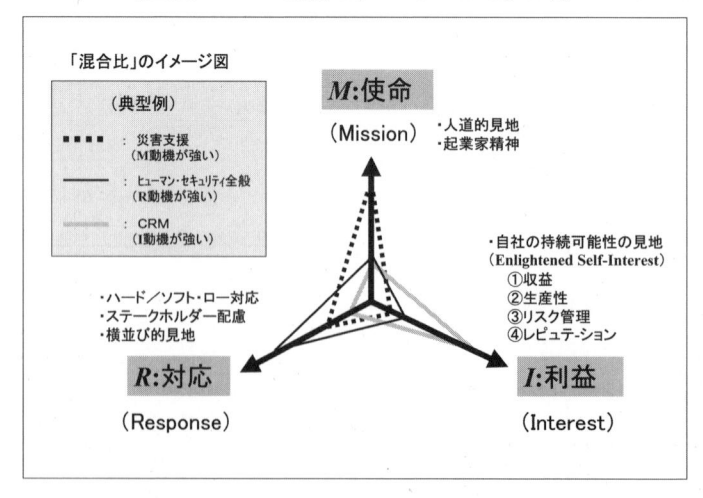

(1) 使命動機

M（使命）動機が最も強く表れるプログラムの1つに、「災害支援」型CRプログラムがある。被災地コミュニティの一員としての連帯感、そこから生まれる使命感を強く感じた場合、通常、企業は、企業市民として被災された方々の救援に役立ちたいという思い、すなわち、M（使命）動機から自発的に支援

を決定する。しかし、「災害支援」型 CR プログラムといえども、個々のケースごとに、支援の「決定プロセス」、支援の「内容」、そして、支援の「広報」に至る一連のプロセスで総合的に分析してみると、R 動機や I 動機の存在が確認できる。

　当然ながら、国内外で発生した地震などのすべての災害に対して、すべての企業が対応しているわけではない。支援を実施するか否かに関しては、通常、社内でも様々な議論がある。具体的には、①災害の規模が小さい場合、②災害の規模が大きくても、被災地に自社の工場や販売拠点、研究機関等がない場合、③被災地が主要マーケットではない場合などは判断が難しい。このような場合に、企業は、加盟する経済団体からの「奉加帳方式」と呼ばれる支援協力の依頼を「待つ」ことがある。すなわち、自発的に支援を行うというよりも、経済界からの依頼に応じて、CSR の観点から、自社の業界における立場にふさわしい責任を果たすという R（対応）動機が働くのである。

　また、CR 活動を実施するからにはメディアに取り上げて欲しいという願望は、一般的に、企業として念頭にある I（利益）動機であり、これは支援の内容やその広報の仕方にも直接的に影響する。災害が発生した場合、通常、その直後には資金や物資が集まるが、復興期には状況は一転する[※2]。これは、緊急支援時には大量の資金や物資が必要とされる、という正当な理由とは別に、災害直後にはメディアや社会一般の関心は高まるが、復興期には急激に失せてしまうという傾向と少なからず関連している。例えば、どの時点で支援表明すれば、「（支援を受ける）コミュニティからの評価」とは別に、「（オブザーバーである）社会一般からの評価」を最大限に高められるかという視点が存在する。

　ただし、あまりにもメディアや社会一般からの評価を意識した露骨な行動に対しては、「その支援は CR ではなく単なる売名行為ではないか」と揶揄されるおそれもある。このあたりは、CR 担当者としてのセンス、そして、それを認める組織体としての企業のセンスが大いに問われるところである。しかし、この問題を逆説的に捉えれば、社会一般からの厳しい評価眼こそが、企業の CR 活動を健全な方向に導く鍵を握っているともいえよう。

(2) 対応動機

　R（対応）動機が最も強く表れるプログラムの 1 つに、「ヒューマン・セキュリティ（人間の安全保障）」型 CR プログラムがある。ヒューマン・セキュリティとは、「人間の生にとってかけがえのない中枢部分を守り、全ての人の自由と可能性を実現すること」（国連・人間の安全保障委員会）と定義されている。難病や障害、紛争、人権侵害などに苦しむ人々を支援する分野が含まれ、主に、国際協力の文脈で使われている概念である。これまで日本国内において、この分野に正面から取り組む日本企業はほとんどなく、欧米の外資系企業が中心であった。外資系企業が積極的な理由としては、①欧米の社会事情を背景に、そもそも、欧米本社の企業理念／ミッションや CR ポリシーなどに、この分野への支援が含まれていることが多い、②日本企業が手をつけていない CR の活動分野であるため、日本市場での存在

感・知名度を高めるには絶好のニッチ領域となり得る、などが考えられる。欧米の外資系企業にとっては、前者の理由がM（使命）動機、後者の理由がI（利益）動機に相当する。

他方、日本企業の場合、これまでは、「文化・芸術」・「学術・研究」・「教育・社会教育」分野に重点を置いて社会支援を展開する傾向が強かった[※3]。しかし、社会のサステナビリティに対する危機感を背景に、①貧困削減を目的にしたミレニアム開発目標（MDGs）など、CSRの文脈で、国連開発計画（UNDP）などの国際機関から対応要請がある、②国内外の感染症問題など個別のグローバル・イシューに関して、「世界エイズ・結核・マラリア対策基金」に代表されるコミュニティからのアプローチがある、③経済団体からの働きかけがあるなど、異なったレベルでの要請に対応するというR（対応）動機のもとで、日本企業も、徐々にではあるが、「ヒューマン・セキュリティ」分野に取り組み始めている。特に、日本経済団体連合会の「企業行動憲章・実行の手引き」（第4版）には、この分野への取組みを企業に期待する具体的な記述があり、このような経済団体からのガイダンスは、企業がCR活動を展開するにあたり、心強い後押しとなる[※4]。最近では、各社のCSR／持続可能性報告書のCR活動のページにも、「社会貢献」という表現に替えて、「社会的課題への取組み」という表現を打ち出す企業も増えているが、これはコミュニティからの要請を意識したR（対応）動機からのCR活動に各社が取り組み始めている証左といえよう。

（3）利益動機

I（利益）動機が最も強く表れるプログラムの1つに「コーズ・リレーテッド・マーケティング（以降、「CRM」と表記）」型CRプログラムがある。CRMにはいくつかの類型があるが、製品やサービスの売上げに応じて、コミュニティに寄付する方法が代表的である。企業からコミュニティへ向けた確実な資金還元ルートの提供という点で評価できる。

ただし、日本の場合は、成功事例もあるが広く活用されているとは言い難い。最大の理由は、まさにCRMがI（利益）動機、特にコーポレート・レピュテーションのような社会的利益というよりも、さらに一歩踏み込んだ経済的利益を想起させる点にある。「数あるコミュニティへの資金還元の方法の中で、なぜ純粋寄付でなく、売上げ連動型寄付にするのか」、「『良いことをしています』と広告宣伝するためにかける大金があるならば、最初からそれを寄付に回せばよいのではないか」、「結局、一番の目的は収益向上にあるのではないか」との批判も出る。このように、社会一般から「衣の下に鎧あり」と勘ぐられてしまうと、レピュテーションですら危険に晒される可能性も出てくる。

実は、商品・サービスの販売促進と絡める形でコミュニティに資金還元をすることに対する抵抗感は、企業サイド、特に経営トップに根強いといわれる。①「良いことは黙ってすべし」という「隠匿の美学」と称される古典的な理由のほかに、②消極的理由として、上記のような社会一般の意見を反映した「レピュテーション・リスク」を考慮していること、③積極的理由としては、経営者が抱く、「ビジネスにおける潔さの重視」というもう1つの「美

学」があるように見受けられる。「CR活動で売上げアップを狙うことは、製品・サービスへの信頼や技術力に陰りが出たと顧客に思われる」「高品質の製品・サービスで培ってきた輪郭のはっきりした企業ブランドが、CR活動の社会性イメージによって曇る」などという懸念がCRMを許さないのである。ただし、そのような企業も、社会性のブランドイメージ自体を否定しているわけではない。「製品・サービスブランド」と「企業の社会性ブランド」をそれぞれ個別に高めればよいだけで、あえて、両者をCRMによって、顧客の意識の中で関連づけさせる必要はないという。

このI（利益）動機をめぐっては、個人的見解として、「コミュニティや社会一般」、そして「企業」の両者ともに、それぞれ再考する時期に差しかかっていると感じる。図表1で示したように、社会のサステナビリティを維持するためには、企業のCSR/CR活動は有効な手段であり、その活動のモチベーションの1つに、I（利益）動機に基づく自社のサステナビリティの維持があっても、それ自体は非難されるべきことではない。企業がI（利益）動機を抱くこと自体に対して、「コミュニティや社会一般」サイドは、最初から「卑しい・いやらしい動機」と受け止めることなく、結果に対して建設的に批判することが重要である。

他方、多くの企業は、I（利益）動機が存在しているにも関わらず、CR活動について、一方的に社会に良いことをしている点のみをイメージさせる「社会貢献活動」と表現し、使い続けている[※5]。これは、I（利益）動機に対する企業の考え方を象徴している事例であり、この点に関しては、企業サイドにも再考の余地があるのではなかろうか。経済的・社会的メリットを追求する自らのI（利益）動機は決して「恥ずかしい動機」ではなく、美しい表現で覆い隠す必要もない。自社の持続的発展なくしてCR活動の実践はないことも明らかである。CRMという手法を活用するかは別にして、CSRの時代には、I（利益）動機すらスマートに情報開示しつつ、清々しくCR活動を展開する姿勢が望まれよう。

2 CR活動の対象

一般的に、企業はCR活動の正当性を、対象となるコミュニティとの関係の深さに求める。関係のないところに企業の各種リソースを投入しては、ステークホルダーに説明がつかない。この考え方はCSRにおけるアカウンタビリティ重視の流れから広く支持されている。そこで、経営戦略上、どのコミュニティとの関係を重視するかを判断する「関係性スクリーニング」が重要になる。スクリーニングのための「フィルター自体の大きさ」と「フィルターの目の細かさ」に応じて、重要なコミュニティの選択が行われるため、この作業を企業内で第一義的に引き受けるCR担当者には、想像力や多様性を理解する能力が求められる。

それでは、企業が関わりを持つコミュニティとは何か。これまで漠然と「コミュニティ」と表現してきたものを、CSRの文脈から重要と思われる、次の3つのタイプに分類する。

> 1．地域コミュニティ：企業の立地地域（本社、子会社、支店、製造／販売／研究拠点など）の周辺住民や地方公共団体など
> 2．グローバル・コミュニティ：多国籍NGO、国際機関、グローバルCSR推進団体など、主にグローバルな社会的課題に取り組むグループ
> 3．志向性コミュニティ：潜在／顕在に関わらず、ある志向性をもっている人々が、あるきっかけでつながることで構成されるコミュニティ

以降、本節では経営戦略上、上記のコミュニティに対応するCR活動の推進方法を考える。

（1）地域コミュニティ

　地域コミュニティを対象にしたCR活動の実質的な担い手は、各地で操業する企業の子会社、支社、支店、営業所など（以降、「子会社」と表記）である。子会社の場合、地域住民が子会社の従業員であり、監督官庁の職員であり、サプライヤーであり、そして、事業形態がB to Cの場合には顧客であることが考えられるため、子会社にとってのCR活動は、実は、本社にとってのCSR活動に相当するほど幅広いものである。このような考え方のもとに、本社が子会社のCR活動に対して、いかに理解を示し、支援をしていくかという視点で、CR活動のグループ展開を考えてみたい。

　まずは、「子会社理解」について、地域コミュニティにおける、いわゆる「お付き合い」問題を取り上げる。本社のCR担当者の間では、「お付き合い」とは、どちらかといえば、仕方なく対応するというイメージを伴うネガティブな表現である。しかし、子会社の場合、状況は異なる。本社としては、子会社のCR活動についても、例えば、「教育」「環境」「科学」など、グループとして定めたCRの活動領域に可能な限り限定することで、ステークホルダーからのアカウンタビリティ要求に応えたいところだが、これをあまりにも厳しく子会社に押しつけてしまうと、結果的に、子会社のCR活動が地域コミュニティのニーズと合わなくなり、地域コミュニティからの信頼を失うことにもつながりかねない。①子会社が地域イベントに参加する、②自社の施設を地域に開放する、③社員の地域ボランティア活動を支援する、④工場長や支店長が地域振興の集まりに顔を出すなど、日頃の「お付き合い」こそが子会社にとっては重要なCR活動である。このように、子会社にとってのCR活動は幅広いものと認識したうえで、ある程度の自由度を持たせることが肝要であろう。

　次に、本社による「子会社支援」については、「子会社のCR活動を認知している」というメッセージを何らかの形で子会社に示すことが基本となる。メッセージの発信方法としては、「子会社がCR活動を行う際に必要となる、ヒト・モノ・カネ・ノウハウを本社が提供する」、「子会社の活動を評価する」などが挙げられる。前者の事例としては、①子会社が地域のNPOに寄付する際、本社もマッチング寄付を行う、②本社が作った市民や学生向けの実験教室プログラムや経済教育プログラムなどのノウハウを子会社に横展開するなどがある。

また、後者の事例としては、①本社で管理する社員用イントラネット上で、各子会社の活動実績を紹介する、②良い活動についてはトップから表彰する、などが挙げられる。

（2）グローバル・コミュニティ

CSRの時代に、主にグローバルな社会的課題への関心のもとで活動するグループ、すなわち多国籍NGO、国際機関、CSR推進団体などと良好な関係を維持することは、多国籍企業にとって、リスク・マネジメントとレピュテーション・マネジメントの両側面で決定的に重要である。前者の側面では、自社では認識していなかった重要な社会的課題に対して「気づき」を得られ、後者の側面では、権威と信用のあるグローバル・コミュニティから一定の「信認」を得ているというメッセージを社会一般に伝えることができる。ただし、後者の場合、見せかけだけの表明や活動は「グリーンウォッシュ」として非難されることになる。

最近では、グローバル・コミュニティの側から企業に対して、2つのアプローチが提示されている。1つ目は、グローバル・コミュニティが、CRを含むCSR原則・基準を作り、これに理解を示す企業を増やしていくという企業の「囲い込み」戦略であり、国際機関が策定した原則・基準についていえば、国連のグローバル・コンパクトや国連環境計画の金融イニシアティブ（UNEP FI）[※6]、両機関が策定した責任投資原則[※7]などがある。また、NGOについては、労働分野のSA8000規格など、そして、CSR推進団体については、GRIガイドラインなどが一例として挙げられる。このような動きは、企業側からみれば、自らの参加によって、国際的なイニシアティブの影響力を強め、他者に対する働きかけを支援するという意味があり、図表1のルート③にある「社外推進活動」に相当するものである。

もう1つのアプローチは、国連によるMDGs、NGOによるG-CAP（日本でのキャンペーン名は「ほっとけない世界の貧しさ」）に代表される、時限目標設定型の「追い込み」戦略である。特に、MDGsについて特徴的な点は、本稿の冒頭で問題提起したように、企業に従来型の企業市民活動だけではなく、本業を通じた活動、すなわち、図表1のルート②にある「社会・環境配慮型事業」のアプローチを求めていることである。これを別な角度からまとめたものが図表3であり、最近では、市場（本業）を通じて、貧困問題にチャレンジするBOP（Bottom of the Pyramid）ビジネスに注目が集まっている。マイクロファイナンス（貧困層への小口融資）分野での功績から、グラミン・バンク総裁のムハマド・ユヌス氏が2006年ノーベル平和賞を受賞したが、特に、東南アジアや欧米の金融機関は、すでにマイクロファイナンスを収益事業として展開しており、一定の成果をあげている。このように、金融機関の場合、今後は、社会・環境に配慮した資金の流れを作る、すなわち、広義の社会的責任投資（SRI）を進めることが、グローバル・コミュニティとのCRを考えるうえで、重要性を増していくだろう[※8]。

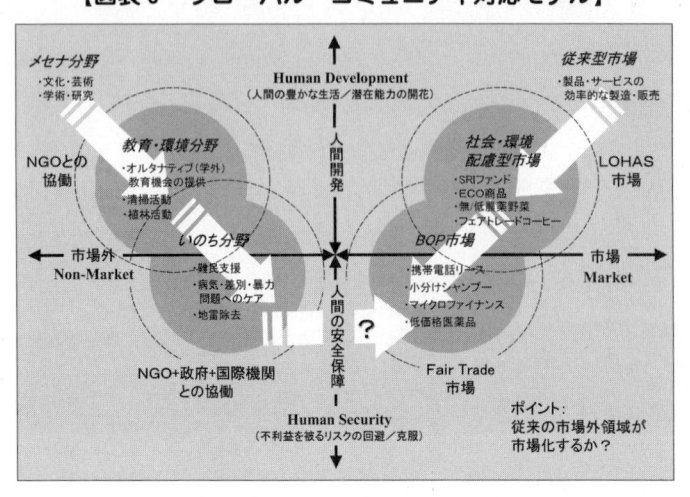

【図表3　グローバル・コミュニティ対応モデル】

```
              Human Development
            （人間の豊かな生活／潜在能力の開花）
メセナ分野                            従来型市場
・文化・芸術                          ・製品・サービスの
・学術・研究                            効率的な製造・販売
         教育・環境分野      社会・環境
NGOとの   ・オルタナティブ（学外）  配慮型市場
協働      教育機会の提供     ・SRIファンド    LOHAS
         ・清掃活動        ・ECO商品      市場
         ・植林活動        ・無／低農薬野菜
                          ・フェアトレードコーヒー
市場外 ←──いのち分野──────BOP市場──→ 市場
Non-Market ・難民支援    人間 ・携帯電話リース    Market
          ・病気・差別・暴力 の ・小分けシャンプー
            問題へのケア   安 ・マイクロファイナンス
          ・地雷除去     全 ・低価格医薬品
                        保
         NGO+政府+国際機関  障
            との協働         ?      Fair Trade
                                    市場
              Human Security    ポイント：
          （不利益を被るリスクの回避／克服） 従来の市場外領域が
                                  市場化するか？
```

（3）志向性コミュニティ

「操業地域」や「グローバルな課題」といった切り口とは異なり、潜在／顕在に関わらず、ある「志向性」をもっている人々が、ある事柄をきっかけとしてつながることで構成されるコミュニティを本節では、「志向性コミュニティ」と呼ぶ。ここには、個人の趣味や主義・主張、属性をベースとした「映像コミュニティ」「子育てコミュニティ」など多様なコミュニティが含まれる。通常は、バラバラに存在していた人々が、例えば、世界貿易機関（WTO）の会議場周辺のストリートのようなリアルな場や、バーチャルなインターネット空間などで一気に繋がることにより、企業に対して影響力をもつようになる。

　志向性コミュニティの中でも、特に企業の製品・サービス、企業姿勢などに好ましい感情をもっているコミュニティは、ある意味企業の製品・サービスの「愛好家」であり、企業自体の「ファン」でもある。顕在化している、または潜在的な顧客層と重なる可能性が高いため、CR担当者はカスタマー・リレーション担当部署と有機的なつながりをもつ必要がある。

　他方、「NPO」や「LOHAS」などの公共性の高い概念を商標登録した企業に対して、また、他国の文化を侮辱するような広告表現をした企業に対して、志向性コミュニティがインターネット上で活発に動いたことは周知の事実であるが、団体としての体裁も、交渉の窓口もないコミュニティに対しては、各種メディアを活用した迅速な意思表明が重要である。その方法としては、例えば、①その分野におけるキーパーソンといわれる人々との建設的な対話、②問題の再発や拡散を防止するための研究に対する一定額の寄付などが有効であろう。

　ある企業行動が人々の「触れてはいけない琴線」に触れて、主義・主張を喚起し、インターネットなどを介して刻々と意見集約され、1つのムーブメントを作るほどの実在になるプロセスは、磁力によって砂鉄が紋様を作るさまにも似ている。微妙な磁場の変化を察知する能力とは、まさしく、外部との接点が多いCR担当者の豊かな想像力や多様性を理解する能力であり、このような感性をもった社員がCR担当部署だけでなく、社内の各部署に配置されるようになれば、そのような企業は、新しい市場への迅速な対応とリスク／クライシス・マネジメントの両面で競争優位に立つことになるだろう。

おわりに

　最後に、企業とコミュニティの間の信頼構築プロセスについて整理したモデルを紹介したい[※9]。これは、あらゆるステークホルダー間に応用できる一般モデルとして考案したものであるが、図表4のように、よくいわれるPDCAサイクルとは異なるもう1つのPDCAサイクルで説明できる。①まず、企業は決めたこと、コミュニティに対してコミットしたことを「実行（Perform）」する、②その内容をMRI動機も念頭に置きながら十分に「開示（Disclose）」する、③特に重要なコミュニティとは直接的に「対話（Communicate）」する、④コミュニティの意見を「理解・感謝（Appreciate）」する、である。日本企業の場合、特に、開示レベルにとどまっており、なかなか対話レベルに進めていない状況にある。CR活動を新しい段階に移行させるためには、多様なコミュニティとの対話レベルでの工夫が必要であり、自社では気づかなかったことに気づかせてくれたコミュニティに感謝する姿勢が重要となろう。

【図表4　信頼構築PDCAモデル】

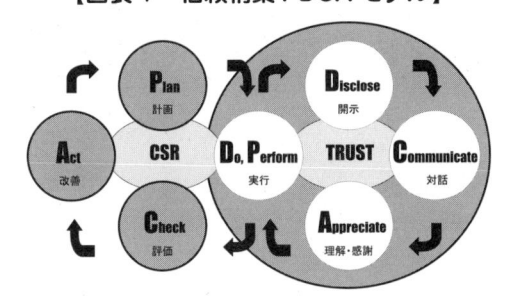

- ※1　詳しくは、「大和証券グループ　持続可能性報告書2006」8P参照
- ※2　このような状況を鑑み、NPOの「アジア・コミュニティ・センター21」と協働し、スマトラ沖地震・インド洋津波の被災地に対して、10年間にわたり、マイクロファイナンス等で支援する「大和証券グループ津波復興基金」を設置した。詳しくは、「大和証券グループ　持続可能性報告書2006」45P参照
- ※3　日本経済団体連合会「2004年度　社会貢献活動実績調査結果」参照
- ※4　このような後押しもあり、NPOの「市民社会創造ファンド」と協働し、日本国内において、「ヒューマン・セキュリティ」分野で活動をしている草の根NPOの人件費を支援する「『ダイワSRIファンド』助成プログラム」を開始した。詳しくは、「大和証券グループ　持続可能性報告書2006」46P参照。
- ※5　「社会貢献活動」は、すでにある共通の概念を人々の間にイメージさせるという意味で、市民権を得ている表現ではあるが、大和証券グループでは、この分野における「自社の」活動については「企業市民活動」という表現をできるだけ使用するようにしている。
- ※6　大和証券グループ本社は、2004年11月に署名
- ※7　大和証券投資信託委託は、2006年5月に署名
- ※8　大和証券グループの場合、「SRIの普及・促進」を2006年度から始まる中期経営計画にCSR戦略の1項目として盛り込んでいる。詳しくは、「大和証券グループ　持続可能性報告書2006」23P参照
- ※9　詳しくは、NIRAセミナー報告書　No.2004-01「市場ガバナンスの変革」46P参照

金田晃一　*Koichi Kaneda*

1987年慶応義塾大学経済学部卒業、93年英国レディング大学経済学部修士課程修了。87年ソニー㈱政府渉外、94年在京米国大使館経済部、97年ブルームバーグTV㈱・アナウンサー。99年ソニー㈱に再入社、コミュニティ・リレーション担当後、2003年よりCSR全般を担当。05年1月より現職、NPOとの各種協働プログラムを策定。CSOネットワーク・アドバイザー、CAC（社会起業家研究ネットワーク）・プログラムオフィサー、ジャパン・プラットフォーム常任委員会アドバイザー、日本NPO学会会員。

ステークホルダー

経済団体が取り組む CSR

社団法人 日本経済団体連合会 社会第二本部長 　斎藤　仁
社団法人 海外事業活動関連協議会 事務局長
（兼、日本経済団体連合会 国際第一本部長） 　金原主幸

　近年、企業経営においても企業の社会的責任（CSR）への取組みの必要性が認識され、経済界でも積極的にその推進に努めている。そこで本稿では、その重要性への認識が高まっているCSRに対し、我が国経済界がこれまでどのような取組みを行ってきたかについて日本経済団体連合会（以下、「経団連」という）と、経団連が設立した団体である海外事業活動関連協議会（CBCC）の活動を中心に紹介する。

1 経団連の CSR に対する取組み

（1）1970年代から始まる社会的責任への取組み

　経団連では、1973年の総会決議においていち早く企業の社会的責任の重要性を訴えるとともに、その後も現在に至るまで、様々な機会を捉えて、企業倫理や企業の社会的責任のあり方について提言を行っている。
　例えば、石油危機を契機として高まった企業に対する社会的批判を受け、1974年には「企業の社会性部会」を設置し、企業と社会の信頼関係を確立するために必要な企業行動のあり方について検討を行った。1989年には「企業倫理に関する懇談会」を設置し、4月に「企業倫理に関する中間報告」を発表して企業に求められる倫理を再確認したほか、9月には「虚礼自粛に関する申し合わせ」を発表し、経済界が率先垂範して虚礼自粛を行うことを申し合わせた。

（2）経団連企業行動憲章

　1991年には、会員企業が事業活動を行うにあたって踏まえるべき企業行動の基本原則を取りまとめた「経団連企業行動憲章」を策定した（図表1）。
　企業行動憲章は、社会的に有用な製品などを提供するといった企業活動の本質に始まり、公正かつ自由な競争という活動のあり方、行政との関係、株主、従業員との関係、環境問題や社会貢献活動への取組み、法令遵守の徹底など、企業活動の本質を非常に短い条文で捉えたものとなっている。同憲章は、その後の企業を取り巻く環境変化に合わせて改定を重ね、

【図表1　企業行動憲章】

企業行動憲章
―社会の信頼と共感を得るために―

㈳日本経済団体連合会
1991年9月14日「経団連企業行動憲章」制定
1996年12月17日　同憲章改定
2002年10月15日「企業行動憲章」へ改定
2004年5月18日　同憲章改定

　企業は、公正な競争を通じて利潤を追求するという経済的主体であると同時に、広く社会にとって有用な存在でなければならない。そのため企業は、次の10原則に基づき、国の内外を問わず、人権を尊重し、関係法令、国際ルールおよびその精神を遵守するとともに、社会的良識をもって、持続可能な社会の創造に向けて自主的に行動する。

1．社会的に有用な製品・サービスを安全性や個人情報・顧客情報の保護に十分配慮して開発、提供し、消費者・顧客の満足と信頼を獲得する。
2．公正、透明、自由な競争ならびに適正な取引を行う。また、政治、行政との健全かつ正常な関係を保つ。
3．株主はもとより、広く社会とのコミュニケーションを行い、企業情報を積極的かつ公正に開示する。
4．従業員の多様性、人格、個性を尊重するとともに、安全で働きやすい環境を確保し、ゆとりと豊かさを実現する。
5．環境問題への取り組みは人類共通の課題であり、企業の存在と活動に必須の要件であることを認識し、自主的、積極的に行動する。
6．「良き企業市民」として、積極的に社会貢献活動を行う。
7．市民社会の秩序や安全に脅威を与える反社会的勢力および団体とは断固として対決する。
8．国際的な事業活動においては、国際ルールや現地の法律の遵守はもとより、現地の文化や慣習を尊重し、その発展に貢献する経営を行う。
9．経営トップは、本憲章の精神の実現が自らの役割であることを認識し、率先垂範の上、社内に徹底するとともに、グループ企業や取引先に周知させる。また、社内外の声を常時把握し、実効ある社内体制の整備を行うとともに、企業倫理の徹底を図る。
10．本憲章に反するような事態が発生したときには、経営トップ自らが問題解決にあたる姿勢を内外に明らかにし、原因究明、再発防止に努める。また、社会への迅速かつ的確な情報の公開と説明責任を遂行し、権限と責任を明確にした上、自らを含めて厳正な処分を行う。

1996年の改定時に10カ条からなる行動原則と具体的取組み事例を解説した「実行の手引き」から成る現在の構成となった。「実行の手引き」は会員企業が憲章の精神を実践していくうえでより具体的な参照例として策定したものであり、日本企業の経験が数多く盛られている。

さらに、2004年5月には、当時、内外で急速にCSRへの関心が高まったことを受け、CSRの観点から企業行動憲章の改定を実施した。この背景には、経済のグローバル化や情報化の急速な進展を受け、NGOをはじめとする市民団体の活動が活発化したことや、消費者行動の変化、人権、貧困問題に対する世界的な関心の高まり等を受け、企業のCSRに対する注目度が高まったことなどが指摘される。具体的には、CSRの観点から、①児童労働・強制労働の禁止を含めた人権や従業員の多様性の尊重、②公正、透明、自由な競争と適正な取引の実施、③ステークホルダーとのコミュニケーションの充実、④人権、貧困などを含めた社会的課題の解決につながるような社会貢献活動の実施、⑤国際的な事業における、法令やルールの尊重や現地の文化・慣習の尊重を通じた現地社会の発展への寄与の5点を強調した。

(3) CSR推進ツールの策定

また同改定にあわせて、2004年6月にはCSR活動の指針ともなるよう「実行の手引き」の4回目の改訂を実施した。しかし、一度の改訂でCSRの視点をすべて盛り込むには限界がある。企業の担当者からは、①「実行の手引き」では、CSR活動における諸課題が「企業行動憲章」の条文に沿って整理されているが、これをCSRで注目される「コンプライアンス・企業倫理」「情報」「人権・労働」などの課題分野と、「消費者・顧客」「取引先」「株主」などのステークホルダーごとに分類すれば、企業が取り組む分野をより明確に把握できるのではないか、②「実行の手引き」だけでなく、各種評価機関から寄せられるアンケート調査項目なども踏まえて諸課題を整理すればより効果的ではないか、③CSR活動を実践する際に参照できる企業の実例集があれば、日本のあらゆる企業のCSR推進に役立つのではないか、といった声が寄せられた。

そこで経団連では、2005年10月に「企業行動憲章」と「実行の手引き」に掲げている「コンプライアンス・企業倫理」「人権・労働」「環境」などの主要項目をベースに、企業が自主的にCSR活動を行うための「CSR推進ツール」を作成した（http://www.keidanren.or.jp/japanese/policy/csr/tool.pdf）。

「CSR推進ツール」は、「CSR主要要素のマトリックス」と「CSR主要項目と参考事例」の2部構成となっている。「CSR主要要素のマトリックス」は、課題分野を縦軸に、ステークホルダーを横軸に取って、CSRを推進するうえでの課題を整理したものである。企業はこのマトリックスを用いることで、幅広い視野から課題を確認することができる。課題の整理にあたっては、「実行の手引き」だけでなく、各種評価機関のアンケート調査項目なども考慮した。他方の「CSR主要項目と参考事例」は、「CSR主要要素のマトリックス」で整理された諸課題を、企業がどう実践しているかを示した実例集である。会員企業から寄せられ

た合計304事例が収集されている。事例は、多国籍企業から寄せられた先進的なものから、多くの日本企業で実践されている一般的な事例まで、幅広く集められており、規模・業種を問わずあらゆる企業が参考にすることができるものとなっている。

　経団連では、今後も事例をさらに充実させるなど、「CSR推進ツール」がより使いやすいものとなるよう検討を行っていく予定である。

(4) ISO26000策定への積極的関与

① ISOにおけるSR規格化の開始

　以上述べてきたような会員企業へのCSR推進活動とあわせて、経団連では、国際的なCSR動向を把握し、必要に応じて、国際標準化機構（ISO）を始めとするCSRの国際基準・規格づくりの場において、日本経済界の意見を反映させるよう活動している。

　ISOは、2004年6月、開発途上国の強い要望を受け、「第三者認証を目的としない、すべての組織に適用できるガイダンス文書」を作成することを決議し、現在、2008年秋を目指して社会的責任（SR）の国際規格（ISO26000）の策定作業を進めている。同規格は、企業のみでなく、政府、労働組合、消費者団体、NGOなどを含めたすべての組織に適用されるものとされている。

　規格策定作業は、ワーキンググループ（WG）において、①産業界、②労働界、③消費者団体、④政府、⑤NGO、⑥その他、という6つのステークホルダー・グループの専門家によって推進されており、ISO加盟国45ヵ国や国連や国際的NGOなど31組織から約300名が参画している。経団連では、日本企業にとって不都合な規格が策定されることがないよう、同WGに経済界から3名の専門家に参加してもらい積極的に規格策定作業に関与している。

②これまでの検討状況

　ISOにおけるSR規格化作業は2005年3月から正式に開始されたが、本格的な作業に向けて大きく前進したのは、同年9月にバンコクで開催された第2回WG総会においてであった。この総会で、SR規格を策定するにあたっての前提条件などを定める設計仕様書（デザイン・スペシフィケーション：DS）が採択されたのである。産業界にとってDSに「第三者認証を目的としない」「マネジメント・システム規格としない」という前提条件が明確に盛り込まれたことは大いに歓迎すべきことであった。産業界の中には、企業の社会的責任は経営そのものであり、企業の自主性を最大限尊重すべきだという考えが強く、また、規格に第三者認証が組み込まれると認証取得のために、企業は多大なコストを負担しなくてはならないことから、産業界はマネジメント・システム規格とすることに強く反対している。

　2006年に入り、規格の内容に関する議論が始まった。3月には経団連が中心となってDSに基づく規格案を作成し、これを日本産業界提案としてWGに提案した。2006年5月にリスボンで開催された第3回WG総会では、規格の適用範囲やSRの定義などが暫定的に合意

されたが、日本産業界提案は、規格の完成像を想像できるものとして高く評価された。現在、2007年1月末から2月にかけてシドニーで開催される第4回WG総会に向けた作業が進められているが、日本経済界としては、諸外国の経済界、特にアジアの経済界とも連携しながら、ISO26000がいかなる組織にとっても使い勝手のよい、より良い規格となるよう貢献していきたい。

2 海外事業活動関連協議会（Council for Better Corporate Citizenship：CBCC）のCSRへの取組み

次に、日本経団連が設立した特定公益法人である海外事業活動関連協議会（CBCC）の活動を紹介する。

(1) CBCCの設立

CBCCは、ソニー株式会社の故盛田昭夫会長のイニシアティブにより1989年に経団連が設立した日本の主要企業を会員とする団体である。CBCCの活動目的は、海外で操業する日系企業が現地社会から「良き企業市民」（Good Corporate Citizens）として受け入れられることを支援することにある。

その一環として、1991年から96年にかけて、計6回にわたり立石信雄CBCC現会長（オムロン相談役）を団長に対米調査ミッションを派遣し、全米21州の日系企業、米国企業、商工会議所等を訪問して米国における企業市民活動の実態について調査した。また、日系企業の進出が急増したアジア諸国に2000年および2001年に調査団を派遣し、日系企業の現地における企業市民活動のあり方を検討した。その結果を「アジアにおける日系企業のコミュニティ・リレーションズ」と題する提言に取りまとめたほか、その成果を踏まえ、2002年2月にはタイでシンポジウムを開催した。

(2) CBCCのCSRへの取組み

他方、1990年代後半以降、欧米を中心にCSRに対する関心が急速に高まったことを受け、CBCCは2001年12月に「多国籍企業に求められるCSRに関する研究会」を立ち上げ、欧米を中心としたCSRの動向および背景、CSRに関する国際基準・規格の内容等を整理し、我が国企業の視点から考察を行うなど、CSRへの取組みを強化した。同研究会は、2002年5月に「CSRに関する国際基準・規格の現状と今後の対応」と題する報告書を取りまとめ、発表した。

またCSRに関する情報収集・提供活動の一環として、2002年より米国の企業会員組織であるBusiness for Social Responsibility（BSR）とcooperative agreementを締結し、CSRの最新動向に関する情報収集やセミナーの開催等で協力している。

（3）CSR 対話ミッション派遣と CSR 推進団体との国際的ネットワーキング

　CBCC では、国際的な CSR 動向や、現地における CSR 課題、日系企業の取組みなどに関する実態把握・課題整理のため、2003年より毎年、米国、欧州、東南アジア、中国に「CSR 対話ミッション」（団長：立石信雄 CBCC 会長）を派遣し、各国政府、経済団体、現地の日系・欧米企業等との意見交換を行っている（図表2）。あわせて、CSR の国際シンポジウムやセミナーへの参加を通じて、海外の CSR 推進団体とのネットワークを強化している。

　各ミッションや国際シンポジウムへの参加を通じて、以下のような各地域における CSR の特徴、および日系企業が直面する課題が明らかになった。

①米国における CSR の特徴

　米国企業は、CSR への取組みとして、依然として地域社会への貢献や「企業市民活動」（Corporate Citizenship）を重視しており、企業倫理・コンプライアンスをベースにしつつ、社会にポジティブな影響をもたらす活動に焦点をあてて取り組んでいる。第二に、米国企業は、各社が独自の企業戦略・ブランド戦略に基づき優先分野を決め、集中的にその分野に取り組むという「戦略的集中」により、他社との差別化を図っており、取組みの成果は、ステークホルダーズや市場に評価してもらえばよいという考え方が強い。そのため、1つの国際的な CSR 基準・規格で企業の自主性がそがれることには強く反対している。第三に、米国企業には多国籍企業が多いことから、海外におけるサプライチェーン・マネジメントを特に重視していることが指摘される。

【図表2　CBCC の活動】

ミッション・派遣時期	訪問先	対話相手先
「欧米 CSR 対話ミッション」2003年12月	ニューヨーク、ワシントン、シカゴ、ブラッセル、ロンドン	国際機関、米国政府、CSR 推進団体、USCI、米国商工会議所、欧州委員会、CSR Europe、米欧企業等
「対中国 CSR 対話ミッション」2004年10月	香港、上海、北京	CSR 推進機関、中国企業連合会、中国政府、日本商工会、日系・欧米企業
「対東南アジア CSR 対話ミッション」2005年9月	バンコク、ジャカルタ	CSR 推進機関、タイ・インドネシア政府、経済団体、日系欧米企業、Asian Forum
「中国シンポジウム」2005年12月	北京	中国企業連合会、企業公民委員会等
「GRI G3 シンポジウム」2006年10月	ブラッセル、アムステルダム	欧州委員会、CSR Europe、GRI G3 シンポジウム

②欧州におけるCSRの特徴

　欧州の特徴としては、第一に、欧州では消費者、NGO、労働組合等の企業への不信が強い「ステークホルダーズ社会」であるため、CSRへの取組みにおいてもマルチ・ステークホルダーによる対話が重視されている。第二に、欧州統合の次の段階として「社会的結合」が強く求められており、若年層の失業対策や地域再開発対策の一環として企業にCSRへの取組みが求められていること。第三に、欧州委員会は、CSRを法制化するのではなく、企業の自発的な取組みとしてビジネスに統合することを奨励するとともに、マルチ・ステークホルダーによる推進を目指していることなどがわかった。本年3月に欧州委員会が発表した新CSRコミュニケーションでは、企業をCSR推進の主要アクターと位置づけ、企業による創造的なCSRへの取組みが新リスボン戦略の目標である欧州産業の競争力強化や持続的経済発展をもたらすとしている。

③中国におけるCSRの特徴

　中国における特徴としては、まず、中国は高い経済成長を続ける反面、貧富の格差やエネルギー・環境問題などが深刻化しているため、胡錦涛（こきんとう）・温家宝（おんかほう）の新政権は、持続的経済成長を目指す新政策指針「科学的発展観」や「親民路線」を発表し、企業にもCSRへの取組みを求めていることが指摘される。第二に、労働法、環境保護法等、CSRに関する法制は整備されているものの、法令遵守に関わる様々な問題が存在するため、中国政府は、積極的にCSRを推進することでこれらの問題を解決することが中国企業の競争力強化につながると認識している。第三に、中国でCSRが求められる外部要因としては多国籍企業からの圧力（米国NGOの策定した労働基準に関する認証規格「SA8000」の取得要求等）があり、中国政府はこれに対応するため、SA8000をベースにした中国独自のCSR基準を策定しようとしている。第四に、中国では政府の支援を受けたCSR推進組織が次々に設立され、それらによるセミナー・シンポジウムの開催、CSR宣言、優秀CSR企業ランキングの発表等が相次ぎ、現在、これらの組織の間でCSR推進の主導権争いが行われていること、などがわかった。

④東南アジア（タイ、インドネシア）におけるCSRの特徴

　東南アジアにおける特徴としては、まず、両国では、労働法をはじめCSRに関する法制はよく整備されているが、実際の執行との間にギャップが存在することが指摘される。第二に、両国は、深刻な社会問題（貧困問題、HIV/AIDSの蔓延、経済発展に伴う水質・大気汚染、違法伐採による森林破壊などの環境問題、テロ活動による治安の悪化等）を抱えており、これらの社会問題を解決するため、政府の努力のみでなく企業によるCSRへの取組みが求められている。第三に、国際競争のなかで、東南アジアの地元企業は、多国籍企業から、「SA8000」や国連グローバル・コンパクト、ILOなどの国際基準への対応を求められてい

ること、などがわかった。これを受け、タイ政府は、「SA8000」と同様の内容の「タイ労働規格」(TLS8001－2003) を策定している。

⑤日本企業の課題

これまでに派遣したCSR対話ミッションを通じて、CSRをグローバルに展開していくうえで、日本企業が直面する次のような課題が明らかになった。

第一に、「本支店間の連携強化に向けた本社側のイニシアチブの重要性」である。

本社の企業行動規範の実施や調達先企業へのCSRの徹底などを巡っては、本社と海外の現地関連会社の温度差は大きい。本社は、こうした温度差を所与として現地関連会社の置かれている状況を踏まえつつ、CSRをグローバルに展開するためのマネジメント・システムを構築し、現地に必要な情報提供や支援を行うことが重要である。

第二に、「現地日系企業に求められるCSRの再定義」である。一部の現地日系企業の間では「CSR＝寄付」などの社会貢献活動であり、コスト要因との意識がまだ強い。現地日系企業は、直面する社会問題に対し、現地のニーズや外部のステークホルダーからの企業への期待を踏まえ自社のCSRへの取組みを考える必要がある。

第三に、「効果的な対外発信」である。日系企業は現地において多彩なCSR活動に取り組んでいるが、現地社会にはあまり知られていないことが多い。現地NGOとの協力や効果的な対外発信を通じて、「顔の見える」CSR活動とし、CSR活動を企業価値向上につなげることが求められる。

(4) GRIガイドラインへの対応

以上のようなCSRの国際動向に関する実態調査・対外発信に加え、CBCCでは、我が国企業の視点をGRIガイドラインの改定に反映するための活動を支援している。

米国の環境NGO等が中心となって1997年に発足したGRI (Global Reporting Initiative) は、全世界で適用可能な持続可能性報告書作成に関するガイドライン（GRIガイドライン）の作成・普及に向けて活動している。GRIでは定期的に同ガイドラインを見直すこととしており、第三版の改定作業は2005年に行われ、2006年1月から3月のパブリック・コメントを経て2006年10月に公表された。

GRIガイドラインを利用している企業数を国別にみると、日本が圧倒的に多いのに対し、GRIガイドライン改訂ワーキンググループへの参加は欧米に偏っている。また業種別にみると、報告書作成主体である産業界からの参加が少なく監査機関、投資家、労働組合、NGO等が多くなっている。

そこで、G3改訂に日本産業界の視点を反映させるため、2005年12月にガイドライン利用企業有志により「GRIガイドライン改訂を考える会」（以下、「考える会」という）が発足し、CBCCはその運営協力を行っている。「考える会」では2006年1月から3月にかけて計8回

の会合を開催し、我が国企業ユーザーの視点からG3を検討し、3月末にGRIに「考える会」としてのパブリック・コメントを提出した。

またG3の公表にあわせて2006年10月にオランダで開催された「G3発表記念シンポジウム」にCBCCから代表が出席し、世界の著名な多国籍企業・CSR推進団体代表と、持続可能性報告について意見交換を行った。

(5) 今後の CBCC 活動

CBCCでは今後も引き続き、CSR対話ミッションの派遣、国際シンポジウムへの参加、海外のCSR推進団体とのネットワーク等の活動を通じて、国際的なCSRの動向に関する情報を収集し、我が国経済界にフィードバックするとともに、我が国企業のCSRに対する考え方や、取組みの対外発信に努めたいと考えている。

そうした活動の一環として、最近では「ステークホルダー対話」と銘打って、国際的に大きな影響力をもつアドボカシー（政策提言）型NGOとの意見交換会を開始した。これはまだ、試行段階にあり、定期的会合となるかは未定であるが、NGOと企業が無用な相互批判を避け、建設的な双方向のコミュニケーションが可能となる一助となることを願っている。

斎藤 仁 *Tadashi Saito*

1980年東京大学法学部（政治コース）卒業。88年豪州国立大学大学院国際関係修士課程修了。80年（社）経済団体連合会入局、経済協力部、日米経済協会（在ワシントン）出向、国際本部北米グループ長、社会本部政治グループ長、国際経済本部副本部長兼貿易投資グループ長などを経て、2006年から現職。

金原主幸 *Kazuyuki Kinbara*

1979年東京大学教養学部教養学科（国際関係論）卒業。83年英国オックスフォード大学大学院（セント・アントニー・カレッジ）国際関係論修士課程修了。79年（社）経済団体連合会入局、経済協力部、国際経済部、欧州共同体日本政府代表部（外務省へ出向）、21世紀政策研究所主任研究員、国際経済本部欧州グループ長、貿易投資グループ長、社会本部広報グループ長、国際経済本部長などを経て、2006年から現職。

ステークホルダー

行政のCSR —整備される国際規格—

立教大学 社会学部 講師 　古賀純一郎

1 社会的責任の国際規格

　CSR（Corporate Social Responsibility）は、企業の社会的責任と訳される。対象は企業に限定され、政府などの行政機関、特殊法人などは含まないと考えられている。だが、現在、国際標準化機構（ISO）で策定中の国際規格は、対象を企業だけに限定せず、さらに幅を広げ、国際機関、政府、特殊法人などを含めた組織一般の社会的責任（SR：Social Responsibility）について議論している。策定されれば、あらゆる組織を対象としたSRについての国際規格となる。2007年1月のシドニー総会などでたたき台を協議、早ければ約2年後の2009年初頭にもISO26000として発効する。

　SRの国際規格は、品質に関する従来の国際規格、ISO9000シリーズなどと異なり、「第三者認証を必要としない」規格と建前はなっている。だが、同規格は、組織一般が堅持すべき人権、労働などに関するSRの大枠を規定する。このため発効すれば、日本の中央省庁、地方自治体も何らかの形で参考にせざるを得ないだろう。欧米の有力企業、組織が実務段階で、右へ倣えの形で、何らかの機関・組織に認証を求めることになれば、国際的なデファクトスタンダード（市場の実勢による事実上の標準）となりかねない。「行政組織を含め日本も従うことを余儀なくされる国際規格になる可能性」（経済産業省）をはらんでいる。

　規格は、現在、ISOのTMB（技術管理評議会）傘下の「SRに関するワーキンググループ」で協議中。グループには、6つの作業部会が設けられており、その2つに日本が座長を送り込んでいる。国際ルールの策定で日本が積極的な役割を果たすべきとの判断からである。

　ことの性格上、協議の対象となっているのは、幅広い。CSRが、経済、環境からコンプライアンス、倫理、人権、労働、社会貢献、説明責任、情報公開などと多岐にわたっていることを想起すればわかりやすいだろう。ISO26000は、序文のほか、①適用範囲（Scope）、②引用規格（Normative references）、③用語の定義（Terms and definitions）、④中身（SR Context）、⑤原則（SR principle）、⑥項目（Core subjects/issues）、⑦実施に関するガイダンス（Guidance for implementing SR）、⑧ガイダンスの付属文書（Guidance annexes）・参考文献（Bibliography）―の8項目で構成される。現在、その中身を詰めている。

それぞれについて説明しよう。適用範囲では、組織が取り組むべき重要なSRを特定、持続的発展を可能にするための指針を、この規格で取り扱うことが明記されている。当該組織は、この規格の規定をすべて実施する必要はなく、戦略や目的などに応じて選択、手直しができるなどの規定も含まれている。すでに触れたように、国際規格の適用対象を所在地、組織の規模などに関係なくすべての組織とすることや、「強制力がなく」「第三者認証を必要としない」ことなどは2005年3月の総会で決定している。

SRの定義については、すでにたたき台となる案が出ている。「その行動が社会や環境に及ぼす影響について責任を取る組織一般の行為。この行動は社会の関心と持続的発展と整合性があり、倫理的行為、実効性のある法令に従い、政府間文書に基づいたものであり、組織の継続的活動に統合される」がそれである。この案を各国が持ち帰り、その是非を検討中。独自の案を提出する国が現れれば、それも検討対象となる。

SRの中身という項目は、背景説明と考えたほうが理解しやすい。①グローバリゼーション、②利害関係者の視点、③労働、サプライチェーン、④健康、⑤持続的発展、⑥気候変動—などだ。このためSRに取り組む必要があるという趣旨である。SR原則の構成では、メインとなる一般原則に加え、環境、人権、労働慣行、組織のガバナンス、公正取引慣行、消費者関連などから成る諸原則のほか、説明責任、透明性などを含む実施原則などの組み合わせとなる見通し。SRの項目では、環境、人権、労働慣行、ガバナンス、公正な取引、消費者との関連などが案として挙がっている。いずれも、それぞれの個別の項目について内容をどう規定するかがポイントとなる。

以上のことからもわかるように、参加各国の意見の一致をみるべき課題やテーマが今なお、山積している。詳細を確定し、最終合意を得るまでにはまだまだ時間がかかりそうだ。ただ、環境、人権などの各項目で、指針となる規格の大枠が次第に固まりつつある。こうした分野でSRの国際規格ができることにより、一定の目安が生まれるのは間違いない。日本の行政としてこれにどう対応するか態度を決めておく必要があるだろう。

同策定で、日本は、労働組合、消費者団体、経済産業省、企業などで構成される混成チームを組織し、ISOでの協議に参加している。今後の協議次第では、行政への影響は避けられない。このため経済産業省が中心となって各省横断的なCSR連絡協議会をすでに発足させている。協議の中身は逐次、各省に伝わる仕組みになっている。完成後は、発効した原則を採用するかどうかを含めて行政がどう取り組むのかの議論がスタートすることになる。

2 行政の社会的責任

国の行政を担う国家公務員の労働条件、服務規程などを定めているのが国家公務員法である。昨今の官僚の不祥事に絡み、これらを補完するものとして、国家公務員倫理法が策定され、贈答、株取引、接待を受ける際の規定などをこと細かく規定した。並行して同法に基づ

き、職員の職務に係る倫理の保持を図るための審査、指導、助言などにあたる国家公務員倫理審査会も発足、活動を続けている。これを受けて、各省庁では、職員の職務に関わる倫理に関する訓令を出しているほか、公務員倫理規程に加えて、ガイドラインを設けているところもある。

代表的なのは、裁量行政から早期是正措置に代表される事後チェック体制へと行政手法を変えた金融庁であろう。検査の厳格さは他に追随を許さない。ガイドラインを設定した理由について「昨今の金融を巡る厳しい状況に鑑み、金融庁職員はより厳しく身を律する必要があることから」と説明している。

公務員倫理規程にも規定されていることであるが、ガイドラインには禁止行為などが列挙されている。関係業者などからの金銭、物品、不動産、餞別、祝儀、香典、供花などに類するものの提供・贈与、金銭の貸付、無償で物品・不動産の貸付の供与、無償での役務の提供、未公開株式の譲渡、供応接待、遊技、ゴルフ、旅行などがこれである。物品、不動産の購入などで対価が著しく低いときは、金銭の贈与とみなすなどの項目もある。関係業者等以外の者との間でも禁止行為を定めており、供応接待を繰り返し受ける等、社会通念上、相当と認められる程度を超えた供応接待、または財産上の利益の供与や、いわゆる「つけ回し」などがこの対象となっている。また、関係業者と共に飲食する場合の届出や規定、その条件などもこと細かく定めている。書籍の監修、編纂や公務に関する講演等に対する報酬の受取りなどを含め、かつての不祥事で槍玉に挙がった行為がいずれも禁止されている。

裏金問題が噴出している地方公務員についても、地方公共団体が国に準じて、国家公務員法、国家公務員倫理法で、同様な施策を講じることが要求されている。

3 行政の期待するCSR

行政は公務員倫理法などで社会的責任を推進する立場に立たされていると同時に、金融機関を含めた企業などの監督官庁でもある。これらに対しCSRを求める任務がある。経済産業省、厚生労働省、環境省は、ブームになり出した2004年にCSRに関する懇談会、研究会を開催、議論を経て中間報告などをまとめている。いずれも、企業などが取り組む際の監督官庁としての考え方、支援のあり方などを検討するためである。金融機関の監督官庁である金融庁ではアンケートを実施、取組みを調査した。

経済産業省の懇談会は企業のリスク管理という観点から主に議論した。2004年7月の中間報告では、CSRの内容、あり方、狙いなどを列挙している。取り立てて異色の内容ではない。興味深いのは、その意義について、取り組むことによってリスクの軽減、従業員の意欲向上、新商品・サービス市場の開拓、ブランド価値向上、優秀な人材の確保が可能になるなどと、効用を強調。経営と密接不可分の活動と高く評価していることである。政府の役割については、①内外のCSRの考え方、先進事例の収集、分析、②普及、広報、③ステークホ

ルダーと企業、企業同士の情報交換の場の設定―などを挙げている。

　厚生労働省は、労働という切り口である。経済産業省より少しばかり早く2004年6月に研究会が中間報告をまとめた。報告では、社会が豊かになったことによって、生活費獲得以外の要素が就労目的の中で大きな比率を占めるようになってきたとし、今後、高い付加価値の創造のため、多様な個性や考え方がこれまで以上に重要な役割を果たすと指摘。①人材育成、キャリア形成、②生き方、働き方に応じた働く環境の整備、③高齢者に対する就労の場の提供、④サプライチェーンへの取組み、⑤人権への配慮―などが重要とした。政府が支援すべき内容については、社会報告書へ盛り込む望ましい項目の提示、好ましい事例などの情報提供、啓発・広報などを挙げている。環境省でも研究会を設け、環境という視点からの検討を開始。2005年8月に報告書をまとめた。報告書は、会議の中身をそのまままとめたもので、今後のあり方として、CSRの取組みの基盤となる環境と経済の好循環の重要性を取り上げている。好循環は、利用者がCSRに関心を寄せないと生まれない。このため企業、NPO、一般消費者、市民社会の円滑な循環がとりわけ重視され、そのためのコミュニケーション、意思決定などのソフトの部分の果たす役割の大切さを指摘している。

　内外で高まる関心も手伝って、国内の金融機関もCSRに対し取組みをスタートさせている。これをにらんで金融庁では、2006年3月、「金融機関のCSR事例集」をまとめた。銀行、信用金庫、信用組合、労働金庫、保険会社、損害保険会社、証券会社の取組みの事例である。金融庁は同時に実施したアンケート調査も公表。回答のあった1,217機関のうち、CSRに重視した何らかの具体的な取組みをしていると答えたのが、約67%に当たる810。地域銀行（98.2%）と保険（79%）の割合が高い。証券会社は47.8%で低調。取り組む理由については、「地域との共存共栄」が最も多く、全体の60.4%、これに「事業の公共性を鑑みて」の17.3%が続いている。

　このほか、家庭電化製品、ガス瞬間湯沸かし器、シュレッダーなどで事故が相次いでいることを背景に経済産業省は、重大事故の報告の義務づけなどを盛り込んだ消費生活用製品安全法の改正案を決定した。2006年10月中旬に閣議決定、臨時国会に提出した。被害の拡大を防ぐため必要と判断した場合には、商品名などの詳細を公表、違反の場合には改善命令を出し、罰則も設けた。CSRを企業に強く求めるもので、2007年春の施行となる。金融庁、公正取引委員会を筆頭に、企業に対する行政の対応は年々厳格化を増している。規制緩和に対応した事後チェック体制の強化という名目である。企業は、CSRの推進によって自己を律することがいよいよ求められる時代に入ったといえそうだ。

古賀純一郎 *Junichiro Koga*

東京大学経済学部卒、立教大学社会学部産業関係学科講師。著書には、『経団連』（新潮選書、翻訳され韓国でも出版）、『キーワードで読む日本経済』（共著：岩波ブックレット）、『40代宰相論』（東洋経済新報社）、『政治献金』（岩波新書、翻訳され台湾でも出版）、『郵貯激震』『CSRの最前線』（以上、NTT出版）などがある。
E-mail:kogaj11@titan.ocn.ne.jp

地球環境

地球環境問題と CSR

株式会社 ニッセイ基礎研究所 上席主任研究員　**川村雅彦**

　ここでは地球環境問題に対する「企業の社会的責任」について総論的にまとめる。まず、地球環境問題の特徴と本質を確認したうえで、企業が環境経営に取り組むようになった経緯、さらにCSR経営へと転換した要因を分析する。現在では、日本企業の多くが地球環境問題への取組みはCSRの重要な要素と考えている。それはなぜか？　両者に共通する「持続可能性」という概念が存在するからである。

1 産業公害から地球環境問題へ

（1）原因と対策が異なる2つの環境問題

①特定の環境汚染を問う産業公害

　我が国では1960年代に高度成長期の工業化に伴う産業公害が顕在化した。水俣病やイタイイタイ病に代表される産業公害の環境汚染や人的被害の原因は、特定事業者による特定地域における特定の環境汚染行為であった。いわば地域限定型の環境問題であった。

　このような産業公害の対策としては、特定の汚染物質や汚染行為ごとに罰則規定のある一定の排出基準や環境基準を設けて、工場等の生産施設からの大気汚染や水質汚濁等を排出端で抑制するエンド・オブ・パイプ（出口管理）型の規制で十分解決可能と考えられた。

②あらゆる環境負荷を問う地球環境問題

　しかし、1980年代になって地球温暖化、オゾン層の破壊、熱帯雨林の減少等の地球的規模の環境問題が顕在化した。これらの原因は従来の産業公害とは異なり、人々の日常生活や通常の企業活動における環境負荷が原因であり、個々には軽微であっても、全体として広域ないし地球全体に関わる問題として認識されるようになった。

　このような地球環境問題を解決するには、従来型の特定の環境汚染行為に対する規制だけでは不可能であり、大量生産・大量消費・大量廃棄型の社会経済の仕組み自体の改造が不可欠であることが明らかになった。すなわち、個人ではライフスタイルの変革、企業では事業プロセスや製品・サービスの見直しが必要となったのである。

【図表1　主要な地球環境問題（地球の"生命維持装置"の破壊）】

①地球温暖化（気候変動）

原因　人間の生活や企業の活動に伴う「温室効果ガス」（CO_2、メタン、フロン等）の排出によりその大気中の濃度が高まり、大気温度が上昇している。最大の原因は、化石燃料（石炭・石油）の燃焼。

影響　海水面上昇による低地帯の浸水やサンゴ礁の島々の水没。生態系や農業生産にも大きな変化を及ぼし、異常気象による干ばつや洪水の多発と水資源の偏在。マラリアの北進と拡大。

②オゾン層の破壊

原因　成層圏のオゾン（O_3）層が塩素を含むフロン等により破壊され、紫外線の吸収量が減少している。"魔法の液体"フロンは人畜無害・安定で、冷媒や洗浄、噴射剤、発泡等に使用された。

影響　地表に達する紫外線の増加により、皮膚がん・白内障の増加や光化学スモッグの悪化、穀物の生長・光合成の抑制、浅海域の動植物プランクトンへ致命的な打撃。長期的な破壊進行。

③酸性雨

原因　化石燃料の燃焼（火力発電所、ボイラー、自動車等）により、硫黄酸化物（NOx）や窒素酸化物（SOx）が放出され、硫酸塩や硝酸塩に変化し、強酸性の雨や霧となる。

影響　発生源から長距離移動。湖沼酸化による魚類死滅や金属溶解による生態系破壊、土壌酸化による森林枯死、大理石製の建造物や歴史遺産の消滅。目や皮膚への被害も。

④海洋汚染

原因　海洋の浄化能力を超えた汚染が進行。陸からの栄養塩類・有害物質・廃棄物の流入、また船舶からの油水流出、廃棄物の洋上投棄・焼却等が原因。タンカー事故の原油流出も。

影響　海洋の水質汚濁だけでなく、漁業資源の減少や生態系の変化、海鳥・海獣の魚網への絡まり。赤潮（富栄養化）や青潮（貧酸素化）の多発は水産業を圧迫。

⑤有害廃棄物の越境移動

原因　経済活動の活発化・グローバル化を背景に、有害廃棄物の処理費用が安く容易な開発途上国を求めて、国境を越え遠方へ運ばれて処分されている。

影響　有害廃棄物が輸入された開発途上国に、多大な環境的・生態的・人体的な被害をもたらす。我が国ではバーゼル条約の国内法化により、逮捕者も出た。

⑥生物多様性の減少（生態系の破壊）

原因　生物種の多様性（遺伝子レベルも含む）に加え、その生息環境（生態系）の多様性も意味する。医薬品等に将来利用できる生物資源が再生産限度を超えて減少している。

影響　多様な生物種の生存は地球生態系の健全性を示し、種の減少は近親繁殖による活性低下をもたらす。食物連鎖の頂点に立つ人類の存続への貢献と影響は計り知れない。

⑦熱帯雨林の減少

原因　かつて森林減少は温帯文明で起こったが、近年は開発途上国の熱帯雨林で大規模な破壊・減少・劣化が進んでいる。原因は過剰な焼畑耕作、プランテーション、先進国の用材輸入。

影響　現地の人口増や貧困も背景に。生物種の半数が生息するため物質生産機能の低下は著しく、また炭素吸収源の機能も低下。地表流や山崩れによる災害、大洪水の誘発も。

⑧砂漠化

原因　表土流出や河床体積、自然植生の多様性の減少、灌漑土地の塩害等による土地資源の劣化を意味し、最終的には砂漠化する。原因は気候の乾燥化よりも人間活動が大きい。

影響　現地における食料生産基盤の悪化、農業生産の減少と貧困の加速、その結果として都市への人口集中や難民の増加、また生物多様性の減少や気候変動への影響がある。

⑨開発途上国の公害

開発途上国が直面する環境問題は2つ。1つは発展の基盤となる環境資源の管理に関する問題。他方は発展に伴う環境汚染・生態系破壊の問題。

（ニッセイ基礎研究所にて作成）

(2)地球環境問題の特徴と本質

①地球環境問題とその特徴

　環境省はかつて主要な地球環境問題として9つを指摘した。すなわち、地球温暖化、オゾン層の破壊、酸性雨、海洋汚染、有害廃棄物の越境移動、生物多様性の減少、熱帯雨林の減少、砂漠化、そして開発途上国の公害である（順不同、図表1参照）。最近では、有害化学物質の管理や鉱物資源・淡水資源の枯渇問題等も広く議論されている。

　地球環境問題は「地球の生命維持装置の破壊」といっても過言ではないが、その現象論的な特徴は次の2つに集約できる。1つは、大気・水・土壌・生態系等の地球的規模の働きを通じて相互に絡み合う全体として1つの「問題群」を形成していることである。もう1つの特徴は、問題の影響は確実に進行しているにも関わらず超長期遅行性の現象であるため、普段の生活や仕事ではなかなか実感しにくく、加害者と被害者の不可分性が高いことである。

②地球環境問題の本質をみる視点

　地球環境問題がなぜ、顕在化してきたのかという背景や要因を考えてみると、上述の地球

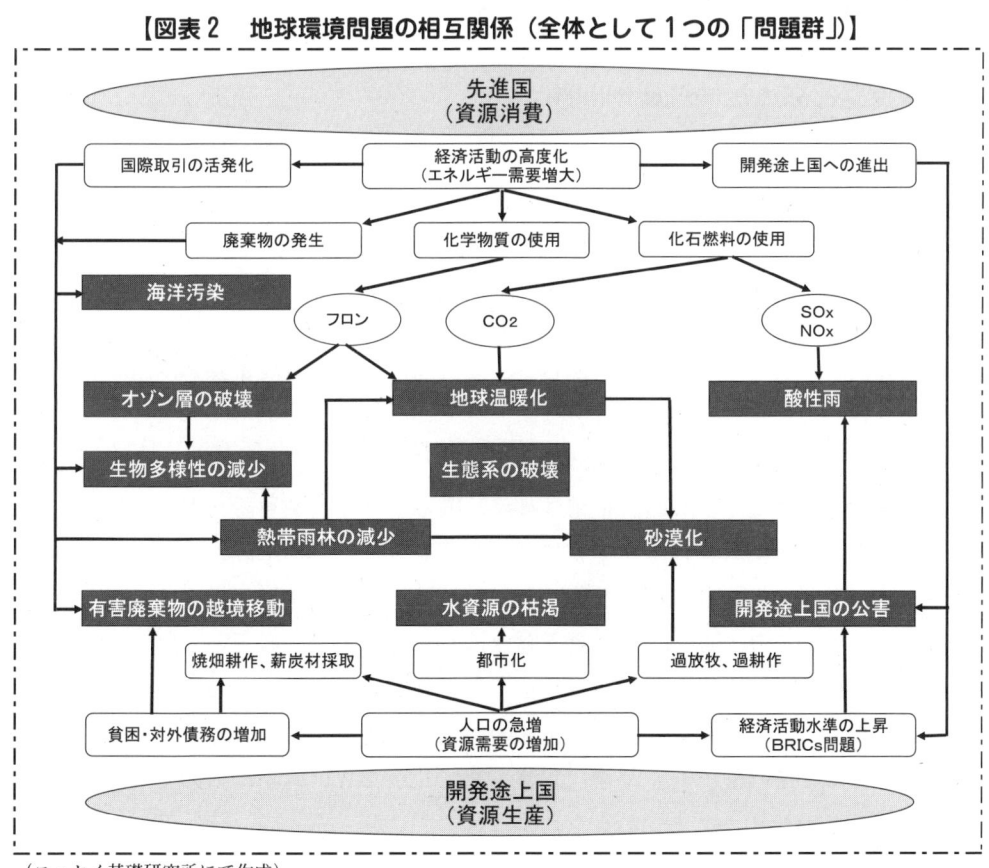

【図表2　地球環境問題の相互関係（全体として1つの「問題群」）】

（ニッセイ基礎研究所にて作成）

環境問題の特徴と関連づけて、その本質が浮かび上がってくる（図表2参照）。

1つは「現象の原因と影響の相互依存性」である。地球温暖化の主たる原因は過度の化石燃料の使用であるが、大気の温度上昇によってシベリアの永久凍土が融解しメタンが放出され、それ自体が温室効果ガスであることから、その大気中濃度はさらに上昇する。熱帯雨林の減少は生物多様性の減少に直結するが、それはCO_2吸収源の減少でもあり、地球温暖化を助長する。そして、地球温暖化は砂漠化の遠因ともなっているが、砂漠化は森林減少や生態系破壊の要因であり、結果でもある。

他方、経済活動の拡大とグローバル化を背景に、資源の生産と消費の拡大を通じた「先進国と開発途上国の相互依存性」がある。熱帯雨林の減少の原因には現地の焼畑耕作や薪炭材の伐採も指摘されるが、我が国を始めとする海外への丸太や木製品の輸出も少なからぬ影響を与えている。近年、パーム油は「環境や人間に優しい」素材として先進国で食品や日用品等に多用され、消費量が増大している。一方、栽培・生産現場では大規模プランテーションのために熱帯雨林が大量に伐採されているが、その事実はあまり知られていない。

なお、最近話題となっているBRICsでは、人口増加や経済活動の活発化（先進国企業の進出を含む）に伴う環境問題の深刻化が懸念される。それゆえ、今後の地球環境問題では先進国と開発途上国の関係性とともに、中進国の経済発展にも着目しなければならない。

2 経営課題となった地球環境問題

(1) 環境政策の転換

環境問題の構造的変化に応じて、我が国の環境政策は1970年代の産業公害防止のための直接的な「出口規制手法」から、1990年代には環境負荷や環境コストの削減への企業の創意工夫を促す「経済的手法」へと大きく転換した。象徴的には、公害対策基本法（1962年）から環境基本法（1993年）への改正である。

前者では、生産施設から出る排ガス、排水等の排出基準値を定め、企業に守らせることにより公害防止を達成しようとした。企業は排出基準の遵守義務を負ったが、事業活動の制約条件だけでなくコスト増大を招くマイナス要因と考えられた。逆にみれば、一定の排出基準を守っている限り罰せられることもなく、企業は他社と同一条件で経営することができた。したがって、このような公害規制は経営課題とはならず、企業間競争とも無縁であった。

これに対して後者は、市場原理を活用し企業の創意工夫を促しながら環境保全を行う仕組みづくりを目指すものである。これとて企業の環境コスト負担は免れないが、規制への対応の仕方によっては企業の競争力や業績に影響を及ぼしかねない性格のものとなった。これを促進したのが市場のグリーン化である。

(2) 市場のグリーン化

　1990年代の環境法規制の大転換に伴い、製品・サービス市場はおのずと環境保全を重視するようになってきた。この市場の変化は「市場のグリーン化」と呼ばれ、①社会的コストの内部化、②環境コストの投資的性格、③市場競争原理の導入、④グリーン購入・調達の促進という4つの側面がある。

　「容器包装リサイクル法」（1995年成立）では、リサイクル費用を事業者負担とし、廃棄物の再商品化を市場の中に取り入れ、社会的コスト（外部不経済）の内部化を図った。リサイクルコスト削減のため、長期的視点から容器包装の軽量化・簡易化や再商品化の容易な素材への転換を行う企業がみられる。

　「家電リサイクル法」（1998年成立）も、テレビや冷蔵庫等の廃家電の再商品化を目的とする。リサイクル費用は消費者負担（一定額）であり、価格転嫁による過剰消費の抑制効果もある。同法ではリサイクル基準だけが設定され、どのようなリサイクル・システムを構築するかは企業の判断に任されている。つまり、リサイクルコストの削減努力は価格競争力となり、投資的性格をもってきた。

　「改正省エネ法」（1998年改正）では、自動車やOA機器等の特定機器について、より厳しい市場競争原理を導入してエネルギー消費量の削減を目指す。98年改正で導入されたトップランナー方式（市場に出ている全製品の中で、最もエネルギー効率の高い製品の水準以上とする）により、競争についていけない製品や企業は市場からの退出を余儀なくされる。

　「グリーン購入法」（2001年成立）は、環境負荷の少ないものを優先的に購入することにより、企業の環境保全への取組みを促す。特に、原材料や部品の調達において環境配慮を優先する「グリーン調達」が、大手の加工組立型製造業を中心に進んでいる。企業が「環境」で選別される時代となったのである。

(3) 環境問題の変化がもたらす環境経営

　産業公害の時代には、環境への取組みが企業の競争力を決定することは皆無であった。しかし、地球環境問題の顕在化により経済合理性だけの競争から環境合理性の競争へと競争原理が変化するなかで、「環境淘汰」が始まっている。少子高齢化、グローバル化、情報化、ソフト化等、我が国は社会経済構造の大転換期を迎えている。市場のグリーン化はこれらと同次元で進行している。

　これまで長い間、日本企業の環境問題への取組みは環境法規制にリードされてきた。しかし、市場のグリーン化という時代潮流を認識するならば、規制受動型のリアクティブな経営から、環境法規制や市場動向の先を読み、能動的に社会や市場に働きかけていくプロアクティブな環境経営への転換は必然である。

　環境経営の拙さが直ちに経営破綻に結びつくことはないであろう。しかし、今後は環境経

営が価格競争力・資金調達力や業績の重要な要因となり、企業の環境淘汰が進むことは間違いない。環境面での判断を誤れば、結果として危機的状況に陥る可能性を否定できない。逆に、企業の環境経営が進展することは、企業自身の持続可能性だけでなく、地球環境の持続可能性を高めることに他ならない。図表3は、これまで述べてきた環境問題の構造的変化が環境政策を変え、それが企業の環境経営への転換を促した全体的な流れを示したものである。

【図表3　環境問題と環境規制の変化がもたらす企業の「環境経営」】

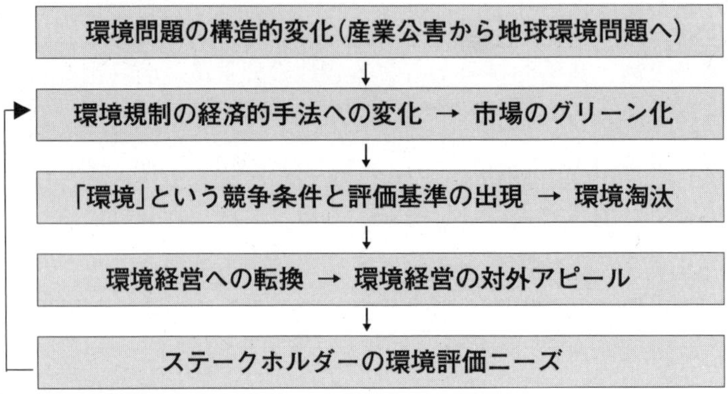

```
環境問題の構造的変化（産業公害から地球環境問題へ）
            ↓
環境規制の経済的手法への変化 → 市場のグリーン化
            ↓
「環境」という競争条件と評価基準の出現 → 環境淘汰
            ↓
環境経営への転換 → 環境経営の対外アピール
            ↓
ステークホルダーの環境評価ニーズ
```

（ニッセイ基礎研究所にて作成）

3 CSRの目的は持続可能性

（1）コンプライアンスから入った日本のCSR

　CSR経営を標榜する日本企業は200社に達するが、共通するのはコンプライアンス（法令遵守）からCSRに入ったことである。頻発する企業不祥事と社会や市場からの厳しい糾弾を目の当たりにして、まず自社のコンプライアンス体制の見直しや整備に注力せざるを得なかったことは容易に想像できる。

　一時期は「コンプライアンス＝CSR」とする風潮さえあった。最近では内部統制の論議が盛んである。しかし本来、法令（の精神）を守ること自体に議論の余地はなく、CSR以前の経営基盤である。この基盤整備を踏まえたうえで、CSRは何のために何を実践するのかを自ら明らかにしなければならない。結論的にいえば、CSRの目的は「持続可能性」である。

（2）地球環境と地球社会の持続可能性

　持続可能性（Sustainability）はCSRのキーコンセプトでもあるが、経済成長と環境保全の両立に着目した「持続可能な発展」（Sustainable Development）に由来する。最近では、生命維持装置としての地球環境・生態系の劣化防止だけでなく、世界レベルでの適切な富の

配分による地球社会の不安定要因の解消によってのみ地球人類の持続可能な発展が達成できると考えられている。

CSRとは企業が自ら判断する「社会的に責任ある行動」であり、本業を通じて様々な社会的課題を解決し持続可能な社会の実現のために実践することである。その実践内容を曖昧にしないためには、解決すべき社会的課題を明らかにしておく必要があるが、世界を1つの社会としてみた場合、地球レベルで解決すべき課題は次の2点に集約できる。

*地球環境の持続可能性：地球環境・生態系の保全、地球資源の公正な配分
*地球社会の持続可能性：開発途上国の貧困の撲滅、先進国との格差解消

（3）環境経営からCSR経営へ

冒頭で述べたとおり、現在では多くの日本企業が地球環境問題への取組みをCSRと位置づけている。それは、CSR経営には企業の持続可能性だけでなく、地球環境や地球社会の持続可能性も包含できると認識されたからである。また、日本企業はコンプライアンスからCSRに入ったとはいえ、環境マネジメント・システムに基づく環境経営の素地と経験がすでにあったからでもある。

繰り返しになるが、「CSRは企業と社会の持続可能性のために、企業が本業を通じて実践すること」と定義できる。グローバルに事業展開する企業に限らず、国内事業中心の企業でも意図的な仕入れや販売により持続可能性の向上に貢献することができるのである。CSR経営の最終目的は、持続可能な企業経営と持続可能な地球社会の実現の同時達成であり、決して企業不祥事（不正行為）の未然防止にとどまるものではない。

■主要参考文献
・GRI『サステナビリティ・リポーティング・ガイドライン第三版』（2006）
・河口真理子『SRIの新たな展開-2：SocialのSからSustainabilityのSへ』大和総研、経営戦略情報（2006）
・山本良一『サスティナブル経済のビジョンと戦略』日科技連出版社（2005）
・サステナビリティ・コミュニケーション・ネットワーク『2004年度部会活動報告書』（2005）
・RSBS『サステナビリティの科学的基礎に関する調査』（2005）
・岡本享二『CSR入門：企業の社会的責任とは何か』日本経済新聞社（2004）
・川村雅彦『CSR経営で何をめざすのか？-社会と企業の持続可能性の視点から-』ニッセイ基礎研究所、所報Vol. 41（2006.4）
・川村雅彦『2003年は日本のCSR経営元年』ニッセイ基礎研レポート（2003.7）
・川村雅彦『企業の環境淘汰のはじまり』ニッセイ基礎研レポート（2000.6）

川村 雅彦　*Masahiko Kawamura*

1976年九州大学大学院工学研究科修士課程修了（海岸工学専攻）。同年三井海洋開発㈱に入社し、海底石油関連事業のプロジェクト・マネジメントに従事。1988年㈱ニッセイ基礎研究所（都市開発部）に入社。都市問題、土地問題、環境問題、環境経営、環境格付、社会的責任投資（SRI）、企業の社会的責任（CSR）、内部統制などを中心に調査研究に従事、現在に至る。

地球環境

循環型社会とCSR

千葉商科大学 政策情報学部 教授　三橋規宏

1 地球限界時代の経済領域

（1）自然満足度曲線から学ぶ

　企業は時代の変化に敏感に対応できないと生き残れない。新しい時代の風を正確に読み取り、それを先取りする経営が求められている。資源を過剰に消費し、深刻な環境破壊を引き起こすような企業行動と決別し、環境と経営が両立できるような新しい企業行動が求められている。そのためには、現代企業がどのような歴史的背景の中で存在しているのかについてしっかり認識しておく必要がある。そのヒントになるのが、図表1の地球限界時代の経済領域である。図には自然満足度曲線が描かれている。図の縦軸は社会的厚生である。社会的厚生とは平たく言えば、生活の満足度のことである。生活の満足度とは、生活水準と考えてもらってもよいだろう。

【図表1　地球限界時代の経済領域】

自然満足度曲線

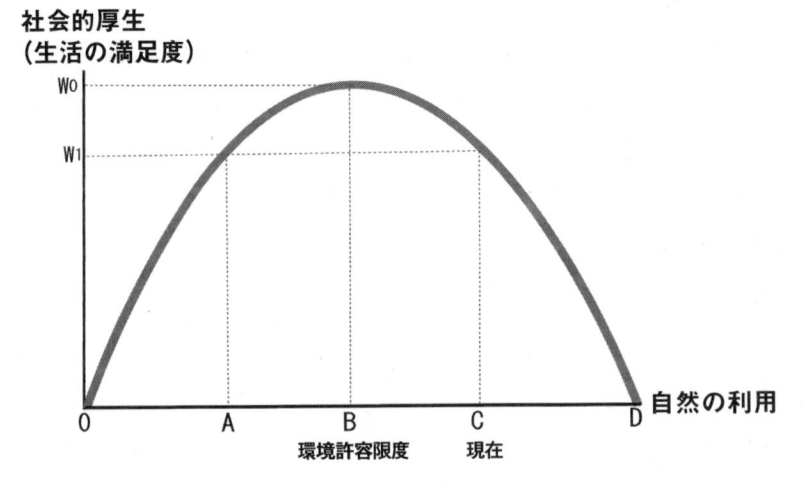

縦軸：社会的厚生（生活の満足度）、W_0、W_1
横軸：自然の利用、O、A、B（環境許容限度）、C（現在）、D

横軸は自然の利用量である。0点は自然を全く利用していない世界、D点は逆に自然を100％利用し尽くした世界で、いずれも社会的厚生はゼロである。B点は自然が備えている環境許容限度（自然の自浄力など）、生態系が維持される限界点である。B点の左側の世界と右側の世界では曲線の方向が逆になっている。

B点の左側の世界は、自然を切り開き自然資源を利用することによって生活の満足度を向上させることができる世界だ。森を切り開き、農業や工業を営む。道路や鉄道を敷くことで人々の生活の利便性は飛躍的に向上する。また、石油や鉄、銅、アルミなどの様々な天然資源を地中から掘り出し、それを加工して住宅や自動車、家電製品、さらに日常生活に必要な様々な製品を作り、それらを利用する（動かす）ことで、生活水準はどんどん向上する。自然を速やかに切り開き、自然資源を大量に利用するためには、大量生産⇒大量消費⇒大量廃棄の一方通行（ワンウエイ）型経済システムが最も効率的である。この世界は、これまで私たちが生きてきた世界にほかならない。自然満足度曲線は右上がりの曲線として描かれている。人間にとって地球が無限と感じられるほど大きかった世界である。

（2）B点の右側の世界が地球限界時代

だが自然の利用をいつまでも続けることはできない。自然を利用し尽くせば、自然は消滅してしまう。B点の右側の世界では、自然の利用が増えれば増えるほど逆に生活の満足度は低下する。自然満足度曲線は右下がりの曲線として描かれる。

なぜ、このような現象が起こるのだろうか。近代科学技術に支えられた経済発展により、資源の過剰消費、有害物質の過剰排出が日常化するようになった。自然が備えている環境許容限度を超えて自然が利用されるようになった結果、生態系は壊され、大気・水・土壌汚染などの公害が発生、それに伴う健康被害、さらに地球の温暖化やオゾン層の破壊などの地球規模の環境破壊、天然資源の枯渇化現象、森林消滅によって、森が人々に与えてくれる安らぎや、癒し機能の喪失などの諸々のマイナス要因の相乗効果によって、生活の満足度が全体として低下するためだと考えられる。現在の私たちはC点の近くにいると思われる。C点での満足度W1は、B点での満足度W0よりも低下していることがわかる。

B点の右側の世界は、地球限界時代の世界である。地球が無限と感じられていたB点の左側の世界とは違い、B点の右側の世界は地球が有限であることが明確になった世界である。有限な地球と折り合って生きていくための新しい思想、理念、行動様式が求められている。例えば、これ以上の自然の利用はできるだけ控える、エネルギーや資源を大切に使う、資源の生産性を高める、自然界に存在しない化学物質をむやみに作らない、廃棄物は再資源化して使う、環境倫理の確立、それらを前提とした持続可能な新しい社会の構築、つまり、資源循環型社会を作り上げなくてはならない。

2 ストック重視の経済へ舵を切り換える

B点の右側の世界で、企業が持続可能な経営をするためには2つの転換が必要である。第1は、フロー重視経済からストック重視経済への転換、第2は株主モデルからステークホルダーモデルへの転換である。まず、フロー重視の経済からストック重視の経済への転換が、なぜ必要なのかを見てみよう。

経済学では、フローとは一定期間に新たに作られた付加価値のこと、ストックとは一定時点での経済財の存在量のことと定義している。ストックという視点でみると、自然満足度曲線のB点の左側と右側の世界とでは際立った違いがある。その違いを示したのが図表2である。図表2は図表1の自然満足度曲線にストックの概念を加えたものである。図の網掛けの部分がストックの存在量である。

B点の左側の世界はストックの蓄積量が少ないモノ不足の経済である。戦後の日本を考えてみればよい。日本は戦争で多くのストック（住宅、道路、鉄道、工場、学校、病院、様々な家具、製品等）を失い、極端なストック不足経済に陥った。豊かな生活、つまり生活の満足度の高い社会は、ストックの充実した社会である。日本を豊かな国にするためには、ストック不足を解消しなければならない。ストック不足を解消する方法は、フローを増やすことである。すでに指摘したように、フローとは一定期間に新たに作り出された付加価値のことであり、1年間に新たに作り出された付加価値の合計はGDPに他ならない。ストック不足

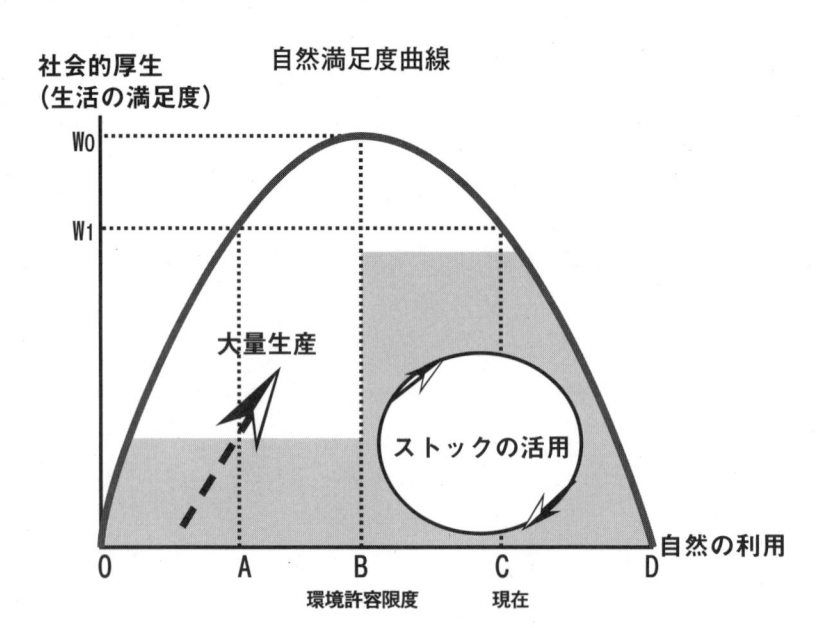

【図表2　地球限界時代の経済領域（ストックの概念を加えたもの）】

を短期間に解消するためには、大量生産、つまりGDPを増やすことが必要であり、GDPを増やすためには高度成長路線を続けることが必要だった。この高度経済成長路線がフロー重視の経済である。

(1) ストック重視経済を支える円形の経済システム

　高度成長期の日本経済は、鉄鋼、造船、一般機械、土木建設、石油化学、家電、自動車などの産業が飛躍的に生産力を増やし、住宅や道路など社会が必要とする様々な社会資本を作り、日常生活に必要な多様な製品を大量に供給し、ストックを増やした。

　その結果、B点の右側の世界は地球の限界に直面しているものの、幸いなことにストックが充実した成熟社会に入っている。もはやB点の左側の世界のようにフロー重視で大量にバージン資源を投入し、モノをどんどん作り続ける必要はない。既存のストックを有効に活用し、ストックの中で寿命がきたり、壊れてしまったものを作り替えたり、建て替えたりする需要に見合ってモノを作ればよい時代に移ってきている。

　ストック重視経済を支える経済システムは、「適正生産⇒適正消費⇒ゼロエミッション⇒適正生産」の円形の経済システム（図表3参照）である。適正生産、適正消費とは、必要なものしか作らない、必要なものしか消費しないという意味である。さらに製品廃棄物は分別、解体し再資源化して使う資源循環型の経済システムである。

【図表3　経済システムの違い】

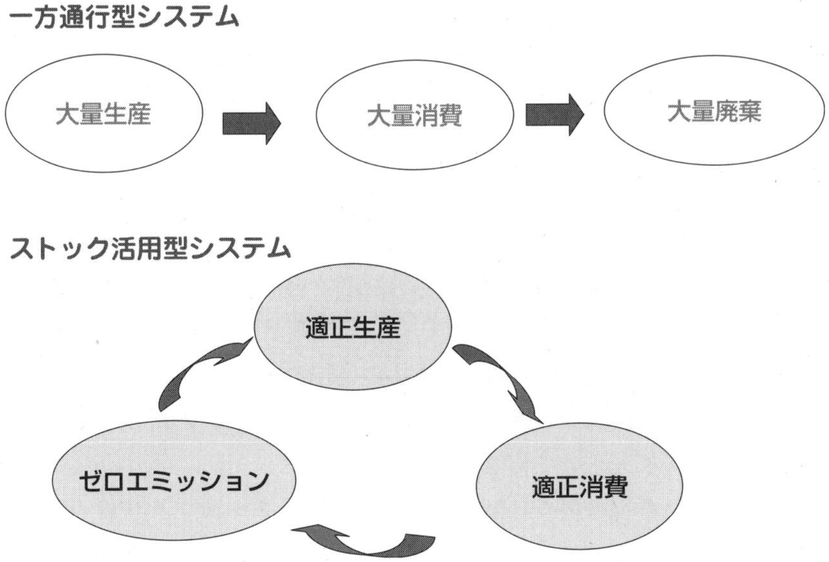

一方通行型システム

大量生産 ⇒ 大量消費 ⇒ 大量廃棄

ストック活用型システム

適正生産 → 適正消費 → ゼロエミッション → 適正生産

（2）「新3R」でストックの効率的な活用を促進

　ストック重視経済のもとでは、生産、消費、廃棄の役割はどのように変化するのだろうか。製品をライフサイクルでみると、上流の原材料調達・生産段階、中流の流通・消費段階、下流の廃棄物処理段階に分けられる。上流の生産段階では、リデュース（減量）に大きな効果がみられる。中流ではリユース（再利用）が力を発揮する。下流では、廃棄物のリサイクル（再生利用）が中心になる。政府が提唱する3Rは製品の下流段階に限定されているが、ストック重視経済を支える「新3R」は、上流、中流、下流を含む製品のライフサイクル全体を対象にしている。まず、上流の生産段階では、ベルトコンベヤーによる見込み・大量生産から注文生産に対応できるセル生産方式への転換が必要である。セル生産方式は1人から5人でチームを編成し、製品を組み立てる多能工をベースとした機動的な生産システムである。見込み・大量生産は、製品が売れなければ大量の製品在庫を生み出し、その大部分は廃棄物として処理される。資源の大幅な浪費につながる。これに対しセル生産方式は注文生産なので「製品在庫→廃棄物」のルートによる資源の無駄はほとんどない。B点の右側の世界ではセル生産がモノづくりの主流になってくる。

（3）日本の自動車産業はすでにサービスビジネスが主流になっている

　中流の流通、消費段階では製品をできるだけ長く使う、繰り返し使うリユースが新しいビジネスとして成長し資源節約に貢献する。具体的には、修理、リフォーム、中古、リース・レンタル、インターネットオークション、ESCO事業などの様々なサービス産業が大きく成長してくる。自動車も産業としてとらえると、すでにサービス経済化している。2004年時点で、約35兆円の自動車産業の売上げ構成比をみると、新車の売上げは全体の約3割に過ぎず、残りの7割が修理、中古販売、保険・金融・リースなどサービス分野の売上げで占められている。日本の自動車の年間新車販売台数は600万台弱、これに対し年間廃車台数は約500万台である。つまり、新車販売台数の大部分は廃車の買い替え需要である。このことからも明らかなように、日本の自動車産業は新車の販売でもっているわけではなく、ストックとして存在する約7,500万台の自動車の有効活用で成り立っているといっても過言ではないだろう。

　一方、製品下流段階では、廃棄物となった製品を解体、分解し再生資源として生き返らせる静脈産業や水・大気・土壌汚染の浄化、さらに自然再生、景観の維持、管理などの新しいサービス産業がシェアを拡大させてくる。

　このように、ストック重視の経済は製品のライフサイクル全体で、新規資源の投入を極力抑え、サービス経済化を広げ、省エネ、省資源化を促進させ、資源循環型社会への道につながる経済システムといえるだろう。

3 ステークホルダーモデルへの転換

(1) 問われる企業の社会的責任

　ストック重視経済へ転換していくためには、企業モデルも株主モデルからステークホルダーモデルへ転換していかなくてはならない。

　最近、新聞や雑誌、テレビで「企業の社会的責任（CSR=Corporate Social Responsibility）」という言葉をよく耳にするようになった。企業の社会的責任が叫ばれるようになった背景には、裏を返せば企業が社会的責任を果たさず、国民生活や経済社会に様々なトラブル（問題）を引き起こしていることに対する反省がある。企業が21世紀を生き残るためには、これまでのような「儲け主義一辺倒」、「株主の利益優先主義」だけではやっていけなくなっている。B点の右側の世界では、企業はなによりも企業市民としての自覚をもって行動しなくてはならない。利潤追求だけではなく、生態系や地球環境を守る、限られた資源を効率的に使う、差別のない公正、平等な職場環境を整える、法令遵守を徹底する、地域社会との良い関係を作る—などが求められている。

(2) 企業は誰のものか—崩壊する株主モデル

　最近の企業不祥事の根底には、20世紀のビジネスを支えてきた株主モデルが、時代の変化に合わなくなってきたことが指摘できるように思われる。

　20世紀の代表的な企業モデルは、アメリカで生まれ、育った株主モデルである。企業は株主のものであり、企業の目的は株主のために最大利益を上げることである、とする企業観である。この企業観が行き過ぎ、企業経営者は株主のために最大利益を上げることに追われ不祥事を続発させてしまったのではないか。長引く不況や経済のグローバル化の進展のなかで、企業が生き残るための環境はかつてなく厳しくなっている。生き残るためには、現場が環境破壊をしても目をつぶる、データ改ざんをしてまでも利益を上げたい、牛肉偽装事件のように、政府に虚偽の申請をしてでも補償金を得たい、とにかく儲けるためには何をやっても、少々荒っぽいことをやっても仕方がないという好ましからざる企業風土が、株主モデルの浸透とともに、多くの日本企業の間に広がり、それが不祥事の原因につながったのではないだろうか。

(3) 平成不況の中で日本的経営も崩れる

　平成不況に入る前の日本企業は、労使協調、終身雇用制度、年功序列型賃金体系、株式の持ち合いを軸にいわゆる日本的経営を実践してきた。企業はそこで働く労使のものであり、企業の目的は永続性の追求である。経営も目先の利害にとらわれず、長期的視野で展開でき、

長期的に会社を繁栄させることが労使の共通の目標だった。労使は一種の運命共同体的意識で結ばれていた。そこには、企業は株主のものであり、企業は株主のために最大利益を上げなければならないといった発想は希薄だった。

しかし、長引く不況と経済のグローバリゼーションの進展のなかで、日本的経営は大きく揺さぶられた。90年代に入り、事実上のゼロ成長が10年近くも続いたため、多くの企業にとって人件費が大きな重荷になってきた。株式の持ち合いも資金の効率的な運用に支障となった。市場開放によって外国企業との競争が激化してきた。企業を取り巻く環境の激変のなかで、人を大切にする日本的経営の維持が難しくなった。多くの企業は生き残りをかけて人員削減などの思い切ったリストラに踏み切らざるを得なくなった。リストラの理由として、日本的経営は時代遅れだとして批判し、それに代わるものとして株主モデルへの転換を図った。会社はそこで働く労使のものではなくなり、株主のための会社に変質した。株主モデルに移行した企業は、ひたすら株主のために稼がなければならない。人の和を重んじる日本的経営は捨て去られ、職場の人間関係も「金儲けの上手、下手」に色分けされ、殺伐とし、ぎすぎすした関係に変わってしまった。ホリエモンのように「お金で買えないものはない」という拝金主義の思想が台頭し、もてはやされ、その結果、企業の不祥事が続発するようになった。よかれと思って導入した株主モデルは、企業のスリム化、財務体質の改善に一定の効果をあげたが、一方で、不祥事を続発させ、国民的批判の対象になった。

(4) ステークホルダーモデルの構築

それでは21世紀、企業が持続可能な経営をするためには、どのような企業モデルが求められているのだろうか。株主モデルに代わる新しい企業モデルはステークホルダーモデルである。企業は株主のためだけに存在するのではなく、企業を取り巻く多くの利害関係者に歓迎されてこそ、はじめてその存在が許される。企業は企業市民としての自覚と責任をもたなくてはならない。そのような考え方に基づく企業モデルが「ステークホルダーモデル」である。説明が前後するが、ステークホルダーとは、企業を取り巻く様々な利害関係者のことである。具体的にいえば、企業のステークホルダーとは、株主の他に、従業員、取引先、消費者、地元住民、さらにNGO、NPOも含まれる。ステークホルダーの満足のいく経営を目指すことがステークホルダーモデルである。ステークホルダーを広く考えれば、まさに消費者全体あるいは国民全体ということになる。国民に支持されないような企業は、これからは存続が許されなくなる。お金儲け第一主義、利益極大主義、株主のためだけに利益追求を目指す株主モデルでは、今世紀を生き残ることができないだろう。

(5) 企業は株主のものから社会のものへ進化

元キヤノン社長の山路啓三氏は、生前、「美しい経営」を提唱した。美しい経営をするためには、まず企業理念を明確に打ち立てる必要があり、理念主導の経営を行うべきであると

山路氏は強調している。理念のない猛烈さは単なるがむしゃらに過ぎない。手段を選ばない成功は単なる一時的なもので、成功とはいえない。ルールを守らない経営は必ず失敗すると彼は指摘している。「理念と当面の儲けのどちらを選ぶか」との問いに対しては、「理念に決まっている」と明快だった。

　IT（情報技術）の発展を背景に、企業のグローバル化が進み、企業活動が人々の生活や地球環境に与える影響力が強まっている。企業の社会的責任（CSR）が問われるようになったのもそうした時代の変化を映したものだ。企業の社会的責任を求める動きは、日本だけではなく、世界共通の動きになっている。1999年1月31日、スイスのダボスで開かれた世界経済フォーラムの席上、アナン国連事務総長は、世界の企業リーダーに対し、グローバル・コンパクト（地球契約）への参加を呼びかけた。世界を舞台に活躍する企業は、人権、労働、環境、腐敗防止に留意した次に掲げる10原則を守って経営する約束を国連と結んでほしいという呼びかけである。10原則とは、①人権の保護・尊重、②人権侵害に加担しない、③労働組合結成の自由、団体交渉権、④強制労働排除、⑤児童労働の廃止、⑥雇用と職業の差別排除、⑦環境面での予防的アプローチ、⑧環境責任のイニシアチブ、⑨環境配慮技術の開発普及、⑩強要と賄賂などの腐敗防止―である。逆にいえば、いかに世界企業がこれまでこれらの問題を軽視していたかがわかるだろう。2006年5月現在、97ヵ国、3,124企業（日本企業約45社）がグローバル・コンパクトに参加している。利潤追求だけでは、もはや企業の存続が認められない時代になってきている。いまや企業は株主だけのものではなく、ステークホルダーのもの、もっと極端にいえば社会のものである。つまり、企業は株主のものから社会のものに大きく進化しているのである。社会的存在として企業は、その存在が社会にとって必要であり、社会の進歩に貢献できなければならない。そのためには、何よりも、「我が社」の存在理由を説明できる明確な企業理念がなくてはならない。そして社会に対し、常に我が社の存在価値を発信していくことが求められる。企業の社会的責任が叫ばれるようになったのは、社会的存在としての企業の役割が企業経営上大きな比重を占めるようになったからである。B点の右側の世界では、社会的責任を果たせない企業は、存続を許されなくなるだろう。

三橋 規宏 *Tadahiro Mitsuhashi*

1964年3月慶応義塾大学経済学部卒業、同年4月日本経済新聞社入社。ロンドン支局長、日経ビジネス編集長、論説副主幹などを経て、2000年4月から千葉商科大学政策情報学部教授。主な著書に『サスティナビリティ経営』（講談社）、『環境再生と日本経済』（岩波新書）、『実学ゼミ 地球環境問題の新常識』（東洋経済新報社）など多数。中央環境審議会委員、全国温暖化防止活動推進センター（JCCCA）議長、環境を考える経済人の会21（B−LIFE21）事務局長など兼任。

地球温暖化対策と CSR

日本政策投資銀行 政策企画部 調査役 饗場崇夫

はじめに

　地球温暖化問題[※1]は、人類の生存を脅かす可能性のある最も重大な環境問題の１つであるといわれている。その主因は、人類の化石エネルギー使用等から排出される二酸化炭素（CO_2）が、大気中に50～200年程度蓄積することにあると考えられており、できるだけ早期の抜本的な取組みが望まれる。少なくとも、そう遠くない将来に、現在の世界全体の排出量を半減以下にする必要があるといわれている[※2]。温室効果には慣性があり、直ちに排出を大幅削減しても、気温の安定化には数百年、海水面上昇の安定化にはそれ以上かかるといわれているなど、途方もないタイム・スケールの取組みが必要である。

　しかし、①温暖化の悪影響は長期的に徐々に顕在化するため、日々多数の人命が犠牲になっているわけではなく、現実のものであるとの認識が不足していること、②貧困削減にあえぐ途上国から米国まで、世界全体が一致して取り組む必要があること、③現実に利用可能な対策技術（化石燃料代替エネルギー、抜本的省エネ技術、炭素の回収貯留技術等）が不足していること、などから、現状では解決の見通しは立っていない。国際的な温暖化対策は、1997年末の京都会議で採択され、2005年に発効した京都議定書などにより、限定的に取り組まれているだけである[※3]。一方で、温暖化の悪影響は徐々に顕在化しつつある。

1 顕在化しつつある地球温暖化の悪影響

（１）すでに世界の平均気温は0.6℃上昇

　地球全体の平均気温が、産業革命の頃と比較して２℃以上上昇すると、かなり大きな悪影響が出るといわれているが、すでに産業革命以降、地球全体の平均気温は0.6℃程度上昇しており、今世紀末には1.4～5.8℃上昇する可能性があると推計されている[※4]。日本の平均気温は20世紀の100年間ですでに１℃上昇しているほか、東京に限ってみると2.9℃上昇しており、日本においても、温度上昇等はすでに顕在化している[※5]。

（２）大規模気象災害の年間被害額が100兆円以上となる可能性

　2005年に米国を襲ったハリケーン・カトリーナによる甚大な影響が、多くの人に温暖化による危機を実感させた。ハリケーンの強大化が温暖化による影響かどうか、科学的因果関係は必ずしも明確ではないものの、関係を指摘する声も多い。欧州の保険業界は、2000年頃から、温暖化による被害が顕在化していると認識し出している。図表１によれば、強大な気象災害による世界全体の被害額が年々増加し、2005年には実に20兆円程度に達していることがわかる。このトレンドが続けば、2040年までに１年間の被害総額が100兆円（１兆ドル）を超える年が出てくるとも予測されており、現状のままでは、倒産する保険会社が出てきたり、担保価値が毀損したり、大規模なプロジェクトが破綻するなどで、景気にも悪影響を及ぼす可能性がある[※6]。しかし、このような認識は、国際的に多数の支持を得るまでには至っていない。

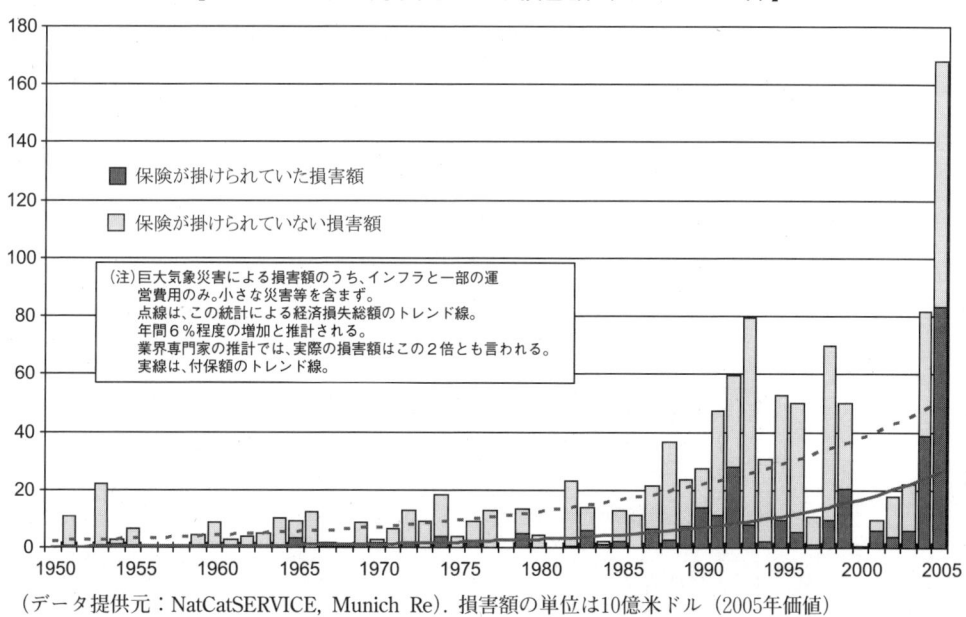

【図表１　巨大気象災害による損害額（1950－2005年）】

（データ提供元：NatCatSERVICE, Munich Re）．損害額の単位は10億米ドル（2005年価値）

2 地球温暖化対策の難しさ

（１）難航する京都議定書以降の国際枠組みづくり

　京都議定書の削減約束が終わる2013年以降の議論など、長期的な国際的地球温暖化対策の枠組みづくりは、非常に難航している[※7]。世界の CO_2 排出の４分の１を占める米国が、国別の排出上限の絶対値を定める京都議定書型の排出削減目標の受け入れを拒否しているだけで

なく、今後の世界のCO$_2$排出増加量の半分以上を占める途上国が、排出削減目標設定に関する議論すら拒絶しているからである。現状を簡単に示すならば、図表2にあるような、悪循環に陥ってしまっていると整理できる[※8]。こうしている間にも、途上国では効率の悪い発電所等が建設されており、それらが今後数十年も排出増の要因になることを忘れてはならない。

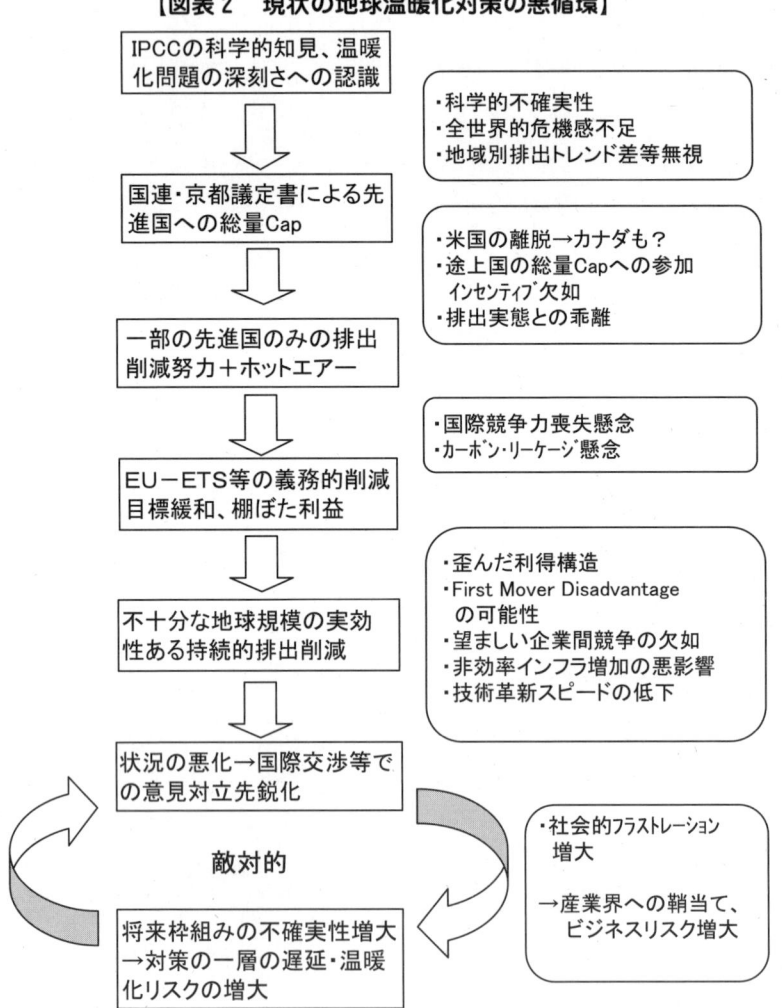

【図表2　現状の地球温暖化対策の悪循環】

```
IPCCの科学的知見、温暖        ・科学的不確実性
化問題の深刻さへの認識  　　　・全世界的危機感不足
        ↓                    ・地域別排出トレンド差等無視
国連・京都議定書による先
進国への総量Cap              ・米国の離脱→カナダも？
        ↓                    ・途上国の総量Capへの参加
一部の先進国のみの排出          インセンティブ欠如
削減努力＋ホットエアー        ・排出実態との乖離
        ↓
EU-ETS等の義務的削減         ・国際競争力喪失懸念
目標緩和、棚ぼた利益          ・カーボン・リーケージ懸念
        ↓
不十分な地球規模の実効        ・歪んだ利得構造
性ある持続的排出削減          ・First Mover Disadvantage
        ↓                      の可能性
状況の悪化→国際交渉等で      ・望ましい企業間競争の欠如
の意見対立先鋭化              ・非効率インフラ増加の悪影響
       敵対的                 ・技術革新スピードの低下
        ↓
将来枠組みの不確実性増大      ・社会的フラストレーション
→対策の一層の遅延・温暖        増大
化リスクの増大               →産業界への鞘当て、
                              ビジネスリスク増大
```

筆者作成（©T. AIBA）

米国が国際条約を批准するには、上院で3分の2以上の多数の賛同を得る必要があるが、このハードルは非常に高い。人口増加が続き、経済の拡大が続く米国にとっては、排出総量の削減は簡単ではないし、途上国との国際競争力に敏感な労組の賛同を得るのも困難である。一方で途上国にとっては、CO$_2$排出上限の設定イコール、経済成長制約との認識が強く、1人当たり排出量が先進国の10分の1程度といった現状では、交渉のテーブルに乗ってもらうことすら難しい。

（2）一部の国のみでの対策の限界とカーボン・リーケージ

　それでは、京都議定書で排出削減目標を受け入れた、日本とEUのみで対策を続ければよいかといえば[※9]、それでは全く不十分である。両地域合わせても、その排出シェアは世界全体の2割程度でしかなく、両地域の排出をゼロにしたとしても、温暖化防止への効果は限定的だ。さらに、その過程で、カーボン・リーケージという深刻な副作用を生じてしまう可能性が高い。日本国内で過度に排出削減をしようとすると、鉄鋼、セメントなどのCO_2排出集約度の高い産業の生産が途上国等に移転するなどで、地球全体としての排出削減が進まないだけでなく、その分排出が増加した途上国等での対策が遅れる可能性さえ想定されるのである[※10]。

　日本国内のそうした産業に依存した地域が、雇用喪失や付加価値減といった多大な損害を受けるだけでなく、地球規模での排出削減も進まないというのでは、踏んだり蹴ったりである。国際経済モデルでリーケージ率を推計してみると、米国が参加しない現状では、日本で排出削減を行っても、日本の削減量の半分以上に相当する量が海外で増加してしまうという結果になる[※11]。経済のグローバル化が深化しつつある今日、国際競争やカーボン・リーケージの観点からは、途上国を含めた均質的な取組みが求められる。しかし、国際政治の現実から導き出される、国別にバラバラな取組みは、時と場合によっては、事業活動のサプライ・チェーンをゆがめ、実効ある長期的な地球規模の温暖化対策に、悪影響となる可能性さえあり得るのである。

　京都議定書のように、1990年を基準に、国別の総排出量を何%減らすという削減目標の設定の仕方は、環境的観点からは非常に明確でわかりやすい。しかし、結果的に排出削減目標を受け入れる国が限定されてしまったり、目標設定がどうしても短期にならざるを得ない[※12]など、その副作用も明確になりつつある。このように、地球公共財ともいえる、大気への温室効果ガス排出を国際的に管理するのは容易なことではない。

3 First Mover Disadvantage?

（1）なぜ先行者が不利になってしまうのか？

　温暖化対策に取り組む企業、国などを評価するうえで、重要な視点がある。通常、排出削減に取り組み始めた段階では、安価な削減対策が存在している場合が多い。その安価な削減対策を使い尽くした後に、更なる排出削減を進めようとすると、より高価な、費用対効果の悪い対策をとる必要が出てくる。限界排出削減費用曲線が右上がりになっている状況と考えてもらえればよい。そうした状況で、一律に、10%削減などという排出削減規制をかけるとどうなるだろうか。これまで頑張ってきた企業の削減コストは相対的に高くなってしまうだ

けでなく、新技術を開発・導入する必要が出てくるなど、削減目標達成の不確実性も高くなる。
　一方、これまで対策を行ってこなかった悪い企業ほど、既存の技術を導入するだけで確実に安く削減でき、優位に立つ可能性が出てくる。つまり、効率性の悪い企業ほど、経済的にメリットがある政策が導入される場合があり得るのである。
　温暖化は、大気中の温室効果ガスのストックが引き起こす問題であり、当然、できるだけ早くから排出削減に取り組むことを奨励する必要があるわけだが、1990年などと、ある一時点を決めて、そこからの排出削減幅の大きさを競うような制度を作ると、対策に頑張ってきた先行者ほど不利になってしまう。そういった状況を、ここでは First Mover Disadvantage（先行者不利益）と呼ぶことにしたい。そうした状況では、後から排出削減に取り組んでもらおうと思っても、新たに加わる側からは、当然、できるだけ取組みの開始を遅らせたほうが得になるという、インセンティブのねじれが生じてしまう。

(2)適切な評価などの対応策にも大きな課題

　こうした状況を防ぐには、原単位などによる、効率性の横並び比較や人口増減・生産増減などによる今後の排出トレンドの差などを、政府等が適切に評価したうえで、それぞれにふさわしい削減目標を設定することが必要になる。しかし、京都議定書や欧州排出量取引制度の経験[※13]などを踏まえると、十分なデータや判断能力に欠ける政府には、そのような対応は非常に困難といわざるを得ない。実際、絶対的な効率水準の比較評価自体が著しく困難である。原単位などによる効率性の比較も、製法の差、バウンダリーの差、製品ミックスの差などから、一筋縄にはいかないのである。
　ほかにも、対応の可能性はある。それは、国際的に共通の炭素税を導入することである。しかし、世界約200ヵ国に共通の税を導入するのは、政治的に不可能だ。日本で議論されている、相対的に低率といわれる炭素税であっても、税収が1兆円程度になると推計されるなど、政府への所得移転効果は莫大であり、一部の炭素集約型産業への影響は無視できないものがある[※14]。それを、先進国などの一部のみだけに導入しようとすると、国際競争力の問題や、カーボン・リーケージの問題を惹起してしまう。悪影響を防ぐには、国境で課税分の調整を行う必要があるが、事実上すべての物品の製造に際してCO_2は排出されており、排出量を正確に測定して適切に国境調整することも不可能だ。

4 CSRを基軸とする望ましい状況づくりに向けて

(1)CSRを基軸とする取組みの必要性

　資源浪費型の経済発展を続ける米国の取り込み、先進国と途上国の対立、産油国による妨害など、様々な要素が複雑に絡み合っており、理想的な国際的枠組みが近い将来にできる可

能性は、そう高くないといわざるを得ない。

　しかし、温暖化の危機は顕在化しつつあり、そうした状況を乗り越えて、企業にできるだけ早期からの排出削減競争、技術開発競争を行ってもらう必要がある。エネルギー起源のCO_2排出などが、温暖化を起こしていることが明確になっている今日、国際的枠組みがうまく設定されないからと、何もしないで手をこまねいているのでは、企業の社会的責任の立場からいっても大いに問題がある。保険業界が主張している、顕在化しつつある巨大な経済的リスクもある。現在声を出せない、将来世代の存亡についても考える必要があるだろう。解決に向けた前向きな取組みとして、CSRを基軸とする望ましい状況を考えてみたい。

（2）地球温暖化対策先進企業とは

　まず、理想的な企業の取組みについて考えてみよう。図表3を見ていただきたい。

　ここでは、7つの項目を挙げてみた。生産効率性、製品効率性は最低限譲れないところだ。First Mover Disadvantage を考えると、生産効率性と業界平均以上の削減努力の併存は著しく困難だが、ここではあえて両方を求めている。先進的な企業には、そうした困難さを技術開発努力などで乗り越えてほしいという期待があるからだ。しかし、③だけは、①と②が守られているのであれば、ある程度妥協する必要があるだろう。排出削減努力の質も重要だ。製造段階だけでなく、製品・サービスのライフ・サイクル全般にわたる排出削減努力が必要だ[15]。高効率製品の製造の際には、えてして排出が多くなることが多いが、ライフ・サイクル全体の排出が大幅に削減されるのであれば、そうした製品の製造を奨励すべきだ[16]。

【図表3　地球温暖化対策先進企業の要件】

①**最高水準の生産効率性**：製品・サービスの製造・提供等に際しての温室効果ガス排出効率が世界トップクラス（排出が少ない）
②**最高水準の製品効率性**：製品・サービスの温室効果ガス排出効率が世界トップクラス（排出が少ない製品等を製造販売している）
③**最高水準の排出削減努力**：率先して業界平均以上の排出削減目標を掲げ着実に実施している
④**排出削減努力の総合性**：自社の主業の対策だけでなく、事業活動全体のLCA的な排出を、グローバルに削減する活動を実施しており、民生・運輸対策にも取り組んでいる
⑤**究極目標に向けた取組み**：将来の大幅排出削減を目指した技術開発を実施している
⑥**ステークホルダーとの協働**：普及啓発・教育・NGOの活動への支援などを実施している
⑦**途上国支援**：クリーン開発メカニズム等を通じて途上国の対策にも貢献している

筆者作成（©T. AIBA）

さらに、抜本的解決に向けた技術開発も必要であるし、社会全体としての解決に向けた普及啓発や途上国支援なども求められる。こうした取組みの中には、短期的なリターンがあまり高くない取組みも含まれる。しかし、適切に取り組まれていれば、長期的にサステナブルなリターンは、取り組んでいない企業よりも高くなることが期待される。

（3）CSRを基軸とする地球温暖化対策に向けて

　では、そうした望ましい企業行動を促すには、どうしたらよいのだろうか。図表4を見ていただきたい。

①企　業

　まず、企業には、サステナビリティを意識したProactiveな行動が求められる。数十年、数百年といった視野が必要な地球温暖化対策に必要なタイム・スケールは、数年程度の政治家や官僚の任期をはるかに超えているし、国家といった狭い枠組みを超えた取組みが必要な点で、空間的にも現状の政府の管掌範囲を大幅に超えている[※17]。地球温暖化問題のような、従来のスケールを超えた対応が必要な問題には、CSRを基軸とした、企業の取組みが不可

【図表4　CSRを基軸とする望ましい地球温暖化対策の構造
**　　　　　～敵対からパートナーシップへ～】**

企業
サステナビリティを意識したProactiveな取組み
①製品・サービスの大幅な低CO_2化の推進
②LCCO_2的視点からの製造過程・バリュー・チェーンの低CO_2化努力の継続
③ステーク・ホルダーとの協働・適切な情報開示
④途上国支援

政府（制度）
対策投資環境の整備による、望ましい競争の創出
①First Moverが必ず報われる保証、対策投資支援策
②投資サイクルに合ったタイム・フレームの設定
③対策効果の発現不確実性に配慮した削減目標の設定・運用
④革新的技術R&Dへの補助
⑤適切な評価手法整備
⑥市場機能適正化

社会（市場）
頑張っている企業を適切に評価（金融の貢献可能性）、良い製品の積極購入等
①低CO_2型（LCCO_2）製品の積極購入。ライフサイクルコストの視点だけでなく、社会的便益も考慮
②低CO_2型（LCCO_2の視点）事業活動に努力している企業を積極的に評価
③企業とのパートナーシップ

パートナーシップ

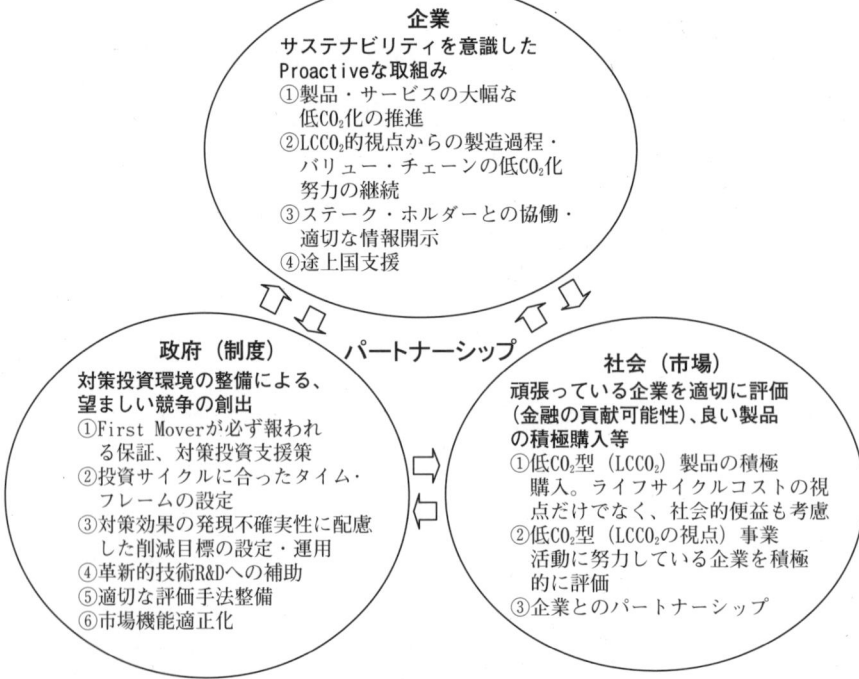

筆者作成（©T. AIBA）

欠なのである。

　日本経団連の環境自主行動計画のように、京都議定書が決まる前に自主的に先進的取組みを宣言し、透明性のあるPDCAサイクルを回しつつ着実に成果を挙げている例もある[18]。WBCSD[19]などでの、幅広い取組みや、アジア太平洋パートナーシップでの、官民協調による国際的取組みにも、その萌芽を見てとれる。何も、コスト増になることを、企業に押しつけようというのではない。誰かが取り組む必要がある課題であり、取り組まなければ、企業の永続的な成長も望めない。その先駆けとしての対応に最も適性のあるのが、サステナブルな発展を目指す民間企業ではないかと問うているのである。

②政　府

　政府の役割はもちろん重要である。企業が安心して、競い合うように排出削減投資や温暖化対策の技術開発投資を行えるよう、世界のどの国よりも投資しやすい環境を作ることが重要である。国際的な長期枠組の先行きが見えないからと、投資回収年数の長い対策投資が躊躇されてしまうような状況は、各国政府がリスクを取ることで防がねばならない。日本が、地球温暖化対策先進国を目指すならば、まずそうした投資環境を整えるべきだろう。理想的には、各国がそうした投資環境整備を競い合うことが望ましい。現状のような足の引っ張りあいを超えた、高次元の競争が望まれる。

③社会／市場

　社会、市場も、頑張っている企業を適切に評価することが重要だ。たとえ初期コストが高くとも、長期的に環境に良い製品が幅広く市場に受け入れられるような、本来の市場メカニズムが機能するように配慮していく必要がある。そうした理想的な市場メカニズムが機能するために、金融機関の審査能力に期待される面があるかもしれない。日本政策投資銀行の環境格付融資制度[20]など、企業の取組みを総合的に評価する試みや、Carbon Disclosure Project[21]のように、機関投資家が共同で企業に情報開示を促す取組みも始まっている。国連環境計画の金融イニシアチブでは、環境・社会・ガバナンス（ESG）に配慮した投資活動こそが受託者責任を果たすものであるといった法律的な見解を取りまとめたり、ESGへの効果的な配慮が企業価値を増加することを示す報告書を発表している[22]。

　まだまだ、地球温暖化対策に関する企業の情報開示が十分とは言えないこともあり、金融機関の評価も始まったばかりだが、こうした努力の積み重ねにより、近い将来、企業の取組みが適切に評価され、正当に報われるようになることを期待したい。

　図表5は、望ましい企業の地球温暖化対策の位置づけを説明したものである。縦軸は、取組み等の社会的貢献度、横軸は、投下資本の私的回収可能性の程度を示している。左下の、投下資本の私的回収可能性が高く、社会的貢献度もあまり高くない取組みは、純粋な民間事業と位置づけられる。その上の、社会的貢献度も投下資本の私的回収可能性も高いものには、

既存技術の活用などによる温暖化対策が含まれるが、それほど強い公的支援のいらない分野である。最も重要なのは右上の社会的貢献度は高いが、投下資本の私的回収可能性があまり高くない取組みである。ここに、CSRを基軸とする取組みの大部分が位置づけられると考えられるが、この領域に位置づけられる取組みに関しては、何らかの公的支援が期待される。まず、良い取組みであるとか、良い企業であることなどを証明する情報（シグナル）を、公的支援によって発することで、市場関係者に認知させることが考えられる。そうでもしないと、せっかくの取組みが市場で評価されず、取組みが萎んでしまう可能性がある。公共財的色彩もある先進的技術開発投資への補助なども期待される。

④パートナーシップの重要性

　企業の取組みだけでも、政府だけでも、社会だけでも、不十分である。世界全体の温室効果ガス排出の半減であるとか、地球温暖化の被害が1年で100兆円以上にも達する可能性があることを考えると、CSRだけでは手に余るのは明白である。図表5の右上の部分に位置づけられるような取組みが、企業、政府、社会のパートナーシップにより、どんどん深化していくような状況が望まれる。三者がうまくパートナーシップを組み、社会的に温暖化対策のレベルアップを競い合って行くような状況ができることを期待したい。

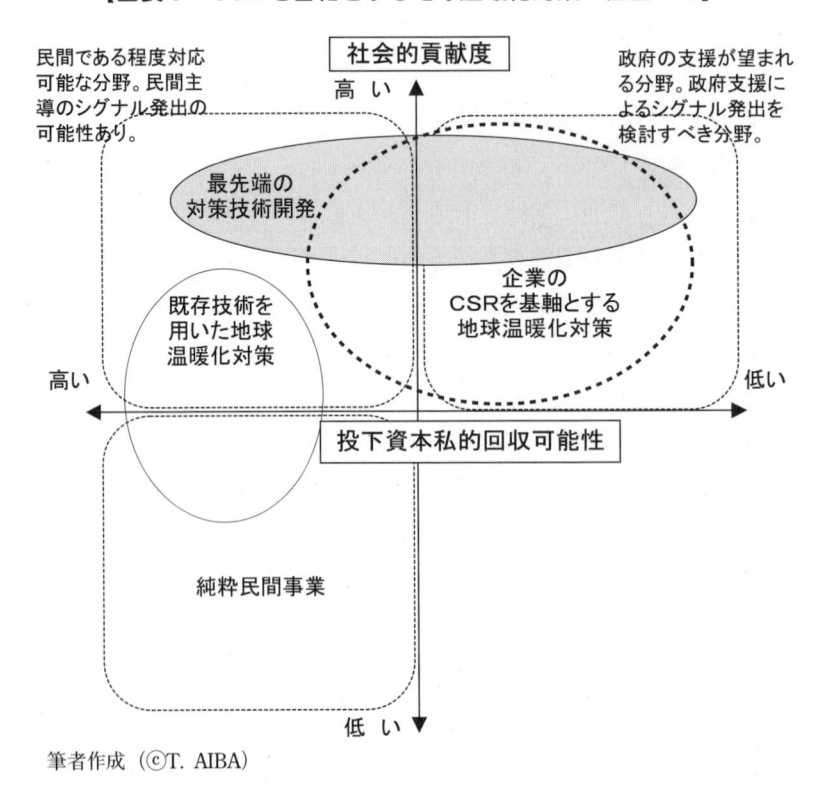

【図表5　CSRを基軸とする地球温暖化対策の位置づけ】

筆者作成（ⓒT. AIBA）

終わりに

　地球温暖化問題解決に向けた道程は、今後も果てしなく続いていく。CSR に基づく、金融機関を含む企業の先見的な行動、それを支える、政府、社会とのパートナーシップこそが今求められている。敵対的な足の引っ張り合いの悪循環から、お互いに励まし合い、前向きの競争を競い合うパートナーシップに向けて、企業の CSR 的発想からの先導的な行動が期待されている。

※1　海外では一般に気候変動問題といわれる。

※2　2005年4月に閣議決定された京都議定書目標達成計画のP2では、「現時点では、世界全体の温室効果ガスの大気中への排出量は海洋や森林に吸収される量の2倍程度となっており…温室効果ガスの濃度の安定化のためには、排出量が吸収量と同等のレベルになるよう、現在の排出量からの大幅な削減が必要である。」としている。京都議定書で規制している温室効果ガスは、二酸化炭素、メタン、一酸化二窒素、代替フロン等3ガスの全部で6種類のガスだが、圧倒的に二酸化炭素の寄与が大きい。

※3　饗場崇夫「企業の温暖化対策促進に向けて」〜先進的温暖化対策の取り組み事例から〜, 日本政策投資銀行調査 No53号，2003年5月
　　http://www.dbj.go.jp/japanese/download/research/no11.html

※4　IPCC（気候変動に関する政府間パネル）第三次評価報告書2001年

※5　独立行政法人国立環境研究所「地球温暖化が日本に与える影響について」、平成17年1月
　　http://www.env.go.jp/earth/nies_press/effect/index.html

※6　UNEP FI 気候変動ワーキング・グループ "Adaptation and vulnerability to Climate Change : The Role of the Finance Sector" 2006年11月
　　http://www.unepfi.org/fileadmin/documents/CEO_briefing_adaptation_vulnerability_2006.pdf

※7　京都議定書では、先進国に対する2012年までの排出削減目標しか示されていない。問題解決に向けて非常に重要な、投資回収年数の長い途上国のエネルギー・インフラ関連等の対策を円滑に進めるためには、2013年以降の国際的枠組の早急な構築が必要である。しかしながら、米国や途上国が世界全体での排出削減につながる枠組みの交渉に反対しており、昨年の気候変動枠組条約第11回締約国会議で漸く合意できたのは、新たな削減約束に関するいかなる交渉につながるものではないといった注意書きがたくさんついた、加盟国間の対話を2006年から2007年の2年間に4回開催するなどという非常に限定的なもののみである。
　　http://unfccc.int/files/meetings/cop_11/application/pdf/cop11_00_dialogue_on_long-term_coop_action.pdf

※8　3(2)、4．および脚注10、脚注13、脚注14を参照

※9　他の西側先進国としては、カナダ、ニュージーランドなどもあるが、規模が小さいことから、議論を簡便にするため割愛した。カナダは、2006年に新政権になってから、京都議定書の目標達成は困難であるなどと言い出しており、実際排出実勢が目標とかけ離れているため、目標遵守が危ぶまれている。ロシア等の旧東側の諸国も京都議定書上の目標はあるが、排出増加許容量のような目標になってしまっているため、ここでは割愛している。ロシア等の、何ら排出削減を行わなくても余剰となる排出権を「ホット・エアー」という。

※10　饗場崇夫「企業の温暖化対策促進に向けて」〜先進的温暖化対策の取り組み事例から〜, 日本政策投資銀行　調査 No53号，2003年5月

※11　平成16年度経済産業省委託業務（平成17年3月）エネルギー使用合理化取引市場設計関連調査（排出削減量取引市場効率化実証等調査）2章 CGE を用いた国内排出権取引制度の定量評価　http://www.tocom.or.jp/rims/downL/doc/rep/H16/doc01_ch02.pdf

※12　排出削減目標の設定、受け入れには将来の排出トレンドの推計が必要だが、10年後の GDP の値ですら正確に推計するのが困難な現状で、設定によっては数千億円以上の資金移転に繋がる可能性のある、長期的な排出上限の設定は非常に困難である。一方で、発電所などのエ

ネルギー・インフラの対策には、それぞれの投資サイクルにあった、長期の削減目標の設定が求められるなど、排出削減目標の設定には困難さが内包されている。

※13 欧州排出量取引制度（EU－ETS）では、国際競争力喪失の懸念などから、製造業はほとんど排出削減が求められず、全体としても必要以上の排出枠が配分されてしまった。唯一削減が求められた電力業界が、無償配付された排出権の機会費用も価格転嫁することなどで莫大な棚ぼた利益をあげるなど、様々な問題が指摘されている。International Herald Tribune, "EU trading of pollution credits fails on goals," 2006年7月25日など

※14 饗場崇夫「企業の温暖化対策促進に向けて」～先進的温暖化対策の取り組み事例から～、日本政策投資銀行　調査 No53号、2003年5月

※15 饗場崇夫・国見寛通「LCAによる温暖化対策の改善」、日本政策投資銀行　調査 No64号、2004年5月 http://www.dbj.go.jp/japanese/download/research/no11.html

※16 例えば、ハイブリッド自動車、液晶モニター、高張力鋼板など

※17 一方で、家庭やビル、国内交通など、国家単位で取り組むべき分野もある。

※18 http://www.keidanren.or.jp/japanese/policy/vape/index.html

※19 The World Business Council for Sustainable Development（WBCSD）「持続可能な発展のための世界経済人会議」http://www.wbcsd.ch/templates/TemplateWBCSD5/layout.asp?type=p&MenuId=MQ&doOpen=1&ClickMenu=LeftMenu

※20 http://www.dbj.go.jp/japanese/environment/finance/program.html

※21 http://www.cdproject.net/

※22 "A legal framework for the integration of environmental, social and governance issues into institutional investment"
http://www.unepfi.org/regional_activities/asia_pacific/japan/activities/index.html#2
及び "Show Me The Money: Linking Environmental, Social and Governance Issues to Company Value" http://www.unepfi.org/fileadmin/documents/show_me_the_money.pdf

饗場 崇夫　*Takao Aiba*

早稲田大学政経学部卒業。1991年日本開発銀行（現・日本政策投資銀行）入行。ハーバード大学ケネディ行政大学院留学（公共政策学修士：環境政策・応用ミクロ経済学専攻）、㈶日本経済研究所出向、調査部調査役などを経て2004年4月より現職。その他、大阪大学サスティナビリティ・サイエンス研究機構特任助教授、東京大学大学院新領域創成科学研究科非常勤講師、国連環境計画金融イニシアティブ気候変動ワーキンググループなど。

地球環境

エネルギー問題とCSR

NPO法人 環境エネルギー政策研究所 所長 **飯田哲也**

　本稿では、気候変動問題やピークオイルに代表される原油需給問題、さらには核拡散など、環境エネルギー政策をめぐる危機感が逼迫しつつある時代状況において、省エネルギー対策から自然エネルギー導入など、日本のエネルギー政策は、持続可能な社会を目指すうえでどのような問題を抱えているのか。これらの対応に、企業はどのように関わり、責任を果たしていくべきかについて考察する。

1 「省エネ国家」という神話

　「これまで行われた地球温暖化の経済影響調査の中でもっとも包括的なもの」と評されているスターンレビューが話題を呼んでいる[※1]。スターンレビューとは、英国政府の委託研究として、ニコラス・スターン元世界銀行チーフエコノミストが作成した報告書で、2006年10月に公表された。直ちに対策をとらなければ、気候変動によりGDPの20％もの損害が将来にわたって発生するとしている。また、高騰を続ける原油価格の背景として、世界全体での原油と天然ガスの生産がピークを迎える事態が数年内に発生する「(早期)ピークオイル論」も急速に広がっている。旧来的・保守的なエネルギー政策に立つ国際エネルギー機関（IEA）でさえ、非OPEC諸国が「ピークオイル」にすでに達したことを認めている。追い打ちをかけるように、同じ10月には北朝鮮による核実験が行われたことで、原子力利用と核拡散の密接なつながりが浮き彫りとなった。

　大気中の温室効果ガス濃度の安定化のために少なくとも8割の削減を求めているスターンレビューと比較すれば、京都議定書の目標値（日本は1990年比マイナス6％）は第1歩に過ぎない。早期ピークオイルと併せて考えれば、旧来の化石燃料依存かつ成長型のエネルギー政策を抜本的に見直す必要があることは明らかだろう。しかしながら日本では、エネルギー政策でも危機感がなく、実績ははるかに乏しい。温室効果ガスは、削減どころか逆に8％も増大させてしまった（2005年速報値）[※2]。

　いまや産業部門のエネルギー消費や二酸化炭素排出量でみると、日本はドイツなどに逆転されている。住宅の断熱構造や巷に溢れかえる使い捨て商品などを見ると、「省エネ国家」というのは実感からもかけ離れている。

2 持続可能なエネルギーとは

　エネルギー利用は、現代文明を支え、産業活動や経済活動には不可欠な資源である。その反面、地球温暖化や酸性雨、大気汚染、核廃棄物や核拡散などローカルな環境問題からグローバルな環境問題まで大きな環境影響を及ぼすために、地域紛争を引き起こしたり、地球温暖化対策を巡る論争や国際交渉を伴ってきた。一般に、「持続可能性」は環境・経済・社会すべての持続可能性を満たすことが要件とされる[※3]。さらに近年は、「政治的な持続可能性」も加えられることが多い。

　したがって、持続可能なエネルギーとは、第1に、環境的に持続可能であるという観点から、省エネルギーと再生可能エネルギー（自然エネルギー）に限定される。第2に、社会的・政治的な持続可能性の観点から、再生可能エネルギーの中でも、大型ダムと伝統的な方法でのバイオマス利用が除外される。大型ダムは、河川環境の破壊に加えて社会環境の破壊があり、空気汚染を伴う非効率な燃焼を行う伝統的なバイオマスは、室内外の空気汚染による健康影響に加えて、森林保全の観点から、持続可能なエネルギーではないとされる。

　なお、原子力は非炭素型のエネルギーだが、そもそも枯渇性資源であることに加え、温暖化以外の大きな環境影響（放射線および放射性廃棄物）と深刻な社会影響をもたらすことから、一般には持続可能なエネルギーとされないことが国際的な通念である。

3 CSRからみた日本のエネルギー問題

（1）地球温暖化対応での立ち後れ

　第1拘束期間を目前に控えて温室効果ガスの排出量を8.1％（2005年）も増大させてしまった日本では、官民のあらゆる主体による取組みが待ったなしとなっている。なかでも企業は、自ら排出者としての責任、温暖化対策技術の開発・普及、またCDMや排出量取引を通したビジネス機会とリスク回避、さらには地域における企業市民など、様々な役割のある最も責任ある主体といってもよい。折からの「企業の社会的責任」に対する関心の高まりを受けて、温暖化対策に取り組む企業も急拡大している。

　環境省は、従来からの産業・民生・交通という各部門ではなく「企業・公共関連」と「家計関連」に分けて温室効果ガスの排出量を再整理し、「企業・公共関連」が8割を占めることを提示した（図表1参照）。つまり、産業部門だけでなく、事務所や商業ビルを含めた企業こそが温暖化対策の責任を担うべきであることが明らかにされたのである。さらに環境省は、部門ごとや購買力平価でみた比較データも示し、日本の製造業が喧伝されるほどに「省エネ優等生」ではないことも明らかにした。

この問題の本質は、家計部門と企業部門との負担問題、さらに言えば企業の負担回避である。企業部門が負担しなければ、政府が追加の財政支出をして京都議定書を履行することになるのであるから、直接的な家計負担増となる。しかし、温室効果ガスの排出責任の8割を占め、しかも直接的な製造者責任をもつ企業部門の責任回避は許されないであろう。

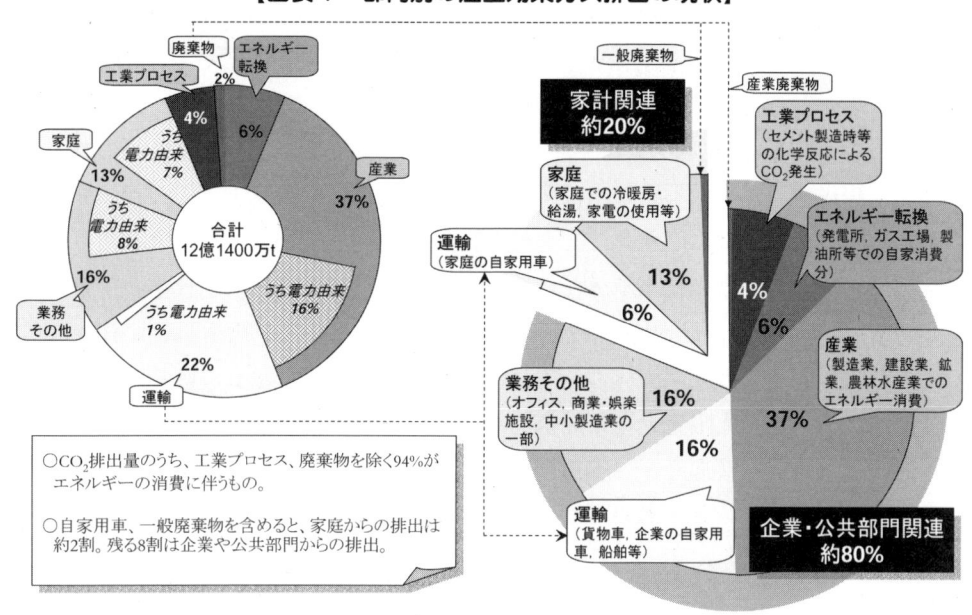

【図表1　部門別の温室効果ガス排出の現状】

(出典：中央環境審議会地球環境部会第12回　資料3－1)

(2)原子力と核燃料サイクル

　2006年3月31日、実際の使用済み核燃料を用いた六ヶ所再処理工場の操業試験が開始された。原子力政策大綱（2005年10月14日閣議決定）では、相当に無理のある立論で核燃料サイクル推進を認めたが、40トンものプルトニウム在庫を抱え、現実的なプルトニウムの用途も見当たらないまま、六ヶ所再処理工場を「今」推進する理由は、ことごとく論破されている。
　言うまでもなく核燃料サイクルは、原子力政策の中でも、今日、最も重要な政策判断である。北朝鮮やイランの核開発にみられるとおり、国際政治的に機微な核不拡散の側面を含むことに加えて、国際的に見渡しても（ましてや国内の技術レベルでは）高速炉の実用化の見通しが現実的ではありえない今日、環境的にも経済的にも政治的にもより大きなリスクがあり、将来の破綻が懸念される「核燃料サイクル」という選択をしたのである。

(3)自然エネルギー促進

　自然エネルギー促進に関しては、現在、「新エネルギーRPS法」の見直しが2005年から始まっている。法見直しの主要な論点は、2014年の目標値だが、義務を受ける電力会社の強い

反発のため、欧州などで目標とされている2020年で20％水準とは異なり、現状と横ばい程度の低い水準の議論が進んでいる。その陰で、日本の自然エネルギー市場が低迷している。

①太陽光発電の状況

　2005年、太陽光発電の設置量で、ついにドイツは累積でも日本を抜いて世界のトップに立った（図表２）。2004年度の日本の設置量が27万kW（累積113万kW）であったのに対して、ドイツではなんと2004年度に50万kW、2005年度には60万kWが設置されて、累積で157万kWもの太陽光発電設置量となったのである。日本の2005年度の導入量が31万kWと前年よりも延びたものの、累計は144万kWと、ついに累積でも世界一の座を滑り落ちたのである。

　ドイツで太陽光発電が急増した理由は明快だ。2004年6月の法改正で、太陽光発電からの電力の買い取り料金を大幅に引き上げ、一般の住宅用太陽光発電で1kW時あたり57.4ユーロセント（約77円）という価格水準へと、約3割も引き上げたからだ。日本の「余剰電力メニュー」の1kW時あたり約23円と比較して約3倍も高く、これが20年間も保証されるのである。このため、ドイツの太陽光発電市場は上記のような活況を呈しているのである。

　これに対して、日本の太陽光発電市場は、ドイツのような効果的な政策が不在のまま、市場低迷が懸念される。なぜなら、日本での普及の原動力は、政府の補助金ではなく、電力会社による余剰電力購入メニューなのだが、その存続が、いよいよ危ういからである。余剰電力購入メニューは、1992年に電力会社が公表・実施を始めたもので、あくまで「自主的」な措置に過ぎない。電力会社の論理からすれば、新エネルギーRPS法で「新エネルギー」の導入は義務となり、太陽光発電だけに特別に配慮する必然性はない。RPSクレジットの平均的な価格と比較すると、太陽光発電の買取りだけで70億円規模の「持ち出し」であり、今後2010年までに5倍も成長するとなると見直しは必須ということになる。

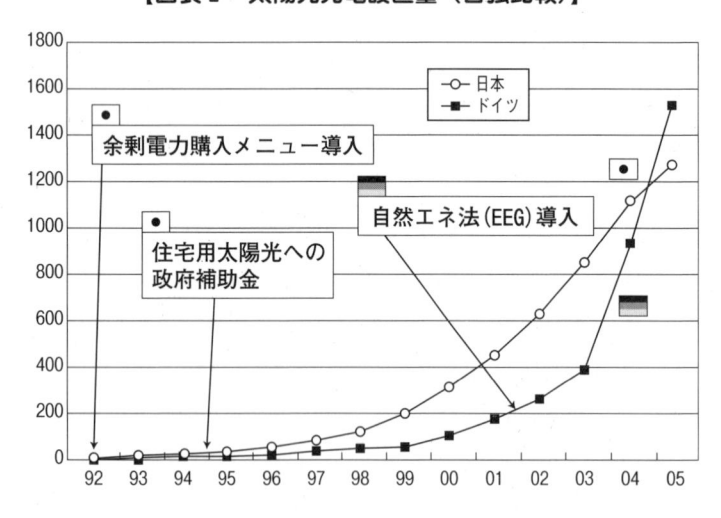

【図表2　太陽光発電設置量（日独比較）】

②風力発電市場の状況

　2005年の世界の風力発電市場は、1,200万kW増・前年比43％拡大し、累積で5950万kWに達した。欧州、アメリカとも記録を更新し、アジアでは50万kW拡大した中国が累積で日本を追い越した。風力発電でも、日本は対照的に市場低迷が懸念される。

【図表3　日本の風力発電の累積設置容量】

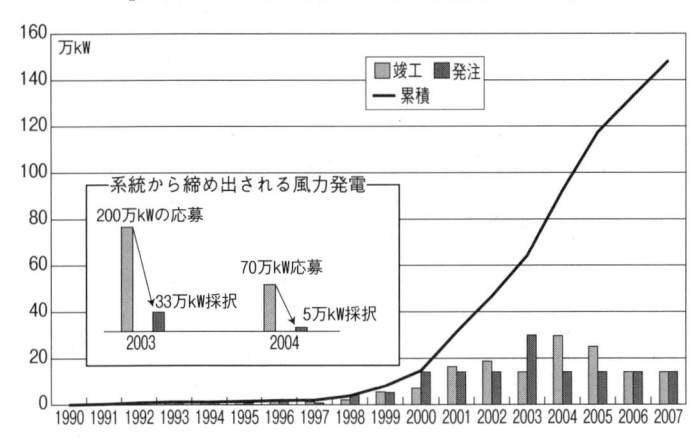

まず、その原因の1つは「抽選」だ。電力会社は、「不安定な風力発電は安定供給を乱す」として、次々と風力発電の導入枠を設けて絞ってきた。そのため、2003年は33万kWの枠に総計200万kWの応募（約6倍）、04年度は1社のみの5万kWの枠に70万kWの応募（約14倍）、そして05年度も1社のみの6万kWの枠に対して86万kWの応募（約14倍）であった。そこで、安定供給への対策として出てきた対策が、「蓄電池」と「解列（風力発電を電力系統から切り離す措置）」だ。

現実には、電力会社が喧伝するような系統への影響は出ておらず、電力会社間の潮流に変化が生じているだけである。海外の専門家からは、現状で蓄電池で吸収させたり、系統から切り離して対応する必要はないと指摘されている。

こうして日本の風力発電には、急ブレーキがかかっている。05年末には、累積設置容量で123万kW（05年に約30万kW増）に達したが、50万kWも拡大した中国（累積で126万kW）についに抜かれた（図表3）。日本の金融関係者は、「日本の風力発電の投資環境は低迷している」と言う。

③欧州および中国の状況

一方、海外では、欧州委員会が自然エネルギー政策に関するレビューをとりまとめ、2005年12月に公表している。レビューの結果は、総じて固定価格制が有利なのだが（固定枠＝RPS制度よりも、少ない補助レベルで、よりコストが低い）、結論としては、当面の欧州域内での統一は時期尚早として見送っている。特に系統の問題では、(1)コスト負担の原則が完全に透明かつ公正であること、(2)自然エネルギーの拡大に沿った送電系統の増強、(3)系統増強費用は系統所有者による負担、(4)系統利用費用は、分散型電源のメリットを考慮しつつ、公正かつ透明であること、という4点を提言している。当然ながら、蓄電池や解列などという対策は見当たらない。

ドイツ政府も2006年1月に新しい報告を公表している。2020年には政府目標の20％（電力供給）を超え、25％が供給可能であり、しかも1世帯あたり月額2.8ユーロ（現在は1.5ユーロ）の負担にとどまり、その負担も2016年からは低下していくというものだ。こうしてみると、ドイツ型固定価格の有利さは群を抜いている。

2005年11月には、「自然エネルギー2005」（BIREC2005）が北京人民大会堂で開かれ、冒頭、

曾培炎副総理が2020年までに一次エネルギーの15%を自然エネルギーで供給することを目指すとの決意を述べたのである。

④2020年までに自然エネルギー20％を目指す東京

こうした状況のなかで、唯一、日本で期待できる動きがある。東京都では、この4月に新しい再生可能エネルギー戦略を公表した。2020年までに20％の再生可能エネルギーを導入するというもので、政府の「新エネルギー政策」と比較をすると、はるかに野心的な政策といえる。それも、「机上の空論」ではなく、それを達成する具体的な政策措置やリーディングプロジェクトを盛り込んでいるのである。また、佐賀県でも、このほど2020年までに10％の再生可能エネルギーの導入を目指す政策を公表した。

4 21世紀型の新しい環境知の創造に向けて

(1) CSRブームと温暖化問題

気候変動問題、いわゆる地球温暖化問題は、企業にとって正負両方の側面をもつ。第1に、企業の排出者責任の側面である。特に既存のエネルギー産業やエネルギー大量消費企業にとっては、適正な社会的費用の負担は避けられないであろう。さらに第2に、気候変動問題は規制と市場と社会の構造的な変化を伴うために、単に費用負担にとどまらない経営リスクが懸念される。その反面、第3に、CDMや排出量取引といった新しい市場の登場や自然エネルギーや分散型エネルギーなどのエネルギー市場の構造変化が、新たなビジネスチャンスにもなり得る。そして第4に、これらを包含する形で、気候変動問題への対応は、「企業の社会的責任」（CSR）の最も重要な課題へと位置づけられている。

さて、ここ数年、CSRが急速にブームとなっている。日本経済新聞社の「環境経営ランキング調査」によれば、2010年までに平均19％もの温室効果ガスの削減を目指し、製造業の37％がCO_2削減目標を設定している。コージェネ（30％）や省エネ支援サービス（エスコ、18％）も多くの企業が導入済みで、こうした調査を見る限り、日本の企業は、地球温暖化問題に危機感をもって取り組んでいるようにも見受けられる[※4]。

この各企業の先取り姿勢と経済界からの環境政策への強い批判との違いはどこからくるのか。河口は、欧州型CSRと日本型CSRとの違いを「西欧ではコンプライアンス＝法令遵守はCSR以前の問題で環境・人権など社会ニーズに合った活動を積み上げていくが、社会＝世間の日本では『誠実な企業』こそが社会的責任を果たしているという考え方が共感を得ている」と指摘している[※5]。

民間調査機関によれば、企業における環境問題の認識は、筆頭に「ビジネスチャンス」を挙げると同時に、「将来のリスク」がそれに次いでいる[※6]。これは、上記の「4つの側面」

の中で最も実務的な側面であり、日本の企業が環境問題を本質的な問題として捉えていないことを示している。これをCSRや気候変動問題への対応に当てはめて考えると、日本企業にとっては、法令遵守すら日常的なダブルスタンダードで対応してきたのであり、ましてやCSRに書き込んだ環境規範的な行動は、従来と比べれば1歩前進とはいえ、まだまだ形式（例えばチェックリストや環境報告書）にすぎず、経営の根幹にサステナビリティを据える状況からは、まだほど遠い。

そのうえ、日本では、省庁や企業・学校といった「中間的組織」に対する個人の忠誠心と支配が極端に強いために、全体状況を見ない・考えない・発言しない性向がある。気候変動問題への対応という「公共政策＝公益」への協力よりも「自分の組織益」という「私益」が優先される傾向が一層強い。

（2）環境税を巡る議論と経済界

本来、環境税は、欧州、特に北欧などの環境先進国でみられるように、環境影響という社会的費用を税として徴収することで市場に内部化し、同時にGOODS減税で歳入の中立化を図るとともに、財政の見直しも含めた税財政のグリーン化の一環として行うものだ。例えばスウェーデンの消費税は、現在25％だが、こうした国々で消費税が高い背景には、「消費は環境影響が大きい」という思想がある。既得権益や事業者からの反対もあり理想的にはいかないこともあるが、基本的には一貫した思想で税財政の体系の枠組みに近づこうとしているのが環境先進国の姿であろう。

経済界からの環境税批判の論点は、①効果がない、②企業の国際競争力への悪影響、③既存の予算や税の検証や調整、④京都メカニズムの活用、⑤原発の活用、が反対の主な理由となっている[※7]。しかし、これらはどれも「反対だから反対だ」というものにすぎない。

まず大前提として、上記の社会的費用を汚染者自らが支払う「汚染者負担原則」がある。（日本のような）豊かな社会では収入の9割が、教育や法制度、市場監視装置など企業を取り巻く社会資本によってもたらされたものであり、こうした社会資本に対する支払い（すなわち税金）なしでは、いかなる企業活動も成立しないという指摘もある[※8]。また、国際競争力も、すでにエネルギーコストが相対的に小さい現状では直接的な影響はほとんど無視できるだけでなく、M.E.ポーターが指摘するとおり、厳しい環境規制こそがイノベーションの好機であり、企業にとっても国家にとっても競争力を高める好機なのである[※9]。

ただし、反対論の中に一分の理があるのは、日本の税財政システムの非効率と非合理が放置されている。国・地方を併せて1千兆円を越える財政赤字も深刻な問題であるうえに、エネルギー分野だけをみても環境税と輻輳（ふくそう）するエネルギー関連の特定財源が数多くある。

とはいえ、経済界も「汚染者負担原則」に従うことは当然であり、環境税導入を前提に、既存の税制の見直しを含めた対案を示すべきである。また、京都議定書で「補足的な措置」と明記されている京都メカニズムの活用を主張するなら、国内排出量取引を率先して提唱し

なければ、合理性の観点から一貫していない。また原子力は、京都議定書でも「忌避」すべきとされ、CSRガイドラインでも否定的な評価がされるにもかかわらず、その推進を主張するとすれば、広義のCSRであるサステナビリティの本質から外れている。

ドラッカーなど数多くの論者が指摘するとおり、現代は、20世紀型産業社会から21世紀型知識社会への大きな転換期であり、インターネットの登場がそれに拍車をかけている。例えば三田によれば、知識主導型経済に適応する経営では、経営理念は企業社会の論理から社会的文脈へと置き換わり、企業文化も忠誠心から知識リテラシーや社会倫理へと変わっていくという[10]。他方、地球温暖化を主題とした映画「不都合な真実」が大ヒットするなど、気候変動への重大な危機感が広がりつつある。21世紀型知識社会の登場は、こうした気候変動問題のような不透明でグローバルなリスク感が覆うなかで、脱炭素社会・脱原子力社会に向けて急激に展開しつつあるのである。

日本の企業も、気候変動や自然エネルギー市場に関する新しい知識生産を阻害され、新市場でのヘゲモニーを握る機会を失い、政府も新しい政策イノベーションの機会を逃し、「落とし穴」に陥っているのではないか。日本企業に求められることは、直面する環境エネルギー問題を受け身でもなく、個別の問題として矮小に捉えるのではなく、新しい経済社会の幕開けであるという認識をもって、プロアクティブに挑戦することであろう。

■参考文献
・中條秀治『株式会社新論』文真堂（2005）
・J・チャーカム／A・シンプソン『株主の力と責任』奥村有敬：訳、日本経済新聞社（2001）
[1] Nicholas Stern,"The Economics of Climate ChangeThe Stern Review", Cambridge University Press（2006）
[2] 環境省「2005年度（平成17年度）の温室 効果ガス排出量速報値」
[3] ハーマン・デイリー「持続可能な発展の経済学」みすず書房（2006）、ナチュラルステップの持続可能条件（http://naturalstep.org/learn/principles.php）などを参照
[4] 日本経済新聞（2004.12.6）
[5] 河口真理子『CSRブーム再考』DIR経営戦略研究2004.秋季号 Vol.2
[6] 三菱総合研究所『少子高齢・人口減少、環境・エネルギー制約社会への企業の対応に関するアンケート調査』（2003）
[7] 朝日新聞『三者三論』（2004.12.3）
[8] ピーター・シンガー『正義の倫理』昭和堂（2004）、22p
[9] Esty and Porter,"Ranking National Environmental Regulation and Performance: A Leading Indicator of Future Competitiveness ? ", in World Economic Forum, The Global Competitiveness Report 2001－2002, Oxford Univ. Press, 2002
[10] 三田和美『経済界にとってCSRとは何を意味するか？』
http://www.smf.gr.jp/data/pdf/paper20041122.pdf

飯田哲也 Tetsunari Iida

1959年生まれ。京都大学原子核工学専攻修了。東京大学先端科学技術研究センター博士課程単位取得満期退学。大手鉄鋼メーカー、電力関連研究機関を経て、現在、NPO法人環境エネルギー政策研究所所長。主要研究分野は、環境エネルギー政策論。経済産業省や東京都など、多くの政府委員、地方委員を務める。国際バイオマス学会科学委員会委員。主な著書は、『自然エネルギー市場』（編著：築地書館）、『北欧のエネルギーデモクラシー』（新評論）など。

地球環境

生物多様性・生態系の保全とCSR

株式会社 レスポンスアビリティ 代表取締役　足立直樹

　生物多様性という言葉を聞いて、何を連想するだろうか？　アマゾンの熱帯雨林などに色とりどりの珍しい生物が豊富にいる様子や、アフリカの草原に群れるシマウマやゾウであろうか。あるいは、子どものころに慣れ親しんだ里山の動植物を思い浮かべる方もいるだろう。もちろんこれらはすべて生物多様性の側面であるが、あくまでその一部でしかない。そして、こうしたイメージだけで生物多様性を捉えていては、なぜ企業が生物多様性の保全に努めなければならないのか、そもそも企業と生物多様性の間にどのような関係があるかはわからないであろう。

　生物多様性の保全はCSRの重要なテーマの1つであるが、それが企業活動とどのように関係があり、なぜ企業が関与する必要があり、また具体的にどのように取り組んでいけばよいのか。本稿ではこれらについて述べてみたい。

1　生物多様性とは何か

　生物多様性を最も簡単にいえば、多種多様な生物が存在することである。地球上にはおよそ1,000～3,000万種の生物種が存在するといわれている。しかし、そのうち私たちがすでにその存在を知り、名前をつけているものは170～190万種にすぎない（RSBS、2005）。そしてこのようにとてつもなく多くの生物種が存在するのは、39億年といわれる長い生命の歴史の結果に他ならない。より直接的には、多様な遺伝子が存在するために多様な個体が生まれ、それが多様な種へ分化してきた結果である。

　したがって、多様な生物種が存在するためには、まず、多様な遺伝子が存在することが重要となる。大気、土、水をはじめとする非生物的環境とそこに生息する生物種を合わせて生態系と呼ぶが、多様な生物種が存在すれば当然、生態系も多様になる。このように、遺伝子、種、生態系という異なるレベルにおける生命現象はお互いに強く依存しており、これら3つのレベルの多様性が守られてはじめて、それぞれの多様性も守られる。よって、生物多様性というときには、単に種の多様性のみを意味するのではなく、遺伝子、種、生態系の3つのレベルの多様性を指すのである。

　生物多様性という用語が一般的になったのは、実はそう古いことではない。はじめは生物

学的多様性（biological diversity）という生態学の専門用語だったのが、1980年代後半から一語に縮めて生物多様性（biodiversity）と呼ばれるようになった。そして、この言葉が国際的に広く認識されるようになったのは、1992年にブラジルのリオデジャネイロで開かれた地球サミットのときである。地球サミットでは、地球温暖化を防止するための気候変動枠組条約とならんで生物多様性条約が採択となり、生物多様性という概念とその重要性が広く国際的に認められるようになったのである。

2 生物多様性と生態系の重要性

　気候変動を防止することが人類全体の危急の課題であることは、誰もが同意するところであるが、それでは生物多様性の保全が同様の重大性をもって国際社会の課題とされるのはなぜであろうか。それは、我々の日常生活や企業活動がいかに生物多様性に大きく依存するかを考えれば容易に理解できる。

　例えば、食物を考えてみよう。我々が生きていくためには食べ物が必要だが、これらはもとをたどればすべて生き物である。人間は様々な生物を食べることによって、必要なエネルギーと栄養を得ている。しかもこれらの食物は、生物由来であるために再生産可能である。もちろん食料としてすべての生物種が必要なわけではないが、世界中では数万種類の生物が食料として利用されているともいう。また、多様な遺伝子があるからこそ、農作物などの品種改良も行うことができる。もし生物種や遺伝子がもっと少なかったとしたら、地域によって、季節によっては、食物を入手することが今よりずっと困難になっていただろうし、第一、今ほど多様な食生活を楽しむことはできなくなってしまうだろう。

　資源として直接役に立っているのは食物に限らない。被服はもともと動物や植物の繊維（羊毛、絹、綿、麻など）を利用して作られたし、日本では古来、木材が家を作る際の主要な建材となっている。私たちの健康を守るために重要な薬は、その約4割が生物由来である。動植物の油脂、皮革、樹脂などは産業の材料としても重要であり、油脂や染料、繊維の中には、人工的に合成されたものよりも優れた性質を示すものも多い。

　さらに時間的にさかのぼれば、エネルギー源として、またプラスチックの原料として現代社会に欠かすことができない石油も太古の植物に由来するものであるし、セメントの原料である石灰石もサンゴ礁が隆起してできたものだ。

　生物多様性の恩恵は、こうした直接的に使用する資源にとどまらない。例えば、森林は二酸化炭素を吸収し、さらにその土壌に降水を貯めて水源を涵養する。また、森林という生態系が存在することによって、その場所の気候は他の生態系（例えば、砂漠や都市など）とは明らかに違ったものになる。このような微気象の緩和も生態系が提供してくれる重要な機能（サービス）の1つだ。このような生態系の種々の機能を「生態系サービス」と呼ぶが、これらは私たちの生活のために必須のものである（Millennium Ecosystem Assessment, 2005）。

我々はこれらの生態系やその資源を直接利用するわけではないが、生態系が提供するサービスを間接的に利用しているのである。もしこうした機能を人工的に代替するとすれば世界中で少なくとも33兆ドルかかるとの研究例もある（Costanza *et al.* 1997）。同じ年の世界のGDPは合計18兆ドルにすぎず、生態系は人類のすべての経済活動が作り出す以上のサービスを、毎年無償で提供してくれていることがわかる。

　このように考えると、我々の生活も、企業活動も、生物多様性の存在によってはじめて可能になっていることがわかる。現在の人間社会が続くためには、生物多様性が維持されることが欠かせないのである。

　なお、生物多様性にはこうした直接的、間接的な経済的価値の他にも、非経済的な価値があるといわれている。それは文化的・歴史的な価値である。ここでその詳細は述べないが、私たちの文化の伝統や維持を考えるうえでも、やはり生物多様性は重要なものであることは指摘しておきたい。

3 企業活動と生物多様性の関係

　前節で指摘したように、企業活動自体も、特に原材料の供給源として、生物多様性に強く依存している。また企業活動が継続できるのは、生態系サービスが機能しているからともいえる。それではその企業活動は、生物多様性にどのような影響を与えているのであろうか。

　これまでの説明からも明らかなように、生物多様性とは熱帯林や深山幽谷に限った話ではなく、生命の存在するあらゆる環境における現象である。すなわち、生物が生存し得る環境であれば、どこにでも生物多様性は存在するし、影響も生じ得る。しかも、企業活動は多くの生物由来の資源やサービスに依存している以上、生物多様性に対して常になんらかの影響を及ぼしているのである。

　それでは一般的な製品のライフサイクルを例に、企業活動がどのように生物多様性に影響を与えているかを考えてみよう。

　まず大きな影響があるのは、原材料を調達する際である。特にその原材料が食料や木材など生物資源である場合には、自然から生物を収穫・捕獲する行為そのものが個々の生物や生態系にとって大きな負荷であることは説明するまでもないだろう。しかし、生物は再生産可能な資源であるので、収穫してもそれがまた再生産（復活）できる範囲内に収まっていれば、その影響は限定的である。しかし、再生産が不可能なほど過剰に採取してしまったり、生息域を破壊してしまえば、その場所の生物多様性に壊滅的な影響を与える恐れがある。また石油、鉱物などの各種工業原料を採掘する際にも、その場所を物理的に大きく撹乱するので、生態系や生物多様性に大きな影響を与えることが多い。影響をゼロにすることは不可能であっても、なるべく影響軽減に努めるような配慮が必要である。

　さらに工場をはじめとする事業所を開発する際には、そこにもともとあった自然を破壊せ

ざるを得ず、それは必ずその地域の生物多様性に影響を与えることになる。国内の工場の場合には工場立地法により敷地内の緑化が求められているが、その場合にもどのような植物を植えるかが問題である。もともとその場所にはない樹種等を植えれば、在来種を駆逐したり、在来種に依存している他の生物の生存を脅かすことになるかもしれない。あるいは、外から持ち込まれた外来種が敷地内で繁茂することを許しても、同様の危険性がある。また、管理等の都合でしばしば敷地を舗装することがあるが、地面をコンクリートで固めてしまえば、その場所での自然の水の循環は妨げられてしまう。その水の循環に依存した生命現象に影響を与えることはもちろん、その場所の微気象を大きく乱すことになるため、周囲の生態系にも影響を与えるだろう。現在では大気、水、土壌に汚染物質を排出しないことは当然のことで、各事業所とも厳しくそれを守ってはいる。しかし、環境ホルモンのようにごくごく微量でも生物の成長や生殖に重大な影響を与える物質もあれば、気温や水温の微小な変化でさえ、その場所に生育する生物には影響を与えることもあるのである。このように、建造物を作るなどして事業を行えば、生物多様性には必ず何らかの影響を与えるといってよい。そのため、広い面積を開発する際には事前に環境影響を評価し、その影響を軽減するよう設計を変更したり、配慮したりすることが法律で求められている（環境影響評価法、通称環境アセスメント法、1997年）。

　また、物流や販売、消費の段階においては、多くのエネルギーを消費し、包装用の資源や化学物質なども使用される。物流段階でトラックから排出される排気ガスが大気などの環境を汚染することで生物に影響を与えることは明らかであるが、長期的には化石エネルギーの使用による気候変動（地球温暖化）の影響が重大である。気候変動はその名称が示すように、単に気温だけでなく、降水量や湿度、あるいは風水害の頻度や規模まで、様々な気候要素が大きく変化してしまう現象である。そうした変動が起きれば、そこに生息していた生物、特に植物など移動が困難な種は死滅してしまうことすらある。動物は移動できるものの、依存している植物が死滅したり減少すれば大きな影響を受けるし、あるいは気象災害が甚大になればその影響から免れることは難しい。最も危機にさらされるのは海辺の生物多様性である。サンゴ礁は海水温のわずか数度の上昇で死滅してしまうし、気候変動により海水面が上昇すれば、干潟や磯など生物多様性の豊富な土地は水没してしまう。

　このように、あらゆる企業活動の側面が、直接的、間接的に生物多様性を減少させている。生物多様性を減少させたり、生態系を劣化させている原因としては図表1に掲げられたものが主なものであるが、いずれも企業活動と密接な関係があることがわかる。今や、年間1～5万種の生物種が絶滅しているといわれているが、これは過去の平均的な絶滅速度の約1万倍にあたる。恐竜が絶命するような大絶滅期が過去5回あったといわれているが、その時代に比べても約100倍という驚異的な速度である。種の絶滅速度が20世紀以降急速に加速したことからも、現在生じている種の絶滅の99.99％は産業活動が原因といってよいだろう。こうしたことを考えれば、企業活動は生物多様性に大きく依存しながら、自らの存在基盤であ

【図表1　生物多様性の喪失や生態系劣化の原因】

1. 乱　獲
    食糧・レジャー・皮革製品などのため大量捕獲
2. 開　発
    森林伐採、湿地埋め立て、河川工事、道路工事
3. 移入種
    ペットの野生化、魚の放流、寄生虫・病気の移入
4. 環境変動
    生息環境の変化（悪化）、化学物質汚染、地球温暖化
5. 自然災害
    火山噴火、津波、大規模な天災

る生物多様性をすさまじい速度で破壊していることがわかる。当然このような企業活動は持続可能とはいえない。

4 生物多様性への取組みの失敗が企業にもたらすリスク

それでは企業がもし生物多様性の保全になんら配慮をしないとすれば、企業はどのような影響を受けるか、すなわちリスクがあるのだろうか。国際的なNGOのアースウォッチがIUCN、WBCSDと共にまとめた「ビジネスと生物多様性」という小冊子（2002，日本語版[※1]）では、企業が生物多様性への取組みに失敗した場合のリスクとして、図表2の事柄を挙げている。欧米のビジネスリーダーは、こうしたリスクを認識しているがゆえに生物多様性の保全に積極的に取り組んでいるが、日本ではまだ十分に理解されていないのが現状である。

【図表2　生物多様性への取組みの失敗が企業にもたらすリスク】

1. 操業許可の喪失
2. サプライチェーンの分断（原料が入手できなくなる）
3. ブランド・イメージの悪化
4. 消費者や環境NGOによる不買運動
5. 環境破壊による罰金や市民からの責任の追及
6. 金融市場からの低い格付け
7. 従業員の士気や生産性の低下

逆に企業が生物多様性や生態系へ適切な配慮を行えば、こうしたリスクをすべて防ぐことができるだけでなく、消費者、従業員、投資家など様々なステークホルダーに企業の価値をアピールすることができるだろう。そのことは実務的にいえば、操業許可の継続や安定的な原料確保、サプライチェーンの強化、投資家からの安定的な投資、従業員のモチベーションや生産性の向上などになるのであり、これらはいずれも、企業活動を持続可能なものにするはずである。

　つまり、企業が生物多様性へ配慮することは、そうすることが倫理的だからというだけではなく、企業活動の継続のために実際に必要なことなのである。生物はほぼ唯一ともいえる再生可能な資源であり、人間の英知を超えた可能性を秘めている。たしかに生物学などの発展で人間は生物の仕組みをより深く知ることができるようになった。しかし、それは単に生物の仕組みを知ることができるようになっただけであり、細菌のような最も簡単な構造の生物ですら、人間はそれを作ることはできない。人間にできるのは、生物が自分自身で増殖することを手助けするのがせいぜいである。しかし生物は自らの力で成長し、再生産し、そして人間が簡単には合成のできない物質まで常温常圧の状況下でいとも簡単に作ってしまう。あるいは、きわめて高い効率で発光したり、巨大な構造物（巣など）を作ったりもする。このような驚異的な存在というべき生物種がこの地球にはどのぐらい存在するのか。それはどのような能力をもっているのか。私たちはまだほとんど知らないといっても過言ではない。このように自立的で、持続可能で、多様性に富んだ生物資源をいかに活かすかが、これからの新しいビジネスの鍵を握っているとすらいえるだろう。生物多様性を保全することは、現状のビジネスを持続可能にするだけでなく、私たちの生活や社会をより大きく発展させる可能性も秘めているのである。

5 CSRと生物多様性

　このように私たちの毎日の生活基盤だけでなく、企業活動とも密接にもつながった生物多様性を保全すべきことは、すでにリオの地球サミット（1992年）の際に国際的に合意され、それが生物多様性条約という形に表現されたといえるし、さらにリオ・プラス・テンのヨハネスブルグ・サミット（WSSD）で採択された「ヨハネスブルグ宣言」では、天然資源の基盤の保護・管理が持続可能な開発の目的であり、必要な要件であると認め（第11項）、企業はその規模を問わずこれに貢献する義務がある（第27項）とさらに一歩踏み込んでいる。これによって、持続可能な社会を構築するために企業は天然資源の基盤、すなわち生物多様性や生態系の機能を保全すべきであるとの国際的な合意ができたものといえる。

　つまり、生物多様性の保全はまぎれもなく企業がなすべきことであり、CSRの1項目なのである。そもそもCSRの本来的な目標が社会の持続可能性を高める、達成することであることを理解すれば、この世の中において唯一持続可能な資源である生物資源と、それを支

える生物多様性を保全することがCSRの課題であることは当然であろう。もちろん業種により生物多様性との関係は様々ではあるが、生物多様性は生物資源を直接使う産業にだけ関係がある問題ではないことを、十分に認識する必要があろう。

こうした考え方は、ISO14001やGRIの持続可能性報告ガイドラインにも反映されている。2004年に改訂されたISO14001では、事業所はその直接的な影響だけでなく、間接的な影響も特定するように求めている。企業活動が生物多様性や生態系などの自然に与える影響も把握することが求められているのである。また、環境報告書の世界的なデファクトのガイドラインといえる「GRI サステナビリティ リポーティング ガイドライン2002 (Global Reporting Initiative, 2002, 日本版[※2])には、生物多様性に関する必須指標が2つ、任意指標が7つ含まれている。必須指標では、企業が生物多様性の高い地域に所有、賃借、管理する土地を把握し、また企業の製品とサービスが生物多様性へ与える主な影響を把握することを求めている。これもまた、企業が社内の環境影響だけではなく、社外、特に生物多様性や原材料の採取における影響まで監視・評価すべきであるとの認識に基づくものである。

6 保全への取組み

それでは、具体的にどうすれば、企業は生物多様性に配慮したことになるのだろうか。まず重要なことは、自社の活動が生物多様性にどういう影響を与えているのか、きちんと調べて把握することである。先に述べたように、原料調達の最上流の過程は生物多様性への影響が非常に大きい。また、ビジネスそのものを継続させるという意味でも、最上流における生物多様性を保全する必要がある。したがって単に事業所の中だけでなく、原料調達の最上流までさかのぼり、そこから製造、販売、回収、最終廃棄と、製品や商品のライフサイクル全体にわたって調べることが重要である。そして、それぞれのステージにおいて環境負荷を最小限にとどめ、そこに関わる生物多様性や生態系が持続可能であるような配慮を行う必要がある。

例えば、新たに事業所を開発するときには、その影響を軽減するような方法、いわゆるミティゲーションを考える必要があるだろう。気候変動の防止についても今まで以上に様々な方法で徹底的に取り組むことが求められる。また侵略種を防ぐためには、他の地域から生きた外来種を持ち込んで使うことは厳に慎み、原則として在来種だけを使うようにすることが必要である。これは原材料などに限ったことではなく、事業所の敷地内の緑化においても同様である。このような配慮を行えば、かなりの影響は管理可能か、少なくとも軽減可能である。このように本業の活動をライフサイクル、あるいはサプライチェーン全体について見直し、影響を少なくするように努めることは最も本質的な取組みである。

しかし、企業活動が生物多様性に与える影響を最小限にするだけでは、それはまだマイナスをゼロに近づける活動でしかない。生物多様性の保全活動の最終的なゴールを生物多様性

を復元するというよりポジティブな活動につなげることができれば、それはまさに持続可能な社会の構築への貢献といえるだろう。例えば、食品産業の企業が、原料を持続可能な農業を通じて調達し、商品の廃棄も含めて地域での資源循環を促進するような仕組みを作ることができれば、それは生物多様性の保全や健全な生態系の再構築に役立つはずである。

また、こうした本業に直接関連した取組みとは別に、生物多様性を保全するプロジェクトを自ら実施したり、NGOなどの活動に参加したりというやり方もある。例えばNPO法人アサザ基金による「霞ヶ浦・北浦におけるアサザプロジェクト」という活動がある。これはもともとNPOが地域住民や子どもたち、行政、地元の産業などと一緒になって霞ヶ浦・北浦の生物多様性の回復を図ってきたものだが、これに直接の関連性はほとんどない大手電気メーカーが参加し、企業は技術や資金、人手（従業員と家族のボランティア）などを提供している。企業はこのプロジェクトに参加することで、従業員や家族が自然や生物多様性に対する理解を深め、仕事に対するモチベーションも上がるという効果を得ている。

ここで重要なことは、生物多様性の保全や回復を行うためには、高度な専門知識と経験が必要であり、研究者や専門のNGOと協働することが欠かせないという認識である。このことは、先に述べた生物多様性への影響調査や、負荷削減の対策の実施においても同様である。それぞれの地域の生態系や生物多様性について、その背景や注意すべきことを十分に理解しない限りは適切な調査も保全活動も行えない。例えば、単に木を植えて緑化をしたのでは、かえってその地域にもともとあった生物多様性を破壊してしまうことすらあるのだ。したがって、社内での環境教育を今まで以上に幅広く、深く行う必要があるのはもちろんだが、社内だけでは不十分なことも多いので、社外も巻き込んだ形で活動することが欠かせないのである。生物多様性や生態系という精緻な仕組みを相手に活動するだけに、一人よがりな活動にならないように十分な注意が必要である。

外部の専門家と協働することにはもう1つ別の意味もある。協働することは、人手、技術、資金など様々な面でそうした専門家や団体を支援することにもつながる。自社だけではなく、協働相手にもメリットをもたらし、生物多様性の保全がより効果的に行われるという効果があるのだ。場合によっては、資金提供などでそのようなNGOなどの活動をサポートするだけでも、意義のある貢献といえる。このように、生物多様性の保全のためには、外部の機関や専門家とのパートナーシップや協働（コラボレーション）が重要なキーワードである。

おわりに

生物多様性は、私たちの日常生活にも、企業活動にも直接的、間接的に深く関わっており、誰もが考えなければいけない課題である。今や生物多様性に最も大きな影響力をもっている企業は、だからこそ、その保全に真剣に取り組み、持続可能な形で利用することが強く求められている。企業がそうできれば、生物多様性はよりよい形で維持され、私たち自身の社会

も、企業活動も、持続可能性が高くなるはずである。日本の企業の間でも、こうした認識が1日でも早く広がることを期待したい。

※1　http://www.biodiversityeconomics.org/pdf/topics-144-00.pdf
※2　http://www.globalreporting.org/guidelines/2002/2002Japanese.pdf

■参考文献
・Costanza, R. *et al*. (1997)"The value of the world's ecosystem services and natural capital", Nature　387:253-260
・GRI(2002)「GRIサステナビリティ・リポーティング・ガイドライン2002」
　(http://www.globalreporting.org/guidelines/2002/2002Japanese.pdf)
・Millennium Ecosystem Assessment(2005),"Ecosystems and Human Well-being: Biodiversity Synthesis"(http://www.millenniumassessment.org/en/Products.Synthesis.aspx)
・RSBS(サステナビリティの科学的基礎に関する調査プロジェクト)(2005)、「サステナビリティの科学的基礎に関する調査　2006」(http://www.sos2006.jp)
・生物多様性JAPAN (2004)、「ビジネスと生物多様性」(http://www.biodiversityeconomics.org/document.rm?id=743)(英文オリジナルはEarthwatch, IUCN, WBCSD)

足立直樹　*Naoki Adachi*

㈱レスポンスアビリティ代表取締役。東京大学理学部卒、同大学院修了。理学博士。1995年から国立環境研究所で熱帯林の研究に従事。3年間のマレーシア森林研究所勤務の後、2002年に独立。環境経営とCSRのコンサルティングを行っている。特に力を入れているのは、「アジアのCSR」と「企業と生物多様性」。共著に、『環境プレイヤーズ・ハンドブック』(ダイヤモンド社)、『グローバルCSR調達』(日科技連出版社)、『ゆとりある国・日本のつくり方』(電気書院)など。個人ブログ「サステナ・ラボ」(http://suslab.seesaa.net)。

環境と経済の両立と CSR

地球環境

千葉大学 法経学部 総合政策学科 助教授 　倉阪秀史

1 CSRは一時的な流行か？

　CSRへの注目が集まっている。CSRが注目されているのはなぜだろうか。CSRは、単なる流行ではないかと考える向きもあろう。確かに、ISO、LCA（ライフサイクルアセスメント）、SCM（サプライチェーン・マネジメント）などローマ字3文字の用語は流行しやすいといえるかもしれない。また、CSRは、昔からいわれていることの単なる焼き直しとみる向きもあろう。企業の社会的責任については、70年代からその必要性が指摘されてきており、人種差別反対、環境保護などの分野を中心に、グリーン・コンシューマ・ガイドなど具体的な情報提供の動きもみられてきた。しかし、最近のCSR関連の動向をみると、従来にない新しい側面が見受けられる。

　第一に、この動きが企業の自主的な情報開示と結びついている点である。経済・環境・社会の3つが企業評価のトリプル・ボトムラインであるという認識が広がり、GRIガイドラインをはじめとする様々な報告ガイドラインが公表されるとともに、多くの企業が持続可能性報告書といった形で様々な情報提供を自主的に進めるに至っている。

　第二に、制度化の動きと結びついている点である。国際的にはISO（国際標準化機構）が国際標準にする動きがみられ、国内的にも、環境配慮促進法のような環境行政の流れと、企業の内部統制強化の流れの双方から、今後具体的な制度化が進む方向にある。

　本稿では、これらの動きの背景をさらに探ることを通じて、CSRが経済評価の本質に根ざしたものであることを述べることとしたい。

2 経済評価の本質

(1) 経済評価の3つの軸

①これまでの企業評価軸

　企業活動のパフォーマンスを評価するためには、なんらかの評価軸を設定する必要がある。

これまでの企業評価軸は、「私」・「フロー」・「名目」を重視する傾向にあった。

「私」というのは、企業活動の成果が当該活動を行う企業に帰属する部分に注目するという傾向である。企業活動の成果は、その企業に帰属する部分（「私」）と、その企業以外の経済主体に帰属する部分（「公」）に分けられる。例えば、ある企業の利潤は前者に、その企業活動によって引き起こされる環境破壊による被害は後者に該当する。民間企業のパフォーマンスを評価する際に、まず前者が重視されてきたことは自然な流れであったといえる。

「フロー」は、企業活動の成果をある期間内に生み出された量で測ろうとする傾向である。利潤、付加価値額など時間や期間とともに表示されるものが「フロー」の量である。一方、資産、負債などは「ストック」の量となる。

「名目」というのは、企業活動の成果を貨幣価値で測ろうとする傾向である。利潤、資産など、円などの貨幣単位で測定されるものが「名目」の量であり、建物の床面積、廃棄物量、従業員数など面積、容積、重量、エネルギー量、人数などで測定されるものが「実物」の量である。なお、ブランドイメージや社会的な規律の存在など、物理的な単位で測定できないものも、貨幣単位で測定されないという意味で「実物」に含めることとしよう。

これまでの企業評価は「私」・「フロー」・「名目」が重視されてきたが、経済活動のパフォーマンス評価に視点を広げた場合には、これらのそれぞれに独立の別軸が存在し、本来その軸による評価を欠かすことができない。

②私―公軸

「私」軸の別軸が「公」軸である。経済学においては、経済主体同士が直接的に依存関係にあり、補償支払などが行われない場合に、外部性が存在すると呼ぶが、外部性には良い方向で機能する場合（外部経済）と悪い方向で機能する場合（外部不経済）がある。私的な個々の企業活動が成長しても、外部不経済が大きい場合には、そうでない場合に比べて経済全体の評価は下がるであろう。例えば、公害が激しく防御的な支出（医療費、公害対策費など）が大きな経済は、企業利潤が大きくても、よい経済とはいえないであろう。

「私」軸と「公」軸の2軸で展開すると、図表1のようになる。外部経済の大きな経済は右上に、外部不経済が大きな経済は左上に位置する。私的経済が小さくとも、公的経済が大きな「計画経済」型があり得るかもしれない。ただし、歴史的には優れた計画経済はなかなか見出されていない。

【図表1　私 － 公軸】

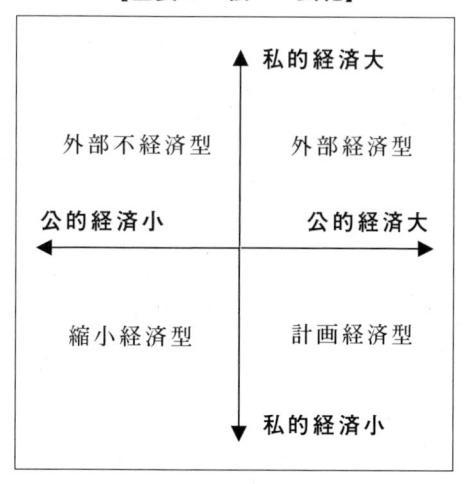

	私的経済大	
外部不経済型		外部経済型
公的経済小 ←		→ 公的経済大
縮小経済型		計画経済型
	私的経済小	

③フロー─ストック軸

「フロー」軸に対置される軸が「ストック」軸である。経済活動のパフォーマンスは、「フロー」量で測られる当期の活力のみならず、「ストック」量で測られる安定性や将来にわたっての能力においても測られる必要がある。

「フロー」軸と「ストック」軸の2軸で展開したものが、図表2である。

いくら当期の「フロー」が大きくても、資産を食い潰している場合がある。図の左上がこの場合であり、これを「消尽型」と呼ぼう。一方で、当期の活力もあり、将来的な能力も向上している場合（右上）は「健康型」である。また、当期の「フロー」は小さくとも、将来の能力が培われている場合がある（右下）。これは「鍛錬型」といえるもので、「消尽型」に比べて劣った類型であるとはいえないであろう。

【図表2　フロー ― ストック軸】

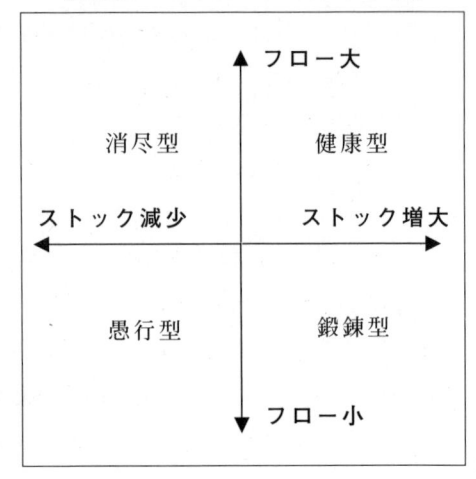

	フロー大	
消尽型		健康型
ストック減少 ←		→ ストック増大
愚行型		鍛錬型
	フロー小	

④名目─実物軸

「名目」軸に対するものが「実物」軸である。これも2軸に展開することができる（図表3）。

貨幣価値を生み出す際に、資源エネルギーの投入に依存する場合（資源集約型：左上）と、人間の知恵に依存する場合（サービス集約型：右上）の双方がある。また、貨幣価値の創出が全体として少なくなっていったとしても、人口などの実物基盤も同時に縮小していく場合もあり得る（縮小型：右下）。

【図表3　名目 ― 実物軸】

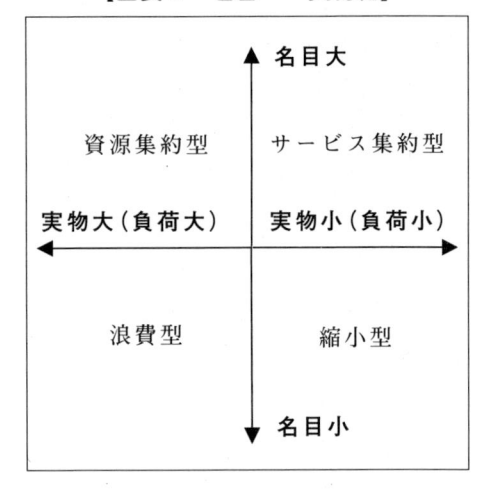

	名目大	
資源集約型		サービス集約型
実物大（負荷大） ←		→ 実物小（負荷小）
浪費型		縮小型
	名目小	

（2）8つの経済指標群

経済活動のパフォーマンスは、「私」・「フロー」・「名目」という軸のみでは評価できず、「公」・「ストック」・「実物」の軸も考慮して評価する必要がある。これらの2軸×2軸×2軸の8つのエリアについて、独立した指標があり得る。

2軸×2軸×2軸を立体的に示したものが、図表4である。この図の手前左下が、「私」─「フロー」─「名目」指標というように、8つの経済指標群が示され、その典型例が表示されている。

「私」─「フロー」─「名目」の典型例が、利潤、所得、売上高、付加価値総額、GDPと

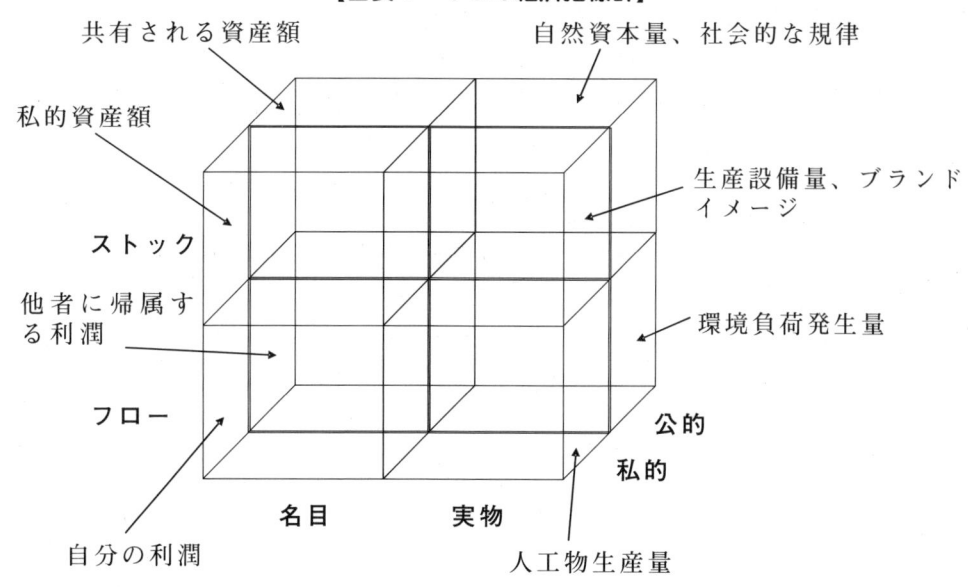

【図表4　8つの経済指標群】

```
共有される資産額          自然資本量、社会的な規律
私的資産額                              生産設備量、ブランド
                                        イメージ
ストック
他者に帰属す                             環境負荷発生量
る利潤
フロー                                公的
                                     私的
              名目    実物
                          人工物生産量
自分の利潤
```

いった指標群である。「私」－「ストック」－「名目」指標としては、私的な資産や負債額が典型例である。これらの経済指標が、これまでの経済指標の中核を占めていた。

「私」的な経済活動を支える「実物」面に関する「フロー」指標としては、期間内の製品生産量などを挙げることができる。また、「ストック」指標としては、生産設備量などを挙げることができる。アンケート調査などで把握される企業のブランドイメージも私的な実物面のストック指標に含められる。

これらの「私」的な経済指標のそれぞれに「公」的な経済指標を想定することができる。「公」－「フロー」－「名目」については、外部効果の貨幣評価額を想定することができる。「公」－「フロー」－「実物」については、廃棄物排出量や二酸化炭素排出量のように外部効果を引き起こす実物的側面を想定できる。「公」－「ストック」－「名目」については、個人の所有に属さない資産の評価額などが該当する。「公」－「ストック」－「実物」には、そのような資産の実物量などが含められる。社会的な規律の存在なども公的な実物ストックに含められよう。

3　「公」・「ストック」・「実物」側面からの評価の必要性

近年、経済評価に際して、徐々に「公」・「ストック」・「実物」面の評価が欠かせないことが認識されてきている状況にある。

(1)「公」的側面の背景

　経済主体が市場取引を経由しないで直接的に依存し合う関係が強まれば強まるほど「公」的側面の重要性が高まるといえる。

　経済活動が巨大化し、有限な環境の中で稠密に営まれるようになると、もはや他の経済主体への物理的な影響を考慮せずにはいられない。例えば、通常のビジネスであっても、廃棄物の減量化、温室効果ガスの削減の観点からの配慮を行わなければならなくなってきた。このため、「私」的側面のみならず「公」的側面からも経済活動のパフォーマンスを評価する必要がある。

(2)「ストック」重視の背景

　産業革命以来、地中の化石燃料を商業的に利用することができるようになったため、経済活動を支える物的投入量を飛躍的に増大させることができた。このことによって食糧生産も増大させることができ、これが人口爆発を支えることとなる。このように、産業革命以来、人間の経済には、一種のフロードライブがかかっていた。

　近年、このようなフロードライブにブレーキがかかりつつある。例えば、石油の生産量のピークが予測されるなど、化石燃料の制約が顕在化してきている。また、先進国では、人口自体の減少傾向も現れるようになってきた。日本がいち早く人口の自然減に直面していることは周知のとおりである。

　このようななか、将来にわたって経済を支える有形・無形の資産が本当に培われてきているかどうかが問われなければならない。つまり、「ストック」の観点から経済活動を評価する必要性が従来以上に高まってきている。

(3)「実物」重視の背景

　環境制約の顕在化に伴い、単に多くの付加価値を生み出すのではなく、より少ない資源消費（環境負荷）でより多くの付加価値を生み出すことが必要となっている。

　エコロジカル経済学者のハーマン・デイリーは、図表5に掲げるようなエコロジカル効率指標を提唱し、経済活動の評価にあたって、人工物から得られるサービスの増加量のみではなく、それを維持するために必要となる資源・エネルギー量、それを生み出すために犠牲となる生態系サービスの減少量も考慮する必要があると主張してきた。

　近年は、実践レベルでも、資源生産性や環境効率といった指標に注目が集まっている。例えば、日本政府は、循環型社会形成推進基本計画において、資源生産性に関する国家目標を定めるに至っている。

　このような効率指標を考慮するためには、付加価値総額といった「名目」指標のみならず、資源投入量や不要物排出量といった「実物」指標も整備する必要がある。

【図表5　デイリーの包括的エコロジカル効率】

$$\frac{人工物サービスの増加量}{生態系サービスの減少量} = \frac{人工物サービスの増加量}{人工資本のストック量} \times \frac{人工資本のストック量}{通過物量} \times \frac{通過物量}{自然資本のストック量} \times \frac{自然資本のストック量}{生態系サービスの減少量}$$

（人工物サービス効率）　（人工物維持効率）　（生態系維持効率）　（生態系サービス効率）

4 CSRと持続可能性

　「公」・「ストック」・「実物」を重視する背景として前項で指摘した事項は、社会の持続可能性の確保という新しい課題の顕在化として総括できる。長期的な観点から、社会を支える「実物」的な側面が持続するかどうかが懸念され、将来の対応能力を規定する「ストック」が培われているかどうか、その社会的な「ストック」に個々の企業が貢献しているのかどうかが、企業評価にあたって重視されるようになってきているのである。

　このように考えると、現在、CSRに注目が集まっている根源的な理由は、持続可能性を勘案した経済評価の要請と、現行の企業会計制度などの企業情報開示制度の内容とがずれてきていることにあるといえるのではないか。今後、CSRの動きを踏まえて、企業が比較可能な形で開示すべき情報の内容に再検討を加え、持続可能性の側面も加味した新しい企業情報開示制度を世界的に共通のルールとして実現していく必要があろう。

倉阪秀史 *Hidefumi Kurasaka*

千葉大学法経学部総合政策学科助教授（環境経済論、環境政策論）。千葉大学21世紀COEプログラム「持続可能な福祉社会に向けた公共研究拠点」公共政策担当リーダー。千葉大学環境管理責任者。著書に『環境を守るほど経済は発展する－ゴミを出さずにサービスを売る経済学』（朝日選書）、『エコロジカルな経済学』（ちくま新書）、『環境政策論』（信山社出版）、『環境と経済を再考する』（ナカニシヤ出版）がある。

CSRの関連諸事情

消費者保護法制とCSR

一橋大学大学院 法学研究科教授　松本恒雄

1 消費者政策の3つの波とCSR

　我が国において、消費者保護、消費者政策が意識的に執り行われるようになったのは、1960年代においてであり、1968年の消費者保護基本法の制定および翌1969年の地方自治法改正により消費者保護が地方自治体の固有の事務であることが明記されたことを画期とする。消費者保護の歴史、消費者政策の歴史は、その特徴的手法として順次襲ってきた3つの波によって、4つの時期に分けることができる。消費者政策の新たな波の到来は、従来の手法を不要としたり、時代遅れとするものではなく、活用し得る手法をより豊富化しているにすぎない。

【図表1　消費者保護・消費者政策の歴史】

前史	50年代以前		他の目的の法規の執行による結果	ついでの消費者保護の時代
第1の波	60年代	行政中心	行政規制＋行政による被害相談・あっせん	ハードローの時代
第2の波	90年代	司法重視	裁判所等での権利の行使	民事ルールの時代
第3の波	00年代	市場重視	市場を利用した消費者利益の実現	ソフトローの活用の時代

(1) 結果としての消費者保護

　その前史は、消費者保護や消費者行政が意識される前の時期である。この時期においても、消費者の利益が無視されていたわけではないが、他の行政目的に付随的に、結果としてそれが一定程度守られていたにすぎない。

(2) 行政中心の消費者保護

　第1期は、第1の波がやってきた1960年代から80年代くらいまでであり、中心は、行政が消費者保護の役割を積極的に担うということに置かれていた。行政の役割は、一方では事業

者の規制を行うことによって消費者保護を図り、他方で問題が起こった場合に消費生活センターで相談、斡旋を行うという、入口における規制と出口における相談であった。

入口のほうの規制は、業種ごとの縦割り規制であった。何か大きな社会的問題が起こると新しい法律を作って規制をかけるというやり方が、とりわけ金融・資産形成取引関係では顕著であった。豊田商事事件が起こると「特定商品等の預託等取引契約に関する法律」ができて、抵当証券被害が起こると「抵当証券業の規制等に関する法律」ができるという形で悪質商法のもぐらたたきを行政規制で一生懸命やっていたという時期がかなり長く続いた。

(3) 民事ルールを重視した消費者保護

第2期は、1990年代であり、民事ルールが注目され、裁判に少し焦点が移っていった時期である。1994年に制定された製造物責任法は、欠陥製品事故における消費者救済を従来よりも少し手厚くして、メーカーの責任を重くするものである。消費者が自分の力で裁判を通じて権利を実現していくという仕組みである。

消費者保護のための民事ルールの第2弾が、2000年に成立した消費者契約法と金融商品販売法である。消費者契約法は、誤認行為や困惑行為という不当な勧誘によって契約を締結させられた消費者に契約を取り消す権利を与えるとともに、不当な契約条項を無効とする規定をおいている。金融商品販売法は、金融商品の販売の際に、一定の事項について金融商品販売業者が説明をせず、その結果、購入者が誤解して金融商品を購入し、損害をこうむった場合に、金融商品販売業者の損害賠償責任を法定するとともに、元本割れ部分を損害と推定することによって損害額の立証を容易にするものである。

(4) 市場を利用した消費者保護

第3期の2000年代には、行政でも裁判でもなく、むしろ市場に着目し、市場を構成する企業と消費者が主役になって消費者の利益を実現していく方策が試みられている。すなわち、市場の力を利用して良い事業者を伸ばし、悪い事業者を淘汰していくという政策である。

従来の行政規制中心の手法にせよ、民事的な権利を消費者に与える手法にせよ、問題のある事業者が消費者に被害を与えたという、「加害者対被害者」という対立型の構図で捉えているところがある。しかし、市場を利用した消費者政策では、このような対立型の構図はとられない。誠実な事業者は不誠実で悪質な事業者が市場からいなくなるとより利益を得られるのであるから、消費者と同じ側に立っていることになる。消費者と事業者の双方が得をするような、英語でいう Win−Win（双方勝ち）の状況を作っていこうというのが、市場を利用した消費者政策である。そのためには、市場のサプライサイドである事業者が消費者利益を重視した自主的な取組みを行い、市場のデマンドサイドである消費者がそのような取組みを評価して行動するというスキームが働くことが前提である。

このようなメカニズムをうまく働かせるためのキーワードが、コンプライアンス経営と企

業の社会的責任（CSR）である。

2 コンプライアンス経営と自主行動基準

（1）コンプライアンス経営

　コンプライアンスとは、英語では「何かの要望に応えること」であるが、何の要望であるかによって、広狭3つのコンプライアンスがある。最狭義では、法律の要求に応じること、すなわち、リーガル・コンプライアンス（法令遵守）を意味する。法令遵守自体は規制法規を遵守せよということであり、消費者政策の第1の波の行政規制の延長上のものであるが、それを経営の問題として位置づけ、コンプライアンスのための企業内の自発的・積極的取組みを求めている点が、第3の波の手法である。もう少し広げて、法令のみならず、企業倫理や社会倫理に応えること、すなわち、法令違反ではないが不当と考えられることをしないというのも狭義のコンプライアンス（法令倫理遵守）である。

　さらに、企業が自らが決めたこと、すなわち、特別に法律が義務づけているわけではなく、また、倫理的に問題があるわけではないけれども、あることをやると決めて対外的に宣言したことを積極的に実践することも、広義の意味でのコンプライアンスである。2002年12月に国民生活審議会の自主行動基準検討委員会から、「消費者に信頼される事業者となるために－自主行動基準の指針」という報告書が出され[1]、そして、さらに2004年に制定以来36年ぶりに改正された消費者基本法5条2項が、事業者の責務として、「事業者は、…その事業活動に関し自らが遵守すべき基準を作成すること等により消費者の信頼を確保するよう努めなければならない」と定めているのは、広義の意味のコンプライアンスである。

　消費者保護のための新たな政策として、初めてコンプライアンス経営の必要性が提唱されたのは、内閣府に設置されたコンプライアンス研究会から2001年9月に公表された報告書「自主行動基準作成の推進とコンプライアンス経営」においてである。そこでは、「コンプライアンス経営」を、3つの意味のコンプライアンスをすべて含めて、「経営トップが関与した上でのコンプライアンス重視の経営」と定義している。

　最狭義のコンプライアンスに関して、法律を守るということは法治国家であれば当たり前のことであるが、法律や倫理をきちんと意識して経営を行うということは、それほど当たり前ではない。企業の利益その他の要素のほうに目をとらわれてしまって、法令・倫理のほうはつい疎かになりがちである。この点を常に意識して経営に臨むことが経営トップに求められているのである。

　トップの意識は不可欠であるが、それに加えて、組織を動かしていく経営の仕組みの中にコンプライアンスがビルトインされていなければならない。マネジメント・システムとしてのコンプライアンスが重要である。麗澤大学経済研究センターによる「倫理法令遵守マネジ

メント・システム（ECS2000）」[※2]は、コンプライアンスのためのマネジメント・システム規格であるが、国際標準化機構（ISO）でもコンプライアンスのマネジメント・システムの国際規格を作ろうという動きが急速に高まってきており、2007年ころから作業が開始される可能性がある。

（2）コンプライアンス促進立法

法律の面でも、企業のある行為を禁止したり、企業にある行為を義務づけたりするといった直接規制の手法ではなく、何をするかは企業自身に決めさせ、それを公表することだけを義務づけるというような間接規制により、コンプライアンス経営を促進しようとする立法が増えてきている。

【図表2　コンプライアンス促進立法】

年度	法令名
2000	金融商品販売法制定
2003	個人情報保護法制定
2004	消費者保護基本法改正（消費者基本法へ改称）
2004	公益通報者保護法制定
2005	新会社法制定
2005	独占禁止法改正（リニエンシー制度の導入）
2006	証券取引法改正（金融商品取引法へ改称）
2006	貸金業規制法改正案（貸金業法へ改称―臨時国会上程）

2000年に成立した金融商品販売法では、勧誘方針を策定してそれを公表することが金融商品販売業者の義務とされているが、勧誘方針の内容自体は法律では決められていない。金融商品販売業者の側で、自社が適切だと考える勧誘方針を公表し、そして、それを誠実に実現していくことによって消費者の信頼を得るという仕組みである。各社から勧誘方針が公表されているが、現在のところ、勧誘方針の内容で競争が行われるという程の違いのあるものとはなっていない。

2003年に成立した個人情報保護法が2005年4月から施行されているが、ここでも、法律自体には規定がないものの、個人情報保護法に関する2004年の閣議決定「個人情報の保護に関する基本指針」において、事業者がプライバシーポリシー（個人情報保護の方針）を積極的に公表することを求めている。

2006年5月から施行されている新会社法では、大会社の取締役や、大会社である取締役会設置会社の取締役会、委員会設置会社の取締役会は、「取締役（執行役）の職務の執行が法令及び定款に適合することを確保するための体制その他株式会社の業務の適正を確保するために必要なものとして法務省令で定める体制の整備」を決定しなければならない（348条4

項、362条5項、416条1項2号）。法務省令では整備すべき事項が定められているだけで、どのような仕組みとするかは各社に委ねられている。

また、2006年6月に証券取引法が改正されて成立した金融商品取引法においても、上場会社等は、「事業年度ごとに、当該会社の属する企業集団及び当該会社に係る財務計算に関する書類その他の情報の適正性を確保するために必要なものとして内閣府令で定める体制について、内閣府令で定めるところにより評価した報告書（「内部統制報告書」）を有価証券報告書と併せて内閣総理大臣に提出しなければならない」と定めるとともに（24条の4の4第1項）、内部統制報告書に公認会計士または監査法人の監査証明を受けることを義務づけている（193条の2第2項）。

2006年の臨時国会に上程されている貸金業規制法改正案（貸金業法へ改称）もまた、罰則強化や金利のグレーゾーンの撤廃と並んで、貸金業協会の自主規制機能の強化や貸金業務取扱主任者について試験制度の導入やその必置化などを内容としている。

3 CSRとステークホルダーとしての消費者

(1) ステークホルダーとしての消費者

CSRの議論においては、企業をめぐる利害関係者（ステークホルダー）には、株主、投資家、経営者、従業員、消費者、取引先、下請業者、融資銀行、地域住民、NGO、規制当局、外国政府、外国の住民、次世代の人々その他多様な者がいることを認識し、当該企業にとっての重要なステークホルダーを同定し、その要望に配慮をした経営を行うことが求められている。

「企業の社会的責任」という言葉が我が国で最初に注目されたのは1960年代であるが、これは公害問題においてであった。公害排出企業は必ずしも当時の法律に違反していたわけではないが、公害被害者を救済する社会的責任があるではないかという論調であった。すなわち、「非法律的責任」という意味での社会的責任であった。ところが、最近言われている社会的責任は、むしろ「社会に対する責任」という意味に変わってきている。前述の企業を取り巻くステークホルダーとは、結局、社会のことだからである。

では、ステークホルダーとしての消費者は、企業に対してどのような要望をもっているであろうか。

前述の国民生活審議会の「信頼される事業者となるために―自主行動基準の指針」では、自主行動基準に盛り込まれるべき消費者対応の方針として、情報開示・提供、勧誘方針、契約条項、製品（食品を含む）の安全、環境配慮に関する情報、業界・取引類型の特性に応じた情報、個人情報の保護方針、相談・苦情処理の8項目を挙げている。

また、ISOでは、2009年の発行をめざして、社会的責任（SR）についての国際規格（ISO

26000）を策定する作業が進められているが、2007年10月に公表された第二次作業文書（ISO 26000/WD２）では、消費者との関係での社会的責任の中心的課題として、①消費者への正確で適切な情報の提供、②環境面及び社会的に有益なサービスと製品の提供と開発、③安全で信頼のおける製品やサービスの提供と開発、④消費者のプライバシー保護の４項目を挙げている[※3]。

　CSRの重要な概念の１つに「ステークホルダー・エンゲージメント」がある。これは、ISO/26000/WD２では、「相互に受け入れ可能な成果を成就するための、組織とそのステークホルダーとの間の相互的で意欲的な協力関係」と定義されている。個々の消費者が企業に対して苦情や問い合わせという方法で直接意見をいうこともあるが、このような個別ルートでは企業側の感受性がまだまだ鈍い。上記のような「相互的で意欲的な協力関係」を消費者の側から構築していくためには、消費者の集団としての消費者団体の役割に期待されるところが大きい。2004年改正消費者基本法は、消費者団体に関する規定を８条に新設し、「消費者団体は、消費生活に関する情報の収集及び提供並びに意見の表明、消費者に対する啓発及び教育、消費者の被害の防止及び救済のための活動その他の消費者の消費生活の安定及び向上を図るための健全かつ自主的な活動に務めるものとする」と定めている。

　このような考え方を反映して、ISO2600の策定作業を行っているワーキンググループでは、各国標準化機関に対して、産業界、労働者、消費者、政府、NGO、支援研究その他機関の６つのステークホルダーごとにエキスパートを選任することを求めている。

　消費者団体の国際組織であり、国連NGOとして、消費者ステークホルダーを代表してISOのSRの国際規格づくりにも積極的に関与している国際消費者機構（Consumers International）は、ISO26000について、次の８点を特に主張している[※4]。

①SR中核原則（例えば、国連消費者保護ガイドラインに定められた消費者の権利）は、組織のサイズや活動地域に関わらず、遵守されるべきである。
②SR活動にはサプライチェーンを含む必要がある。
③フィランソロピーはSR活動と考えるべきでない。
④SRは組織の方針や手順の中で実践される必要がある。
⑤コミュニケーションがSRの中核要素である。
⑥SR規格は消費者とどのように交流しあうべきかの基準を入れるべきである。
⑦SR活動の評価と比較のために、一連の指標とその測定方法が必要である。
⑧ステークホルダーとの対話が不可欠である。

（２）コンプライアンスとCSRの関係

　CSRの内容として、最狭義のコンプライアンス、すなわち法令遵守も含まれるのか、それとも、法令遵守以上のもの、すなわち社会貢献や地域貢献などのみをいうのかについては争いがある。

前述のISO26000／WD2では、社会的責任を、「社会及び環境に対する活動の影響に責任を果たす組織の行動。それらの行動は、社会の関心と持続的発展と整合のとれたものであり、倫理的行動、遵法性及び政府間文書に基礎をおいたものであり、かつ、組織の既存の活動と一体化したものである」と定義している。ここでは、法令遵守が社会的責任の基礎とされている上に、本業におけるCSRが重視されている。

　法律が義務づけている事柄と、義務づけていない事柄とに単純に二分し、前者はコンプライアンスの問題、後者は社会的責任の問題とする考え方もあるが、昔は法律上の義務ではなかったけれども、今では法律上の義務になっているものが多数ある。例えば、環境は昔はリーガル・コンプライアンスの問題ではなかった。だから、公害排出企業の責任を民法の不法行為で追及するしかなかったのである。今では、環境に関する問題の多くが法令遵守の問題になっている。したがって、両者を含めて社会的責任の問題として把握しておく必要がある。この意味では、前述の広義の意味でのコンプライアンスとCSRは、ほぼ同じ問題を対象としていることがわかる。

4 CSRとしての消費者支援基金

　消費者基本法にこのような消費者団体の独自の役割規定が入ったことが、2006年の通常国会での消費者契約法の改正における、内閣総理大臣の認定を受けた適格消費者団体に事業者の行為の差止めの裁判を起こす固有の権限を与えるという消費者団体訴訟制度の導入へとつながった。消費者団体訴訟制度自体は、消費者団体に裁判上行使できる権限を与えるものであるから、消費者政策の第2の波の民事ルールの延長上のものである。

　消費者団体訴訟制度とはいうものの、訴訟を起こすまでもなく、事業者の事業活動が改善されることが望ましい。したがって、適格消費者団体は、消費者の目から見て問題のある事業者に対して様々な申入れ活動を行っていくことになる。これは、当面は消費者契約法違反というかなり限定的な局面における、消費者側から行う事業者へのステークホルダー・エンゲージメントの働きかけという位置づけになる。事業者側から消費者団体に対して、意見を求めてくることも多くなろう。消費者団体訴訟制度は、「消費者自身による公正な社会づくり」を実現するための1つの手段であり、この意味では、消費者政策の第3の波の1つの現れである。適格消費者団体には、消費者の代表としての高い視点と専門的能力が期待される。

　消費者契約法の改正前から、消費者団体訴訟を担うことを目的とした消費者団体が全国各地で設立されてきている。しかし、適格消費者団体による調査や訴訟追行のためのコストをどのようにまかなっていくかが大きな課題となっている。そこで、麗澤大学の高巌(たかいわお)教授の提唱による、団体訴訟を行う消費者団体にその経費の支援を行うための事業者、消費者、市民からの善意の寄付に依拠した消費者支援基金がスタートしている[※5]。高教授は、消費者支援基金が、良識的な事業者と良識的な市民をつなぐ、いわば、善意と善意をつないで、企業と

消費者の掛け橋となり、公正かつ健全な市場と日本社会の建設に寄与することを目指している点で、基金に対する企業からの拠金が日本型のCSRになると特徴づけている[6]。

消費者支援基金は、改正消費者契約法の施行を待つことなしに、適格消費者団体を目指す団体の調査研究活動に対する助成を行うこととして、2006年4月に公募を行い、NPO法人消費者機構日本（東京）、NPO法人京都消費者ネットワーク（京都）、NPO法人消費者支援機構関西（大阪）の3団体に総額5百数十万円の助成を決定した。

将来、消費者団体訴訟に事業者が違法に得た利益の吐き出しのための損害賠償の制度が加えられるような場合には、訴訟を遂行する適格消費者団体とは別の公益性の高い組織が賠償金の受け皿となることによって、利益吐き出し訴訟の透明性を高めることができる。消費者支援基金は、そのような受け皿としても活用可能と思われる。

また、自主規制を行う事業者団体には、法令や自主規制に違反した会員事業者に制裁金を課している例があるが、その一部を消費者支援基金に寄付することも考えられてよいと思われる。

※1　http://www.consumer.go.jp/seisaku/shingikai/report/finalreport.pdf
※2　麗澤大学経済研究センター「企業倫理研究プロジェクト」・「倫理法令遵守マネジメント・システム― ECS2000 v 1.2の導入と活用法」麗澤大学出版会（2000）
※3　http://www.jsa.or.jp/stdz/sr/pdf/iso26000_wd2_jpn.pdf
※4　http://www.consumersinternational.org/Shared_ASP_Files/UploadedFiles/643E0990-1551-4BA8-A7B7-A41789DAFC55_CI1ACIPositionpaperonISOSRMay2006(Lisbon).doc
※5　http://www.csr-forum.gr.jp/crpf/
※6　高巖『「誠実さ」を貫く経営』日本経済新聞社（2006）81頁以下。

松本恒雄 *Tsuneo Matsumoto*

1974年京都大学法学部卒、91年から一橋大学教授。民法・消費者法・IT法専攻。最近の著書として、『消費者六法（2006年版）』（共編著：民事法研究会）、『Q&A公益通報者保護法解説』（編著：三省堂）など。主な公職として、国民生活審議会消費者政策部会部会長、消費経済審議会会長、日本工業標準調査会消費者政策特別委員会委員長、ISO/SR国内委員会委員長、ISO/COPOLCO日本代表団長、東京都消費生活対策審議会会長など。

CSRの関連諸事情

内部通報制度とCSR

国広総合法律事務所 弁護士 　五味祐子

1 企業不祥事と内部告発

(1) 企業不祥事発覚の契機としての内部告発

　内部告発とは、企業などの組織内部での不正や違法行為について、その事実を組織内部の人間（下請け業者のこともある）が、監督官庁やマスコミなどの外部に明らかにして告発することである。

　近年の企業不祥事には、「内部告発」を契機として明らかにされたものが多い。例えば、自動車会社の欠陥隠し事件、食品の偽装表示事件、電力会社の原発事故隠し事件、養鶏場鳥インフルエンザ事件などである。

(2) 社員が内部告発を行う原因

　社内の不正や違法行為は、その情報が社内で共有されて適切に対応されれば、内部告発に至ることはない。

　本来、社内で不正や違法行為が行われていることを発見した社員は、通常の職制ルートに従って直属の上司に報告・相談し、その上司がさらに上司や管理職に、あるいは法務、コンプライアンス部門に報告・相談して部内や部門で解決する。重大な不正や違法行為は経営層に報告され、重要な経営マターとして企業全体で解決される。

　しかし、不正や違法行為の報告・相談を受けた上司が情報を抱え込んだり、現場や管理職が相談を受けた事実に対するリスク認識・評価を誤ったりして、その情報が正確に法務・コンプライアンス部門や経営層に伝達されないことがある。このように通常の職制ルートが機能不全に陥っていると、企業は組織として問題に対応することができず、社員は問題が放置されたと受け止める。つまりその社員は、しばらくの間（多くは数ヵ月間から1年程度）、通常の職制ルートに則った解決を図るが、それでも解決されない場合には、会社に任せては事態は改善されないとして、不正や違法行為の中止、改善を求めて内部告発に至る。

　かかる経緯をみると、企業のリスクマネジメントへの認識不足が内部告発による危機を招

いたというべきである。

（3）ステークホルダーの「内部告発」の受け止め方

　企業で働く社員は「内部告発」をどのように受け止めているのだろうか。

　従来の企業と社員の関係は運命共同体のようなもので、社員は「会社のため」に行われている多少の社内の不正や違法行為を黙認し、企業側もそのような社員の姿勢に依存してきた。しかし、経済、社会の構造変化、経済活動のグローバル化や人材の流動化の影響を受けて、社員の意識や行動は変化した。バブル崩壊により企業は終身雇用制や年功序列制度を変更せざるを得ず、その結果、社員の働き方も多様化し、社員の企業への帰属意識も希薄になっている。いまや会社のための不正や違法行為は許されるという論理は、社会にも社員にも通用しない。「おかしいことはおかしい」と声を上げる社員が増加し、正当な内部告発を「会社のため」にやむを得ず行った行動として肯定的に評価する傾向にある。

　社会や消費者はすでに、内部告発に積極的意義を認めている。これは、実際の内部告発が、企業内部で隠されていた消費者の生命、身体の安全や財産を害する不正や違法行為を社会に明らかにして、当該不正や違法行為の中止と改善の契機となったからである。相次ぐ不祥事により生じた企業への不信感が、正当な内部告発を法的に保護しようという動きを加速させ、消費者の利益や国民の生命、健康、安全を確保するために公益通報を行った労働者を保護する、公益通報者保護法が制定されたのである。

（4）企業は内部告発をどのように受け止めるべきか

　従来の企業は、内部告発を「告げ口」「会社への裏切り行為」などと批判し、否定的なものと受け止めていた。しかし、企業は、内部告発によって社内の不正や違法行為が社会問題化した後、外圧により初めて不正や違法行為を中止して改善するのでは、社会の信頼を得ることはできない。

　社員が内部告発に至る前に、企業自らが問題を把握して解決し、再発防止策をとるべきである。つまり、企業には、社内の問題点を発見し改善しようという意欲のある社員（内部告発者予備軍ともいえよう）を口封じするのではなく活用して、リスクマネジメントの中に取り込むという逆転の発想が必要である。そのための社内の仕組みが、以下に詳述する内部通報制度である。

2　リスクマネジメントと内部通報制度

（1）コンプライアンス経営とリスクマネジメントの必要性

　社会問題として大きく取り上げられた日本の企業不祥事のほとんどは、社内の不正や法令

違反行為を原因としている。社内で発生する不正や法令違反行為に対する社会的な評価は、社会、経済構造の変化、企業活動のグローバル化、これらに伴う社会意識や行動の変化を背景として、年々厳しくなっている。IT化が進んだ現代社会では、企業不祥事に関する情報は瞬時に社会に（世界中に）広がる。どのような企業にとっても、不正や法令違反リスクは、企業の存続そのものが危ぶまれる深刻な事態に陥る最大のリスクである。

企業が自ら不正や法令違反リスクをコントロールしなければ、社会の信頼を得て、安定的、持続的発展をすることはできない。企業は、適法かつ企業倫理に従った経営を行い（コンプライアンス経営）、自らの力で、不正や法令違反リスクを予防、回避、低減化して管理することにより、企業を危機的状況に陥れる不祥事を防止することが不可欠である（リスクマネジメント）。

社会や消費者からみれば、掛け声だけのコンプライアンス、リスクマネジメントは信頼できない。コンプライアンス経営に基づくリスクマネジメントの実践には、不祥事や事故の原因となる不正や法令違反リスクをコントロールする具体的な仕組みをつくり、機能させることが必要である。

（2）リスクマネジメントのツールとしての内部通報制度

企業は社内の不正や違法行為を扱う内部告発の問題も、企業不祥事を防止するためのコンプライアンス体制、リスク管理体制の中に位置づけていかなければならない。企業が内部告発の問題に正面から取り組み、社内の制度として位置づけるものが内部通報制度である。

内部通報制度は、企業が社内に不正や違法行為などのコンプライアンス違反行為が存在する可能性があることを前提とし、企業の内部関係者に対し、企業が設置した通報窓口や担当役員、管理職などにその情報提供を求め（内部通報）、企業自身がこの内部通報に基づき調査・事実認定を行い、不正や違法行為を是正し、再発防止策を策定して実行する社内の仕組みである。これにより企業は社内の不正や違法行為に関する情報（リスク情報）を早期に把握して、自浄作用を果たすことを目的とする[※1]。

企業は、内部通報制度を、企業のコンプライアンス経営による、リスクマネジメントのための「ツール」と位置づけるべきである。

（3）内部通報制度の法的位置づけ～内部統制システム整備義務との関係

法的にみると、内部通報制度の整備・運用は、コンプライアンス体制、リスク管理体制の一部であり、コンプライアンス体制、リスク管理体制の整備・運用は、取締役の善管注意義務の1つである。

裁判所は、2000年の大和銀行株主代表訴訟事件判決で、以下のとおり、企業のコンプライアンス体制、リスク管理体制（内部統制システム）の構築は、取締役の善管注意義務を構成すると判断した。

> 「従業員が会社の業務を遂行する際に違法な行為に及ぶことを未然に防止し、会社全体として法令遵守経営を実現しなければならない。…これもまた、取締役の善管注意義務及び忠実義務の内容をなす」
>
> 「不正行為を未然に防止し、損失の発生及び拡大を最小限に止めるためには、様々な仕組みを組み合わせてより効果的なリスク管理体制（内部統制システム）を構築する必要がある」

ここでいう「様々な仕組み」に内部通報制度は位置づけられる。

裁判例の流れを踏まえて法律も、企業に対し、取締役会に内部統制システムの整備義務を規定する形で、コンプライアンス体制、リスク管理体制の整備を要請する。

2006年5月に施行された新会社法では、委員会設置会社とその他の大会社について[※2]、取締役（執行役）の職務の執行が法令及び定款に適合することを確保するための体制その他会社の業務の適正を確保するために必要なものとして法務省令で定める体制（内部統制システム[※3]）の整備に関する基本方針について、取締役会が決定することを明文で義務づけた（362条4項6号・5項、416条1項1号・2項）。そして、法務省令で「使用人の職務の執行が法令及び定款に適合するための体制」（コンプライアンス体制）と「損失の危険の管理に関する体制」（リスク管理体制）（会社法施行規則100条）を定める。

内部通報制度は、コンプライアンス体制、リスク管理体制の一部であるから、その整備・運用は取締役の善管注意義務、忠実義務の一内容とされる内部統制システム整備義務を果たすための施策の1つと位置づけられる。

また、内部通報制度の通報受付窓口を、執行ライン上のコンプライアンス部門等とは別に監査役にも設置する企業もある。執行ライン上の窓口では、経営トップ（代表取締役）が関与する不正や違法行為の解決は困難である。しかし、監査役は、会社法上、経営トップから独立した立場で取締役の職務執行を監視する義務を負い、会社法上の権限行使（不正や違法行為の取締役会への報告義務、違法行為の差止請求権）により不正や違法行為の是正が期待される。会社法施行規則も、監査役設置会社については、内部統制システムに監査役監査の実効性確保のための体制を含み、その1つとして「取締役及び使用人が監査役に報告をするための体制その他の監査役への報告に関する体制」の整備を含むとする。したがって、内部通報制度の監査役窓口は、監査役への報告体制としても内部統制システムの一部と位置づけられる。

3 CSRと内部通報制度の関係

(1) CSRとは何か

内部通報制度とCSR（Corporate Social Responsibility の略。企業の社会的責任）との関

係をどう捉えるべきか。

　CSRについては様々な考え方や視点があるが、最近は、企業は、企業活動においていかに社会的責任を果たしていくべきかをマネジメントの問題として捉えるようになっている。具体的には、企業が、経済的側面だけでなく、法令遵守を含む社会的公正性や環境への配慮を企業活動に組み込み、企業を取り巻く多様なステークホルダー（消費者、顧客、社員、株主、投資家、取引先、地域社会、環境等）に説明責任を果たしていく、自主的な取組みである。CSRの取組みにより企業は社会的信頼を得ることができ、ひいては企業自身の安定的、持続的発展に資するメリットがある。

（2）CSRとリスクマネジメントとの関係

　内部通報制度は、企業のコンプライアンス経営による、リスクマネジメントのための「ツール」と位置づけられると述べてきた。そこで、まず、リスクマネジメントとCSRの関係について検討する。

　企業の不正や法令違反リスクは、企業の存続すら危うくさせる可能性のある最大のリスクである。不正や法令違反リスクをコントロールして企業不祥事を予防する、コンプライアンス体制の整備やリスクマネジメントは、企業の安定的、持続的発展のための不可欠の前提条件である。

　コンプライアンス体制の整備やリスクマネジメントが適切に行われている企業は、様々なステークホルダーから信頼を勝ち得る。例えば、消費者や顧客は、その企業が提供するサービス、商品の安全性や表示を信頼する。仮にその企業に不正や法令違反行為があっても自浄作用が働くため、内部告発による株価の突発的大幅下落リスクは小さい。そのため、安定した企業であるとの投資家の評価が得られ[※4]、株主による長期保有が期待できる。その企業の社員は、誇りをもって仕事に取り組むことができ、何よりも雇用の安定が確保され、安心して働くことができる。

　以上から、リスクマネジメントそのものがCSRの取組みの1つと捉えることができる。

（3）内部通報制度におけるCSRの取組み

　不正や法令違反リスクを企業が事前に把握して予防、回避、低減化し、是正していく内部通報制度は、リスクマネジメントの一部としてCSRの取組みに含まれる。

　CSRは、「企業不祥事を防止するためのコンプライアンス体制の整備」という限定された考え方を超えるものである。社会において責任ある企業であるために、ステークホルダーに対し、どのような役割を果たし、どのような対応をすべきか検討し、そのプロセスと結果について説明責任を果たすという具体的な企業行動である。

　内部通報制度の整備・運用においても、企業はステークホルダーに配慮し、いかに責任を果たすべきか検討しなければならない。

最近の日本の企業不祥事は、消費者や顧客、ユーザー等との関係で発生したものが多く、消費者や社会の企業全般に対する信頼は大きく揺らいでいる。消費者や社会の信頼を得るためには、リスク認識、評価や対応などのリスク管理体制構築の具体的な作業においても、消費者やユーザーの権利利益擁護の観点が不可欠である。

　この点、内閣府国民生活審議会消費者政策部会の自主行動基準検討委員会は、「消費者に信頼される事業者となるために―自主行動基準の指針―」と題する報告（2002年12月17日）において、「自主行動基準の策定・運用にあたり、効果的な内部体制の整備が必要」としたうえで、留意点の1つにヘルプライン（内部通報制度）の設置を挙げた。つまり、「自主行動基準に基づいた経営が実行されているかどうかを内部でチェックし、問題点の早期発見、不正行為等の未然防止と再発防止に役立てることが必要である」とする（11頁）。

　この報告を受けて、「消費者重視経営の評価基準―食品産業を中心とした評価基準―」（2003年5月：内閣府の委託を受けた主婦連主催の消費者重視経営の評価基準研究会）も、コンプライアンス経営推進のための組織体制の整備について、「倫理ヘルプライン等が設置され、機能しているか」と、「取引先からの苦情・相談を受け付ける体制が整えられているか。また、それらを受け、業務の見直しに反映しているか」を評価項目とする。このように、消費者重視経営の観点からも、内部通報制度の構築・整備が求められる。

　また、内部通報制度の利用者である社員等企業で働く人々の権利利益擁護の観点も重要である。企業活動の実際の担い手は社員である。誇りをもって働く社員、安心して働く社員の存在が企業の安定的、持続的発展への基盤となる。社員の労働環境を含めた広い意味での職場環境の問題は、社員の日々の活力に大きく影響する。内部通報制度は、法令やルールに基づく行動が正しいことを明確に示し、その適切な制度の運用が社員の満足度も上げる。

(4)公益通報者保護法の要請

　公益通報者保護法は、企業の社会的責任を重視するものである。

　すなわち同法は、政府の消費者政策の実効性確保のための施策として制定されたものであり[※5]、事業者に対し、国民や消費者の利益保護と社会経済の健全な発展のために、法令遵守を求める。

　具体的には、「この法律は、公益通報をしたことを理由とする公益通報者の解雇の無効等並びに公益通報に関し事業者及び行政機関がとるべき措置を定めることにより、公益通報者の保護を図るとともに、国民の生命、身体、財産その他の利益の保護にかかわる法令の規定の遵守を図り、もって国民生活の安定及び社会経済の健全な発展に資することを目的とする。」と規定する（1条）。

　同法に対する衆議院内閣委員会の附帯決議6項においても、「いわゆるコンプライアンス経営についての事業者の取組を積極的に促進すること」とされている。

　そして、通報対象事実の根拠となる法律も、刑法、食品衛生法、証券取引法、大気汚染防

止法、個人情報保護法等に加えて、「個人の生命又は身体の保護、消費者の利益の擁護、環境の保全、公正な競争の確保その他の国民の生命、身体、財産その他の利益の保護にかかわる法律として政令で定めるもの」とされている（2条3項、別表）。

以上から、公益通報者保護法は、企業に対し、国民の生命、身体、財産、消費者の利益擁護や環境の保全に関する法令の遵守を求め、コンプライアンス経営の促進を求めていると解される。

4 内部通報制度の構築・運用の実務とCSR

(1) 利用者の範囲の拡大

内部通報制度の利用者の範囲設定は、企業が、どの範囲から不正や違法行為等に関するリスク情報を収集するかという問題である。その検討の際に、CSRの観点からステークホルダーへの配慮を取り入れるべきである。

この点、公益通報者保護法で保護される正社員、パート社員、アルバイトなどの非正社員、派遣労働者、さらに、実質的に雇用関係があるとみられる個人事業者[※6]については、最低限、内部通報制度の利用者とすべきである。

他方、取引先とその従業員については、一定の場合には公益通報者保護法において保護対象となるが、通報を受けた企業との関係では通報者保護規定の対象とならないため、法律との関係では内部通報制度の利用者に必ず含めなければならないわけではない[※7]。したがって、取引先とその従業員を利用者に含めるか否かは、その企業と取引先との関係の実態により、リスク管理の観点からの政策判断にゆだねられる。

具体的な検討手順としては、取引先に提供を求めるべきリスク情報にどのようなものがあるかというリスクの種類を特定したうえで、リスク情報収集の必要性、リスクの重要性を検討する。この検討の際にステークホルダーへの配慮をとり入れるとどうなるか。例えば、食品販売会社であれば、対消費者の利益を重視して、食品の安全性や表示の信頼性に関するリスク情報をできる限り広く収集することが考えられる。販売会社が大手企業であれば、仕入先が、販売会社側の担当部門に不正や違法行為等を指摘しにくいことも多いだろう。その場合、担当部門を経由せずに、仕入先から直接リスク情報を収集するバイパス・ルートがあれば、リスク情報が早期に提供される可能性も高くなる。仕入先からのリスク情報の直接入手はリスク管理上も有効である[※8]。

グループ企業の従業員についても、社会的にみればグループは一体として評価される以上、リスクマネジメントの観点、内部統制システム整備義務との関係から、グループ内部通報制度の構築が求められるが、詳細は紙面の関係上割愛する。

（2）通報対象事実の拡大

　通報対象事実の設定は、企業がいかなる情報をリスクと認識して収集するかの問題である。ここでも CSR の観点からステークホルダーへの配慮は欠かせない。

　この点、公益通報者保護法における通報対象事実は、国民の生命、身体、財産の保護に関わる法律に違反するもので、かつ、最終的に刑罰によりその実効性が担保されている法令違反に限定されている（2条3項、別表）。これは、同法が、政府の消費者政策の実効性を担保するための施策として検討され、最終的な目的も消費者の利益（生命、身体、財産）の擁護とされているためである。

　しかし、公益通報者保護法の通報対象事実に当たらない法令違反行為や、法令違反には当たらなくても、不正行為、社会的に非難を浴びるような行為、社内の自主行動基準違反行為についても、企業の社会的信用の低下につながる行為は多々ある。そのため、CSR の観点から考えると通報対象事実を広くすべきである。

　また、実際の内部通報制度の運用の場面では、社員の職場環境に関する問題が数多く寄せられる。例えば、上司の暴言などのパワーハラスメントに近い事案、上司の部下への指導上の問題、人間関係上の問題などである。これらは、不正や法令違反にも、社内ルール違反にも当たらないものが多い。

　しかし、この種の通報の背後には、人員不足による超過勤務の常態化やサービス残業等の労働法規違反行為が隠れている場合や、部内マネジメント、企業風土上の問題が存在する場合がほとんどである。したがって、これらを通報対象事実から完全に排除するのではなく、内部通報窓口で広く受け付けていくのが、リスクマネジメント上望ましく、対社員との関係から（CSR 上）も望ましい。

　最近は、就職先企業の選択の際に、当該企業の CSR への取組みや広い意味での職場環境を重視する傾向にある。対社員（あるいは将来社員となり得る者）との関係から、企業が内部通報制度の運用において、職場環境に関わる問題に積極的に取り組み、働きやすい職場環境を作るとの観点も重要である[※9]。

（3）内部通報制度の運用実態の開示

　内部通報制度の運用実態を社内開示することについては、通報の秘密保持違反の懸念や外部への情報漏洩の懸念があり、導入に踏み切れない企業も多い。

　しかし、次の3つの観点から積極的に取り組むべきである。

　1つ目は、内部通報制度を有効に機能させるためである。企業が内部通報の件数や対応状況を開示し、内部通報に適切に対応していることを示すことにより、現実にコンプライアンス上の問題を発見した社員や潜在的通報者に安心感、信頼感を与えることができ、潜在的通報者による内部告発に至るリスクも低減できる。さらに、開示によるモニタリング機能が働

き、経営陣や内部通報制度の担当者が、適切な運用に努めるようになるとの効果もある。

2つ目は、CSRの観点、すなわち利用者でもある社員等への説明責任を果たすためである。社員等は、職場で発生する問題の種類や内容、会社の対応に高い関心をもっている。

3つ目は、社員のコンプライアンス、リスク意識の向上に資するためである。コンプライアンス違反事例とそれに対する会社の評価や対応が明確にされ、社員は自身の行動を律し、かつ職場の問題発見の手がかりをつかめる。

もっとも、開示により現実の通報者への不利益が発生してはならない。また、事案により企業の秘密情報や密接関連情報が存在する場合もある。したがって、事案を抽象化するなど開示方法に工夫が必要である。

また、外部ステークホルダーへの説明責任を果たすために、社外開示を行う企業も増えている。開示対象となる情報がマイナス情報に当たる場合が多いが、外部ステークホルダーは、企業側の懸念とは逆にマイナス情報の開示を行う企業を透明性の高い誠実な企業であると評価する。外部開示は社会の信頼の獲得につながるのである。

5 まとめ

内部通報制度は、企業側からみるとリスクマネジメントの手段であり、消費者や社会からみると法令や企業の自主行動基準等の遵守へ向けた実効性確保のための手段と位置づけられる。社員は、社内の問題を解決し、働きがいのある職場づくりのための手段として内部通報制度を利用する立場にある。いずれの立場からも内部通報制度の有効な機能が不可欠である。

企業は、内部通報制度の運用実績を積み重ねて常に自己検証し、開示しながら改善していくことが求められる。

※1 日本経団連「企業行動憲章」「実行の手引き（第三版）」2002年10月15日の改定においても、経営トップが、社会的責任を果たすための具体的な施策として「企業倫理ヘルプライン（相談窓口）」の整備を挙げる。相談内容を、企業倫理担当役員および経営トップに伝えることと、適切な改善措置を講ずること、相談者の秘密保持と不利益取扱いの禁止を求めている。

※2 委員会等設置会社については、2002年の株式会社の監査等に関する商法の特例に関する法律（商法特例法）に内部統制システム整備義務が規定されており（同法21条の7第1項第2号）、新会社法で同様の内容が踏襲された。

※3 金融商品取引法は、上場企業に対し、財務報告の信頼性にかかる内部統制を経営トップが評価した報告書（内部統制報告書）の作成・提出と監査人の内部統制監査を義務づけた（同法24条の4の4、193条の2第2項）。

※4 SRI（社会的責任投資）の対象銘柄の選定基準にコンプライアンス経営の実効性の指標として内部通報制度が評価項目とされている。また、株式市場の上場審査においても、企業の内部通報制度はチェック項目とされている。

※5 2003年5月内閣府国民生活局「21世紀型の消費者政策の在り方について」の最終報告において、21世紀型の消費者政策（①消費者の安全確保、②消費者契約の適正化、③消費者教育の充実、④苦情処理・紛争解決、⑤IT化、国際化、環境問題への対応）の実効性確保のための制度として、企業における自主行動基準の策定・運用等とともに、公益通報者保護制度の具体的内容が盛り込まれた。

※6 個人事業者であっても、実質的にみて「労働者」（公益通報者保護法2条1項本文、2条

※7　例えば、請負契約や継続的物品納入契約における発注者に通報対象事実が発生した場合、受注者の労働者が行った発注者への通報は保護対象とされる（受注者からの解雇無効等不利益な取扱いの禁止・公益通報者保護法2条3号）。これに対し、受注者における不正、違法行為についての発注者への通報は保護対象とされていない。

※8　なお、近年、消費者の生命、身体の安全性の確保や環境保全を徹底させるために、製品の原材料や部品の仕入先にも行動規範や調達基準（CSR調達基準）の遵守を求める企業が増加している。この問題は、取引先における不正、違法行為等の予防、管理の問題、取引先の選択基準の問題であり、自社内の不正、違法行為の早期発見と対応という内部通報制度の利用者の範囲設定の問題とは異なる。

※9　職場環境の問題は、内部通報窓口ではなく他の窓口により対応するのが望ましいとの考え方もある。また、人事政策や従業員満足（ES）の観点から人事部対応が可能な場合もある。しかし、多くの企業のコンプライアンス・マニュアルや行動規範には、風通しのよい職場環境、人権の尊重（セクハラ、パワハラ禁止）も重要な項目とされている。したがって、他の窓口を設置しても、社員が「コンプライアンス上の問題あり」として内部通報窓口を選択して通報することは想定しておくべきである。

■参考文献
・内閣府国民生活局企画課：編『詳説　公益通報者保護法』ぎょうせい（2006）
・公益通報者保護制度ウェブサイト（http://wwwca5.cao.go.jp/seikatsu/koueki）
・國廣正、五味祐子ほか共著『コンプライアンスのための内部通報制度「公益通報者保護法」が求めるリスク管理実務』日本経済新聞社（2006）
・高巖ほか共著『企業の社会的責任―求められる新たな経営観』日本規格協会（2003）
・日本弁護士連合会国際人権問題委員会編『企業の社会的責任と行動基準―コンプライアンス管理・内部告発制度―』別冊・商事法務№264（2003）
・谷本寛治：編著『CSR経営　企業の社会的責任とステイクホルダー』中央経済社（2004）
・2002年12月17日内閣府国民生活審議会消費者政策部会　自主行動基準検討委員会報告『消費者に信頼される事業者となるために―自主行動基準の指針―』
・内閣府の委託を受けた主婦連主催の消費者重視経営の評価基準研究会『消費者重視経営の評価基準―食品産業を中心とした評価基準―（2003.5）』
・2003年5月内閣府国民生活局『21世紀型の消費者政策の在り方について』の最終報告
・『第15回企業白書　「市場の進化」と社会的責任経営』経済同友会（2003.3.26）
・『新たな時代の企業内コミュニケーションの構築に向けて』日本経団連（2006.5.16）
・『企業行動憲章　実行の手引き（第3版）』日本経団連（2002.10.15）
・『企業行動憲章　実行の手引き（第4版）』日本経団連（2004.6.22）

五味祐子　Yuko Gomi

1994年上智大学卒業。99年弁護士登録（第二東京弁護士会・国広総合法律事務所）。現在に至る。専門分野は、会社法、証券取引法、独占禁止法、消費者関係法、労働法、経済刑法など。内部通報制度の外部窓口担当、内部統制、コンプライアンス、リスクマネジメントに関する案件も扱う。麗澤大学経済研究センター「企業倫理研究プロジェクト」メンバー、内閣府委託の主婦連合会主催「消費者重視経営の評価基準委員会」委員。主な著書は、『社会福祉法人のための個人情報保護Q&A』（共著：全国社会福祉協議会）、『なぜ企業不祥事は、なくならないのか』『コンプライアンスのための内部通報制度』（ともに共著：日本経済新聞社）。

CSRの関連諸事情

企業とNGO・NPOとの協働

拓殖大学 国際開発学部 教授　長坂寿久

1　日本のCSR論の危うさ

　CSRとは、企業とNGO・NPOの協働関係（パートナーシップ）を通じて作られてきた新しい「企業システム論」である。そして、CSR経営とは、具体的にはいかにNGO・NPOを企業に内部化するかということである。その点の理解が日本のCSR論に欠落しているところに、日本のCSRには危うさがあるといえる（NGO・NPOはほぼ同じ意味としてここでは捉え、以下統一してNGOと表記する）。

　CSR的企業行動は、言うまでもなく昔からあり、多くのCSRに関する著書は、そうした歴史的経過について触れている。しかし、CSRは何故1990年代末から21世紀に入って急遽顕在化し、急速に広がってきたのかについて、その理由や背景（NGOと企業との相剋と協働）を論述したものは多くない。また、CSR論はここ数年の間に急速に理論化が進められ、体系化されるに従いNGOの位置づけは希薄になってきている。しかし、NGOの位置づけは欧米では常識であるがゆえに、あえて強調されていないに過ぎないのである。

　企業とNGOとの協働でCSR経営が体系化されてきた事例の1つを挙げておこう。

　企業とNGOが、それまでの「攻撃戦略」から「協働戦略」へ転換していく契機となった象徴的事件として知られるのが、ロイヤル・ダッチ・シェル社（以下、「シェル」という）とNGOグリーンピースとの間で起こったブレント・スパー事件である。この事件はNGOが、特定の企業の存亡に関わる影響力をもち、さらに国際条約をも変更し得る政治力をもつようになったことを象徴する事件となった。

　この事件を契機に、シェルは1年半にわたり新たな企業理念の構築に取り組み、1997年に同社の新しい企業理念をシェル・レポートとして発表し、現在のCSRの基本となる考え方を提示した。英国のサステイナビリティ社のジョン・エルキントンは、彼がシェル・レポート作成へ至るコンサルティングを通じて得た経験から、「トリプル・ボトムライン」という考え方でCSRを提示した。企業は「経済性（収益）」だけでなく、「環境適合性」「社会適合性」の3点をすべての経営プロセスの中に組み入れていくという考え方である。

　この概念提示以後、CSRは急速に理論化が進み、完成されていった。例えば、マルチ・

ステークホルダー、サプライチェーン・マネジメントなどの考え方が導入されてきた。企業にとって、これまでのNGOは、時には不買運動や訴訟などを通じてメーセッジを届けようとするあまり、企業経営の大きなリスク要因の1つとなってきた。しかし、現在はNGOとの協働によって、企業改革や企業価値の向上につながるなど、企業とNGOの協働は企業にとって大きな成果を上げるケースが登場するようになった。現在、欧米の多国籍企業にとっては、NGOとの協働関係の構築は非常に重要な経営戦略として捉えられており、それがCSRの重要な部分となっている。

2 「環境」と「社会」的側面とは何か

「企業の社会貢献」という言葉は昔からあった。日本にも1980年代後半頃から定着を始め、日本企業も今や大いに行っている。しかし、「CSR以前の企業の社会貢献論」は、企業の目的はあくまでも収益を上げることであり、収益についてそれを株主や役員や従業員などに還元すると同時に、社会にも還元（配分）すべきだという考え方である。その社会還元論の基本は「寄付」であった。しかし、「CSR時代における企業の社会貢献論」は、「寄付」ではなく、企業の経営システムの中に（本業の中に）、つまり経営のすべてのプロセスに「経済（収益）」のみならず、「環境」と「社会」も組み入れるということである。

では、この場合の「環境」と「社会」とは何か。日本企業にとって「環境」的側面は比較的わかりやすいが、「社会」的側面は特にわかりにくい。具体的には、それは世界でNGOたちが主張している問題点のことである。NGOの関心の緊急性が、世界/社会の危機に対する緊急性を反映しており、それがCSRへの取組みの緊急性となっているのである。つまり、「社会」に取り組むには、世界のNGOがどのような課題を緊急性をもって取り組んでいるかを知ることである。その点で、日本企業がCSR室を設置したならば、その中にNGO担当者を設置する必要がある。その担当者は世界の主要NGOを調べ、インタビューをし、NGOたちが考えていることを把握することである。

CSRはNGOによる活動を通して体系化されてきたため、現在の世界のCSR/SRI推進団体は強くNGOとの関係をもっているか、NGOそのものである。あるいはそれらの機関はNGOの人々を中心にして設立されているため、多くのNGO経験者が参加している。CSRの評価機関の多くも実はNGOである。日本企業の多くがCSR基準として採用しているGRIもNGOである。また、こうした評価機関や評価アナリストは、評価のための調査・情報収集にあたって、世界のNGOの協力を得ており、NGOの活動データを積極的に活用している。

CSRに企業が取り組むにあたって、CSRの体系的なフレームワークはすでに種々できあがっている。しかし、再度言えばその際、NGOとの協働関係がCSR経営の基盤を構成していることを欧米の企業は認識している。

3 企業とNGOの協働とは

　NGOの基本的考え方は、「企業は社会のステークホルダーの1つ」という点にある。この認識はすでに国際的に普及している。ISO（国際標準機構）で進められているCSRの基準づくりも、この認識を取り入れ、企業のみならず、社会のあらゆるステークホルダーによる「SR（社会的責任）」を問いかけている。

　同様に、欧米企業のトップは、「これまでは企業の正当性は、政府から与えられるものであったが、今日においては市民社会との対話の中で獲得していくものに変わってきている」と認識するようになっている。

　では、企業がNGOとCSR的に付き合うということはどういうことなのか、オランダ企業「ロイヤル・ヌミコ社」について見てみよう。同社の主力商品は、ベビーパウダー（日本では森永乳業と提携）、臨床チューブフィーディング、ベビーフード等である。主な市場は欧州域内が40％、残りは中国、ロシア等に販売する多国籍企業である。

　同社はNGOとの協働関係の中から大きくメリットを受けている典型的な企業の1つである。同社のCSR担当筆頭副社長（デヨング氏）は、NGOとの付き合いについて次のように述べている。「NGOはいろいろと指摘してくる。現在NGOは"世界の良心"として活動している。オランダには多くのNGOが存在して企業にとって厄介そうであるが、実は企業にメリットがある。オランダのNGOとは対話がしやすく、しかも建設的な会話が展開しやすい。そうすることでNGOが寄付提供者から反感を買うこともない。動物保護団体にしても、英国等と比べてオランダの団体は対話がしやすい。オランダは企業にとっても非常によいトレーニングの場所になるのではないか」。

　同社とNGOとの付き合い方には、例えば次のようなものがある。

①グリーンピースとは同社のバイオテクノロジー開発にあたって、開発に関する情報を逐次交換することで一定の関係（開発についての合意形成のパートナシップ関係）を築き上げており、グリーンピースからも信頼が厚い。1996年、遺伝子組替作物（GMO）が欧州市場に参入してきた時、同社としても、GMOをフードチェーンに入れないわけにはいかず、グリーンピースと徹底して話し合い、1％を最大の許容範囲という合意に至った。その後海外での製品販売においてGMOが争点となった場合、オランダのグリーンピースが直接各国のグリーンピースと話し合ってくれることとなった。そのため、イタリアや中国で問題が起こった場合でも、オランダのグリーンピースは逆に守ってくれた。グリーンピースは国際的であり、グリーンピース同士が話し合ってくれることで解決してくれる。

②ミャンマー進出問題では、アムネスティ・インターナショナルなど人権NGOからの非難で、1998年にハイネケンは撤退を余儀なくされた。IHCカーラント（造船会社）は、そこでの造

船事業が生み出す利益が軍事政権を支援していることになるとして非難された。同社は今後は新しい契約を結ばないという決定をすることで決着した。しかし、ヌミコはアムネスティと緊密な関係にあり、事前の対話の場をもっていたため、その時は事なきを得た。(注：ただし、同社は現在はミャンマーから撤退している。これはNGOからの圧力ではなく、株主の意向により撤退した)

③動物実験問題について、オーストラリアでもオランダの動物保護協会との事前の話し合いにより、オランダの動物保護協会がオーストラリアの動物保護協会と話し合ってくれた。

④オランダには食品関連企業のCSR推進団体として、2000年のダイオキシン事件をきっかけに設立された「DUVO」がある。アーホールド、ハイネケン、ユニリーバ、ヌミコ、マクドナルド、ハインツなどの主要企業が参加している。その主たる目的は、業界グループ全体として、サステイナビリティ（CSR）の立場をNGOに対して開示し、NGOとの関係を強めていこうとするものである。

⑤「アムネスティ円卓会議」に参加している。これはNGOとの関係を調整・強化するために設立した機関で、アクゾー・ノーベル、ABMアムロ銀行、シェル、ING銀行、ヌミコ、ユニリーバなどの主要企業がメンバーとなっている。人権問題に関する円卓会議で、アムネスティから3名が招待される。通常の会合では夕食会等を通して、世界での経験を情報交換し合っている。参加企業が世界のどこかで人権問題があると報道される前に、アムネスティと事前に話し合いをもつことができるという取決めがされている。

⑥インドや中国に駐在員を送る前に、アムステルダムの主要NGOであるアムネスティやグリーンピースを訪問させている。これが駐在員にとって非常によい勉強の機会となっている。また、同社の駐在員は、アムネスティ等に有益な現地情報を提供したりもしており、双方にメリットがある。

⑦同社は倫理・社会問題に関して助言する諮問委員会を設立しているが、そのメンバーの推薦をNGOに依頼している。NGO側に諮問委員会に適した人物のリストを提出してもらい、その中から選ぶという形をとっている。NGOが要求する基準は法律より厳しい。NGOの意見を反映させるためにこうした措置をとっており、この独立した諮問委員会の承認を得たという事実を重視している。社会的にも企業への信頼の元となっている。

⑧NGOの動きについて把握することは、企業にとって競争相手の状況を知るのと同様に、重要な情報収集課題となっている。その際、付き合いのあるNGOと対話するだけでなく、NGOの会議への出席や、さらには現地大使館も、同社はNGO情報入手のコンタクトポイントとして重視している。オランダの大使館は、その国のNGOの取組みを把握しているからである。

⑨同社も様々なNGOや地域活動などに寄付などを行っていることはいうまでもない。

4 NGOとのつきあい方

　21世紀における企業競争力の向上には、CSRへの対応が必要であり、それはNGOと付き合うことの必要性を意味している。それは企業にとって、2つの意味で重要である。1つは、NGOは社会の声を反映していること。NGOが何を憂慮しているかを知ることで、企業リスクを洗い出すことができる。もう1つは、NGOは人々のニーズの最先端で仕事をしているのであり、企業はNGOと付き合うことを通じて、社会・人々の最先端のニーズとその変化を社内へ内部化できるからである。

　「NGOは企業にとって有益である。積極的に接触していくべきである」、と欧米の企業のトップは語り、そう認識している。企業にとってCSRへの対応は、実際的にはNGOの動向によって決まってくることになる。消費者の商品の選択行動もCSRの決定要因だが、不買運動や消費者の選択や消費者教育の展開に大きな役割をもっているのもNGOである。つまり、企業にとって、CSRに対応する最も重要なポイントの1つは、NGOが何を課題としているかを常に把握することである。

　また、NGOと話し合い、合意することにどのようなメリットがあるのだろうか。1つは、上述のヌミコ社の例のように、国際的な営業活動の許可を実態的に得たということを意味する。第2には、NGOとの合意は、企業の評判・価値が落ちるリスクが少なくなる。第3にブランドイメージがよくなり収益が上がる。第4に将来必要と予測される環境コストやリスクが少なくなる。第5に従業員のモティベーションが上がる。第6に見通しのよい経営ができる。第7に社会に対して果たしていない責任が少なくなる。

　そして第8に株主の評判がよくなる。さらに重要な点がある。NGOとの「協働」は、単にそれが企業の評判を強化するだけでなく、第9にCSR/SRIの評価機関による企業評価のポイントを高めることになるということに、日本企業も気づく必要があろう。評価機関はNGOから実効性ある情報を入手して企業のCSR状況の裏取りを行っているからである。

5 NGOとは何か

　米国のイーデルマンという調査会社が、政府、メディア、ビジネス（企業）、そしてNGOの4セクターへの信頼度の世論調査を半年ごとに行っている。これによると、米国ではメディアを除く3者への信頼度は、NGOへの信頼が若干高いが、概ね拮抗している。欧州ではこの4者の中でNGOへの信頼感が最も高い。つまり欧米とも、NGOへの信頼感は日本におけるそれに比べとはるかに高く、他の3セクターと同等あるいは最も高い信頼度で認識されている。また、欧米での調査では、どのセクターに未来への希望を感じるかという点では、圧倒的にNGOセクターへの期待が高い。

この日本と欧米との間の、あまりにも大きなNGOへの認識ギャップが、CSRを含め、私たち日本および日本人の社会と世界を見る目を曇らせ、歪ませ、本質を見ることを妨げ、世界の動きから自らをスポイルしている状況を作り出していると感じられる。

　CSRの推進において最も重要な要素は、プレッシャー・グループとしてのNGOセクターからのパワー、圧力である。それが企業との間に緊張感をもたらし、企業はCSRへの取組みを真剣に行うことになる。しかし、日本ではこのNGOセクターからの圧力が圧倒的に弱いところに問題がある。これが日本のCSR経営を弱体な取組みに終わらせる危険がある。

　おそらく、日本ではまもなく「CSR無意味」を主張する者が登場するかもしれない。その理由は3つ考えられる。1つは、日本の景気が改善しつつある現在のような場合には、景気の上昇期にはSRI商品（ファンドなど）のパフォーマンスが非SRI商品よりも低くなる可能性があること。第2には、CSRの評価が実は非常に難しいこと。「経済（収益）」については、すでに長い歴史の中で、基本的には結果評価で査定する手法が確立されている。しかし、「環境」や「社会」の評価は、状況評価であるので、企業としての仕組みは報告書の中では確固と構築されているとしても、それがしっかりと実効性をもって運営されているかどうかの評価は非常に難しい。そのためNGOからの情報が重要な意味をもつわけである。その結果、ある有力企業のスキャンダルを見抜けなかったとして、CSR/SRI評価の限界論を一方的に語り、CSRを貶める評論家も出てくるかもしれない。

　第3には、日本ではNPOセクターの力が極めて弱いので、企業もCSR経営を進めていく必然性を感じられず、CSR経営をしなくても、NGOや消費者から強い非難を浴びるわけでも、不買運動にあうわけでもなく、単に面倒なCSR室の運営と、CSR報告書の作成とが残り、次第に熱意をなくしていく可能性もある。かくして、CSR無用論が出てこないとはいえないのである。

　こうなると、日本企業のCSR対応は、欧米企業やアジア企業に比べて10年は遅れることになる恐れがある。つまり、CSR対応をした企業と、10年間それを怠け、後から始める企業との競争力の格差は大きなものとなる。日本企業がCSR対応を欠いた場合、日本の海外からの投資は大きな齟齬をきたすことになる。さらに、近い将来、世界のNGOは日本企業をターゲットに攻撃を始めるであろう。すでにその兆候はある。

　私たちにとって最も重要なことは、CSRの推進体制の構築だけでなく、日本にNGOセクターが早く確立されることが、日本の将来の企業の競争力のためにも必要なこととなっているのである。

長坂寿久　*Toshihisa Nagasaka*

拓殖大学国際開発学部教授（国際関係論／NGO・NPO論）。1965年現日本貿易振興機構（JETRO）入会、シドニー、ニューヨーク、アムステルダム駐在。99年拓殖大学国際開発研究所教授、2000年より現職。NPOファミリーハウス理事長。ジェトロ客員研究員、㈶国際貿易投資研究所客員研究員など。映画評論家。著書には、『グローバリゼーションとNGO・NPO』（DTP出版）、『オランダモデル』（日本経済新聞）、『映画で読む21世紀』（明石書店）等がある。

CSRの関連諸事情

CSRとグリーン調達

財団法人 地球・人間環境フォーラム 主任研究員 満田夏花

　グリーン購入とは、「購入の必要性を十分に考慮し、品質や価格だけでなく環境のことを考え、環境負荷ができるだけ小さい製品やサービスを、環境負荷の低減に努める事業者から優先して購入すること」と定義される[※1]。購入者の生活や経済活動段階における環境負荷を削減する（例えば、省エネや廃棄物の削減）ことに加え、環境配慮型製品や原材料の市場を生み出し（例えば、省エネ対応製品、再生原料を使った製品、持続可能な経営を行っている森林からの木材など）、供給側・生産側に対して環境に配慮した製品の設計や原材料の生産を行うことを促す効果がある。

　グリーン調達とは、これを企業などの組織体の経済活動の一部として調達方針に組み込み、実施していくことであり、企業のCSRの本質的な部分を構成する。調達方針の策定とともに、原材料調達における環境社会配慮やサプライ・チェーン管理などを組み合わせた戦略的な対応が重要となってくる。

　日本は、政府部門におけるグリーン購入を法律の形で導入し（グリーン購入法）、多くの企業が調達方針に環境配慮を組み込むなど、グリーン購入分野の先進国といってよい。しかし、環境配慮の内容が、省エネ、省資源、化学物質対応、廃棄物対策など、製品開発において技術的に解決可能な分野において秀でている一方、原材料調達における生態系配慮や社会問題対応といった分野においては今後の取り組みが待たれるところである。例えば、木材、漁業資源、農産物など、日本がその多くを海外に依存する原材料の生産現場において発生している、陸上/海洋生態系の破壊や人権の侵害などに対して、調達という視点から配慮していこうという動きはこれまで少なかった。

　本項においては、グリーン調達が発達してきた経緯を振り返ると同時に、現在の日本におけるグリーン調達において盲点となりがちな、原材料調達の段階における環境社会問題や、解決のための取組みについて記す。

1 消費者運動から始まったグリーン購入の波

　個々の消費者が買い物という行為を通じて、環境に配慮した商品や企業に「1票を投じ

る」というグリーン・コンシューマー運動が取り組まれるようになったが、これが顕著になったのは、1980年代の後半ごろからである。1988年にイギリスで「ザ・グリーン・コンシューマー・ガイド」が、翌年の1989年、アメリカで、「Shopping for a Better World」（より良い世界のための買い物）が相次いで出版され、大きな反響を呼んだことは象徴的である。後者は環境のみならず、差別の撤廃、情報公開、雇用などの企業の社会的側面を評価した買い物を呼びかけるものであった。

　日本でも、1994年に「地球にやさしい買い物ガイド」[※2]が刊行されたのをはじめ、地域でスーパーや商品の環境側面を評価するガイドブックが発行された。特筆すべきは、この消費者レベルの運動と併せて、1990年代から、自治体や行政においてもグリーン購入の動きが広まったことである。滋賀県は全国に先駆けて1994年からグリーン購入の基本指針を定めた。また、1995年6月に「国の事業者・消費者としての慣用保全に向けた取組みの率先実行のための行動計画」（以下、「率先実行行動計画」という）が閣議決定され、後のグリーン購入法（国等による環境物品等の調達の推進等に関する法律、2001年4月施行）につながった。

　当時、滋賀県のグリーン購入に率先して取り組んだ北川憲司（きたがわけんじ）氏は、県のグリーン購入指針の策定・実施の効果として、①まとまった形での環境配慮製品の市場が生まれたこと、②市民運動による資源回収の行き詰まりに対して、再生原料のニーズをつくることに貢献したこと、③職員の環境配慮意識の覚醒─を挙げている[※3]。

　このような取組みが企業にも急速に広がってきた背景には、国の率先実行行動計画やグリーン購入法の制定とともに、1996年2月に発足したグリーン購入ネットワーク（Green Purchasing Network：GPN）の存在が大きい。GPNは、環境庁（当時）の呼びかけにより、自治体、企業、市民グループなどを巻き込んで結成された組織であり、多様なステークホルダーの協議により、コピー機、印刷用紙、冷蔵庫、文具などの商品群ごとの「グリーン購入ガイドライン」「グリーン購入のための製品ガイドブック」を作成、情報普及を通じたグリーン購入の促進を行っている。GPNの会員数は発足当時73だったのが、2年後の1998年2月には1,152、2006年1月には2,860にまで広がっている。会員企業に情報提供を行うのみならず、当事者としてこれらのガイドラインの策定過程に巻き込み、かつ商品情報をデータベース化することにより、企業にもグリーン購入に参加する直接的なインセンティブを提供したことが成功の秘訣だろう。

2 グリーン購入のポイント

　ここでグリーン購入ネットワークの制定した「グリーン購入基本原則」を見てみよう。
　ここで重要なのは「購入の必要性」をまず原則の最初に挙げていることである。購買行動の変化を通じて社会経済全体のグリーン化を目指すというグリーン購入において、「買わない」という選択肢を強く打ち出したことの意義は大きい。企業においては不必要なものを買

【図表 1　グリーン購入の定義と基本原則】

■グリーン購入とは	
購入の必要性を十分に考慮し、品質や価格だけでなく環境のことを考え、環境負荷ができるだけ小さい製品やサービスを、環境負荷の低減に努める事業者から優先して購入すること	
1 「必要性の考慮」	購入する前に必要性を十分に考える
2 「製品・サービスのライフサイクルの考慮」	資源採取から廃棄までの製品ライフサイクルにおける多様な環境負荷を考慮して購入する 【2-1】環境汚染物質等の削減 【2-2】省資源・省エネルギー 【2-3】天然資源の持続可能な利用 【2-4】長期使用性 【2-5】再使用可能性 【2-6】リサイクル可能性 【2-7】再生材料等の利用 【2-8】処理・処分の容易性
3 「事業者取り組みの考慮」	環境負荷の低減に努める事業者から製品やサービスを優先して購入する 【3-1】環境マネジメントシステムの導入 【3-2】環境への取り組み内容 【3-3】環境情報の公開
4 「環境情報の入手・活用」	製品・サービスや事業者に関する環境情報を積極的に入手・活用して購入する

（出所）グリーン購入ネットワーク（1996年制定、2001年改定）（下線は筆者）

わないことは、経済的な観点からも当然のことであろうが、特に消費者/行政部門における購買・調達行動を考えたときにこの原則は大きな意味をもつ。後述のように、地球の資源（化石燃料、鉱物、生物など）や開発可能な土地が明らかに有限であること、とどまることを知らない人口増加、生産地における環境・社会影響を把握・解決することが非常に難しいことを考えると、日本を含む先進諸国は自らの消費を抑制せざるを得ない[※4]。たとえ、ある商品Aの一部に一側面からみれば「環境配慮型」の素材が使われていても、商品Aの消費を不必要に行うことの免罪符にはならないことに注意が必要だ。

さらに、方針の中には明示的には盛り込まれていないが、環境に良いものを「買う」という行動の重要性とともに、明らかに環境・社会に悪いものを「買わない」という選択肢も重要である。例えば、森林破壊や人権侵害を伴って生産された木材・紙製品・農産物、国際ルールを無視した違法・無規制漁業による魚介類、資源採掘による莫大な利益が戦争の資金源として使われることもある宝石や貴金属などが挙げられる。

基本原則2においては「資源採取から廃棄までの製品ライフサイクル」を挙げており、さらにそれをブレークダウンした8つの原則をうたっている。日本企業の得意分野である製品設計・開発能力を反映し、これら8つの原則の多くが製造加工段階という、マテリアル・フ

ローの中でも中流から下流にかけて対応可能なものであることが興味深い。逆に、残念ながら、「資源採取・調達」という分野においては、「天然資源の持続可能な利用」という1項目にとどまり、これをどう実現していくかが今後の課題に残されている。

3 原材料調達の重要性〜隠れたフローと隠れた影響を見据える

　日本は多くの資源を海外に依存している。日本における物質フロー図（図表2）を見てみると、国内の経済活動に投入される天然資源等1,755百万トンのうち、788百万トンが資源または製品の形で輸入されている。この図には表されていないが、実際に使われた物質以外に、資源の採取・採掘の際に廃棄された「隠れたフロー」が大きい。この隠れたフローは、国内からは7.4億トン、海外分としては採取28.8億トンの計36.2億トンであると推計されている（平成18年版循環型社会白書）。特に海外においては、採取資源量の4.1倍もの「隠れたフロー」が生じている。

　この数値は廃棄された物質量であるが、これらの資源の採取や生産の段階あるいは廃棄物投棄等の際に、生態系への影響や公害等の「隠れた影響」が生じていることに注意が必要だ。

　もちろん、こうした隠れたフローや影響を数量化するための試みも進行中であるが、自然資源の枯渇や生態系の破壊は待ってはくれない。森林を例にとれば、1992年の地球サミット以来14年にもわたって毎年森林をめぐる国際会議が繰り返され、森林の持続可能性な経営をいかに評価するかの議論が行われている傍らで、毎年、日本の国土面積の3分の1にも相当する天然林が失われている。種の絶滅のスピードは1時間に3種、過剰漁獲または枯渇していると評価された魚種の割合は1970年代半ばには10%だったのが、2000年代前半には25%にまで増加している。

　こうした自然資源の危機的状況と、私たちが使用している原材料との間には密接な関係がある。例えば、東南アジアのアブラヤシ・プランテーションや南米の大豆プランテーションの急激な開発は、熱帯林や保護価値の高い生態系に大きな圧力を与えている[※5]。漁業資源の枯渇の大きな要因として、最新技術を備えた大型トロール船や延縄漁船による広範な操業が挙げられる。破壊的な資源収奪として最たるものは、組織ぐるみで行われる違法な伐採による森林破壊、国際ルールを無視した違法な漁業、保護地域などで行われる開発行為や廃棄物や排水を垂れ流す鉱山操業などであろう。そして何より、そこから得られた、環境社会コストを無視した資源を享受する大量消費社会の存在なのである。

4 各種事例

　以下に、木材・紙、パーム油、魚介類を例にとった、原材料採取の段階における環境社会影響と、企業による持続可能性を配慮した調達方針策定の動きを紹介する。

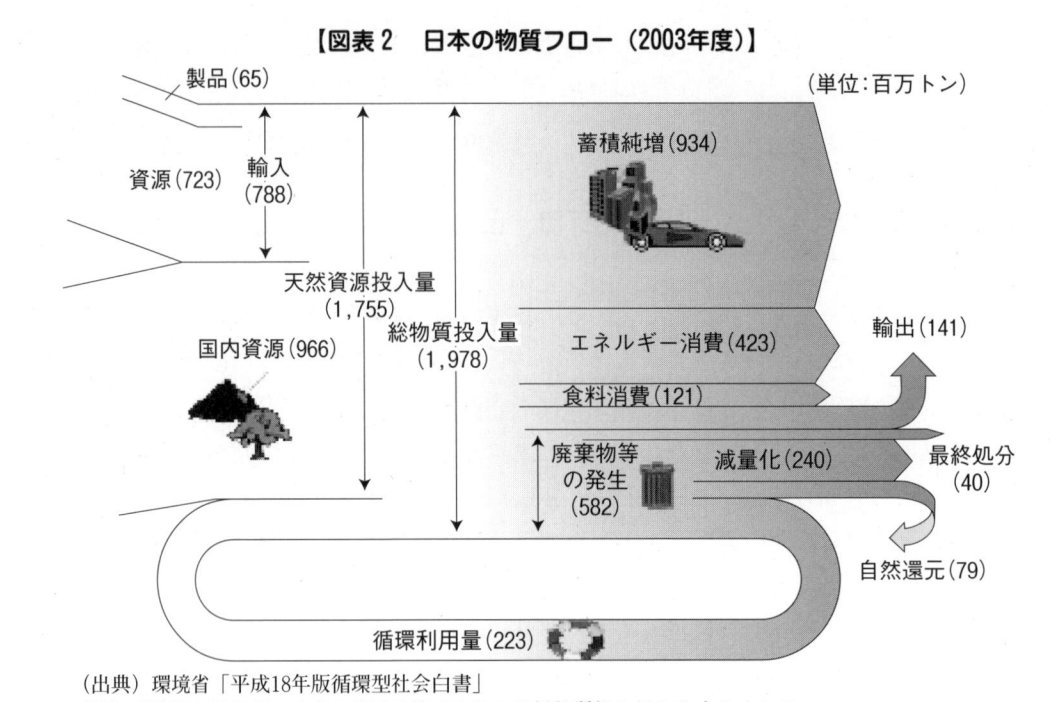

【図表2　日本の物質フロー（2003年度）】

（単位：百万トン）

- 製品(65)
- 資源(723)
- 輸入(788)
- 国内資源(966)
- 天然資源投入量(1,755)
- 総物質投入量(1,978)
- 蓄積純増(934)
- エネルギー消費(423)
- 食料消費(121)
- 廃棄物等の発生(582)
- 減量化(240)
- 輸出(141)
- 最終処分(40)
- 自然還元(79)
- 循環利用量(223)

（出典）環境省「平成18年版循環型社会白書」
（注）産出側の総量は、水分の取込み等があるため総物質投入量より大きくなる。

○事例1　木材と紙

①原材料採取の段階の環境社会影響

　木材は本来、再生可能資源であるが、無秩序で破壊的な商業伐採が森林生態系に与える影響は大きく、また企業が伐採権を取得する際、森林に暮らすあるいは利用している現地住民の権利が無視されてしまう、さらに、モノカルチャーの大規模造林が森林生態系に依存して生活をする先住民の生活を脅かすなどの社会問題も発生することがある。

　森林減少・劣化の直接的な原因として、違法伐採をはじめとする破壊的な伐採、農地や放牧地への転用、森林火災、産業植林が挙げられる。

　近年、違法伐採が持続可能な森林経営に対する脅威として国際的に問題となっている。違法伐採は、管理されていない野放図な伐採であるために環境・社会コストを全く考慮にいれない。具体的には、次のような環境・社会影響を引き起こすと考えられる。

- 森林生態系への影響：森林の減少・劣化、森林火災の誘発、野生生物の減少
- 森林資源管理に対する脅威：価格が安い木材を産出し、持続可能な森林経営を脅かす
- 政府歳入の損失：本来支払うべき税金等が納められない
- 周辺の人々への影響：公益的機能や非木材林産物の入手の機会を失う
- 社会への影響：伐採競争の激化、森林に関する慣習法とそれに基づく地域社会の崩壊

WWF（世界自然保護基金）によれば、木材生産における違法伐採の割合は、極東ロシア50％、インドネシア73％、中国20％、フィリピン46％、ベトナム22〜39％、ブラジル・アマゾン盆地80％などとされている[※6]。
　また、違法ではないが樹齢200年以上のオールドグロス林[※7]や天然のまま人手が加えられていない森林など、保護価値の高い森林が商業伐採の対象になることも問題視されている。
　カナダでは伐採対象の90％を原生林が占めており[※8]、伐採量の大部分は大規模な皆伐によるものだと指摘されている。カナダでも最も伐採の進む地域の１つであるブリティッシュ・コロムビア州では、皆伐や道路建設により土壌浸食や水質汚染の被害が広がっている。また、100万人もの先住民族の多くが亜寒帯林や温帯林に住んでいるが、政府は先住民の土地権に対する主張を解決することなしに木材大企業に伐採認可を与えている例も指摘されている。

②企業による調達方針の事例
　イギリス企業では、大手DIYショップのB&Q社が、その先進的な取組みで有名である[※9]。同社では、1991年に木材購入方針を制定。これにより自社の木材を段階的に持続可能な森林経営からの認証材に移行していくことに成功した。2004年当時、B&Qの購入木材の80％はFSC材（木材製品の各種認証の中で、包括的かつ厳格な認証によって知られる）。その他認証材とあわせ95％が合法であることが証明されている。その他、５％も、認証獲得に向けて、なんらかの行動計画を有している。
　B&Q社の木材調達方針策定の背景には、NGOによるキャンペーンがあった。1990年、FoE（地球の友）などのイギリスのNGOがさかんに熱帯雨林からの木材に関する反対キャンペーンを行っていた。これに関する取材で「B&Qの取扱商品のうち、どの程度が熱帯木材であるか」というジャーナリストの問いに同社が答えられず、これに問題意識を感じたことがきっかけとなった。同社は、まずは現状の把握を行い、それをもとに木材調達方針策定を行った。同社のCSR部長レイ・ベーカー氏は、以下のように語っている。
　「我々は木材調達方針の実施や確認をコストだとは考えていません。これは投資であり、これにより、違法材を使用するというリスクを回避し、自社のブランドを守り、責任ある企業であるという評判を得て、それを誇りに思っています。また、これから違法伐採に関する状況がどんどん厳しくなるなかで、先行した分、優位になっています」。
　紙の分野では、原生林産の紙や木材を使用しないと明言する方針が、マイクロソフトやインテル、IBMなどのハイテク大手をはじめ文具、化粧品など欧米の様々な業種の大手企業に広がっている。
　日本においては、世界の森林問題に取り組む日本の環境５団体（グリーンピース・ジャパン、国際環境NGO FoE Japan、WWFジャパン、地球・人間環境フォーラム、熱帯林行動ネットワーク）が2004年10月、「森林生態系に配慮した紙調達に関するNGO共同提言」を発表し、企業や行政機関に対して、森林生態系に配慮した調達方針の策定およびそのための

6つの指針を提案した[※10]。翌年、これらの5団体の呼びかけで、企業とNGOによる持続可能な紙原料の調達に関する検討会が開催された。

このような動きと前後して、紙の分野では原料の生産現場での環境社会影響に配慮した調達方針を策定・公表する企業が下記のように増えている。

- リコー、NBSリコー「リコー及びリコーファミリーブランド紙製品に関する規定」(2003.6)
- 伊藤忠商事「環境方針・2003年度運用管理」(2004.7)
- キヤノングループ「PPC用紙購入基準」(2004.10)
- 富士ゼロックス、富士ゼロックスオフィスサプライ「環境・健康・安全に配慮した用紙調達」規定(2004.12)
- 王子製紙「木材原料の調達方針」(2005.4)
- アスクル「紙製品に関する調達方針」(2005.6)
- 三菱製紙「森林資源の保護・育成と木材調達および製品の考え方」(2005.6)
- 日本製紙グループ「森林資源の保護・育成と木材調達および製品の考え方」(2005.10)
- 北越製紙「原材料調達の基本方針」(2005.11)
- 大王製紙「木材原料調達理念と基本方針について」(2006.3)
- 中越パルプ「木材原料の調達方針」(2006.4)

各社の調達方針の内容は、保護価値の高い森林の保護に焦点を当てているものや、森林認証製品の調達に力を入れているものなど様々である。いずれ企業も、自らの購入している紙の原料の生産現場である森林までさかのぼり、その環境社会影響を確認しようというねらいで調達方針を設けている点が評価される[※11]。今後は、調達方針がどのように実行されていくのかが注目される。

(写真)紙パルプ工場に運び込まれる木材(インドネシア、スマトラ島)

○事例2　パーム油

①原材料採取の段階の環境社会影響

パーム油は世界で生産量第2位の植物油であり、多くの人々にとっての貴重な栄養源となっている。マーガリン、即席麺やスナック菓子などの揚げ油、調理用油、洗剤、塗料、インク、化粧品など多様な食品や日用品の原料として重要な地位を占めており、現在、バイオ燃料の原料としても研究開発が進められている。他の植物油と比べて単位面積当たりの収量が圧倒的に多いこともパーム油の優れている点である。マレーシア、インドネシアがパーム油の2大生産国であり、有力な輸出産品として政府により生産が奨励されてきた。これにより、

1960年代からマレーシアで、1980年代からインドネシアで急激なオイルパーム・プランテーションの拡大が進められてきた。

オイルパーム・プランテーションの開発および操業は、大規模な森林生態系の転換、用地取得に伴う地元住民の権利の侵害、不適切な農薬の使用による水質・労働者の健康への影響、低賃金・危険作業等の労働問題などが生じることが指摘されてきている。

②持続可能なパーム油の原則と基準

これらの問題については、特にヨーロッパ諸国においてNGOの盛んなキャンペーンによって需要側企業や消費者に認識されるようになってきており、生産企業が危機意識を感じるほどになってきた。これを背景に、持続可能なパーム油を促進するために、パーム油のサプライ・チェーンに属する多様な企業と金融機関、NGOから構成される「持続可能なパーム油のための円卓会議（以下、「RSPO」という）」が設立され[※12]、2003年8月に第1回会合が開催された。

RSPOがまず目指したのは、持続可能なパーム油に関する基本方針（原則と基準）の策定と合意である。議論の過程で、「特に議論が集中したのは、森林の転換に関する原則（基準7.3、土地の権利問題（地域コミュニティのもつ慣習的権利の尊重））に関する基準についてであった」とRSPO事務局長のアンドリュー・ヌグ氏は振り返る。

2年後、多くの討議を経て、持続可能なパーム油のための基本方針（8原則と39基準）が合意された（2005年11月）。基本方針は、「透明性」「法令遵守」「自然資源と生物多様性の保全」「責任ある開発」などを含むもので（囲み）、特筆すべきは「新規プランテーション開発は原生林や保護価値の高い土地を含むものであってはならない」（基準7.3）、「地元の人々の十分な説明に基づく事前の自発的な同意なしで行われてはならない」（基準7.5）の2点が盛り込まれたことである。

〈持続可能なパーム油の8原則〉
原則1：透明性へのコミットメント
原則2：適用法令と規則の遵守
原則3：長期的な経済的・財政的実行可能性へのコミットメント
原則4：生産者および加工業者によるベスト・プラクティスの利用
原則5：環境に関する責任と自然資源および生物多様性の保全
原則6：生産者や工場によって影響を受ける従業員および個人やコミュニティに関する責任ある配慮
原則7：新規プランテーションの責任ある開発
原則8：主要な活動分野における継続的な改善へのコミットメント

RSPOでは、その後、基本方針に関する指標と国別ガイダンスを発表し、現在は基本方針

の実施に関する認証手法の検討、小規模農家の参加を促すための検討を行っている。

多様なステークホルダーの参加により、持続可能なパーム油の基本方針が採択されたことは、大きな意味をもつ。しかし、それを確実に実施し、その過程を公開し、あるいは確認していくことは決して容易ではない。

RSPOの基本原則の意義は大きいものの、これは活用してこそ意義がある。すでに、ユニリーバ社、ミグロ社などの企業が、先行して、同様の基準を基にしたパーム油の調達を実証ずみであり、同基準の普及と実施が待たれる。

（写真）オイルパーム・プランテーションにおいては多くの農薬を使用するため、危険な農薬の使用回避、使用農薬の低減、総合的な農薬管理と、労働者の安全対策が必要となる。

○事例3　魚介類

人類はこの50年の間に、マグロ、カジキ、メカジキ、サメ、タラ、オヒョウ、カレイなど海洋性の大型捕食性魚類の少なくとも90％を取り尽くしてしまったことが報じられている（2003年3月『Nature』誌）。大型トロール船、延縄漁船が各海域で広範に操業している状況が、多くの大型魚類に大きなダメージを与えてきた。加えて、漁業資源を支えるサンゴ礁などの生態系の破壊、乱開発、水質汚濁、エルニーニョ現象による海水温の上昇、およびこれらの複合的な作用が漁業資源の脅威となっている。

国連食糧農業機関（FAO）によれば、海洋における漁獲状況を推定できている441種・グループのうち、まだ漁獲増の余地が残されているものは23％にとどまる。一方で、52％の種が生産限界に達しているかそれに近い状況にあり、残りの24％は過剰漁獲または枯渇状態にある。

危機的な漁業資源の状況は、特に発展途上国の多くの人々に脅威を与えている。10億人もの人々が基本的な動物性たんぱく質を魚に依存しているといわれているからである。

これらを背景に、「持続可能な漁業」を認証し、マーケットを通じて促進していこうという試みが始まった。MSC（海洋管理協議会）による認証制度である。

「MSCの立ち上げの背景には、原料の調達先であったカナダ東部のタラ漁の破綻があります」と、MSC事務局のルーパート・ホウス氏は言う[※13]。過剰漁獲などにより、タラの水揚げ量が激減し、2000年にはタラの成魚の数が10年前に比べてわずか3％程度にまで落ち込んだのだ。これを機に大手食品・消費財メーカーのユニリーバは安定的な供給先を求め、WWFは漁業の持続可能性を反映させた市場プロジェクトの可能性について関心を抱き、両者は持続可能な漁業をエコラベル・認証事業を通じて実現しようと、MSCを設置した。

MSCは、2年間ユニリーバのプロジェクトとして活動した後、独立し、300件に及ぶコン

サルテーションを経て、「過剰な漁獲を行わず、資源を枯渇させないこと。資源が枯渇している場合は、回復できる場合のみ漁業を行うこと」「漁場となる海の生態系やその多様性、生産力を維持できる形で漁業を行うこと」等の原則・基準を作成した。

MSCが認証機関を認定し、この認証機関がMSC基準に照らして、漁業および加工・流通段階の管理（CoC：Chain of Custody）を認証する。現在までに、14の漁業が認証を取得、20件が評価中、320のMSCのラベル付の製品が欧米を中心に流通している。

しかし、MSC商品はまだまだ少数であり、認証に時間とコストもかかり、現在のところ供給量が少ないのも事実だ。このため、大手小売チェーンのマークス＆スペンサー（本社：イギリス）は、MSC商品を積極的に取り扱うほか、資源・生態系配慮などの視点から20種の魚種を取り扱わないという方針を立て、また、海洋保全協会の消費者向け魚種のデータベース作成を支援している（http://www.fishonline.org）。

シェフ、ホテル経営者、小売業者、漁業者の集まりであるSeafood Choice Alliance（事務局：米国ワシントンDC）はレストランやホテル、市場に対して個体数の急激な減少がみられる種の取扱いをやめるように呼びかける運動を行っており、財布に収まるサイズの情報カードを発行、買い物や食事の時の注意を呼びかけている。

一方、グリーンピースは、「持続可能な水産物調達方針の有無」「漁業の持続性促進のイニシアチブへの支援」「最も懸念される魚種の取り扱い」等の基準でスーパーマーケットの評価を行っている。このような評価は、実際に消費者の動向を左右するとともに、企業の取組みの促進力ともなっている点が注目される。

5 認証制度の可能性

認証制度は、森林分野が最も先行し、実績がある。FSC（森林管理協議会）、PEFC（Programme for the Endorsement of Forest Certification）などの国際認証のほか、日本独自のSGEC（緑の循環認証会議）などがあり、需要側の企業や個人に対して、「この木材は持続可能な森林経営により生産されたものだ」ということをわかりやすく示すツールとして有効である。その際、認証制度自体の信用を高めるため、審査の独立性、情報の透明性が鍵となることに注意が必要である。

漁業分野においては前述のようにMSCの認証ラベル付の製品が、欧米を中心に流通している。将来的には、すでに持続可能な原則が策定されているパーム油や大豆、鉱物資源などの分野にも認証制度が広がるかもしれない。

認証制度の課題としては、取得の際のコスト、そのコストの負担は誰が行うのかということが挙げられる。小規模な生産者が取組み可能な認証制度の構築や、伝統的に培われてきた地元独自の生産手法や国・地域の独自性などの多様性に対する考慮も必要となってくるだろう。とはいえ、企業や消費者にとって、持続可能な生産に取り組む生産者を見分けるために、

現在ある認証制度を最大限活用することは有用な手段である。

6 回避すべきミニマム基準とトップランナーの優先購入

　実際問題としては、原材料として使用されている一次産品の種類を挙げればきりがなく、そのすべてを追跡調査することは不可能であろう。よって、問題が現に生じていると指摘されているもの、あるいは問題が生じるリスクが高いものから優先順位をつけて問題の解決を図っていくしかない。

　企業は、まずは自らの取り扱っている原材料につきリスク評価を行い、指摘があるもの、重要と考えられるものから順に、なんらかの調達基準を作成することが必要になる。

　調達基準の策定にあたっては、可能な限り、原材料を生産現場にまでさかのぼって知ること、どのような環境社会影響が生じがちなのかを、生産者やNGO等も交えた関係者との対話を通じて認識することが重要である。

　さらに、違法伐採からの木材、違法漁業からの魚など最低限回避するべきミニマムライン、認証材など増やしていくべき目標値を定め、双方からアプローチしていくことが求められる。

おわりに

　最後に、本節において紹介した、資源の持続可能性を考えるとき、グリーン調達のみならず、金融機関の果たす役割が大きい。石油・ガス・鉱山開発、プランテーション開発などの大規模事業においては、融資の際の環境社会面からの審査により、破壊的な事業が回避され、より事業設計に環境社会配慮という視点を加えることができるからである。1980年代後半から、融資決定の際に環境社会面からの審査を行い、大規模な環境問題や社会問題を引き起こすリスクの高い事業には融資をしない、あるいは融資の際に一定の環境社会配慮を求めるといった内容の方針・政策が、世界銀行、アジア開発銀行、国際協力銀行等の国際金融機関によって採用されてきた。近年、こうした方針は民間の銀行にも広がりを見せている。赤道原則の採択銀行は約40行にものぼるほか、シティグループ、バンク・オブ・アメリカ、JPモルガン・チェース、HSBC、ABNamroなどが、森林破壊に関与する可能性のある事業や水資源開発などに関する融資などに関して、独自の融資基準を公表した。

　グリーン調達、環境配慮型の金融などを最大限活用して、持続可能な経済システムを構築していくことが、企業、公的機関、消費者など、社会の構成要員に課せられた社会的責任であろう。

※1　「グリーン購入ネットワーク」による定義。
※2　環境市民と東京のバルディーズ研究会、名古屋の中部リサイクル運動市民の会、福岡の西日本リサイクル運動市民の会などが調査を行い、講談社から出版。その後「グリーン・コン

シューマー・ネットワーク」を結成した。
※3　北川憲司『滋賀県で生まれたグリーン購入の波』「グローバルネット」（1996年12月）地球・人間環境フォーラム
※4　さらに、一歩進んで考えれば、「消費」という行為で得られる効用や満足を、別の形で代替するという新しいビジネス・モデルを、台頭する中国やインド、東南アジア諸国など、潜在的な消費大国に示すことの意義は大きい。例えば、カーペットというモノの所有権を移行する従来のビジネスに変わり、レンタルやクリーニングを含む総合的な内装サービスなどが注目を集めている（このような動きは「サービサイズ」と呼ばれている）。
※5　地球・人間環境フォーラム「グローバルネット」（2006年5月号）
※6　WWF European Forest Programme, Scale of Illegal Logging around the World-Currently Available Estimates, 2004年3月
※7　樹齢200年から1,000年の樹木が大勢を占める、生態系として成熟した森林。原生林とほぼ同じ
※8　グリーンピース・ジャパン『原生林破壊買いますか？』（1999）
※9　B&Q社CSR部長レイ・ベーカー氏、ヒラリー・トンプソン氏への聞き取り調査（2004年6月）及び"B&Q Social Responsibility Review 2003－5"より。
※10　①原料情報の確認、②コンプライアンス、③保護価値の高い森林の保護、④社会への影響配慮、⑤生態系への影響配慮、⑥森林認証。
※11　地球・人間環境フォーラム（2006年3月）『発展途上地域における原材料調達グリーン化支援事業』
※12　生産国（マレーシアやインドネシアなどの途上国）と購入国（主にヨーロッパ）の双方から、生産業者（農園）、加工業者（搾油、精油）、消費財生産者、小売業者、銀行・投資家、環境・自然保護NGO、社会・開発関連NGOなど、会員89団体、準会員37団体が加盟している。日本からは、不二製油、三菱商事、サラヤ、ライオン、伊藤忠商事が参加している。
※13　2005年12月、地球・人間環境フォーラムの実施したヒアリング調査による。

満田夏花　*Kanna Mitsuta*

地球・人間環境フォーラム主任研究員。明治学院大学非常勤講師など。テーマは開発途上国における開発と環境社会問題。現地調査に基づく開発の環境社会影響の評価、調査研究に根ざした政策提言活動を行うことを目指す。現在は、「開発途上国における企業の社会的責任」「国際金融機関の環境社会配慮」「原材料調達のグリーン化支援」調査に従事。1991年東京大学教養学部卒。同年地球・人間環境フォーラム、2001年～2004年国際協力銀行環境審査室。

CSRの関連諸事情

CSR調達とサプライチェーン・マネジメント

株式会社 レスポンスアビリティ 代表取締役　足立直樹

1 CSR調達とは

　CSR調達とは、一言でいえば、CSR的な観点から配慮された原材料や部品を購入するということであり、CSRの分野でサプライチェーン・マネジメント（SCM）と呼ばれていることとほぼ同義である。より厳密にいえば、CSR的観点からSCMを展開するために最も中心的な活動がCSR調達を推進することである。なお、通常のビジネスの現場でSCMと言ったときには、CSR調達のことではなく、調達における品質（Quality）、コスト（Cost）、納期（Delivery）のQCDをいかに効率的に管理することを指すことが多いので注意が必要である。したがって、CSRの分野におけるSCMは、QCDにさらに製造プロセス（Process）を加えたQCDPを管理するものといえる。

　こうした取組みは一見、調達コストを引き上げる無理難題のようにみえるかもしれない。しかし、CSR調達を行うことは今や国際的なビジネスの流れとなりつつある。たしかに短期的には調達コストを引き上げることもあり得るが、長期的にみれば、調達先における問題に起因する自社のブランド失墜防止などの効果がより大きいと多くの企業が考えるようになってきたのである。また、リスクマネジメント的効果だけでなく、調達先管理を徹底することにより、品質面や経済面（生産効率）においてむしろ競争力を高める結果になったとの報告もされている。

　本稿では、CSR調達が求められるようになった経緯から始めて、いま実際にCSR調達で求められていること、具体的な進め方、そして今後の課題について説明したい。

2 CSR調達の経緯

（1）不適切な労働慣行の発見

　日本では2004年頃からCSR調達という言葉が使われるようになったが、これにはいくつか異なった源流があると考えられる。1980年代の中国の開放政策に始まり、1991年にソ連が

崩壊するに至り、経済のグローバリゼーションが進展した。先進国の大企業は、安く、豊富な労働力を求め、生産の現場を海外へ、途上国へと移転した。途上国はもともと人件費が安いのであるから、自国と同様に生産しても十分に製造コストは削減できるはずである。しかし、途上国では人権に対する認識が低く、制度が整っていないことをいいことに、過重労働を強いたり、先進国では違法な労働慣行がまかり通るのではないかとの懸念が、欧米の消費者やNGOなどの間にあった。

そして実際NGOが調べてみると、15歳以下の学齢期の子どもたちを働かせる児童労働や、1日12時間以上で週休1日未満の過重労働、セクハラなど各種のハラスメント、給料の遅配や未払い、不法な控除など、ありとあらゆる不適切な労働慣行が発見されたのである。こうした労働慣行がみられる工場は、英語ではスウェット・ショップ（sweat shop：搾取工場）と呼ばれ、欧米の消費者が最も敏感な話題の1つである。

(2) スウェット・ショップや児童労働

こうしたスウェット・ショップの例としておそらく最も有名なのは、スポーツ用品メーカーのナイキ（NIKE）の例であろう。ナイキは自社工場を持たず海外の契約工場に製造を委託し、製造原価を大幅に削減するというビジネスモデルで成功した。しかし1997年、ベトナムなど東南アジアのナイキの契約工場が、強制労働、児童労働、長時間労働、低賃金、セクハラなど、様々な問題を抱えるスウェット・ショップであることが明らかになり、そのことが報道されると、NGOや学生グループは、インターネットを通じて、また大学のキャンパスにおいて、不買キャンペーンや訴訟を起こしたのである。ナイキは当初、労働慣行に問題があってもそれは自分たちの責任ではなく、サプライヤーの責任であると主張した。

しかし、消費者やNGOはそんな説明では納得せず、サプライヤーに対して最も影響力をもっているのはナイキであり、ナイキは自社のブランドが付いた製品を製造しているすべてのサプライヤーについて適切な管理を行う責任をもつべきだと求めた。ナイキの売上は急落したため、ナイキは海外工場での児童労働をなくすことを始め、様々な改善措置を約束せざるを得なかった。宣伝には有名スポーツスターを登用し、若者に圧倒的な人気を誇っていたナイキだが、この事件でそのブランドイメージは地に墜ちてしまった。その後大変な努力を重ね、様々な取組みを進めているが、今でもすべての消費者の信頼を回復したわけではないし、また、SCMに失敗した場合の経営リスクの例として繰り返し引用されている。ナイキにとってきわめて高い代償だったといえるだろう。

同様の事例が、多くのアパレル産業、シューズメーカー、オモチャ工場などで指摘されている。これらの産業はいずれも、労働者に特別な技術が要求されず、労働集約的であるために、工場は賃金が安くて済む若い女性、さらには子どもを使い、また、より多くの労働者を雇う代わりに、少ない人数の労働者を長時間働かせることでコストを下げようとしたのである。しかし、こうした労働慣行は労働者の健康を損なうだけでなく、基本的な人権をも侵害

しているため、倫理を重視する欧米の消費者からは、激しい非難と抵抗を受けたのである。ちなみにイギリスでは「CSR調達」は「責任ある調達（responsible sourcing）」と呼ばれ、ほぼ同様の内容のことが倫理的調達（ethical sourcing）と呼ばれることもある。

さらにひどい労働形態として、チョコレートの原料であるカカオ豆を栽培・収穫する際の児童奴隷も問題になっている。アフリカのコートジボワールでは、わずか5歳ぐらいの子どもまで、学校に一度も通うことなく、賃金も払われずに、毎日長時間働かされているというのである。当然、欧米の消費者の間には激しい反発があり、現在チョコレート業界が児童労働を撲滅する運動を展開中であるが、当初の予定どおりには進んでいない。

（3）自国内同様の環境や社会への配慮：CSR調達の起源

欧米の消費者やNGOが企業に求めたのは、海外から製品や原材料を調達する際にも、自国内と同等の環境や社会への配慮である。公害や労働問題を途上国に押しつけることは認めない、ダブルスタンダードは許さないという動きが、CSR調達を推進させたといえる。欧米企業においては、早いところでは1990年代はじめから、多くは1990年代後半からCSR調達への取組みが始まっている。

また、環境についても、途上国で公害を垂れ流すことがないように、石油や鉱物資源の開発において現地の貴重な自然環境への甚大な影響を最小限にとどめるように、あるいは漁業においては、水産資源を保全し、他の生物も巻き添えにすることがないようにと、消費者とNGOの厳しい視線が注がれているのである。これがCSR調達の1つの起源であるといえる。

（4）普及するグリーン購入・グリーン調達

一方、日本などでは企業による環境配慮や環境マネジメントの一環として、環境に配慮した製品を購入するグリーン購入や、環境に配慮した原材料を調達するグリーン調達という方式が普及している。特に2001（平成13）年4月にグリーン購入法（国等による環境物品等の調達の推進等に関する法律）が施行され、国等の機関にグリーン購入が義務づけられたり、また地方公共団体や事業者・国民もグリーン購入に努めることが求められるようになってから、企業も購入額に対するグリーン購入の割合を管理目標などにするようになってきた。

ただし、これは環境面についての配慮しか求めていないため、環境、社会、経済のいずれについても高い水準を求めるCSRという考え方が普及するにつれ、環境以外に社会面についても広げようという考え方が出てきた。なぜなら日本企業、特に電気、機械などのメーカーについていえば、環境管理は海外工場やサプライヤーに対してもしっかり指導している場合が多いが、社会面については「現地法令を遵守している」というのが精一杯の場合が多かったからである。

こうした企業の中には、「グリーン調達ですでにシステムはできているので、それを社会面に広げるのはやさしい」と主張する企業もみられた。環境面が先行した理由としては、数

値目標もあり管理しやすいし、技術も確立している。また、ISOの認証取得やRoHS指令への対応などが、今やビジネスの必須条件であるからだ。一方、社会面についてはこれまでそうしたある程度強制力のある要求がなかったため、日本企業の動きは遅かった。しかし、最近になってSRIの格付機関のアンケートで社会面への配慮も含めたCSR調達の実施が問われるようになったり、あるいは海外の顧客から日本企業にCSR調達が求められるようになったりしたため、2004年ぐらいから急速にCSR調達が注目を浴びるようになったのである。このようなタイプが、グリーン購入やグリーン調達が拡大する形でできたCSR調達といえよう。

（5）重視されるサプライヤーとのパートナーシップ

以上の2つの大きな流れに加えて、最近はさらに別の意義からCSR調達を推進する動きがある。それは、サプライヤーというステークホルダーとのパートナーシップを重視するために、CSR調達を推進するという考え方である。サプライヤーは自社のビジネスを継続するためになくてはならないパートナーであるので、その存在を重視し、さらにはサプライヤーの能力を高めることは、結局は自社にとってもメリットがある。それがサプライチェーン全体の競争力の強化に他ならないからである。自社がCSRを推進するだけでなく、サプライヤーにも同様にCSRの推進を求めて、サプライチェーン全体でCSRを推進する。これが展開されれば、理論的には社会全体にCSRが浸透するはずであり、より積極的なCSR調達のあり方といえる。そして、自社グループにとどまらずその調達先にまで広く浸透させることによって、持続可能な社会づくりを推進するとすれば、こうしたSCMを行うことそのものが、自らの影響力を適切に活用したCSRの好例といえるだろう。

3 CSR調達の要求項目

このようにCSR調達が始まったのにはいくつか異なったきっかけがあるが、内容的には次第に1つに収斂しつつある。2004年以降、日本企業が急速にCSR調達を意識するようになったのは、やはり海外の消費者やマーケットが、途上国での製造プロセスについて一定の配慮がなされていることを要求するようになったことが大きいと考えられる。

それでは、一般に、CSR調達においてどのような配慮を行うことが要求ないしは期待されているのであろうか。そもそもCSRの定義や、CSRを通じて企業が期待されることや優先度は、国や地域によって若干の違いがあり、世界共通のコンセンサスや基準があるわけではない。強いていえば、国連グローバル・コンパクトが、世界的な共通理解といえるかもしれない。グローバル・コンパクトは、国連のコフィー・アナン事務総長が提唱したものであるが、現在、全世界の3,700余企業（うち日本企業・団体は49。2006年11月現在）が署名している。これらの企業は図表1に示した10原則を遵守する誓約として、トップが署名をして

いる。一方、CSR調達は、CSRを推進するために最低限必要な項目をサプライヤーにも求めるものであるとの考え方から、CSR調達ではこれにほぼ準じて、図表2のような項目が要求されるのが一般的である。

【図表1　グローバル・コンパクト10原則】

人権
　原則1．企業はその影響の及ぶ範囲内で国際的に宣言されている人権の擁護を支持し、尊重する。
　原則2．人権侵害に加担しない。
労働
　原則3．組合結成の自由と団体交渉の権利を実効あるものにする。
　原則4．あらゆる形態の強制労働を排除する。
　原則5．児童労働を実効的に廃止する。
　原則6．雇用と職業に関する差別を撤廃する。
環境
　原則7．環境問題の予防的なアプローチを支持する。
　原則8．環境に関して一層の責任を担うためのイニシアチブをとる。
　原則9．環境にやさしい技術の開発と普及を促進する。
腐敗防止
　原則10．強要と賄賂を含むあらゆる形態の腐敗を防止するために取り組む。

（出典）国連広報センターWebサイト。http://www.unic.or.jp/globalcomp/glo_02.htm

【図表2　標準的なCSR調達要求項目】

コンプライアンス（法令遵守）	環境
人権	環境管理・保全一般
児童労働の廃絶	化学物質管理（特に禁止物質）
強制労働の禁止	環境マネジメントシステムの運用
差別の禁止	倫理
労働	腐敗防止
結社の自由、団体交渉権の保証	公正な競争
長時間労働の禁止	
最低賃金の保証	
安全衛生	

　先に述べたように当初CSR調達は、アパレルやオモチャ、食品など、軽工業や第1次産業を中心に進められた。これらはいずれも労働集約的であり、途上国で発達しやすい産業であったと同時に、労働慣行上、問題が生じやすい業態でもあった。したがって、こうした産業において、人権、労働、安全衛生などに重点が置かれたのはごく自然の成り行きであろう。
　一方、電気・電子など日本企業が特に多い高度な組立て産業においては、アパレルなどほど強くCSR調達が求められることはなかったが、RoHS指令などに対応するために徹底的

なSCMが必要になったことや、欧米のバイヤー企業からCSR調達を実施することが求められるようになったため、ここ数年で急速にCSR調達を推進しなければならない状況になってきた。

欧米系企業からの代表的な要求であり、また現在までのところ最も包括的な基準の1つであるといえるEICC（Electronic Industry Code of Conduct；電子産業の行動規範）を例にしてみよう。EICCは2004年にHP、Dell、IBMが中心に制定したものであり、労働、健康安全、環境、管理システム、倫理の5分野からなっている。日本の大手電気電子メーカーは最終製品メーカーであると同時にこれらの米国系企業に部品やOEM製品を納入するサプライヤーでもあるため、EICCの影響力は絶大である。

EICCは、図表3に挙げられた国際的な基準を参考に制定されている。ほとんどのものは日本企業にとってもおなじみのものであるが、少し注釈を加えればEMAS(Eco-Management Audit Scheme)とは1995年4月に発効したEC（現EU）の環境管理監査制度であり、ISO14001のベースになっている。また、SA8000は、アメリカのNGOであるCEPAA（Council Economic Priorities Accreditation Agency、現SAI（Social Accountability International））によって作られた、労働者の人権や労働環境を改善するための社会的説明責任（Social Accountability）に関する規格である。図表4のような項目からなり、世界40ヵ国以上の企業や工場で採用されている国際的なデファクト・スタンダードの1つである。

【図表3　EICCが参考にしている国際的な基準等】

ILO安全と健康の実施規範	世界人権宣言
ILO国際労働基準	ISO14001
OECD多国籍企業ガイドライン	EMAS
国連腐敗防止条約	SA8000
国連グローバル・コンパクト	OHSAS18001

【図表4　SA8000の内容】

1．児童労働の撤廃	6．肉体的懲罰等の撤廃
2．強制労働の撤廃	7．適正な労働時間
3．健康的で安全な労働環境	8．基本的な生活を満たす報酬
4．結社の自由と団体交渉の権利	9．マネジメントシステムの構築と実施
5．あらゆる差別の撤廃	

EICCの要求項目をもう少し詳しく見てみると、いくつかの項目においてやや日本国内とは視点が異なるものがあることに注意が必要である（図表5）。例えば労働についていえば、児童労働の禁止が掲げられている。日本国内では16歳未満の児童が働くことはほとんどあり得ないといってよいが（ちなみに、家業を手伝うなど子どもの成長に寄与するものは「子ど

もの仕事（child work）」と呼ばれ、「児童労働（child labor）」とは区別される）、途上国においてはしばしば大きな問題になることはすでに紹介したとおりである。

また、日本ではそもそも長時間労働やサービス残業が横行するため、日本国内での労働時間に対する認識は、国際的な認識と大きく異なっている。過重な長時間労働や、十分な休日がないことは、人権問題として非難されることもあり、注意が必要である。安全衛生についていえば、多くの労働者が寮や食堂など、工場付帯の設備でしばしば問題が指摘されており、これらも企業の責任とされることに注意が必要であろう。

さらに、倫理については、汚職の根絶は今や国際的なビジネスの理解となりつつあり、もしも未だ「途上国ではある程度の賄賂がビジネス慣行上不可欠である」という認識があるとすれば、大きなリスクになるであろう。また、こうした項目すべてについて厳密な管理システムの構築と実施を求めるのが欧米流のやり方であり、社風や精神論でカバーしようとする日本的な考え方では、説明責任を果たすことは難しい。さらに、社内外のコミュニケーションや、労働者からのフィードバックを求めるなど、ステークホルダーとの協働や参画も、日本企業は理解を深める必要がある点だと考えられる。いずれにしろ、こうした要求項目への対応においては、単に字面に従うのではなく、何を懸念し、何を求めているか、その真意を理解したうえで行動することが重要である。

【図表5　EICCの要求項目】

労働
　自由な意思による就業、児童労働の禁止、あらゆる差別の禁止、非人道的な扱いの禁止、最低賃金の保証、労働時間の制約、結社の自由

安全衛生
　機械の安全装置、産業上の衛生、安全、緊急事態の備えと対応、職業上の怪我と病気、苛酷な肉体労働、寮や食堂などの設備

環境
　製品含有物質の規制、化学物質と有害物質、排水と固形廃棄物、大気排出、関連許認可の取得・報告、汚染防止と資源の節約

倫理
　汚職・たかり・横領の排除、情報開示、不正な利益の授受の禁止、公正なビジネス・広告・競争、内部通報者の保護、地域社会への参加、知的財産の保護

管理システム
　会社のコミットメント、経営者の説明責任・実行責任、法と顧客からの要求、リスクアセスメントとマネジメント、実施計画と評価方法を伴った目標、トレーニング・プログラム、コミュニケーション、労働者からのフィードバックと参加、監査と評価、是正プロセス

4 CSR調達のメリット

　どちらかと言えば社外からの要求で始まったCSR調達であるが、それではCSR調達を推進することの企業にとってのメリットは何であろうか。CSR調達も企業活動の一環として行われる以上、それが単なるコストであれば、企業にとっては容易には受け入れ難いことであろう。そのメリットを理解するには、CSR調達を行わなかった場合のリスクから考えたほうがわかりやすいであろう。

(1) CSR調達を行わなかった場合

　CSR調達を行わなかった場合のリスクとして最も大きいのは、ブランドリスクであろう。すなわち、CSR上問題があるサプライヤーを含むブランドの製品が、消費者やNGOから批判や、不買運動などを受け、経済上の直接的な損失だけでなく、ブランド価値も傷つく可能性である。欧米に比べると消費者の反応やNGOからのプレッシャーが弱い日本ではあるが、国際的に活動する国際ブランド企業の場合には、このようなリスクは特に注意する必要がある。実際、例えば2004年のアテネオリンピックの際に、日本のスポーツ用品メーカーのミズノとアシックスの2社が、オックスファムなどのNGOグループからサプライヤーの労働慣行について非難を受けたことがある。

　また、投資家からプレッシャーもある。欧米ではSRI（社会的責任投資）を行う機関投資家が増えており、こうした投資家のために、いくつかの調査会社がCSRを含めた企業の格付を行っている。例えば、イギリスのFTSE社によるFTSE 4 GoodというSRIのための指標では、CSR調達方針を持たない企業は対象外とするなどの動きもある。さらには個々の株主が企業に対して直接CSR調達を行うように求める株主行動を起こすことも現実にみられるようになっている。CSR調達を行っていない企業は、こうした投資家の投資対象にならなくなるリスクを背負っているのである。

　より現実的な問題として、CSR調達が不備であるがゆえに、サプライヤーから原材料などを入手できなくなる調達リスクも考えられる。サプライヤーが重大な法令違反を犯したり、あるいはCSR的配慮が欠けていることが原因で、操業停止処分を受けたり、あるいは製造ラインそのものが停止し、原材料が納入されなくなることもあるかもしれない。労働条件に不満をもつサプライヤーの労働者がストライキを起こしたり、一斉に離職するという現象は実際に生じている。ストライキには至らなくとも、労働条件が悪いことによって労働生産性が落ちれば、納期の遅れや品質の低下など、ビジネスに直結する悪影響をもたらすことも考えられる。

　こうしたリスク以外にも、実際に販売した商品が環境や品質上の問題から法令に違反するようなことになれば、該当する商品をすべて回収したり、顧客企業から返品されるという事

態も考えられる。例えばソニー・コンピュータエンタテインメント・ヨーロッパ社は、ゲーム機"PS one"の周辺機器の接続コードにオランダの基準を超えるカドミウムが含有されていることが指摘されたため、130万台の出荷を停止、回収、交換しなければならなかった。問題の原因はサプライヤーにあっても、最終製造メーカーが全責任を負わされるため、SCMに失敗すれば、企業はこのようなきわめて大きなリスクを抱えることになるのである。さらにこうした事故が続けば、顧客企業への納入が停止されるなど、より深刻な事態を招きかねない。

（2）CSR調達を適切に行っている場合

　CSR調達を推進し、適切なSCMを行えば、まずこれらのリスクを最小限に管理することができる。その逆に、CSR調達を適切に行っているということで企業ブランドが上がれば、消費者からの信頼性は増す。これは当然売上げにも良い影響をもたらすであろうし、投資家からはより多くの資金を集め、また株価も上昇するであろう。あるいは操業地域での評判がよくなれば、企業活動はよりスムーズに行えるようになるはずである。調達がストップするリスクは低くなれば、生産は計画どおり行われ、製品の回収や納入停止などによる不必要な出費などあり得ない。これだけでも企業にとっては十分に大きなメリットであるはずだ。

　しかし、実はCSR調達によって得られるメリットはそれだけではない。途上国におけるSCMにおいて最も大きな問題になる労働慣行についていえば、長時間労働を減らしたり、賃金や様々な労働条件を改善することは、労働者のモラールを向上し、離職率を低下させ、質の高い労働者を採用しやすくする。それに加え、その改善過程で様々な無駄を省くことにより、生産性や品質も向上し、結果としてサプライヤー企業にも十分な経済的メリットがもたらされる例が多く報告されるようになってきた。

　つまり、CSR調達は、それを実施した企業（バイヤー）にだけでなく、そのサプライヤーで働く労働者にとってはもちろん、サプライヤー企業にもメリットをもたらすのであり、サプライチェーン全体で利益が共有できるのである。いやむしろ、そのようにサプライチェーンの中の各ステークホルダーにメリットがあってはじめてCSR調達は進展するものであろうし、そのようなCSR調達こそ本物のCSR調達であるといえるだろう。

5 CSR調達の実際

　それではCSR調達は実際にどのような手順で実施されるのであろうか。まずはじめは、実施企業がサプライヤーに要求する項目を策定することから始まる。オモチャ業界や電子産業のように、業界ごとに共通の要求項目が策定されることもあるが、各企業が独自の項目を策定する場合も多い。こうした項目は通常、CoC（Code of Conduct；行動規範）と呼ばれる。また、労働分野については、SAIのSA8000、ETI（Ethical Trading Initiative）のBase

Code、FLA（Fair Labor Association）のWorkplace Code of Conductなど、NGOが策定した基準等を採用する場合もある。

　こうしたCoCが決まると、CSR調達の実施企業は、サプライヤーに対してその遵守を求め、自己調査を行い、CoCを満たしていることを宣誓してもらう。対象サプライヤーについては様々な考え方があるが、まずは主要サプライヤーからはじめ、最終的にはすべての1次サプライヤーを対象とすることが望ましい。2次、3次のサプライヤーについては、すべてを補足することは現実的ではないので、1次サプライヤーに2次サプライヤーに対して同等のCSR的配慮の実施を求めるようにするのが普通である。さらに2次サプライヤーは3次サプライヤーに同様のことを求めれば、理論的にはサプライヤー全体でCSR調達が展開されることになる。

　次の段階として、実施企業はすべてのサプライヤーに対して、CoCが遵守されているかどうかを定期的に監査(モニタリング)する。監査のやり方は大きく、2つある。1つはCSR調達を実施する企業自身が行う内部監査である。さらに独立性、透明性を高めるという意味から、外部監査（第三者監査）をNGOや監査機関に実施させる場合もある。あるいは、サプライヤーが自らSA8000のような規格の認証を取得し、CSR調達の要求項目を実施していることを証明するというやり方もある。このような監査を行うのは、サプライヤーは取引を継続したいので、完全に実施できていなくても、あるいは実施する気がなくても宣誓だけはするということもあり得るし、あるいは悪意はなくとも、サプライヤーがリスク等を見落としている場合もあるからである。したがって、初期の監査では、サプライヤーが本当にCoCを遵守しているか、厳しく「監視」することが目的であり、問題があった場合にはそのサプライヤーとの取引を直ちに停止する例もみられた。

　しかし、こうした監視型の監査には限界がある。厳しく監視すればするほど、サプライヤーは問題点を隠して取引を継続させようとするため、イタチごっこが続くのである。いやむしろ、問題が隠されていく分リスクはより大きくなり、将来、より大きな損害が生じるかもしれない。そうした危険性に気づいたCSR調達の先行企業は、最近では監視ではなくエンゲージメント（参画）に方針を改めるようになってきた。すなわち、サプライヤーに何か問題があったら取引を停止するのではなく、一緒に問題を解決するのである。サプライヤーにはむしろ問題を積極的に開示し、相談するように促す。そのためには、CSR調達の実施企業側がサプライヤーにしっかりコミットし、サプライヤーから信頼を得ることが不可欠である。これは非常に手間がかかることではあるが、CSR調達の本来の目的がサプライチェーンにおけるリスクを低減し、サプライチェーン全体を強くすることであることを考えれば、よりその目的にかなったやり方である。

6 CSR調達の課題

　最後にCSR調達に関連して、日本企業にとってのリスクと課題について考えてみよう。筆者はこれまで東南アジアを中心に、日系企業、欧米企業、現地企業のそれぞれについてCSRの展開について調査を行ってきた。その結果、少なくとも2005年ぐらいまでは、日系企業では社会面でのCSR的配慮はあまり進んでおらず、有害化学物質の管理など環境マネジメントが中心であった。多くの日系企業は、社会面については法令遵守を徹底することにより対応しているという説明であった。

　最近では途上国でも環境基準や労働法などは厳しい基準が整備されており、日本より厳しい場合すら珍しくない。しかし問題は、それがどこまで実施されているかである。経済の発展が優先されることが多い開発途上国においては、環境面においても、社会面においても、これらの基準がきちんと守られずに有名無実化している場合も多く、公害や劣悪な労働条件、人権の侵害など、切実な問題が多く発生している。たとえ自社工場では環境面も社会面もしっかりと法令を遵守していたとしても、サプライヤーを含めた責任を問われると、法令遵守すら保証するのが難しいのではないだろうか。サプライヤー向けにCoCを制定し、その実施を求め始めた企業もあるが、その実施や監査にあたって様々な問題があるのはすでに述べたとおりである。

　さらに、現実には自社の工場でも完全には法令遵守ができていない場合もあるかもしれない。例えば、中国の労働法では、残業時間は月36時間までと定められている。しかし、中国全体で見てみると毎月100時間以上の残業が常態化している工場が多い。日系企業ですらそのような工場が報告されており、36時間以内に抑えられているところは非常に少ないであろう。そもそも36時間という規定が現実的でないとの指摘もあるが、法令遵守という点からは、やはりこれは違法であり、問題であるといわざるを得ない。それでは残業時間を削減すればよいかといえば、話はそう単純ではない。労働者も残業しないと食べていけないので、残業を36時間以内に抑えたいとは思わないのである。無理やり残業時間を36時間以内に抑えたら、誰もその工場では働きたがらず、もっと稼げる、すなわち労働時間の長い工場に移ってしまうであろう。労働者の毎月の手取りは減らさずに、残業時間は削減するという困難な課題に取り組まなければならないのである。

　最低賃金にも、これと似た問題がある。法令遵守のためには、企業は最低賃金を支払えばよい。しかし、インフレの激しい途上国では、最低賃金では暮らせない場合が多い。もちろん最低賃金でも働きたいという人は多く、労働者は確保できる。しかし、CSR的視点からすれば、法令遵守は最低限の条件であり、問われているのは、労働者が労働に見合った、そしてきちんと暮らしていける給料を得ることができるかである。そうした観点から労務管理を行っている企業は、残念ながら非常に少ない。このような配慮をすれば、当然それはコス

トをはね上げることになる。しかし、多くの企業はコストを抑えるために中国やベトナムなどの途上国に進出したのであり、そのような配慮をしたのでは企業の収益構造を守れないし、競争力を失ってしまうと考えがちなのである。CSR調達の推進と、経済的メリットのバランスをどう取っていくかは、今後多くの企業が直面する大きな課題になるであろう。

このようにCSR調達は、単にCoCを策定し、監査体制を整えればよいという制度の問題ではない。それぞれの国や地域ごとに異なった社会状況と社会的課題を把握し、そのなかでサプライヤーと信頼関係を築きながらエンゲージメントを進めてはじめて、実効的なCSR調達が行えるのである。CoCを作ることも重要だが、それは第1段階に過ぎない。どのように1つひとつの課題をサプライヤーと一緒に解決していくかということころが最も大きなチャレンジであり、企業の力が問われている部分である。そして、その課題を乗り越えることができた企業は、他社が簡単には真似ることができない本当の競争力を身につけることができるのである。

■参考文献
- 藤井敏彦・海野みづえ編著『グローバルCSR調達 サプライチェーンマネジメントと企業の社会的責任』日科技連出版社（2006）
- ASrIA, CIS, Impactt『Impacttの時間外労働改善プロジェクトに関するSRIの展望』（2005）
- ㈶地球・人間環境フォーラム『平成16年度 我が国ODA及び民間海外事業における環境社会配慮強化調査業務 Part 1：開発途上地域における企業の社会的責任』（2005）
- ㈶地球・人間環境フォーラム『平成17年度 我が国ODA及び民間海外事業における環境社会配慮強化調査業務 Part 1：開発途上地域における企業の社会的責任』（2006）
- ㈶地球・人間環境フォーラム『発展途上地域における原材料調達のグリーン化支援事業報告書』（2006）

足立直樹 *Naoki Adachi*

㈱レスポンスアビリティ代表取締役。東京大学理学部卒、同大学院修了。理学博士。1995年から国立環境研究所で熱帯林の研究に従事。3年間のマレーシア森林研究所勤務の後、2002年に独立。環境経営とCSRのコンサルティングを行っている。特に力を入れているのは、「アジアのCSR」と「企業と生物多様性」。共著に、『環境プレイヤーズ・ハンドブック』（ダイヤモンド社）、『グローバルCSR調達』（日科技連出版社）、『ゆとりある国・日本のつくり方』（電気書院）など。個人ブログ「サステナ・ラボ」（http://suslab.seesaa.net）。

CSRの関連諸事情

人権問題とCSR

社団法人 アムネスティ・インターナショナル日本 事務局長 寺中　誠

1 避けては通れない人権問題への対応

　グローバリゼーションの波を受けているのは、地球社会全体である。地球のどこかで起こっている人権問題は、世界各地に影響を及ぼすことになる。その実感をもっていないと、重大な人権問題を見過ごしてしまい、非難が集中することにもなる。

　企業は、人権問題を、自分たちが関わる範疇外のものとみなしてきた。批判を受けても、それがビジネスに直結する問題であると認識することは少なかったし、場合によっては単なる言いがかりと感じることすらあった。

　企業の社会的責任（CSR）が口にされるようになっても、当初、企業は、人権問題を企業が取り組むべき優先課題だとは認識していなかった。しかし、環境を切り口としてCSRへの取組みが本格化するなかで、人権問題への対応も避けては通れないものとなってきている。実際2000年以降、CSRの重要な視点として人権を掲げることは、各国の企業が集う世界経済フォーラムなどの場でも、世界的な常識である。現在では、人権の視点をもたないCSRは、「責任」の名に値しないとまで言われるようになった。

(1) CSRの焦点は環境保護から社会的不公正全般へ

　CSRの中に人権問題が明確に位置づけられるようになった背景には、主に2つの流れがある。まずCSRの焦点自体が、環境保護から、地球環境や持続性の問題を含めた社会的不公正全般にまで広がっているということがある。実際、グローバリゼーションの負の側面として、社会的不公正の拡大が地球規模で問題となっている。グローバリゼーションの一翼を担う企業が、そこに関わるのはむしろ自然である。なんといっても、グローバルに事業を展開している企業は、各国政府以上に、迅速に問題を解決するだけの能力と規模を備えていることもあり、それだけ社会的な期待が大きいともいえる。

(2) 社会的不公正の問題解決手段としての人権

　一方で、人権の分野にも大きな動きがあった。従来、人の身体の自由などを中心として展

開されてきた人権に、社会的不公正の問題解決手段としての光が当てられるようになったのである。この考え方では、例えば、貧困の問題を、お金がないことだというふうには考えない。貧困地域にいくら資金をつぎ込んでも、問題の解決にはならない。あっという間に巨額の資金が消えてしまうだけである。むしろ、必要な生活財へのアクセスが保障されていないこと、教育の機会が保障されていないこと、などに着目しない限り、事態の改善は図られないのである。そのような権利へのアクセスが保障されることこそが、貧困問題への解決になる。まさに、人権保障こそが重要なのである。これが、1990年代を通じて発達してきた「人権としての経済社会権」の考え方である。

これと呼応して、貧困問題や開発などの問題に関わる運動でも、この「権利」を視点に据えたアプローチが重視されるようになっている。「権利基盤アプローチ」と呼ばれるのがそれで、この視点の登場により、それまで別の領域と考えられていた人権と開発の両分野が分かちがたく結びつくことになった。

企業の社会的責任の中でも、「人権」の視点がこれまでになく重視されるようになった背景には、この「権利」観の転換の動きがある。今、CSRの文脈で企業に要求されているのは、こうした「権利」観のもとでの企業本来の事業である。

2 企業と人権問題

(1) 企業にとって致命傷となるブランドイメージの低下

企業は、そもそも人権を守るための組織ではない。しかし企業は、その事業の様々な局面で、人々に権利が認められないからこそ起こっている社会問題に出会う。それにいかに真摯に対応するかが、企業の評価に直結している。

企業にとって、最も一般的なリスクはブランドイメージである。不祥事とリンクしたブランドは、その商品価値そのものが低下してしまう。モノを売ることによって成り立つ企業としては、ブランドイメージの低下は致命傷につながりかねない。当然、企業組織としての慎重な対応が必要になる。

人権に関する不祥事というものは、企業がこれまで対応策を十分には講じてこなかった分野である。しかし、現実には、人権に関する不祥事を追及される企業は増えているし、その追及手段も、株主総会や訴訟、社会的責任投資の格付けなど、多方面に広がりつつある。特に、訴訟にまで発展するケースは少数ではあるものの、企業にとっては、勝っても負けても、裁判の場で大きなイメージダウンを余儀なくされる。人権問題に対する批判に、訴訟の場で対応すること自体が、「人権への配慮を欠いた企業」というレッテルを助長するからである。

(2) 追及される企業とは

　企業がその事業活動の中で、人権の問題で追及される可能性は多岐にわたる。低賃金での強制労働というアジア地域の縫製工場での人権侵害が、その発注元の企業ブランドへの批判となった事例は、人権が企業の社会的責任の重要な要素となることを印象づけた初期の例である。その後、ナイジェリアで環境保護活動家が軍事政権に処刑され、その背後に石油企業が関与していたことが批判されたことで、人権侵害への企業の関与が、一躍重要な社会的テーマとなった。多くの資源開発が国営の事業と関係していることから、世界各地の資源開発には、その現地を支配する政権との癒着が指摘される。必然的に、人権侵害に直接、間接にかかわる危険性も高くなる。

　ナイジェリアの事件では、世界各国から非難の声が当該企業に寄せられたが、他にも多くの資源開発が軍事政権などとのつながりや、それに伴う強制労働の使用などで批判されている。

　それまでも、南アフリカ共和国のアパルトヘイトと、それに関与する企業といったような視点から、企業が人権侵害と無関係ではないことは意識されていた。しかし、企業が直接人権侵害の問題で批判の対象として取り上げられるようになったのは、ここ数年の顕著な動きである。直接に関与している企業だけでなく、そこに出資し、共同で開発行為を行っている企業も批判の対象となる。そうなると、批判を受ける可能性のある企業の幅は、きわめて広くなる。対岸の火事などとは言っていられない。

(3) 重要な社会問題である児童労働

　さらに近年、重要な社会問題として取り上げられているのは、世界各地で見られる「児童労働」の問題である。ここでいう児童労働とは、子どもが「仕事のお手伝い」をするといったレベルの話ではない。大人に代わって労働力として搾取されることで、教育の機会が奪われ、健康を害することすらある状況のことである。多くの場合、児童労働が蔓延している社会では、給与水準とコストとの関係で、成人の就労が難しい。人件費削減のあおりで成人が職を失い、子どもが最底辺労働力として、それをカバーしているのである。

　児童労働が行われているのは、農場などの生産現場や工場、漁業、家事労働など様々である。中には、給与も満足に支払われず、奴隷状態に置かれることもある。西アフリカのコートジボアールでは、人身売買によって大量の子ども奴隷がプランテーションで働かされている。コートジボアール産カカオ豆の世界市場でのシェアは実に4割にも上る。したがって、世界に流通しているチョコレートが児童労働、子ども奴隷に関わっている率はきわめて高い。

　このような場合、人権侵害に関わっているのは、末端の生産現場である。しかし、生産農家自体が、子ども奴隷の使用によって大幅な利益を上げているというわけでもない。このような一次産品の生産現場は、一方で世界的な消費市場の動向などの影響を受けやすい。実際、

カカオ豆の生産現場では、カカオ豆の市場価格の大幅な下落を受けて、人件費削減に真っ先に取り組まなければならなかったという事情がある。それでは、こうした市場価格の統制に最も影響力があるのはどこか、ということになると、それは先進諸国の企業や金融機関である。直接的には子ども奴隷の使用に関与していなくても、それを出現させる過程に関与している企業ということなると、その範囲は果てしないものとなる。

さらに、こうした捉え方は、消費者の責任も問うことになる。カカオ豆から作られるココアやチョコレートを消費するのは一般の人々であるが、その大規模な消費市場が、結果的にカカオ豆の価格に影響し、カカオ豆農場の人権侵害状況に関与しているという見方である。このような見方は、企業活動や消費に対する重大な根本的批判である。実際、問題を解決するためには、世界的な消費経済の構造に絡むあらゆる層が動員されなければならない、という主張となっていく。

（4）サプライチェーンと人権侵害

これはある意味で、サプライチェーンの存在自体が、人権侵害のプロセスとなっているということを示している。サプライチェーン・マネジメントは、企業が最近になってCSRの普及とともに乗り出してきている分野だが、もっぱら自社が関与している供給元の状況を把握する作業としてのみ認識されている。しかし、多くの企業が、現実的に把握できているのは1次、2次の供給元程度である。しかも、書類上だけでなく、実際の現場の日常を把握できているかということになると、把握できるのは本当に限られた数でしかない。

いったんサプライチェーンのどこかで問題が発生した場合は、そのブランドの責任が追及される。ブランドは、それを開発した主体である企業がそもそも広報用に演出しているものであり、本来的に高い評判リスクを負っている。批判の矢面に立つのは、ある意味、当たり前である。企業の実務としては、サプライチェーンの把握を客観的にどこまで行うかというのは、コストとの兼ね合いで経営上の重大な選択だが、問題が生じた場合には、当該企業がサプライチェーンのどこまでを管理できていたか、というようなことは言い訳にはならない。ブランドである以上、その広報的なリスクはいずれにせよ全体にわたって負わねばならない。

しかし、このジレンマは、そもそもサプライチェーンの存在自体が人権侵害を生むプロセスとなっているという事実を、十分に理解していないために起こっているものである。サプライチェーンに対する根本的な批判として登場したのがフェアトレードの考え方だが、そこでとられた戦略は、チェーンを回避することで、市場経済の負の影響を極力抑えようというものである。しかし、多くの企業は本来的にその逆、すなわちチェーン化することで、最終的な商品に付加価値を加えていく方向性を模索している。その場だけで判断するなら、新たな価値を創出するものであり、別段大きな問題を生じるようには見えないかもしれない。しかし実際にはチェーンの冗長化により、結果的に最も末端の生産現場における過酷な労働環境を生み出すこととなる。

こうした事態をコントロールするためには、先に述べたような、市場経済というシステムに対する根本的な批判を、一定程度理解する必要がある。そこには、人権侵害がどのようなプロセスで関わってくるのかをあらかじめ把握するための情報も含まれているからである。世界的規模で人権侵害の情勢を把握すれば、どのような地域でどのような問題が生じているのかを把握することはできる。サプライチェーン問題とは、究極的には、世界の人権状況の把握と、それに対する個別的な対処策をどこまで準備できるか、という課題なのである。

(5) 紛争ダイヤモンド

　同様の問題は、例えばダイヤモンドに関しても指摘できる。いわゆる「紛争ダイヤモンド」をめぐって、2000年にキンバリー・プロセスという国際的な認証制度が発足した。これは、武力紛争の資金源としてダイヤモンド採掘が利用されており、そのために多くの民間人の労働力が強制的に駆り出されているという事情に対して、ダイヤモンドの産出国と流通国の各国が国際的な合意のもとで、「紛争ダイヤ」でないことを認証するという制度である。しかし、「これで紛争ダイヤは過去の問題となった」と誇らしげに宝飾業界に宣伝されているそばで、発足から5年を過ぎても、その実効性への疑問は払拭されないままである。

　その最大の問題は、ダイヤの流通量と産出量との間にあまりにも大きい差があることである。各国ともそうした統計の詳細を提供しないことと、先進工業国の企業が再研磨などに関する技術情報を知的財産権を盾に公開しないため、この制度が有効に機能しているかどうかを確認する手段自体が制限されてしまっているのである。実際、多くの企業が、再研磨などを通じて、依然として紛争ダイヤを流通させているのではないか、という強い疑念が多く寄せられている。ここでも、先進工業国の企業は、技術情報や市場統制の影響力によってチェーンの冗長化に関わり、その結果として末端の現場の人権状況を覆い隠す機能を果たしてしまっているのである。

3 問われる先手をとった将来的な布石

　これらの事例が示すのは、企業としては、人権侵害とはある意味企業活動にとって不可避な事態であることをまず理解すべきだということである。そのうえで、企業にとっての経営問題とは、その予防のためにどのような措置をとっているか、またそれが発生してしまった場合にはどのように対処する体制となっているか、という点をあらかじめ準備しておくことである。CSRの文脈でいう人権問題とは、その企業の法的責任とは質を異にする。責任非難に対する防御ではなく、責任非難を受ける事態をあらかじめ計算に入れたうえで、先手をとった将来的な布石が問われているのである。

　人権侵害に企業が関わっていることが批判の対象になるのは、「企業は人権侵害を避けるべきである」というメッセージでは決してない。世界で起こっている人権侵害は、様々な要

因が絡み合っている。単純に解決がつく問題ではない。だからこそ、社会のあらゆる人々や組織が、問題の解決に向けて努力しなければならない、という思いが込められているのである。企業もまた、社会に関わる組織として、人権侵害と無縁ではない。企業が努力を重ねれば、人権問題への関与から逃れられるかもしれないと考えるのは、そもそも根本的に誤っているのである。企業は、組織として、問題を解決させる努力に向かうことを期待されているのである。

　企業の内部においても、人権に関する意識は様々である。経営陣が考える側面と、現場が抱える問題、海外現場の感覚などは、それぞれが大きく異なっている。CSRの文脈で使われる「人権」も、それぞれの立場によって、注目する点が異なる。

　企業にとってこれから必要になるのは、そうしたそれぞれの場面での人権に対する意識を視野に入れた、具体的な企業内部での取組みである。

　人権の問題は、企業ブランドに対する付加価値などでは全くない。それは企業がその企業活動に従事する際にどのような経営戦略で臨んでいるのか、またどのようなリスク管理体制を構築しているのか、といったことを問う、当該企業の経営に関する制度的な保証の問題である。むしろ、本来的な企業組織が、社会的な問題が指摘された際に、どのような即応体制を備えているのかが問われているといってもよいだろう。

　地球規模の社会の中での自分たち企業の役割を、どのように、どの程度自覚できるか。企業の社会的責任の文脈における「人権」は、そのことを企業に対して問いかけているのである。

寺中　誠　*Makoto Teranaka*

1960年兵庫県生まれ。早稲田大学法学研究科博士課程修了。専攻は犯罪学理論、刑事政策論。1990年代よりアムネスティ・インターナショナル日本の役員、理事、2001年より現職。東京経済大学非常勤講師。共著に『インターネット法学案内』（日本評論社）、『平和、人権、NGO』（新評論）、『国際NGOが世界を変える』（東信堂）、『外国人包囲網』（現代人文社）などがある。

CSRの関連諸事情

貧困問題とCSR

株式会社 ニッセイ基礎研究所 上席主任研究員 　川村雅彦

はじめに

　日本企業がCSRを語る時、開発途上国の貧困問題に触れることは少ない。貧困撲滅は健全で尊厳ある人類社会の存続に不可欠であるが、ほとんど認識されていない。環境経営では「地球環境の持続可能性」を認識し、グローバルな視点から環境問題（生態系を含む）の解決に向けた実践課題を見出してきた。にもかかわらず、CSR経営では「自社の持続可能性」が前面に出て、「地球社会の持続可能性」への視野が狭くなる。ここでは、CSRとして貧困問題をどのように考え、どのように行動を起こすべきかを解説・提言する。

１　「持続可能な発展」の意味するもの

（１）「持続可能な発展」概念の登場

　国連の「環境と開発に関する世界委員会（通称、ブルントラント委員会）」が1987年に発表した報告書『地球の未来を守るために（Our Common Future）』において、「持続可能な発展（Sustainable Development）」という考え方を提唱した。地球上に暮らす人類が永続的に生存するためには持続可能な発展が不可避であると明言した。
　1980年代後半から地球温暖化やオゾン層破壊、熱帯雨林破壊などの地球環境問題が顕在化したため、全地球的な視点での環境保全が必要になったのである。当初は国際的にも経済と環境の両立が論議の中心であったが、現在では開発途上国の貧困問題とも関連づけられている。すなわち、地球の持続可能な発展を考えるときには、「経済成長と環境問題」と「経済成長と貧困問題」の２つの視点が不可欠となったのである。

（２）経済成長と環境問題

　持続可能な発展の概念は、「有限な世界では、無限の成長は不可能である」という明確な危機感と価値観に基づく。1989年にスウェーデンで提唱された「ナチュラル・ステップの４

つのシステム条件」では、地球全体として自然環境・生態系と人間社会が持続可能なシステムとなるための必須要件を示している。

> 【ナチュラル・ステップの4つのシステム条件】
> ①地殻から掘り出した物質の濃度が、生物圏の中で増え続けない。
> ②人工的に作られた物質の濃度が、生物圏の中で増え続けない。
> ③自然の循環と多様性が劣化しない。
> ④人々のニーズを満たすために、資源が公平かつ効率的に使われる。

経済成長と環境負荷増大の「分離」を意味する「デカップリング（Decoupling）」もまた持続可能な発展に関わる概念である。20世紀後半の経済成長に伴う資源・エネルギー消費および廃棄物排出の増加に連動して地球環境への負荷が増大したことを深く反省し、持続可能な発展を実現するためには、この両者の関係を断ち切る必要があるとする考え方である。

（3）経済成長と貧困問題

①拡大する世界的な所得格差

20世紀後半の先進国を中心とする経済成長は、地球的規模で環境負荷を増大させた反面、開発途上国における飢餓や貧困を救った側面も否定できない。しかし、国連食料農業機関（FAO）の調査では、2000年時点で開発途上国においてなお8億人が飢餓の危機にさらされている。世界銀行によれば、1998年に1日1ドル以下の所得（貧困境界線）で生活する人々は地球人口の24％に相当する12億人であり、開発途上国の人口増加に伴い、貧困者はさらに増加傾向にある。

一方、2000年時点での世界の人口と所得の分布をみると、先進国を中心とする高所得国の人口は地球全体の2割に満たないものの、世界所得の80.8％を占める。これに対して、地球人口の約4割を占める低所得国の所得は、世界所得の3.4％に過ぎない。世界的な所得格差は歴然としている（図表1）。

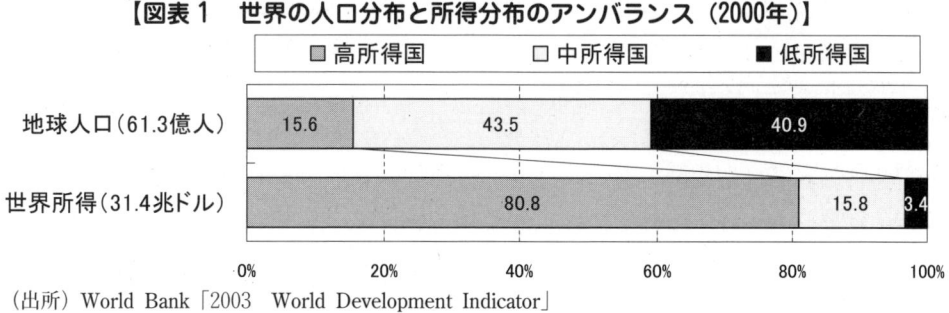

【図表1　世界の人口分布と所得分布のアンバランス（2000年）】

	高所得国	中所得国	低所得国
地球人口（61.3億人）	15.6	43.5	40.9
世界所得（31.4兆ドル）	80.8	15.8	3.4

（出所）World Bank「2003 World Development Indicator」

②貧困撲滅には統治された経済成長が不可欠

先進国中心の経済成長の影で進む世界的な富の偏在は、飢餓だけでなく貧困を拡大しテロ

を含む様々な地球規模での社会的な不安定化を加速させる危険をはらんでいる。今後、人類社会が持続可能な発展を可能とするには、開発途上国の統治された経済成長が必要不可欠である。世界資源研究所などはその著書「World Resources 2005」において、地球規模での社会開発の前提条件として次の3点を指摘している。

【地球規模での社会開発の前提条件：UNDP、UNEP、世銀、世界資源研究所】
①経済成長は、途上国の貧困層を極貧状態から引き上げる唯一の手段である。しかし、経済成長を享受するには、その参画を可能にする必要がある。
②貧困層にも配慮した成長戦略の基本は、天然資源である。しかし、貧困層はその管理への影響力を高める必要がある。
③透明性と説明責任に立脚した統治が、貧困層にも配慮した成長に必要不可欠である。

(4)「持続可能な発展」から「持続可能性」へ

1992年にリオで開催された『地球サミット』において、国や地域そして地球全体の環境保全対策を検討する際に共有すべき基本概念として、「持続可能な発展」を踏まえた「持続可能性」が提案された。その意味するものは「社会経済の発展は、開発途上国を含む人間社会全体と地球環境が健全な状態を維持できる範囲内で進められねばならない」である。

10年後の2002年には『持続可能な発展のための世界首脳会議（通称リオ＋10）』がヨハネスブルグで開催された。グローバル化の利益は不公平に分配され、開発途上国が特別な困難に直面していることを認め、時間制限のある経済的・環境的・社会的な目標の達成を促進すると約束した。そして、人類社会が分岐点に立っていることを強く認識し、人間の尊厳に基づく地球社会を建設するための3条件を宣言した。その筆頭が、貧困撲滅である。

【持続可能な発展の3条件：ヨハネスブルグ宣言】
　①貧困撲滅
　②生産・消費形態の変更
　③経済・社会開発のための天然資源の保護・管理

(5)地球環境と地球社会～2つの持続可能性

持続可能性の概念は地球環境問題から生まれたが、現在では「地球環境の持続可能性」に加えて「地球社会の持続可能性」に対して企業活動はどのような影響を与えているのか、逆に言えば、企業はどうすれば貢献できるのかという観点から議論されている。世界的には、これがCSR論議の中心である。

このような時代潮流のなかで、世界的なNPOであるGRI（Global Reporting Initiative）が、2000年に経済・環境・社会に関する企業経営情報の開示のための「持続可能性報告書ガ

イドライン」を公表したことは画期的であった（図表2：2006年10月に第三版が公表された）。これにより「持続可能性」が世界の企業やNPO、評価機関、投資家などの間に広く浸透したのである。

【図表2　GRIの持続可能性パフォーマンスの側面（2006年版）】

分野		側面
経済	経済的影響	経済的パフォーマンス、市場での存在感、間接的な影響
環境	環境的影響	原材料、エネルギー、水、生物多様性、排出物・排水・廃棄物、供給業者、製品とサービス、法の遵守、輸送、総合
社会	労働	雇用、労使関係、安全衛生、研修・教育、多様性と機会均等
	人権	経営実務慣行、無差別、結社と団体交渉の自由、児童労働、強制労働、懲罰慣行、保安慣行、先住民の権利
	社会	コミュニティ、不正行為、公共政策、非競争的行動
	製品責任	顧客の安全、製品とサービス、広告・宣伝、顧客のプライバシー

（資料）GRI「サステナビリティ・リポーティング・ガイドラインG3」

2 「地球社会の持続可能性」から見た貧困問題

(1)「地球社会の持続可能性」に向けた解決すべき課題

　経済のグローバル化を背景として、地球環境・生態系の持続可能性だけでなく地球社会の持続可能性に対する懸念が、多くの国際機関や国際組織から表明されている。全体を俯瞰すると、現実には開発途上国での操業に関連するものが多いが、地球社会の持続可能性のための課題が浮かび上がってくる（図表3）。
　「経済側面」では企業の経済活動による直接的な影響・貢献として、操業地のサプライヤーやコントラクター、従業員に対する利益の再配分が求められる。現地政府には納税の形で現れる。「社会側面」には実に多様な要素がある。従業員関連では低賃金を背景に適切な雇用・労働条件と人権擁護や円滑な労使関係が問われる。地域社会の安全・健康や活性化、技術移転も期待される。開発途上国の政治的安定性に関連して、公務員汚職への毅然とした姿勢が問われている。

(2)貧困撲滅の具体的な達成目標

　どのような社会でも格差が一定以上の水準を超えると、活力が維持できず衰退に向かう。場合によっては、反乱やテロという形をとる。それゆえ国際社会では、地球規模での貧富の差の拡大と悪化する開発途上国の貧困問題という歪みが、全人類の健全で尊厳ある存続を脅かすのではないかと危惧されている。貧困問題は人権問題とも連動しており、初等教育や女

【図表3　「地球社会の持続可能性」に関わる課題（国際機関別）】

課題側面	名　称	多国籍企業ガイドライン	グローバル・コンパクト	レポーティング・ガイドライン	SRガイダンス ISO 26000	ミレニアム開発ゴール	ヨハネスブルグ宣言
	主　体	OECD	国連	GRI	ISO	UNDP	リオ＋10
	公　表	2000年	1999年	2002年	2008年	2000年	2002年
	性　格	行動規範	行動規範	CSR内容	CSR内容	達成目標	達成目標
経済	直接的影響			●			
	納　税	●		●			
	利益配分						
社会	労働・雇用	●	●	●	●	●	●
	労使関係	●	●	●	●		●
	人　権		●	●	●		●
	地域社会	●		●	●		●
	汚職・公正取引		●	●			
	政治献金			●			
	競争・価格	●					
	情報開示	●		●	●		
	製品責任			●	●		
	消費者権利	●		●			
	技術移転					●	●
	生産・消費変更						●
	企業統治		●		●		●
	貧困・飢餓					●	●
	初等教育					●	
	ジェンダー					●	●
	健康・医療					●	●
	国際パートナシップ					●	●

(注)「環境側面」はいずれにも含まれるため、割愛した。
(出所) 各ガイドライン、宣言などからニッセイ基礎研究所にて作成

子の就学、児童労働や劣悪な労働環境、幼児や妊産婦の医療・健康などの改善が必要である。
　2000年の国連ミレニアム・サミットで、これが明確な形で示された。189の加盟国は21世紀の国際社会の目標として国連ミレニアム宣言を採択し、平和と安全、開発と貧困、環境、人権、アフリカの特別なニーズなどを課題として掲げ、2015年までに達成すべき挑戦的な8の目標と18のターゲットを「ミレニアム開発目標（MDGs）」として設定した（図表4）。

3　日本のCSRから最も遠い貧困問題

(1) CSRは「自社の持続可能性」のため？

①先行する法令遵守
　現在、我が国では約1,000社が環境やCSRに関する報告書を発行しているが、その内容が

【図表4　国連のミレニアム開発目標（2015年までの達成目標）】

目標1：極度の貧困と飢餓の撲滅
●ターゲット1：1日1ドル未満で生活する人口比率を半減する。 ●ターゲット2：飢餓に苦しむ人口の割合を半減する。
目標2：普遍的初等教育の達成
●ターゲット3：全ての子どもが男女の区別なく初等教育を終了する。
目標3：ジェンダーの平等の推進と女性の地位向上
●ターゲット4：全ての教育レベルにおける男女格差を解消する。
目標4：幼児死亡率の削減
●ターゲット5：5歳未満児の死亡率を2／3減少させる。
目標5：妊産婦の健康の改善
目標6：HIV／エイズ、マラリア、その他の疾病の蔓延防止
目標7：環境の持続可能性の確保
●ターゲット11：最低1億人のスラム居住者の生活を大幅に改善する。
目標8：開発のためのグローバル・パートナーシップの推進
●ターゲット12：差別のない貿易及び金融システムの構築を推進する。 ●ターゲット16：生産性のある仕事を若者に提供する戦略を策定・実施する。 ●ターゲット17：製薬会社と協力し、安価で必須医薬品を入手・利用できる。

（出所）UNDP「Millennium Development Goals」2000年（一部割愛した）

環境問題に特化したものは2割に過ぎない。多くの報告書では、その名称を問わず、コーポレートガバナンスやコンプライアンスの方針・体制の解説に始まり、環境保全への取組みとともに顧客満足や従業員満足の向上、そして街路清掃や文化・スポーツ支援などの社会貢献活動が記載されている。

　一連の法令違反やガバナンスの不備による企業不祥事に対する厳しい指弾を目の当たりにして、まず企業が「自社の持続可能性」を考えるのは当然である。それゆえ、当面は企業統治（内部統制を含む）や法令遵守の体制整備が重要なテーマとなろう。これはCSR経営の基盤構築として不可欠ではある。しかし、そこにとどまっている限り、地球社会の持続可能性（とりわけ、地球社会における貧富の差や貧困問題）の議論は出てこない。

②**環境経営はグローバルな視点から**

　日本企業は環境経営では10年以上の経験があり、ISO14001をはじめとする環境マネジメント・システムの導入を背景に、「地球環境の持続可能性」を認識しグローバルな視点から環境問題の解決に向けた実践課題を見出す努力をしてきた。にもかかわらず、CSR経営になると「自社の持続可能性」が前面に出てきて、「地球社会の持続可能性」に対する視野が急に狭くなるのが現状である。

　河口は日本企業のCSRについて次のように指摘する。「本来の持続可能性とは、人類が生存可能な地球環境や人類文明の持続可能性を意味する。…ではなぜ、企業の持続可能性（＝

長期存続性）に置き換わってしまったのだろうか」（河口真理子『Sustainability サステナビリティとは何か』大和総研：経営戦略研究、2006年夏季号 Vol. 9）。筆者も同様の戸惑いを感じており、以下のような疑問を投げかけている。「CSR 経営で一体何をめざすのか？これは日本企業の取り組んでいる CSR に対する一種の困惑を表現している」（川村雅彦『CSR 経営で何をめざすのか？～社会と企業の持続可能性の視点から～』ニッセイ基礎研究所：所報 Vol.41、2006年4月）。

（2）「社会の持続可能性」から CSR を考える

①ステークホルダー論の落とし穴

最近ではステークホルダーを意識した CSR 論議も増えており、株主・投資家、顧客・消費者、従業員、地域社会、NPO あるいはサプライヤーなどとのコミュニケーションの促進が図られている。これ自体は従来の内部志向型の日本企業にはみられなかったことであり、ステークホルダー価値を向上させ、社外の視点から自社の CSR を考えるという意味では歓迎すべきことである。しかし、ステークホルダー重視といっても、多くの場合は自社を中心に置いた発想の域を出ず、必ずしも社会的課題から自社の CSR を考えたことにはならない。いわば「ステークホルダー論の落とし穴」である。

②本業プロセスにおける社会的課題への対応

社会の持続可能性のために解決すべき社会的課題には、貧困問題をはじめとするグローバルレベルの問題と各国や地域に固有のローカルレベルの問題が存在する。企業が社会の抱える諸課題の解決に専念することは困難である。しかし、「CSR とは、法令遵守を超えたところで、企業が本業を通じて社会の持続可能性に貢献すること」と定義すれば、本業（すなわち主力製品・サービスの生産や提供）のプロセスにおいて、業種特性からみて関わりのある社会的課題への取組みは可能である。例えば、製造業が開発途上国から原材料や部材・半製品を調達する場合、その仕様書に環境的配慮だけでなく、社会的配慮を盛り込む（「グリーン調達」から「CSR 調達」への拡大）。開発途上国（BRICs を含む）へ進出する製造業では、下請工場を含めて現地従業員の処遇・労働環境を見直すことができる。また総合商社や金融業ならば、取扱商品や投資案件の社会的影響や改善策を検討することもできる。

なお、現在 ISO では SR 規格化（認証スペックではなくガイダンス文書）を ISO26000 として検討中であるが、その実践領域としては環境、人権、労働慣行、企業統治、公正取引、コミュニティ参画・社会開発、消費者権利が取り上げられている。法令遵守は直接的な検討項目には入ってないようであるが、いずれにしても2008年に発行予定であり、その領域が確定すれば日本企業も CSR として実践すべき内容が方向づけられる。

（3）「自社の持続可能性」を超え始めた日本企業

CSR の目的は、企業の持続可能性と社会の持続可能性の同時追求であり、21世紀型企業

には両者のバランスが必要である。地球社会の持続可能性は貧困撲滅だけで達成できる訳ではないが、貧困問題を含め自社の持続可能性を超えた CSR を考える企業が1社でも多く増えることを期待したい。

最後に、地球社会の持続可能性の観点から自社の CSR を考え始めた日本企業の事例をいくつか紹介する。少しでもヒントになれば、幸いである。

①地球社会の持続可能性に対する明確なトップコミット（化学製品製造業）
「CSR 経営を実践しながら、海外を含むグループ全体で地球規模の社会的な課題に対応し、社会とともに持続可能な成長を遂げたいと願っています」（2006年 CSR 報告書のトップメッセージより）

②原材料調達先に対する CSR 調査（飲料製造業）
多様な原材料の調達先に対して独自の CSR アンケートや現地調査を行い、その結果を調達先の選定評価システムに反映させている。

③「世界の課題」の抽出と自社事業の関係性を検証（電気機器製造業）
「経済のグローバル化が進む中、地球規模の環境問題や様々な社会問題が顕在化してきました。…持続可能な社会を実現していくことが人類共通の課題です。当社は、本業を通じてこれらの課題解決に貢献していきたい」この認識に基づき、世界の課題（貧困解消を含む）について自社活動に関わりの深い項目を抽出し、取組視点を明確にして自社の取組事例を検証している。

④サプライチェーンを通じたグローバルな「CSR 調達」（電気機器製造業）
資材調達における法令・規範遵守を徹底する「クリーン調達宣言」を踏まえ、海外生産移転による現地調達や新規取引先の急増に対応するために、「CSR 調達基準」を策定した。さらに児童労働や強制労働を含む人権の尊重、安全衛生、情報セキュリティの強化を内容とする取引基本契約書の改訂と再締結をグローバルに展開中である。調達先選定・管理のために「CSR 調達評価制度」の運用も開始した。別の企業では、新規取引先の決済口座開設に際して、環境保全に加え人権擁護や法令遵守などを評価基準としている。

⑤「グローバル三方よし」を目指す造船技術者の養成（総合商社）
大量の受注残を抱える一方で、設計技術者不足に悩む本邦造船会社のため、自らも出資してベトナムの国立海事大学と造船技術者育成を目的とした合弁会社を現地に設立した。日本の造船所での実地研修を通じて、造船振興に取り組むベトナムの人材育成に協力するとともに、日本の造船産業の競争力維持に役立てる。

川村雅彦 *Masahiko Kawamura*

1976年九州大学大学院工学研究科修士課程修了（海岸工学専攻）。同年三井海洋開発㈱に入社し、海底石油関連事業のプロジェクト・マネジメントに従事。1988年㈱ニッセイ基礎研究所（都市開発部）に入社。都市問題、土地問題、環境問題、環境経営、環境格付、社会的責任投資（SRI）、企業の社会的責任（CSR）、内部統制などを中心に調査研究に従事、現在に至る。

CSRの関連諸事情

社会貢献（フィランソロピー）とCSR

社団法人 日本フィランソロピー協会 理事長　高橋陽子

1 CSRにおける社会貢献

(1) 今までの社会貢献活動

　1990年はフィランソロピー元年といわれる。それ以前、1985年のG7で発表された対日貿易赤字の是正をねらってのプラザ合意以降、アメリカでは日本企業へのバッシングが相次ぎ、原因究明のためにミッションを派遣した経団連は、そこで、はじめて「企業市民」という考え方を知る。つまり企業も一市民であり、企業がその地域で仕事をする以上は、ボランティアや寄付行為などを通して市民としての顔を明確にしながら企業の責務を果たすべきであるというもので、これは、従来の単なる寄付行為を超えたフィランソロピー（社会貢献）という概念であった。そして1990年、経団連は、経常利益の1％以上を社会貢献活動のために支出することを当面の目標とした「1％クラブ」を発足させ、企業内に芸術・文化を支援する企業メセナ協議会が設けられ、大阪ではコミュニティ財団[*1]の設立が決まった。経済白書でも、企業活動は、地域社会をはじめとする企業外部のセクターと良好な関係を維持しない限り、今後、継続するのは困難であるとし、企業の社会貢献活動への期待が取り上げられもした。こうして、大企業では、社会貢献部署を設置するところが増え始め、具体的な企業フィランソロピー推進がスタートしたのである。

　社団法人日本フィランソロピー協会でも、それまで「自由で民主的な社会づくりのための研究会」として活動していたが、創立30周年を過ぎた1991年、「民主的な社会の基本はフィランソロピーにある」という視点から、21世紀に向けた新しい社会システムの確立をめざし、フィランソロピー推進を核に据えて再スタートを切った。

　アメリカではもともと寄付行為を指すフィランソロピーを、日本では「社会貢献」の意味で用いている。フィランソロピーとは、元来、ギリシア語のフィリア（愛）とアンソロポス（人類）を組み合わせた合成語である。このことを考えれば、社会の問題を解決するために自分のもてる力を提供しようとする時、人間愛という思想が根底にあることを忘れてはならない。

(2) 公益を担う「民」の台頭

その後、1995年、阪神・淡路大震災を契機に個人のボランティア活動は活発化し、その受け皿の拡充の必要から、1998年にボランティア団体の法人化（NPO法）がなされ、その数は現在2万8,000を超えて、個人のフィランソロピーも活発になってきている。

実際、価値観の多様化、人口構造の変化、環境問題の悪化などを見ても、「公益・公共は行政に任せておけばよい」という従来の行政依存体質から脱却して、1人ひとりが社会づくりに参加し、自分たちが責任をもって社会をつくるべき時期にきている。「官」に頼っていた公益に、「民」としての役割を果たし、温かく、元気で活力のある社会——フィランソロピー社会をつくる時期に入ったのではないだろうか。それこそが民主主義の原点でもある。

フィランソロピーは社会のあり方、企業のあり方、個人のあり方を包括している概念であるが、日本の場合、高度経済成長を支えた企業の影響力の大きさを考えると、「民が担う公益」という考え方を根付かせるには、企業フィランソロピーが重要と考えられる。そこで、当協会では、企業の社会貢献事業の支援を核に、従業員のボランティア・マインドや寄付の文化を醸成するべく企業・行政・NPOとの連携を図りながら、様々な活動提案や啓発活動を行ってきた。

【図表1　行政依存型社会から市民自立型社会へ】

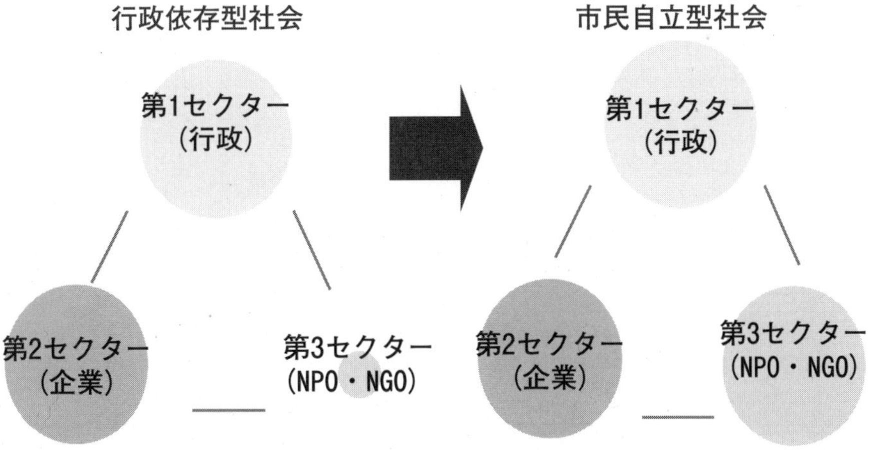

ⓒ日本フィランソロピー協会 2004

(3) CSRにおける社会貢献の位置づけ

2002年、事業のグローバル化が進められるなかで、日本では大企業の不祥事が次々に明るみに出て、企業の社会的責任が強く問われる事態となった。企業のためになることはすべて善であるというものの見方や考え方が、多くの不祥事を引き起こした原因でもあった。実際、

企業の不祥事を引き起こした人の多くは、企業のため、家族のためにしたことが結果的に企業犯罪になり、犯罪者になってしまったわけで、これは、企業の常識や論理と社会の常識や倫理との間に大きなズレが生じているという証拠でもあろう。社会の中の一員である、という企業市民の概念が欠如していたところに問題発生の原因があったのではないだろうか。

企業犯罪に対する反省から、翌2003年にかけて、欧州型のCSR（企業の社会的責任）という考え方が導入され、それまで法務・経営企画・環境・社会貢献などばらばらにあった部署を横断的に連携する部署としてCSR関連部署が設立されるようになった。2003年はCSR元年といわれる所以である。

では、CSRにおいて、社会貢献はどのように位置づければよいのだろうか。

CSRを推進するための必要な要因として、経営理念・行動指針（企業倫理）、コンプライアンス（法律や企業倫理の遵守）、ガバナンス（企業統治）などがあるが、社会貢献は、それらが完成した後に必要なものとして捉えるのではなく、これらがより有効に機能するための推進力として活用すべきである。CSRとは特別なものではない。社会の一員としての企業を自覚し、日々の企業活動そのものの中で果たされなければならない。それを実感するためには、従業員が地域社会に出て、現状や課題、普段接することのない人たちとの出会いなど「異文化」との遭遇により様々な価値観に触れることである。そして、そうした社会の風を企業に取り入れることが企業の社会性を醸成するうえで不可欠であり、社会貢献は、そのための重要なツールなのである（図表2）。

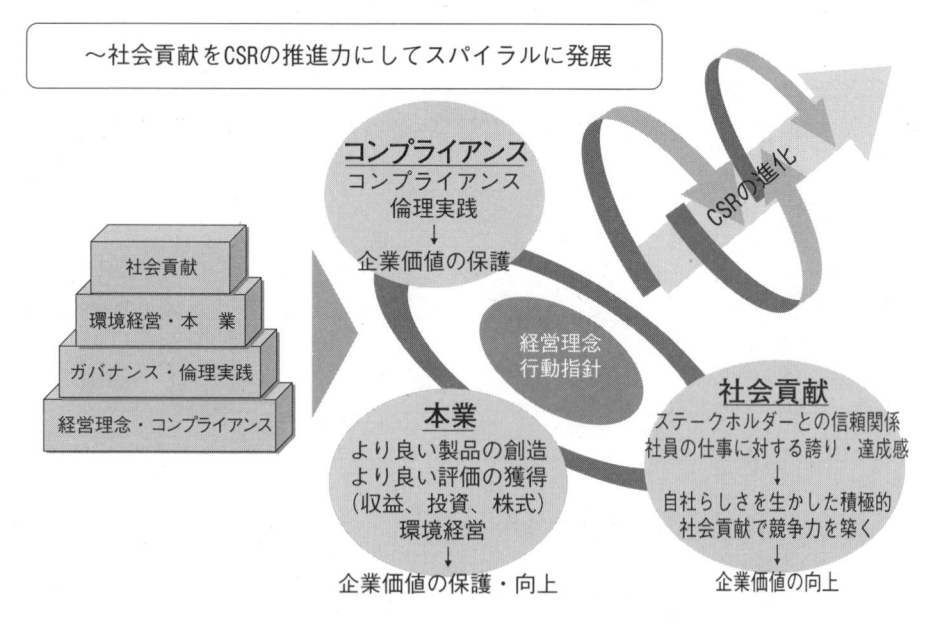

【図表2　社会貢献とCSRの関係】

〜社会貢献をCSRの推進力にしてスパイラルに発展

CSRの進化

コンプライアンス
コンプライアンス
倫理実践
↓
企業価値の保護

経営理念
行動指針

本業
より良い製品の創造
より良い評価の獲得
（収益、投資、株式）
環境経営
↓
企業価値の保護・向上

社会貢献
ステークホルダーとの信頼関係
社員の仕事に対する誇り・達成感
↓
自社らしさを生かした積極的
社会貢献で競争力を築く
↓
企業価値の向上

社会貢献
環境経営・本　業
ガバナンス・倫理実践
経営理念・コンプライアンス

Ⓒ日本フィランソロピー協会 2004

2 CSR推進に資する社会貢献

(1) 本業を生かした社会貢献

　企業における社会貢献の推進には、いくつかのキーポイントがある。その1つが「自らの本業」の再確認である。従来、社会貢献というと、本業とは関係ない、ということを強調する傾向にあった。消費者や地域住民から宣伝という捉えられ方をされないようにとの配慮からである。しかし、その結果、社会貢献は、担当者と、一部のボランティアに熱心な社員の参加と限られ、企業全体で取り組むべきものにはなり得なかった。特に、長引く不況のもとで、社会貢献は単なるコスト部門として見られがちであったことも事実である。しかし、本業を生かした社会貢献を行うとなると、経営トップはじめ、他部署の理解と協力が必要で、自然と横断的な取組みにならざるを得ない。そのことが社内のコミュニケーションを活発にし、風通しをよくすることにつながるであろう。また、多くの社員にとっては、何よりも自分たちのしている仕事が、意外なところで社会の役に立ち、様々な人たちのためになっていると実感することは、大きな喜びと誇りにつながるに違いない。

　当協会では、2003年に、本業を通した社会貢献を顕彰する「企業フィランソロピー大賞」を創設した。社会貢献は、今後の社会のあるべき方向と企業が進むべき方向のベクトルが重

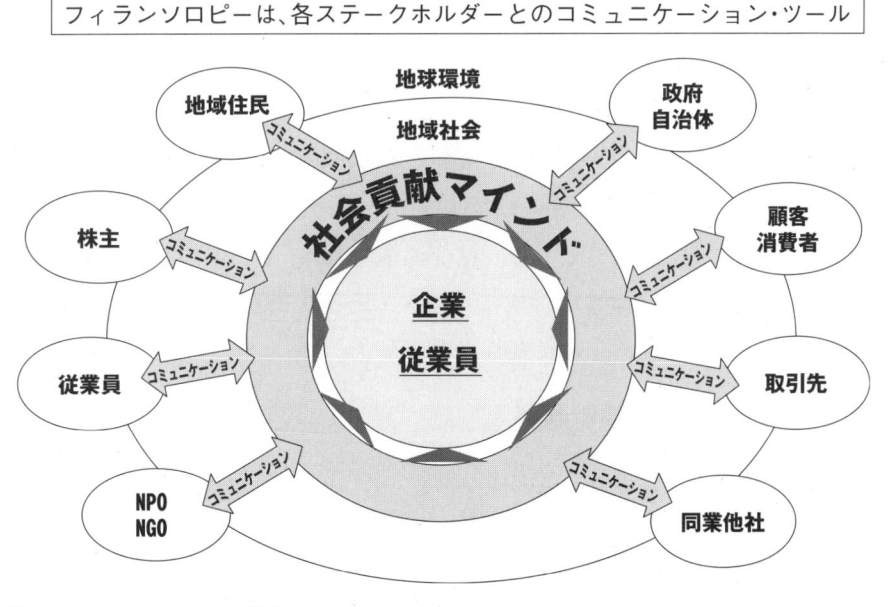

【図表3　ステークホルダーズとの関係】

フィランソロピーは、各ステークホルダーとのコミュニケーション・ツール

©日本フィランソロピー協会 2004

なり合ってこそ本物になる。そのバロメーターとして、あえて本業にこだわった。

　社会貢献は単なるコストではなく、よりよい社会をつくるための投資である。その結果、企業にとっても健全な成長・繁栄につながる。このような好循環のためのベストプラクティスを発掘し、21世紀のビジネスモデルを提示することを、この賞でめざした。

（2）ステークホルダーとの良好なコミュニケーションづくり

　社会貢献を推進する第2のキーポイントとして、「ステークホルダーとの良好な関係づくり」がある。「企業フィランソロピー大賞」では、これまで数多くの対象企業を発掘してきたが、いずれも企業を取り巻くステークホルダーとのよい関係性が特徴である。

　ここでいう「よい関係性」とは、ストックホルダー（株主）だけでなくほかの利害関係者のためにも配慮した経営をする、という一方的な関係だけを指すのではない。むしろ、ステークホルダーからの情報や要望が企業を刺激し、また、反対に、社会貢献活動に各ステークホルダーを巻き込む工夫をして、より効果的に影響力の大きい活動を展開し、社会・地球環境をよりよくするために共に働く、という双方向の関係性を意味する。もちろん、ステークホルダーの中で核になるのは従業員である。従業員同士のコミュニケーションを円滑にすることで風通しのよい企業風土が生まれることは、CSR推進において大きな力となる。その結果、ステークホルダーからの信頼や信任を得て、企業の持続的な発展が可能になる、という好循環が生まれることが期待できよう（図表3）。

（3）NPOの育成と協働

　より役立つ社会貢献を実行するために、NPOとの連携は大きな力となる。社会・自然環境のニーズをよく知り、それに対する専門性とネットワーク力を活かして企業の社会貢献を進めることが重要である。また、実際、企業が関われないけれど、重要なニーズはたくさんある。従業員をはじめとするステークホルダーがそれを支援するための側面的支援も、企業の社会貢献として見逃せないものである。実際、個人の寄付文化がなかなか根付かない現状では、NPOが行政や企業のカウンターパートとして育つには、企業がそのバックアップをすることも、現在の状況では重要である。社会の中でNPOが力を持ち、一般市民がそれを支える力になることが、健全な社会育成に不可欠であることを考えると、NPO育成も、企業の社会貢献の1つとして捉えることも必要であろう。

（4）CSR推進に資する社会貢献事例

　企業フィランソロピー大賞受賞企業の中から、いくつかをご紹介しよう。

　第3回大賞受賞企業の株式会社カタログハウスは、通信販売でお馴染みの『通販生活』を発行。"商品は地球である"という理念のもと、すべての事業がそれに沿った形で展開されている。「商品憲法」を制定し、"満腹社会"で本当に必要なものは何か、また、販売した商

品もできるだけ長く使えるように修理し、リサイクルすることも事業の中に組み込んでいる。商品憲法第9条は、戦争に反対し平和を守る、という条項だが、これは「戦争が環境を一番破壊する」という考え方による。その徹底ぶりは社員にも浸透し、そういう企業で働くということが誇りにつながっているという。読者にはそのメッセージを伝え、共感を得、様々な活動への参加を促している。理念を明確に示し、それが社会をよくすることに重なるということは、事業・社会貢献のいずれにとっても、最も重要な基盤となることを示す好例である。

第1回特別賞「企業市民賞」受賞の富士ゼロックス株式会社は、「弱視者のための拡大教科書製作支援」を1989年より続けている。本業であるコピー機を使っての活動である。本年になり、行政がやっと全教科書制作会社に向けて、拡大教科書づくりを奨励したことでもわかるように、まだまだ注目されない社会のニーズに着目し、それを支えてきたことは、「民間の担う公益」のモデル事業ともいえる。しかも、それを担当・統括しているのは社会貢献部署ではなく営業部門である。実際、各事業所のコピー機の利用指導、ボランティア団体との対応などは従業員が行っている。これが可能なのは、社会貢献活動が、企業風土として各部署に根付いていればこそである。長年の風土づくりが功を奏したという証である。

第3回特別賞「国際貢献賞」受賞の山梨日立建機株式会社は、地雷除去のために、パワーショベルを改造し、それを寄贈すると同時に、使用のための指導に現地に赴いている。まさに、非常に効果的な貢献であると同時に、社員も自らの仕事と会社に誇りをもてる事業だ。ここで重要なことは、社会貢献活動を、よりダイナミックに、そして継続して推進・定着させるためには、経営者の率先垂範と強いリーダーシップが不可欠である、ということである。

これらの事例からもわかるように、社会貢献プログラムづくりのポイントを押さえておこう。

① まずニーズをよく見極めることがまず第一である。行政が手が届かないことに支援するところに民間支援の醍醐味がある。
② 経営理念に沿った自社のビジョンに合っていること。それが社内外への説得力あるメッセージになると同時に、継続的な支援につながる。
③ 自らの強み、自社らしさ、地域性などをよく見極めること。

これらの重なり合うところにプログラムの基軸を置いて考えてみると、様々な可能性が見えてくる。

3 社会貢献はCSR推進の漢方薬

(1) 活発なコミュニケーションが自由闊達な企業風土を創る

CSRを進めるのに特効薬はない。従業員の心にしみて、従業員自身の行動が変わらなければ進まないからである。いくらルールをたくさん定め、倫理規定を作成して、商品開発で

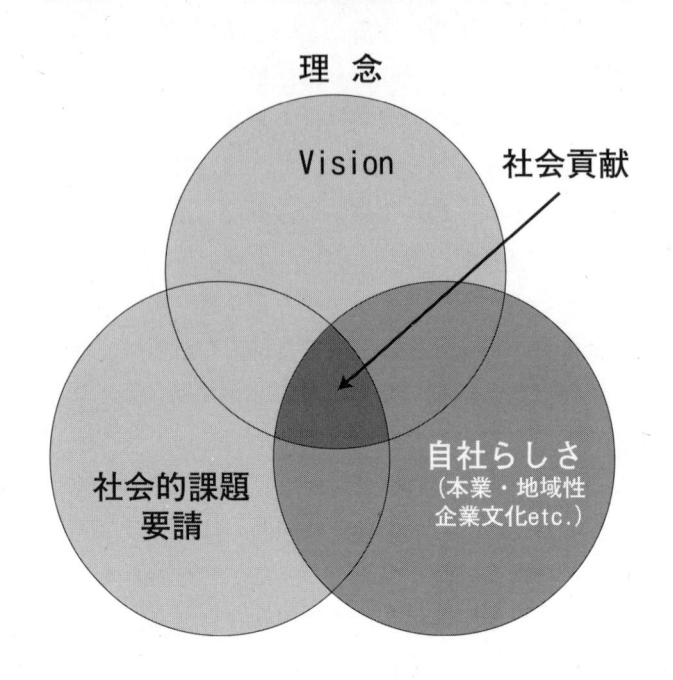

【図表4　CSRにおける社会貢献のプログラムづくり】

理　念
Vision
社会貢献
社会的課題要請
自社らしさ
（本業・地域性 企業文化etc.）

ⓒ日本フィランソロピー協会 2004

　環境や障害者にやさしい製品やサービスを作ろう、そしてボランティアをどんどんしよう、と言われても、一朝一夕でできるものではない。それを受け入れる企業全体の方向性を示し、それを実行できる風通しのよい土壌がなければ、絵に描いた餅になる。社会貢献は、社内外のコミュニケーションを活発にし、社会の風を社内に入れ、企業の体質を是正する「漢方薬」のようなものだ。漢方薬は、時間をかけて徐々に体質を改善し、全体のはたらきが滞りなく循環するよう、気長に地道に飲み続けなければ効果がないが、社会貢献も、まさにそれと同じである。

（2）ステークホルダーはCSR推進のパートナー

　あるスーパーでは、毎月1回、レジを出たところに、その地域のNPOや福祉施設の名前を書いた箱をいくつか置いている。お客さんは、レジでもらったレシートを、自分が応援したいと思う団体の箱に入れる。スーパーはその合計金額の1％相当の物品を、希望を聞いて寄贈する。お客さんにとってはNPOなどの存在を知り、自分の意志が反映されることで参加意識をもつことができ、いずれは寄付することにつなげるという啓発の意味もある。また、地域再生・地域の環境保全活動をするNPOへの融資をする金融機関も出始めた。売上げの一部を環境保全や地域再生などに寄付するというコーズリレーテッド・マーケティングなども市民の共感を呼んでいる。このように、いろいろな形で社会に貢献することが少しずつ認

知されるようになってきた。

　地球環境の悪化、社会環境の荒廃、青少年の深刻な問題を目の当たりにすると、社会の問題を解決し、よりよい社会をつくるためには、企業にだけ責任を負わせても実現できるものではない。企業を取り巻くステークホルダーの協力は、企業のCSRを推進するためには不可欠である。株主の投資を通しての応援、消費者の購買を通しての支援、地域住民のエゴを超えた地域再生への協力、従業員や取引先などとの協働による、より効果的な社会貢献、NPO・NGOとの連携による、よりきめの細かい地域貢献など、共によりよい社会をつくるパートナーとして、協力することが重要である。それを実現するための覚悟と工夫が企業に求められているのかもしれない。

　温かくて活力ある企業活動が、周りの共感を得、地域に向けてよい波動を起こすことが、次代に持続可能な社会をつなげることになる。そして、そのことが、企業の発展を導くことにほかならない。

　　※1　大阪コミュニティ財団
　　　　大阪商工会議所が企業や個人の社会貢献活動を支援するため、米国で誕生し、発展している「コミュニティ財団　a community foundation」を視察・研究し、財団設立に要する基本財産1億円を出捐して、1991年11月12日に設立。コミュニティ財団としては、我が国第1号で、現在までのところ、我が国唯一のコミュニティ財団。自分のマイ基金（My Fund）、自社のアワー基金（Our Fund）には、名前や目的、寄付額を自由に設定できる。財団は、基金の運用や助成先の募集・選定を行う。基金寄付者は、言わば「自分／自社の財団」を持つことになる。
　　　　コミュニティ財団の最大の特徴は、個々の基金が独自性を保ちながら、理事会、選考委員会、オフィス、スタッフなど、通常の財団が別個に持っているものを、共有している点であり、こういう財団をマンション型財団という。
　　※2　啓蒙された自己利益
　　　　企業活動が短期的利益に目を奪われるのではなく、他者を考慮して長期的・安定的な利益を追求すべきであるという考え方。

高橋陽子　*Yoko Takahashi*

岡山県生まれ。1973年津田塾大学学芸学部国際関係学科卒業。80年千代田女学園高等学校英語科非常勤講師。85年上智大学カウンセリング研究所専門カウンセラー養成課程修了、専門カウンセラーの認定を受ける。85～91年関東学院中学・高等学校心理カウンセラーとして生徒・教師・父母のカウンセリングに従事。91年㈳日本フィランソロピー協会に入職、事務局長・常務理事を経て、2001年6月より現職。主な編・著書に『フィランソロピー入門』（海南書房）、『社会貢献へようこそ』（求龍堂）がある。

CSRの関連諸事情

メンタルヘルスケアとCSR

株式会社 日本産業カウンセリングセンター 代表取締役理事長　野原蓉子

1 社員のメンタルヘルスに企業の関心が高まっている背景から

　社員のメンタルヘルスに企業の関心が高まっている3つの要因を挙げたい。

(1) 仕事に強いストレスを感じている社員（心の病の予備軍）が増えている

　今、正社員の約8割が仕事でストレスを感じており、その割合は非正社員や役員らより高いという（独立行政法人「労働政策研究・研修機構」2005年8～9月の調査）。同機構では、この結果について、「企業が正社員を絞り込み、非正社員を増やした結果、特に30～40代の働き盛りの正社員に業務が集中し、ストレスが高まっているのではないか」と分析している。

　企業での相談現場で見ていて、働く人たちの疲弊状況は各年代で加速化している。職場でストレスのきっかけになりやすい出来事が増えているためだ。職場の3大ストレッサー（＝ストレスの原因）といわれる、①「職場環境の変化」、②「仕事の質の変化」、③「人間関係の変化」が同時に起こっている。

　①の「職場環境の変化」というと、企業が生き残りのために行っている合併、買収、統合、提携、分社化、組織再編成、リストラなど、今はあらゆる変化が起こる状況にある。経営トップとしては自分の会社が競争相手の動きについていけるかという危機感があるが、社員のほうは会社は生き残れても自分は生き残れないのではないかという不安感が強まっている。自分が入社した会社が他社と合併したことによって、まるで別の会社に転職したかのような環境変化に遭遇したという話は日常茶飯事聞かれる。買収の場合は、買収した会社側の社員が上位のポストのほとんどを占めてしまうから、買収された会社側の社員は、重要な経営情報が入りにくくなり、仕事の進め方も変わるために、これまでの能力や経験が活かせなくなる。その結果、次々と配置転換の対象になり、ストレス禍に陥って、その多くが辞めていく結果になったという例が多く見られる。

　②の「仕事の質の変化」は、成果主義の影響があり、暗部というものが目立ってきている。企業の成長戦略の到達・達成のためには、これまでのやり方ではやっていけないということで、新しいことに取り組んでもらわなければ評価できないといわれる。最近の状況は、成果

を焦りすぎる傾向が強まっている。上司が成果を求め、部下が疲弊するという問題が多く生じている。その一方に成果主義の矛盾点も起こっていて、評価面談では「同期の中でこんなに評価の差がつく理由を教えてほしい」と部下から求められて、上司としては「相対評価で差をつけなければならないためにやむを得ず評価を下げた」ということを正直に説明すべきかと悩む例は珍しくない。大手企業全般に、優秀社員の早期選抜という動きが見られるが、選抜された側に選抜されなかった側がついていくかが問題だろう。目立った成果が出しにくい仕事についている社員の閉塞感も強まっている。

　③の「人間関係の変化」では、上下関係の葛藤がストレス原因の1位になっている。ノルマを抱えていて過重労働が続く職場が問題となっているが、そういう職場こそ上下関係が重要になる。今、人間関係における精神的支援が激減している。これも成果主義の影響で、上司（先輩）が自分の成果を考えて部下（後輩）を育てる余裕がない。リストラなどで少ない人員で仕事をしているなかで、新人や若手が即戦力を求められて焦っていたりしても、その様子を観察して早めに支援をするようなリーダーがいなくなった。職場の人員構成には、正社員と非正社員の比率が逆転しているところが目立ち、人間関係は複雑化している。正社員の中も、合併、買収、中途入社などで違うカルチャーで育った人たちがチームを組んで仕事を行っているが、人間関係のストレス禍から不安感、不信感、孤立感に陥る人がそのまま放置されて心の病の予備軍となっている。

（2）実際にメンタルヘルス不全（心の病）に至る社員が激増している

　どこの企業でも心の病の社員が年々増えているという切実な声が聞かれる。財団法人社会経済生産性本部の調査（2006年4月）によると、最近3年間で、「心の病が増加傾向にある」という企業は6割以上で、3,000人以上の大企業では7割に近い。また、「心の病による1ヵ月以上の休業者を抱えている」という企業は74.8％に達し、長期休業の原因に占める精神疾患の比率は高いところで5～6割に上る。独立行政法人労働政策研究・研修機構の調査（2005年9～10月）では、メンタルヘルスの問題が「生産性の低下」「重大事故の発生」など企業業績にマイナスの影響を及ぼすと考えているか？という問いに84.1％が「関係がある」と答えている。ここ5年ほどで、メンタルヘルス不全による休職者が最も多く出た職位は？という問いに対して、「主任」「補佐」など課長職直前が54.7％という。

　実際に、働き盛りの社員が心の病に陥ると、上司や同僚の負荷は重くなる一方になる。「重要な仕事を任せていた部下が突然会社に出て来られなくなって、うつ病で2ヵ月休むという診断書が送られてきた。任せていた仕事をすぐにやれるような社員はいないので、結局、自分が引き受けざるを得なくなった。自分もうつ病になるかもしれない」と嘆かれるような例が増えた。

　社員の心の病で最も目立つのはうつ病である。うつ病は先が悪く見え、未来に否定的予測をもつ未来閉塞感の病気といわれる。急激に変化していく時代に、先行不安はごく普通の

人が感じる心的危機であるが、不安が強いと物事のマイナス面に注意が向き、この先は厳しくなる一方だと感じてしまう。不安を研究したアメリカの精神医学者サリヴァンは、「不安のコントロール法は近未来への正しい予見を育てること（少し先をいかに正しく見ることができるか）」としている。先を正しく見ることは情報収集力にかかっている。できるだけ上司が部下に、必要な情報を頻繁に伝えることや、部下にとって不安が強い人事制度の変更などは、人事担当者が社員の中に入って直接疑問に答えたり、社員共通のハンドブック（小冊子）を配布するなどがうつ病の予防になり得る。

(3) 社員の過労自殺という最悪のリスクを避けたいという問題がある

2006年4月に改正された労働安全衛生法によって、企業が過重労働に対する健康障害を防止する措置をとることへの事業者責任が一層厳しくなった。多くの企業が社員の勤務状態の確認―過重労働の実態の把握―健康診断―フォローというやり方を実施しているが、職場によっては月平均100時間を超えるような残業をしているのに、申告には暗黙の上限があるという例はなくならない。最悪の結果として、過労が原因と思われる自殺者が出て、労災が認められたあげく訴訟にまで至って、はじめて経営トップが号令をかけて改善に取り組むことになる例が珍しくない。

勤労者の自殺が8年連続3万人を超えている。未遂はさらにその10倍はいるという。自殺者の8割は何らかの精神疾患（主にうつ病）にかかっているという研究報告が出されている。自殺には群発自殺というのがある。ある人物の自殺が他の複数の自殺を引き起こす現象で、そのために社員が自殺をしたというときには、筆者が関係者に対するカウンセリングを引き受けることがこれまでに何度かあった。自殺未遂者（主に過労が原因）のカウンセリングを引き受けることも少なくない。本人の言によれば「疲労が限界に来ていて、とっさに今置かれた状態から抜けたいと思った」という。慢性的な過重労働を長期間こなしていたが、突然やっていけなくなり、責任を感じて衝動的に自傷行為に走る。その結果、心身ともに重い後遺症が残るような例が目立つ。会社の人事担当者、上司、家族は大変なショックを受けており、そのメンタルケアも必要になる。

2 企業の社会的責任として社員のメンタルヘルスをどう捉えて対応すべきか

(1) 社員の健康づくり施策の中で「メンタルヘルスに関する対策」に力を入れて取り組む企業が増えている

財団法人社会経済生産性本部が行ったアンケート調査（2006年4月）によれば、社員の健康づくり施策全体の中で力を入れているものを3つまで回答してもらうと、「定期健康診断の完全実施」（82.6％）、「メンタルヘルスに関する対策」（59.2％）、「定期健康診断の事後措

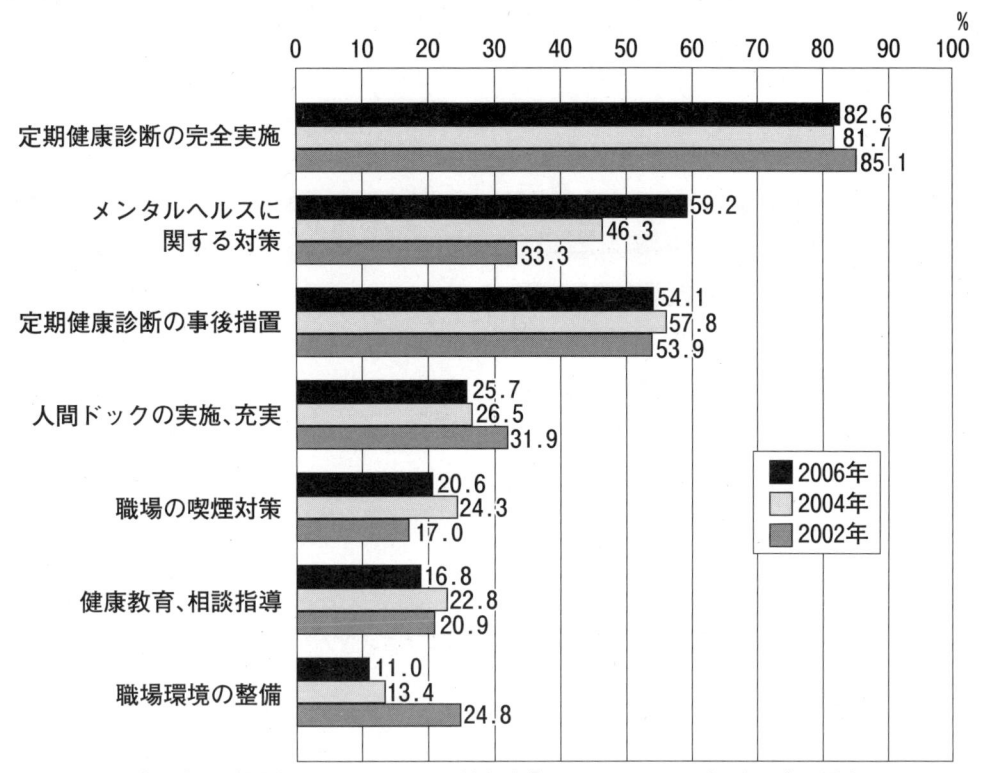

【図表1　健康づくりで力を入れている施策　上位7項目の時系列変化（上位3つまで回答）】

施策	2006年	2004年	2002年
定期健康診断の完全実施	82.6	81.7	85.1
メンタルヘルスに関する対策	59.2	46.3	33.3
定期健康診断の事後措置	54.1	57.8	53.9
人間ドックの実施、充実	25.7	26.5	31.9
職場の喫煙対策	20.6	24.3	17.0
健康教育、相談指導	16.8	22.8	20.9
職場環境の整備	11.0	13.4	24.8

（出所）㈶社会経済生産性本部メンタル・ヘルス研究所「メンタルヘルスの取り組み」に関するアンケート調査（2006）

置」（54.1％）の順で回答率が高くなっている（図表1）。メンタルヘルスの取組みは、従業員の多い企業ほど健康づくり施策全体の中で最も力を入れる施策（3,000人以上の企業は80.0％で第1位）として位置づけられているという。

メンタルヘルスの施策がどのような考え方・目的でなされているかを見てみると、「不調者・病人の早期発見・早期治療のため」（39.4％）、「疾病予防・健康の保持増進のため」（32.6％）、「従業員・組織の生産性向上のため」（13.8％）の順で回答率が高い（次頁図表2）。また、3,000人以上の企業においては、「疾病予防・健康の保持増進のため」が34.5％で、第1位の「不調者・病人の早期発見・早期治療のため」と同率になっている。「従業員・組織の生産性向上のため」の回答率も高く21.5％にのぼる。早期発見・早期治療から、予防保全へと、施策の重点が移行してきている状況が見られる。

同じ調査で、メンタルヘルスの施策は「企業としての責任を果たすため」という回答率が9.6％でそれほど高くない水準にあるものの、最近6年間に上昇傾向を示しているというところが注目される。CSR（企業の社会的責任）の観点からメンタルヘルスを捉えることが、もっと重要視されるべきである。

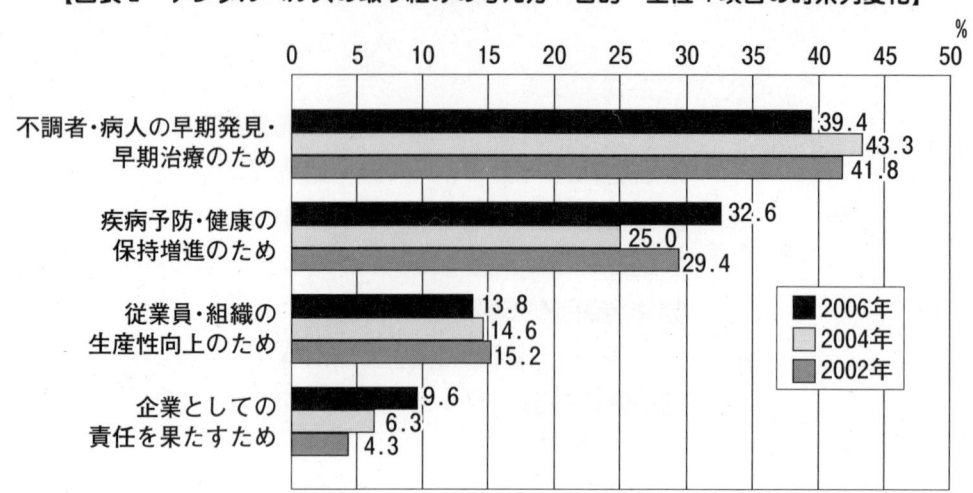

【図表2　メンタルヘルスの取り組みの考え方・目的　上位4項目の時系列変化】

項目	2006年	2004年	2002年
不調者・病人の早期発見・早期治療のため	39.4	43.3	41.8
疾病予防・健康の保持増進のため	32.6	25.0	29.4
従業員・組織の生産性向上のため	13.8	14.6	15.2
企業としての責任を果たすため	9.6	6.3	4.3

(出所) ㈶社会経済生産性本部メンタル・ヘルス研究所「メンタルヘルスの取り組み」に関するアンケート調査(2006)

(2) メンタルヘルスの予防保全のためには、セクハラやパワハラなど人間関係上のトラブル防止が緊急課題

　職場には、かつてないほどに多様な人たち(社員、派遣、契約社員など)が働いているため、人間関係上での様々な摩擦やトラブルが目立つ。職場いじめ、嫌がらせ、セクハラ、パワハラも頻発している。筆者はセクシュアル・ハラスメントに関してはこの言葉が出てくる前から、企業の相談の現場で実態を把握しており、新聞等に性的な嫌がらせがあるというケースを出していた。そういう経緯もあって、セクハラを法制化するときの委員にもなった。2006年6月に男女雇用機会均等法が改正されて(2007年4月施行)、セクハラ防止策も企業の配慮義務であったものが、措置義務規定に変わり、すでに労災認定される動きもある。セクハラは企業にとってコンプライアンス上においてもリスクの高い問題という認識は高まっているはずだが、実態としては今も増加の一途をたどっている。

　これまでの裁判例や筆者の経験した事例から、セクハラの行為者(加害者)には経営者、役員、管理職が圧倒的に多い(同僚間のセクハラは一部のみ)という点が懸念される。被害者は圧倒的に女性が多く、特に年齢の若い女性や経済面などで弱い立場の女性(派遣やパートなど)が多く見られる。セクハラを起こす原因は、①自分自身の性的な固定観念や価値基準を押しつける、②公私の区別が希薄である、③性的言動に対する男女の意識差の認識に欠けている、というのが特徴的である。

　最近起こったトヨタ自動車グループの北米セクハラ訴訟もトップ(社長)のセクハラだった。この会社は社員・現場の疲弊による品質低下から不祥事が続いていた最中にセクハラ事件が起こっている。このトップは即刻辞任をした。それから3ヵ月後に、会社が一定額の賠

償金（請求は215億円）を支払って和解したが、その内容は非公表とされた。経営トップや管理者が自社で働く人にセクハラ行為を行うことのリスクは極めて高い。ひとたび裁判になればその企業は社会からのリスペクト（尊敬）を失う。セクハラは何より人権侵害の行為であり、心を傷つける行為である。人事院（国家公務員対象）では、セクハラによって被害者が精神的苦痛から心の病に陥った場合はその行為者（加害者）は免職にするようにという通達を出している。

　パワー・ハラスメントの訴えも目立つ。欧米ではモラル・ハラスメントと言われている。職場でのいじめや嫌がらせのことだが、バブル崩壊後にあったような露骨ないじめ（仕事のミスなどを理由に意図的に退職に追い込む）は減っているが、上司が職権を乱用して部下の人格を継続的に傷つける精神的暴力はむしろ増えている。パワハラ被害の訴えを受けた上層部や相談担当者が、いじめの事実を把握せず、適切な改善措置を取らなかった場合には、安全配慮義務を怠ったとして法的権利を行使できる。厚生労働省もセクハラと同じ対応をする方向という。ハラスメントを個人間の問題と捉えず、組織風土全体の問題として捉えて対処することが重要である。

（３）管理監督者へのメンタルヘルスに対する意識改革の教育が必要不可欠になる

　厚生労働省（当時労働省）が2000年に公示した『事業場における労働者の心の健康づくりのための指針について』の中で、メンタルヘルスの活動は４つの側面に分類されている。2006年に改正された労働安全衛生法はこの指針を守ることを前提としている。その４つの活動分野とは、「労働者自身によるセルフケア」「管理監督者によるラインによるケア」「事業場内の健康管理担当者による事業場内産業保健スタッフ等によるケア」「事業場外の専門家による事業場外資源によるケア」である。

　企業が４つのケアの中で最も重視しているのは、「管理監督者によるラインケア」である。管理監督者には、不調者への対応よりも予防を含めた早い段階での対応を求める傾向が強まっている。具体的には、悩み事の相談扉をいかに叩かせ受け入れるか（相談をしやすい雰囲気づくり）が求められている。そのための管理者監督者向けの教育が試行錯誤の中で実施されている。筆者も駆り出されて教育の手助けをしている。

　しかし、企業の期待が管理監督者に理解されているとは言えない例が目立つ。管理監督者の認識としては、企業のメンタルヘルスの取組みは、あくまで企業のリスクマネジメントの一環であり、社員側（管理監督者を含めた）に立ってこの問題に取り組む姿勢があるとは受け止められていないようだ。現場で抱える問題と教育の内容が乖離していると受け止められるためもある。

　例えば、研修の場でうつ病は１〜３ヵ月で８割が治ると教えられる場合、うつ病の部下を持ったことのある上司に言わせれば「３人に１人は治るが、あとの２人は長引いたり再発したりして、休職を繰り返したあげく、会社を辞めていくというのが現実だ」という。実際、

本人も周囲も病気とは思わなかったり、周囲の環境がメンタルで休むということを認められない状況であるために、重症化して治りが遅い例が目立つ。管理監督者の意識改革の教育では、部下が心の病になれば本人はもちろんだが、上司また会社がどれほど大変なことになるかを具体的に説明することが求められる。組織全体の健康度を高める方向で、全体的な計画と長期施策プランを立てる中で行われることが重要である。

3 企業としての責任を果たすために、社員のメンタルヘルスに取り組むための今後への提言

（1）もっと気軽に悩み相談に行ける相談窓口づくりをいかに行うか

多くの企業は、社員の相談や問題解決のためのホットラインや相談窓口を設けているが、どの程度活用されているだろうか。相談できるサポーターとして、相談担当者、人事労務担当者、産業医、保険師、カウンセラーがいる。相談窓口に相談するには、相当な勇気がいるとか、大事にならないかという不安があると聞かされる。相談窓口は作ればよいというわけでなくPRが欠かせない。上司が部下の悩み相談を受けて対応に苦慮する場合は、相談窓口に早急につなぐことが求められるが、まず上司自身が相談窓口を信頼できるかがキーとなる。また、相談の内容によっていろいろな相談窓口を本人が選択できるのが利用しやすい。筆者は長年カウンセラーとして、いかに気軽に当たり前のように相談に来てもらえるかを最も大事にしてきた。ストレスチェックやアンケートで疲労が強いという答えが多かった職場の管理監督者やメンバー全員の呼び出し面談も引き受けている。事前に1度顔を合わせておくことが相談窓口のPRとなるためだ。

（2）メンタルヘルス担当部門（人事・総務）は、営業や技術開発、生産などの現場との乖離をいかに埋められるか

例えば、長時間労働の抑制はメンタルヘルス対応の重要テーマというが、メンタルヘルス担当部門がよほど強い意志で現場に踏み込んで取り組まない限り、この問題を徹底させることは難しい。また例えば、最近の金融機関で個人情報流失という不祥事が何度もあったが、他企業と比べて大量の個人情報を把握している金融機関の内部管理がきちんとなされていないことに驚かされた。特に公的資金で救われた銀行は、一層の社会的責任が求められてしかるべきであるが、こうした不祥事はメンタルヘルスの取組みが徹底されていない結果とも一方で受け止められる。劇的に変化する現場の情報収集を十分に行わずにモノを言えば、机上の空論と受け取られても仕方がない。ストレスチェックやアンケートはその職場の傾向を知るには有効な方法ではあるが、現場の人たちとの対話によって生きた情報（心の病の原因）を把握して、いかに早急に手を打つかというやり方が重要と思われる。

(3) 経営トップにメンタルヘルスの取組みの重要性をいかに認識してもらうか

　経営トップは社員のメンタルヘルスに対して重大な責任を負っている。社員はその家族（＝社会）からお預かりしている人たちだから、業務が原因で心の病に陥るようなことになったら本人、そして家族に申し開きが立たない。経営トップがメンタルヘルスの重要性を認識することで、社員は会社への信頼感をもつことができ、心の健康度は高まる。米国の経営トップは自己紹介で自分にはマイカウンセラーがいるという人が多いという話を聞いたことがあるが、トップ自身のメンタルヘルスケアについてはどうなっているのか。トップが簡単に愚痴や弱音を吐くわけにいかないし、立場上じっくり話を聞いてくれる人がいない場合が多い。おしゃべりの効用ということが言われるが、通り一遍ではなく、文字通り心を傾けて傾聴する人（例えばカウンセラー）が必要ではないか。

　メンタルヘルス担当者（人事・総務）の悩みを聞くと、「経営トップにメンタルヘルスの取組みの重要性を認識してもらうことが最も難しい」と異口同音にいわれる。その一方に、財団法人社会経済生産性本部の調査によれば、経営トップがその重要性を認識しているという企業は、大勢を占めている（86.2％）。また、東京商工会議所が会員経営者を対象にした「企業における健康づくりに関する実態調査」（2005年12月）の結果でも、経営者のおよそ90％が「従業員が健康を害した場合、業績に影響がある」と回答している。経営トップの認識と実際の行動（具体的対応）とのズレを実感する。経営トップにとって「取組みの効果がはっきりしない」というところがネックとなっているためと思われる。

　今後、働く人たちの受けるストレスは一層に拡大する傾向にある。誰がメンタルヘルス不全に陥ってもおかしくない。筆者の経験でも、「我が社には人を大切にする風土がある」と大多数の社員が思っているといった企業でも心の病が増加しているという例が目立つ。メンタルヘルスの位置づけがより重要度の高いものになるにつれて、職場に関わる全員（正社員、非正社員）で取り組む必要があると認識される傾向も強まっている。仕事のやり方を含めた職場の風土の側面からも捉えていこうとする意識も浸透してきている。経営トップとしては、働く人たちのダイバーシティ（人材の多様性）を認めて、悩むべき場面で悩むことが大事という認識をもって、メンタルヘルスの問題を抱えた人たちもまた人材として生き生き働くことができる風土づくりをしてほしい。経営トップの積極的な支援があるかどうかでこの取組みの効果を上げることができると確信している。

野原蓉子　*Yoko Nohara*

1961年埼玉大学教育学部卒業。教職を経て、数社の産業カウンセラー、教育担当講師となり、76年日本産業カウンセリングセンター設立。現在までに、金融機関、メーカーなど50社を超える大手・中小企業や、厚生労働省（調査研究会委員）をはじめとした諸官庁・諸団体、大学、マスコミ等でカウンセリング並びに講演、教育研修及び顧問活動を続けてきた。現在、（株）日本産業カウンセリングセンター代表取締役理事長、臨床心理士、日本産業精神保健学会理事、その他多くの企業の顧問、カウンセラーとして活躍。

CSRの関連諸事情

CSR担当部署の現状とその役割

経営倫理実践研究センター　岡部 幸徳

はじめに

　2003年の経済同友会発行の第15回企業白書「企業の社会的責任」に関するアンケート調査によれば、「企業の社会的責任（以下、「CSR」という）に関する取組みは、どの段階にありますか？」という問いに対し、「ほとんど取り組んでいない」と答えた企業はわずか3.3%であった。経済同友会の会員および東証1部、2部企業の代表者を対象とした調査であることを考えれば、我が国の主要企業は何らかの形でCSRに取り組んでいるといえよう。
　本稿では我が国企業において広く認識され、具体的取組みが始められているCSRを社内外で推進する担当部署の現状とその役割、特にその業務範囲と実務の現状について紹介し、その将来のあり方を考察する。

1 担当部署の名称

　CSR担当部署の業務範囲は極めて広い。また、その業務範囲の広さを反映して、その名称も極めて多様な呼称が用いられているようだ。
　経営倫理・CSRの普及啓発を活動目的とする経営倫理実践研究センター（Business Ethics Research Center。以下、「BERC」という）には、経営倫理・CSRを企業内部にてそれを定着浸透させることを目的として東証1部上場企業を中心に96社（2006年9月末現在）が登録している。その担当部署のうち、何らかの形で「CSR」の語句を部署名に冠する企業の数は19社ある。具体的な名称例を挙げれば、CSR室、CSR推進部、CSR・コンプライアンス室、CSR部、CSR企画推進室、CSR推進室等が主なものである。
　また、CSRそのものの名を冠してはいないものの「企業の社会的責任」を想起させる名称も存在する。例えば、企業行動推進部、社会責任推進部、企業行動推進室などである。一方で、CSRを想起させる名称とは別個に、リスク管理、法令等遵守や経営（企業）倫理をイメージさせる名称をもつ部署も多い。コンプライアンス部、法務・コンプライアンス部、リスク統括部、リスク管理部、企業倫理推進部などが挙げられる。さらに、旧来から常時用

いられている。経営企画、総務、法務などもある。

このようにCSRを担当する部署の名称は、極めて多様である。しかし、その名称がその企業におけるCSRの業務範囲を的確に表しているともいえよう。

次に担当部署に付される名称について多く用いられている「単語」を紹介しておきたい。これはCSR・経営倫理を担当する部署が同時にどのような業務をその範疇に包摂するか、また担当部署が所管する問題、課題の性質を示唆するものにもなろう。

> コンプライアンス、法務、総務、企業倫理、推進、統括、リスク（危機）、管理、監査、企画、業務、検査

2 CSR担当部署の業務範囲

CSR担当部署の多くは、名称から主な業務をうかがい知ることができる（例えば、「CSR・コンプライアンス部」であれば、CSR業務とコンプライアンス業務を担当する）。しかし、「CSR」自体にどのような業務が包摂されるかは、企業ごとによって異なるのが実際である。現実的には実に多種多彩な業務を担当するようだ。

多種多彩なCSR業務を理解するためには、先に紹介した経済同友会の調査がわかりやすい。「CSR」に関する企業評価項目として15項目を挙げている。本質的には企業評価のためにCSRを推進するのではないが、その業務を通しての企業行動が社会に影響を与えるならば、その連関性は明確であろう。ここに15項目の内容を概括すると、①高い生産性・収益性、②技術・知識のイノベーション推進、③迅速・柔軟な意思決定、④高いエンプロイアビリティ、⑤法令・倫理の遵守、⑥公正競争の尊重、⑦取締役会・監査役会による監督監査の実効性、⑧積極的な情報公開・開示、⑨誠実な顧客対応、⑩社員の育児・介護への配慮、⑪男女間の機会均等、⑫環境への配慮、⑬社会貢献活動への関与、⑭NGO/NPOとの協力・連携、⑮貧困・環境・紛争などの世界的諸課題への行動などの項目が挙げられている。このすべての項目がすべての企業で対応されているわけではない。しかしながら、これらの項目でおおよそ重要視されているものを知ることはできよう。

これらの多種多彩な業務範囲の中で、あえて主なものを挙げるならば、「CSR・企業倫理・コンプライアンスの社内定着浸透に関する体系的取組み」「人権啓発、男女共同参画などの取組み」、そして「地球環境保全への取組み」であろう。また、サステナビリティ報告書やCSR報告書などのCSR・企業倫理・コンプライアンスに関する企業活動の社内外への情報開示に関する報告書の作成・編集の取りまとめなども重要な業務になっている。

なお、地球環境保全への取組みについては、社内専任の「環境対策担当部署」が担う場合もある。経済広報センターによる2006年3月発行「第9回企業の広報活動に関する意識実体調査報告書」によれば、「CSR活動として現在特に重視していることとして、①法令を遵守

し、倫理的行動をとること、②地球環境に対する取組み、③地域社会の貢献に寄与すること、の３点が上位３位であり、この調査からも裏付けられよう。

❸ 主な機能としての「CSR・企業倫理・コンプライアンスの社内定着浸透に関する体系的取組み」

CSR担当部署の活動は多岐にわたる。「CSR、企業倫理、コンプライアンスなどの社内における推進、定着に関する活動（以下、「CSR等活動」という）」「人権・男女行動参画に関する活動」「地球環境保全に関する活動」を主な柱として多種多彩である。その中にあって、CSR担当部門の活動全体の屋台骨となるのは、「CSR等活動」であろう。自社の経営理念・価値観に照らし、全社がそろって、地球環境保全や人権等活動などの企業活動を行うための価値判断の拠りどころとなるからである。本稿では、この点を理由として「CSR等活動」を中心に論をすすめる。

CSR、企業倫理、コンプライアンスなど企業によって呼称は様々であるが、自社の経営理念・価値観を社内外に発信し、社内においてはその理解、浸透、定着を目指し、経営トップ、役員、正社員、契約社員、派遣社員、パート・アルバイトなどの従業員１人ひとりが自律的に遵守し得るような仕組みや仕掛けを作ることが肝要である。加えて、消費者（顧客）、取引先、地域社会、行政、NGO/NPO、そして地球環境などに対して、自社の理念・価値観を発信することも極めて重要である。

従業員が自律的に遵守し得るような仕組みとして、以下のものを参考までに挙げておく。しかし、その仕組みや仕掛けは自社の現状や文化、風土によって適宜、調整、変更することが大切である。

①経営理念をベースとした「企業行動基準・規範」の策定
②「企業行動基準・規範」の定着、浸透のための教育研修
③「企業行動基準・規範」の定着・浸透を評価するチェック
④企業倫理、コンプライアンス相談窓口の運営
⑤CSR報告書等の作成

①は、いくつもの方法が考えられる。しかし、策定後の理解、定着、浸透への道筋を考えれば、全社が一丸となって策定に関わることができるような方法をベースに策定作業を進めたいところである。

②については、「CSR、企業倫理、コンプライアンス」（以下、「CSR」等という）に関する社内の最高責任者が誰なのか、これらの実務を担当する部署はどこなのか、企業行動基準・規範策定の経緯や意義や目的は何なのか、企業倫理、コンプライアンスに抵触する可能性のある案件の相談や質問はどこに言えばよいのか、質問や相談の際には（およびその後は）、

原則的に相談者の立場は必ず守られる点など従業員に必ず知らせておかなければならない事項は、講義による研修でも可能である。しかし、従業員1人ひとりが自律的に、「今、自分が倫理的な課題や問題に直面している」ということを理解できるようになるためには、ある程度の思考の鍛錬が必要になろう。従業員各自が実務上で直面する事象において倫理的な問題を含んでいることを察することができるよう倫理観を醸成することが重要になる。従業員は倫理的問題に直面していることを理解できなくてはならず、それができなければ相談窓口の利用などを呼びかけても意味はない。

　③については、「企業行動基準・規範」を策定し、教育研修によりその理解、定着、浸透を図ったとしても、その効果がどの程度であり、どのような点に問題があるのか、今後課題となりそうな事象はないかを測ることは欠かせない。PDCAのサイクルを回すことが、マネジメントの基本であり、最も重要な点であることは、CSR・企業倫理コンプライアンスの分野でも変わらない。PDCAにおけるCの部分については、少なくともCSR等の担当部署による効果測定を目的としたチェックと内部監査担当部門による監査視点からのチェックの両面からのアプローチが必要であろう。前者は当然であるが、後者は、新会社法による取締役の責務としてのコーポレートガバナンスにも直結するものであるから必ず実施されたい。

　④についての具体的方法はいくつもある。CSR担当者が相談窓口の受付となる方法、社外専門家や顧問弁護士が窓口になる方法などもある。

　しかし、運用上最も重要となるポイントは、従業員との信頼関係である。社内のCSR等の諸問題について、社内の相談窓口に安心して相談するためにはどのようにすればよいか、十分考えなければならない。従業員が安心して相談するためには、何が最低限必要なのか。相談者の立場に立ったときにはじめて理解できるのかもしれないが、少なくとも、相談を持ちかけた際の守秘義務は、担当部署もしくは担当者によって必ず守られなければならない。また、原則的に相談に対する対応や措置についてのフィードバックがしかるべきタイミングで相談者や従業員全体になされるシステム運用が用意されるべきである。もちろん、問題となる言動をした対象者から、相談者に対して相談後に報復がある等はもってのほかである。

　ちなみにここまでの①～④は完成したからといって、さわってはならない聖域、金科玉条といったものではない。常に、十分効果的に機能させるためにはどのようにしたらよいか、法律改正や社会の考え方、変化について常にアンテナを張り巡らし、最も自社の理念価値観にフィットするよう適宜見直さなければならない。

4 CSR報告書について

　近年、企業の多くが「CSR報告書」「社会責任報告書」「サステナビリティレポート」などの名称で、自社のCSR活動に関する報告書を作成し、広く社会に向けて発刊するようになった。これは、企業を取り巻くステークホルダーとのコミュニケーションの充実・向上を

意識した企業の積極的な情報公開に関する活動の一環でもある。このような傾向は2000年〜2001年ごろから見られるようになり、それまで「環境報告書」として発行されていたものが、その活動報告を包摂し、企業倫理・コンプライアンス面での活動、社会貢献活動などもあわせて現在のような「報告書」となった。この流れの背景には、環境省発行の「環境報告書ガイドライン」や GRI（Global Reporting Initiative）の「サステナビリティ・リポーティング・ガイドライン」の存在があろう。現在、報告書の多くはこれらのガイドラインの要求に沿って作成されている。

また、今後の新たなガイドライン等の動きとして、英国 The Institute of Social and Ethical AccountAbility の「AA1000」は留意しておきたい（「AA」は AccountAbility の AA をとって命名されている）。

5 CSR 担当部署の今後について〜まとめにかえて

ここまで見てきたように、現在の CSR 担当部署の業務範囲は極めて広い。企業倫理・コンプライアンスの推進、環境への取組み、人権・男女共同参画などへの取組み、社会貢献への取組みなど、その他多岐にわたる。これは見方を変えれば、経営全般を網羅することになるといっても過言ではない。また、新会社法、いわゆる日本版 SOX 法、そして、第三者認証こそないものの、CSR の ISO 化が目の前に迫った現在において、CSR 担当部署の役割は今後極めて重要になる。

しかし、1点だけ留意することがあるとするならば、あまりに業務が広範囲であり、経営全般にわたるという点である。経営全般にわたるというのなら、CSR 担当部署は企業行動に関する企画立案と実践のためのバックオフィス役となって、実践そのものについては環境担当部門や人事担当部門などの既存の担当部署やそれに業務が近接する部署が行うという企業も出てくるであろう。そのほうがより効率的に CSR を推進できるケースもなかにはあるのではないか。もしくは、CSR 担当部署における人権、環境、社会貢献などの業務については既存の担当部門や、または、それを専任とする部署としてスピンアウト（独立）させる。これまでの CSR 担当部署は経営理念・価値観などの企業倫理推進と各担当部署の CSR 関連業務の実践についての「扇の要」役となり、各担当部署からの活動報告をとりまとめ、当該年度の CSR 活動の集大成としての「CSR 報告書」の作成を担当する部門になる可能性もあろう。もちろん、現在のような CSR 視点から経営を網羅的に鳥瞰し、企業行動へ反映させる体制も当然継続的に存在するであろう。

CSR への取組みの方法や推進のための体制は、各企業の社内事情によって変化するべきであり、すべての企業で、必ず最善の CSR 推進が可能となるような唯一の体制はあり得ないと思う。自社の経営理念・価値観を立脚点として自社に最も適した組織体制、仕組み、仕掛けを試行錯誤しながら全社をあげて作り上げていくのが結局のところは近道であろう。

■参考文献
・㈶経済広報センター『企業の広報活動に関する意識実態調査報告書』(2006)
・㈳経済同友会『第15回企業白書『市場の進化』と社会的責任経営』(2003)

岡部 幸徳　*Yukinori Okabe*

1967年東京都生まれ。神奈川大学大学院経営学研究科博士後期課程修了、博士（経営学）。新日本証券（現・新光証券㈱）、日本マクドナルド㈱勤務を経て、経営倫理実践センター入所。現在、関東学院大学講師。ほかに川口短期大学・湘南短期大学講師、早稲田大学企業倫理研究所客員研究員、ビジネス・ブレークスルー大学院大学客員研究員を兼務。学会の活動として、日本経営倫理学会総務委員、日本経営学会会員、日本ホスピタリティ・マネジメント学会会員。

CSRの関連諸事情

環境報告書から、サステナビリティ報告書・CSR報告書へ

NPO法人 社会的責任投資フォーラム 代表理事　後藤敏彦

1 環境報告書

(1) 環境報告書とは何か

　環境報告書とは何かについて、確定した定義があるわけでない。独立した環境報告書ばかりでなく、企業の年次報告書の中に環境情報をまとめて公表している部分があるものについてもその部分が環境報告書として扱われることもあり、ウェブサイト上のものも環境報告書として認識されている。また、「Report（報告書）」という呼び方と、「レポーティング（報告）」という呼び方がある。「Report」はウェブサイト上のものも含め報告書本体を指し、「Reporting」は報告書本体も含め報告活動全体を表しており、少し幅広い概念と理解してよい。ただし、実際には英語でも混同して使われており、違いはあいまいで、その状況はサステナビリティ報告書やCSR報告書でも変わらない。本稿では「報告書」で通す。

　欧米では1980年代の後半から発行されだしたが、日本では1990年代の前半から先進的な企業が発行を始め、半ばからは急速に増加してきている。環境省の「環境にやさしい企業行動調査」によれば、2005年発表では800社強が発行と述べている。

(2) 欧米での沿革

　米国では、アニュアル・レポートや米国証券取引委員会（SEC）に提出するフォーム10－K報告などには、日本とは比較にならないくらい環境情報が掲載されている。特に1980年のスーパーファンド法制定以来、土壌汚染の潜在的浄化費用がきわめて巨額になり、企業業績をも左右しかねないことから、その事実関係を記載していないと株主代表訴訟の対象になる懸念が高まったことや、SEC規則の強化などが大きく影響したものと考えられる。

　独立した一般的な環境情報の公開ということに関しては、様々な情報を総合して判断すると、やはり地球環境問題の認識が深まりだした1990年前後からと考えてよい。1989年に公表されたセリーズ原則（旧名バルディーズ原則）[※1]などの環境憲章で情報公開がうたわれはじめ、先進的な企業が独立の環境報告書を発行し始めた。

欧州ではECのアクションプランに住民の知る権利の確保ということがうたわれ、それを実現するものとしてイーマス（EMAS、エコマネジメント・監査スキーム）という法律が1993年に制定された。イーマス参加企業は環境声明書の発行が必要であるが、これも環境報告書といってよい。

　環境報告書の発行を法制化する国もあり、例えば、デンマークは1995年の政令で義務化し1996年から実施、オランダでも1999年に法制化されているが、21世紀に入りCSR情報の開示推進に伴い発展的に解消されている。

（3）日本での沿革

　日本での環境報告のスタートは、質量は別として1980年代頃から営業報告書に環境情報が記載されはじめたことでいえば欧米と大差はないが、独立した環境報告書については少し遅れていたというのが実感である。1992年に筆者達が研究のため日本企業の報告書も集めようとしたが皆無に近かった。しかし、1994年には数十社分が容易に確保できた。1992年頃に相次いで発表された、環境庁の「環境にやさしい企業行動指針」や「通産省のボランタリー・プラン」がかなり影響したものと推測している。

　報告書の発行が増えてきたことなどもあり、2001年には環境省、経済産業省が環境報告書ガイドラインを発行している。環境省の環境報告書ガイドラインは2003年に改訂され、後述するNSCの調査ではほとんどの日本企業が参考にしているが、2006年4月に公表された国の環境基本計画[※2]では改訂することが表明されていた。実際ガイドライン改訂検討会が立ち上げられて2007年発行を目指している。ちなみにこの基本計画では今後の環境政策で重視していく方向性の筆頭に「環境的側面、経済的側面、社会的側面の統合的な向上」を掲げている。2004年には環境配慮促進法（正式名称：環境情報の提供の促進等による特定事業者等の環境に配慮した事業活動の促進に関する法律）が制定され、大企業には環境報告書発行が責務とされ、独立行政法人のうち政令で定めるものは特定事業者として発行が義務とされた（図表1参照）。

　また、中小企業の環境報告書に関していえば、環境省の策定したエコアクション21（EA21）に規定されている環境活動レポートがそれに該当する。財団法人地球環境戦略研究機関持続可能性センター（IGES CfS）[※3]がEA21を使って認証制度を開始しており、2006年夏現在で発行数1,000件を超えている。世界的にみても稀有のことといってよい。

2 サステナビリティ報告書・CSR報告書への移行

（1）報告書の呼び方

　CSRレポート、サステナビリティ報告書、持続可能性報告書、トリプル・ボトムライン

【図表1　環境配慮促進法（抜粋）】

（事業者の責務）

第4条　事業者は、その事業活動に関し、環境情報の提供を行うように努めるとともに、他の事業者に対し、投資その他の行為をするに当たっては、当該他の事業者の環境情報を勘案してこれを行うように努めるものとする。

（環境報告書の公表等）

第9条　特定事業者は、主務省令で定めるところにより、事業年度又は営業年度ごとに、環境報告書を作成し、これを公表しなければならない。

2　特定事業者は、前項の規定により環境報告書を公表するときは、記載事項等に従ってこれを作成するように努めるほか、自ら環境報告書が記載事項等に従って作成されているかどうかについての評価を行うこと、他の者が行う環境報告書の審査（特定事業者の環境報告書が記載事項等に従って作成されているかどうかについての審査をいう。以下同じ。）を受けることその他の措置を講ずることにより、環境報告書の信頼性を高めるように努めるものとする。

第10条　環境報告書の審査を行う者は、独立した立場において環境報告書の審査を行うように努めるとともに、環境報告書の審査の公正かつ的確な実施を確保するために必要な体制の整備及び環境報告書の審査に従事する者の資質の向上を図るように努めるものとする。

第11条　大企業者（中小企業者以外の事業者をいい、特定事業者を除く。）は、環境報告書の公表その他のその事業活動に係る環境配慮等の状況の公表を行うように努めるとともに、その公表を行うときは、記載事項等に留意して環境報告書を作成することその他の措置を講ずることにより、環境報告書その他の環境配慮等の状況に関する情報の信頼性を高めるように努めるものとする。

2　国は、中小企業者がその事業活動に係る環境配慮等の状況の公表を容易に行うことができるようにするため、その公表の方法に関する情報の提供その他の必要な措置を講ずるものとする。

報告書、社会・環境（環境・社会）報告書等々、様々な呼び方がされる。名前は世界的にも曖昧なまま使われており、どのような呼び方でも中身が大切という考え方に立てばたいした違いはないが、名前は重要と考える立場では大きな違いがある。名前により違いを主張する立場では、サステナビリティ報告書や持続可能性報告書は地球環境や人類の持続可能性を主題に置き、それに向けての企業の理念、活動等を報告するもの。他方、CSRレポートやトリプル・ボトムライン報告書は、地球環境や人類の持続可能性を無視するものではないが、

企業の社会に対する責任や、自社の社会的信頼度に主題を置き、人権、労働、地域社会との関わりなどについての理念や活動状況等をレポートしているもの、というのが筆者の理解である。いずれにせよ、本稿では広義に捉え同類のものとして扱い、以後はCSR報告書で通す。

(2) 移行の状況

サステナビリティ・コミュニケーション・ネットワーク（NSC）がここ数年、環境報告書等を発行していると推定される企業に対してアンケート調査[※4]を続けている。NSCは環境報告および環境コミュニケーションの推進を目的に、環境庁（当時）がバックアップして、企業・行政・NGO・学識経験者が集まり1998年に設立した「環境報告書ネットワーク」が2004年に名称変更したものである。

2006年度調査[※5]では図表2に示されるように、回答企業の中では環境に特化したものは16.1%にとどまり、一部にせよ社会性報告を含むものは78.7%に達している。発行企業数と回答企業数を勘案しても半数程度はCSR報告書に移行していると推測される。筆者がCSR報告書元年と呼んだ2002年では、同じくNSCの調査ではCSR報告書は32.5%であったが、発行推定企業数の半数以下からの回答であり、実質は10〜20%と推測している。いずれにせよ、わずか数年で移行が急速に進展したことがわかる。

なお、欧米の状況であるが、米国は多国籍企業を除けば報告書の発行は多くない。もともと環境よりも人権、倫理などに社会的関心が高く、多国籍企業の報告書はCSRレポートに移っている。欧州は、そもそも1970年代から社会報告書（Social Report）を発行してきた企業も多く、これが環境報告書と合体してCSRレポートに移行してきている。

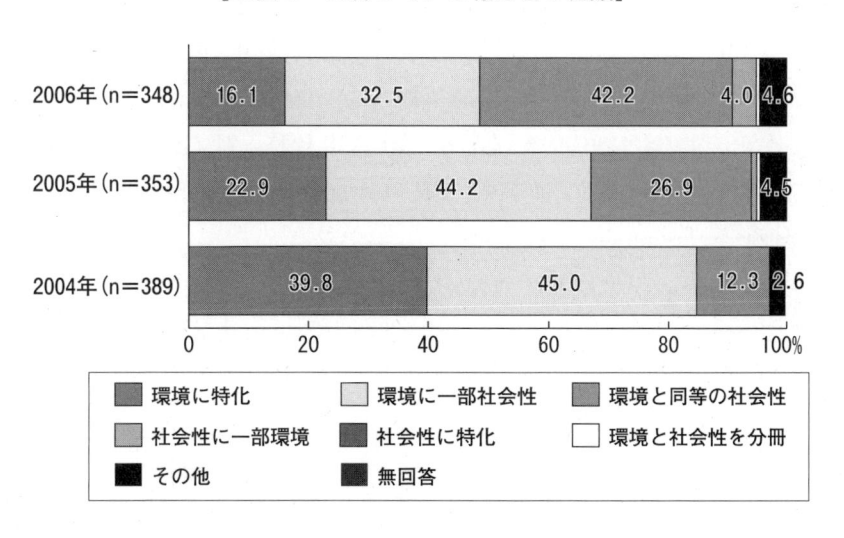

【図表2　発行している報告書の種類】

年	環境に特化	環境に一部社会性	環境と同等の社会性	社会性に一部環境	社会性に特化	その他	無回答
2006年 (n=348)	16.1	32.5	42.2			4.0	4.6
2005年 (n=353)	22.9	44.2	26.9				4.5
2004年 (n=389)	39.8	45.0	12.3				2.6

（出典）　NSC『CSRの可能性　—日本企業の現況とその基本理念』(2006年10月発行)

(3) 移行の背景

背景には2つのことがある。

1つは、人間活動が地球の環境許容量（carrying capacity）を超えてしまい、この延長線上（BAU, Business as usual）では人類のサステナビリティ自体が危機にさらされているということが明白になってきたことである。2002年の地球サミット（WSSD）で採択されたヨハネスブルグ宣言[※6]第7項にある「我々は、人類が今分岐点に立っていることを認識し」という言葉はこの状況を端的に表している。具体的には、最大の環境問題である地球温暖化について、悪循環の引き金となる2℃突破（産業革命以前と対比）を回避できるか、きわめてリスキーな状況にあることがある[※7]。2℃突破は地球温暖化の悪循環の引き金をひく「ポイント・オブ・ノーリターン」を意味しており、現時点の科学的知見の主流の見方では早ければ2026年[※8]の可能性を示唆している。また、生物多様性についても、五大絶滅に続く「第六の大量絶滅期」[※9]といわれるように、恐竜の絶滅の時よりも早い速度で種の絶滅が進行している。

もう1つは、グローバリゼーションの進展により、国民国家（Nation states）体制が大きく変容してきていることがある。例えば、欧州では国家間の壁は極端に低くなり、グローバルにもWTO体制のもとでの自由貿易の進展や複数国家間での自由貿易協定（FTA）などにより国家の役割が著しく変容してきている。そこでは、政府、企業、市民に期待される役割が20世紀までとは根本的に異なってきている。

21世紀に入りグローバルに起きているCSRの議論は、上記を背景に主として市民、企業、政府という関係当事者間の役割分担の見直しと関係性の再構築、および生命・人類の持続可能性（Sustainability）をどのように確保していくかの議論なのである。すなわち、環境、失業、貧困、南北問題等に象徴される「市場の失敗」と「政府の失敗（限界）」を克服しサステナビリティを実現していくすべてのアクターの役割の見直し、関係性の再構築問題である。ちなみに、ISOが策定に着手しだしたCSR規格（ISO26000：SR）もすべての組織に関わるものであるとして、コーポレートの"C"をとり、SR規格と呼んでいる。また、企業自体の役割を示す言葉としてはCSRではなく、CR（Corporate Responsibility）が使われるようになってきている。

(4) CSR報告書の内容

CSR報告書に何を記載するかを解説すると1冊の本[※10]になってしまうので骨子のみを解説する。

筆者は、「CSRはステークホルダー側からみれば『企業への期待』であり、企業からみれば『社会的信頼度』である」と著書で解説している。当然、ひとくくりにはできる問題ではなく、業種、業態、規模、活動地域、顧客状況等々によって異なってくる。

日本では環境省がガイドラインの改訂に着手したことは前述したが、すべてに共通するものとして何らかのガイドラインがほしいと考えるのは全世界共通であり、1997年からGRIが活動を始めている。GRI（Global Reporting Initiative）[11]は、前述したセリーズ原則を作ったセリーズとUNEP（国連環境計画）が中心となって企業の「持続可能性報告書（Sustainability reports）」について全世界で通用するガイドラインを策定することを目的に設立された組織である。GRIでは環境報告書といわず、サステナビリティ・レポート（持続可能性報告書）と称しているが、1999年に公表した公開草案での考え方を紹介する。

『サステナビリティ（持続可能性）は、単に環境的側面だけでなく経済・社会的側面をもっており、それらの側面は互いに密接に結びついている。持続可能性パフォーマンスの向上を目指す場合にはこれら3つの分野すべての向上に励もうと努力するが、環境・経済・社会的目標が常に調和するとは限らないことも明白である。すなわち、3つの側面が連動するということは、ある1分野における行動が他の2分野に及ぼす影響について慎重に検討しなければならないということを示唆している』

　このGRIが2006年10月に公表した「GRIサステナビリティ報告ガイドライン（第3版、G3）」[12]の骨格を次頁の図表4に掲げておく。当面、GRIに代わるものがないので、日本企業でもかなり参考にされているガイドラインである。

　なお、各種ガイドラインの活用状況は、NSCの調査では図表3のとおりである。

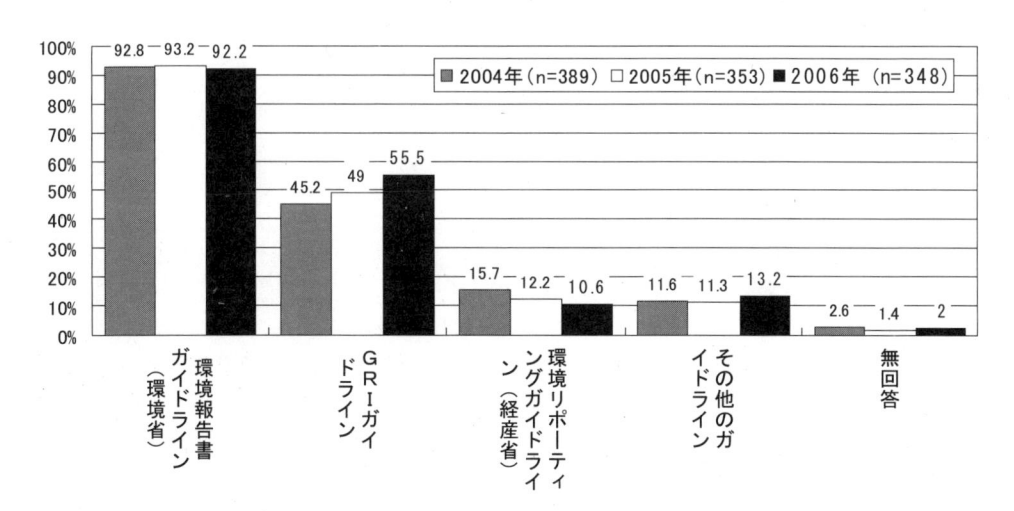

【図表3　準拠もしくは参考にしたガイドライン等（MA）】

	2004年(n=389)	2005年(n=353)	2006年(n=348)
環境報告書ガイドライン（環境省）	92.8	93.2	92.2
GRIガイドライン	45.2	49	55.5
環境リポーティングガイドライン（経産省）	15.7	12.2	10.6
その他のガイドライン	11.6	11.3	13.2
無回答	2.6	1.4	2

（出典）　NSC『CSRの可能性　―日本企業の現況とその基本理念』（2006年10月発行）

3　今後の課題

　CSRおよびCSR環境報告書は、以上みてきたように急速に発展してきているものであり、

【図表4　GRIガイドライン2006年版の構成】

序文
持続可能な発展および透明性の責務
導入
サステナビリティ報告の概要
サステナビリティ報告書の目的
GRI報告枠組みに関するオリエンテーション
GRIガイドラインに関するオリエンテーション
ガイドラインの適用
パート1：報告書内容、品質、バウンダリーを確定する
報告書内容の確定に関するガイダンス
報告書内容の確定に関する原則
報告書の品質確保に関する原則
報告書のバウンダリーの設定に関するガイダンス
パート2：標準開示
戦略とプロフィール
1：戦略および分析
2：組織のプロフィール
3：報告要素
4：ガバナンス、コミットメント、および参画
5：マネジメント・アプローチおよびフォーマンス指標
経済
環境
社会：
労働慣行およびディーセント・ワーク
人権
社会
製品責任
一般的な報告留意事項
データ収集
報告書フォームと頻度
保証
用語集・謝辞

（出典）GRIサステナビリティ・リポーティング・ガイドライン

課題は多い。

　2002年に開催された地球サミット・WSSO で採択されたヨハネスブルグ宣言[13]では、持続可能な発展の目的として「貧困削減」「生産・消費形態の変更」「天然資源の基盤の保護・管理」が掲げられ、大企業も小企業もそれに貢献する義務があると述べられている。これでもってサステナビリティとCSRが一体のものとなったといってよい。最大の課題は、本業の中で、ということは収益性を確保しつつ、これらの課題にどう取り組み、人類の経済活動を地球の環境許容量内に押さえ込むことに貢献できるかが問われていることであろう。例えば、環境についていえば、日本企業の取組みは世界で冠たるものと誇られているが、現状はサイト（事業所）の活動・製品・サービスが中心である。紙・ごみ・電気にとどまるか、サイト内の事項について微に入り細に入り、こまかく目的目標に落とし込み、過剰なくらい対応しているかのどちらかであり、筆者は後者を「箱庭的取組み」、「箱庭的EMS」と呼んでいる。

　これをサイトや企業のバウンダリーを超えて、地球環境、人類のサステナビリティに寄与する活動にどのように転換し、報告していくかが課題である。

　その他の主たるものについては、課題名のみを記しておく。

①第三者保証など、信頼性担保の手法
②バウンダリー（報告企業の範囲）
③ステークホルダー・エンゲージメント（参画）の手法
④情報解釈エージェント（読者にわかりやすく解説する中立的な人・組織）
⑤ウェブサイトとの併用　等々。

※1　http://www.ceres.org/
※2　http://www.env.go.jp/policy/kihon_keikaku/index.html
※3　http://www.ea21.jp/
※4　http://www.gef.or.jp/nsc/
※5　同上
※6　http://www.mofa.go.jp/mofaj/gaiko/kankyo/wssd/sengen.html
※7　「サステナビリティの科学的基礎に関する調査2006」サステナビリティの科学的基礎に関する調査プロジェクト〈http://www.sos2006.jp〉
※8　同上
※9　同上
※10　後藤敏彦『CSRレポートを作成する』日本規格協会（2005）
※11　http://www.globalreporting.org
※12　http://www.globalreporting.org、http://www.gri-fj.org/
※13　http://www.mofa.go.jp/mofaj/gaiko/kankyo/wssd/sengen.html

後藤敏彦　*Toshihiko Goto*

1941年愛知県生まれ。64年東京大学法学部卒。NPO法人社会的責任投資フォーラム代表理事事務局長。サステナビリティ・コミュニケーション・ネットワーク（NSC）代表幹事、環境監査研究会代表幹事、NPO法人GRI日本フォーラム代表理事。オーフスネット運営委員、環境管理規格審議会WG委員、環境省・国土交通省等政府各種委員会委員。滋賀県立大学・東京経済大学非常勤講師。著書・論文は多数。

CSRの関連諸事情

CSR会計の考え方と実践

麗澤大学 国際経済学部 助教授 倍 和博

1 CSR会計問題への接近法

　最近、「CSR（企業の社会的責任）」に関わる不祥事が相次ぐなかで、コーポレートガバナンスを支える重要な仕組みである「内部統制」への関心が高まっている。これはグローバルな潮流となっており、度重なる会計スキャンダルを受けて制定された米国の企業改革法(Sarbanes Oxley Act of 2002)が契機となって、我が国でも会社法と金融商品取引法が一定規模以上の企業に対して内部統制システムの構築を義務づけたことが注目を集めた要因といえる。この内部統制という規制の背後には、CSRをはじめとする諸事象に直面する企業が、コーポレートガバナンスの強化を通じて、事業活動に内在する各種リスクの合理的な管理体制を整え、企業不祥事を未然に防ぐとともに、証券市場の健全化を図るというねらいがある。
　こうした内部統制によるコーポレートガバナンス強化の視点を踏まえてあらためてCSR問題と向き合うと、今日のCSRに関する議論の論拠が、企業の果たすべき「責任」という視点から、CSRリスクの軽減を含めた「戦略」あるいは「マネジメント」へと移行していると推察できる[※1]。CSRに取り組む企業は、企業価値に重大な影響を及ぼす恐れのあるCSRリスクをいかにして低減させればよいのか、そのために必要な企業の組織変革をどのように実践するのか、というCSRを企業活動全体の中に統合して捉えるための仕組みづくりが、社会と企業の持続的発展のカギを握っている点を再認識しなければならない。
　上記の視点は、会計情報の利用者の情報に対する要請の変化とも深い関わりがある部分であり、企業活動の映し方を主題とする企業会計のフレームワークの再構成を迫っているように思われる。これらの観点に照らすと、CSRに関わる会計問題もまた、CSRを企業の存続（ゴーイングコンサーン）に重大な影響を及ぼすリスクと認識し、CSRに関連する諸問題を会計（学）という観点から捉え直して、その意義を明らかにすることにより、「CSR会計」の出発点に立てるのではないだろうか。
　小稿では、こうした問題意識のもとに、報告すべき会計情報を作り出す組織のマネジメントのあり方に焦点を合わせ、CSR問題が従来の企業会計のフレームワークにどのようなインパクトを与えるのか、またCSR会計システムからアウトプットされる情報はいかなる形

で開示すべきか、財務報告のあり方という財務会計の基本問題に関連させてCSR会計の考え方と実践について考えてみたい。

2 CSR会計とは

　現在、CSRに関わる諸事象は、企業にとって重大な影響を及ぼす「リスク」として次第に顕在化しはじめている。新たな事象（外生的要因の展開と扱われてきた事象）を会計的な手法によって識別・評価する場合、これらの事象を内生的要因の展開の結果と捉えて企業会計のフレームワークを再構成しなければ、CSR活動の進展状況や成果を正確に把握することは難しい。これまで外生的要因と受け止められてきたCSRをめぐる会計問題をあらためて問い直すには、各経営主体の会計行為の連鎖を1つのまとまった「財務報告プロセス」[2]と捉え、それら一連のプロセスの中でCSRに関わる諸事象をいかにして企業会計のフレームワークに取り込むかを明らかにしなければならないからである。

　このような現状に照らすと、CSR活動に対する企業内外のステークホルダーの理解や協力を得ながらCSRを企業活動全体の中に統合するためには、組織内のCSR推進に向けた有用な取組みに関する情報を、財務情報と関連付けながら可視化する仕組みが必要となる。つまり、企業が自らの価値観に基づいてどのようにCSRを認識し、いかなる方法によってリスクに対応していくのか、すなわちCSRリスクの内部統制の仕組みを会計的にどう表現するかが、CSR会計フレームワークを構築する際の重要なポイントとなる。

　それでは、これらの視点を踏まえ、検討の基点となる考え方としてCSR会計を次のように定義して、具体的な仕組みをみていくことにしたい。

> 『CSR会計とは、情報の利用者（企業内外のステークホルダー）が、企業のCSR問題にかかわる事象をリスクと認識して判断や意思決定を行うことができるように、CSRリスクのマネジメントのあり方とCSRパフォーマンスの向上に関連する活動を、財務情報に基づいて貨幣単位で識別・評価して、伝達するプロセスである』[3]

3 CSR会計を実践する仕組み

(1) CSR活動をどのような方法でモニタリングするのか

　CSR会計の目的は、財務諸表が提供する情報の中からCSR活動の取組み状況に関わるデータを分離・独立させることで、CSR活動を推進する体制が整っているか、また有効に機能しているかを明示する点にある。したがって、従来の企業会計のフレームワークにCSR活動に要したコスト（以下、「CSR関連コスト」という）をどのように位置づけて、いかな

る方法によって新たなコスト項目として組み込んでいくかという課題の検討が、CSR会計の第一段階と位置づけられる。

それでは、CSR関連コストを財務情報から識別・抽出する際の考え方と、CSR関連コストを集計する際に用いる計算書の構造を具体的に検証していきたい。

一般に、損益計算書の私的コストは、「売上原価」や「営業費用（販売費及び一般管理費）」「営業外費用」「特別損失」から構成される。これに対してCSR関連コストは、すでに貨幣的支出がなされた私的コストに含まれる「私的CSR関連コスト」と、CSR活動に取り組むことによって将来支出が予想される「潜在的CSR関連コスト」、および企業活動によって第三者（社会）が被った損害部分である「社会的CSR関連コスト」に細分できる。

したがって、現行の企業会計フレームワークにおいて、事業活動における貨幣的支出、すなわち「私的コスト」に隠れているCSR活動に伴って発生した「CSR関連コスト」を識別するには、従来の視点とは異なる角度から問題に接近しなければならない。つまり、財務情報と関連づけてCSR会計を展開する場合、上記3つのCSR関連コストのうち、まず「私的CSR関連コスト」を識別する仕組みづくり――従来の企業会計のフレームワークにサブシステムとして「内部CSR会計システム」を組み込む仕組み――から着手することが有効な方法といえる。

CSR会計の中核を担う内部CSR会計システムは、通常の事業活動からアウトプットされる財務情報（損益計算書の私的コスト項目）をベースに、CSRリスクに関わる諸事象をCSRマネジメントシステム（PDCAサイクル：以下、「CSRMS」と略す）に準拠しながら私的CSR関連コストとして識別・抽出する仕組み（装置）を指す（図表1を参照）[※4]。こうした内部CSR会計システムによって、これまで私的コストに内包されていたCSR関連コストを識別できれば、次なる段階では財務諸表上のその他の費用項目との連携・統合によるコスト分析が可能となり、可視化されたこれらの情報に基づいて現在の活動内容を見直す機会や新たな活動領域の検討が実践できる。さらに、財務諸表上の費用項目との相対的な比較・分析が実践できる仕組みを有効に活用すれば、CSR活動への新たな経営資源の投入を企業会計フレームワークに反映させることも可能となるであろう。

（2）CSR会計が対象とする領域

CSRMSは、「結果」重視ではなく、CSRに関する要求事項を満たすための「プロセス」をコントロールする仕組みを具備したものでなければならない。ただし、プロセスをコントロールできる仕組みとするには、コンプライアンスをCSRMSの中核に据えて、法令がカバーする範囲においてできるだけ広範なCSR分野を取り込み、その達成に向けて取り組むインセンティブを構成するような枠組みの構築が求められる。

CSR会計の扱う範囲として「経済」「環境」「社会」に関わるCSR分野（トリプル・ボトム・ライン）を想定し、機能面では「マネジメントシステム」「コンプライアンス」「コーポ

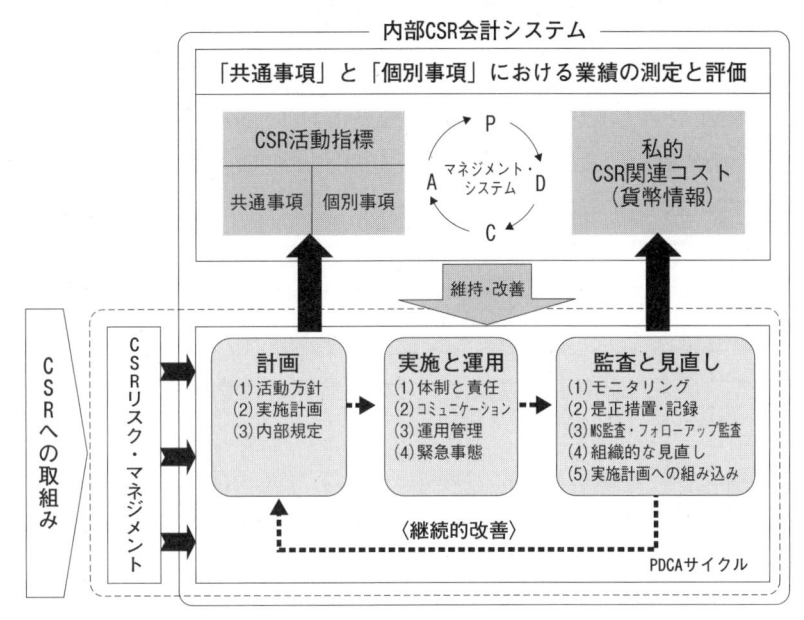

【図表1　内部CSR会計システムの仕組み】

(出典) 原図は、倍和博『CSR会計を導入する』(財)日本規格協会、p59 (2005)。著者がこれに加筆・修正を加えて本図を作成。

レートガバナンス」の視点を加味して財務情報との連携を踏まえて検証すると、CSRに関連する会計の対象領域が特定されてくる。

　CSR会計で用いる計算書は、財務情報との連携を前提として、CSRMSに準拠しながらCSRに関わる取組みに要したコストを集計・整理する「環境・社会的側面」に関わる計算書と、より広範なステークホルダーを対象として損益計算書の各項目を組み替えた「経済的側面」に関わる計算書から構成される。このような流れで財務情報と関連づけてCSRの活動領域を整理すると、「環境配慮活動計算書」「労働・人権配慮活動計算書」「製品・サービス責任活動計算書」(以上が「CSR活動計算書」)「ステークホルダー別分配計算書」等の計算書が浮かび上がってくる[※5]。

4　CSR会計計算書の構造

　すでに述べたとおり、CSR会計システムからアウトプットされるデータを集計・整理する「CSR会計計算書」は、環境・社会的側面に関わる「CSR活動計算書」と、経済的側面に関わる「ステークホルダー別分配計算書」から構成される。次に、図表1に示した内部CSR会計システムの導入によって明らかとなったCSR関連コストが、その受け皿であるCSR活動領域別の集計用フォーマット（CSR会計計算書）にどのような流れで集計・整理されるのか、各計算書の具体的な構造を概説しておこう。

(1) 環境・社会的側面に関わる「CSR活動計算書」

「環境・社会的」側面に関わるCSR活動計算書は、内部CSR会計システムによって識別された私的CSR関連コストを、活動領域別の計算書フォームに従って集計・整理し、CSRに関わる諸事象の企業価値に及ぼす財務的影響——領域別のリスク管理活動の実態——を明らかにする点に特徴がある。ここで留意すべきは、企業が持続的発展を遂げるうえで重要な点が、「CSRリスクを未然に防止するための長期的な経営方針や、経営戦略と適合したCSR基本方針の作成をはじめとするCSRマネジメント体制の確立にある」ということである。さらに、こうした取組みは、一定のルールに従って整理され、企業内外のステークホルダーへの開示を通じて、企業の説明責任（アカウンタビリティ）を遂行する際にも大いに貢献すると推察される。

CSR問題の財務的影響を適切に会計処理するには、①CSRMSの運用を通じてCSRへの取組みを環境配慮、労働・人権配慮、製品・サービス責任などの活動領域に区分し、②その運用と管理のプロセスから生じる私的CSR関連コストを、CSRMSに準拠した「共通事項」と「個別事項」の枠組みに沿って集計・整理する、という流れでCSR会計を実践しなければならない。

【図表2　CSR活動計算書（例）：環境配慮活動計算書】

活動指標の区分		コスト（前期金額）	コスト（当期金額）	該当する損益計算書項目
共通事項	E1 環境配慮活動に関する方針策定・人員投入 (P)	「計画」段階	「計画」段階	「売上原価」「営業費用」に対応
	E2 環境関連法規制への対応 (D)	「実施」「運用」段階	「実施」「運用」段階 ←「見直し」「改善」段階	
	E3 環境に関連する教育・研修 (D)			
	E4 情報公開 (D)			
	E5 監査及び審査 (C)		「監査」段階	
個別事項	E6 環境負荷削減 (D)		「実施」「運用」段階	「売上原価」「営業費用」「営業外費用」に対応
	E7 汚染物質の保全・管理 (D)			
	E8 社会活動 (D)			
	E9 環境修復等 (A)		「見直し」「改善」段階	「特別損失」に対応
	E10 環境に関連する係争・訴訟・賠償 (A)			
合計額				

集計範囲：個別
対象期間：H15.4.1～H16.3.31
（単位：百万円）

（出典）原図は、倍和博『前掲書』p74 (2005)。著者がこれに加筆・修正を加えて本図を作成。

それでは、図表2に示した環境配慮活動計算書を参照しながら、CSRMS準拠型の計算書の構造を概説しておこう。図表2の「共通事項」欄のE1からE5の活動指標は、CSRMSの構築・運用・管理に関わる各プロセス（P→D→C→A）に対応した指標であり、企業の継

続的活動を通じて相互に関連しながら定期的に反復される活動を指している。「共通事項」で取り扱う活動指標は、CSRMSに準拠してCSRリスクを内部統制する体制が整備されているか否か——その増減の主要因となった事実や具体的な活動・取組みの検証等——を適切に把握する基礎データとしての活用を想定している。

さらに、CSRMSの運用と管理を通じて、モニタリングや監査を実施した結果、維持・改善すべき点が明らかとなった場合には、新たに「個別事項」としてE6からE10のような諸項目を設定し、自主的な取組みや係争ないしは賠償などの問題に対処する[※6]。上記のプロセスで集計・整理された内容は、財務情報との比較・検証を通じた各種分析等に利用するために、損益計算書の該当する費用項目欄に併記する形で統合化を行う。

（2）経済的側面に関わる「ステークホルダー別分配計算書」

CSR活動の「経済的」側面を対象とするステークホルダー別分配計算書の特徴は、従来の財務諸表が主に株主利益の算定を目的としているのに対して、マルチステークホルダーへの経済価値の分配状況を明らかにする点にあり、報告主体の対象期間に属するすべての経済価値の源泉とその分配状況を示すことに主眼を置いている（図表3を参照）。

図表3の計算書例で示したように、同計算書のすべての経済価値の源泉とその分配は、財務諸表（損益計算書）の数値を基礎としながら、「分配原資」「前給付費用」「分配額」「その

【図表3　ステークホルダー別分配計算書（例）】

集計範囲：個別
対象期間：H16.4.1〜H17.3.31
（単位：百万円）

区分		ステークホルダーの内訳	前期金額（カッコ内は分配率：%）		当期金額（カッコ内は分配率：%）		増減額
分配原資	①事業を通じた社会への貢献	・顧客	174,886	(100)	193,422	(100)	18,536
	①売上高以外の分配原資	・その他	3,843		2,794		△1,049
			84		20		△64
前給付費用：②供給業者への支払額		・調達先, 購買先	104,588 (58.5)		118,435 (60.4)		13,847
差引：③分配価値額			168,225 (41.5)		77,801 (39.6)		△90,424
④会社内部		・役員	382 (0.2)		335 (0.2)		△47
		・従業員	7,442 (4.2)		7,960 (4.1)		518
		・派遣社員等	4,216 (2.4)		4,649 (2.4)		433
⑤資金調達先		・株主	2,652 (1.5)		3,594 (1.8)		942
		・金融機関等	191 (0.1)		165 (0.1)		△26
⑥地域社会			0 (0.0)		0 (0.0)		0
⑦公共部門		・国	5,096 (2.9)		7,687 (3.9)		3,239
		・自治体	1,274 (0.7)		1,922 (0.1)		648
⑧内部留保		・内部留保	6,905 (3.9)		9,225 (4.7)		2,320
分配額			28,158 (15.9)		35,537 (18.2)		7,379
⑨罰課金, 賠償金等			0 (0.0)		0 (0.0)		0
⑩その他調整			140,067 (25.6)		42,264 (21.4)		△97,803
総合計			168,225 (41.5)		77,801 (39.6)		△90,424

（出典）原図は、麗澤大学企業倫理研究センター『R-BEC004：CSR会計ガイドライン』p72（2004）。著者がこれに加筆・修正を加えて本図を作成。データは参考例。

他調整項目」の区分に基づいて分配を行うが、分配額とその他の調整額の合計額は分配価値額に一致する仕組みとなっている。このように、ステークホルダー別分配計算書は、より広範なステークホルダーを意識したものであり、報告主体が事業活動を通じて獲得した経済価値を各ステークホルダーに対してどのような内訳で分配したか、という点を明らかにするために作成する。

(3) CSR会計情報をどのように利用するのか

上記のプロセスで企業活動全体に統合されたCSR会計情報は、財務情報との関連性が明示されている点において、情報の信頼性や客観性、比較可能性をはじめとする会計情報の質的特性を具備しているといってよい。つまり、CSR活動計算書に集計されたCSR関連コストは、CSR基本方針や経営戦略に基づく活動が実践されたかどうか検証するための判断材料として、最終的に損益計算書と統合され、マルチステークホルダーに対する経済価値の分配状況を明らかにしたステークホルダー別分配計算書とあわせて、CSR活動の進捗状況の検証やコストの原因分析等に活用できるからである（図表4を参照）。

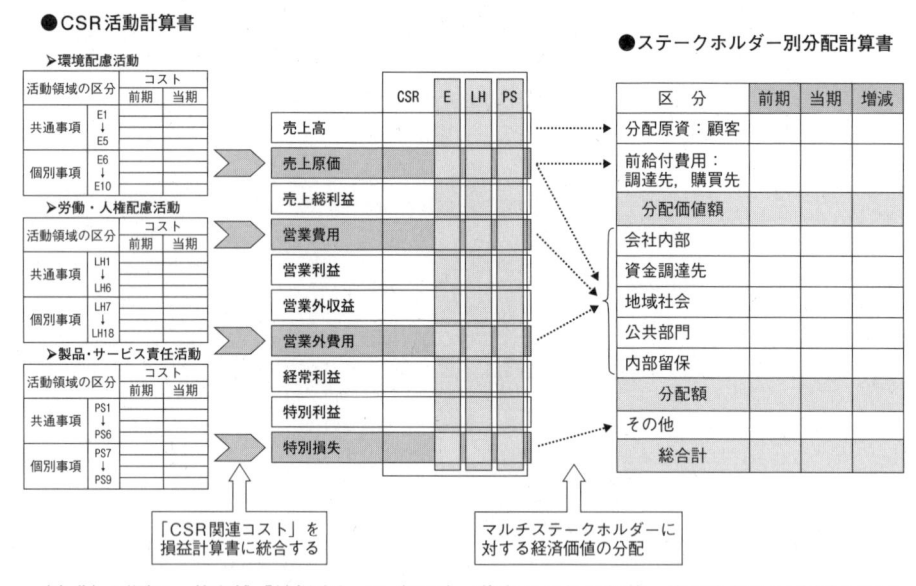

【図表4　CSR活動計算書とステークホルダー別分配計算書の関係】

(出典) 原図は、倍和博『前掲書』p80 (2005)。著者がこれに加筆・修正を加えて本図を作成。

現在、CSR会計を実践する大半の企業は、CSR報告書等の媒体によってステークホルダー別分配計算書を開示している。しかし、CSR会計は企業会計と別個に存在するのではなく、会計（学）を新たな糸口からみる可能性を示唆する役割を担っている。例えば、CSRリスク・マネジメントに関わる会計情報を、財務諸表の「補足情報」として財務報告書で開示し、具体的な取組み内容や進捗状況などの詳細な情報はCSR報告書で開示するという報

告書間の相互関係が確立できれば、ディスクロージャーの有用性はより一層高まるはずである。したがって、CSR 会計情報の開示のあり方を、CSR をめぐる報告媒体（財務報告書とCSR 報告書）のネットワークという視点から捉えることも、今後 CSR 問題を検討するうえで必要不可欠な要素といえる。

　CSR 会計がどのような情報を提供するかは、報告すべき会計情報を作り出す組織のマネジメントのあり方に少なからず依存している。提供される各種の報告媒体が情報利用者の意思決定に有用であるためには、報告に至る企業組織の情報フローの仕組みと財務報告を含むディスクロージャー・ネットワークの問題がきわめて重要である点を指摘しておきたい。

5 結びに代えて

　我が国において CSR 問題への関心が高まった理由として、相次ぐ企業不祥事によって企業に対する信頼性が著しく低下した点が挙げられるが、こうした事態を個々の企業の社会責任問題として狭く捉えてしまうと、問題の本質を見失う恐れがある。つまり、昨今の CSR に関わる諸問題に見られる特徴は、企業組織内のマネジメントシステムの不備が原因となって「事業リスク」として顕在化したことと、これらのリスクが企業価値に多大な影響を及ぼす点にある。これらに対処するには、CSR リスクをコントロールする仕組みとして、企業組織内における会計情報フローをどのような観点から再編成すべきかを明示する必要があり、そのためにはマネジメントシステムの見通しと改善を通じた自律的な組織の改編が必要不可欠といってよい。これは、今日の CSR への対応が、内部統制を含む企業組織のあり方と密接不可分の関係にあるからである。

　以上の点を踏まえて、CSR 会計は、CSR リスク・マネジメントのあり方を通じた情報伝達に関わる組織構造に焦点を合わせ、全社的な情報フローを体現化する会計システムの構築を目指している。小稿で概観した CSR 会計の長所を整理すると、次の2点に集約できる。

- ●CSR 会計は財務情報と連携している点において、CSR への取組みを統一的尺度で評価できる。
- ●財務情報（損益データ）をステークホルダーのジャンルに移し変えたことで、経済価値の分配状況を明確に表現している。

　このような特徴を有する CSR 会計の導入により、CSRMS に準拠した CSR 活動領域とステークホルダー、そして具体的な取組み内容の洗い出しを行い、財務情報と連動した CSR 活動に要するコストの趨勢を可視化できる仕組みが整うと、事業活動と CSR 活動の一体化が促進され、開示すべき新たな情報の特定と提供が可能となる点が明らかとなった。

　小稿では、CSR 会計システムからアウトプットされる情報が、財務諸表に関わる会計情報として生成される仕組みを、CSR リスク・マネジメントをめぐる企業組織のあり方と関

連付けて検討してきたが、CSR が本来は企業活動全体に組み込まれるべきものであるという観点に立てば、CSR 会計も企業会計の一部を構成するガバナンス機能を担った仕組みと捉えることができる。

　現時点の CSR 会計は、こうした会計の有するガバナンス機能にフォーカスしているが、CSR 問題を含む事業リスクにより柔軟に対応するには、CSR 活動の遂行状況把握に向けた「CSR 関連コストの利潤に対する貢献度合の測定問題」や、CSR に関連する無形資産をめぐる「資産構造の変質に関わる会計問題」も重要な検討課題である。CSR 会計の基本フレームの精緻化を図るとともに、従業員・組織資産をはじめとする無形資産と企業価値形成とがどのように結びつくのかという点の解明に取り組むことが、今後の課題であると考えている。

※1　向山敦夫「CSR の数量化と測定方法」『企業会計』Vol.56　No 9、P40（2004）。
※2　財務報告プロセスとは、各経営主体の会計行為の連鎖をひとつのまとまったものとした一連の行為（会計行為が戦略から導かれ、それをもとに全般的な事業活動からなる会計情報が作成され、補正され、報告されるプロセス）を意味する。今福愛志「企業統治の会計学（三）」『会計』第167巻第 6 号、pp125-126（2005）。
※3　倍和博「CSR 会計に関する基礎理論研究」『経営会計研究』第 6 号、p 4（2006）。
※4　例えば、事業活動に内在する CSR リスクを浮き彫りにして、具体的にどのような CSR 活動に取り組むべきかを明らかにする仕組みとして、「倫理法令遵守マネジメントシステム」を全社レベルで導入・運用することも一案である。同マネジメントシステムを導入・運用する際には、まず第 1 フェイズとして「狭義の法令遵守」、そして第 2 フェイズとして「倫理実践」基準に照らして段階的に社内のリスク管理体制を整備すれば、最終的には第 3 フェイズである「社会貢献」の中身も明らかになると考えている。この点については、高巖『コンプライアンスの知識』日本経済新聞社、pp89—93（2003）。
※5　CSR 活動の範囲は、国内外の CSR に関連する各種の規格・ガイドライン等を参考にして、CSR 分野でカバーすべき要素を選び出し、これらを整理して体系化したものであるが、必ずしも網羅的なものではない。CSRMS に準拠しながら活動を推進するという視点に立てば、ステークホルダーとのコミュニケーション活動を通じて組織自らが独自の要素および範囲を決定することが望ましい。ただし、このような形で活動範囲等の設定に柔軟性をもたせた場合でも、企業会計のフレームワークを拡張させ、財務情報と連携した CSR 会計モデルを構築することにより、会計情報の比較可能性は十分確保できると考えている。なお、各 CSR 会計計算書の基本フォームについては、次の文献を参照されたし。倍和博『CSR 会計を導入する』㈶日本規格協会、pp84-89（2005）および倍和博「リスク・マネジメントをめぐる CSR 会計の体系化：CSR 活動の『認識』『測定』問題を中心として」『経営会計研究』第 5 号、pp41-44（2005）。
※6　ここで取り扱う指標は、CSRMS における新たな「実施計画」に基づく活動に関連する項目と、活動内容の組織的な「見直し」による改善活動に関わる項目が中心となる。

倍　和博　*Kazuhiro Bai*

麗澤大学国際経済学部・大学院国際経済研究科助教授／同大学企業倫理研究センター運営委員。専門は会計学。現職の間、立教大学大学院、日本大学等兼任講師、㈳全国経理学校協会作問委員、日本経済新聞社「CSR 会計研究会」主査等を歴任。2002年には日本規格協会「CSR に関する海外規格の比較分析調査」に参画。主な著書に、『CSR 会計を導入する』（㈶日本規格協会）、『簿記システム基礎論［第 3 版］』（創成社）などがある。

参考：環境会計

　ここ数年の間に、我が国では「環境会計」が急速な勢いで普及しているが、環境会計が進展した背景には、利害関係者に企業等の環境保全への取組み姿勢を正しく理解してもらうために、環境保全への取組みを評価する統一的な枠組みを必要とした企業側のニーズがあるといわれている。こうした要請に応える形で、環境省は2000年から数回にわたって環境会計への取組みを支援するための共通の枠組みを取りまとめて、『環境会計ガイドライン2005年版』を公表している。それでは、環境会計の概要をみていくことにしよう。

　同ガイドラインによれば、環境会計とは、「企業等が持続可能な発展を目指して、社会との良好な関係を保ちつつ、環境保全への取組みを効率的かつ効果的に推進していくことを目的として、事業活動における環境保全のためのコストとその活動により得られた効果を認識し、可能な限り定量的（貨幣単位または物量単位）に測定し伝達する仕組み」であり、企業の環境情報システムの一環としての内部機能と投資家等への開示目的の外部機能を有する会計のフレームワークとして展開されている（p2）。

　環境会計を構成する要素として、同ガイドラインでは、企業等の活動を貨幣単位で表現した財務パフォーマンスの部分である環境保全コストとその活動により得られた2種類の効果（環境保全対策に伴う経済効果と物量単位で表現した環境パフォーマンスの部分である環境保全効果）を提示しており、環境会計はこれらの要素を測定して集計する枠組みといえる（p7）。環境保全コストと効果の内容を簡単に整理すると、次のとおりである。

　環境保全コストとは、「環境負荷の発生の防止、抑制又は回避、影響の除去、発生した被害の回復またはこれらに資する取組みのための投資額及び費用額」であり、貨幣単位で測定を行う。コストの抽出は、目的基準（環境保全目的で投下されたコストを抽出する基準）によって判断され、事業活動を環境負荷との関係から主たる事業活動、管理活動、研究開発活動、社会活動、およびその他の領域に区分して、事業活動ごとに「事業エリア内コスト」「上・下流コスト」「管理活動コスト」「研究開発コスト」「社会活動コスト」「環境損傷対応コスト」「その他コスト」に分類する（p12）。

　環境保全効果とは、「環境負荷の発生の防止、抑制または回避、影響の除去、発生した被害の回復またはこれらに資する取組みによる効果」であり、物量単位で測定する。事業活動との関連から4つに分類され（「事業活動に投入する資源に関する環境保全効果」「事業活動から排出する環境負荷および廃棄物に関する環境保全効果」「事業活動から産出する財・サービスに関する環境保全効果」「その他の環境保全効果」）、環境パフォーマンス指標を用いて測定される（p21）。また、環境保全に伴う経済効果は、「環境保全対策を進めた結果、企業等の利益に貢献した効果」であり、貨幣額で測定するが、その根拠の確実さの程度によって、確実な根拠に基づいて算定される「実質効果」と、仮定的な計算に基づいて推計される「推定的効果」に区分される（p27）。

（倍　和博）

CSRの関連諸事情

安全とCSR

明治大学 理工学部 教授 　向殿政男

まえがき

　最近、我が国社会の安全・安心を脅かすような事故や事件が多発している。安全問題の発生とそれへの対処の不手際から、行政からの処分や消費者からの厳しいまなざしを浴びて、市場から退場を余儀なくされる企業も出始めている。最近の事故、事件の多発は、グローバル化に伴う競争の激化のためであるとか、安全に向けた経営資源の削減が原因であるとか、また、少子化や2007年問題に伴う安全技術者や保守管理者の経験不足、大量退職のために安全・保守技術の伝承が旨く行われていないことが原因であるとか等々、現実的な多くの問題点が指摘されている。安全問題の多発の原因は、短期的には確かに上述のいくつかの原因に求められるかもしれないが、一方で、我が国が成熟社会に突入しつつあることと、世界的に地球規模での持続的発展可能性を追求しつつあるという、社会の長期的な流れに原因を求めなければならないと考えられる。第3期科学技術基本計画の中には、政策目標の1つとして"安全が誇りとなる国"の実現を掲げている。これは、近年、我が国社会の安全・安心が揺るぎだしたという現象的な面とともに、21世紀の科学技術は、特化した分野への先端的な技術開発と同時に、バランスを保った科学技術の進歩のためにはもう一方の側面である、安全、安心、環境、信頼、健康、等の総合的、横断的、複合的な視点が重要視されなければならないということ示唆している。社会の構成員が、安全、安心、健康等を重視し出したのに対して、企業が相変わらず従来のコスト、機能を第一に追求し、短期的な儲けを重視している企業態度と企業倫理との間に、齟齬が出始めている。従来は問題とされてこなかったことが、近年、表面に浮かび上がって来て取り上げられるようになったのである。社会やユーザーは、新しい方向を向き始めている。安全対策という面からは、後者の長期的な観点のほうが、より本質的である。安全重視を最も大事な企業理念として掲げない企業は、社会的責任の観点から市民に見放されていくことになるだろう。安全問題に対する企業の姿勢が、これからの企業の存続を左右する重要な要因になり出したことは間違いない。

　本解説では、安全に関する新しい学問である安全学と共に、ものづくりにおける安全性向上の観点から、すなわち、安全なものを作る（製品安全）、安全にものを作らせる（労働安

全)、安全を重視して経営する（経営安全）等の観点から、安全とCSR（企業の社会的責任）について考え、如何にしたら社会や企業に対して前向きに安全性向上のためのインセンティブを与え得るかについて考えてみることにする。

1 社会の中におけるものづくりの安全性

　ものづくりという立場から、広く社会の中で安全を実現するために関連する分野について概観してみよう。まず、安全な機械を作り、安全に機械を使うためには、"①技術（設備、モノ）による安全の実現"が最も基本であることは間違いない。この場合、3ステップメソッドと言われる次の順番で、製造メーカーはリスク低減方策を施すことが国際安全規格では決められている。すなわち、(1)本質的安全設計（本質的に危険なところを作らないか、作らざるを得ない時には事故が起きても被害が少なくなるように設計する）を第一とし、それで回避できないリスクに対しては、次に(2)安全装置を設ける。それでも残ったリスクに対しては(3)使用上の情報の提供、すなわち、警告ラベル等で表示したり、残留リスクを避けるためのマニュアル等を提供したりする。これらの使用上の情報と共に製品はユーザーに渡され、これに基づいて、はじめて利用者により、"②人間による安全の実現"が行われる。具体的には、ユーザーが個人または集団として機械や製品を注意して使うことであり、労働現場などではそのための訓練・教育等が行われる。これまでの安全問題は、主として①の設備と②の人間の両者のみで対応する傾向があった。それも我が国では①技術による実現の前に②人間による注意などが優先されるという順番を誤って適応されるきらいがあった。

　しかし、現実にはこれだけでは、安全は守れない。少なくとも現場でのリスクマネジメントとリスクアセスメントに基づいた"③管理による安全の実現"が必須となる。労働の現場では、社内基準を作成し、安全活動を実施してマネジメントシステムを組んで安全を確保する。もちろん監査システムも必要となる。ただし、現場の管理だけではすぐに風化したり、形だけになったりしてしまう傾向があり、さらに、会社の方針としての安全重視が形ばかりになっている場合には、現場のリスクアセスメントやリスクマネジメントだけではとても対処できない。そこで必要なのが、トップが責任をもって安全に関与することである。会社全体で安全を確保する"④組織による安全の実現"が重要となる。これが広い意味のリスクマネジメントであり、経営による安全の確保の方法である。もちろんこの段階では、その企業のCSR等が問われることになる。リスクマネジメントといった場合、主に③と④が着目される。実は、現実には、企業側のリスクマネジメントには、社会のバックアップという支援がないとインセンティブが働かない。我々一般の人間も含めた市場が、安全に関して全社的に取り組んでいる優良な企業を高く評価し、安全に対してコストを支払い、安心して積極的にその製品を購入する等の行動が必要である。例えば、エコファンド（環境投資）のようにその企業に積極的に投資をするという安全ファンド等も考えられる。私はこれを"⑤市場に

よる安全の実現"と呼んでいる。この中には、第三者機関による安全認証や、そのための安全規格や評価基準等の作成も重要な活動として含まれている。

さらに、安全の実現方法を広く考えると、これ以外に法律、規制等による"⑥国による安全の実現"がある。また、保険制度、裁判制度、認証制度、事故調査制度等の"⑦社会制度による安全の実現"も重要であり、ひいては、我々やマスメディア等の安全に関する認識、広く言えば、安全文化等の"⑧文化による安全の実現"がある。

このように安全実現に関連するステークホルダーを分類してみると、技術や人間による安全の確保が基本であり、そのうえで管理や組織によるマネジメントが重要はファクターとなる。さらに、社会の中での安全の実現を考えると、それ以外にも実に多くの側面や階層が関係していることがわかる。安全に関連する多くの事柄は、安全に関する学問である安全学として、統一した理念のもとで、有機的に結びついて一体となって働かなければ、安全で安心な社会の実現は困難であろう。

2 安全第一という言葉

"安全第一"は、標語としてすっかりなじみになってしまった感があるが、本来は、「安全第一、品質第二、生産第三」という3つペアの言葉であったことが忘れかけられている。100年以上も前の1901年におけるUSスチール社長の言葉である。この元々の意味は、次のようなものであった。企業にとって、儲けは大事である。生産を拡大し、コストを削減して、儲けを多くすることが企業の本務であり、これは当然である。これが"生産第三"である。

しかし、その前にもっと大事なのは製品の"品質"であり、お客からの"信頼"である。品質問題が生じたら、儲けよりも優先しろということである。当面の儲けよりは、クオリティーである品質、サービス、信頼のほうを大事にせよ、損をしてもいいから品質を下げたり、お客様の信頼を失ったりしてはいけないということである。これが"品質第二"である。

さらに、それよりも優先するのは安全である。安全に関する問題が生じたら、品質が悪くなろうと、お客さんに迷惑をかけて文句を言われようと、コストがかかろうと、まず安全を第一にしろという理念である。価値には順番があり、問題が生じたらこの順番に従って対処し、迷ってはならないということである。この判断は、経営のトップしかできないのである。こうすれば従業員も、安心して働ける。ついこれらを横に並べて、安全とお客のサービスとコストとどちらを優先するかを、金で計算したり、お客のクレームが怖いから、安全性を少し下げて生産や効率を上げたりしがちな判断を経営のトップがすることは、この根本理念からずれている。これが本来の"安全第一"の意味である。

"Safety before schedule"。これはある航空会社の理念である。運行スケジュールを守ることは重要であるが、安全を守るためには、スケジュールを無視してお客に迷惑を掛けても、安全を優先する。価値の選択の順番を明確に宣言して、実行している。ユーザーは、スケジ

ュールが乱れても納得して待ち、この航空会社を選ぶ。

『私たちの製品は、公害と、騒音と、廃棄物を生み出しています……』。これはある自動車メーカの新聞広告である。リスクや負の部分を隠さず、環境負荷をできる限り少なくする努力の中で、安全と利便性を追求していくという企業の姿勢を明確にしている。心あるユーザーは、この企業の姿勢を買う。

以上の話は、製造業や航空業だけに限った話ではない。あらゆる企業に当てはまる。企業の理念やポリシーを定め、それを実行する仕組みを作り、維持することは経営のトップの責任である。特に安全に関しては経営のトップの意識が重要であり、CSRの基本はここにある。

3 ネガティブインセンティブからポジティブインセンティブへ

これまでの我が国における安全問題に対する企業や我々市民の一般的な態度を概観してみよう。強制法規等の罰則がバックにある場合には、かなりきっちりとそれを守る（もちろん、どこの国でも、いつの時代でも、法律を無視する悪い者はいるが）。任意法規や倫理観に訴えるようなものは、世間がうるさい間は形式だけやっているようなポーズをとるが、実質的には本格的な取組みはしない。本音は利益を第一としている。安全にかけるコストは、儲けとのバランスを考え、利益優先の方向を選ぶ。したがって、施設設備に金をかけて安全を守るよりも、多少従業員がミスを犯して怪我をしても、従業員の教育・訓練で安全を守ることになる。より安上がりであるからである。不景気になると安全部門と保守部門から経費を削減し、人員整理をする。ユーザーもこれまでは、安全に関する情報が公開されていない例が多かったことにもよるが、値段の高い安全なものよりも、より安いもの、より高機能なものを選ぶ傾向が強かった。

だいぶ前になるが、国際安全規格に従って機械をより安全に設計・製造してほしい旨、メーカ側に提案したことがある。その時の各メーカーの返事が、「強制規格ならばやるし、その技術的な力はある。しかし、任意規格ではやらない。なぜならば、真面目にやった企業が損をするからである。安全装置等を付けるとコスト的に高くなり、抜け駆け的に安全性が十分でない機械を製造して安く売る企業が必ず出てきて、ユーザーもそちらの安いほうを買うからである。真面目に対応した企業が苦しい立場になり、時にはつぶれてしまうからで、これまでそのようなことを何度も経験している」という返事であった。技術的に可能であっても、実際に機械の安全性を高め、浸透させるのがいかに困難な問題を含んでいるかを実感させられた。安全の実現は、安全技術だけの問題ではなく、企業の経営の姿勢や国の規制、および社会の安全文化等とも深く関係している。企業は、社会的存在であり、ユーザーを守るために安全な製品を作り、作業者を守るために安全に製品を作らせることは、人命の尊重という点から社会的責任を果たす意味で当然と考えられる。

上記のように、強制規格ならばやるが、任意規格ではやらないという返事は、どう考えたらよいのであろうか。企業のトップは、利潤を上げることを最も重視する傾向にあるのは確かである。いくら安全性の高い製品を作り、安全性の高い生産ラインで製品を作っても、コストの面で合わなければ、企業としてやっていかれなくなることは明らかである。「ユーザーが望まないから、より高い安全性のものは作らない」と言っているように思われる。しかし、技術的に可能であるのにやらないということは、人間の命をさほど高くは評価していないということなのであろうか。なんとなく寂しいし、なんとなく残念に思われる。

　上記の安全問題に対する我が国の企業の一般的態度は、ものづくりの企業だけない。金融や商社等も、皆、同じ傾向を有していると言わざるを得ない。

　安全性を高めるためのインセンティブは何であろうか。最も有効なのは、強制法規によって縛り、従わない場合には罰則を与えるということであろうが、現実にすべての場面に適用することは実質的に無理であろう。第一、規制緩和の方向である官から民へという世界的な小さな政府の実現の流れに反している。次に、アメリカで頻繁に訴訟が起きているように、PL法などに訴えて、罰則的で法外な賠償金を企業から取るという手もあり得る。また、事故を起こしたり、不安全な製品を販売した企業に対しては、不買運動等を起こすという手もある。事実、最近の不祥事で消えていった企業がいくつかある。私は、これらのインセンティブをネガティブインセンティブと呼んでいる。望ましいのは、もっと安全を積極的に高く評価するポジティブインセンティブのほうであると考えている。それは、CSRの面からだけではなく、安全は儲かるという考え方につながることが重要だからである。

　このためには、"安全が価値である"という認識を我々はしっかりともつ必要がある。例えば、企業でいえば、「安全が保たれているのが普通で（安全はただで）、事故が起きると安全担当者を責める（事故は損害である）」という認識から、「安全を保っていることが高い価値を生んでいて、それにコストをかけるのは当然であって、事故はそのコストのかけ方が足らなかったことに起因する」と考える等の認識への転換が必要である。

　我々一般も、より安全なものには、より高い評価を与え、より高い金を支払うという文化と習慣を身に付けなければならない。安全は価値を生み、安全は価値を有するということをお互いに認識し、認め合う必要がある。安全はブランドであり、目に見えない価値である、ということを我が国に定着させる必要がある。規制を満たしさえすればよいという下向きの安全競争からおさらばしたい。企業は、規制を満たすのは当然で、安全を最も高い評価基準として製品の安全の価値を高める自主的な上向きの安全競争へ転換させる必要がある。安全性が高い製品ほど評価されて、よく売れるという時代を迎えなければならない。

　そして、安全性に関する情報を、必要ならば第三者機関を設けて、公表する仕組みと習慣を定着させなければならない。これらの情報公開された内容や、市場の評価で、安全を重視する企業に投資する（安全投資）とか、安全ブランドには保険料を低額にして、安全性を重視していない製品には保険を引き受けないとか、安全ブランドには税制面で優遇するとか、

各種の仕組みや制度でこの方向を支援することが可能である。安全はコストに見合う、稼働率が上がる、結局は儲かる、ひいては、安全性重視のものづくりで世界に飛躍できるチャンスが生まれる、というポジティブなインセンティブに転換することが重要であると確信している。安全性に関しては、そのような価値に関する観点の転換期に来ていると思う。

あとがき　～ポジティブなインセンティブに向けた新しい仕組みを～

"規制を満たしさえすればよいという下向きの安全活動から、安全の価値を高める自主的な上向きの安全活動へ"という主張が本解説の趣旨である。安全を技術的に実現する実力を我が国は有している。この方向をバックアップするための税制、保険、投資、認証等を活用した社会的な仕組みを活用すれば、上記の提案は実現可能である。このようなポジティブなインセンティブを生じさせるためには、現時点で行うべき大事なキーポイントが2つある。1つは、トップの意識の向上である。企業のトップがコミットメントし、リスクマネジメントの活動を活発化させることである。企業倫理とCSRの観点から安全を最も大事な企業の理念として位置付け、具体的に人、モノ、金、情報を割り当てて、P(Plan)－D(Do)－C(Check)－A(Act)を確実に回すことである。

　もう1つが、同様に我々民衆の安全に関する意識の向上である。そのためには、安全文化の創造と普及が重要であり、大学をはじめとした教育機関はもとより、公開講座等での安全に関する考え方の普及と教育の実施が極めて重要である。

■参考文献
- 向殿政男『安全マップ（安全曼荼羅）の提案』（日本信頼性学会誌：Vol.24、No.7、pp.554－559、2002－10）
- 向殿政男『総論－安全と技術と社会－』（電子情報通信学会誌、電子情報通信学会：Vol.88、No.5、pp.310－315、2005－5）
- 向殿政男『危機管理時代のリスクマネジメント（前編）－列車横転衝突・回転ドアの事故から見えるもの－、（後編）－機械安全とリスクアセスメントについて－働く人の安全と健康』（中央労働災害防止協会：Vol.6、No.7、pp.28－40、No.8、pp.34－41、2005－7、2005－8）
- 向殿政男『安全性向上のためのリスクマネジメント』クオリティマネジメント、（日本科学技術連盟：Vol.57、No.8、pp.24－28、2006－8）

向 殿 政 男　*Masao Mukaidono*

1970年明治大学大学院工学研究科博士課程修了、工学博士。同年明治大学工学部専任講師、78年同教授。現在、明治大学理工学部長、兼同大学院理工学研究科委員長。主に、情報学、安全学、論理学、その中でも特に、ファジィ理論、機械安全、多値論理の研究に従事。国際ファジィシステム学会（IFSA）副会長、日本ファジィ学会会長、日本信頼性学会会長を歴任。現在、安全技術応用研究会会長。

CSRの関連諸事情

技術者倫理とCSR

三菱総合研究所 客員研究員 坂 清次

1 技術者倫理とは

(1) 技術者倫理について

　技術者倫理は、Engineering Ethicsの訳で、「工学倫理」とされることもあるが、ここでは一般的な「技術者倫理」を使用する。CSRと深く関わるBusiness Ethics（企業倫理）と対比されるものである。
　広辞苑によると、技術者は「技術（科学を実地に応用して自然の事物を改変・加工し、人間生活に役立てるわざ）を職業とする人」とされている。
　倫理は、広辞苑では第1義が「人倫のみち。実際道徳の規範となる原理。道徳」であり、第2義が「倫理学の略」で、倫理学は「(Ethicsに井上哲治郎が当てた訳語) 社会的存在としての人間の間での共存の規範・原理を考究する学問。(以下略)」である。私たちは「倫理」を「道徳」と理解し、自明のこととしているが誤解の原点がここのあるのではないか。
　技術者倫理は、道徳でも哲学でも観念的なものでもなく、専門職としての技術者の行動規範であることを断っておきたい。法人に対する企業倫理もCSRも同様で観念や意識ではなく、実行することに最大の眼目があり、実行に伴って責任が発生する。

(2) 今なぜ技術者倫理が問われているか

　自動車のリコール隠し、原発データ捏造、牛乳集団食中毒事件、牛肉偽装事件、回転ドア死亡事故、アスベスト問題、相次ぐ鉄道事故、耐震偽装事件など不祥事が相次ぎ、最近は石油ストーブ、エレベーター、ガス瞬間湯沸かし器、流水プールでの死亡事故やシュレッダー事故など、私たちの身の回りで事故が多発している。安全な製品の供給と万一の事故発生時の対応に失敗し、事故が事件にまで拡大し、社会問題となってきている。そこでは企業が矢面に立たされているが、耐震偽装にみられるように間違いなく技術者が関わっており、倫理性が求められている。
　他方で、日本技術者教育認定機構（JABEE）による技術者教育プログラムの専門審査・

認定制度が関わっている。大学などの高等教育機関で行われている教育活動の品質が満足すべきレベルにあること、また、その教育成果が技術者として活動するために必要な最低限度の知識や能力（Minimum Requirement）の養成に成功していることを認定するもので、統一的基準に基づいて理工農学系大学における技術者教育プログラムの認定を行い、教育の質を高めることを通じて、我が国の技術者教育の国際的な同等性を確保し、国際的に通用する技術者育成の基盤を担うことを通じて社会と産業の発展に寄与するものである。すなわち教育プログラムの認定を通じて技術者教育の向上を実現し、その国際同等性の確保を目指すもので、工学教育のISO版といえる。

その基準1の学習・教育目標において、技術者倫理を「技術が社会や自然に及ぼす影響や効果、および技術者が社会に対して負っている責任に関する理解」するものとして位置づけており、JABEEの普及・拡大とともに大学等で教育に拍車がかかっている状況である。

以上のように、技術者倫理は社会の要求とJABEE制度との関連で重要性を増してきているが、言葉自体の自明性があだとなって誤解・曲解があるのも実態である。

2 技術者倫理と安全

（1）安全の定義

安全については、相次ぐ事故や事件のたびに「安全神話の崩壊」がメディアに登場するが、そもそも神話は存在せず、安全願望にすぎないのである。

ISO/IECガイド51は、安全を「受け入れ不可能なリスクがないこと」と定義しており、絶対安全は期待できないとしている。抽象的な安全ではなく、実態であるリスクの側から捉えるもので、リスクベースの安全と称される。リスクの認識、評価、対応の不完全さから、事故やトラブルが発生するので、組織にも技術者にも高い専門性が求められている。

（2）倫理規定と安全、健康、環境

技術者倫理を規定した各学会の倫理規定では、後述のように「安全、健康、環境」を最優先すべき至高のものとして明確に規定している。一例として、日本機械学会の倫理規定は、前文で「本会会員は、真理の探究と未踏分野の開拓によって技術の革新に挑戦し、社会と人との活動を支え、産業と文明の発展に努力する。そして、人類の安全、健康、福祉の向上・増進と環境の保全のために、その専門的能力・技芸を最大限に発揮することを希求する。また、科学技術が人類の環境の生存に重大な影響を与えることを認識し、技術専門職として職務を遂行するにあたり、自らの良心と良識に従う自律ある行動が、科学技術の発展とその成果の社会への還元にとって不可欠であることを明確に自覚し、社会から信頼と尊厳を得るために、以下に定める倫理綱領を遵守することを誓う」とうたい、綱領の第1項（技術者とし

ての責任)において「会員は、自らの専門的知識、技術、経験を活かして、人類の安全、健康、福祉の向上・増進を促進すべく最善を尽くす」としている。

技術者倫理とは、社会、公衆の安全、健康、環境を何よりも優先することなのである。

3 技術者の職業的使命と社会的責任

(1) 技術者の職業的使命

我が国においては、技術者は特有の雇用制度すなわち終身雇用のもとで、良くも悪くも会社人間として、専門性を発揮してきたため、欧米に見られるような個の確立した技術者、すなわち職業的専門技術者(Professional)とそれを前提とした技術者倫理は遠い存在だったといえる。しかし、社会も学会も大きく変化し脚光を浴びるに至った。不祥事で関心を集めたが、圧倒的な技術者にとっては技術立国が注目される時代にあって本領発揮の機会が到来している。日本機械学会の倫理綱領では、自己の研鑽と向上として「会員は、常に技術専門職上の能力・技芸の向上に努め、科学技術に関わる問題に対して、常に中立的・客観的な立場から正直かつ誠実に討議し、責任を持って結論を導き、実行するよう不断の努力を重ねる。これによって、技術者の社会的地位の向上を計る」と規定している。

(2) 技術者の社会的責任

CSRと同じく、技術者にも社会的責任が課せられるのは当然である。例えば日本機械学会の倫理規定では、前述の前文に加え、綱領において、技術者の社会に対する責任として「会員は、人類の持続可能性と社会秩序の確保にとって有益であるとする自らの判断によって、技術専門職として自ら参画する計画・事業を選択する」と規定している。社会との関係において、技術専門職としての行動は自らの判断、選択で行うものであることを明確にし、組織の中に埋没することは許されない。

4 学会の倫理規定

技術者の属する学会の倫理規定を、代表的な学会である日本機械学会、電気学会、土木学会、日本原子力学会を例に概観する。安全、健康、環境の重視と社会との関連、社会に対する責任が強調されていることが理解されよう。観念的なものではなく、実行を前提とした行動規範であることがわかる。いずれも規定本文に加えて、解説や手引きが充実しており、本稿の最後に掲載するので参照されたい。

5 まとめ

　技術者倫理は、ブームの様相を呈している CSR に比べて認知度は低いが、安全、健康、環境という現在の重要な価値基準に照らして間違いなく同じように重要視されよう。技術者倫理と CSR が同根であることを力説したが、時代背景が技術者の行動にも注目していることを銘記しなければならない。責任ある行動が求められているのである。

■参考資料
- 日本機械学会　http://www.jsme.or.jp
- 電気学会　http://www.iee.or.jp
- 土木学会　http://www.jsce.or.jp
- 日本原子力学会　http://www.soc.nii.ac.jp/aesj

(参考) 代表的な学会の倫理規定

(1) 日本機械学会倫理規定

(前文)

　本会会員は、真理の探究と未踏分野の開拓によって技術の革新に挑戦し、社会と人との活動を支え、産業と文明の発展に努力する。そして、人類の安全、健康、福祉の向上・増進と環境の保全のために、その専門的能力・技芸を最大限に発揮することを希求する。

　また、科学技術が人類の環境と生存に重大な影響を与えることを認識し、技術専門職として職務を遂行するにあたり、自らの良心と良識に従う自律ある行動が、科学技術の発展とその成果の社会への還元にとって不可欠であることを明確に自覚し、社会からの信頼と尊敬を得るために、以下に定める倫理綱領を遵守することを誓う。

(綱領)

1．(技術者としての責任) 会員は、自らの専門的知識、技術、経験を活かして、人類の安全、健康、福祉の向上・増進を促進すべく最善を尽くす。

2．(社会に対する責任) 会員は、人類の持続可能性と社会秩序の確保にとって有益であるとする自らの判断によって、技術専門職として自ら参画する計画・事業を選択する。

3．(自己の研鑽と向上) 会員は、常に技術専門職上の能力・技芸の向上に努め、科学技術に関わる問題に対して、常に中立的・客観的な立場から正直かつ誠実に討議し、責任を持って結論を導き、実行するよう不断の努力を重ねる。これによって、技術者の社会的地位の向上を計る。

4．(情報の公開) 会員は、関与する計画・事業の意義と役割を公に積極的に説明し、それらが人類社会や環境に及ぼす影響や変化を予測評価する努力を怠らず、その結果を中立性・客観性をもって公開することを心掛ける。

5．(契約の遵守) 会員は、専門職務上の雇用者あるいは依頼者の、誠実な受託者あるいは代理人として行動し、

契約の下に知り得た職務上の情報について機密保持の義務を全うする。それらの情報の中に人類社会や環境に対して重大な影響が予測される事項が存在する場合、契約者間で情報公開の了解が得られるよう努力する。

6．(他者との関係) 会員は、他者と互いの能力・技芸の向上に協力し、専門職上の批判には謙虚に耳を傾け、真摯な態度で討論すると共に、他者の業績である知的成果、知的財産権を尊重する。

7．(公平性の確保) 会員は、国際社会における他者の文化の多様性に配慮し、個人の生来の属性によって差別せず、公平に対応して個人の自由と人格を尊重する。

(1999年12月14日　評議員会承認)

(2) 電気学会倫理綱領

電気学会会員は、電気技術に関する学理の研究とその成果の利用にあたり、電気技術が社会に対して影響力を有することを認識し、社会への貢献と公益への寄与を願って、下のことを遵守する。

1．人類と社会の安全、健康、福祉に貢献するよう行動する。
2．自らの自覚と責任において、学術の発展と文化の向上に寄与する。
3．他者の生命、財産、名誉、プライバシーを尊重する。
4．他者の知的財産権と知的成果を尊重する。
5．すべての人々を人種、宗教、性、障害、年齢、国籍に囚われることなく公平に扱う。
6．専門知識の維持・向上につとめ、業務においては最善を尽くす。
7．研究開発とその成果の利用にあたっては、電気技術がもたらす社会への影響、リスクについて十分に配慮する。
8．技術的判断に際し、公衆や環境に害を及ぼす恐れのある要因については、これを適時に公衆に明らかにする。
9．技術上の主張や判断は、学理と事実とデータにもとづき、誠実、かつ公正に行う。
10．技術的討論の場においては、率直に他者の意見や批判を求め、それに対して誠実に論評を行う。

(平成10年5月21日制定)

(3) 土木技術者の倫理規定

(前文)

1．1938年（昭和13年）3月、土木学会は「土木技術者の信条および実践要綱」を発表した。この信条および要綱は1933年（昭和8年）2月に提案され、土木学会相互規約調査委員会（委員長：青山士、元土木学会会長）によって成文化された。1933年、わが国は国際連盟の脱退を宣言し、蘆溝橋事件を契機に日中戦争、太平洋戦争へ向っていた。このような時代のさなかに、「土木技術者の信条および実践要綱」を策定した見識は土木学会の誇りである。

2．土木学会は土木事業を担う技術者、土木工学に関わる研究者等によって構成され、

　1）学会としての会員相互の交流
　2）学術・技術進歩への貢献、
　3）社会に対する直接的な貢献、を目指して活動している。

土木学会がこのたび、「土木技術者の信条および実践要綱」を改定し、新しく倫理規定を制定したのは、現在および将来の土木技術者が担うべき使命と責任の重大さを認識した発露に他ならない。

（基本認識）

1．土木技術は、有史以来今日に至るまで、人々の安全を守り、生活を豊かにする社会資本を建設し、維持・管理するために貢献してきた。とくに技術の大いなる発展に支えられた現代文明は、人類の生活を飛躍的に向上させた。しかし、技術力の拡大と多様化とともに、それが自然および社会に与える影響もまた複雑化し、増大するに至った。土木技術者はその事実を深く認識し、技術の行使にあたって常に自己を律する姿勢を堅持しなければならない。

2．現代の世代は未来の世代の生存条件を保証する責務があり、自然と人間を共生させる環境の創造と保存は、土木技術者にとって光栄ある使命である。

（倫理規定）

土木技術者は

1．「美しい国土」、「安全にして安心できる生活」、「豊かな社会」をつくり、改善し、維持するためにその技術を活用し、品位と名誉を重んじ、知徳をもって社会に貢献する。

2．自然を尊重し、現在および将来の人々の安全と福祉、健康に対する責任を最優先し、人類の持続的発展を目指して、自然および地球環境の保全と活用を図る。

3．固有の文化に根ざした伝統技術を尊重し、先端技術の開発研究に努め、国際交流を進展させ、相互の文化を深く理解し、人類の福利高揚と安全を図る。

4．自己の属する組織にとらわれることなく、専門的知識、技術、経験を踏まえ、総合的見地から土木事業を遂行する。

5．専門的知識と経験の蓄積に基づき、自己の信念と良心にしたがって報告などの発表、意見の開陳を行う。

6．長期性、大規模性、不可逆性を有する土木事業を遂行するため、地球の持続的発展や人々の安全、福祉、健康に関する情報は公開する。

7．公衆、土木事業の依頼者および自身に対して公平、不偏な態度を保ち、誠実に業務を行う。

8．技術的業務に関して雇用者、もしくは依頼者の誠実な代理人、あるいは受託者として行動する。

9．人種、宗教、性、年齢に拘わらず、あらゆる人々を公平に扱う。

10．法律、条例、規則、契約等に従って業務を行い、不当な対価を直接または間接に、与え、求め、または受け取らない。

11．土木施設・構造物の機能、形態、および構造特性を理解し、その計画、設計、建設、維持、あるいは廃棄にあたって、先端技術のみならず伝統技術の活用を図り、生態系の維持および美の構成、ならびに歴史的遺産の保存に留意する。

12．自己の専門的能力の向上を図り、学理・工法の研究に励み、進んでその結果を学会等に公表し、技術の発展に貢献する。

13．自己の人格、知識、および経験を活用して人材の育成に努め、それらの人々の専門的能力を向上させるための支援を行う。

14. 自己の業務についてその意義と役割を積極的に説明し、それへの批判に誠実に対応する。さらに必要に応じて、自己および他者の業務を適切に評価し、積極的に見解を表明する。
15. 本会の定める倫理規定に従って行動し、土木技術者の社会的評価の向上に不断の努力を重ねる。とくに土木学会会員は、率先してこの規定を遵守する。

(1999.5.7　土木学会理事会制定)

(4) 日本原子力学会倫理規定

日本原子力学会倫理規程

2005年11月25日第477回理事会改訂承認

我々日本原子力学会会員は、原子力技術が人類に著しい利益をもたらすだけでなく、大きな災禍をも招く可能性があることを深く認識する。その上に立って原子力の平和利用に直接携わることができる誇りと使命感を抱き、原子力による人類の福祉と持続的発展ならびに地域と地球の環境保全への貢献を強く希求する。

日本原子力学会会員は原子力の研究、開発、利用および教育に取り組むにあたり、公開の原則のもとに、自ら知識・技能の研鑽を積み、自己の職務と行為に誇りと責任を持つとともに常に自らを省み、社会との調和を図るよう努め、法令・規則を遵守し、安全を確保する。

これらの理念を実践するため、我々日本原子力学会会員は、その心構えと言行の規範をここに制定する。

憲章

1. 会員は、原子力の平和利用に徹し、人類の直面する諸課題の解決に努める。
2. 会員は、公衆の安全を全てに優先させてその職務を遂行し、自らの行動を通じて社会の信頼を得るよう努力する。
3. 会員は、自らの専門能力の向上を図り、あわせて関係者の専門能力も向上するように努める。
4. 会員は、自らの能力の把握に努め、その能力を超えた業務を行うことに起因して社会に重大な危害を及ぼすことがないよう行動する。
5. 会員は、自らの有する情報の正しさを確認するよう心掛け、公開を旨とし説明責任を果たし、社会的信頼を得るように努める。
6. 会員は、事実を尊重し、公平・公正な態度で自ら判断を下す。
7. 会員は、あらゆる法や社会の規範に抵触しない範囲で、自らの業務に係る契約を尊重して誠実に行動する。
8. 会員は、原子力業務に従事することに誇りを持ち、その業務の社会的な評価を高めるよう努力する。

坂　清次　*Kiyotsugu Saka*

1964年大阪大学大学院機械工学専攻修士課程修了。同年三菱化成工業㈱（現三菱化学㈱）入社、工場にて石油化学プラントの設計・建設・運転に従事。その後本社、工場において保安・安全業務を担当、海外合弁会社、教育研修分社等を経験。99年三菱総合研究所安全政策研究本部客員研究員、現在に至る。保安・安全、マネジメントシステム、技術者倫理を研究。日本適合性認定協会評議員。日本機械学会、安全工学会、石油学会、米国化学工学会等の会員。

CSRの関連諸事情

CSRとしての環境教育の取組み

キリンビール株式会社 CSR・コミュニケーション本部
社会コミュニケーショングループ社会環境室長　山村宜之

はじめに

　ビールがどのようにして作られているか、ご存じだろうか？　ビール工場を見学いただければ、目にも止まらないほどの速さで動く製造ラインに驚かれるかもしれない。しかし、どんなにビールづくりが高度に機械化されても、昔から変わらないことがある。それは、ビールが自然の恵みを原料として、発酵という自然の働きによって生まれてくることである。こうした自然の働きとともに、ビールは「仕込」「発酵」「貯蔵」「ろ過」「パッケージング」の工程を経て、お客様にお届けできる製品になる。ビールづくりの工程では、原料や製品の加熱・冷却、製造ラインの稼動や洗浄、殺菌、また排水を浄化するために多くのエネルギーを使用している。ビールを作るうえで、エネルギーや水をなるべく使わないようにすること、使った水はきれいにして自然に返すようにすること、なるべく環境負荷の少ない容器を使うことなどが、当社の事業活動における環境保全の取組みである。

1 キリンビールの環境コミュニケーション

（1）　表現方法

　キリンビールには「エコジロー」という環境のシンボルキャラクターがいる。ビールの泡から生まれた「エコジロー」を、なぜ当社が使うようになったのかは、1999年にさかのぼる。
　家電や自動車は、製造時のエネルギーより、使用時の電気やガソリンが継続的に必要になることによって、製品のライフサイクル全体の中で大部分の環境負荷をお客様の手元で発生させている。対して、食品はお客様の手元ではほとんど環境負荷は発生せずに、ビールなども一瞬にして消費され空容器だけが残る。こうした製品使用時の特性の違いよって、エコ商品がマー

ケティングと一体となりやすい産業とそうでない産業があり、食品企業はどちらかといえば後者にあたる。

　とはいえ、我々食品企業においても、環境保全の取組みはお客様の信頼を得ていく上で重要なテーマである。どのようにコミュニケーションしていくかを検討するために、まず当社は環境に興味をもってもらえるターゲットを調査することから始めた。その結果、最も環境に対して興味を抱くのが、ビールのヘビーユーザー層とは異なる、主婦と子どもであることがわかった。このターゲットに対して、親しみやすく環境のことを伝えていくためのナビゲーターとして、キャラクターを誕生させたのである。

　エコジローは予算の関係もあり、露出はTVCFではなく、雑誌や一部の新聞に限定しているが、最も重視しているのは、Webである。我々がWebを重視するのは、環境の取組みに共感をもっていただくために、ある程度その情報に触れ、理解する「時間」を使っていただける媒体として有効であると考えたからである。TVCFは確かにインパクトがあるが、お客様に認知していただくためには、大量の広告投入が必要である。費用対効果を考え、Webに当社の情報を集約し、雑誌やダイレクトコミュニケーションなど様々な場にWebに入っていただくための「入り口」を意図的に設け、コミュニケーションミックスをはかることとした。

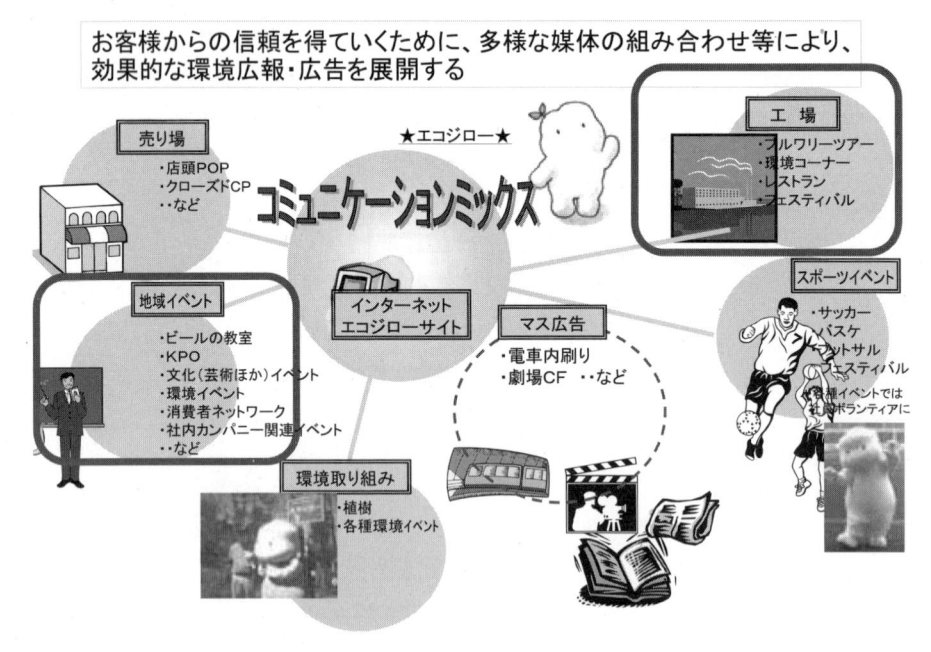

（2）環境コミュニケーションのトーン

　もう1つ重要なことは、当社が自社の取組みを声高にPRするのをやめて、みんなで一緒に考え、みんなでより良い環境づくりに取り組んでいこうとするトーンで環境コミュニケーションを行っていることである。確かに自社の取組みを直接的にPRすることで、評価を得

られる時期はあったと思われるが、お客様もこうした情報に慣れてくることで、単純な訴求では共感は得られにくくなってきていると考えている。そのために、まずは身近な事例を示すことでご覧になる方の興味を引き出し、その点において当社が実施してきたことなどを紹介するようにしてきている。

これから紹介するNPOと連携した双方向環境コミュニケーション試行事業も、こうした、みんなで考え、みんなで取り組む一環として推進していこうとしたものである。

2 NPOと連携した環境コミュニケーション試行事業

(1) 試行事業を始めるにあたって

NPOと連携した双方向環境コミュニケーション試行事業は、当社の神戸工場を舞台として選定した。神戸工場は、1997年に稼動し、ビオトープや太陽光発電設備、バイオガス・コジェネレーション設備等も含め、世界でもトップクラスの環境効率を誇る、当社の最新鋭工場である。こうした環境設備に加え、阪神間という大都市圏に所在し、年間に30万人を超えるご見学来場の方があるなど、様々な要因を考慮して選定した。

しかし、神戸工場を選定した理由はもう1つある。それは、前述した、地域との連携が可能な条件、さらに具体的にいうと、我々のような企業と地域をつなぐコーディネート力に富んだNPOが地元に存在したからである。

そのNPOは、1998年に任意団体として設立し、2002年4月に法人格を取得したNPO法人こども環境活動支援協会(以下、略称「LEAF」*という)である。LEAFは、環境省が全国の自治体を窓口とした子ども向け環境学習プログラムの基本モデルとなった、西宮市の「2011年地球ウォッチングクラブ・にしのみや」を西宮市から運営受託している子どもたちに対する環境学習活動のパイオニア的な存在である。また、1998年から企業との連携で環境学習活動を進めるなど、地域の中で市民・行政・企業・各種団体・教育機関など様々な主体との連携を得意とする団体である。

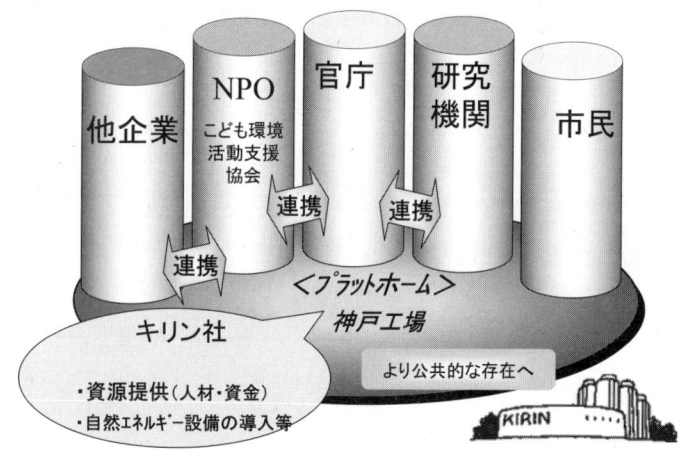

こうして、LEAFというパートナーを得た当社は、神戸工場を「場」として提供し、地域のことをみんなで考え、みんなで良くしていこうとするネットワークを構築していく試行事業を始めた。

(2)試行事業の成果

　LEAFには、神戸工場におけるお客様向けの環境学習企画を2005年より年間を通じた企画運営に協力いただいている。神戸工場には地域の中で少なくなってしまった絶滅危惧種の生物を避難的に育成していく「レフジュアビオトープ」があり、「兵庫県立　人と自然の博物館」の指導を受けている。実際にビオトープ池の中にどういう生物がどれくらいいるか、という定期的な調査を行ううえで、LEAFの協力も得て一般の方にもわかりやすい催しにしたり、LEAFによって夏休み親子環境教室を開催していただいたりしている。2005年では、こうした神戸工場を舞台とした催し、お客様に応対するスタッフのための研修、他工場でお客様に参加いただく環境セミナー、全国生涯学習フェスティバルでの展示、環境省こどもエコクラブのパートナーシッププログラムの企画運営など、様々な場での連携を実施していただいた。

　参加したお客様からいただいたアンケートを見ると、参加者の満足度がこれまで以上に高いことがわかる。企業の立場だけで考えるより、市民の立場や、これまで子どもたちと関わってきた蓄積によって、どのようにコミュニケーションしていけばよいか、というNPOのノウハウによって企画が支えられているからであろう。この点においては、神戸工場だけではなく、可能なところでは、他工場でも地域との連携をはかっていきたい。

(3)CSRの視点からの評価

　一般的にCSR＝企業の社会的責任といわれているが、当社では、企業が社会に対する役割を果たし、「社会から信頼をいただくための取組み」ととらえている。そして、そのためには、様々なステークホルダーとのコミュニケーションは不可欠であり、様々なステークホルダーとのコミュニケーションを通じて、持続可能な社会に貢献できる、キリンらしいCSR

を実践していきたいと考えている。

　こうしたNPOと連携した環境コミュニケーションの取組みは、より良い地域づくりのための協働を通じて、市民の代弁者であるNPOとコミュニケーションが図れ、学ぶことが多い。地域の課題を共有して、課題解決していくプロセスをともに歩んでいく、当社にとってのステークホルダーエンゲージメントの取組みではないか、と考えている。今後は、LEAFだけでなく、LEAFを核として他企業との連携なども試行していきたい。

　2005年から、日本の提唱により「国連　持続可能な開発のための教育の10年」が始まっている。「持続可能性＝Sustainability」という言葉も市民権を得つつあるように思われるが、具体的にどういうことなのか実態がつかみきれていないかもしれない。これまで述べてきた様々な主体とのパートナーシップを地域の中でみると、企業と市民が共に学び合える仕組みとして、また、持続可能な社会に向けた次世代育成のための具体的な取組みとして、意味をもつのではないかと考えている。

　今後も地域の中で共に学び合う機能が維持・向上できるよう様々な主体との連携を継続し、社会の中での役割を担い、社会から我々も学ぶことを通じて、私たち自身の社会性を高めていきたい。

　　　　　　　　　※　NPO法人こども環境活動支援協会（Learning and Ecological Activities Foundation for Children）

山村宜之　*Yoshiyuki Yamamura*

1960年生まれ。83年関西学院大学商学部卒、キリンビール㈱入社。九州支社、神戸支社を通じて、物流担当、営業、マーケティング担当を経験。96年より2年間のボランティア休業制度により休職。子どもたちに対する環境学習活動を進める西宮市の事務局機能の民営化に関わる。事務局民営化後（現：NPO法人こども環境活動支援協会）、復職。社会環境部お客様相談室から環境担当を経て現職。

SRI と金融

SRI の意義とその目的

大和総研 経営戦略研究所 主任研究員　河口真理子

1 お金の社会的意義とは

　SRI について述べる前に、金融の社会的意義とは何か、まず確認しておきたい。大辞林によると金融とは、「金銭の融通、資金の需要と供給の関係、お金の流れ」と定義されている。この「お金」を扱う金融は、時代とともにその仕組みが高度化してきた。そもそも「お金」＝貨幣は、実物（モノ）の交換を容易にするための補助的手段として生まれた。そして経済の発展に従い、その形態は当初の商品貨幣（牛や塩）から、貴金属へ、紙幣へそして電子マネーへと、その形態と役割が「進化」してきた。ちなみに世界最古の貴金の鋳造貨幣は、紀元前7世紀のリディアで製造・流通されたといわれている。このお金の変遷を辿っていくと、時代が下がるに連れ貨幣のもつ物質性（あるいは使用価値）が減少しバーチャルな「価値」が拡大する、という法則性が見出せる。例えば、塩や貴金属は貨幣として使われたが、それ自体の使用価値も小さくない。しかし、大量に取引するには、「かさばる」「重い」などの取引の手間・コストがかかる。これが紙幣になると、紙自体の使用価値は低下する一方で取引の手間コストも低減する。さらに電子マネーの場合となるとデジタルな情報の交換なので、物質性はさらに小さくなり、取引コストはほとんどゼロとなる。貨幣の形態が進化し、脱物質性が進むと、それだけ取引コストが低下するので取引が容易になり、活発化する。

　また、中世のヨーロッパで外国貿易取引が活発化してくるなかで、貨幣を預金者から預かり決済を代行する"業"としての銀行が生まれる。銀行は初期の段階では、預け入れられた金額に見合った預り証を発行していたが、そのうち預かった金額以上の預り証を発行するようになる。それが信用創造のはじまりである。信用創造とは、現存する実物の価値以上の経済的な価値を創造することであり、これがさらに経済の拡大を加速化していく。

　そして、金融商品も「貨幣」だけでなく、株式や債券、さらには転換社債、デリバティブ、そして排出権などと、複雑・高度化した金融商品が生み出されるようになる。そして高度化するほど、その価値を担保するモノからの乖離が進み、現在では、実需を伴わない為替のディーリングや、株のデイトレーディングなど、実社会と切り離された金融市場の内部で完結するように見える金融取引—マネーゲーム—が増えている。こうした取引の際には、それが

実社会に及ぼす影響について考慮されることはほとんどない。しかし、お金はいずれかの段階でモノと交換される。実社会の影響を全く考慮しない金融取引も最終的にはお金がモノと交換される段階で実社会に大きな影響を与える。

以上の点を踏まえて金融の社会的意義を考えると、以下の2点に要約することができよう。
① 金融とは、実物の取引の効率化を図り、期待やリスクなどの実物以外のモノの取引や異時点間の取引を可能にすることで、経済活動を活発化する手段である。
② 人々が望ましいと思う経済活動により多くの資源が配分されるように誘導し、その結果、経済活動が質・量の両面で拡大し、社会が豊かになることに寄与する手段となり得る。

従来、金融の役割は①を指すとされてきた。しかし、グローバル経済の進展、地球環境問題や、貧富の差の拡大などの社会問題の深刻化が進むなかで、②の役割も注目されるようになってきた。こういった環境の問題や社会的課題を解決するために従来は、環境技術や環境配慮型製品の開発、人権擁護の制度づくりなど、「現場」での取組みに焦点が当てられていた。しかし、環境関連の技術や製品が開発され、労働者の人権に配慮した制度などを整備し始めると、次のステップとして、それらを広く社会に浸透・普及させるための手段、すなわち金融的な支援が不可欠であることに気がつく。いかに環境技術や環境に配慮した製品やフェアトレードなど人権に配慮した製品の開発に成功したとしても、人々の倫理観に訴えるだけではモノは流通しない。「お金」の力で、技術や製品の開発や宣伝・販売に投資し、市場を確保することが不可欠である。逆に言えばお金の使い方次第で、この社会を持続可能なものに作り変えることも、行き詰まる社会への道筋をつけることも可能なのである。こうした点から、お金の役割に注目した投資の考え方がSRI（社会的責任投資）である。

2 SRI：社会性に配慮したお金の流れSRI

SRIについての確定された国際的な定義はないが、一般的には、「企業への株式投資の際に、財務的分析に加えて、企業の環境対応や社会的活動などの評価、つまり企業の社会的責任の評価を加味して投資先企業を決定する投資手法」と理解されている。さらに、支配証券としての株式に着目し、経営者に社会的配慮を働きかけることで企業の社会的責任を果たさせる、という行動（株主行動）も含まれる。本来の広義のSRIはこれだけにとどまらない。投資対象は株式に限定されるわけでなく債券投資や、プロジェクトファイナンスへの融資なども、その投融資決定プロセスにおいて社会的側面の評価が加味されていれば、SRIの範疇に入る。つまり広い意味でのSRIとは、「社会性に配慮したお金の流れとその流れをつくる投融資行動」と定義することができよう。SRI発祥の地米国では、
① スクリーン運用：対象銘柄の環境・社会的側面を評価した（＝ソーシャル・スクリーンを経た）株・債券への投資。スクリーンには、倫理・社会的理由から特定の企業や業種を排除するネガティブ・スクリーンと、業種業態にかかわらず各業種の中で社会的に優

れた取り組みをしている企業を選択するポジティブ・スクリーンがある。
②株主行動（engagement）：株主の立場から、経営陣との対話や議決権行使、株主議案の提出などを通じて企業に社会的な行動をとるよう働きかける。
③コミュニティ投資：上記の2つが主に大企業を対象としているのに対して、主として地域の貧困層の経済的支援のための投融資。

以上の3タイプにSRIを分類している。また、地域通貨や社会的ベンチャー（社会福祉や環境改善を目的としたベンチャー企業）への投融資も、広義のSRIに含まれると考えられる。

3 SRI市場拡大の歴史

SRIの理念が生まれたのは18世紀とされるが、実際に運用が始まったのは20世紀に入ってからである。1920年代、米国の教会の資金を運用する際に、タバコ、アルコール、ギャンブルなど、教義から許容しがたい業種を投資対象からはずしたのがSRIの発端とされる[※1]。こうした特定の会社や事業を排除するSRIの方法はネガティブ・スクリーン運用と呼ばれる。

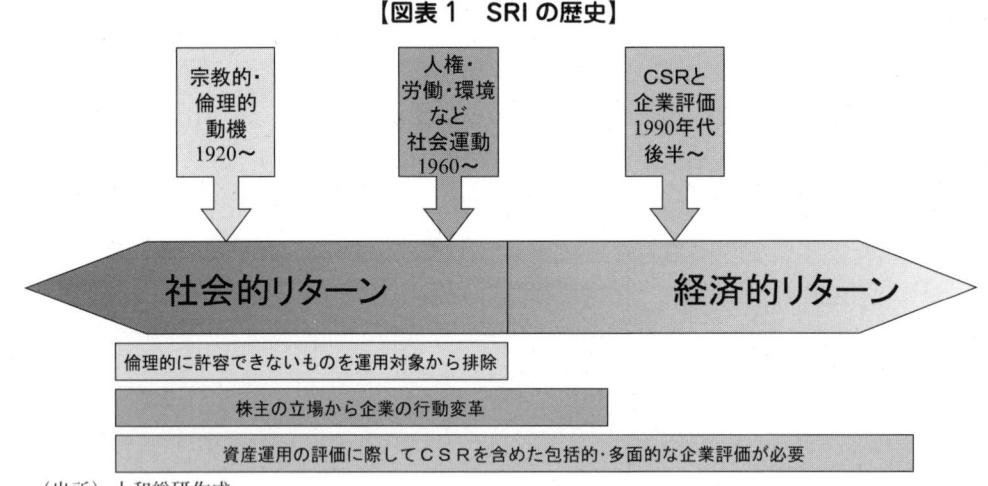

【図表1　SRIの歴史】

| 宗教的・倫理的動機 1920〜 | 人権・労働・環境など社会運動 1960〜 | CSRと企業評価 1990年代後半〜 |

社会的リターン ⇔ 経済的リターン

- 倫理的に許容できないものを運用対象から排除
- 株主の立場から企業の行動変革
- 資産運用の評価に際してCSRを含めた包括的・多面的な企業評価が必要

（出所）大和総研作成

その後第二次世界大戦を経て、1960年代以降米国では公民権運動、反アパルトヘイト運動や反戦運動などの社会運動が盛り上がったが、こうした社会運動の一手段としてSRIの1つである株主行動が注目されるようになった。1969年にはベトナム戦争で使われたナパーム弾を製造しているダウケミカルに対して、ナパーム弾の製造中止を求める株主提案が行われた。また著名な消費者運動家であるラルフネーダーを中心としたグループは、GMの1970年の株主総会で、取締役会の多様性の要求と、社会的責任についての監査・忠告を行う株主委員会の創設の株主提案を提出した。1971年にはアパルトヘイト政策を行っている南アフリカ共和国から撤退を求める株主提案が提出された。これらは株主総会で否決されたものの、GM

は結局サリバン牧師を初の黒人取締役として任命し、公共政策委員会を設立し、ラルフネーダーらの主張を採り入れることとなり、株主運動としてのSRIという認識が広がった。こうした経緯から、90年代初頭までは、「SRIとは、宗教団体や社会運動家の特殊な投資手法に過ぎない」とされてきた。しかし90年代半ば以降変化が見られるようになる。

その頃「企業の環境対策が、企業価値にとってプラス」という考え方が、環境マネジメント規格ISO14000シリーズの発行を契機に生まれてくる。従来、環境対策は企業にとって「余分なコスト」、すなわち「企業価値にマイナス」という認識が一般的であった。しかし、環境マネジメントシステムを導入する企業が急増するに従い、環境対策の推進はコストアップよりも効率性・生産性向上につながる、という認識が広がり始めた。

さらにその後、日本国内での、食品の安全性問題、内部告発による不祥事の発覚など、米国のナイキの下請工場による児童労働の問題や、経営者の不正行為が発覚したエンロン事件、欧州における若年労働者の失業問題など、企業の社会的責任が問われる事件が世界規模で出現し、CSRに対する関心も一気に高まった。そして、財務データには現れない様々な社会的側面が企業価値に影響を与えることが、広く社会で認識されるようになった。その結果、主流の投資家の間でも「企業の環境・社会的側面も含めた分析評価が企業評価に必要」という認識が広がり始める。主流の投資家が、SRIを手がけることをSRIのメインストリーム化というが、2000年以降欧米ではSRIのメインストリーム化が急速に進んだ。

4 SRIの現状

米国での[※2]SRI運用資産の残高は、2005年末時点で2兆2,900億ドル（約270兆円）、全資産運用残高の1割程度と推定されている。これは1995年の水準の3.6倍である。欧州でも[※3]、SRI運用資産の残高は2000年以降各国で急拡大しており、2005年末に1兆ユーロ（150兆円）となり、全運用資産残高に占める割合は、国によって10～15%程度と推定される。

このようにメインストリーム化した理由として、米国の場合は投資家の需要というボトムアップ要因、欧州では政策によるトップダウン要因が指摘できる。米国ではSRIを手がける主要な投資家は年金基金であるが、その中でもニューヨーク州やコネチカット州などの公的年金がSRIに熱心に取り組んでいる。また、米国SRI投信大手のCalvertが2002年に行ったアンケートによると確定拠出型年金基金の場合、7割の年金加盟者が投資メニューの中でSRIを選択するという結果が出ており、こうした投資家のニーズがSRI市場を支えている。

欧州では、英国が2000年に年金法を改正し、年金基金に対して「投資方針に社会環境倫理問題が投資方針で考慮されているか否か、されている場合は具体的な方針を開示すること」が義務づけられた。これをきっかけに英国のSRI市場は急拡大し、同様の法律改正がベルギーやドイツなどでも行われた。また、フランスでは、2003年に設立された退職年金準備基金の資金の一部でSRIを採用し、ノルウェーの公的年金でも2004年に倫理ガイドラインを

策定するなど、法規制や公的資金の参入によってSRI拡大を図っている。

5 SocialのSからSustainabilityのSへ

このように欧米市場が拡大するなかで、SRIという言葉の意味も変化し始めた。米国で初のSRI型株式指数のKLD株式指数を開発したPeter Kinder氏は1983年にSRIを「投資家が、投資判断プロセスに自分の社会や倫理の基準を組み入れること」と定義した。しかし、Kinder氏は最近の論文[4]で、最近これとは異なる解釈が増えていることを指摘している。例えばABN－AMROが2001年に発表した論文[5]では、SRIを「ポートフォリオに個別銘柄を組み入れる判断を下す際に、企業の社会環境側面を評価する持続可能性の評価基準が重要な役割を果たす投資プロセス」と定義している。さらに、2005年に世界経済フォーラム（WEF）が発表した論文[6]では、SRIの最初のSであるSocialがはずれてResponsible Investingと表現し「Responsible Investingとは一般的には、投資行動が、社会全体や地球環境へ与える影響を考慮した投資行動と理解されている」と定義されるようになった。従来のSRIには、「自分の価値観に基づき社会に影響を与える為に、社会的価値判断や倫理を投資判断に組み入れる」という意識を明確にもった投資行動であり、社会運動的なニュアンスが濃厚にあった。しかし最近の定義では、「より精緻な企業評価をするために、投資家の価値観や倫理観とは関わりなく、ただ投資判断の材料として投資対象企業の社会・環境側面を考慮すべし」となり、投資家の価値観からは中立の手法とみなされるようになった。

なお、Responsible Investingと同じ使い方をされる用語にSustainable Investmentがある。Sustainability（持続可能性）という言葉が、「将来世代のニーズを損なうことなく現在世代のニーズを満たすこと」と定義され、具体的には環境調和型の社会システムを構築することと理解されている。Socialには社会主義・社会運動という思想のイメージが強いが、Sustainabilityには思想的な印象が希薄なので広く受け入れられやすいとも考えられる。

6 メインストリーム化が進むSRI

今後SRIのメインストリーム化を進展させる要因を指摘したい。それは、国連環境計画金融イニシアチブ（UNEP FI）と国連グローバル・コンパクトが共同で策定・発表した責任投資原則（Principles for Responsible Investment, PRI）である。これは、アナン国連事務総長の働きかけに応じた12カ国20の機関投資家を中心に、行政・NGO、研究者などからなるマルチステークホルダーが協力して策定された。アナン国連事務総長は、原則の公表に際して寄せたメッセージにおいて「金融は世界の経済を動かす原動力となっているが、投資の意思決定プロセスや株式所有の実際において、社会環境側面が充分に考慮されてきませんでした。…（中略）…『持続可能な発展』は、いくら草の根や政治的なサポートを得たとし

ても、持続可能な発展の観点が投資判断や評価に上手く組み込まれなければ、それが牽引力を持つことは難しいと考えます。近年、国連グローバル・コンパクトの署名などを通じて、より多くの企業がCSRを考慮するようになって来ています。しかしながら、わずかな例外を除いて、こうした努力は金融コミュニティにおいては認識されないか、また評価されることはありません。その主たる要因は投資家に、こうした問題に対する関心が欠けているためではなく、個人や機関投資家がリスクとチャンスを充分に計測するための共通のガイドラインが存在しないためです。このニーズに応える為に責任投資原則は策定されました。[※7]」と述べている。

2006年の4月末に公表されたこの原則の署名対象者は、年金基金などの資産所有者、運用機関、および投資サービス提供者である。2006年6月末時点で、資産残高5兆ドル強にのぼる世界79の機関が原則に署名した。主要な署名機関としては、米国のCalPERs、ノルウェー政府年金基金、タイ政府年金基金、ミュンヘン再保険、NY州退職年金基金などの資産所有者、運用機関では英国のハーミーズ、オランダのAMN Amro Asset Management、スイスのBank Sarasinや米国のSRI専業の投信会社Calvert Groupなどが挙げられる。日本からは、住友信託銀行、損保ジャパン、大和投資信託委託、三菱UFJ信託の4つの運用機関に加えて、資産所有者としてキッコーマン年金基金が署名した。

この投資原則の内容は図表2に示したとおりであるが、同原則の前提として、

『**私たち機関投資家には受益者のために長期的視点に立ち最大限の利益を最大限追求する義務がある。この受託者としての役割を果たす上で環境の問題・社会の問題及び企業統治の問題（以上3つをあわせてEnvironment, Social, Governanceなので、その頭文字をとってESG問題と称されるようになっている）が運用ポートフォリオのパフォーマンスに影響を及ぼす可能性があると考えている。さらにこれらの原則を適用することにより、投資家たちが寄り広範な社会の目的を達成できるであろうことも認識している。したがって受託者責任に反しない範囲で、私たちは以下の事項へのコミットメントを宣言する』**

ことがうたわれている。この原則に署名した年金基金は当然、運用の委託先の運用機関にSRI運用を要求することになり、運用機関としては、強制的にSRIを行うことになる。

【図表2　責任投資原則】

1	私たちは投資分析とその意思決定のプロセスにESGの課題を組み込みます。
2	私たちは、活動的な（株式）所有者になり、（株式の）所有方針と（株式の）所有慣習にESG問題を組み込みます。
3	私たちは、投資対象の主体に対してESGの課題について適切な開示を求めます。
4	私たちは、資産運用業界において本原則が受け入れられ、実行に移されるように働きかけを行います。
5	私たちは本原則を実行する際の効果を高めるために、協働します。
6	私たちは、本原則の実行に関する活動状況や進捗状況に関して報告します。

（出所）「責任投資原則—日本語版」http://www.unpri.org

そうした動きを示す事例はすでに現れている。責任投資原則第1原則の「投資プロセスにESGの課題を組み込む」ための実践行動として、「投資サービス・プロバイダーに対してESG要因を彼らの研究や調査分析に組み込むように働きかける」こと、がある。その活動を具体化した事例に、Enhanced Analytics Initiative（EAI）の活動がある。EAIは、セルサイドアナリストのESG問題（EAIでは、Extra-financial Issues, 非財務項目と称している）に関する調査レポートの質を分析評価し、セルサイドアナリストにインセンティブを与えることで質の向上を目指すことを目標とし、2004年10月に欧米の運用機関が設立した団体である。半年ごとにブローカーの非財務項目に関する調査を分析し、優秀な調査のブローカーに対して、メンバーの運用機関が支払う手数料の5％を配分することにしている。ちなみにEAIが定義する非財務項目の定義は、図表3のとおりである。

【図表3　EAIによる非財務情報の定義】

定　義	例
1. 定性的で、金銭で定量評価できない／できにくい情報	コーポレートガバナンス、知的財産など。
2. 市場メカニズムで補足できない外部不経済にかかわる情報	公害など。
3. 広い意味でのサプライチェーンに関係する情報	サプライヤー、製品とサービスなど。
4. 社会的関心の高いテーマ	遺伝子組み換え作物など。
5. 中長期的な問題	気候変動など。
6. 法的規制は強化される方向にある情報	温室効果ガスの排出など。

（出所）EAI　ホームページより大和総研仮訳

　EAIに参加しているメンバー運用機関は、2005年末の13機関から2006年6月には20機関に急増し、現在の主要なメンバーには英国の大手年金基金のBT Pension Scheme、英国年金運用機関のHermies Pensions Management、オランダの公務員年金のABP Pension Fund、米国のSRI投信専業のCalvert, BNP Paribas Asset Management、アル・ゴア元米国副大統領を会長とする年金運用機関のGeneration Investment Managementなどが含まれる。

　2006年上半期の最新の評価結果報告[8]によると、調査分析対象となったレポート数は、初回の8ブローカー16本から、33ブローカー173本へと急増している。これはブローカーのESG問題の分析に関する関心の高さを物語っているといえよう。

　EAI調査と同様の結果が他の調査結果にも現れている。金融情報サービス会社のThomson Extelと英国のSRI団体である、UKSIFのSRIアンケート調査でも、メインストリームの投資家のSRIの関心が高まっていることを示している。同調査は2006年3月から6月にかけて、124の運用会社と、証券ブローカー6社を対象に行ったSRIに関するアンケートである[9]。これによると、ブローカーへの支払い手数料の5％以上をSRI関連に支払っている運用機関は、2005年には全体の6.25％にすぎなかったが、同調査では32.1％まで増えた。これらの

事例はSRIはもはやニッチな投資手法ではなく、メインストリームが認める投資手法に成熟しつつあるということ示している。

　さらに、機関投資家のSRIを後押しする要因に、受託者責任の解釈・捉え方に変化が認められることを指摘したい。SRIと受託者責任の考え方に関しては、世界有数の法律事務所Freshfields Bruckhaus Deringerが、2005年10月に公表した、ESGと受託者責任に関する調査レポートで「ESGが受託者の利益に優越するというわけではありません。しかし、社会の変化に伴い、受益者の利益を図るためには、もはやESGを無視すべきではないと思います[10]」という見解を示している。「より精緻な企業評価のためには、ESGの観点は不可欠」という認識が、投資家や運用機関の間で、ごく「当たり前」のことになれば、ESGを考慮した投資行動こそがメインストリームの投資行動となる。わざわざSocially Responsible Investment、あるいは、Sustainable Investmentなど、通常の投資と区別する必要はなくなりSRIの言葉は消滅する。それが究極のSRIの姿である。

※1　ドミニ著（山本利明訳）『社会的責任投資』（木鐸社）によれば、SRIの思想は、18世紀に始まったとされる。1928年にPioneer Fundが設定された。
※2　米国市場の出典は、Social Investment Forum '2005 Report on Socially Responsible Investing Trends in the United States'
※3　欧州市場についての出典はEurosif 'European SRI Study（2006）'
※4　'Socially Responsible Investing-An evolving concept in a changing world'（2005.9）
※5　'Do Socially responsible equity portfolios perform differently from conventional portofolios?'
※6　World Economic Forum Global Corporate Citizenship Initiative 'Mainstreaming Responsible Investment' Jan 2005.
　　http://www.accountability.org.uk/news/default.asp?id=144
※7　'Principles for Responsible Investment'
　　http://www.unpri.org
※8　'Strengthening institutional commitment　Results of the June 2006'
　　http://www.enhanced-analytics.com
※9　http://www.socialfunds.com/news/print.cgi?sfArticleId=2066
※10　フレッシュフィールズ・ブルックハウス・デリンガー法律事務所、弁護士松添聖史「日本における機関投資におけるESG問題の配慮」（2005.11.30）

河口真理子　Mariko Kawaguchi

1986年一橋大学大学院修士課程修了、同年大和証券入社。94年に大和総研に転籍、企業調査などを経て現在、経営戦略研究所主任研究員。GRI日本フォーラム評議委員、社会的責任投資フォーラム運営委員、青山学院大学・南山大学非常勤講師。著書には、『SRI　社会的責任投資入門』『CSR　企業価値をどう高めるか』（ともに共著：日本経済新聞社）などがある。研究テーマは、環境経営、企業の環境評価、企業の社会的責任、社会的責任投資。

SRIと金融

海外におけるSRIファンド

NPO法人 社会的責任投資フォーラム 運営委員　山本利明

はじめに

　海外のSRI市場をみる場合、定義が多様で統一したものがないこと、公的機関による統計がないことなど困難な点が数多くあるが、限られた情報の中で各地域・国でのSRIについて解説をする。また、重複を避けるために、海外の年金基金によるSRI投資の現状については、本稿で取り扱うことにする。

1 米　国

(1) 宗教から社会・政治運動と連携したSRI

　SRIは1920年代の米国でメソジスト派などの宗教家たちが、タバコやアルコール、兵器などの「罪深い株」(sin stock)を忌避したことに起源をもつ。自らの宗教的信条や価値観と投資行動を首尾一貫させたいというのが、SRIの動機であった。1960年代になると、SRI投資家による株主行動は、ベトナム反戦・公民権拡大などの市民運動と共鳴し、企業への対決色を強め、さらには、南アのアパルトヘイト反対運動でピークを迎える。株主総会で同国からの投資引き揚げや、操業する企業の株式の売却を求める動きは、宗教団体の資金運用のみならず、大学の基金や公的年金の運用においても侃々諤々の議論を呼び起こしたという。

(2) メインストリームを目指すSRI

　1980年代後半からは、SRIは新たに環境問題や企業行動を視野に入れ始める。企業行動には、人権問題、サプライチェーン、労働問題などが含まれる。この頃からSRIの主流は、単純なネガティブ・スクリーニングから企業行動全般を評価し、優れた企業を選別するというポジティブ・スクリーニングに移行していく。さらには企業不祥事の多発を契機として、コーポレート・ガバナンスの監視という視点も加わり、サステナブルなビジネス・プラクティスを採用する企業の長期的な株主価値の増加は平均的企業のそれを上回るというコンセプ

トへと進化していった。

(3) SRI市場の現状[※1]

①全体の市場規模の推移

米国でSRI型投資信託が初めて販売されたのは、1971年のことであった。その後は、個人投資家の支持を得ながら徐々に浸透したが、SRIの市場規模は、1984年の米国ソーシャル・インベストメント・フォーラム（以下、「SIF」という）の初の調査では、840億ドルであった。1995年以降、同団体が2年おきに「トレンド調査」を実施しているので市場の動向がより明らかになった（図表1）。これによると、95年以降の10年間で、スクリーニングによる投資は10.4倍、全体でも3.6倍に急増している。2005年のSRI運用の総計2.29兆ドルは、市場全体で運用されている総資産の24.4兆ドルの9.4％で、ほぼ1割のシェアを占めている勘定となる。

【図表1　米国のSRI市場推移】

単位：10億ドル

	1995	1997	1999	2001	2003	2005
社会的スクリーニング①	162	529	1,497	2,010	2,143	1,685
株主行動②	473	736	922	897	448	703
①と②のダブリを控除	N/A	−84	−265	−592	−441	−117
コミュニティ投資	4	4	5	8	14	20
合計	639	1,185	2,159	2,323	2,164	2,290

（出所）米国SIF
（注）①と②のダブリのデータは、1995年は入手不能。2005年の合計値はラウンディングにより個別値と合計値が一致しない。

【図表2　米国のSRIミューチャルファンドの推移】

単位：10億ドル

	1995	1997	1999	2001	2003	2005
ファンド数	55	144	168	181	200	201
純資産額総計	12	96	154	136	151	179

（出所）米国SIF

【図表3　米国の社会的スクリーニングされた独立勘定の推移】

単位：10億ドル

	1995	1997	1999	2001	2003	2005
純資産額総計	150	433	1,343	1,870	1,992	1,506

（出所）米国SIF
（注）独立勘定とは、年金基金、財団、学校法人、宗教団体などの資金が独立分離されて委託運用されているものをいう（Separate Accounts）。

②ミューチャルファンドや独立勘定の動向（図表2、3）

　ミューチャルファンドはSRIの中で最も顕著な伸びを記録している。これには個人だけでなく機関投資家の購入分も含まれている。

　また、機関投資家の動向を示す独立勘定もこの10年間で10倍と著しい伸びを示している。ただ2003年から2005年にかけては、大幅に減少。その理由は、機関投資家のなかでタバコ排除などの単一のスクリーニング手法が衰退し、株主行動に乗り出す動きが強まったためと推測される。

　SIFの調査によると（回答した250の運用機関ベース）、機関投資家は2005年初で1.49兆ドルのSRI投資残高を保有するが、その内訳は年金基金が80.9％、企業が9.2％、宗教団体が3.6％、財団・大学が合わせて4.7％である。スクリーニング投資では、複数のスクリーンを採用するものが56％。スクリーニングの内容は、タバコが依然として圧倒的なトップで、マックブライド原則（北アイルランドで活動する企業に雇用面で宗教的差別を禁止するもの）、人権が次いでいる。

③株主行動の動向[※2]

　SRI投資家の株主提案をタイプ別に分けると、社会的責任（環境、雇用機会の平等、労働基準、政治献金など）、コーポレート・ガバナンス（役員報酬の制限、ストックオプションの費用化、ポイズンピルなど）、両方をまたぐものの3つとなる。このうち社会的責任の関連は、2003年の299件から2005年には348件に急増している。

　この分野で注目すべき動きは、2003年1月にSECがミューチャルファンドと投資アドバイザーに対して、株主提案に対してどのような投票行動をしたのかをディスクローズする規制を導入したことである（2004年8月施行）。

④コミュニティ投資の動向（投資金額は図表1参照）

　コミュニティ投資とは金融サービスが行き届かない地域への投融資を促そうというものである。SRI投資家は以前から注目してきた。絶対額は未だに小さいものの、米国では金融機関にCRA（地域再投資法）が課されていることもあり、コミュニティ開発金融機関（CDFI）を通じた活動は着実な広がりを示している[※3]。

⑤機関投資家の注目すべき戦略シフト

　米国市場の今後の動向を占う鍵となるのが、機関投資家の動向である。投資コンサルティング会社のマーサー社が2005年に機関投資家（非営利団体、確定給付・確定拠出年金、公的年金基金等の183機関）を対象に実施した調査によると、今後2年間でSRIの伸び率の予想は22％から28％。また、回答者の75％は、ESGの要因が投資パフォーマンスに影響するだろうと考えている。

「責任投資原則」が提唱されたので、受託者責任の受け止め方にも変化が見られるし、投資プロセスにESGの要素を組み込むことで、「サステナブル・アルファ」が得られるという実証研究も出始めている。米国の機関投資家も、従来型のタバコ排除というような単一スクリーニングの使用から、気候変動や人権侵害などの喫緊の課題に対処する役割を担おうとする方向にSRIの投資戦略をシフトし始めているようである[※4]。

2 欧州諸国

(1) 欧州諸国全般の特徴

　欧州全般の特徴点を列挙してみると、a) 企業の社会的責任に対する関心が政策当局も含めて非常に高く、EUベースのイニシアティブがとられてきた、b) 個人投資家やNPOの環境に対する意識が高く、企業の対応を促してきた、c) 年金におけるSRIの普及に政府が先導的役割を果たした―などである。

　ユーロSIFによると、2005年12月末では、欧州（北欧諸国を除く）全体でコアSRIの残高は、1,050億ユーロ、広義のSRIは1兆330億ユーロに達している。また、SRIの投資戦略としては、コアSRIでは倫理的排除が大半を、広義のSRIではSEE（社会、環境、倫理）を配慮したエンゲージメントや銘柄選択プロセスにSEEやコーポレート・ガバナンス評価を組み込むが主流を占めている。さらに、投資家別の動向では、機関投資家がSRI残高の94％を、残りの6％が個人である。

【図表4　戦略別SRIの動向（欧州）】

単位：10億ユーロ

コア SRI		広義の SRI	
手法	金額	手法	金額
倫理的排除	73	エンゲージメントSEE	730
ベストインクラス	29	SEEを銘柄選択に組込み	641
パイオニアスクリーニング	7	武器スクリーニング	138
その他ポジティブスクリーニング	28	その他の単純スクリーニング	62
コアSRI合計（重複控除後）	105	人権・基準ベースのスクリーニング	61
		タバコ排除	4
		広義のSRI合計（重複控除後）	1,033

(出所) Eurosif "European SRI Study 2006"
(注1) 広義のSRIにはコアSRIが含まれている
(注2) 2005年12月時点の残高

【図表5　欧州主要国別コア・広義 SRI の残高】

単位：10億ユーロ

コアSRIの手法と残高	オランダ	英国	ベルギー	フランス	スイス	ドイツ	イタリア	スペイン	オーストリア
倫理的排除スクリーニング	38	23	0.2	0.3	4.2	2.2	2.5	1	0.9
ポジティブスクリーニング	10.7	22.5	9.2	7.9	6.2	2.7	2.8	1.5	0.8
両方行うもの（控除）	7.3	15.0	0	0	3.4	1.9	2.5	0.9	0.7
コアSRI運用残高	41.5	30.5	9.5	8.2	7.0	3.0	2.8	1.5	1
広義のSRI運用残高	47.5	781	149	13.8	4.75	5.3	2.9	25	1.2

（出所）Eurosif "European SRI Study 2006"
（注）2005年12月時点残高。ラウンディングの影響あり。

（2）各国別の特徴と現状

①英　国

　宗教団体の倫理的投資が1920年代から存在したが、1984年に初の倫理的投資信託が、また88年にはエコファンドも登場した。英国だけでなく欧州のSRI市場の拡大に画期的な影響を及ぼしたのは、改正年金法（2000年7月施行）である。同法は年金運用受託者に対して、その投資原則ステートメントにおいて、SEE面の考慮がなされているかどうか（また、考慮されている場合はその程度）と、議決権行使の基本方針をディスクローズする義務を課した。これは、SRIを法的に強制するものではないが、運用受託機関には強力なインパクトを与えるとともに、イタリア、オーストリア、ドイツ等が同様の法制を導入する展開となった。さらには2005年にチャリティーの基金運用にも年金と同様の投資方針の開示規制が課された。

　個人投資家向けの倫理投資信託は72ファンド、61億ポンド（EIRIS調べ。2005年12月末）と浸透している一方で、広義のSRIを含めた機関投資家のシェアは96％と圧倒的である。この中でも、職域年金ファンドの存在は運用財産が7,900億ポンドと大きく、広義のSRIの伸びを引っ張っている。近年では、環境庁年金ファンドや大学職員年金（USS）によるイニシアティブも評価されている。

　SRIの手法で最も顕著な伸びを示しているのは、エンゲージメント（企業への関与）で2003年の2,850億ユーロから7,300億ユーロに達した。市場全体の伸びを考慮しても実質的に98％の伸びを記録した。こうしたSRIの高い伸びの背景には、投資家や運用会社の協働によるイニシアティブ[※5]が挙げられ、さらには、a) 投資銀行によるセルサイドのSRI調査の提供、b) 政府の国民年金貯蓄スキームへのSRI投資商品の提供（年金白書で提案）など、各主体の能動的な取組みがSRI先進国としての存在を揺るぎないものにしているように思われる。

②オランダ、フランス等

　紙幅の関係で以下では、主要各国の最近のトピックスを中心に解説する。

　オランダはコアSRIの残高では欧州第2位であるが、これはPGGM（オランダ医療関係年金基金）がネガティブ・スクリーニングを採用していることによる。年金基金はSRI市場全体の75％を占めており、今後の浸透の鍵を握る。なお、PGGMのほかABP（公務員年金基金。試験的にSRI運用を開始済み）等も今回の責任投資原則に署名しており、これらがSRI投資に本格参入すれば残高も著増すると予想されている[※6]。

　フランスでは、機関投資家が広義のSRI市場の74％を占め、特にFRR（フランス退職準備ファンド）が運用を開始したことが話題となっている。また、従業員貯蓄プラン（ESP）も9％のシェアをもつが、公的ファンドの運用と並んで、労働組合が果たしている役割が大きいと評価されている。政策面での特徴は、2001年5月の「新経済規制法」により、すべての上場企業は、年次報告書の中で社会・環境に関する情報を開示する義務を負うことになった。

　ベルギーはユーロSIFの集計では欧州第3位の残高をもつが、これは武器製造関連を排除するスクリーニングを行っている（1,380億ユーロ）ファンドマネージャーの存在に起因する。年金等の機関投資家投資の比率は70％であるが、個人の投資家はSICAVと呼ばれる50のSRI型投資信託で運用している。今後は連邦政府がSRI型年金貯蓄に対する税制優遇を検討していることもあり、マーケットの急拡大が予想されている。

③北欧諸国

　ユーロSIFの報告には、北欧諸国計数が含まれていないが、スウェーデンの公的年金基金（APファンド）やノルウェーの「年金ファンド・グローバル」は約1,750億ユーロの残高で、欧州のファンドの中では最大級の規模である。

3 オーストラリア等[※7]

　オーストラリアでは宗教団体を中心とした倫理的投資（タバコや酒などの業種を排除）の歴史があったが、近年では、年金が全体の3割程度を占める。EIA（Ethical Investment Association）の最新レポートでは、運用されているSRI資産は、2000年から2006年にかけて36倍に急増、119億米ドルに達した。また、122の確定拠出年金ファンドでは、350に及ぶSRIの選択肢を提供するとともに、自らの投資方針にSRIを組み込むケースも増加しており、年金の影響力はかなり大きい。

　カナダでは、SRIは654億カナダドルに達している。公的年金の寄与が大きく、機関投資家のシェアは約4割である。責任投資原則にCPPIB（カナダ公的年金）はいち早く対応し、SRIのガイドライン書き換えを行ったという。

4 結びにかえて

　ひとくちに海外のSRI市場といっても、歴史やその担い手、定義の仕方まで実に多様である。しかし、本稿でしばしば触れたように、2006年4月のUNEP FIによる責任投資原則の提唱は、SRIのコンセプトが投資の一般的プロシージャーに組み込まれる（＝メインストリーム化）という歴史的な第一歩となる可能性を秘めていると評価できよう。

　※1　米国 SOCIAL INVESTMENT FORUM の「2005 Report on Socially Responsible Investing Trends in the United States、10-year review」参照。
　※2　この項の記述も SIF 報告に依拠しているが、オリジナルデーターは、IRRC（Investor Responsibility Research Center）である。
　※3　コミュニティ投資の一類型として、ETIs（Economically Targeted Investments）がある。特定地域のインフラ整備・開発や中小企業や住民や労働者へのファイナンスをするものであるが、州政府の公的年金の運用対象ともなっている（カリフォルニア、ニューヨーク、メリーランドなど）。
　※4　確定給付年金の運用で、株主行動や SRI 的スクリーニング投資が浸透しない理由は、①企業側の理事にそのインセンティブがないこと、② SRI には政治色があるという見方が根強いこと、③他の企業に対する要請が営業上適当でないと受け止められていること―等々が考えられる。
　※5　エンヘーンスト・アナリティックス・イニシアティブ（http://www.enhancedanalytics.com）、気候変動に関する機関投資家グループ（http://www.iigcc.org）などがある。また、財務省が提唱したマイナーズ原則は年金受託者に投資意思決定や株主行動の実態の自主的公表を迫るものであるが、エンゲージメントの浸透に寄与していると評価されている。
　※6　オランダでユニークなのは、個人向けの SRI 貯蓄であるグリーンファンドに対する税制優遇措置である。これらは貯蓄であるため、ユーロ SIF の報告書の計数には含まれていない。
　※7　アジア地域の動向等については ASrIA が SRI のメインプレーヤーをメンバーにして活動している。http://www.asria.org/　参照。

　■参考文献（注記したものを除く。読者の入手しやすいものに限った）
　・Eurosif「European SRI Study 2006」
　・河口真理子『SRI最新動向』ほか。http://www.daiwa.jp/branding/sri/report.html
　・筑紫みずえ『日本と世界における SRI の展望』証券アナリストジャーナル（2004年9月号）
　・谷本寛治編著『社会的責任投資入門』日本経済新聞社（2003）
　・水口剛『社会的責任投資（SRI）の基礎知識』日本規格協会（2005）
　・A　ドミニ『社会的責任投資』（拙訳）木鐸社（2002）

山本利明 *Toshiaki Yamamoto*

1949年生まれ。一橋大学社会学部卒業。住友信託銀行勤務。現在は、㈶トラスト60事務局長。主な著書は、A．ドミニ『社会的責任投資』（翻訳：木鐸社）、S．ヤング『モラル・キャピタリズム』（共訳：生産性出版）、『社会的責任投資が株式市場を救う』（寄稿：週刊エコノミスト2003.2.4）、『わが国の年金運用における SRI の展望』（寄稿：年金と経済2006.1）、『ボランタリー経済と企業』（共著：（下河辺淳監修）日本評論社）、『金融機関の環境戦略』（共著：金融財政事情研究会）。

SRIと金融

日本におけるSRIファンド

住友信託銀行 企画部 CSR担当部長　金井　司

1 SRI市場の推移

　日本におけるSRIファンドの第一号は、1999年8月に設定された日興アセットマネジメントの「エコファンド」である。その後2006年8月までの約7年間に合計27本の公募のSRI投資信託が設定されてきたが、この間のSRI市場の動向を3つの局面に分けて捉えると、マーケットが段階的に発展してきたことが理解できる。

【図表1　日本のSRI投資信託の新規設定本数】

第一期					第二期		第三期
1999	2000	2001	2002	2003	2004	2005	2006
4	4	1	0	2	5	7	5

※モーニングスター社のHPをもとに作成(同スタイルのファンドは1本にまとめた)。2006年は8月末まで。

　まず、日興「エコファンド」の発売から2000年の年末にかけ、あわせて8本の公募投資信託が設定された時期が第一期である。8本のうち、2000年9月に設定された朝日ライフアセットの「あすのはね」以外は環境重視型SRIファンド、いわゆるエコファンドで、折からの良好な株式相場にも支えられて一種のブームとなり、市場はピーク時に2,000億円を超える規模にまで拡大した。

　その後、2003年末から始まる第二期までは3年近くの空白がある。いわゆる"ITバブル"の崩壊に伴う株価の急落でSRI市場も縮小を余儀なくされ、株価が最安値を付けた2003年3月には約600億円程度とピークの3分の1までになった。この背景に、第一期のSRIは「環境」というブランドイメージが強調されすぎたことの反動もあると思われる。運用会社側も新規設定の意欲が減退し、2001年の6月に外国株のエコファンドが設定された以外に実績はない。

　さて、第二期は2003年末から2005年末である。この間に設定された投資信託は12本あるが、第一期の主役だったエコファンドが1本もない。「SRI=CSRを評価する運用」というコンセ

ンサスが固まり、CSRが本来もつ「社会」(顧客・消費者対応、従業員への配慮、人権、海外での雇用、地域社会への配慮等)の側面を含めた運用がオーソドックスなSRIとみなされるようになってきたからである。

　また、第二期には大手の金融機関(運用会社)が足並みをそろえてSRIファンドを発売した。海外ではよくSRIのメインストリーム化(主流化)の難しさが議論になるが、日本では少なくともプレーヤーの面子の上ではメインストリーム化が進展し一種の"逆転現象"が起きた。第二期に企業年金のSRI運用が開始されたことも、"逆転現象"といえるかもしれない。厳格な受託者責任が課せられている企業年金のSRI投資は、欧米においても進んでいないが、日本では2003年7月にKDDIと新生銀行の2つの企業年金(確定給付型年金)がSRI投資を開始し、海外のSRI関係者の間でも話題になった。

　そして現在(2006年〜)が第三期である。2006年4月に国連環境計画・金融イニシアティブ(UNEP FI)と国連グローバル・コンパクトが事務局となって発表した責任投資原則は、今後SRIのメインストリーム化に影響を及ぼすだろうと考えられているが、日本のSRI市場へのインパクトも小さくなく、今後の動向が注目される。

　責任投資原則では、機関投資家などが環境・社会・ガバナンス(英語の頭文字をとってESGと呼ばれる)を考慮することの重要性がうたわれているが、日本からもキッコーマンの企業年金と大和投信、三菱UFJ信託、損保ジャパン、住友信託が第一陣の署名機関に加わった。本原則の認知度が向上するに伴い、企業年金や、より大きな市場規模をもつ公的年金からのSRIの注目度は高まると予想される。

　また、責任投資原則のように、官民共同でSRIを推進するグローバルなトレンドの広がりも第三期の大きな特徴になるだろう。日本においても2006年3月に環境省が「環境と金融に関する懇談会」を主催し、金融機関等が参加してSRIなど環境に視点を置いた新しいカネの流れを作る施策が協議されたが、これもSRIを巡る国際的なトレンドに沿った動きと捉えることができる。

　投資信託の新規設定状況を見ると、2006年は10月末までに5本が設定されているが、2本がエコファンドで、一見、第一期に回帰しているように見える。しかし、責任投資原則を主導したのがUNEPであることや国内における環境省のリーダーシップを勘案すると、トレンドに逆行しているというより、"エコ"のコンセプトが深化していると考えるべきであろう。また、6月には郵便局がSRIの窓販を開始した。全国で1,000局以上の郵便局でSRIが販売されることになるので、国民の認知度の向上に貢献することが期待される。このように第三期における日本のSRI市場は、深まり・広がりの面で第二期から確実に進化しつつあると思われる。

　2006年10月末現在で販売されているSRI公募投資信託の一覧は図表2のとおりである。全部で28本の投資信託が販売されており、純資産額は3,132億円である。これに加え、現段階で規模は大きくないが、企業の確定拠出型年金用に設定されたSRIファンドがある。ま

た、企業年金（確定給付型年金）等の機関投資家のSRI投資について、正確な数字はつかめないものの、「年金情報」誌などの記事などを総合すると500億円程度まで資産額が拡大していると推測される（住友信託200億円、富国生命投資顧問100億円、三菱UFJ信託100億円のほか三井アセット等）。これらを合算すると、日本のSRI市場の合計は3,600億円程度と考えられる。

【図表2　SRI投資信託一覧（2006年10月31日現在）】

投信会社	ファンド名	愛称	設定日	純資産（百万円）
日興	日興 エコファンド		1999/8/20	40,646
損保ジャパン	損保ジャパン・グリーン・オープン	ぶなの森	1999/9/30	18,283
興銀第一ライフ	エコ・ファンド		1999/10/22	5,435
UBS	UBS 日本株式エコ・ファンド	エコ博士	1999/10/29	3,672
三菱UFJ	エコ・パートナーズ	みどりの翼	2000/1/28	2,792
朝日ライフ	朝日ライフ SRI社会貢献ファンド	あすのはね	2000/9/28	4,787
三井住友	エコ・バランス	海と空	2000/10/31	1,255
日興	日興 グローバル・サステナビリティA	globe	2000/11/17	959
日興	日興 グローバル・サステナビリティB	globe	2000/11/17	525
大和住銀	グローバル・エコ・グロース・ファンド Aコース	Mrs.グリーン	2001/6/15	1,294
大和住銀	グローバル・エコ・グロース・ファンド Bコース	Mrs.グリーン	2001/6/15	2,272
UBS	UBS グローバル株式40		2003/11/7	3,829
住信	住信 SRI・ジャパン・オープン	グッドカンパニー	2003/12/26	56,961
しんきん	フコク SRI（社会的責任投資）ファンド		2004/4/27	4,538
大和	ダイワ SRIファンド		2004/5/20	10,075
野村	野村 グローバルSRI100	野村世界社会的責任投資	2004/5/28	3,870
野村	モーニングスター SRIインデックスオープン	つながり	2004/7/30	2,585
三菱UFJ	三菱UFJ SRIファンド	ファミリー・フレンドリー	2004/12/3	4,357
AIG	AIG—SAIKYO 日本株式CSRファンド	すいれん	2005/3/18	6,308
AIG	AIG/りそな ジャパンCSRファンド	誠実の杜	2005/3/18	16,239
損保ジャパン	損保ジャパン SRIオープン	未来のちから	2005/3/25	1,662
AIG	AIG/ひろぎん 日本株式CSRファンド	クラスG	2005/4/28	794
日本	日本 SRIオープン	絆	2005/8/12	2,483
コメルツ	アジアSRIファンド		2005/11/11	130
興銀第一ライフ	DIAM 高格付けインカム・オープンSRI	ハッピークローバーSRI	2005/12/22	1,791
インベスコ	日本フォーカス・アルファ	プラスアングル	2006/2/6	47,898
大和	ダイワ・エコ・ファンド		2006/3/9	57,253
興銀第一ライフ	自然環境保護ファンド	尾瀬紀行	2006/5/26	3,360
住信	住信 日本株式SRIファンド		2006/6/12	4,360
新光	地球温暖化防止関連株ファンド	地球力	2006/6/30	2,807

2 市場参加者の動向

(1) 投資家のニーズ

　投資家を分類すると、大きくは個人投資家と機関投資家に分けられる。そのうち個人投資家のSRIに対するニーズは、2003年に環境省が発表した「社会的責任投資に関する日米英3ヵ国比較調査報告書」が参考になる（オンライン調査。日本の回答者数は1,670名）。これによると、まず「あなたは証券投資をするときに企業の社会的責任を考慮に入れて投資判断を行うべきだとお考えですか」という質問に対しては、「考慮に入れるべきだと思う」(34.0％)、「ある程度考慮に入れるべきだ」(55.1％) と肯定的な見解が9割にも上っており、日本人が本テーマに対して感応度が高い事実を示している。さらに注目されるのは、SRIの存在を知っている個人投資家における具体的な投資ニーズである。これによると、「すでに購入している」、もしくは「購入はしていないが関心はある」と回答した個人投資家は、日本76.9％、アメリカ69.0％、イギリス66.9％となっており、"SRI先進国"のアメリカあるいはイギリスよりも、日本の投資家の関心が高いということが示されている。我が国におけるSRIの認知度はまだまだ低いが、認知度を高める啓発活動が投資家拡大につながる可能性を示唆しているものとして興味深い。

　また、2006年3月に内閣府から「高齢者の金融資産の有効活用及び社会的責任投資等への資金流入の可能性に関する調査」の結果が公表され、その中で個人金融資産の半分以上を保有する50代、60代の男女（首都圏在住の1,491名）のSRIへの投資意向が報告されている。それによると、「条件さえあえば資産を投資・出資に組込んでもよい」と回答した割合が41.9％（積極的に組込みたいと回答した割合が0.7％）存在し、高齢者の半数近くがSRIに関心をもっていることが明らかになった。また、SRIへ投資をするための条件については、銘柄等の運用方針の開示を挙げる割合が25.8％、販売窓口等からの助言が20.4％あった。これらの結果は、投資に値する高品質のファンドが存在し、それを適切なプロセスで販売すれば、SRIは個人投資家のニーズを捉えることができる可能性が高いことを示している。

　一方、機関投資家のニーズはどうか。機関投資家の代表である企業年金を例にとると、先に述べた通り、年金は厳格な受託者責任が課せられているので、採用には一定の条件を満たす必要があることに留意すべきである。この点に関して、上記の環境省の「環境と金融に関する懇談会」において企業年金連合会が示した「SRIへの取り組みに関する論点整理」では、「受託者責任上、何らかの社会的目的を実現するために、リターンへの寄与の蓋然性が高いという説明責任を果たせないリスクやコストを負担することは困難」であること、すなわちリターンを犠牲にしたファンドの採用は難しいという見解が示された。さらに、運用実績という定量評価はもちろんのこと、運用会社の取組体制や運用プロセス、すなわち定性評価が

重要であることも指摘されている。

要するに、企業年金にとってSRIは、ベンチマーク（日本株の場合、代表は東証株価指数）を上回る運用実績を追求するアクティブ・ファンドの1つという位置づけである。採用の可否も成長株ファンドや割安株ファンド等の"一般的な"アクティブ・ファンドと同じである。

ただ、だからといって日本の企業年金はSRIに拒絶反応を起こしているわけではない。特に年金運用業界で最大のシェアを持つ信託銀行の大手が揃って責任投資原則に署名し、積極的なマーケティングを開始していることから、SRIの認知度は一気に跳ね上がったと見て間違いない。

筆者が所属する住友信託銀行においても、2006年10月から11月にかけて全国の主要都市（仙台、東京、名古屋、大阪、広島、福岡）で開催したセミナーの中でSRIを取り上げたが、会場アンケート（回答者数；183名）の集計結果（図表3）を見ると、7割近い企業年金基金がSRIの投資プロセスに納得感を抱き、今後企業年金の運用で広がっていくと予想しており、また半数が自ら投資することに興味をもっていることがわかった。SRIマーケットの将来を占うデータとして、興味深い。

【図表3　セミナー会場アンケート集計結果（2006年10～11月）】

○「SRIは今後、企業年金の運用で広がっていく」との考え方について

そう思う	67.9%
そうは思わない	2.9%
よくわからない	29.3%
有効回答割合	100.0%

○「SRIの投資プロセス（超過収益の獲得方法）」について

そう思う	66.9%
そうは思わない	2.4%
よくわからない	30.7%
有効回答割合	100.0%

○SRIを投資対象としてどのように考えるか

導入済み	3.4%
導入を視野に検討したい	17.2%
詳しく聞いてみたい	29.3%
（今のところ）興味はない	50.0%
有効回答割合	100.0%

（資料）住友信託銀行

（2）運用者の意識

一方、SRIに対する運用者側の意識はどうか。大和インベスター・リレーションズ社が継続的に実施している「社会的責任投資（SRI）の日本企業への影響」調査は、"一般的な"アナリスト・ファンドマネージャーを対象としたもので、いわゆるメインストリームに属す

る運用者の考え方を知るうえで参考になる。その第5回の調査は、2006年1月に国内の主要な証券会社、機関投資家のアナリストやファンドマネージャー94名に対して行われているが、調査結果に見ると、34.1％が「SRIが調査レポートの作成や銘柄選択に影響している」と回答し、63.8％が「日本においてSRIは普及するだろう」と回答していることが注目される。

また、関心の高いSRI項目の第1位が「ガバナンス・アカウンタビリティ（法令遵守、情報開示等）」、2位が「環境（環境リスクの低減、環境汚染物質対策等）」、3位が「マーケット（消費者対応、取引先対応、顧客満足、調達方針等）」である。これは、責任投資原則で言うところのG（ガバナンス）、E（環境）、S（社会）に対応し、ESGがメインストリームにとっても重要なテーマになりつつあることを示唆している。第1回からの調査結果の推移から推察すると、総じて運用者の意識が高まってきており、日本においてSRIは、徐々にではあるがメインストリーム化の傾向がみられると結論づけてもよいように思われる。

3 SRIの運用の実際

(1) 住友信託銀行のSRIファンド

では、SRIは具体的にはどのように運営されているか、住友信託を例に説明したい。住友信託は2003年7月に企業年金向けにSRIファンドを開発し、その後同年12月に公募投信「グッドカンパニー」、2004年2月確定拠出型年金ファンド、2006年6月に郵便局向けファンドおよび金融法人向けの私募投信を設定し、2006年8月末現在の資産残高は約860億円となっている。住友信託は、SRIをメインストリームの運用手法として位置づけ、ベンチマークに対する超過収益を追求するアクティブ・ファンドと考えており、企業年金の運用からスタートした。

当ファンドは、企業の「環境的責任」「社会的責任」「法的責任」（責任投資原則におけるESGに相当する）の分析から把握できる非財務的な価値と、従来の株式運用が評価してきた財務的価値をトータルに判断し、CSR優良企業を選別してポートフォリオを組成する。

企業価値を分析するうえで非財務情報の重要度が増していることは知られているが、なかなか決め手となるようなアプローチはない。優秀なアナリストは、企業の財務分析に加え独自の視点で非財務情報を織り込みながら業績予想などを行っているが、住友信託はSRIはその逆で、非財務情報を網羅的、システマティックに分析し、そこに財務分析等を織り込んでトータルな企業価値を分析し、銘柄を選択する。

(2) 運用プロセス

具体的な投資プロセスとしては、まず提携先の日本総合研究所が東証一部の上場銘柄等約2,000社に年1回アンケートを送付し、この回答内容やCSRレポートを分析し約300社の銘

柄（「CSR経営に優れた企業群」）を選び出し、住友信託に提供する。この300社の銘柄群の特徴は、業種（東証株価指数の33分類）ごとにE・S・Gの得点（総合点）を算定したうえで、それぞれCSRのベストプラクティスを実践する相対優位な企業群であるという点である。このような考え方をベスト・イン・クラスと呼ぶが、これは、例えば電機セクターの企業と銀行セクターの企業を同一線上で比較するのは難しいという側面もあるが、米国のSRIなどによく見られるような特定業種の排除（ネガティブ・スクリーニング）を行わず、どのような業種であっても積極的にCSRを推進する企業をサポートしていこうというファンドの基本哲学の反映でもある。

住友信託銀行はこの300銘柄をベースに投資ユニバース（STBユニバース）を策定し、SRI専任のファンドマネージャーが、このユニバースの中から50～100銘柄まで銘柄を絞込み、より高い超過収益を狙う。そのプロセスは以下の2点に集約される。

1つは、「業績の変化」と「株価のバリュエーション」のチェックである。CSRに優れた企業の株価は、中長期的には良好なリターンをもたらすものと考えられるが、現実の株式市場では短期的には様々な要因で株価の変動が起こる。例えば、（円高などで）業績が下方修正されるような局面や、何らかの要因で短期的に株価が急上昇し、足元の収益に対して株価が割高となったような局面では、株価が調整するタイミングで購入すればよいと考えられる。このように、株価の変動をうまく捉えることによって、中長期的に獲得されると考えられるCSRに基づくリターン以上の付加価値をポートフォリオにもたらすことが可能となる。

もう1つは、ESGの企業財務へのインパクトの測定である。ESGを網羅的に分析し、ここから企業の非財務的価値を把握するプロセスは、言わば経営の"質"（マネジメント・クオリティ）を判断するという側面があるので、ユニバースの選定作業は大きな意味をもつ。ラフな言い方だが、質の高い経営を行っている企業が業績に無関心でいられるはずがなく、両者には一定の関連性が認められるからである（この点については、国内外にいくつかの実証研究がある）。

しかしながら、アクティブ・ファンドとしてより高い収益を目指すには、もう一段踏み込んで非財務的なパフォーマンスがどのように財務パフォーマンスの向上につながっているかを分析しなければ十分といえない。そのような観点から、住友信託銀行では両者をつなげるパス（経路）として「事業革新の実現」「企業ブランドの向上」「人材マネジメントの強化」「コスト管理・削減」「リスク管理の強化」の5つを設定し、業種ごとにテーマを定めリサーチを深掘りしている。

（3）パフォーマンス

住友信託のSRIファンドは2003年の7月末から運用を開始し、3年超のトラックレコードが積み上がってきている。設定来で見ると（2003年7月末～2006年9月末）、この間のベンチマーク（東証株価指数配当込み）の74.2%に対し、ファンドのパフォーマンスは95.3%

である。超過収益率は21.1%（年率4.4%）、超過収益のブレを示すトラッキングエラーが3.6%となっている。少なくともファンド設定来の運用実績は、標榜するアクティブ・ファンドの基準を満たしていると考えている。

4 日本におけるSRI市場拡大の条件

これまで述べてきたように投資家サイドに一定の潜在ニーズが認められ、また行政がSRI市場の拡大を支援するなど、日本におけるSRIのマーケット環境は必ずしも悪くない。しかし、日本と海外の市場規模は段違いであり、本格的な発展を期すためには何らかのブレークスルーが必要である。

この点については、筆者は大手の運用会社（大手金融機関の傘下にあるケースが多い）がいかに本気でSRIに取り組むかにかかっていると考えている。日本の場合、欧米のように教会の資産運用という起源や市民運動の一環としてSRIが発展してきた歴史をもたない。つまり、この分野に特化したニッチな運用会社が市場の基礎を作り、その後メインストリームが参入してきた欧米とは異なり、日本は始めからメインストリーム（大手の運用会社）がSRIを推進してきたので、良くも悪くも大手が市場拡大のキーを握っているからである。

他方、大手の運用会社はアナリストやファンドマネージャーを潤沢に抱え、商品開発のためのスタッフも揃っている。また、商品開発だけでなくマーケティング戦略や販売員への教育等々においても大手がSRIに一定の戦力を振り向ければ、個人投資家のみならず、企業年金や公的年金などの大型市場の潜在ニーズを掘り起こすことは可能であり、ビジネスチャンスとしても大きいと考えている。

となると、究極的に日本の市場の拡大は「何故、金融機関（運用会社）はSRIの取組みのプライオリティを引き上げるべきなのか」という、そもそもの問題に行き着くのかもしれない。それに対し筆者は、それが金融機関のCSRだからだ、という以外に答えをもたない。

■参考文献
- 足達英一郎・金井司著『CSR経営とSRI』金融財政事情研究会（2004）
- 谷本寛治編著『CSR経営・企業の社会的責任とステイクホルダー』中央経済社（2004）
- 環境省『社会的責任投資に関する日米英3カ国比較調査報告書』（2003.6）
- 内閣府『高齢者の金融資産の有効活用及び社会的責任投資等への資金流入の可能性に関する調査』（2006.3）
- 大和インベスター・リレーションズ株式会社プレスリリース（2006.2.14）

金井　司 *Tsukasa Kanai*

1961年生まれ。83年大阪大学法学部卒業。同年住友信託銀行に入社し、ロンドン支店、年金運用部等を経て、2005年より企画部・社会活動統括室CSR担当部長。現在、住友信託のCSR活動全般を統括するとともに、同社のSRIを推進する社内横断的な推進プロジェクトを主導する。主な著書に、（すべて共著）『戦略的年金経営のすべて』『デフレ時代の年金資産運用』『CSR経営とSRI』（以上、きんざい）、『CSR経営』（中央経済社）がある。

SRIと金融

年金の運用におけるSRI

NPO法人 社会的責任投資フォーラム 運営委員 山本利明

1 年金運用における社会的責任投資（SRI）～歴史と現在

（1）「受託者責任問題」の理解

①受託者責任が問題視されてきた背景

　年金運用におけるSRIを考える場合に、最初に遭遇するのが、いわゆる「受託者責任問題」である。SRIの推進派は、巨額の運用資金を持つ年金や財団等の基金でSRIが導入されれば、大きな影響力をもつこともあり、受託者責任の観点からも問題なしとする。他方、SRIに対して懐疑的な立場からは、年金資金の運用にあたっては受益者の経済的利益を最優先すべしとの責任を負っているので、SRIを採用することは許されないとした。

　1980年代の米国では、学界や法曹界までをも巻き込んで議論が白熱化。その最大の争点が「受託者責任問題」であった。

②SRI＝受託者責任違反論の根拠

　米国においては、SRIはベトナム反戦運動やアパルトヘイト反対の反企業的行動と密接に結びついて発展してきた歴史をもつ。特に、南アフリカのアパルトヘイト反対のリベラル色の強い政治運動に結びついて、同国で操業する企業の株を投資対象からはずしたり、保有株式を売却したり（divestment）することが、SRIの最大のテーマとなっていた。

　これに対して、反対派は次のように主張した。「個人が自分の政治的・宗教的・社会的価値観を反映させる投資行動としてSRIを採用するのは、何の問題もない。しかし、他人の資産を預かって運用・管理する立場の者や機関（＝受託者）がSRIを採用することは、『もっぱら資金を委託したものや受益者の利益のみを図り（忠実義務）、思慮深く行動する（注意義務）』することを要請されているので適当でない」と。米国では従業員退職所得保障法（エリサ法）により、企業年金の受託者にプルーデント・インベスター・ルールと総称される厳しい受託者責任が課されているのもこうした主張の根拠となった。

　特に、社会的価値観に基づいて特定の業種を排除してしまうネガティブ・スクリーニング

を採用するSRIは、投資対象候補（ユニバース）を始めから絞り込んでしまうので、投資理論上もリターンを犠牲にすることになるし、特定の企業の株式を排除することは、受託者の資産運用に求められている分散投資義務にも違反する（注意義務違反）と主張された。

③ SRI推進側の論理

これに対してSRIを推進する側は、「論より証拠」と、現実に行われているSRI運用がリターンを犠牲にしているわけではないと、パフォーマンスの実証分析の提示に注力した。SRIは他の投資方法と比較して、特に収益性を犠牲にしているわけではなく、その「経済的価値は同等」であることを立証しようとしたのである。

また一方では、ネガティブ・スクリーニングで排除されるタバコやギャンブル、武器製造などの業種や企業は、健康被害に対する巨額の訴訟リスクなど「投資のリスク管理」の観点で問題があるので、受託者の注意義務（分散投資義務）にも違反しないと主張した。むしろ、潜在的リスクを有する株式を投資対象から外すことのほうが、理にかなっているとの考えだ。

米国におけるSRI推進のパイオニアであるA. ドミニ女史は、その著「社会的責任投資」の中で、ウォール街のメインストリーム（主流）派から「SRIはニッチな手法」と冷笑されたことを繰り返し述べている。彼女を中心に世界で初のSRIインデックスであるドミニ400社会インデックスが開発されたのも、SRIのパフォーマンスについて確固たる証拠を示したかったという強烈なインセンティブがあったものと推測される。

④論争の整理と現状

社会的責任投資と企業年金の受託者責任論争について我が国で先駆的な業績をあげられた土浪修氏は、米英の詳細な事例・判例研究から次のように結論づけている。

すなわち「企業年金の投資を行う者は加入者の利益、すなわちリスクを考慮した投資収益の最大化を図らなければならない。選択可能な他の投資と同等（以上）の経済的価値を有する場合に限って、付随的便益、例えば投資に伴う環境・人権等の社会的価値の増進を考慮して、SRIを選択することができる」とするのが米国の政策当局の公式的見解であると[※1]。

いわばSRIに対する消極的是認論といえるが、ここで注意を要するのは、「SRI＝受託者責任違反？」という論争が米国で白熱していたのは、上述したようにアパルトヘイト反対運動が、まさに最高潮に達している時期であったことである。つまり、当時の議論の前提となっていたSRIは、特定の企業や業種を排除するネガティブ・スクリーニングの手法であったことだ。米国でも90年代以降、SRI運用において、ベストインクラスと呼ばれるポジティブ・スクリーニングを使ったアクティブ運用が普及するに従い、「受託者責任問題」はホットなテーマではなくなりつつあるようだ。

さらに近年、確定給付型年金から確定拠出型年金（401k）へのシフトが起きており、この投資オプションとしてSRIのミューチャルファンドを採用する企業が増えていることも、

米国の年金においてSRIが受容される風土を作り出しつつある。また、紙幅の関係で詳述できないが、米国の年金運用分野におけるSRIの主要なサポーターは、カルパース（カリフォルニア州公務員退職年金基金）などの公的年金であり、企業年金での採用例はほとんどないという点も指摘しておきたい[※2]。

（2）年金運用におけるSRIの現状

①株主行動と年金基金

　SRIの基本3要素として、スクリーニングによる銘柄選択、株主行動、コミュニティ投資が挙げられることが多い。株主行動とは、株主の権利である株主総会での議決権の行使や株主提案を通じて、問題視される企業行動を正そうとするものである。シェアホルダー・アクティビズム（ないしはアドボカシー）と呼ばれるが、欧州を中心に企業経営陣との対話を重視するエンゲージメント（経営への関与）は、株主行動の一形態である。

　年金基金がこうした株主行動をとることについては、米国などでは公的年金を中心に展開されてきたが、議論がなかった訳ではない。すなわち、雇用差別反対や南アフリカ投資禁止などの株主提案を年金基金がすることは、前述した受託者責任の観点から問題視する向きもあったからである。

　しかし、有名なエイボンレター（1988年2月）で、議決権行使が受託者責任の一部であると労働省から認められたこともあり、公的年金を中心にタバコ銘柄投資禁止や環境・労働問題、さらには最近ではコーポレート・ガバナンス問題にまで広げて展開されている。

②SRIの進化とパラダイムシフト

　年金運用におけるSRIの直近の状況をみると、看過してはならない重要な変化が生じている。すなわち、宗教的価値観や個人的倫理観を投資行動の面で実現するという手段を提供するというSRIの従来の位置づけから、企業の長期的かつ安定的な価値実現には、環境、社会、ガバナンス（ESG）の取組みの評価を投資プロセスに組み込むことこそ重要との認識が広がり始めたのである[※3]。これはパラダイムシフトと評価できるような重要な変化である。

　もともとSRIの定義は多様で常に進化してきたのであるが、これによって、機関投資家が担う年金運用においてSRIが画期的な拡大をもたらす可能性が出てきた。国連環境計画・金融イニシアティブ（UNEP FI）が提唱した責任投資原則（PRI）はその象徴的存在である。まさにSRIがニッチな存在からメインストリームに脱皮しようとしているのである。

③日本の現状

　日本のSRIの歴史は、1999年8月の日興アセットマネジメントエコファンドの発売によって端緒が開かれたが、年金運用においては、東京都教職員互助会が2000年12月に機関投資家としては初めてSRI運用を開始した。

SRI 運用の本格化は、2003年7月に住友信託銀行が我が国で初めて、企業年金に対して運用の提供を開始したことに始まる。その後、三井アセット信託、富国生命が続き、さらに三菱UFJ信託も参入。個人向けのSRI投資信託の興隆とあいまって、受託残高も急増している模様である。また、確定拠出型年金向けのSRI投資信託の提供も2004年に開始された[※4]。

　ところで、我が国では企業年金運用におけるSRIの受託者責任問題はどのように議論されてきたのであろうか。結論をいえば、一部論者からSRI否定論が提起されたこともあったが、実務上はほとんど問題になっていない。また、政策当局からも否定論は公式にも非公式にも伝えられていないのが現状である。逆説的にいえば、SRIが年金運用関係者の間で、そもそも認知されていなかったというのが現実であろう。

　一方、SRIのうち株主行動については、企業年金連合会の「議決権行使基準」(2003年2月)において公的年金における株主行動の方向づけがされた。そのコーポレート・ガバナンス原則の中では、社会的責任について「企業は、法令や企業倫理の遵守、従業員、取引先、地域社会などのステークホルダーとの協力関係の樹立、地球環境問題への取り組みなど、よき市民としての責任を果たすべきである」と明確に規定している。

　また、同連合会は2004年3月にコーポレート・ガバナンス・ファンドを100億円規模で創設したが、こうした動きは、米国のカルパースなどの行動原理と同一線上にあるものと思われる。

2 今後の展望と課題

(1) 責任投資原則のインパクト

　すでに述べたように、2006年のUNEP FIが提唱した「責任投資原則」は、年金運用の世界にSRIを一挙に普及させる可能性を秘めている。なぜならば、これまで年金運用にSRIを導入する最大のネックであった受託者責任問題が、法律・資産運用の専門家による研究によってクリアになったからである。当初、同原則に賛同し署名した年金基金等（資金の出し手）は、42。総運用資産は2兆米ドルに及ぶ。米国公的年金のカルパース、FRR（フランス公的年金）、ABP（オランダ政府関係職員退職金年金基金）、CPPIB（カナダ公務員年金基金）だけでなく、企業年金の英国のBT（ブリティッシュ・テレコム）やキッコーマンなどが名を連ねている。

　このように、「ESGを考慮した投資＝SRI」が市民権を得てくると、ESGを考慮しないで銘柄選択をする投資手法のほうが、逆に、受託者責任上、問題があると問われかねない事態にまで発展する可能性がある。

　また、昨今、CSRのあり方の議論が盛んであるが、資産運用業務の担い手のCSRの中核として、環境や社会に配慮した投資資金の流れを作り出す（＝SRIの専門性を装備する）こ

とが意識されるべきであろう。

（2）今後の課題と展望

①政府の役割

英国で年金のSRI運用を推進することを使命とするJUST PENSIONSというNPOの2006年版レポート[※5]によると、a）投資方針書について追加的な政府の規制や法制化が必要、b）確定拠出年金に投資の選択肢として倫理オプションの追加を法的義務化する、c）政府が社会・倫理・環境への年金基金のベストプラクティスの公式の規範を制定すべきである、等の政府に対する提言を基金の受託者の大多数が支持するとの回答を寄せたとしている。

我が国では今のところ、政府の表立った動きはないが、欧州の先例に学ぶ意義はあるものと思われる。例えば、企業の非財務情報の開示を促進させる施策や英国流の投資方針の開示義務化などは、SRIの基礎的なインフラ整備に資するであろう。

②企業側のCSRという観点からの取組み

企業年金においてSRIを導入することは、委託者である企業のCSRの観点からの見直しが可能である。日本においてSRIをすでに取り入れた年金基金では、パフォーマンスに対する期待は当然のこととして明確に母体企業のCSR（レピュテーション向上も含む）と位置づけている向きも多いようである。各種SRIインデックスに自社が採用されることが、CSRが外部で評価されている証と捉えることと併せて、戦略的な対応が望まれる。

③年金基金のガバナンスの再認識

我が国においては、公的および企業年金の世界で受託者責任問題は比較的関心の薄いテーマであったように思われる。SRIを採用し投資先企業のESGを問うということは、自らのガバナンスを含めた投資政策の透明性、説明責任を果たすことに他ならない[※6]。

④運用機関等に求められること

SRIを担う運用機関やCSR調査機関については、マテリアリティ（ESGと企業価値の関連性の立証）の一層の追求が求められる。納得性のある定性・定量的評価が提示できなければ、パフォーマンスを重視する年金基金を説得することはできない。また、運用機関・リサーチ機関自身の透明性やアカウンタビリティの向上も、SRIがメインストリームとなるうえでの前提条件である。

他方、年金運用機関や投資スタイルの選定において影響力をもつコンサルティング会社の役割も見逃せない。海外ではSRIの専門性や投資妥当性の評価を情報提供する会社も少なくないが、我が国ではまだ未成熟の段階であるようだ。年金コンサルティング会社の専門性涵養（かんよう）も求められている。

⑤**最後に**

　ユーロ SIF の調査では、欧州全体の年金の株式運用に占めるインテグレーション（ESG を投資プロセスに組み込むこと）の割合は、32％に達しているという（2005年末）。これは責任投資原則が公表される以前のものであるが、新たな展開の中で、SRI が年金運用においてメインストリーム化するのは時間の問題といえるであろう。

　本稿を結ぶにあたって、このテーマの研究を筆者が進めるうえで、ニッセイ基礎研究所に在籍されていた土浪修氏にひとかたならぬご支援とご指導を賜ったことを記して感謝の気持ちを表したい。同氏は06年春に急逝されたが、心よりご冥福をお祈り申し上げたい。

※1　土浪氏の「社会的責任投資と企業年金の受託者責任―米国の法制、判例、行政解釈を中心に―」（ニッセイ基礎研所報 Vol.28、2003年8月）と「社会的責任投資と年金運用の受託者責任」（「企業年金」2005年2月）を参考にされたい。

※2　寺田徳「米英年金基金の社会的責任投資―わが国での健全な議論のために」野村アセット投信研究所発行　ファンドマネジメント No.42,43号所収）参照。

※3　米国の SRI の草分け的存在である P.キンダー氏は "Socially Responsible Investing" 副題 An Evolving Concept in a Changing World という論文（KLD 社ホームページ参照）で、SRI の進化を、第一段階の「価値ベース」から、「バリュー追求」、さらには「バリュー増大」の三段階に区分して解説している。

※4　この分野では、公式統計がなく、残高等の情報も入手できないのが現状である。

※5　"WILL UK PENSION FUNDS BECOME MORE RESPONSIBLE？" と題する報告書 http://www.uksif.org/J/Z/Z/jp/home/main/index.shtml で入手できる。調査は05年10月から12月に回収され、英国の79の基金が回答している。

※6　最近のレポートとしては、証券アナリストジャーナル「年金ガバナンス特集」（2006年4月号）が論点整理のうえで参考になる。

■**参考文献**（注記したものを除く。読者の入手しやすいものに限定した）

・山本利明『わが国の年金運用における SRI の展望』年金と経済 Vol.24　No.4
・谷本寛治編著『社会的責任投資入門』日本経済新聞社（2003）
・河口真理子『SRI の新たな展開―マテリアリティと透明性』（2005.9）。これ以外にも http://www.daiwa.jp/branding/sri/report.html で、SRI に関する有用なレポートが掲載されている。
・足達英一郎『受託者責任と社会的責任投資』日本総合研究所（CSR Archive Vol.7, 2003.7.14）
・足達英一郎・金井司共著『CSR 経営と SRI』金融財政事情研究会（2004）
・環境と金融に関する懇談会『環境に配慮した「お金」の流れの拡大に向けて』環境省ホームページ（2006.7）
・棚橋俊介『年金運用者にとっての責任投資のあり方について』年金と経済 Vol.25　No.1

山本利明　*Toshiaki Yamamoto*

1949年生まれ。一橋大学社会学部卒業。住友信託銀行勤務。現在は、㈶トラスト60事務局長。主な著書は、A. ドミニ『社会的責任投資』（翻訳：木鐸社）、S. ヤング『モラル・キャピタリズム』（共訳：生産性出版）、『社会的責任投資が株式市場を救う』（寄稿：週刊エコノミスト2003.2.4）、『わが国の年金運用における SRI の展望』（寄稿：年金と経済2006.1）、『ボランタリー経済と企業』（共著：（下河辺淳監修）日本評論社）、『金融機関の環境戦略』（共著：金融財政事情研究会）。

SRI と金融

SRI と株主行動

高崎経済大学 経済学部 助教授　水口　剛

はじめに

　株主行動とは、株主総会での議案の提出、議決権の行使、それらを背景とした経営陣との対話などを通して、株主の立場から企業行動や経営に影響を与えようとする活動である。そのうち特に環境問題や社会問題を争点とするものを社会的株主行動と呼び[※1]、アメリカでは社会的責任投資（Socially Responsible Investment：SRI）の主要な柱の1つと考えられている。また国連の責任投資原則（Principles for Responsible Investment：PRI）でも原則の1つに、「株主としての積極的な関与」が取り上げられた[※2]。

　だが実際には、アメリカでも社会的株主行動の実践は労働組合や宗教団体、一部の公務員年金基金などに限られている。日本でもSRIに対する認知は広がりつつあるが、社会的株主行動と呼べるものは少ない。これは一見、この手法の限界を示しているように見える。しかし逆にそれは、SRIにとってのフロンティアであるかもしれない。そこで本稿では、まず社会的株主行動の現状を概観し、次になぜそれが広まっていないのかを検討して、最後に今後の展望について述べることにしたい。

1　社会的株主行動の動向

(1)アメリカの動向

　社会的株主行動の実践は、アメリカで最も盛んである。図表1はアメリカの社会的責任投資フォーラム（SIF）の推計による同国のSRIの資産規模の推移である。SRI全体の資産規模は1995年の6,390億ドルから2005年には2兆2,900億ドルへと拡大し、そのうち社会的株主行動は7,030億ドルと試算されている。1997年まではSRIの中で社会的株主行動が最大の比率を占めていたが、1999年以降は社会的スクリーンのほうが拡大していることがわかる。

　図表2は2005年におけるアメリカの社会的株主提案の内訳である。提案件数は合計で348件あり、そのうち98件は提案後に取り下げられ、177件が実際に投票にかけられている。提

【図表1　アメリカのSRIの資産規模】

(単位：10億ドル)

	1995	1997	1999	2001	2003	2005
社会的スクリーン	162	529	1,497	2,010	2,143	1,685
社会的株主行動	473	736	922	897	448	703
上記の重複部分	—	(84)	(265)	(592)	(441)	(117)
コミュニティ投資	4	4	5	8	14	20
合計	639	1,185	2,159	2,323	2,164	2,290

(出所) Social Investment Forum (2006), *2005 Report on Socially Responsible Investing Trends in the United States - 10 year review*, p.v

【図表2　アメリカの社会的株主提案】

提案内容	提案件数	取り下げ	投票件数	平均得票率(%)
動物の幸福	27	7	17	3.3
取締役会の人種、性別等の多様性	14	7	4	21.5
寄付	6	0	1	6.4
エネルギー	3	0	3	6.9
環境マネジメントと環境報告	18	3	12	9.1
遺伝子組み換え	12	2	10	5.7
気候変動	35	17	11	10.8
雇用の平等	32	20	10	18.6
取締役の給与と社会的成果の連動	18	5	10	8.2
国際労働基準	25	8	14	11.4
健康、医薬品の開発とマーケティング	8	0	7	16.6
エイズ対策	10	4	5	12.5
人権	11	1	8	8.8
軍需関連	10	5	5	5.9
北アイルランド	6	1	4	10.4
政治献金	42	5	32	10.4
持続可能性	19	5	10	24.1
タバコ	14	2	10	2.7
その他	38	11	4	7.1
合計	348	98	177	10.3

(出所) Social Investment Forum(2006), *2005 Report on Socially Responsible Investing Trends in the United States-10 year review*, p.19

案の取下げとは、株主提案の提出後に、経営陣との対話を通して何らかの合意を得たことによって株主側から提案を取り下げたものである。取り下げ件数と実際の投票件数の合計が総提案件数と一致しないのは、SECの了解を得て会社側が議案から削除する提案があるためである。全体での平均得票率は10.3%であるが、持続可能性や取締役会の多様性などは20%を超える支持を得ている。

ICCR（Interfaith Center on Corporate Responsibility：企業責任に関する宗派間センター）が公表しているリストによれば、提案者の多くはICCRおよびキリスト教系の宗教団体であるが、それ以外にもカルバート・アセット・マネジメントやドミニ・ソーシャル・インベストメントなどのSRI型投資信託の運用機関、トリリウム・アセット・マネジメントやウォールデン・アセット・マネジメントなどのSRI型の投資アドバイザー、ニューヨーク市退職年金基金、ニューヨーク州退職年金基金などが含まれている。なお、図表2から株主提案と議決権行使に関する状況は読みとれるが、株主提案に至る以前の経営陣との対話に関しては統計に表れないため、その全貌をつかむことは難しい。

（2）ヨーロッパの動向

一方、ヨーロッパにおけるSRI関連機関の連合体であるEurosif（ヨーロッパ社会的責任投資フォーラム）は、SRIを①倫理的スクリーン[※3]やポジティブスクリーンなどを用いる「コアSRI」と、②タバコや軍需産業などの特定分野だけの除外と株主行動（engagement）などを加えた「広義SRI（broad SRI）」に区分し、2005年12月末時点でコアSRIは1,050億ユーロ、コアを含む広義SRI全体では1兆330億ユーロと試算している［Eurosif（2006）p. 5］。ただし株主行動は「主に企業と投資家の間での対話の形をとる」と説明されており、株主提案はアメリカほど一般的でないことが示唆されている［ibid.p. 3］。

イギリスの機関投資家によるSRIを詳細に論じた首藤（2003）は「年金基金の株主行動の実際」として英国年金基金協会（NAPF）と大学年金基金（USS）の例を挙げているが、その内容も経営陣との対話と議決権行使であり、イギリスでも株主提案にまで至る株主行動はアメリカほど一般的でないことがうかがえる。

（3）日本の動向

日本でも近年は、投資ファンドが投資先企業に株主提案を行うなど、株主行動の事例は見られるようになってきた。だがその多くは経営権をめぐる対立などであり、社会的な視点をもつものとは異なる。社会的株主行動の例としては、「脱原発東電株主運動の会」の活動がある。同会は1989年に設立され、1991年以降毎年、東京電力に対して株主提案を行ってきた。例えば2005年の株主総会では766名の株主の529,900株（議決権5,299個）の株式を集めて、共同提案を行った[※4]。提案内容は多岐に及ぶが、原発の廃止を直接的に求めるというより、例えば核燃料再処理事業の経営上のリスクを指摘するなどの工夫がなされている。脱原発以外では、NPO法人「株主オンブズマン」がやはり複数の議決権を集めて、ソニーやトヨタなどに役員報酬の個別開示を求める株主提案を行っている［水口（2005b）pp.71-73］。しかしこれ以外に目立った動きは見られず、日本では社会的株主行動は限られている[※5]。

一方、機関投資家サイドでは、企業年金連合会（当時厚生年金基金連合会）が2001年に受託運用機関向けの「株主議決権行使に関するガイドライン」を、また、2003年には自家運用

に関わる自身の「株主議決権行使基準」を策定し、公表している。これらは、環境問題や社会の視点を組み込むことを目的にしたものではなく、社会的株主行動そのものとはいえない。ただし同基準の中の「コーポレートガバナンス原則」では、「企業の目的は、長期間にわたり株主利益の最大化を図ること」であるが、それは「従業員、取引先、地域社会などのステイクホルダーの利益と矛盾するものではなく、これらのステイクホルダーとの良好な協力関係によって達成できるもの」であるとの認識を示している。さらに「社会的責任」の項目を設けて「企業は、法令や企業倫理の遵守、従業員、取引先、地域社会などのステイクホルダーとの協力関係の樹立、地球環境問題への取り組みなど、よき企業市民としての責任を果たすべきである」と述べている［企業年金連合会（2003）pp. 2 − 3］。

しかし株主提案に関しては、「具体的行使基準」の中で、その提案が株主価値の増大に寄与するものかどうかを判断基準として個別に検討するとしたうえで、「専ら特定の社会的、政治的問題を解決する手段として利用されていると認められる場合には、肯定的な判断をすることはできない」としている［前掲 p.10］。

2 社会的株主行動の課題

以上のようにアメリカでは毎年多様な株主提案がなされているのに対して、ヨーロッパや日本では社会的株主提案は少なく、それ以外の社会的株主行動も活発とはいえない。日本の場合、SRI の歴史も浅く、通常の株主行動でさえ近年まで見られなかったという事情がある。だがアメリカでも社会的株主提案の主体が宗教団体と一部の機関に限られているという現実をどう理解すべきであろうか。特に年金基金に着目すると、ニューヨーク市やニューヨーク州などの公務員年金が積極的であるのに対して、企業年金の動きは見られない。実際には公務員年金の中でも活発なのは一部に限られている。

この点に関して森（2004・2005）は興味深い解釈を示している。企業年金が、社会問題に限らず、一般に株主行動を行わない背景には母体企業の企業間関係への配慮がある可能性があり、逆に一部の公務員年金が積極的な背景には政治的要因が働いているのではないかというのである。しかも当然ながらそのような理由が公式に表明されることはなく、双方とも受託者責任の観点からの説明がなされている。すなわち公務員年金基金の立場からは、投資先企業が社会的責任を果たすことが企業の持続可能性を高め、長期的には基金の利益になるので、株主行動は受託者責任に沿うものであるとされ、逆に企業年金の立場からは、株主行動による経済的利益はそのための費用と釣り合わず、株主行動を起こさないことが受託者責任に合致すると説明されているという［森（2005）］。重要なことは、受託者責任の論理が本音というよりはむしろ建前として使われており、その結果、同じ受託者責任の論理を出発点にしながら、社会的株主行動に対する肯定と否定という正反対の結論を生んでいる点である。

このことは「なぜ SRI をするのか」という目的観と関わっている。SRI に対する考え方は

過去いくつかの変遷を経ているが、利益と社会性との関係に着目するとこれまでに3つの異なる見方があった。1900年代初頭のSRIは自己の倫理観の貫徹を目指すものであり、「儲かりさえすれば何をしてもいいのか」を問うものであった。これは利益より社会性を優先させる第一世代のSRIである。1970年代にSRIは社会運動との結びつきを強めたが、それは利益を犠牲にするものではなく、社会的スクリーンや株主行動で社会変革を目指しつつ、通常の投資と同等の利益を追求するものとされた。これは、社会性の追求と収益性は別々のことであり、両立できるとする第二世代のSRIである。1990年代以降になると、CSRへの取組みは長期的には企業価値の向上につながると主張されるようになった。社会性と収益性は両立を目指すべき別々のことではなく、社会性に配慮することが収益性をもたらすと考える第三世代のSRIである。

　第二世代までのSRIであれば、倫理的価値観や社会的な目的を動機とするものであるから、実施主体が限られるのは、むしろ当然であろう。これに対して第三世代の立場に立つならば、個々の価値観や倫理観とは関係なく、長期的視野から収益性を目指す場合には実施すべきということになる。アメリカの社会的株主行動の実態は第二世代が多いが、公務員年金の説明は第三世代の立場からなされているのである。その場合の問題は、第三世代の仮説が実際に成り立つかということであろう。つまり、第三世代を前提にした場合、社会的株主行動の課題は、株主行動が実際に企業の社会問題への取組みに影響を与えているか、その結果本当に長期的な企業価値の向上につながっているのか、そしてそれが株主行動を行うための費用を差し引いても利益となるのか、ということになる。この点の解釈の違いが、先にみた企業年金と公務員年金の論理の違いに表れている。だがそもそも社会的株主行動の意義をこのような論理から捉えることは妥当なのであろうか。むしろこのような論理そのものを見直していくことが必要ではないか。その萌芽はすでに現れている。最後にこのような観点から今後を展望することにしたい。

3　展望～第四世代のSRIへ

　国連の責任投資原則は環境、社会、コーポレートガバナンスの問題が投資パフォーマンスに影響するとの見解を示しているが、国連がこの原則を提唱した理由は、機関投資家の投資パフォーマンスを高めたいからではない。投資意思決定に環境問題や社会への配慮を組み込むことで、国連が追求している社会問題や環境問題の改善につながると考えたからであろう。またカーボン・ディスクロージャー・プロジェクト[※6]は、環境税や排出権取引に伴う排出上限の設定などの規制リスクも問題にしているが、同時に気候変動そのものがもたらす物的リスクにも注目している。つまり投資先企業の温暖化問題への取組みは、気候変動への影響を通じて、間接的にも投資家の財産に影響するという認識がある。ここにSRIの第三世代を超える論理の萌芽がある。それは次のような意味である。

環境や社会に配慮した投資は、利子や配当などの直接的で金銭的な利益だけでなく、環境が守られ、よりよい社会が実現するという間接的な利益ももたらし得る。投資家も同じ社会の住人だからである。そして、投資利益の概念をこのような間接的な利益にまで広げて考えれば、第三世代の論理のようにCSRが企業価値を向上させるという因果関係を仮定しなくても、環境や社会に配慮して投資することがより合理的な行動になると考えられる。

　ただしこの種の間接的な利益には、自らは努力せずに利益だけを受ける「ただ乗り」ができる。そして「ただ乗り」が増えすぎれば、間接的な利益そのものがなくなってしまう。例えば誰もが温暖化防止にコストをかけているときに自分だけそれをしなければ短期的には有利になるが、その結果誰もがコストをかけなくなれば、最も悲惨な結末を迎えるのである。それゆえ投資意思決定に環境や社会への配慮を組み込むことは、個々の投資家の自由ではなく、投資家に求められる「社会的責任」なのではないか。もはやそれは、SRIという特殊な投資領域があるということではなく、すべての投資家に求められる態度ということである。これは、投資の利益を金銭的リターンに限定して考えた第三世代とは異なる第四世代の論理である。ただし国連の責任投資原則に同様の理念が内在しているとしても、まだ萌芽であって、現実に広く受け入れられているわけではない。

　先に見たとおり、年金基金の運用においては受託者責任の考え方が重要な位置を占めている。第四世代の論理は、投資意思決定に環境や社会への配慮を組み込むことの社会的合理性を主張するものであり、間接的利益も含めて考えれば結果的に個々の受益者にとっても利益になると考えられるが、そのことをもって受託者責任の問題が回避されないならば、「投資家の社会的責任」を上位概念として制度的に位置づけることも検討する価値があるのではないか。

　問題は、仮に第四世代の論理を受け入れたとして、環境や社会に配慮した投資が実際にどこまでよりよい社会や環境の実現につながるのかである。社会的スクリーンは多くの投資家が採用することで企業行動の変化を促すと思われるが、基本的には「発言（voice）」ではなく「退出（exit）」であるので、個々の企業に対する具体的な働きかけという点で限界がある。これに対して社会的株主行動は、提案の内容、企業側の姿勢、他の投資家からの支持の大きさなどによってその効果は異なり得るが、より具体的で、個々の企業に即した問題提起ができる点で、より直接的な影響力をもつ可能性がある。この点に社会的株主行動のフロンティアがあると考えられる。

※1　社会的株主行動の呼称は必ずしも確立したものではなく、Kinder et al.（1992）ではShareholder ActionまたはShareholder Activism（株主行動主義）と呼んでいるが、Social Investment Forum（2006）ではShareholder Advocacy（株主からの主張）の用語を用いている。またヨーロッパの動向を調査したEurosif（2006）ではEngagement（積極的関与）と称している。

※2　PRIは国連環境計画（UNEP）と国連グローバル・コンパクトの協力によって作成された原則で2006年4月に公表された。その第2項に「株主としての方針と実践にESG問題を組

　　　　 み込み、積極的な株主（active owners）となる」が挙げられている。
※3　倫理的スクリーンとは、単にタバコや軍需産業など1つないし2つの産業を除外する簡単なものではなく、広範なネガティブスクリーンを用いるものであると説明されている［Eurosif (2006) p. 3］。
※4　同会はこのような共同提案によって「議決権総数の1％以上又は300個以上の議決権を6ヶ月以上引き続き保有していること」という会社法上の議案提出の要件をクリアしている。
※5　2006年7月に沖縄に本拠を置く株式会社サステイナブル・インベスターが「エコバリューアップ・ファンド・1号投資事業匿名組合」の募集を開始したが、同ファンドの特色として、一般的なエコファンドと異なり株主行動を行うことがうたわれている。このような株主行動型ファンドは今後のフロンティアの1つであると考えられる。http://www.sustainable-investor.co.jp/si/index.html
※6　カーボン・ディスクロージャー・プロジェクトとは、投資家の立場から企業の温室効果ガス排出量や気候変動リスクへの対応に関する情報開示を求める活動であり、毎年世界の大企業に対して質問状を送っている。第4回となる2006年の調査では趣旨に賛同して署名した機関投資家の運用資産総額は31兆ドルに達した。

■参考文献
・河口真理子「関心高まる社会的責任投資」『経営戦略研究所情報』2004年1月5日、大和総研（2004）
・首藤恵「機関投資家のコーポレート・ガバナンスと社会的責任投資―英国の経験」『経済学論纂』第43巻、第3・4合併号、中央大学経済学研究会（2003）
・水口剛『社会を変える会計と投資』岩波書店（2005a）
・水口剛『社会的責任投資（SRI）の基礎知識』日本規格協会（2005b）
・水口剛・國部克彦・柴田武男・後藤敏彦『ソーシャル・インベストメントとは何か』日本経済評論社（1998）
・森祐司「米国年金基金の株主行動と社会的責任投資（前編）」『年金調査情報』2004年12月20日号、大和総研（2004）。
・森祐司「米国年金基金の株主行動と社会的責任投資（後編）」『年金調査情報』2005年1月18日号、大和総研（2005）。
・Domini, A.L.(2001), *Socially Responsible Investing-Making a Difference and Making Money,* Deraborn Trade Books［山本利明訳（2002）『社会的責任投資』木鐸社］
・Eurosif (2006), *European SRI Study 2006*, Eurosif.
・Kinder, P., Lydenverg, S.D. and Domini, A.L.(1992), *Social Investment Almanac-A Comprehensive Guide to Socially Responsible Investing*, Henry Holt Reference Book.
・Kinder, P., Lydenverg, S.D. and Domini, A.L.(1993), *Investing for Good-Making Money While Being Socially Responsible,* Harper Business.
・Social Investment Forum (2006), *2005 Report on Socially Responsible Investing Trends in the United States - 10 year review,* Social Investment Forum（Washingon）

水口　剛　*Takeshi Mizuguchi*

ニチメン、英和監査法人勤務を経て、1997年から高崎経済大学専任講師、2000年より現職。専門は企業の環境情報開示、環境会計、社会的責任投資など。日本公認会計士協会環境会計専門部会長、環境省環境会計ガイドライン改訂検討委員会などを務める。主な著書に、『ソーシャル・インベストメントとは何か』（共著、日本経済評論社）、『企業評価のための環境会計』（中央経済社）、『社会を変える会計と投資』（岩波書店）、『社会的責任投資（SRI）の基礎知識』（日本規格協会）などがある。

SRI と金融

SRI と地域開発

一橋大学大学院 商学研究科 ジュニアフェロー　唐木宏一

1 SRI としての地域開発投資

　我が国でのこれまでの SRI についての議論は、概して上場株式を対象とする投資（直接金融）に関する部分についてのみ、進められてきたとの感がある。しかし、SRI は株式への投資のみにとどまらないという見方もある。アメリカの SRI 促進アドボカシー団体、ソーシャル・インベストメント・フォーラム（以下、「SIF」という）の SRI の分類と統計調査に見られるように、地域に対する直接・間接の金融供給であるコミュニティ投資も SRI の1つのカテゴリーとして、アメリカでは注目を集めている。SIF の調査によれば、コミュニティ投資への資金投入額は、1995年の40億ドルが10年間で196億ドルに成長したとされる[※1]。

　注目と成長の背景には、従来の金融機関が必ずしも十分に応じてこなかったニーズが存在していたことがある。それらの満たされていなかったニーズに応える金融供給のあり方は、アメリカ以外でも支持を集めはじめている。ヨーロッパでは、金融排除問題（特定の層に対して金融サービスの利用を困難にすること。EU が解決するべき課題としている「社会的排除」の具体的現象の1つ）への対応策として、クレジット・ユニオンが注目されている。また、「地域」という視点を超える部分も含むものであるが、環境や教育等の社会的課題の解決に取り組む事業者に対する金融供給に、積極的に取り組むソーシャル・バンクも急速な成長を遂げている。我が国においても、従来の金融機関からの資金調達が容易ではない NPO に対して、貸金業の免許を取得し市民から資金を集めて貸出を行う「NPO バンク」が、各地で活動を始めている。

　それら、従来の金融機関が必ずしも金融サービス供給のマーケットとしてこなかった領域を対象とする金融は、それが論じられる文脈や対象によって「ソーシャル・ファイナンス」「オルタナティブ・ファイナンス」「ソリダリティ・ファイナンス」「コミュニティ投資」等、様々な名称で呼ばれる[※2]。

　与えられた「SRI と地域開発」の題名に鑑み、本稿では主に、アメリカで注目されている地域の事業主体による地域開発活動に対して、直接・間接に金融供給を行う投資活動「コミュニティ投資」について論じていく。

2 コミュニティ投資

(1)コミュニティ経済開発

　コミュニティ経済開発（コミュニティ・エコノミック・デベロップメント）とは、主として社会政策の領域で議論がなされてきた、従来主流的であったあり方とは異なる地域開発活動である。①コミュニティ住民による自律的活動であること、②それにより住民が経済的に自立できること、③自律・自立が持続可能であること、の3点がその特徴と考えられる。従来の政府主導のトップダウン型開発との違いは明らかであろう。
　このような開発モデルは、1970年代にその概念が明示されて以降、様々な局面で用いられてきたが、途上国における開発のみならず、先進国にしばしばみられる大都市中心部の貧困層居住地域インナーシティの再開発にも取り入れられている。地域住民が立ち上げた企業やNPOが主体となって地域再開発が行われる例が、ニューヨークのブロンクス地区をはじめアメリカ国内でも各地で見られ始めている[※3]。
　この開発モデルを実践していくうえで鍵となるのが、開発主体に対する資金の供給である。地域住民の自律的活動を損ねない形でのファイナンスが求められる。そこで注目されるのがコミュニティ投資である。

(2)コミュニティ投資

　コミュニティ投資とは、企業、個人等の様々な主体が地域の健全化やレピュテーションの向上等の社会的・経済的リターンを目的として、コミュニティ経済開発活動に資源を投入することである。投入する資源は金銭に限らないが、本稿ではSRIという観点から金銭の投入についてみていく。
　アメリカにおける地域への資金投入は、今日多くは次項で述べるコミュニティ開発金融機関（以下、「CDFI」という）によって行われている。市民や機関投資家等の資金の出し手からCDFIへは、直接（預金、債券投資、出資等）ないしファンド経由（債券投資）で資金が流れている。
　本稿の冒頭でも触れたように、コミュニティ・インベストメントはSRIのもう1つの手法として、2000年前後より急速に拡大を続けている。その背景には、資金の出し手側の要因と制度的要因とがあるものと考えられる。
　制度的要因とは、1990年代に作られた政府による支援制度である。1994年に設立された財務省外郭機関CDFIファンドによるニュー・マーケット・タックス・クレジット・プログラムと、地域再投資法（(4)で詳述。以下、「CRA」という）の1995年の改定の影響が大きいと考えられる。前者は、CDFIファンドの認定したCDFIをはじめとするコミュニティ開発主

体に投資家が資金を預託すると税制上の恩典が得られるもの。後者は CRA に基づき金融機関の地域への貢献を評価する際に、CDFI への資金預託を地域への貢献とみなすこととしたもの。これらを受け、CDFI への一般投資家や従来金融機関からの資金流入が増加していると考えられる。

出し手側の要因とは、自分の預託した資金の運用先にも気を配る、自分の資金が少しでも好ましい使われ方をすることを望む投資家層の出現と増加であり、そもそもの SRI を行うロジックと共通する部分である。SIF とコープアメリカ（よりよい社会を作るための情報提供を行う NPO）の共同企画「投資金額の1％を地域に」キャンペーンによりコミュニティ投資の認知が高まったことも、一般投資家の資金がこれに流れ始めた要因の1つと考えられる。

（3）CDFI：種類と機能

CDFI は、下記図表の4種類に分類される。それぞれは形態に応じた機能を果たしている。CDFI に関するデータ収集プロジェクトによれば、2004年には全米で1,000を上回る CDFI が活動しており、総資産総額は183億ドル、投融資残高は121億ドルを上回る[※4]。

【図表　CDFI 各種業態比較表】

種類	CD Bank	CD Credit Union	CD Loan Fund	CD Venture Capital Fund
（業態）	銀行	クレジット・ユニオン	ローンファンド	ベンチャー・キャピタル
事業目的	投融資を通じ低所得コミュニティ再建のための資本を供給	コミュニティの資産や貯蓄の保有促進、信用供与、低所得者への金融サービス提供	個人や社会的機関投資家から市場を下回るレートで資金を調達し、都市及び農村部の低所得コミュニティの非営利住居・事業開発業者に貸出	コミュニティの不動産事業者や中小起業案件に資本の形態で資金を供給
統治形態・所有形態	営利企業。株主の所有。コミュニティの代表者を役員に	低所得者により所有・運営される非営利金融共同事業体	NPO や民主的コミュニティ、投資家、借入人が理事会・ローン委員会を構成	営利企業か非営利組織
借入れ利用者	NPO、個人起業家、小規模事業・住宅開発業者	組合メンバー（通常は個人）	NPO、公共的サービス提供者、小規模事業	小規模事業者
資金源	個人、団体、行政からの預金（市場より低レートも）	組合員及び社会的投資家・行政からの預金	財団、銀行、宗教団体、企業、行政、保険会社や個人	財団、企業、個人、行政

（出所）CDFI Coalition（http://www.cdfi.org/）より一部抜粋

(4) CDFI：登場の背景と今日的意味

　CDFI の登場の背景を見るにあたり、レッドライニング問題への言及をせずにそれを論じることは困難である。レッドライニングとは、マイノリティをはじめとする低所得者層が多く居住する地域を地図上で線引き区別し、その居住者に対して貸出をしない等の差別的な取扱いをすることである。このような金融差別はアメリカにおいて、その用語ができる以前より存在してきた。レッドライニングゆえに建物等設備改修資金や事業資金が得られないことから、インナーシティの荒廃が一層進んだとも考えられる。

　一般の金融機関から資金を得られないマイノリティは、事業で必要な資金を得るために、共助の金融機関を設立するに至った。それらの新入移民やネイティブ・アメリカン等の活動が CDFI の起源と考えられる。また、後段の事例で取り上げるショアバンクをはじめとする、金融差別という社会的課題の解決をミッションとする金融領域の社会的企業が、1970年代に登場を始めた。

　これら市民や市場の主体による活動の一方で、政府による実効力のある対応策が同じ1970年代にとられ始めている。1977年に制定された、金融機関（国法、州法銀行、連邦預金保険対象の貯蓄貸付機関と金融持株会社）に対してその立地する地域に対する金融サービス供給を義務づける前出の CRA である。CRA に基づき、金融機関の営業基盤とする地域コミュニティへの対応状況の評価が行われ、成績の悪い金融機関には銀行免許、預金保険申請、店舗等の設置改廃等の預金機能に関する申請が認められない。

　CRA や CDFI ファンド等の諸制度は、今日の CDFI の活動を支える基盤となっているが、それら制度を整備する論理は差別に対するものというよりも、地域改善事業への資金供給源としての期待のほうが強くなっているともみられる。さらには、それら諸制度は開発のあり方の変化や、地域開発における政府の役割の変化を表しているともいえる。

3　事例

(1) CD バンク

　この領域での成功事例としていつも取り上げられるのが、CD バンクの嚆矢、1973年に設立されたショアバンクである。ここでも手短にみておこう。

　ショアバンクは、荒廃するシカゴ南郊サウスショア地区から離脱しようとする金融持株会社を、金融差別の問題に取り組むグルジウィンスキーら4人の創業者が取得し、設立された。荒廃するエリアで小規模事業に対して融資を行う困難に取り組むために、地域再開発のための不動産開発会社や事業者に対して経営支援を行う NPO 等、グループ法人の設立とそれらとの協調による開発の促進という対策がとられた。その施策が奏功し、ミシガン州、オハイ

オ州や太平洋北西岸地域、さらには東欧にも進出し、2005年12月期でグループ全体の業容は総資産18億ドル、ネット収入828万ドルに及んでいる。

ショアバンクのビジネスモデルにおいて他に特筆すべきは、マイノリティや女性が経営する企業やNPOへの貸出の重視と、それにもかかわらず貸倒発生が少ない（例えば1998～2000年の貸倒発生率は0.203%）というパフォーマンスと、意識の高い預金者に向けた積極的な情報発信による預金獲得の施策である。後者は具体的には、「開発預金」「エコ預金」と名付けられた、運用時の使途を地域開発あるいは環境保護に適合した貸出案件に限定する預金を、前出のコープアメリカによる買い物ガイド等で広報することで、全米から預金を集めることに成功している。

(2) CDベンチャー・キャピタル・ファンド（CDVCF）

他のCDFIの業態とは異なり、主として直接金融の手法で、地域開発主体に資金の投入を行うCDVCFが1990年代以降新たに注目を集めている。通常のベンチャー・キャピタルとの違いは資金の投入先選定において、経済的リターン以上に雇用の増加等地域経済の発展を重視するところにあり、それゆえ投資対象の業種や規模等で顕著な違いがみられる。

この形態での投資は、資金の受け手側の自由度が高い一方、他の形態以上に回収リスクが存在するものであるが、CDVCFへの資金投入金額の増加率は預金保険の対象となるバンクやクレジット・ユニオン並みを示している。その背景には、CDVCFへの期待に加えて、政府による「サイレント」かつ、一般投資家からの投資を引き出す呼び水的な資金投入があると考えられる。

4 今後の広がり、提言

アメリカでのコミュニティ投資は、上述の制度的支援やキャンペーンの継続により一定の増勢を示すものと考えられる一方、CDFI産業については岐路に立っているとの指摘もなされ始めている[※5]。これまでの資金投入額増加の背景の1つでもあった好景気の減速と、共和党政権による政府による支援財源縮小方針等の目前の障壁を、どう乗り越えていくかが求められている。CDFIの事業自体が持続可能であるためには、市場からの資金の一層の流入を確保していくことが求められる。

一方、アメリカのCDFIから得られるインプリケーションは少なくない。我が国でも資金の運用先についてアカウンタビリティを求める消費者が、従来の金融機関のオルタナティブとしていわゆるNPOバンクに資金を預託する例がみられ始めている。また、従来の政府機能を代替する社会的企業やコミュニティ・ビジネスに対して、チャリティを超えた資金が流れる仕組みづくりは必須である。

それらのニーズに応じられる金融の仕組みづくりや資金の供給が政府の役割として求めら

れる。仕組みづくりは、新しい金融の主体の登場とそれへの支援のみを求めるものではない。従来の金融機関が、NPO等の新たな主体に対して少ない制約で資金を流せる制度設計こそが、今、政府に求められているといえる。

そのような施策は、本稿で紹介したアメリカの事例以外にもみられ始めている。例えば、イギリスのコミュニティ投資税額控除制度が挙げられる。政府機関に認定されたCDFIへの投融資に対して、投資金額の一定割合を一定期間、所得税あるいは法人税から税額控除できる制度である。アメリカのニュー・マーケット・タックス・クレジット・プログラムと同様に、義務を課すのではなく、行動に対してインセンティブを与える制度である。

また、この領域に対する金融供給を促進するにあたっては、求められるのは政府の施策のみではない。地域に立脚する金融機関が、それ自体のCSRとして積極的に取り組むことが、そもそも求められることはいうまでもない。

※1 Social Investment Forum (2006) *2005 Report on Socially Responsible Investing Trends in the United States,*
http://www.socialinvest.org/areas/research/trends/sri_trends_report_2005.pdf
※2 唐木宏一「ソーシャル・ファイナンスの開発」谷本寛治編『ソーシャル・エンタープライズ』中央経済社（2006）
※3 日本青年奉仕協会、明治生命共編『NPOは地域を変える―ニューヨーク・ブロンクスの奇跡を中心に―』はる書房（1999）
※4 CDFI Data Project (2006) *CDFIs: Providing Capital, Building Communities, Creating Impact,* http://www.cdfi.org/Uploader/Files/CDP_fy2004_complete.pdf
※5 Curtis, B. (2006) "An Overview of the CDFI Industry", *New England Community Developments,* 2006 Issue 2, Federal Reserve Bank of Boston

唐木宏一　Koichi Karaki

都市銀行に12年あまり勤務したのち、退職し大学院に進学。学位（博士（商学））取得（一橋大学）。専門は、ソーシャル・ファイナンス論、「企業と社会」論、社会的企業論。現在は、研究のほか、特定非営利活動法人ソーシャル・イノベーション・ジャパンのフェローとして、社会的課題にビジネスとして取り組む社会的企業の支援育成にも取り組む。著書は、『ソーシャル・エンタープライズ』（共著：中央経済社）、谷本寛治・唐木宏一編『ソーシャルがビジネス』（NTT出版）。

SRIと金融

CSRに着目した融資の新しい仕組み

日本政策投資銀行 政策企画部長 　古宮正章

1 CSRと金融

　日本において、CSRが単に言葉としての認知を越えて、行動原理として無視できない概念になっているということは、すでに異論がなかろう。それでいてその定義、あるいは目指すところが各人によって少なからず差があるというのも、妙に納得されている。その取組み度合いは、企業活動の直接的な収益水準によって計りきれるものでもなく、勢いCSRは外部者の目による評価を求めるものであるともいえる。本来、金融は情報生産力を駆使しながら（情報ギャップを埋めながら）、一定の評価軸のもとでお金の流れを作り出し、資金ニーズに応えていくことを任務としている。CSRの上記のような特性を考えると、金融によるお金の流れが、CSR評価を伴うことを前提として、その推進に寄与する余地は大きいと言うこともできる。誰でも自分のお金を世の中のためになるように使いたいと思うのが自然である。しかし、寄付であれば明確な意思表示とその行き着く先がリンクされることが多いのに対し、一般的な金融活動では残念ながらあまりそういうことにはなっていない。むしろ利回り勝負でお金が動く構造である。金融に関わる判断の基軸をシフトし、ソフトな力を持ってCSR活動を誘導していく、その有効性が注目されつつある。

2 環境格付融資が生まれた経緯とその運用

（1）環境格付の評価システム

　ここではCSRに着目した銀行融資の仕組みの事例として、日本政策投資銀行の環境格付融資（環境配慮型経営促進事業融資）を紹介しよう。2004年度から運用を始めたこの融資制度は、実は仕組みを開発するのに丸3年を要した。実際に融資メニューに名を連ねるためには、予算制度として認められる必要があるという当行固有の事情を抜きにしても、この格付評価システムが世間で信頼性を得る水準になるまで、相当の手間暇をかけたことになる。業種によってバリエーションを設けた約120問からなる質問に基づき、企業の環境経営全体を

評価する手続きを実施し、環境関連事業資金を格付レベルに応じた条件で融通する仕組みである。質問項目の網羅性、質問相互の連関性（ストーリー性）、配点バランス（重要度）、合格点の水準の置き方など、実際のトライアルを繰り返して到達した仕組みである。そこまで労力をかけて、どういう効果を期待していたのであろうか。

環境格付は、大きく3つのブロックからなる評価表に基づいて実施する。①経営全般に関わる事項（コーポレートガバナンス、コンプライアンス、情報開示など）、②事業関連事項（設備投資や製品開発、サプライチェーンも含めた環境配慮、リサイクルなど）、③環境パフォーマンス事項（温室効果ガスの排出状況、資源の投入、廃棄物処理、その他のエミッションなど）となっており、①と②は仕組みや体制についての比較的定性的な問いが中心である。かつ環境に直接かかる質問とは限らない。これに対し③では、事前3期間を基本とした具体的な環境面での数量的経過を把握するもので、①、②での"宣言"をいわば実践的に証明していただく構造となっている。逆にいうと、仮に①、②だけで合格点に達したとしても、③でしかるべきレベルに達していないと、それだけで不合格とする運用である。これまでは、そういうアンバランスな得点構造の企業は見られず、経営体制とその成果の間で相応の相関が見てとれる。一方で、中小、中堅企業については、合格ラインに多少余裕をもたせて、企業規模なりの努力を広めに拾い上げるとともに、今現在実現できていない事項についても、実行の蓋然性が高いと判断されれば、コベナンツを結ぶことで、加点上乗せを認めている。最終的にトータル得点の高低によって、融資金利の優遇度を決める仕組みとなっているが、残念ながら、まだ環境経営確立途上のため合格ラインに至らない企業の場合は時間をかけて体制を整え再チャレンジされる例もある。融通資金の使途は、環境会計に掲載された事業に特定されており、事業の確実な実施、格付評価の水準保持も、約定されることになる。

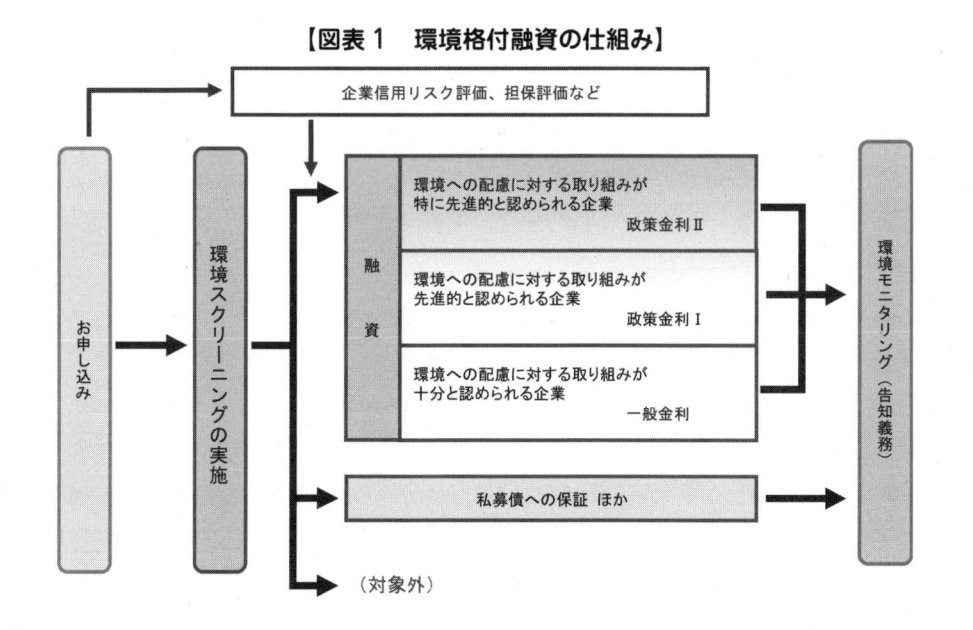

【図表1　環境格付融資の仕組み】

お申し込み → 環境スクリーニングの実施 → 企業信用リスク評価、担保評価など

融資:
- 環境への配慮に対する取り組みが特に先進的と認められる企業　政策金利Ⅱ
- 環境への配慮に対する取り組みが先進的と認められる企業　政策金利Ⅰ
- 環境への配慮に対する取り組みが十分と認められる企業　一般金利

私募債への保証　ほか

（対象外）

→ 環境モニタリング（告知義務）

【図表2　評価パターン】

質問数126問、満点250点（製造業加工組立型パターン）

〔①経営全般事項〕
環境配慮型の経営が組織全体に共有されているかどうかを問う部分（主に定性：41問80点）

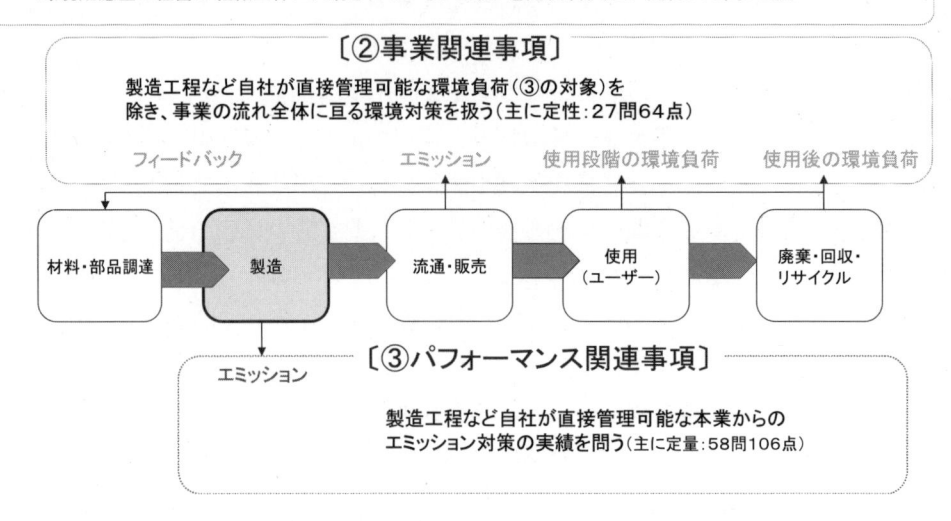

〔②事業関連事項〕
製造工程など自社が直接管理可能な環境負荷（③の対象）を除き、事業の流れ全体に亘る環境対策を扱う（主に定性：27問64点）

フィードバック　エミッション　使用段階の環境負荷　使用後の環境負荷

材料・部品調達 → 製造 → 流通・販売 → 使用（ユーザー） → 廃棄・回収・リサイクル

エミッション

〔③パフォーマンス関連事項〕
製造工程など自社が直接管理可能な本業からのエミッション対策の実績を問う（主に定量：58問106点）

（2）運用実績から見えてくるもの～リスクを見通す経営力～

　これまでの事例を見ると、特に上記③の分野において、法規制が明確に存在する周辺の事項（例えばNOxの排出）については比較的得点率が高いのに対し、温暖化ガス対応などどちらかといえば企業の自主性によっているマターは、対応の差が目立つところである。こうした領域も金融側として見落とせないというメッセージがもっと必要かもしれない。また温暖化問題のほか、化学物質管理規制、生物多様性など、年々環境を巡る規制や制度の動きはめまぐるしく、格付の質問項目と配点バランスについては、連続性を尊重しつつも毎年一定の見直しを行うことも必要となる。企業によっては、繰り返し格付取得を求められるところもあるが、その場合は、銀行との格付評価作業上のコミュニケーションを通じて、こうした世の中の動きを鋭敏に捉え、自らの不足を常に見直すという、大変望ましい対応をとるところも出てきている。

　環境対策に金融を通じて政策的資金を供給するというのは、昭和40年代以降の公害問題の頻発した時期にさかのぼる。前身の日本開発銀行、北海道東北開発公庫が、これまで環境関連で融資した累計は約3兆円に達し、特にピークの昭和50年には、1年間で2,000億円もの融資が実行された。日本においてCSRを語るとき、すなわち環境をイメージする場合が多いが、それほど日本にとって公害問題の社会に与えたインパクトは計り知れないものだったのである。

　一方で、近年の環境問題を見ていくと、その時間的・空間的広がりの拡大、あるいは原因

と結果の直結の困難さといった側面が目につくようになってきている。したがって特定の企業レベルでの、出口を押さえ込んでいくエンドオブパイプ的な対処を考えているだけでは、必ずしも十分ではないというところに思いが至る。典型的なのは、排出に法的な規制のないCO_2が、温暖化という形で地球の存亡を左右しかねない存在になっていることが挙げられる。それとて、温暖化との因果関係を未だに疑う説もあるし、またいざ対処するにしても、誰にどう責任を負担させればよいのか、なかなか名案がない。

　子どもの頃、理科実験には欠かせなかったアスベスト。まさかあれが今頃になって健康に重大な弊害をもたらす物質として恐れられることになろうとは、正直見通せなかったであろう。土壌汚染もしかりである。土地の利用経歴によって、後々重大な支障が現れてくるのだが、いったい誰が元凶で、誰が責任をもって対処すればよいのか簡単ではない。こういうなかで、環境対策の進め方はどうあるべきなのか。いわば戦うべき相手が大変つかみづらいものになってきている。環境格付融資は、企業の環境対応も含めた経営姿勢、体制全般を根こそぎ評価しようという、やや大胆な試みであった。経営体制において優れている企業は、将来にわたる環境リスクを様々な角度から想定し、そのためのマネジメントも柔軟に考えられるのではないか、仮に不測の事態に陥ってもしかるべき対応ができるのではないか…。

　つまり本当に大事なのは、今まで環境対策を進めてきた実績と同時に、今後の環境面でのハードルをこなす力があるかどうかである。基本的な制度設計の動機は、そのあたりにある。

3 改めてCSRとは

(1) CSRの根底にあるもの

　ここでCSRの私なりの捉え方を整理しておこう。先述の通り、日本ではCSRすなわち環境への取組みというイメージが強い。本稿でも、いの一番に環境格付を持ち出してきたところではある。あるいは法令遵守に重きを置く考え方も少なくない。欧米の考え方もサーベイすると、人権や雇用、地域社会なども視野に入れた、実に様々な捉え方が存在するが、どこに重きを置くかの違いをくぐり抜けて通底するのは、企業が「公」の存在として行う事業展開に関連して、各方面（いわゆるステークホルダー）との社会的関係を、将来にわたってどれだけ丁寧に構築しようとしているかという姿勢に行き着くように思う。CSRをCorporate Social Responsibilityと言うより、Corporate Social Relationshipだとする主張を耳にしたことがあるが、言葉のニュアンスとしてはそちらに近いかもしれない。

　そう考えると、最近我が国では短期的な株主利益の向上が注目される傾向が強いが、果たしてそれが企業にとって、はたまた社会にとってサステナブルなのかどうかは、疑問なしとしない。理論的には長期的視点に立ってCSRをきちんと実践できる企業こそが、企業価値を高めていけるのではないか。

一例を挙げよう。極めて安価な短期労働に依存して利益を極大化する企業と、きちんと将来を見据えて、正社員の育成に力を入れる企業のどちらを、社会的に評価するかという比較である。日本においては、児童労働はあり得ないなどという向きもあるが、外国人労働者問題を耳にするにつけ、形を変えて労働力の使い捨てがなされているのではないか、それが将来にとって社会の負担につながるのではないかということを危惧するのである。

(2) 格付の過程で浮かび上がった企業価値

　格付融資に話を戻すと、私たちが当初想定していた以上に、企業価値の一部を構成する環境的側面に光を当てる効果が大きかったといえる。格付ランクの高低によって金利の優遇度が異なる建付になっているのだが、格付にトライされる企業の狙いは、必ずしも低金利メリットばかりではない。まじめに自社の環境経営の強み弱みを計ること、それによって社内の環境取組みを鼓舞すること（意外と企業の中では、環境施策の強化が理解の得られにくいことが多い）、不足があれば時間をかけて修正していくこと、そしてそれを社会的にアピールしていくこと（結果としてビジネスの強化につながる）。こうしたサイクルが、これまでともすれば財務的価値に十分反映されなかった環境面での企業評価を表舞台に引っ張り出したのである。2004年度に私募債保証にあたって当行の格付を受けられた清川メッキ工業株式会社の社長 清川忠氏は、以下のようなコメントを寄せている。「・・・『環境に配慮した経営』が無形の担保・価値として通用する時代となったことは非常に喜ばしいことです。このような環境経営への取組みが評価されることによって取引先・地域社会の当社を見る視線が明らかに変わってくるのを実感しています」。

(3) CSRにインパクトを与える金融

　金融機関が今後CSRをどう業務の中で位置づけていくか。少なくとも環境への取組みが優れている企業を積極的に評価し、何らかの優遇を与える間接金融の仕組みは、日本政策投資銀行に限らず多数存在する。「ISO14001」や環境省の「エコアクション21」などの認証取得を条件として、金利優遇するもの、また地方銀行の中でも、滋賀銀行、びわこ銀行などは、地元の琵琶湖の水質環境というテーマをうまくインセンティブに結びつけるなどして、環境融資の仕組みを構築されている。環境問題は一面グローバルな様相も見せるが、こうした地域性に着目して地域で循環するお金の流れを作っていくことも大事なポイントである。

　融資という出口の側面だけでなく、それに向けたお金を円滑に集めていくという入口の機能も、金融機関に期待される役割である。それによって地域の人々の意思が、お金を通じて直接的に社会に働きかけるという要素も発揮される。海外でもいろいろな工夫がみられるが、例えばオランダの事例として、環境にプラスとなる公式認定プロジェクトに限定して、お金の出し手が受け取る利子への課税を減免する金融の仕組みが存在する。環境プロジェクトに限らず、CSR一般にリターンは必ずしも大きくない。そのため資金コストはできるだけ低

いのが望ましいが、税制と組み合わせることによって金融商品としての魅力を維持し、目的性をもったお金をうまく引き出しているのである。直ちに税制との連携を実現するのは簡単ではないが、お金の出口がCSRというキーワードで明示されることが、まずは第一歩である。

　本行の環境格付融資では、中小・中堅企業を配点上一部別扱いにしていると述べたが、地域の企業も含めて、これらは非上場・未公開であることが少なくない。これらの企業がCSRに取り組み、対外的にアピールしていく"場"を、外からの評価者として金融サイドが設けていくことの意義も大きいと考える。そこは上場株式をターゲットとしたSRI（社会的責任投資）とは少し異なる効果を狙っている。手前みそになるが、あえて間接金融で仕組んだメリットの1つでもある。環境省が主催した環境と金融に関する懇談会が7月にまとめた〈環境等に配慮した「お金」の流れの拡大に向けて〉でも、直接・間接金融いずれを問わず、環境に寄与する事業にお金を回していく新たな取組みが紹介されていて興味深い。

4　今後に向けた期待と2、3の論点

　企業の活動は、様々な法令や規範によって律せられているが、最近それらが守られずに社会的非難を受け、時に有力企業でさえ瞬く間に姿を消していく例を目にする。また、TVニュースでは、毎日のように企業トップが不祥事に頭を下げるシーンが繰り返される。そのせいか、法令遵守がCSRの根幹であるとの考え方も根強いように思う。しかしながら、CSRはそれだけではないし、また法令によって内容を1つひとつ定め、強制しきれるものでもないのである。企業活動そのものの中にある顧客対応、製品開発のあり方などにも法律では語りきれない責任が存在するし、雇用のあり方や人材の育成、周辺地域との共存など、社会的な責任の広がりは非常に大きい。また、目先の事象だけを追っていても十分ではない。将来に向けて、次世代が不当な負担を負うことがないよう、設計しなければならない。環境経営をひとまず離れて、今後同じように注目すべきアイテムとしては、少子高齢化が進む中で人材をどれだけ大事に育てようとしているか（これには高齢者や女性の雇用に対する姿勢も含む）、防災や安全安心の確保をどう実践しているか（働く場の安全安心だけでなく、商品・サービスの安全性が改めて厳しく問われている）、情報管理は適切になされているか（単に情報流出問題にとどまるのではなく、企業活動の履歴としての情報の管理・保持は、アスベスト問題、土壌汚染などを見るにつけ重要性が増しているように思う）、地域格差を埋め、地域の活性化にどう貢献しているかなどが挙げられよう。

　茫漠としたCSRの特質から、それを進化させる1つの筋道として、金融を介在させて、他者の複眼的、多角的な評価を経ることが有効であるように思う。しかしながら金融といえども、広い意味でのCSRトータルを評価対象とする仕組の構築となると、実は簡単ではない。いわんやCSRの深度が貸付金のリスク算定に、パラレルに反映されるところまで至っ

ていない。環境対策を越えて、総合的なCSR評価融資に発展させるのが理想であるが、当面は特定のCSRテーマに着目して、企業活動を評価する作用を、いろいろな方面から積み重ねることが現実的かもしれない。

　ちなみに日本政策投資銀行では、2006年度から企業の防災経営力（その中心は事業継続計画＝BCPの達成度）を評価基軸とする防災格付融資をスタートさせた。このとき既存の環境格付融資との融合一本化、総合CSR評価への昇華も議論したところであるが、かえって企業評価の軸が多次元的に増大して、総合評価が見えにくくなるというのが結果であった。ただ、CSRのどこに着目するにせよ、少なくとも基本となる企業の経営体制や姿勢は、きちんと評価項目に含め、金融機関の目で見定めるのが望ましい。銀行員が融資の可否を判断する際に、財務データを審査するだけでなく、必ず社長に直接会って、経営姿勢をうかがうことが大事だと教え込まれるのに相通ずる。これは環境格付の評価ブロック①に相当する部分である。CSRを模索しつつも進化させることを金融の1つの目的と置くのであれば、それは今だけの静的状況評価ではおそらく十分ではない。企業が社会の中でサステナブルな存在であること、それがひいては社会のサステナビリティにとってもプラスであることが重要なのであって、短期的な企業利益とは時に対峙しながらも、長期的な視点を踏まえて、企業のCSR進化を促すメッセージを金融サイドから流していくことが必要である。企業の経営姿勢の表明、それを具現化した体制は、そういう長期的な存続可能性を占う大事な指標である。

古宮正章 *Masaaki Komiya*

1981年4月日本開発銀行（現日本政策投資銀行）に入行。総務部次長、人事部次長などを経て、2005年6月より政策企画部長。主に環境政策、安全・安心対策などのCSRに関わりの深い融資予算企画とともに、環境格付融資、防災格付融資の運用、格付判断に携わる。NPO法人社会的責任投資フォーラム（SIF－Japan）運営委員兼職。

展望と課題

日本型のCSRへ

株式会社 ニッセイ基礎研究所 上席主任研究員　川村雅彦

　我が国の「企業の社会的責任」には50年の歴史がある。時代情況により内容は異なるが、特に1970年代と2000年代には大きな"うねり"となった。

　現代日本のCSRは法令遵守＋環境保全＋社会貢献といわれるが、「何のために」が曖昧なまま議論されている。本来、CSRとは持続可能な社会の実現のために企業が本業を通じて実践することである。そのためには、解決すべき社会的課題を明らかにしなければならない。地球レベルと地域レベルの課題があるが、ここでは我が国固有の社会的課題を解決して、持続可能な日本社会をどう作り上げていくのかについて、解説・提言する。なお、我が国でCSRが繁用されるのは2000年頃からであり、それ以前は「企業の社会的責任」であったが、本稿では原則として「CSR」と称する。

1 日本におけるCSR50年の歴史

(1) 日本のCSRの時代区分

　意外かもしれないが、我が国の「企業の社会的責任」には長い歴史がある。ここ数年で英語の頭文字CSRを金科玉条のごとく考える風潮もあるが、実は日本でも50年前から日本語で議論されてきたのである。日本経済新聞4紙では、少なくとも1970年以降で「企業の社会的責任」が掲載されなかった年はない。

　我が国では戦後ほぼ10年周期で大きな企業不祥事や企業批判が起こり、そのたびに「企業の社会的責任」の議論が再燃し、企業が反省・自戒するパターンを繰り返してきた。その内容はそれぞれの時代情況に応じて異なるため、日本のCSRの時代区分を5期に分けることができる（図表1）。

(2) 日本のCSRの基点：経済同友会の決議（1956年）

　米国で1920年代から経営学として研究されていたCSRが、戦後我が国に導入された（つまり「企業の社会的責任」は訳語）。戦後復興期を経た1956年に経済同友会による決議「経営者の社会的責任の自覚と実践」では、CSRについて明確に概念規定した（図表2）。すな

【図表1　日本の「企業の社会的責任」の時代区分】

基点（1956年）
　経済同友会決議「経営者の社会的責任の自覚と実践」
　⇒1956年は「日本のCSR元年」
第Ⅰ期（1960年代）
　産業公害に対する企業不信・企業性悪説
　⇒住民運動の活発化、現場での個別対応
第Ⅱ期（1970年代）
　石油ショック後の企業の利益至上主義批判
　⇒企業の公害部新設、利益還元の財団設立
　（1980年前後：企業の社会的責任論の衰退）
第Ⅲ期（1980年代）
　カネ余りとバブル拡大、地価高騰、東京一極集中批判
　⇒企業市民としてフィランソロピー・メセナの展開
第Ⅳ期（1990年代）
　バブル崩壊と企業倫理問題、地球温暖化
　⇒経団連憲章の策定、地球環境部の設置、社会貢献
第Ⅴ期（2000年代）
　相次ぐ企業の不祥事、ステークホルダーの危機感
　⇒SRIファンドの登場、CSR室の設置
　⇒2003年は「日本のCSR経営元年」

（資料）ニッセイ基礎研究所にて作成

わち、今でいう企業市民の認識とともに、株主価値の向上だけではなく、本業を通じたステークホルダー価値の創造を宣言したのである。それゆえ、筆者は1956年を「日本のCSR元年」と呼ぶ。

【図表2　経済同友会の「経営者の社会的責任」決議（1956年）から抜粋】

…そもそも企業は、単純素朴な私有の域を脱して、社会諸制度の有力な一環をなし、その経営もただ資本の提供者から委ねられておるのみでなく、それを含めた全社会から信託されるものとなっている。…現代の経営者は、倫理的にも実際的にも単に自己の企業の利益のみを追うことは許されず、経済・社会との調和において、生産諸要素を最も有効に結合し、安価かつ良質な商品を生産し、サービスを提供するという立場に立たなくてはならない。…経営者の社会的責任とは、これを遂行することに外ならぬ。

（3）1970年代と2000年代におけるCSRの"うねり"

　CSR論議が時代の大きな"うねり"となって湧き上がるときは、社会の企業観が大きく転換するときと一致する。我が国では1970年代と2000年代が顕著である。いずれも企業不祥事に代表される企業体質のネガティブな側面が、市場や社会から厳しい批判を受けたことが直接の契機となっている。ここではそれぞれの特徴をまとめる。

①1970年代のCSRの"うねり"

　1960年代の高度経済成長の過程で産業公害が顕在化し、各地で大きな社会的・人的被害をもたらした。1970年には公害国会が召集され、1971年に環境庁が設置された。一方、1972年の日本列島改造論を背景に地価が高騰し、企業の土地投機や商社の商品投機が社会問題化した。1973年の石油ショック時には、石油元売をはじめ企業の便乗値上げや買い占め・売り惜しみにより生活関連物資が高騰し、1974年には石油連盟が独禁法違反で捜査を受けた。折からの欠陥商品問題もあって企業の利益至上主義が批判され、国会では狂乱物価が集中審議された。

　企業批判を背景に1970年代前半には「企業の社会的責任」が大きくクローズアップされた。1974年商法改正の国会付帯決議ではCSR法制化が課題とされ、商法学者を二分する大論争となった。翌年には経団連が「商法改正をめぐる問題点」と題する意見を日本経済新聞に連載し、CSRは否定しないものの、その法制化には反対した。個別企業では公害対策部の新設や利益の社会還元のための財団設立のラッシュがおきたが、CSRは企業経営の課題とは位置づけられなかった。この時期にも数多くのCSR関連の著書や論文が出されている。

②2000年代のCSRの"うねり"

　バブル崩壊後の1990年代には大企業の総会屋事件が頻発したが、2000年は新たなCSRの"うねり"の発端となった。一連の企業不祥事の始まりとなった食品メーカーの食中毒や自動車メーカーのリコール隠しが発覚し、さらに牛肉偽装や原発トラブル隠しなどが相次いだ。他方、企業の信頼性が大きく揺らぐ事件の続発を目の当たりにして、経済団体、機関投資家、監査法人、NPOや行政は、企業のありようを根本的に見直す必要性を強く認識するに至った。2003年になると、リコーをはじめ先進企業は新たなCSR経営を模索し始めた。それゆえ、筆者は2003年を「日本のCSR経営元年」と呼ぶ。

　2000年代のCSRの特徴は、外部評価であれ、自己評価であれ、具体的な評価ツール（基準）をもったことである。1999年に本邦初のエコファンド（環境配慮型の投資信託）が登場し、SRI（社会的責任投資）の先駆となった。その頃から上場企業は国内外の評価機関からSRI銘柄選定のためのアンケート攻勢に見舞われ、環境問題だけでなく企業倫理や労働・雇用、人権、消費者の権利などの社会性も問われるようになった。2003年には経済同友会がCSR経営の促進のために「企業評価基準」を公表した。これは経営者による自己評価（現状評価と目標設定）に主眼を置いたものであるが、その評価領域は市場、環境、人間、社会と企業統治である。

2 「社会の持続可能性」からCSRを考える

（1）解決すべきグローバルとローカルの社会的課題

　CSRとは、法令遵守を超えて企業が自ら判断する社会的に責任ある行動であり、本業プロセスを通じて社会的課題を解決し持続可能な社会の実現のために実践することである。その実践内容を曖昧にしないためには、解決すべき社会的課題をあらかじめ明らかにしておく必要がある。それは地球レベルと地域レベルに分けて考えることができる。地球を1つの社会として考えたときのグローバルな課題とともに、世界の国々や地域には独自の歴史・宗教・文化などを背景として、各地域の健全な発展を阻害するローカルの社会的課題がある。それは開発途上国に限らず先進国にも存在する。当該地域で事業を展開する企業には、その解決に向けて取り組むことは可能である（図表3）。

　これらの社会の持続可能性を阻害する要因を解消するのは基本的に政府の役割であるが、社会的な影響力を強めた企業にも強く期待されるのがCSRである。このような期待に対して、企業が自らの価値観と見識に基づき自主的に判断して行動することがCSRに他ならない。

【図表3　地球レベルと地域レベルの持続可能性に向けた課題】

- ●地球レベルの課題
  - ＊地球環境：地球環境・生態系の保全、地球資源の公正な配分と利用
  - ＊地球社会：途上国の貧困・人権問題、先進国・途上国間格差の解消
- ●地域レベルの課題
  - ＊米国社会：マイノリティ問題、雇用の多様性、貧困地域の社会開発など
  - ＊欧州社会：若年者雇用の安定、就業能力の向上、EUの社会的融合など
  - ＊日本社会：少子・高齢化、仕事と生活の調和、女性の社会進出、ニートなど

（資料）ニッセイ基礎研究所にて作成

（2）ジャパン・アジェンダ（日本固有の社会的課題）の認識

　我が国にも固有の社会的課題が山積している。とりわけ、戦後50年以上にわたり日本の経済成長を支えた社会経済システムが、新たな時代潮流に対応できないという問題が大きい。企業中心・世帯中心の社会システムが、人口減少や少子高齢化あるいは人々の価値観の多様化という構造変化に対応できずにいる。「はたして日本は持続可能か？」「どのような日本社会をめざすのか？」という問題意識に基づき、政府機関や経済団体などでも長期的な視点から日本社会や日本企業のあり方が積極的に議論されている。全体的には、労働・雇用、人権・差別、男女共同参画、仕事・生活調和や地域社会の活性化などが多い（図表4）。

社会的影響力を強めた企業には、このようなジャパン・アジェンダの解決に向けた努力と寄与が期待される。しかし現在のところ、このような問題意識からCSRに取り組む日本企業はごく少数に限られている。確かに日本企業のステークホルダー認識や情報開示は進んだが、CSRとしては一連の企業不祥事を受けてコンプライアンスの体制整備が先行しているのが実態である。

【図表4　日本社会の持続可能性に関わる課題（ジャパン・アジェンダ）】

課題側面	主体	経済財政諮問会議	国土交通省	経済同友会	日本経団連	NPOの活動分野
	名称	日本21世紀ビジョン	2030年の日本のあり方	企業評価基準	企業行動憲章	―
	公表	2005年	2005年	2003年	2004年	―
	性格	めざす姿	国土計画	CSR評価	CSR規範	
経済	財政赤字	●				
	国民負担率	●				
	所得格差	●				
	知的資産	●		●		
環境	温暖化防止	●	●	●		●
	資源循環			●		●
	化学物質	●包括的	●包括的	●	●包括的	●
	水資源			●		●
	生物多様性		●			
社会	労働・雇用	●	●	●	●	
	人権・差別	●	●	●	●	●
	安全・衛生	●		●	●	
	健康・医療	●			●	●
	地域社会	●	●	●	●	●
	社会福祉	●	●			●
	青少年教育	●	●			●
	製品サービス責任			●	●	
	消費者権利			●	●	●
	男女共同参画	●	●	●	●	●
	仕事－生活調和	●	●	●		
	文化継承・創造	●	●			●
	国際協調・交流	●	●		●	●
	地方分権	●	●			
	企業統治	●		●	●	
	情報開示	●		●	●	
	法令遵守			●	●	
	公正取引			●	●	
	政治との関係			●	●	

（注）NPO活動分野は内閣府「市民活動団体基本調査」による。
（資料）各資料からニッセイ基礎研究所にて作成

3 日本の社会的課題を解決するためのCSR

　ここでは我が国固有の社会的課題を解決して、持続可能な日本社会をどう作り上げていく

のかについて、基本的な考え方を述べる。

(1) 3つの流れが合流する現代日本のCSR

CSRには多様な視点があり、国・地域や時代によってその意味は異なる。現代日本におけるCSR論議では、従来から取り組んできた環境保全と社会貢献に加え、質の異なる3つの流れが一気に合流して大きな潮流になったと考えられる。新たな3つの流れとは、法令遵守、ステークホルダー、持続可能性である（図表5）。それゆえ、現代日本のCSRは混乱しているともいえる。

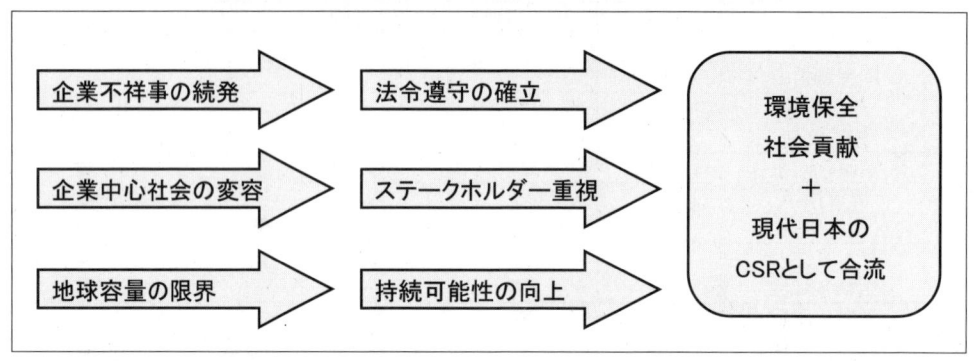

【図表5　現代日本のCSR論議への新たな3つの流れ】

企業不祥事の続発	→	法令遵守の確立	→	環境保全
企業中心社会の変容	→	ステークホルダー重視	→	社会貢献 ＋ 現代日本のCSRとして合流
地球容量の限界	→	持続可能性の向上	→	

（注）従来からの「環境保全」と「社会貢献」にこの3つが加わって、現代日本のCSRが形成された。
（資料）ニッセイ基礎研究所にて作成

(2) 法令遵守と社会貢献を超えられない日本のCSR

日本のCSRの特徴を理解するには、欧米のCSRと比較するとわかりやすい。欧米の場合には、その社会に特有の社会的課題を解決するべくCSRが議論されているからである。それぞれのCSRの特徴は以下のとおりである。

○米国CSR：マイノリティ問題＋地域コミュニティ＋フィランソロピー
○欧州CSR：本業プロセス＋失業対策・雇用確保＋途上国の労働・人権問題
○日本CSR：法令遵守＋環境保全＋社会貢献

(3) 日本社会の持続可能性のためのCSR

筆者はこれまで述べた問題意識に立って、日本型CSR経営の実践課題として「経営の誠実さ」と「4つの企業価値」を提唱している。CSR経営の基盤（インフラ）となるのが「経営の誠実さ」であり、業種・規模や海外展開の有無にかかわらず、社会から尊敬される企業になるための必須要件である。その上に、業種によって内容は異なるが、CSR本来の日本社会の持続可能性の観点から企業価値とステークホルダー価値を高めるために、「市場

価値」「従業員価値」「環境価値」「社会価値」の4つの領域がある(図表6)。

【図表6 日本型 CSR 経営の実践領域(経営の誠実さと4つの企業価値)】

市場価値
- 公正取引・競争
- 消費者の権利、顧客満足
- 製品・サービスに対する責任
- サプライチェーン・マネジメント
- 株主価値の向上など

従業員価値
- 機会均等、差別撤廃、人権
- 能力開発、就業の継続性
- 仕事と生活の調和
- 女性の就業支援
- 労働安全衛生など

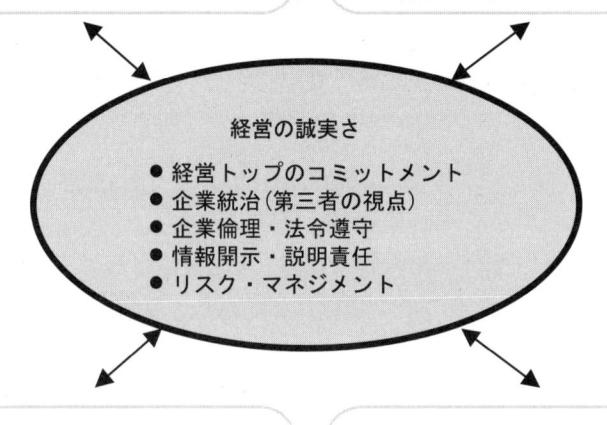

経営の誠実さ
- 経営トップのコミットメント
- 企業統治(第三者の視点)
- 企業倫理・法令遵守
- 情報開示・説明責任
- リスク・マネジメント

環境価値
- 地球温暖化防止
- 資源循環
- 有害物質管理
- 水資源保全
- 生態系保全など

社会価値
- 地域社会との対話・連携
- 地域の安全・安心確保
- 社会開発、社会投資
- 政治・行政との適正関係
- 国際的宣言への署名など

(資料)川村雅彦「日本の『企業の社会的責任』の系譜(その1)」ニッセイ基礎研レポート2004年

■参考文献
- 藤井敏彦『ヨーロッパのCSRと日本のCSR—何が違い何を学ぶのか』日科技連出版社(2005)
- 川村雅彦『CSR経営で何をめざすのか?〜社会と企業の持続可能性の視点から〜』ニッセイ基礎研究所、所報(Vol.41、2006.4)

川村雅彦 *Masahiko Kawamura*

1976年九州大学大学院工学研究科修士課程修了(海岸工学専攻)。同年三井海洋開発㈱に入社し、海底石油関連事業のプロジェクト・マネジメントに従事。1988年㈱ニッセイ基礎研究所(都市開発部)に入社。都市問題、土地問題、環境問題、環境経営、環境格付、社会的責任投資(SRI)、企業の社会的責任(CSR)、内部統制などを中心に調査研究に従事、現在に至る。

海外進出企業に求められるCSR戦略

株式会社 日本総合研究所 上席主任研究員　足達英一郎

1 海外進出企業に求められるCSRの現実

(1) 2つのCSR

　我が国のCSRは、海外のそれと比較したとき、「企業が自ら襟を正す」ことがCSRだという理解がなされていることを別の項（40頁）で述べた。一方、海外では「社会の中で、相対的にステークホルダーのプレゼンスが大きくなっている」「企業には今まで以上に社会的問題解決のための新たな役割が期待されている」「同時に企業行動は、社会的公正という観点からより厳しく監視・批判されるようになっている」という認識がCSR論の前提となっており、CSRとは「ステークホルダーからのプレッシャーに如何に的確に応えるか」の問題で、「企業が敢えてステークホルダーから鍛えられる経営を選択する」ことと解される。

　したがって、海外進出企業には、全く異なるCSRが求められると考えることのほうが現実的であると筆者は考えている。こうした態度は、ときに日本企業のダブルスタンダード行動として批判の対象になることもあるが、グローバルに統合されたCSRマネジメントは決して日本的なCSRから演繹されるものではなく、その意味で、海外進出企業が現地で獲得したディシプリン（教訓）を昇華させて、逆に日本国内にも適用するとき初めて統合が実現されると考えられるので、当面はこうした二分論は有効であろう。

(2) 進展する日本企業のグローバル化とCSRの要諦

　図表には、1991年から2000年にかけての日本企業のグローバル化の推移を示している。例えば、我が国企業の海外生産高比率は、19.1％から30.1％に、製造業の海外従業員比率は9.3％から16.3％に、国内上場株式の外国人持ち株比率は6.0％から18.1％に上昇している。

　CSRを考える際に、海外進出企業の増加の意味を、①海外における顧客の増加、②海外における従業員の増加、③海外における株主の増加の3つの側面から見ると理解しやすい。要は企業が海をまたいで外に進出するというのは、企業がこれまでとは違ったステークホルダーに対峙するということを意味するのである。

もちろん世界の地域ごとに、直面する社会的課題は異なる。国内ではほとんど関心が惹起されない事項が、海外では重要なテーマになっている場合がある。しかも、多くの場合、海外のステークホルダーは、日本に比べて、その声は明確で、大きなプレゼンスを有している。「ステークホルダーにより敏感であること」が海外進出企業の要諦となる。

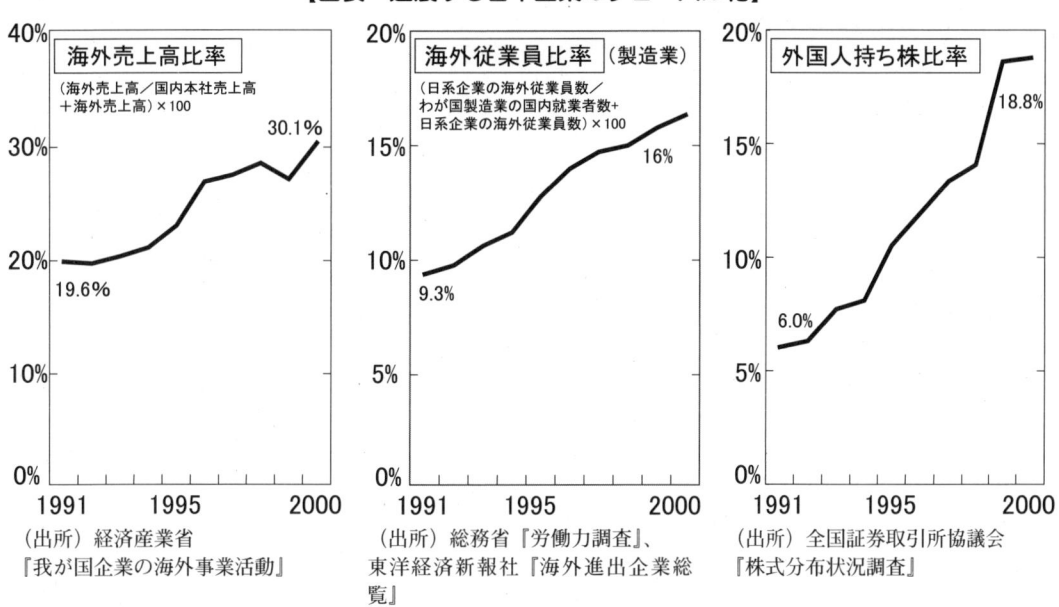

【図表　進展する日本企業のグローバル化】

海外売上高比率（海外売上高／国内本社売上高＋海外売上高）×100
1991: 19.6% → 2000: 30.1%
（出所）経済産業省『我が国企業の海外事業活動』

海外従業員比率（製造業）（日系企業の海外従業員数÷わが国製造業の国内就業者数＋日系企業の海外従業員数）×100
1991: 9.3% → 2000: 16%
（出所）総務省『労働力調査』、東洋経済新報社『海外進出企業総覧』

外国人持ち株比率
1991: 6.0% → 2000: 18.8%
（出所）全国証券取引所協議会『株式分布状況調査』

(3) 1990年代からの日本企業への批判

　事実、海外に進出した数多くの日本企業が、現地で軋轢や不祥事を起こしてきた。これらは多くの場合、ステークホルダーの考え方を十分に理解できず、批判を先取りして手を打てなかったことが原因だという側面をもつ。

　「セクシャル・ハラスメント」は、国内より10年は早く、数々の訴訟事例を生んできた。「環境レイシズム」というのは、マイノリティーの住民が集中している地域に、環境負荷の大きな工場を建設することが差別につながるという企業批判である。日本企業の中にも、強い反対運動にさらされ工場建設計画の修正を余儀なくされたところがある。「ハラーム（イスラム教で禁止された行為）問題」のような宗教関連の批判も、日本企業には馴染みのないものであることが多い。

　労働問題では、従業員の解雇などに端を発する「OECD多国籍企業ガイドライン違反」の提訴や工場撤退に伴う労働争議に巻き込まれた日本企業も数多い。「環境問題」関連では、「森林伐採」「海洋投棄」など日本国内ではそれほど関心をひかない問題にも厳しい批判の目が向けられている。

　鯨の繁殖に代表される「動物愛護」という視点も、日本企業では感度がどうしても低くな

りがちである。「ミャンマーにおける事業活動」が批判されるということも日本国内ではほとんど大きく取り上げられないが、海外においては人権無視の国で事業活動を展開していることそのものが抑圧的政権への協力として企業批判の対象になる。また、NGOを敵対的か否か評価した文書の存在が明らかになって大きな批判の声にさらされた日本企業もあった。

2 海外CSR実践のためのヒント

(1) 現地の社会的課題に目を凝らす

では、「ステークホルダーにより敏感である」ためにはどうしたらよいか。その第一のポイントは、進出先の地域、国、地方での社会的な課題に現地経営層は精通しておくということであろう。これは、単に工場の操業や従業員の雇用に関連することだけにとどまるものではない。企業が置かれている社会そのものが、どのような困難に直面し、人々がどんなことに不安や不満を抱いているかをできるだけ広範かつ正確に把握しておくことが、ステークホルダーの期待や批判を先取りする感度を高めるのである。

例えば、アジア地域を例にとれば、その地域の社会的課題としては、「民族摩擦」「所得格差」「人権侵害」「差別」「汚職・収賄」「児童就労」「労働災害」「廃棄物投棄」「自然破壊」「都市の公害」「犯罪の増加」「政治弾圧」「消費者保護の欠如」「宗教的慣習」「HIV/AIDS」「水資源危機」「移民・難民」などの問題をすぐ頭に浮かべることができるだろう。

近年、中国やインド等のアジア諸国は高い成長を続けているとイメージされているが、世界の1日1ドル以下での生活を余儀なくされている人（貧困人口11.7億人・1999年・世銀統計）の3分の2にあたる約8億人がアジア・太平洋地域に居住しているとされているのである。さらに、世界の非識字人口の約3分の2以上がアジア太平洋地域に集中ともいわれている。

したがって、この地域へ企業進出するということは、社会問題の大海に投げ込まれるということを意味するという認識をもつ必要がある。

日本企業には、社会的課題の解消は「政府の役割」だという認識が一般的である。しかし、多くの国では強大な多国籍企業のプレゼンスに比して政府は無力であり、ゆえにステークホルダーの直接行動として、企業に「社会的責任」を問うという動きが高まっているのである。この点も、日本国内においては実感が難しい点であるといえよう。

(2) 新たな企業批判に敏感になる

第二のポイントは、「CSRに悖（もと）る」として批判が顕在化し始めたテーマを早期にキャッチするということであろう。現実には、CSRという言葉で括られる企業批判にはブーム性が存在する。したがって、インフルエンザの流行と同じで、どこかで感染が顕在化したら、ウ

イルスに応じたワクチンを手当てするということが大事になってくるのである。

　例えば、最近の欧米の消費者運動などを分析すると、CSRの脈絡で注目が拡大するだろう問題の1つに、「テレビゲームの社会に与える影」というものがある。テロや暴動が頻発する現実世界の中で、「暴力、破壊、犯罪、テロ」を、テレビゲームという製品が助長しているのではないかという批判が米国を中心に高まっている。2005年8月のエコノミスト誌はこの問題の特集を出しており、日本企業が実名入りで批判の対象にさらされるという事例も出てきている。

　また、「子どもに向けたマーケティング」という問題もある。日常製品に、子どもの喜ぶキャラクターを印刷したり、CMに登場させるなどの広告宣伝手法は日本では珍しくはない。しかし、欧米の消費者グループは、判断能力のない子どもに、キャラクターが可愛いから等の理由で当該製品を強請(ごうせい)させるのは、不当なマーケティングであるとして、そうした広告宣伝手法をとる企業を批判している。

　さらには肥満の問題も、もはや消費者の側の責任ではなく、CSRとして企業の責任が問われることが一般化してきた感がある。今日、欧米で、肥満の増加は、生産性の低下や医療費の負担に結びつく明確な社会問題だと位置づけられている。しかも、ジャンクフードを選ぶ消費者の側に責任があるのではなく、そうした製品で商売をしている食品メーカーや外食企業にこそ責任があるという論理が幅を利かせている。

　これらも日本国内ではなかなか実感を得られない内容であろうが、すでに欧米の多国籍企業は、先駆的に様々な取組みを始めている。

(3) サプライチェーンを把握する

　加えて、日本企業が見落としがちである事項に、CSRを自社の事業活動のみならず、サプライチェーンの川上や川下を含めて実態を把握しておく必要性ということがある。

　1992年、スウェーデンのドキュメンタリー番組によってパキスタンの織物工場で鎖につながれて働く児童就労の実態が明らかになり、卸先の木工製品小売チェーンIKEAに批判が集中したという事例があった。1993年にはタイでKader Industrial社という企業の工場火災があった。非常口はモノが置かれるなどして使えず、工場のドアは組合結成を防ぐために外から人が入れないように常に施錠されているという状況下で、燃えやすい素材に火がまわり死者188人、けが人469人の大惨事となった。このときは最大顧客であったトイザラスが徹底的に非難されることになった。さらに、1998年にはアメリカに本拠を置く企業監視NGOのCorpWatchがNIKEベトナム工場における児童就労問題を取り上げ、世界的な抗議デモが拡大していく。これらはすべて多国籍企業本体の問題ではなく、サプライチェーンにつながる協力工場の問題である。

　欧米のステークホルダー、とりわけNGOや消費者団体の主張は、「多国籍企業の社会的責任は、そのサプライチェーンすべてを包含すべきである」とするものが一般的になってい

る。一方、日本企業ではサプライチェーン先であっても、独立の企業体である以上、そこでの問題をすべて遡及されるのは非合理であり、かつ強権的にサプライチェーン先をコントロールすることは困難であるという理解が大勢だ。ここに、大きなギャップが生まれている。

　ここでも、欧米の多国籍企業は、単なる「べき論」から離れて、先行的に様々な防衛策を講じている。世界銀行が2003年に、107社の多国籍企業に対してインタビューをしてまとめた調査結果では多国籍企業が現地パートナーに求めるコミットメントのレベルについて聞いている。これによれば、単に「現地の法令遵守を求める（Obey local low）」と答えた企業は14％しかない。「自社が定める行動規範に従ってもらう（Adhere to our corporate code）」とする企業が51％あり、さらに「外部の第三者の定める規範や基準に準拠することを求める」とする企業も31％に達している。こうした点も、日本の海外進出企業の留意点になろう。

（4）ステークホルダーエンゲージメントという概念を理解する

　イギリスにあるAccountAbility社から2005年9月、世界初のステークホルダーエンゲージメントの規格となる「AA1000ES」の原案が公表された。ステークホルダーエンゲージメントとは、ステークホルダーからの関与・働きかけのことを指す。企業が対応すべきは、ステークホルダーが何を期待しているのかを把握して、個別の取組みとの整合性を確認し、説明行動の効果を測定するということであると説かれる。AccountAbility社は、このステークホルダーエンゲージメントに関して、「組織によって影響を受ける人もしくは組織の活動に影響を与えることができる人の声を聞いてもらえる権利を確実にし、ならびにこれらの関心に組織が応える責務を課すことこそが、組織の成果を改善する」と述べている。

　ステークホルダーは企業に対して、「声を聞いてもらえる権利」を有している。そして企業の側は「こうした関心に対して応える・説明をする責務」を有しているという考え方である。これも日本国内の雰囲気からすると相当、違和感があるだろうが、特に欧州のCSRはこういうところまで議論が深化していきているのである。

　具体的には、①ステークホルダーの明確化を図る、②重要性のある問題を特定する、③ステークホルダーエンゲージメントを受け入れる目的と範囲を決定する、④実施の計画とスケジュールを決定する、⑤実行可能なエンゲージメント受け入れの方法を決定する、⑥エンゲージメント受け入れのための能力を強化する、⑦エンゲージメントを受け入れた結果として重要性を再確認しリスクと機会を明確化する、⑧実際の操業や組織への反映を図る、⑨効果の測定、監査、評価を行う、⑩一連の流れを評価し必要に応じて再定義を行うというステップが企業には求められる、と提唱されている。こうした考え方にも、海外進出企業は馴染んでおくことが必要であると思われる。

3 中国における CSR の進展

(1) 欧米とも日本とも異なる CSR の運動原理

ところで、本稿の結びとして「中国における CSR の進展」に言及しておきたい。それは、中国で CSR が我が国以上にブームになっていることが国内ではあまり知られていないこと、同時に我が国企業にとって海外進出先としての中国の位置づけは今日、どこよりも重要であると考えられるからである。

2004年9月の中国共産党第16期中央委員会第4回総会で「和諧(わかい)社会」という言葉が初めて登場した。「民主法治、公正正義、誠信友愛、活力充満、安定的な秩序、人間と自然が睦み共存する社会」を政策目標とする考え方で、経済成長一辺倒ではなく、「都市と農村の調和」「地域の発展の調和」「経済と社会の発展の調和」「人と自然の調和」「国内発展と対外開放の調和」を重視するという方針を示している。「和諧社会の建設」は、2005年10月に決議された「国民経済と社会発展第十一次五ヵ年計画」でも大きくうたわれた。

2006年3月の第10期全国人民代表大会第4回会議においても、「企業の社会的責任」という言葉が登場することはなかったにせよ「物質的富の増加に片寄りすぎた発展から人間の全面的成長と経済・社会の調和のとれた発展を重視するものに転換する」という方針は改めて明確になった。賈慶林(かけいりん)中国共産党中央政治局常務委員は5月、「私企業も経済原理とともに中国の伝統である扶助の精神を追求し、私益とともに国の公益のために機能すべきである」と演説した。6月には唐家璇(とうかせん)国務委員が「海外に進出した中国企業は、社会的責任を履行し、公益事業に積極的に参加し、環境保護に留意しなければならない」と呼びかけ、さらに8月には商務部が「外商投資企業の社会責任意識を強め、企業、社会、環境の持続可能でバランスの取れた発展を実現する」方針を打ち出している。

中国の CSR は政府主導の色彩が極めて強いのが際立った特徴となっている。欧州の CSR は NGO などのステークホルダーに牽引され、日本の CSR は自らの襟を正そうとする企業自らが推進しているのに対して、中国には「国策による CSR の推進」という、また別の CSR が存在している。一般には、「CSR はあくまで企業の自主的なものであるべき」ことが強調されるが、中国では「まず法令遵守からはじめなければならない」との認識が強調されている。背景は明確で、エネルギー浪費の是正、環境汚染の防止、職場の安全衛生の確保、汚職腐敗の追放などの政策を進めるために、企業に「社会的責任」を意識させることが鍵となるという考えが強く作用しているのである。また、輸出企業にとっての国際競争力にもつながるという認識も共有化されている。こうした状況を背景に、中国では CSR に関する論文が次々と発表されており、その推進団体が数多く組織されるとともに、セミナーなどの催しが続々と開催されている。

（2）日本企業に求められるもの

　こうした状況に、日本企業はどのようなスタンスをとるべきであろうか。我が国産業界には、「中国のCSRは対外的に批判をかわすためのポーズ」というさめた見方もあるようだが、例えば、環境保護基準を満たしていない企業の強制閉鎖が引き続き講じられていることは、その反拠として注目に値しよう。その中には、1990年代に誘致された外資系企業の名前もある。民間の側にも「いつまでも安物を売り物にしているのでは駄目だ。先進国市場におけるCSRという品質競争に中国製品もキャッチアップすべきである」という声が、まだ少数だが芽生えてきた。2006年秋には経済出版社によるCSR企業ランキング結果も公表されるという。

　ならば、進出日本企業は自らの経験を活かして、CSRの模範となることが有効な戦略となるだろう。特に中国マーケットを見据えた情報発信が重要である。すでに、中国日本商会では、進出日系企業が行ってきた社会貢献活動の内容を広く中国社会に知らせることを目的に、所属する会員日系企業に調査を実施し、結果を2006年3月に公表しているが、こうした取組みは継続していくべきであろう。

　さらに、環境問題とりわけ省エネルギーの分野では、すでに両国企業の協力関係構築が急速に進展しつつあるが、これを広くCSRという脈絡で拡大させていくことが有効であろう。特に、職場の安全衛生の確保や環境配慮型の製品開発といった領域では、日本企業の経験を共有していく余地が大いにあると考えられる。

　このようにCSR戦略が、海外進出企業にとっての競争戦略として有効に作用するという実証の場が、中国において準備されつつあるという状況には注目しておきたい。

足達英一郎　*Eiichiro Adachi*

1986年一橋大学経済学部卒業。90年㈱日本総合研究所入社。99年から社会的責任投資のための企業調査の業務に従事。現在、ESGリサーチセンター長、上席主任研究員。著書（共著）に、『図解　企業のための環境問題』（東洋経済新報社）、『SRI社会的責任投資入門』（日本経済新聞社）、『CSR経営とSRI』『ソーシャル・ファイナンス―ヨーロッパの事例に学ぶ"草の根金融"の挑戦』（以上、きんざい）などがある。

展望と課題

CSRが育む企業文化

立教大学 社会学部 講師　**古賀純一郎**

1　CSRは企業存続の有用なツール

　経済、社会、環境に配慮し、バランスの取れた成長を目指すのがCSR。その目標は、企業の存続、つまり永続性、いわゆるサステナビリティである。

　世界に胸を張れるような素晴らしい企業文化を築き上げていても経営不振、不祥事などであえなく倒産、サステナビリティ（持続可能性）を確保できなければ、その企業はゴーイングコンサーン（継続企業）としての使命をその時点で終える。過去にそういう企業が存在したと、歴史のひとコマとして記憶に残るだけである。花開いた企業文化を対外的に発信し続け、その存在を誇示。社会から適切な評価を受け、輝きを増し、活動を深化させてこそ、はじめてその真価と重みが出てくるのではなかろうか。企業文化を育み、サステナビリティを実現するためにもCSRが極めて有用なツールになるのは間違いない。

2　家訓は企業文化の基礎

　「社会の公器」「事業を通じた社会貢献」などの企業文化で知られる松下電器産業。そのCSRの芯を貫く最近のキーワードは、「スーパー正直」である。「隠し事があってはならない」、「何でもオープンにする」。これによって透明性を確保し、説明責任を果たす。企業行動の基本にこの「スーパー正直」を据え、コンプライアンスを貫徹、不祥事を撲滅する。

　「自らを社会の公器として強く認識し、行動することがCSR」と会長の中村邦夫は社長時代から強調している。伝統的な概念に、新しい時代にマッチした考え方を上乗せし、絶妙なバランス感覚でCSR経営を推進している。

　このケースからわかるように企業文化は、いつの世にも不変で、活動の核になる部分と時代、時代で変化し、進化し続ける部分との2つがある。江戸時代に起源を持つ旧財閥の住友グループ、明治初期に政商として登場した三菱グループにしても同様だ。それぞれの家訓を題材に考察すると極めて興味深いものがある。

（1）住友の家訓

「浮利を追わず」などで知られる旧住友財閥の家訓のルーツは16世紀に遡る。家祖である住友政友が説いた五ヵ条から成る、商人の心得を綴った「文殊院趣意書」に由来する。同趣意書を基に昭和初期に社則としてまとめたのが、信用第一、堅実経営、商道重視を基本とする家訓である。住友化学、住友商事などグループの中核企業は、事業精神でもあるこれをCSRの基礎としている。そして、この家訓に、地球環境保全、コンプライアンス、企業倫理、説明責任、情報公開などの現代的な要素を加え、堅持すべき独自のCSRを打ち出している。これが現在の住友グループの企業文化を形成しているといってよかろう。家訓がコアの部分を占め、時代によって変わる部分を加え、デフォルメしたのである。

（2）三菱三綱領

三菱グループも同様である。「所期奉公」「処事光明」「立業貿易」で構成される三菱三綱領がつとに知られている。三菱商事、三菱自動車、三菱重工などグループの中核企業はCSRの原点として三綱領の意義を強調している。三綱領のもともとの意味は、「所期奉公」が「経営は常に国家的事業観に立つべき」、「処事光明」が「公明正大な取引」「手段を選ばぬ取引をやってはならない」、「立業貿易」は「対外貿易を業とする」程度の意味である。CSRが隆盛しているなか、今日的視点を踏まえ、最近では、それぞれに新たな解釈を加えている。「所期奉公」は「事業を通じ物心ともに豊かな社会の実現に努力すると同時にかけがえのない地球環境の維持にも貢献する」、「処事光明」は「公明正大で品格ある行動を旨とし、活動の公開性、透明性を堅持する」、「立業貿易」は「全世界的、宇宙的視野に立脚した事業展開を図る」である。「所期奉公」に環境保護を、「処事光明」には情報公開、説明責任を盛り込み、「立業貿易」にはグローバルな視点を加えている。不変であるコアの部分に現代的な要素を加えることによって磨きをかけたわけである。いずれも、新時代に相応しい企業文化、企業風土の堅持と発展を目指していることがうかがえる。企業の寿命が喧伝されるなか、サステナビリティを全うするための一助となるのが、こうした時代に応じた企業文化の深化なのであろう。言い換えれば、企業文化が停滞していては、社員の意識も滞りがちで、企業の発展に影響が出るのは避けられない。

（3）伊藤忠"三方よし"

CSR活動は、ふだんはほとんど気にとめることもなかった、その企業がたどってきた企業文化そして社史のおさらいでもある。伊藤忠商事は、2006年7月に発行した初のCSRレポートの中で、同社の基礎を築いた近江商人、伊藤忠兵衛が商売の哲学として生涯貫いた「三方よし」の話を取り上げた。社会貢献の重要性を説いた近江商人の家訓として知られる「三方よし（売り手よし、買い手よし、世間よし）」は、日本のCSRの源流という形で取り

上げられることが多いのだが、創業者の忠兵衛も実は、これを説いていたのである。
　その内容は、「取引は、売り買いの当事者だけでなく、世のため人のために貢献するものでなければならない」である。数年前の伊藤忠だったら、話題にもならなかったような逸話だ。だが、CSRへの取組みがスタートした少し前から社長を筆頭に、幹部が入社式の挨拶などで俄然、多用し始めた。忘れかけていた歴史を改めて見直すきっかけとなったのである。伊藤忠は、「三方よし」を今では、「企業はマルチステークホルダーとの間でバランスの取れたビジネスを行うべきである」と現代的に言い換え、企業文化の中に取り込んでいる。埃を被っていた先祖伝来の家訓が蘇ったといえようか。

(4)「規（のり）」から「タケダイズム」へ

　今から約220年前の江戸時代中期に創業された武田薬品工業もこれが当てはまる。聖徳太子の十七条憲法の基調をなす「和を以って尊しと為す」を基本に「事業は人なり、しかも人の和なり」という考え方を経営の中で、長らく貫いてきた。第五代目社長が、創業以来重視してきたこの精神を「規（のり）」という形で、戦前まとめていた。それを基に最近、集大成したのが経営の基本精神である「タケダイズム」である。誠実な経営、社会貢献などの企業文化はタケダイズムを土台に推進されているといってよかろう。CSR経営を標榜するリコーも創業者が唱えた「三愛精神」をCSRの基本としている。

(5) 雪印・創業の精神で再建

　不祥事や経営不振に陥った企業にしても同様である。食中毒事件など相次ぐ不祥事で存亡の危機に立たされた雪印乳業もその1つだ。再発防止を希求、初心に立ち返り、原因究明に乗り出した末にたどり着いたのが、創業の精神「健土健民」であった。「酪農は土の力を豊かにし、その上に生きる生命を輝かせる。作られた乳製品は、人々の健やかな精神と身体をつつむ」。これをスローガンに、再建の道をひたむきに歩んでいる。

3　新たな企業文化の始まり

　新たな企業文化がスタートするケースもある。福祉機器の研究開発、部品製造などのホンダ太陽は、本田技研工業の創業者本田宗一郎（ほんだそういちろう）の肝いりで障害者雇用のため設立した子会社として知られている。その後も、希望の里ホンダなどを設立、障害者雇用に努めている。その本田技研工業が2006年から今度は、従業員とOBのボランティアによる海岸清掃に乗り出した。"Hondaビーチクリーン活動"と銘打ったこの活動は、「素足で歩ける砂浜を次世代に残したい」という従業員の思いから開発されたランドクルーザータイプの清掃車で、漂着ごみなどにまみれた砂浜を地域社会との協力で浄化するのである。06年は全国20ヵ所を予定している。CSRの一環として「良き企業市民として社会的責任を果たす」（社会活動理念）と

いう企業文化が花開いているケースといえよう。障害者雇用では、ヤマト運輸が設立したベーカリー事業の子会社、スワンなども知られている。

4 外国企業の動き

　CSRが企業文化を育む動きは何も日本だけの話ではない。メルセデスベンツで知られるダイムラー・クライスラーは最近のCSRリポートの中で、「人を第一にする企業文化」という項目を特別に設け、言及している。中身は、同社が世界中の社員に対し規律、意欲の保持のため、報酬や良好な職場環境の提供などで莫大な投資をしていることなどが綴られている。なぜ、社員に対し莫大な投資をするのか。その目的として、同リポートは、「グローバル企業としてダイムラー・クライスラーが成功しているのは36万人以上の従業員個人の果たしている数々の努力の結果である。彼ら個人は、会社や社会の利益のため来る日も来る日も、知識、技術、創造性、才能を活用してくれている。良き企業市民としての我々の責任は彼ら、従業員から始まっているのである」と強調している。社会貢献を行うにしろ新たな取組みを始めるにしろ、すべては従業員から始まっている。だから従業員を大事にする。これがダイムラーの企業文化であるというわけである。

5 建設業界の変化

　最近のCSRに対する業界の取組みをみて気づくのは、建設業界の一大転換である。談合など不祥事の常連企業がコンプライアンスや企業倫理の遵守を突然、しかも一斉に口にし始めた。あるスーパーゼネコン大手は、CSR報告書の中で談合・調整行為をやめると宣言、それに向けて実施した数々の施策などを掲載している。2006年1月の独占禁止法改正で課徴金が大幅に引き上げられたことや自主申告した企業に対する課徴金の減免措置が導入されたことがきっかけである。古い体質から脱皮し、近代化に向けて業界が大きく変身する画期となるかもしれない。CSRの推進で、各社とも違法行為の根絶と高い倫理観による良識ある行動の実践をうたっている。実現できれば、「『品位』を持ち、社会から信頼される『質の高い仕事』をする会社」（脇村典夫　大林組社長）への変身が可能となるのは間違いない。新しい企業文化が開花するかの岐路に各社とも立たされている。

古賀純一郎 *Junichiro Koga*

東京大学経済学部卒、立教大学社会学部産業関係学科講師。著書には、『経団連』（新潮選書、翻訳され韓国でも出版）、『キーワードで読む日本経済』（共著：岩波ブックレット）、『40代宰相論』（東洋経済新報社）、『政治献金』（岩波新書、翻訳され台湾でも出版）、『郵貯激震』『CSRの最前線』（以上、NTT出版）などがある。
E-mail:kogaj11@titan.ocn.ne.jp

展望と課題

新しいリスク社会とCSR

元 読売新聞論説委員　桝井成夫

1 戦後日本のCSRに欠けたもの

（1）「三方よし」を忘れたか？

　「CSR」という欧米発の英語がここ数年、産業界の流行語になっている。Corporate Social Responsibility、つまり、企業の「社会的責任」のことである。この言葉自体に新味はない。

　日本には古くは江戸時代、近江商人の「三方よし」がある。「売り手よし」「買い手よし」、そして「世間よし」である。売り買いの当事者が満足するだけでは十分ではない。「世間」という社会も恩恵を受けなければ結局、長続きはしないという知恵である。近江商人は道普請や橋の建て替えなど、当時の公共工事を積極支援した。その商人道は、今の言葉でいえば、持続可能な成長（Sustainable Development）にあたるだろう。

　日本では戦後の高度経済成長期以降、ほぼ10年周期で産業界は、企業の「社会的責任」を唱えてきた。

　1950年代後半から60年代にかけ、公害列島と非難された時代、経済同友会は、「社会的責任」の励行を決議した。70年代の石油ショックの時代には、企業の売り惜しみが槍玉に挙がり、企業はまた社会的責任を言い出し、利益を社会還元する財団などを創設した。さらに80年代にはバブル経済とともに、「良き企業市民」が言われ、企業の社会貢献という「メセナ」や「フィランソロピー」がもてはやされた（この外来語はすぐに過去のものとなった）。90年代は、目先の企業収益のために、食品から自動車まで、製品の基本的な安全性にまで疑念を抱かせる、あってはならない名門企業の不祥事が頻発し、法令遵守（コンプライアンス）が叫ばれた。

　総じて産業界が戦後、その都度掲げた「社会的責任」の旗は一過性で、腰を据えたものではなかった。企業の社会的責任といっても、社会貢献や利益の社会還元、法令遵守といったところで、一貫した企業戦略として考えられたものとは言い難い。だから今でも、「近江商法」が新しく響くのかもしれない。

（2）「地球的視野」が必要

　新たに登場したCSRは、こうした産業界の「社会的責任」に対する、これまでの考え方や対応とは大きく異なるものである。21世紀の「新しいリスク社会」を見据えた、確かな視点と発想の転換が欠かせなくなるからである。

　急速なグローバル化が招来する「インターネット文明」、その将来は予測がつかない。国境を越えた企業の大競争（メガコンペティション）は際限がない。石油、希少金属類（レアメタル）をはじめ世界の埋蔵資源量が限界に近づくなかで、中国、インドも参入する先進国の資源争奪戦が激化していく。一方で水、大気と海洋、森林、生物多様性など、地球環境の破壊が加速度的に、しかも不可逆的に進行する。地球温暖化はその象徴だろう。

　世界の現実を前に、どう企業が「持続可能な成長」を遂げるのか。その世界標準の指針がCSRである。そこには「地球的な視野」が必要になる。この点において、欧米、特に欧州で90年代後半から広がり始めたCSRの潮流には注目すべきものがある。

2　時代は「リスク予防」に転換する

（1）歴史的な EU 文書の採択

　CSRのいう「社会的責任」（SR）は広範囲で多岐にわたる。当初の安全衛生や環境問題から、最近では、労働慣行、貧困、人権など、その間口は急速に広がっている。国際標準化機構（ISO：本部・スイス）の最新の定義では、「社会的責任とは、社会問題や環境問題に影響を与える活動に関し、組織が責任を果たす行動」であり、「社会の利益と持続可能な成長を整合させること」が前提であるとしている。当然とも思える定義だが、国際標準化機構の総会は議論百出し、ようやく合意できた骨子という[※1]。

　対象となる領域がこれだけ広がっているのも、時代がさらに複雑になり、新しいリスクも急拡大しているからだ。そのなかでも、中心的な領域となればやはり、「環境」だろう。ここを牽引するのが、欧州連合（EU）である。

　EUの意思を決定する欧州委員会は2000年2月、極めて重要な文書を採択した。最先端の科学、技術革新と「環境」「社会」との関係の原則を定めたものである[※2]。

　科学と技術革新は確かに有用で便利な新製品を生み出す。しかし、同時に、予測できないリスクも内在する。人口化学物質のPCB、オゾン層を破壊する含ハロゲン炭素化合物をはじめ、遺伝子組み換え（GM）食品など枚挙にいとまがない。こうした潜在リスクがいったん顕在化すると、予想もつかぬ悪影響が出て、手遅れにもなりかねない。それほど科学や技術の進展は目覚しい。

（２）「予防原則」を環境政策の柱に

　EU文書は、新製品の潜在リスクについて、「科学的証拠が決定的ではなく、不確かであっても、その時点で得られる最新、最大の科学的な証拠により、環境や人間、動植物に対する危険な影響が十分懸念される合理的な根拠がある場合」に、新製品の導入は再検討され、一時中止の措置も受ける、と明記した。これは、現在の科学水準ではリスクが「不確か」であっても、人間や環境の安全を優先して行動する、という「予防原則」である。この原則の守るべき対象に、「動植物」も入っていることにも注目したい。持続可能な成長を目指しEUは、予防原則を環境政策の中核に据えた。

　1992年、ブラジル・リオデジャネイロで開かれた国連環境開発会議（地球サミット）で、「持続可能な開発の実現」が国際合意された。この「リオ宣言」の原点に予防原則がある。だが、現実には建前としての文言に近いものだった。EUは、これを政策として現実化することに乗り出したのだ。ここが画期的である。

　科学技術を駆使し、新製品の開発にしのぎを削る企業活動は当然、この「予防原則」と衝突せざるを得ない。EU自身、科学技術の世界的な競争に遅れをとる恐れもある。それでも、EUが予防原則を打ち出した背景には何があるのだろうか。

（３）欧州の「第二の啓蒙主義」

　欧州は20世紀の相次ぐ大戦で戦場になり、塗炭の苦しみを経験した。第二次世界大戦後の廃墟から、EC（欧州共同体）が生まれ、EUに発展していく。ここには、戦争に至りかねないあらゆる軋轢の芽を未然に摘もうという、巨大な予防原則がすでに働いている。カトリシズムに根ざしたヨーロッパ文明の歴史と叡智も見逃せない。EU創設自体が予防原則による、ともいえようか。「危険を冒す時代」から「危険を予防する時代」に、大きく舵を切ったEUの政治的意思は固い。

　欧州で16世紀に生まれ、近代の扉を開いた啓蒙主義は、人間の理性、合理的な精神を思想の中心に据える。啓蒙主義では、自然は人間が使うための有用な資源とみなす。科学・技術は、その最も有効な手段である。米国は建国以来、この啓蒙主義が指導原理というべき、世界で例のない国である。

　米国有数の文明評論家であり、欧州委員会議長の顧問でもあるジェレミー・リフキン氏は、予防原則という欧州の新思潮を、「第二の啓蒙主義」と呼び、文明論的な転換と位置づける。ここでは、人間と自然との関係を対立、搾取ではなく、「共生」「相乗」作用として捉え、その連関する全体像の中に「新しい科学」を志向する。生態学（エコロジー）の概念に近いものだ。リフキン氏が強調するとおり、EUは、地球環境に対する人間の責任を政治理念の中心に据えた、まさに史上初の統治機構である[※3]。

3 EUが先導するCSR

(1) 究極のモノづくりのあり方

　予防原則に立ち、EUは矢継ぎ早に注目すべき環境規制を打ち出している。まず重要なのが、2003年に欧州委員会が採択した「包括的製品政策」（IPP;Integrated Product Policy）である。

　既存の環境政策は、公害防止の観点から、製造現場への様々な規制を中心としてきた。大気や河川・海などへの排出規制や、製造過程で生み出される有害物質の使用制限などである。だが、この方式は、対象地域の汚染改善に有効性はあったが、いったん工場を規制の緩い途上国に移せば、そのまま「汚染の輸出」に形を変えるものである。

　これに対しIPPは、製品そのものに規制をかける。世界から調達する資源採取、環境配慮の設計と製造、そして販売、流通使用から廃棄までの各段階に、厳しい「環境基準」を求める。製品のライフサイクル全体を見渡して、個々の環境政策を統合し、有毒物質を極力排除し、資源の消費と廃棄の最小化を図るものだ。モノづくりやサービスで、究極の省資源、省エネ、無害化を図る、グランドデザインというべきものである。

　IPPに基づいて、EUは2006年7月から「有害物質使用制限指令」（RoHS指令）を施行した。これによって、EUで製造もしくは輸入する電気電子機器には、鉛、水銀、カドミウム、六価クロムなどの6物質が原則使用禁止となった[※4]。

(2) 革命的な「REACH」の衝撃

　さらに革新的なのが、2007年半ばに施行される「新化学品規制」（REACH）である。EU域内で製造、輸入される化学物質について、企業は、その安全性を示すデータを提出（登録）しなければならないというものだ。これは従来、政府が担ってきた安全性の立証の責任と、試験費用の負担を企業側に全面的に移す、世界に類例のない規制である。EUは施行後11年をかけて段階的に実施する。

　化学物質は現在、約10万種類もあり、次々に新規の人工化学物質が生まれている。大半は、健康や安全へのリスクは企業秘密もあり、十分開示されてはいない。REACHは、約3万種類の既存の化学物質だけでなく、約3,000種類の新規の化学物質にも安全性の立証責任を企業に課す[※5]。

　従来のリスク管理からの革命的な変化といえるだろう。特に米国では新たな化学製品について、有害との立証責任は主として消費者、一般社会、さらには政府にあるとされる。それを百八十度転換して企業に負わせるというわけだから衝撃は大きい。日本にも、化学物質審査規制法（化審法）はあるが、往々にして行政は企業よりの甘いものになりがちである。先

進諸国が REACH を「史上最大の規制」と恐れるのも無理からぬところだ。

REACH が実施された場合の予防効果は大きい。欧州委員会の試算によると、施行後11年間に要する企業の負担費用は4,000億円から7,500億円とされるが、がん予防効果による医療費の減少など、施行後30年間で少なくとも7兆円の費用削減が EU 域内で見込めるという。

4 欧州と米国の CSR の差異

(1)「政治」が主導する欧州の CSR

EU が着々と進める革新的な環境規制は、EU の CSR の中心部分を成している。この「欧州流」のポイントは、政治がまず主導し、企業や市民社会と対話しながら進めていくところにある。EU 憲法の批准を加盟国の市民に粘り強く求めていくことと、同じようなプロセスといえないか。

EU は人口4億6千万人の巨大市場である。2004年の輸出入総額は2兆5千億ドルで、米国（2兆3千億ドル）、日本（1兆ドル）を越す。名目域内総生産（GDP）も、12兆9千億ドルで米国を抜き、世界におけるシェアは31.5%を占めている。日本と EU の関係では、日本からの輸出は2005年で9兆6千億円に上る。新たに EU に加わった中東欧諸国への日本企業の進出も相次いでいる[※6]。EU に進出した企業は当然、新環境規制をはじめ、EU の CSR を受け入れざるを得ない。日米をはじめ、世界の輸出企業も、この巨大市場を無視しては、存亡をかけた国際競争に立ち遅れる。それは、部品や素材の調達先の系列企業にも及んでいく。

グローバル化した経済競争は、製品やサービスの質だけにとどまらない。むしろ、「世界標準」となる国際規格を、いち早く制したものが勝者となり得る。グローバル経済の中で、欧州流は足元の市場を梃子に、「世界標準」への道を歩んでいる。

(2)市民社会が主役の米国の CSR

一方の「CSR 大国」の米国はどうか。その特色は、移民の国、米国の特性と深い関係がある。フロンティア精神に代表されるように、米国人は、個人も個々の企業も独立独歩の気質が土台にある。その根底には、自らの経験を重んじるプラグマティズムがあり、危険を冒しても挑戦することに米国人は大きな価値を置く。月面着陸を成し遂げた1960年代の「アポロ計画」のように、科学や技術の進歩を信じ、限りない夢を追う。

最新の科学技術の陥穽を懸念し、それを制御、予防しようという欧州のような考え方には、米国人は気質的にも馴染みにくい。他国の政府や国連など国際機関は無論のこと、自国の政府によるものであれ、いかなる規制も嫌うのが米国人一般だろう。

このような米国で、CSR を引っ張るのは、自立し開かれた米市民社会である。企業の社

会的責任は、基本的に個々の企業の自発的な「ビジネス倫理」に任されている。そこで、市民社会が主役になって企業側に社会的責任を求める形が主流になる。この代表的なものが、「社会的責任投資」(SRI) といえる。環境や人権問題をはじめ、社会的責任を果たす企業には市民社会が投資をし、そうでない企業には投資を減らすか、引き揚げるというものだ。

(3) 潮流は次第に欧州へ向かうか

米国はSRIのマザー・カントリーと言われる。その米市場規模が急激に拡大している。ソーシャル・インベストメント・フォーラム (SIF) の調査によると、SRI投資総額は1995年の6,390億ドルから、2001年には2兆3千億ドルに膨らんだという[※7]。

だが現実には、多くの米企業は、株主や投資家の利益を重視するため、何よりも短期の収益が優先する。成長偏重の米国型経営モデルには、強固なものがある。

今後の世界の潮流はどこへ向かうのか。注目すべき動きがある。国連環境計画・金融イニシアチブが2006年4月、機関投資家などに対し、6つの「責任投資原則」を公表し、署名を求めた。投資先を選ぶ意思決定に際し、「環境・社会性・企業統治」(ESG) を原則として組み入れることを誓約するというものである。これに、世界最大級の米カリフォルニア州の州職員退職年金基金 (カルパース) をはじめ、米国の有力金融機関が署名した。これは、金融から米国の企業を変える契機になるかもしれない。

この原則には、世界の19ヵ国、百以上の機関投資家らが署名した。日本からは、キッコーマン年金基金や損保ジャパンなど5社が加わった。原則を誓約した機関投資家の総運用額は、5兆ドル (575兆円) の巨額に上る[※8]。一般に金融部門は製造業に比べて、CSRに対する意識が遅れていた。世界の金融界も動き始めた。その影響は大きい。CSRの潮流は、大きくは、欧州に向かいつつあるようだ。

5 地球環境危機とCSR

(1) すでに地球が1.2個必要

地球環境の危機を告げる数字は刻々悪化している。最近、世界でよく使われる「持続可能性指標」に、エコロジカル・フットプリント (EF) がある。英国では30以上の自治体が環境政策に採用している。EFは、ある特定の国や地域の経済・消費活動の水準を維持するために必要な、生態系 (山林など陸地＋水域) の面積の合計である。食料や資源、製品を輸入すれば、輸入先での生産活動に要する生態系面積が加わることになる。

この基準によると、2002年に、日本のEFは国土の5.6倍、米国とEUは2倍。これらの国々に中国、インドを加えると、全世界の生態系の75％を独占し、他の190弱の国々には25％の生態系しか残されない。中国の躍進を考慮に入れると、2005年に、地球の許容量の全生

態系面積の2割を超えたとされる。地球はすでにその1.2個分を要している[※9]（図表参照）。

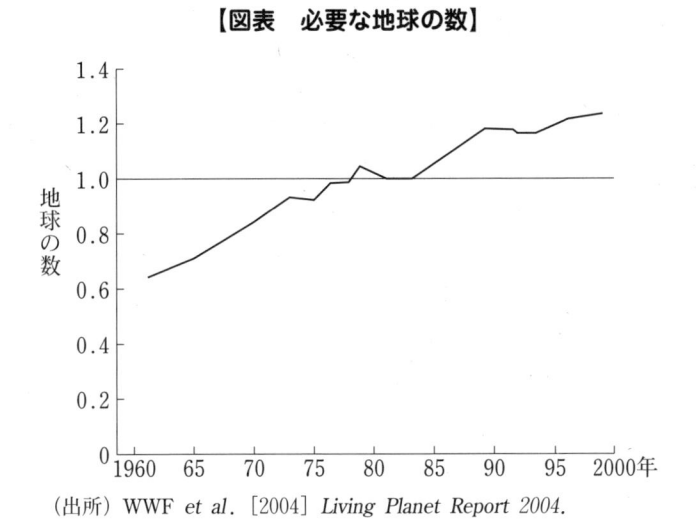

【図表　必要な地球の数】

（出所）WWF *et al.* [2004] *Living Planet Report 2004.*

　米国防総省（ペンタゴン）は2003年10月、地球温暖化が突然引き起こす影響について調査報告書（「急激な気候変動シナリオと米国の国家安全保障への含意」）をまとめた[※10]。この2010～2020年の予測は何とも不気味である。

　それによると、温暖化による影響は緩やかにではなく、突如起きる可能性がある。欧州に向かう暖流のメキシコ湾流が急激に衰え、欧州は寒冷化、北半球の穀倉地帯は干上がり、中国は異常な渇水と雨期の大洪水に見舞われる。アジアは強力なモンスーンに間断なく襲われる。そして、食料、水、エネルギーの確保が最大の問題となり、侵略戦争にも発展するという。

（2）危機克服のシナリオはある

　迫り来る地球環境危機に対して、世界が目指すべき方向性はすでに明らかとなっている。1つは、歴史的な「リオ宣言」が基本指針とした「持続可能な成長」の実現である。もう1つは、環境に危険であると合理的に推定できるとき、その防止に直ちに乗り出す、という「予防原則」である。

　この2つの原則を柱とする、多国間環境条約・協定（MEA）は少なくない。温室効果ガスの排出削減を先進各国に義務づけた「京都議定書」をはじめ、生物多様性条約、残留性有機汚染物質に関するストックホルム条約（POPs条約）などである。WTO（世界貿易機関）の「ドーハ宣言」も、冒頭に持続可能な成長を掲げる。

　ところが、言うまでもないが、この実現こそ困難を極める。その象徴が、二酸化炭素（CO_2）などによる地球温暖化問題だろう。温暖化防止のための国際交渉も、各国の排出削減対策も難航を重ねる。最大のCO_2排出国の米国は、京都議定書から離脱したままで、中国、インド

は排出削減義務の枠外である。これでは、地球環境危機に歯止めをかけることは難しい。

　アースポリシー研究所所長のレスター・ブラウン氏は言う。「我々は、地球を救うための戦略レベルでの闘いに敗れつつある」[※11]。確かに、悲観的にならざるを得ない。

　地球環境問題はいずれも、国際協力なしには一歩も進まない。ここで大事なのが、国家が果たす役割である。グローバル化は確かに国境を曖昧にする。しかし、逆に主権国家の存在力は高まる時代になっている。地球環境問題という世界の難問克服に向けて、国際協力、国際交渉を主導し、積極的に前進させる国の重要性も威信も高まる。今後は、経済力、軍事力などのみが国力ではない。「環境」が、主要な外交カードになる時代も遠くはないだろう。京都議定書の議長国の日本に期待される分野である。

　国家の環境政策に大きな影響を与えるのが、多数の企業、市民社会、NGO（非政府団体）やNPO（非営利団体）、市場など様々な各ステークホルダーである。なかでも、企業の占める役割はとりわけ大きい。世界の企業に対し、「持続可能な成長」への転換を促すのが「CSR」である。EUのCSRは、それを今、最も先鋭的に、しかも文明史的な転換を迫っている。

　先進諸国の企業経営が持続可能な「21世紀型」に変わっていくとき、地球環境危機の克服を目指す「シナリオ」が動き始める。

　　　※1　『CSR最前線』日経エコロジー　2006年7月号20〜21p
　　　※2　EU Online（http://www.europa.eu.int）,Precautionary Principle
　　　※3　Jeremy Rifkin, *The European Dream*。邦訳『ヨーロピアン・ドリーム』（柴田裕之：訳）NHK出版（2006）
　　　※4　『企業経営と環境』日本経済新聞　2006年8月21日
　　　※5　『欧州との付き合い方』日経エコロジー2006年7月号38〜39p
　　　※6　『ゼミナール・拡大EUと日本』日本経済新聞　2006年8月28日
　　　※7　谷本寛治著『SRI　社会的責任投資入門』日本経済新聞社（2003）
　　　※8　『シグナル発見』日本経済新聞2006年9月18日
　　　※9　the World Watch Institute State of the World 2006）、16—17pp
　　　※10　An Abrupt Climate Change Scenario and Its Implications for United States National Security October 2003。報告書によると、日本の2010〜2020年の予測はこうだ。『海沿いの都市（複数）が海面上昇で洪水となり、飲料水の汚染が深刻になる。サハリンの石油と天然ガスをめぐり、ロシアと対峙するが、2015年に戦略的日露協定が締結される。日本は、民族的社会的同一性が高いことが幸いし、何とか激変に対応していく。』
　　　※11　Lester R.Brown ECO—ECONOMY。邦訳『エコ・エコノミー』（北濃秋子：訳）家の光協会（2002）

桝井成夫　*Shigeo Masui*

1946年広島県生まれ。71年東京大学文学部西洋史学科を卒業。読売新聞東京本社編集局社会部、同国際部米ロサンゼルス支局長、ニューヨーク支局長を経て、読売新聞中部本社（現中部支社）社会部長、98年から2006年6月まで、同東京本社論説委員として、環境、司法、労働の分野を担当。環境省・中央環境審議会委員、経済産業省・産業構造審議会臨時委員。

展望と課題

迫力あるCSR活動の構築のために

NPO法人 フューチャー500 理事長、株式会社 イースクエア 代表取締役会長 　木内　孝

1 CSRは自然体で

　私達の暮らしに問題を投げかけ、世の中を不安にしているのは「南北問題」「気候変動」「国際紛争・テロ」の3つと考え、自分はどのような生き方をし、世直しにどのような貢献をしたらよいか、と真面目に考えるようになって20年近くになる。

　私はたまたまドイツで生まれ、ヨーロッパに親近感をもちながら日本の教育を終らせてから、カナダの大学院で勉強する機会に恵まれ、その後の会社人間としての数十年を日本とアメリカ半々で過ごしてきた。

　南北問題への糸口は貧しい人達、ホームレスの社会復帰に協力することと考え、南カリフォルニアでの大きな集まりにホームレスを連れて来て、話をしてもらって会場の人達の涙を誘ったり、その場で募金活動が自然に始まる感激を味わったりした。

　日本の電機メーカーの海外子会社の責任者として、お世話になっている市で財政的に困り切っている地元の管弦楽団の窮状を救うために、町で最も目立つ14階建ての駐車場ビルの外壁に楽団員を描いた大きな壁画を、その道で著名な町の絵描きに3年がかりで描いてもらい、管弦楽団の知名度を上げ、入場券の販売を大幅に向上させ、財政難からの脱却を実現させた。と同時に、その市の絵葉書に登場するほど大切な市の財産を作り、12年経った今日でも話題を提供している（次頁写真）。

　壁画の中央上に筆者の顔が描かれている（数百年前のヨーロッパで芸術を支援した後援者の肖像が絵画や緞帳の一部に出てくるのと同じ趣向といえる）。

　企業の長は、臆せず怯まずに自分の考えを堂々と社会に伝えたらよいと考え、自分の会社の毎朝7時10分からのラジオでの30秒のコマーシャル・タイムに3年間、毎日自分の思いを喋り続けることも実行した。1回30秒の話のテーマは毎日変えたが、自然に世の中の悪弊や悪習を正す方法の提案とか、良い行いを紹介することに半分以上を費やす結果になった。内容があり、意味のある30秒のメッセージが放送できた日は、当日の昼や夜の集まりや、カクテル・パーティーの話題になり、嬉しい思いを経験した。

2 目覚ましが鳴る

　このようなことを続けていれば、社会人としてのお役目が果たせるかと思っていたが、それは大間違いで、私達の世界は"とんでもない"大問題に襲われようとしているのに気づくことになった。正に「目覚まし」が鳴り響いた訳である。

　ボルネオ島サラワクの熱帯雨林で数日間を過ごした時に「自然にとって人類は天敵ではないか」と考えさせられた。熱帯雨林には人間さえ来なければ、平和に何百年、何千年持続する循環社会を形成するデザインがあることに気がついた。「これはいかん」とアメリカでNPOを設立したり、企業は先へ先へ行くことばかり考えないで、子々孫々に住みよい社会を残すことにもっともっと配慮したらよいのではないかと、試行錯誤でいろいろと挑戦した。

©Los Angeles Chamber Orchestra

　人との出会い、仲間とのネットワークづくり、税制上の優遇措置がないために資金繰りに始終苦労するNPOは日本ではやっていけない、小さくとも会社組織にしよう…。苦労を重ねている最中の2005年、世界中の176名の科学者の知見を集めて、人類が今後どの位の期間、この地球上に居住できるかを研究する「持続性の科学」をまとめる仕事をお手伝いする機会に恵まれた。結論は「気候変動は人類にとって最大のリスク・マネジメントの課題である」ということである。正に自然の天敵である我々人類が、自分で蒔いた種で自分の首を絞めることになっている訳である。

　その「Science on Sustainability／持続性の科学」の結論は、7項目に要約できる。

①気候変動の実体は、強烈最大級熱帯性低気圧の発生の頻度と強度が象徴しているように、容易ならざる将来を約束している。自然災害に支払う保険金が世界200ヵ国のGDPの総額で償えない時代が50年以内に到来する可能性が大きい。
②人類は動物と植物なくしては生きて行けない。自然のインフラである生物の多様性は1965年から10～65％減少し、生態系は衰退傾向にある。
③食糧生産は2050年までにアフリカで5倍、全世界で2倍以上必要になるが、世界規模での食料生産能力は減少している。
④合成化学物質は3,000万種登録されており、毎年新規に200万種が追加されている。それらの

> うち、どれが有毒に作用するか否かについては不明確なものが多く、私達は毒性がわからない合成化学物質に囲まれているのである。
> ⑤世界のエネルギーおよび資源については、人口増加との関係で不足、枯渇が論議されているが、最近半世紀の経済成長が持続できないことは確かであるが、地球の限度、節約を考慮した経済学の構築と導入、「足るを知る」生活文化を取り入れることで、エネルギーと資源の問題は凌(しの)げると考えられる。
> ⑥現在、私達の経済社会システムは、諸々の「環境コスト」を反映していないことを認識しなければならない。例えば、私達が支払うガソリンの値段は、産油地からガソリン・スタンドまでのいろいろな費用を反映しているだけで、8億6千万台の自動車が世界中を走り回って撒き散らす汚染のコスト負担は、将来世代に先送りされている。
> ⑦私達人類が生活している地球上において、自然環境はメイン・システムで、経済・社会はサブ・システムであると理解する必要がある。そこで大切なのは人間はメイン・システムを破壊することはできるが、創造することはできないということである。自然への畏敬、謙遜の心を呼び起こさないと、人類が住み続けられるために必要不可欠な自然環境は劣化を続け、21世紀の半ばには鈍感な私達にもその疲弊が実感されるようになる。

以上の7項目が私達に伝えようとしていることは、「科学的にすべてを実証するまで待っている時間的余裕はない。気付いたこと、できることから直ちに実行しなさい」ということである。正にそれは「企業の社会責任」活動の出番を造っている。

3 CSRの本質

「企業の社会責任」とは、人類の持続社会造りへの企業の貢献を指す。厚い著書、論文は必要としない。極めて簡単明瞭なことである。それ程、私達人間がこれから先どの位の期間、地球上に住み続けられるかは疑問視されているのである。

『CSR is the contribution of business to sustainable development.』

では、そこでいう「持続社会造り」とは何かというと、自然環境の生命維持システムの保護と強化のために人類があらゆる可能性を投じて意義深い一生を実現する過程なのである。

『Sustainable development is a process which enables all people to realize their potential and improve their quality of life in ways which simultaneously protect and enhance the Earth's life support systems.』

「私達は全力投球で生命維持システムを守り、強めなければならない。その行動は1人ひとりの一生の意味を高める」という訳である。欧米ではこのような説明は人口に膾炙(かいしゃ)され、徐々に常識化されてきている。ところが日本ではどうであろうか。

数年前のことである。オーストラリアのブリスベィン市で開催された「アジア・太平洋市

長会議」に招かれ、基調講演をした時のことだ。会議も2日目の夕刻になり、70都市の市長、助役を中心に550名程の参加者が打ち解け、お互いに自由に意見交換ができる雰囲気になった時に、同じテーブルの台北市の助役が私に話し掛けてきた。

「お気を悪くしないで下さい。1つお伺いしたいことがあります。私達の町が地震で大被害を受けた時に、世界中からたくさんの救援隊が来て下さいました。大変有難いことで心から感謝しております。ただアジアの2つの国から来て下さった救助隊は、飛行機を降り立った時から、お国の旗を立て、ジャンパーの背中に書かれたお国の名前が大変目立ちました。派遣元の企業の名前を大きく書いた旗や垂れ幕を見てますと、この方たちは私達を助けにいらっしゃって下さったのか、お国を売り込みにいらっしたのか、あるいは会社の宣伝に来られたのか…と複雑な気持ちになりました」。

● 教訓1　心に訴える誠の「企業の社会責任」を遂行するためには、会社名を自分で吹聴してはいけません。自然に会社名が浮かび上がるのを待つことが会社の格を決めます。

　ロンドンのインペリアル大学で催された国際会議で、シェル石油の社長が熱っぽく話していた一語一句は迫力があった。自信に満ちた素晴らしい響きを感じた。「会社の確固たる方針・戦略が利益を生み、自然環境を守り、人類の幸せを向上させる活動を活発にするのです」。

● 教訓2　企業の社会責任には規則も規格も必要ありません。必要なのは社長の強い意志と決意です。

　アメリカの子会社の責任者になる辞令をもらい、家族共々太平洋を渡り、落着く暇もなく、地元社会の歓迎会に出席した。隣りに座ったのはアトランティック・リッチフィールド（ARCO）社の社長ではないか。彼はすぐ口火を切った。「今日はこの事を申し上げたくて出て来ました。アメリカでは、自分達の街は自分達で造るのです。それは我々企業のトップの仕事です。部下に任せてはいけません」。

● 教訓3　議論無用。行動あるのみ。

4　CSRは何を意味するか

(1) CSRへの期待

①真面目にコツコツ働く国民、割を食っている国民に報いる機会を作る。
②なおざりにされている価値観、倫理観に改めて直面する機会を提供する。
③景気、GDPより大切なことを広く知ってもらう動機になる。
④国としての誇り、信用、信頼を回復するきっかけになる。
⑤無関心、無責任、無気力な多くの人々を目覚めさすことになる。

(2) 日本型CSRの確立

①日本の国外で何が議論され、何が起こっているかを知ることが出発点である。

②国民の理解と支援なくして成長する企業がない社会を創ろうではないか。
③私達の精神的堕落を猛反省し、安っぽい世間体依存症を治癒しよう。
④中央から地方へ、官から民へ、女性を表舞台へ、の流れを進めよう。
⑤自然を大切にし、綺麗な国づくりが日本型CSRの基本と考えよう。

(3) CSRの情報公開

①国民が求める情報の公開競争を奨励しよう。
②企業が考える使命、未来図、国民のためになること、実績報告を明示してもらおう。
③企業の意思表明、優先事項報告、進路を示す羅針盤に規則はない。
④企業間の切磋琢磨する競争、国民の目に期待しよう。
⑤国民の質問に応える制度を作ろう。
⑥メディアの理解と協力が極めて大切なことを改めて認識しよう。

(4) 迫力あるCSR活動の構築のために

「企業の社会責任」が遂行される姿は感動的である。その感動を呼び起こす1つひとつの行動の蔭には必ずPSR (Personal Social Responsibility：個人の社会責任) があることを忘れないようにしよう。何事も出発点は私達1人ひとりの「心」と「魂」である。

真に意味のある感動的なCSR活動を全国津々浦々で展開するために全力投球中の多くの仲間達の1人として、お役に立つことを願いつつ私が信じていることを結びの言葉としたい。

私達は、	聞いたことは忘れる	What we hear, we forget.
	見たことは覚えている	What we see, we remember.
	やったことしか理解しない	What we do, we understand.

私達は、自分の毎日毎日こそが社会への唯一のメッセージと考え、行動に満ち溢れた一日一日を送ろうではないか。大きくなること、利益を上げること、他社を出し抜くことばかりに関心を向けないで、次の世代に良い社会を遺すために知恵や技術を共有しながら活動する仲間造りに精を出す方々が増えることを願っている。

目的を持つ、検証しながら進む、嘘をつかない、仲間造りをする、人間愛に溢れる…、倹約・健康・謙虚の「三ケン」で生きる私が自分に言い聞かせている5ヵ条だ。

木内　孝 *Takashi Kiuchi*

ドイツ生まれ、イギリス育ち。日本で教育を受けた後、カナダで修士 (M.A.)。三菱電機㈱の社員、経営者としてのアメリカ勤務が永く、地域活動における貢献から1992年外務大臣賞、1995年に日米協会国際市民賞を受賞。同年アメリカでNPO法人フューチャー500を設立、環境保護、資源保存、働く女性を積極的に応援する活動に参加。㈱イースクエア代表取締役会長。

Column イオン株式会社～その①～

「CSRのDNAは創業当初から…。社内に意識が根づいています」

国内外の157社で構成されている小売企業グループのイオン。「世界の小売業の中でトップ10入りをめざす」という長期目標を掲げつつ、地域との共生による様々な取組みを進めています。同社のCSRに対する考えや取組みについて、環境・社会貢献部部長の上山靜一（うえやま・せいいち）氏に伺いました。

――まず初めに、御社のCSRに対する考えをお聞かせ下さい。

　最近、「CSR」が声高に叫ばれるようになっていますね。しかし、言葉自体は新しいのですが、当社のそれに関する考え方や取組みは今に始まったことではありません。ちょうど私が入社した1969年に、イオン株式会社の前身であるジャスコ株式会社が誕生しました。入社後、当時の岡田卓也社長（現名誉会長）が新入社員オリエンテーションで話したなかに、「企業市民」と「木を植える」という2つのキーワードが出てきたことを明確に覚えています。ですから、その時からCSRに対する意識が、DNAみたいなものとして当社にあったということではないでしょうか。

――何か具体的な取組みをされていたのでしょうか？

　当時の社長がなぜそのような話をしたのか後になってわかったのですが、彼は四日市の公害を体験しており環境問題に関する原体験があるのです。そして環境問題に対する思いはまさに行動にあらわれており、かつて、県外の愛知県岡崎市に新規出店した際、同市に桜の苗木を贈呈したという話があります。当時はパーティーを開催して関係者に新店をお披露目するというのが普通だったらしいのですが、それをせずに環境を保全するための苗木贈呈の費用に充てたのです。1991年から展開している「イオンふるさとの森づくり」（お客様と共にSCや物流センターの敷地内に、地域に自生する樹木の苗木を植える活動）などの環境保全に関する取組みも、最近のブーム的なものではなく、ごく当たり前のことなのです。この活動を継続したことによって、今までにおよそ700万本もの苗木を植えることができ、植樹に参加したお客様も延べ60万人ほどを数えました。これは今では当社にとってのかけがえのない財産になっています。

――もう1つのキーワード、「企業市民」に関してはいかがですか？

　いろいろあるのですが、例えば「イオン1％クラブ」では、グループ優良企業からの税引き前利益の1％を拠出し、「環境保全」「国際的文化・人材交流、人材育成」「地域の文化・社会振興」を柱とした様々な活動を続けています。また、1979年に設立された財団法人岡田文化財団では、三重県の芸術・文化の発展と振興に寄与する活動を行っており、2004年には設立25周年の記念コンサートを開催することができました。

　大切なことは「続ける」ということです。続けることによって時代と共にメニューはどんどん変わるのですが、根本は変わりません。これらの活動は昔から社内では当然なことだと考えていますので、「CSR」という単語が強く言われる以前から、その意識は根づいていたということです。

(454頁・その②に続く)

第1部 第2編

業界別CSR取組みの動向

はじめに

　企業のCSRへの取組みが全産業界に広がってきた。数年前までは一部に限定されていたのだが、自動車、電機、食品など消費者志向の強い業界はもちろん、鉄鋼、石油化学など素材産業にまで拡大、最近では、談合などで常連の建設業界の企業さえもが根絶宣言を出し、注力している。多くは、不祥事で手痛い打撃を被った企業を睨み、CSRへの取組みをテコに、これを未然に防ぎたいとの思い、さらには企業価値・ブランドイメージの向上がその狙いだ。新会社法施行に伴う内部統制強化の延長線上の取組み、合併企業にみられる統合への求心力にしたいなどの思惑もある。

　ここでは、産業界の取組みを14業種、約40社にわたってチェックしてみた。各社が発行するCSR報告書を基礎に各種資料や取材などを織り交ぜてまとめたものである（文中人名敬称略）。

自動車業界 ― 他社の不祥事を手本に

　激烈な競争が続く世界の自動車業界。国内では、巨大、中堅、軽自動車メーカーがひしめき、販売競争にしのぎを削っている。自動車産業はCO_2の含まれる排ガスが地球温暖化や環境汚染につながるとの批判の対象になりがち。それだけに環境を含めたCSRの取組みにはトヨタ自動車、日産自動車、本田技研工業などの三強を柱に各社とも前向きである。一連のリコール隠しで信頼を失墜させ、存亡の危機に瀕した三菱自動車工業や最近のトヨタの大規模リコールなどがCSRに注力するきっかけとなっている。加えて、トヨタ、本田技はニューヨーク証券取引市場に上場、最も厳格だとされる米サーベンス・オクスレー（企業改革法）の適用を受けている。この関連で内部統制充実への取組みが他社に波及している面もある。不祥事を猛反省した三菱自はCSRの旗のもと、新たな体制で再出発し、苦境から脱出しつつある。かつてない大規模リコールが表面化したトヨタは、規律の回復のため体制の見直しに入っている。

1 トヨタ自動車 ― 販売店協会もCSR宣言

　売上げが21兆円超、従業員26万人超、連結子会社は500社を超える国内最大の企業のトヨタ自動車。2006年3月期の連結決算の純利益が1兆3,000億円を突破、年間の自動車販売台数でも世界最大のゼネラル・モーターズ（GM）を凌ぐ勢いであるトヨタは、最近までCSRの表現を使ってはいなかった。だが、最近のリコール急増に代表される不祥事も手伝って社内横断的なCSRプロジェクトチームを2006年1月に発足させた。品質改善やコンプライアンス（法令遵守）強化に向けて活動中。トヨタの販売部門を担当するトヨタ自動車販売店協会も同1月に「CSR宣言」を出し、協会をあげてコンプライアンス強化に取り組むことを打ち出した。ニューヨーク証券取引所に上場していることもあって内部統制強化は喫緊を要する。CSRへの取組みは一段と重要性を増している。

　GMが射程距離に入り、絶好調ともみえた手堅さが売り物のトヨタが、少し前から変調をきたしている。2003年12月に発覚した1級小型自動車整備士技能検定の筆記試験問題の漏洩

381

を筆頭に、最終的に和解で決着した元秘書と北米トヨタ幹部との間のセクハラ訴訟が2006年5月に表面化。欠陥車を放置、人身事故を起こしたとしてトヨタの部長らを熊本県警が同7月に書類送検。かつてない大規模リコールが発生していることも判明。国土交通省から処分を受け、業務改善報告書を提出するなど不祥事が頻発している。

一連の不祥事に関連して社長の渡辺捷昭(わたなべかつあき)は、「顧客の期待を裏切る事態の発生を重く受け止めている」「大変な危機感をもっている」「『品質のトヨタ』の信頼を早期に取り戻すよう取り組みたい」と陳謝。品質改善のほかコンプライアンスに一段と傾注している。

「人・社会・地球環境と調和し、モノづくりを通して持続可能な社会の発展を目指す」(Sustainability Report 2006)。これがCSRに対するトヨタの基本的な考え方である。その基礎となっているのが、創業以来確立された経営上の考え方・価値観・手法を踏まえて、どんな会社でありたいかをまとめた「トヨタ基本理念」。その解説書との位置づけの「社会・地球の持続的な発展への貢献」や共有すべき価値観や手法をまとめた、知恵と改善、人間性尊重を柱とする「トヨタウェイ2001」のほか、「トヨタ行動指針」などがある。2002年には「2010年グローバルビジョン」を策定し、目指すべき理想の姿を示した。基本理念には、①内外の法およびその精神を遵守し、オープンでフェアな企業活動を通じて、国際社会から信頼される企業を目指す、②各国、各地域の文化・慣習を尊重し、地域に根ざした企業活動を通じて、経済・社会の発展に貢献する—などの7項目が盛り込まれている。

不祥事の噴出で焦点となっているコンプライアンスは、1991年に設置した企業行動倫理委員会が軸となっている。全副社長、監査役がメンバーで企業倫理、コンプライアンス、リスク管理などを審議、結果は経営会議で全役員に周知徹底、担当部署に伝えられる。2003年の筆記試験問題漏洩を受け、法令遵守点検活動と職場の倫理と社会的責任の定着活動を実施。05年7－9月は法令を含めた業務遂行上のリスクを各部署で洗い直し、06年度は日常の業務管理の中に法令遵守の仕組みが組み込まれているか、それが実際に機能しているかを再点検。結果を各本部長が確認し、同6月の企業行動倫理委員会に報告した。

環境に優しい高燃費のハイブリッドカー「プリウス」を世界に先駆けて発売するなどトヨタの地球環境保護に対する取組みには定評がある。地球環境憲章を策定したほか、2010年グローバルビジョンでも「地球にフレンドリーな技術で地球再生を牽引する」企業を目指すと宣言している。開発から生産、使用、排気、リサイクルなどすべての段階で環境負荷低減に取り組んでいる。また、活動が国際的なだけに世界各国、各地域、各分野で環境マネジメント体制を整備、国内外の関連会社と一体となった連結環境マネジメントにより環境経営を推進している。環境会計も実施しており、05年度の経済効果は、省エネで21億円、リサイクル

品の売上げが58億円を達成するなど合計で104億円のプラスとなった。環境負荷のさらなる低減のため技術開発・革新を通じ燃費向上を目指している。

サプライチェーンマネジメントにも着手しており、06年3月に環境面での積極的な取組みを求めた従来のガイドラインの充実・見直しを実施。社会面での項目やCO_2低減などサプライヤー自身の環境負荷低減に向けた努力などを加えて新たにグリーン調達ガイドラインとし同4月にスタートさせた。

「社会から信頼される良き企業市民」を目指す社会貢献では、全社の社会貢献機能を集約、内外の活動を統括するため06年1月に社会貢献推進部を発足させた。自主プログラムの企画・実践、ボランティア活動の促進、トヨタ博物館などの施設運営が活動の主眼である。活動の最高意思決定機関である社会貢献活動委員会は、環境・交通安全・人材育成を重点分野とし社会貢献活動を進めている。05年度の実績は168億円だった。うち、環境改善に資する助成プログラムでは、ボリビア、チェコ、インド、マダガスカル、フィリピン、スロバキアなどに助成を実施した。海外の関係会社もこうした活動を手掛けており、タイ、カナダ、中国、ニュージーランドでは、NGOなどと連携し、全国規模の温暖化防止キャンペーンやマングローブの植林活動など全国、地域レベルの活動を推進している。

2 日産自動車－さらなる社会の発展に貢献

ルノーとの資本提携のもと、カルロス・ゴーン社長兼最高経営責任者（CEO）の革新的なリーダーシップで深刻な経営危機から不死鳥のように蘇った日産自動車。「人々の生活を豊かにする」をビジョンに掲げ、さらなる社会の発展への貢献を目指している。そのためには利益ある持続的な成長と社会の持続的発展の方向性を一致させた経営が重要で、これに資するとの判断からCSRに取り組んでいる。2005年度にCSR方針を策定、注力する9分野を設定し、奮闘している。

CSR方針の中身は、「活動は、倫理的行動、高い透明性に裏打ちされたコーポレートガバナンス（企業統治）、そして多様性の上に成り立っている」「世界中のステークホルダーの声に耳を傾け、協力し合うことで、信頼と機会を生み出し、価値を創造し続ける」など。重点分野としては、①誠実、②品質、③安全、④環境、⑤社会貢献－などを挙げている。これまで経済・環境・社会の側面から部門別に管理していた取組みをCSRという切り口で横断的に把握、推進するため、CSRステアリングコミッティを設置。重点分野に基づき活動内容を具体化、その進捗状況を図る重要管理指標について検討する。05年4月に広報部門に設置

したCSRグループは、コミッティの事務局となっている。

　CSR推進の土台となるとの判断から、コンプライアンスに関連してグローバル行動規範を01年に定め、地球規模で展開している。遵守状況をチェックしながら機能を高め、違法行為や非倫理的行為を未然に防ぐ仕組みとしてグローバルコンプライアンス委員会も同年に設置。誓約書への宣誓や研修などを実施している。同行動規範は、①法律・ルールの遵守、②利益相反の禁止、③会社資産の保護、④透明性と説明責任の確保、⑤多様性の尊重と機会均等、⑥環境保護—などである。

　「人々の生活を豊かに」をビジョンに掲げる日産は、次世代に向けた持続可能性の実現のため教育、環境、人道の分野を中心に支援している。いずれも未来への投資と考えるからである。取組みの特徴は、①社員の自発的な参加意識を育てる、②会社の強みや特性を活かせる活動、③NPO（民間非営利団体）やNGO（非政府組織）との協働の可能性を探る—の3点。04年のスマトラ沖地震、インド洋大津波、05年のパキスタン大地震などで緊急支援したほか、NGO、国際機関を通じて義捐金などを拠出した。05年8月に北米を襲ったハリケーン・カトリーナの被災者支援では、トラック、大型SUVなど計50台を送付したほか、日産災害救援基金も設立、救世軍に対しても各種物資や義捐金を提供した。日欧でも同様な社会貢献活動を推進している。

　「人とクルマと自然の共生」（環境理念）も目指しており、①温暖化抑制、②大気・水・土壌の保全、③資源循環—を重要課題としている。なかでもCO_2の抑制は最重要課題で、燃料電池車の技術開発のほか、高効率エンジンや無段変速機などの技術でCO_2排出量の削減、燃費向上を図っている。資源循環のためリサイクルしやすい構造の開発や材料の採用を進めており、一部の車種ではすでにリサイクル可能率95％を実現した。

　安全については、2015年までに日産製自動車の関わる死亡・重傷者率の半減を目標に掲げている。2004年の実績は1995年比で27％減を達成した。

❸ 本田技研工業—存在を期待される企業に

　存在を期待される企業を目指す—。これがCSRに取り組む本田技研工業の2010年ビジョンである。「従業員一人ひとりが社会と喜びを分かち合うために行動することが社会的責任を果たすことにつながる」「『喜びの創造で世界一』を目標とし、ビジョン達成に向け、全力を尽くす」。社長の福井威夫はこう語っている。

　同社のすべての活動は、「Hondaフィロソフィー」が原点。その基礎には「人間尊重」と

「三つの喜び」という基本理念がある。「三つの喜び」は、買う、売る、創る喜びが中身。これを実現、社会の期待に応え、喜びをさらに高めていくという構図である。

本田技はトヨタと同様、ニューヨーク証券市場に上場していることもあって内部統制強化に注力している。このためコーポレートガバナンス（企業統治）の充実を経営の最重要課題の1つとして取り組んでいる。05年6月から監督と執行の両面で強化を図るため執行役員制を導入。取締役会の機動性を向上させたほか社外取締役を増員、取締役会の監督機能を強化した。ガバナンス体制の構築のためグループで共有する「わたしたちの行動指針」を制定し、グループの各組織が業務内容に応じて具体的に定めた部門行動指針も設けている。行動指針では、①コンプライアンス、②交通安全、③環境保全、④社会貢献、⑤情報管理、⑥安全衛生、⑦差別、⑧プライバシー保護、⑨取引ーなど11項目にわたってとるべき行動を具体的に規定している。

コンプライアンスでは、担当役員を決め、コンプライアンスオフィサーを任命、企業倫理委員会、倫理改善窓口などを設けている。

「対応は企業の責務」と考える環境では、環境宣言を1992年に制定、この中で商品のライフサイクルすべての段階で環境負荷削減に努めることを内外に表明した。99年には2005年末の達成を目指す排ガスのクリーン化、燃費向上などの目標を設定。うち四輪車を対象とする国内での新車の排ガス総量の1995年比約75％削減は、2003年度に達成、95年比の燃費の平均約25％向上は2001年度にすでに達成した。

製品のライフサイクル全体での負荷削減には、取引先の協力が重要との判断から環境に配慮した資材や部品の調達を目指してグリーン購買ガイドラインを策定。環境マネジメント規格であるISO14001の導入を要請するなど、取引先との強い連携を基に活動を進めている。このほか商品開発段階での排ガスのクリーン化、燃費向上・CO_2低減、代替エネルギーの実用化などにも積極的に取り組んでいる。

社会貢献では、1998年に定めた社会活動理念に基づき活動している。中身は、①地球的視野に立ち「商品・技術」を通じて社会に貢献する、②良き企業市民として地域に根付き、社会的責任を果たす、③次世代のために、心豊かで活力のある人と社会づくりに努めるーの3項目。これに沿って、子供の育成支援、地球環境保護、交通安全の教育・普及活動に注力している。

深刻化する海岸のゴミ問題の解決のためビーチクリーン運動も開始した。これは社員とOBのボランティアで編成されたキャラバン隊が地域社会と協力して全国の砂浜を清掃する活動である。初年度の2006年は全国約20ヵ所での活動を予定している。海外での活動も手掛

けており、ホンダ・ニュージーランドは新車を1台販売するごとに現地の苗木10本分の資金を提供する植林基金を提供している。CO_2削減に貢献したいとの思いからで、地域の議会と共同で植林活動も手掛けている。04年からの2年間で15万本の苗木に相当する植林資金を提供した。植林では、中国の砂漠植林「喜びの森」計画にも資金支援している。タイでは、環境保全・改善につながるアイデアを子どもたちから募集、優れた提案には資金支援を実施している。このほか、障害者雇用のための「ホンダ太陽」や「希望の里ホンダ」を設立、健常者とともに働くことが可能な職場の提供に努めている。2006年3月末での同雇用率は2.3%で、法定雇用率の1.8%を上回っている。

❹ 三菱自動車－コンプライアンスは経営の根幹

　ここ数年で発生した企業不祥事で最も知られているうちの1つは、度重なるリコール隠しで威信と信頼を完全に失墜させた三菱自動車だろう。販売不振で巨額の赤字を計上、一時は再建を危ぶむ声が聞かれ、他社への身売りなど三菱グループからの離脱も噂された。その三菱自動車が、2006年3月期連結決算の営業利益で黒字転換した。1年前倒しの快挙である。その起爆剤となったのがCSRを軸とした再建計画であった。再建の重責を担って三菱商事から転じた社長の益子修は、「21世紀に当社が存続していくためには、CSRの根幹といえるコンプライアンスの徹底や、ステークホルダーに対する情報開示を通じた経営の透明性が必須と考えており、引き続き全力で取り組んでいきます」と決意のほどを語っている。

　三菱自動車のCSRは、信頼の回復に向けての奮闘だったと表現しても過言ではないだろう。05年3月にリコール隠しに対する原因の究明と再発防止のための改善施策を発表。コンプライアンス、安全、お客様第一という大きなくくりで、リコール・品質問題に対する意識向上、指示改修廃絶に向けたプロセスの改革などを実施。その実施状況は3ヵ月ごとに当局に報告している。

　一連の不祥事を風化させないため、ふそう製大型トラックによる2件の死亡事故が発生した日（1月10日、10月19日）を「安全への誓いの日」と決め、全社員で黙祷するほか、企業倫理問題検討会もこの前後に開いている。

　企業倫理の徹底のため04年6月に企業倫理・企業風土の改革と品質監査を担当するCSR推進本部と企業倫理委員会を立ち上げた。コンプライアンス体制を再構築、この徹底を図るコンプライアンスオフィサーを任命、各部長をリーダーとして社員1人ひとりにまで浸透するよう組織体制を強化した。

外部有識者から成る企業倫理委員会は、取締役会の諮問機関として設置され、CSR推進本部に対し指導・助言する。社外の目、世間の常識の視点から取組みをチェックし、企業の存亡をかけた信頼の回復という重責を担っている。ただ、社会からの信頼回復は一朝一夕にできるものではない。検事出身で同委員会委員長の松田昇は「（コンプライアンスとは）誠実な企業市民として認知され共生を許されること」「（コンプライアンスの確立は）『誠実ブランド』という大きな競争力ともなり、再生を強く後押しすることになる」と語っている。

　環境保全では、その取組みを明確にした「環境指針」を策定、負荷の低減のため06年5月に環境行動計画2010を策定した。CO_2の排出量を10年度までに1990年度比で20％以上削減する目標などを設定した。2005年度の実績は、同29％減を達成。燃費向上や環境汚染防止などのため次世代自動車開発、低排出ガス車普及、リサイクルなどにも力を入れている。

鉄鋼業界 ― 各社でばらつき

　「産業のコメ」「鉄は国家なり」。こうした異名を持ち続け、経済界の中心に君臨し続けた鉄鋼業界。それがどうしたことか最近は不祥事続きだ。爆発事故や工場などから排出される廃液、煙が基準値をオーバー、数値を改ざんして当局に報告していたことも判明。悪質さが指摘された。調達や公共工事で談合に連座していた事案も発覚している。

　一連の不祥事に対し業界をあげてその撲滅に取り組んでいるのかといえば、そうでもなく、各社でばらつきがある。対応も必ずしも早いものではない。素材産業ということもあって、ともすれば消費者の視点を見失いがちな傾向もあるのだろう。一時は構造不況産業に分類されたこともあって余力に欠け、CSRへの取組みにしても早いほうではなかった。最近の不祥事を受けて、スタートさせたといってもよいであろう。経済界の牽引役となる基幹産業だけに熱心な取組みが期待されるところである。

1 新日本製鐵－公正かつ透明な経営

　2006年3月期の連結経常利益が5,000億円を突破、不死鳥のように蘇った鉄鋼業界のリーダー新日本製鐵。大幅赤字に転落、生き残りのためかつてない大リストラを断行。構造不況業種の一角に名を連ね、青息吐息だった10年以上前を振り返ると、隔世の感がある。その新日鐵が、企業価値の向上を目指し、今、CSRに奮闘している。

　同社のCSRの基礎を成すのは、04年末に制定したグループの企業理念である。取り巻く経営環境や共有すべき価値観などが大きく変化、あわせて現場での事故が頻発するなど、これまでとは違ったリスク管理が必要となったためだ。そのうちの基本理念は、「鉄事業を中核として豊かな価値の創造・提供を通じ、産業の発展と人々の暮らしに貢献する」が内容。経営理念は、①社会と共生し、社会から信頼されるグループであり続ける、②たゆまず技術の創造と革新に挑戦し、技術で世界をリードする、③変化を先取りし、さらなる進歩を目指して、自らの変革に努める、④人を育て、人を活かし、活力に溢れるグループを目指す―の4項目。これを土台に「公正かつ透明な経営を行う」と宣言している。

　経営理念の筆頭に掲げる「社会と共生し、社会から信頼されること」に関連して社長の三村明夫は、「『社会のルールを守ること』『環境保全に最大限の努力を払うこと』および『安全な職場を作ること』を経営の大前提としており、社会・環境に対するコミットメントを表しております。その実現のためには、かけるべき費用はかけ、見直すべき業務は見直し、グループとして長期的な発展を図っていきます」と決意表明している。

　コンプライアンス（法令遵守）への対応は興味深い。05年春の国土交通省発注の鋼鉄製橋梁工事をめぐる談合事件では同社と担当者が起訴された。ステンレス鋼板に関する公正取引委員会による排除勧告を受け、新日鐵の社会的信用は失墜した。これを受けて、橋梁部門を解体、子会社に移管させた。コンプライアンスなど内部統制やリスク管理体制の整備のため専任部署を立ち上げた。法務教育や研修により周知徹底を続けている。また、コンプライアンスの徹底のため、三村は社内報の中で「法令遵守は企業存続の前提」「とりわけ、独占禁止法遵守では、二度と違法行為が発生しないように万全を期してもらいたい」「法令や社内規定に違反する行為に対しては厳正に対処していく」などと決然とした姿勢を打ち出しているのが目を引く。

　使用量が国内の約3％を占め、事業活動の環境に及ぼす影響が大きいエネルギー多消費産業だけに負荷低減のための環境経営に率先して取り組んでいる。そのスローガンに「環境問題への対応を経営の基軸として位置付け、自主的かつスピーディに実行」「社会や他産業と

も連携して社会のサステナビリティに貢献すること」を掲げている。実現のため2006－2008年度中期環境防災経営計画を策定した。鉄鋼業界は、地球温暖化防止に向けた自主行動計画を策定、1990年比でエネルギー消費量10％減を目標としている。04年度のエネルギー消費の実績は、90年比で7.8％減を達成した。焦点の CO_2 排出量は、粗鋼生産量が90年度比で4％増となっているのにも関わらず、同6.2％削減を達成した。

ゼロエミッションを推進する観点から発生する副産物1,954万トンのうち、98％のリサイクルを実施、最終処理量を前年比18％削減の31万トンに減らした。このほか、リサイクルと CO_2 削減のため約16万トンの廃プラスチックを再資源化、2010年までの業界の目標100万トンの受け入れ体制整備を図っている。

同社の環境経営委員会委員長である副社長の関澤秀哲（せきざわひであき）は、「『環境』『防災』『安全』『情報セキュリティー』『コンプライアンス』は、企業経営・存立の前提条件であり、率先して取り組むべきテーマ」「社会的責任の観点から新たな課題にきちんと取り組み、社会の期待に答え、策定した企業理念を実践していくことが重要と考えている」と社内報で語っている。

このほか、社会貢献の一環として芸術、文化事業を支援するメセナにも従来から積極的で、文化ホールを建設、クラシックや邦楽の公演に貸し出しているほか、各製鉄所では地域の文化体育活動を支援している。環境保全の観点から、郷土の森づくりなどにも取り組んでいる。

❷ JFEグループ―不祥事をバネに

2002年9月にNKKと川崎製鐵が統合して誕生したJFEグループ。粗鋼生産能力ばかりか稼ぎ出す利益でも新日本製鐵に匹敵する規模までに膨れ上がった。従来新日鐵社長の指定席だった業界団体、日本鉄鋼連盟の会長に就任するなど名実ともに日本の鉄鋼メーカーを代表する企業にのし上がった。「存亡を掛けた」とも表現する統合の狙いに、最高水準の競争力の実現のほか、革新的な企業文化の創造による地球環境・地域社会への貢献などを掲げている。コンプライアンス、品質、安全、環境保全など多様なステークホルダーから社会的責任を果たすことが強く求められているとの認識もあって、グループのCSR体制を構築し、取り組んでいるのが現状である。

JFEは04年12月、グループの製鉄所で環境基準を上回る有害物質を含む排水をたれ流していたばかりか、データを改ざんし当局に報告していたことが発覚。独禁法違反で当局の処分を受けたことなどが知られている。ホールディングス社長の數土文夫（すどふみお）は「企業としての未熟さを深く反省すると同時に、社会から確固とした信頼を取り戻すという強い決意のもと、原

点に立ち返った上で真摯な努力を重ねてまいる所存」とCSRに向けた決意のほどを語っている。

こうした持ち株会社の社長の決意を背景に、これまで個別の事業会社で進めていた活動をグループで推進するため2005年10月、「グループCSR会議」を設置した。統一した方針の下、計画的に進めるためである。ホールディングスの社長を議長に、副社長、執行役員、常勤監査役、事業会社の社長などが集まり、年4回を原則に、必要に応じて開催している。コンプライアンス、環境、人事労働、安全、防災、社会貢献などをテーマにグループとしてどう対応するかの方針や浸透状況の監督、実際の対応事例についての情報共有などを行っている。

不祥事の発覚で明らかになったコンプライアンスへの対応については、數土が「陣頭に立って」、意識の徹底、実践させていくための諸施策を講じていくと宣言。不祥事を起こした傘下の企業では、専門の社外弁護士に委嘱し企業倫理ホットラインを拡充、人員を増強しチェック体制を強化した。また、新会社法施行に伴う内部統制強化で基本方針を定め、これに沿って取締役規程、経営会議規程、グループのコンプライアンス規程などを制定し、体制を整備した。

グループの企業行動指針で、「共存」「向上」を掲げた地球環境保全については、環境との調和を推進することなどを盛り込んだ環境理念を策定、取組みに注力している。2005年度の実績は、地球温暖化防止のため定められたエネルギー消費量の1990年度比10％削減は、未達に終わったが、化学物質削減では、ジメチルホルムアミドの使用を全廃した。

社会貢献では、グループの前身である川崎製鉄が1990年に設立した川鉄21世紀財団を、2003年に継承し誕生したJFE21世紀財団を軸に社会との共存共栄の活動を一段と強化している。06年度の事業費は1億円強。大学の技術研究振興を目的に研究助成も実施、05年度の累計で292件約6億円に達した。このほか、工場立地など鉄に関係のある地区の学校の図書館に文献を寄贈するなどの教育支援活動や災害などへの寄付・支援活動も手掛けている。

❸ 神戸製鋼グループ－中期計画で注力

1995年1月の阪神淡路大震災で高炉が一時休止、本社ビルが壊滅状態になるなど1,000億円超の被害を出した神戸製鋼所。未曾有の苦境から短期間で立ち直り、2005年9月に創業100周年を迎えたのは、その底力といえよう。

神戸製鋼所は、新日鐵、JFEグループと同様、過去に不祥事を起こしたことで知られている。総会屋への利益供与が1999年に発覚、環境基準を超える製鉄所でのばい煙排出が2006年

5月に明らかになった。しかも、データを改ざんし当局に報告していた。

こうした一連の不祥事を受け、2006年4月に策定したグループの中期計画（2006-2008年度）で「オンリーワン製品の拡販と創出」などの7本柱からなる基本方針の1つに「CSRの推進」を掲げた。同計画では、グループ全体の同活動を体系化するとともにコンプライアンスの徹底、コーポレートガバナンスの充実に力を入れる方向である。環境経営にも「確実な推進が必要」（犬伏泰夫社長）として積極的に取り組む方針である。

震災のダメージを未だに引きずっているのか、CSRに向けた対応は新日鐵、JFEグループに比べるとやや後手に回っているのは否めない。06年度は、従来の「環境報告書」に社会性などを加えたグループの「環境・社会報告書」を出す予定で、これを軸に、CSR活動を加速させたい意向である。今後の取組みを期待したいものである。

「ストップ・ザ・地球温暖化」の掛け声で取り組んでいるCO_2削減の04年度実績は、生産量の増加で排出量は増加したものの、製鉄所の発電設備の高度化で排出原単位は前年度より低下した。廃棄物抑制運動にも取り組んでおり、同年度の再資源化率は全事業所で97.2％となった。神戸、加古川の製鉄所から出る高炉、製鋼スラグとも全量を再資源化している。社会貢献では各地の事業所、グループ会社従業員の清掃活動などのボランティア活動を通じて地域社会の美化に貢献。自然環境保護基金を設立し、市民レベルの活動を支援している。

電力・ガス業界 ― CSRで企業体質を改革

電力業界は規模の大きい中央3社と呼ばれる東京電力、関西電力、中部電力と地域が基盤の地域電力から構成されている。結束そして横並び意識の強いことでつとに知られている。公益事業であることも手伝ってガス業界と同様、社会貢献的な活動についてはもともと前向きである。ここ数年、原子力発電所事故絡みの不祥事が頻発、東電、関電などが手厳しい批判を浴びた経緯があり、CSRを軸に各社が企業体質の改革に乗り出している。

業界のリーダーの東電が牽引役となり、多くがグループをあげて取り組んでいる。ガス業界は東京ガスがリーダー的な存在で、地方ガスへその影響が波及している。

電力各社のうち半数がCSR委員会、推進会議などの専任部署を社内に設置、残りは既存の組織を活用している。いずれも、CSR行動憲章、行動計画などを定め、それをベースに取り組んでいる。情報公開、透明性確保のためほとんどがCSR、サステナビリティ・リポートなどを出している。

　地域電力の特徴は、基盤である地域への貢献をいずれも強調していることである。グループの役職員1人ひとりが共有し、CSRを意識した行動の実践を目的とした行動憲章を制定している北海道電力は、透明、公正な事業活動に取り組むことによって社会の信頼を確保、企業価値の向上を目指している。

　「地域社会のより大きな信頼を」をスローガンに掲げる東北電力は、一層の信頼獲得・ブランド向上を目指し、重点を①地域協調・地域活性化支援、②企業倫理・法令遵守、③環境への配慮──に置き、注力している。「信頼される選択される企業」をグループで目指す北陸電力は、"行動計画"や"グループCSR実践に向け"を策定、低廉、良質、クリーンな電気の安全、安定供給の実現とコンプライアンスの徹底などに取り組んでいる。業界の中では取組みの早かった中国電力は、行動憲章、倫理綱領や実践行動計画、環境行動計画などを制定、専任の部署も設置。CSRのリーディングカンパニーを目指し、取組みを進めている。2006年3月にCSR推進会議を発足させた四国電力は、従来、環境、コンプライアンス、個人情報保護など個々に進めてきた諸対応を、CSRの観点から有機的に結びつけながら、活動の一層の推進を目指している。安定供給、環境保全はもちろん企業倫理、法令遵守、個人情報保護など、あらゆる社会的責任の遂行に、従業員一丸となって取り組む意向である。「顧客、株主・投資家、社会、従業員の満足度の向上で、企業価値を持続的に創造、社会とともに発展するとする経営姿勢の実践こそがグループのCSRである」と力説するのは九州電力社長の松尾新吾。「行動計画を策定、CSR報告書を軸にマネジメントサイクルの確立を進めていく」としている。

❶ 東京電力──安定供給が最大のCSR

　「最も重要な社会的責任は現代の社会や生活に欠かせない電気の安定供給を着実に果たすこと。同時に企業倫理や法令遵守の徹底、安全を最優先として事業基盤の確立、電気の品質確保や料金の引き下げ、また、地域社会の一員として社会貢献や地域共生のため担うべき役割を果たすことも大事な責任」。東京電力社長の勝俣恒久は、取り組むべきCSRの中身についてこう説明する。

東京電力がCSRに取り組み始めたのは、そう古いことではない。鮮明にしたのが2004年秋に策定した中期的な経営計画「経営ビジョン2010」あたりからだ。ビジョン自体は02年秋に発生した原発不祥事後の、東京電力の今後のあり方、展望、企業像などをまとめた。このうちグループの経営指針については、企業理念である「エネルギーの最適サービスを通じて豊かな生活と快適な環境の実現に貢献する」をベースに練り直し、「社会の信頼を得る」を筆頭に掲げた。

　電力自由化が進展する今、なぜ「信頼」なのか。これには、02年の原発不祥事が色濃く影響している。当時は、原発の稼動がストップ、供給不足が現実化し、最大の存立基盤である供給責任が厳しく問われた。信頼を失えば発電所の新規立地もままならないことが骨身にしみてわかった。そして、あらゆる業務の基礎となる、「確固たる『信頼』を獲得する」ため、①よりよい環境づくりなど企業の社会的責任を誠実に果たす、②「安全最優先」の意識を徹底、「世界トップレベルの安全・安心な会社」を目指す——などを提唱した。このためCSRへの積極的な取組みが打ち出された側面がある。つまり、不祥事の再発は、経営の安定度を毀損する最大の不確定要素との認識があるわけだ。

　東京電力は、1992年から環境問題への取組みを「環境行動レポート」という形で対外的に公表してきた。2001年から「地球と人とエネルギー」という新タイトルで内容を一新、「環境」に「社会」「経済」の要素を加え、CSRの重視するトリプル・ボトムラインの説明に力点を置いている。2005年以降はCSRを意識し、タイトルをサステナビリティ・レポートとした。これは同年4月に改定した企業行動憲章がCSRを大幅に取り入れたことと無縁ではない。グループの環境・CSR方針や環境管理などを審議するCSR委員会なども立ち上げ、社内体制も整備した。年6回程度開催している。取組み状況を一元的に管理するCSR活動マネジメントも検討中で、06年度中の開始を目指している。

　冒頭にも指摘したが、東京電力という社名を聞いて想起するのは内部告発が端緒となった原発不祥事であろう。これを契機に、東京電力は、企業倫理を重視した業務運営を定着させるための取組みに一段と注力する。このために会長を委員長とし、社外有識者などからなる企業倫理委員会を発足させ、相談窓口を設置した。法令、企業倫理違反に関連する通報・相談は同委員会にすべてかけられる。内容や再発防止策を適宜、公表している。05年度は216件受け付けた。取組みの中心は、グループ会社の経営陣に対しては社外講師によるセミナー、各事業所は、倫理担当とトップとの意見交換会が中心。

　日本全体のCO$_2$の排出量の約9％を東電で占めているといわれる。それだけに「環境」への対応にも力が入る。グループの環境理念で、「地球温暖化をはじめとする環境問題に取

り組み、21世紀の持続可能な発展に向けた企業としての社会的責任を果たす」と決意表明している。CO_2の削減は、10年度までにCO_2排出原単位を1990年度に比べ20％削減するという自主目標を掲げている。05年度の排出量は前年度比で約190万トン減少した。排出原単位は同0.4％減となった。このほか、京都議定書の削減目標を達成するため他国との協力も推進しており、チリでのメタンガス回収プロジェクトやタイでのバイオガス供給プロジェクトへ関与。オーストラリアでの植林プロジェクトにも参加している。

❷ 関西電力－キーワードは信頼回復

「環境、経済、社会の持続的発展という観点から果たすべき社会的責任は重大」。社長の森詳介のこうした言葉を待つまでもなく、電力業界第2位の関西電力もCSRに力を入れている。背景には、自由化をはじめとした取り巻く環境の変化に加え、一連のトラブル、不祥事などで失墜した信頼回復という側面もある。業界トップの東京電力と同じ構図である。

スタートとなったのは、2004年3月に策定したグループの経営ビジョン。エネルギー市場の変化、循環型社会の到来、企業の社会的役割に対する期待の高まりなど経営環境のトレンド変化を見据えて、グループの経営理念や目指す姿を「お客様ナンバーワン企業」と宣言。その実現に向けてグループのCSR行動憲章を策定した。中身は、①商品・サービスの安全かつ安定的な提供、②環境問題への先進的な取組み、③地域社会の発展に向けた積極的な貢献、④コンプライアンスの徹底――など6項目。2005年5月にはグループのCSR行動規範も設けた。経営層や従業員個人レベルでCSRを確実に実践するために、日々の心がけやふるまいについて具体的に定めている。例えば、コンプライアンスの徹底では、「業務に当たっては関連する法令等を確実に遵守する。業務外であっても社会人として良識ある行動をとり、違反行為や反社会的行為を行わない」「贈答、接待については節度をもって良識の範囲にとどめる。特に、政治や行政に対して、法令および健全な商慣行に反し、報酬、接待、贈り物等の利益の提供は行わない」といった具合である。

安定供給はもちろんとして温暖化防止のための地球環境保全やCO_2削減、環境負荷低減、企業市民としての社会への貢献の努力も続けている。関西電力は、1993年以来毎年発行してきた「環境レポート」を発展させ、2005年からタイトルを変え、「関西電力CSRレポート」（同10月発行）とした。ただ、CSRの中核となるCSR行動憲章、CSR行動規範がマネジメントにどう組み込まれているのかに触れられていないなどの点が指摘できる。こうした規定が日常的にどこまで具体的な経営陣、社員の行動として反映されるのかが今後のポイントに

なると言えよう。

③ 中部電力－社会の眼でチェック

　名古屋をはじめとする中部経済圏を地盤とする中部電力。ニーズを的確に捉えたサービスを提供、良き市民としての責任を果たし、地域の一層の信頼を得ることが重要との判断から、①地球環境保全に努力、②持続可能な社会の発展に貢献、③法令・ルールを遵守、企業倫理を重んじる、④公正・誠実に行動する――などを内容とする「CSR宣言」を制定している。「情報開示、説明責任を果たす」「取り組みを『社会の眼』に照らして常にチェックし、さらなる改善につなげる」。社長の三田敏雄は取組みに向けた意気込みをこう語っている。

　中部電力は2004年夏、苦い経験をした。当時の会長による個人的な趣味の中国古美術の不明朗な購入が指摘され、引責辞任したのである。損害は数億円に上ることがその後の調査で判明、損害賠償請求に踏み切った。取締役会や監査役会の機能が途中まで十分に働かず、支出を容認。指弾の声が上がったのを機に責任追及となったのは土壇場で自浄作用が働いたといってよかろう。こうした経緯もあってか、05年7月にCSR推進グループを経営戦略本部に設置。同9月には各部門長をメンバーとするCSR推進会議を設け、議論、施策の進捗状況を確認している。推進にあたっては、社会の眼、ステークホルダーの声や第三者機関による格付などの客観評価による課題の抽出などを通じて先進的な取組みを目指すと強調している。

　中部電力のCSRの理念は経営基本方針がベースとなっている。地域から地球への共生の拡大、自己責任原則などがその内容である。コンプライアンスでは、推進のための基本方針となる行動規範などを定めている。

　環境では、環境理念、環境ビジョンを制定。環境負荷低減など中長期目標を盛り込んだアクションプログラムを作成した。焦点のCO_2削減では、10年度の同排出原単位を1990年度比20％削減する目標の2005年度実績は、90年度比の2.4％減にとどまった。これは、保有する原子力発電所の長期停止などによる。ゼロエミッションに向けた廃棄物削減に関連した05年度の廃棄量は141.3万トン。社外埋め立て処分量は前年度比0.1万トン減の0.8万トンとなった。グリーン調達のほか、グループ一体の環境経営にも取り組んでいる。社会貢献では、電気実験教室、環境・エネルギー教室などの出前教室を随時開催している。

❹ 東京ガス－日々の仕事の確実な実行を通じて

「CSRは『ブランド価値の向上』の中心的施策であり、全社横断的な推進体制のもと、日々の仕事の確実な実行を通じて公益的使命と社会的責任を確実に果たして参ります」。東京ガスの鳥原光憲（とりはらみつのり）社長はCSRに対する決意をこう語っている。言い換えれば、本業の完遂によって社会的責任を果たすということである。その中核となるのが「経営理念」「企業行動理念」の実行であり、同時に天然ガス新市場の創造と開拓と銘打った中期経営計画の遂行である。

では、その基礎をなす「経営理念」「企業行動理念」とは一体何なのか。経営理念は、「天然ガスを中心とした『エネルギーフロンティア企業グループ』として『快適な暮らしづくり』と『環境に優しい都市づくり』に貢献し、お客さま、株主の皆様、社会から常に信頼を得て発展し続けていく」である。企業行動理念では、①公益的使命と社会的責任を自覚し企業価値を増大、②顧客の満足向上を目指し価値の高い商品・サービスを提供、③法令、およびその精神を遵守し、高い倫理観をもって、公正かつ透明な企業活動を行う――などの7項目を挙げ、果たすべき責任を列挙している。

その上で、2010年代を見据えた長期的事業展開の重要なステップと位置づけた中期計画を策定、総合エネルギー企業のトップランナーとしての地位を築き、持続的に発展する企業グループの実現を目指している。キーファクターとなるのが、①天然ガスをコアにした総合エネルギー事業の確立、②ブランド価値の向上、③企業構造の変革――である。

企業価値の向上に向け、コーポレートガバナンス、リスクマネジメント、コンプライアンスなどへの取組みを強化、経営倫理委員会、コンプライアンス委員会などを設けている。コンプライアンス推進では特に、判断、行動の指針を示した「私たちの行動基準」を作成した。相談窓口もあり、05年度は65件の相談があった。CSR推進体制としては04年にCSR推進会議、CSR室を設けている。

研修の一環として、グループ従業員を対象に報告書を読む会を開催、他社の報告書を読み比べるなどしてCSRへの理解を深めている。

東京ガスの主力の天然ガスは、石炭や石油と比べCO_2や窒素酸化物が少ないなどの特長がある。そのメリットを生かし、ユーザー側のCO_2排出抑制を重視し、環境保全活動を進めている。そのための環境方針も決めており、総合的な環境負荷の低減、地域や国際社会とのパートナーシップの強化、関連技術の研究・開発などを盛り込んでいる。

このほか、従来の環境保全ガイドラインを05年度に改定、①高効率機器・システムの効率

向上によるユーザー側でのCO_2排出量を10年度に1990年度比で800万トン抑制、②産業廃棄物に関連して全製造工場でのゼロエミッションを2010年度に達成、③オフィスでの紙ごみの再資源化率を同年度に85％以上——などを定めている。環境コミュニケーションと称してユーザーに対する、環境にやさしい食生活の提案（エコ・クッキング）やNPO、消費者団体、労働組合、企業などとの連携によって、ライフスタイルを見直し、温暖化対策を効果的に進めていくライフスタイルフォーラムなども進めている。

石油業界 — サルファーフリーで環境保全

　石油業界は、ガソリンなど提供する製品、サービスの利用者が主に消費者である。その分、消費者の視点を意識する傾向が強い。企業イメージの良し悪しは、売上げはもちろん、業績を大きく左右する。こうした事情もあって各社ともCSRには力を入れている。経営理念、企業行動指針、環境理念などを掲げ、それに基づいて活動に取り組んでいる。ただ、過去に発生した製油所などでの事故を率先して公表する企業がある一方で、コスモ石油のように事故隠しが発覚、当局の処分を受けるところもあった。CSRを掲げるものの実践やその意識にばらつきがあるのは残念なところである。

　地球環境保全、温暖化防止では各社とも前向き。環境マネジメントシステムであるISO14001認証を製油所などで取得、省エネのほかCO_2削減などの汚染物質の削減に努力している。

　業界をあげて各社が熱心に取り組んでいるのがサルファーフリー（硫黄分の除去）である。ガソリン・軽油に含まれる硫黄分は大気汚染の原因となるばかりか、エンジンの触媒に作用し、燃費が低下する。サルファーフリーによって高燃費が実現できる。車からのCO_2の排出量を大幅に減らせるばかりか、燃費のより向上した新型エンジンの採用も可能となる。これによって地球環境保全を進めようとする一大キャンペーンである。レギュラーガソリンや軽油については2005年からサルファフリーの製品を一部が供給している。スポーツ支援などを通じて社会貢献に積極的な業界でもある。

1 新日本石油－競争力の源

　国内最大手の石油元売り会社である新日本石油は1999年4月に日本石油と三菱石油が合併して誕生した。合併会社が統合のシンボルとしてCSR（企業の社会的責任）に力を入れるケースは多い。新日石も例外ではない。だが、「本業そのもの」「競争力の源」「企業価値向上につながるあらゆる取り組み」と規定するその手法は一味違っている。

　原点となるのが2006年4月に改定した新グループの理念である。「『エネルギーの将来を担うこと』と『地球環境との調和を図ること』を重視し、『エネルギーの未来を創造し、人と自然が調和した豊かな社会の実現に貢献します』の新グループ理念を誠実に実践し、社会に対する責任を着実に果たしてまいります」と社長の西尾進路は取組みへの決意を語っている。

　活動は経営理念が掲げる「6つの尊重」（① Ethics：高い倫理観、② New ideas：新しい発想、③ Environmental harmony：地球環境との調和、④ Relationships：人々との絆、⑤ Global approaches：グローバルな視野、⑥ You：ひとりひとりのお客様）を軸に、「コンプライアンス」「人間尊重」「情報セキュリティ」「社会貢献」「環境安全」「品質保証」を重点分野と定め、取り組んでいる。

　本格的に取り組むようになったのは、04年に入ってからである。きっかけは、同じエネルギー産業である東京電力の02年夏の不祥事であった。原子力発電所での意図的な事故隠しが発覚、経営を直撃した。コンプライアンスなどが厳しく問われ、経営首脳陣が総退陣。東電は混乱を極め、信頼が脆くも崩れ、威信も傷ついた。その少し前には雪印乳業の不祥事もあり、子会社の解散まで追い込まれていた。危機感を抱いた当時の社長の渡文明がトップダウンで社内改革に乗り出した。

　折からの地球温暖化で環境保護がちょうど叫ばれていた。石油産業への風当たりは強い。環境負荷低減の分野で果たしている積極的な努力は知られておらず、これを対外的に打ち出すべきとの考え方もあった。

　まず実施したのは、04年7月の社長直轄の監査部のCSR推進部への格上げである。05年7月にはこの強化のため副社長、常務からなるグループのCSR委員会を設置。06年4月には、さらにCSR会議に変更。コンプライアンス、環境安全など6つの重点分野にエンジン役となる6委員会を配置し、それぞれの活動を強化している。

　目を引くのは、地球環境との調和である。環境負荷を総合評価、環境経営の改善・促進のため環境効率指標、環境会計を導入している。

　1996年をベースにした原油採掘、精製、製品輸送、製品消費の環境負荷の総量は、多少の

デコボコはあるものの着実に改善している。環境効率も同様で、96年を100とすると、05年度で120.4％までアップ。地球温暖化防止策では、グループの石油精製部門は2010年度の製油所エネルギー消費原単位について、日本石油連盟の掲げる1990年度10％を上回る20％削減を目標としている。05年度実績は18.2％となった。廃棄物削減では、10年度のゼロエミッション達成を目標に再資源化などに取り組んでいる。07年度に達成の見通し。

「企業市民としてできること」を掲げる社会貢献では、将来が期待される新エネルギーと位置づけられる水素の普及のため、「公益信託ENEOS水素基金」を創設、同研究への助成を推進している。地方自治体との連携で未整備な森林の保全を支援する「ENEOSの森」や東京都、NPOとのタイアップによる「東京グリーンシップ・アクション」なども進めている。コンプライアンスなどでは社内研修を随時開催しているほか、内部通報者制度も設けている。このほか、グループのCSR関連の情報公開を強化するため2006年からホームページ上にCSRサイト「ENEOS Social Station」を作成し、ディスクロージャーの充実を図った。各部門からの最新の情報を集め、タイムリーかつ詳細に提供している。

❷ 出光興産－上場を機にCSRに注力

2006年10月24日に念願の上場を果たした出光興産。それまで、規模や資本金の割に膨大な借入金を抱え、経営の脆弱性が指摘されていた。だが、上場によって市中から資金を調達、経営基盤の安定化を一気に実現した。上場はその一方で、これまで以上の経営の透明性と情報公開、説明責任が問われることになる。その意味では経済・社会・環境面でのバランスのとれた成長を目指すCSRに取り組む絶好の機会ともいえる。

出光興産は、上場に備えた体制整備としてここ数年、①選択と集中、②積極的な提携、③財務強化、④経営の仕組みの見直し──を柱とする構造改革を推進してきた。CSRもその延長線上にあるとみてよいだろう。それまで発行していた環境・社会報告書をCSRレポートに名称変更したほか、05年4月に経営企画室内にCSRグループを設置、推進体制を強化した。社長の天坊昭彦は、「経営の透明性を高め、事業計画とその結果をタイムリーに公表するとともに『持続的な成長を通して社会に貢献』していきたい」と宣言している。

同社の創業者の出光佐三が「大家族主義」「人間尊重」を唱えたことは良く知られている。佐三が掲げた「人が中心という人間尊重の事業経営を実践し、事業を通して国家社会に貢献する」という理念が経営の原点である。その実現のため社員1人ひとりが世の中で信頼され、尊重される人間に成長する。互いに切磋琢磨することを目指してきた。天坊は「CSRの基

本的な考え方は既に出光の経営の中に組み入れられている」と語っている。

　出光興産という企業名を聞いて思い出すのは、03年秋の北海道製油所で発生した石油タンクの大規模火災であろう。発端は地震であったが、いったん鎮火後に再び燃え続けた。最終的には、コンビナート最大級の火災となり、余震におびえる地元住民を不安に陥れた。出光興産はこれを教訓に社内に安全保安強化のため、社外専門家による安全保安諮問委員会や安全強化委員会を設置、安全に関する仕組みを見直した。地元とも懇談会を開催、安全確保を最優先するという認識のもと、安全保安レベルの維持向上を推進している。

　地球温暖化防止のための温室効果ガスの削減の04年度実績は、火災後、北海道製油所が約半年間稼動を停止していた関係で製油所のエネルギー消費原単位の削減は進まなかった。中期計画では、08年度のエネルギー消費原単位を1990年度比で製油所は20％削減、石油化学工場は30％削減の目標を定めている。

　業界をあげて力を入れているサルファーフリーでは、2005年1月より硫黄分を10ppm以下にしたサルファーフリー・ガソリン、軽油の出荷を開始、同4月から沖縄、離島を除く全国で発売している。社会貢献では、出光美術館や長寿のテレビ番組「題名のない音楽会」の関連で設けた出光音楽賞などが知られている。このほかアマチュアロードレースの後援や製油所、工場などの稼動する事業所が地元の地域社会への貢献として運動施設の開放やイベントなどを随時実施している。

❸ ジャパンエナジー－5つの約束でCSR

　民族系の石油元売り会社の共同石油と日本鉱業が1992年に合併した日鉱共石を母体とするジャパンエナジー。社長の松下功夫は、「エネルギーの安定供給を使命として地球環境やステークホルダーへの社会的責任を果たしていく」とCSRの取組みに向けた意気込みをこう語っている。2002年7月に国際的な活動をする企業のルールでもある国連のグローバル・コンパクトに業界として初めて参加した。

　ジャパンエナジーは97年4月に基本理念「エナジーの創造」と、これを実践する行動指針「5つの約束」を制定した。同社の進むべき方向とあるべき姿、共有すべき価値観、心構えを示した「エナジーの創造」とは、人間、地球、社会の3つのエナジーとの関わりを通じ、活力ある人間社会の実現を目指すのが内容。基本理念を実践するための行動基準である「5つの約束」は、①企業倫理・社会貢献、②環境安全、③個性尊重、④顧客第一主義、⑤利益ある成長──についての社会との誓約であり、役員社員が念頭において行動すべき道標でも

ある。そしてこの実践がCSRとなっている。

力点を置いているのは、①コンプライアンス、②環境保護、③CS（顧客満足）、④社会貢献——。あらゆる事業活動の大前提と位置づけるコンプライアンスでは、1999年に独禁法遵守推進委員会を設置。2003年7月にはこれをコンプライアンス委員会に改称した。2004年5月にコンプライアンス基本規則を制定、2006年には公益通報者保護法施行に伴い、外部通報窓口の新設を含め、従来の通報制度を整備。同時に「通報制度運営規則」を制定し、不正防止、責任体制の確立を図っている。

事業の存続に関わる重要な経営課題と位置づける環境保護については、探鉱・開発・生産、海上輸送、精製、物流などサプライチェーンの全体で配慮している。アブダビ首長国での海底油田の操業では要請に応じて、生産の際に発生する随伴ガスを燃やさず、再度、地下油層に戻すことに成功した。大型タンカーによる輸送では、事故が重大な環境汚染につながる恐れがある。このため、船体が損傷しても原油が漏れ出さないようIMO（世界海事機関）の要求に沿って二重船殻化（せんかく）を進めている。

基本理念や行動指針でその重要性をうたっている地球環境保全については、①環境に配慮し汚染の防止に努める、②使用エネルギーの効率的活用、リサイクルの推進に努める、③地球環境の改善に貢献する——などを内容とする環境保全方針を策定。負荷の低減などを推進している。環境会計にも取り組んでおり、関係会社の鹿島石油を含めた2005年度の実績は、ベンゼンの回収量は1998年度比で48トン増加。省エネによる燃料使用量は90年度比、原油換算で67,868キロリットル削減、廃油リサイクルは原油換算で年間4,447キロリットルを実現した。省資源、リサイクルの効果は約29.9億円となった。製油所や輸送部門での省エネなどにも取り組んでいる。大気汚染防止に寄与するサルファフリーにも各社と同様、取り組んでいるのはもちろんである。

社会貢献では、従来の地域を主眼とした活動を2005年度に見直し、重点分野を芸術・文化、児童福祉、スポーツ振興・障害者スポーツ、災害時の被災者の支援を柱とした。主に子どもと障害者に力点を置いている。具体的には、童話賞、童話基金・奨学助成金を設けているほか、災害支援ではNGO（非政府組織）への寄付や同社のふれあい基金などを通じて実施している。

化学業界 ─ RC 活動、業績好調が追い風

　CSR の推進について化学業界は、トップが明確にその推進を宣言するなど各社とも前向きの姿勢が目立つ。業績の好調という追い風もあって重厚長大産業の中では比較的積極的に取り組んでいるといってよかろう。業界にとって環境と社会との対話を重視する CSR の概念が必ずしも目新しいものではないためである。

　それは1990年代から業界、各社が自主的に取り組んできた RC（レスポンシブル・ケア）活動と深い関係がある。80年代、地球温暖化の深刻化や環境ホルモン汚染などが新テーマとして浮上。環境、安全、健康への一般の関心が広がる中で化学物質の規制だけで対処することが難しくなってきた。こうした問題の解決を迫られた世界の化学業界が暗中模索の末、80年代に開始したのが自主的なこの活動である。具体的には、世界の業界、企業らが化学物資の開発から製造、使用、最終消費、廃棄まで一連の活動の成果を公表、社会との意思疎通を積極的に図るというのが中身である。国内では日本化学工業協会の中の企業が中心となり、日本 RC 協議会を設立、業界をあげての取組みがスタート。会員は現在、100社を突破している。こうした下地もあって CSR をすんなり受け入れることができたといえよう。ただ、RC が内向きの色彩が強いとの指摘もあり、対外的に積極的に発信する CSR の登場で、活動の幅が一段と拡大したといってよかろう。

1　住友化学 – CSR をテコに世界企業へ

　住友化学は化学業界の中でも CSR の先進企業に分類される。住友グループの中でも積極的に取り組んでいる企業といってよかろう。2004年11月にその基盤をなす「CSR 基本方針」を制定、その3ヵ月後の05年1月には、国連が世界の企業に賛同を呼び掛けているグローバル・コンパクトへの参加を国内の化学業界で初めて表明した。経済活動、環境・安全・健康・品質保証活動、社会的活動のそれぞれにバランスよく取り組み、CSR 経営をテコに「真のグローバル・ケミカルカンパニー」への変身を目指している。

　CSR への取組みの中で必ずといってよいほど登場するのが、「誕生の経緯が CSR」と自ら

言明するその生い立ちである。旧住友財閥の家祖が定めた家訓は「信用を重んじ確実を旨とし」「浮利にはしり軽進すべからず」と説く昨今のCSRに通じる経営理念がある。それが、住友グループの事業精神としてCSRの基礎をなしている。だが、住友化学の場合はそれだけではない。住友化学の属する旧住友財閥のルーツは、16世紀末から17世紀初頭に遡る。業態が一気に拡大したのは、愛媛県・新居浜の別子銅山の開発に着手して以降。銅の精錬の過程で有害な亜硫酸ガスを含んだ煙害が排出され、これに悩まされていたのだが、明治時代にこのガスを原料とする肥料製造工場が設立された。それが前身である。つまり、煙害防止のため生まれた企業が住友化学というわけである。

それまでの事業精神、経営理念、企業行動憲章を踏まえ、04年11月に制定したCSR基本方針は、「新しい有用な技術や製品を生み出し、提供し続けることによって、企業価値を向上させ、人々の豊かなくらしづくりや、私たちの社会や地球環境が抱える問題の解決に貢献する」とその決意を表明している。

そのため、中期的目標として、①高収益企業への成長、②無事故・無災害の達成、③環境負荷の評価と低減、④コンプライアンスの徹底、⑤社会貢献活動の充実──などを定めている。この推進のため社内横断の「CSR推進連絡会」を設置した。ここでの議論を軸に、各部門での具体案を策定し、取組みを進めている。

焦点の環境保全への取組みでは、①年平均1％以上のエネルギー消費原単位の改善、②自家消費する化石燃料由来のCO$_2$排出原単位を10年度までに1990年度比10％改善──との目標を掲げている。05年度の実績は、エネルギー消費量だと、154万9千キロリットル（原油換算）で前年度より増加となったものの、運転方法の改善、排出エネルギーの回収などでエネルギー消費原単位では前年度比で2.5％改善、1990年度比で15.4％改善した。CO$_2$排出原単位では同5.5％改善、1990年度比では13.8％改善。②の定める目標値を達成した。なお、2005年度の温室効果ガスの排出量は、前年度比8.6％増だった。こうしたこともあって、京都メカニズムの活用にも積極的で、世界銀行が設立したバイオ炭素基金への出資を05年3月に決定。17年度までの13年間に、一定のCO$_2$クレジットが獲得できる見込み。大気汚染、水質汚濁防止、土壌汚染防止、廃棄物削減などへの取組みも着実に続けている。

このほか、社会貢献の一環として、世界保健機関（WHO）などが進めているマラリア撲滅のためのキャンペーンに参加している。世界では年間3億人がマラリアに感染、100万人以上が亡くなっている。住友化学ではマラリアの撲滅にはまず、蚊に刺されないようにすることが重要との観点から、独自技術による防虫剤を織り込んだ蚊帳（オリセットネット）を開発。WHOの要請を受け、この技術をタンザニアのメーカーに無償供与。現地では約1,000

人の雇用を生み出している。NGOとの連携にも積極的で、米国のアフリカの貧困撲滅で活動する非営利団体にオリセットネットを約33万張り寄付。世界的なNGOのワールド・ビジョンとアフリカの教育支援に加わっている。

❷ 三井化学－CSRで社会に貢献する企業

　CSR（Corporate Social Responsibility）は一般的には「企業の社会的責任」と訳される。だが、三井化学は違う。独自に、「社会貢献」と呼び換えている。社会的責任を果たすのは当然として、さらに一歩進めた。社会に貢献する企業でありたいという願いからだ。

　三井化学グループのCSRとは同時に経営ビジョンの実現を目指すことでもある。ビジョンが掲げる「地球環境との調和」「材料・物質の革新と創出」「高品質の製品・サービスの提供」を通じた社会貢献がCSRの精神そのものである。ただし、ここでいう社会貢献とは、ボランティアや寄付などを指す狭義のそれではなく、ビジョンが示す様々なステークホルダーへの貢献を意味する幅広い概念である。目標は、ステークホルダーから信頼され、持続可能な社会の構築に向けて努力する企業である。

　といっても社会貢献への取組みをCSR活動とともに突然、始めたわけではない。従来からの活動の1つにレスポンシブル・ケア（RC）がある。冒頭に掲げた石油化学業界のCSRの取組みの中で触れた活動である。これは、設備や製品の安全、従業員の安全と健康を確保し、環境負荷を低減するための活動であり、各社が極めて重要と位置づけ取り組んできた。

　推進体制については、2005年6月に社長を委員とするCSR委員会を新設。全社横断的な方針・計画を立案する組織で、傘下にRC委員会、リスク委員会、社会活動委員会がある。体制強化のためのCSR室も同時に設置した。

　CSRを推進する主役は社員1人ひとりであるとの判断もあって、社員のそれぞれの行動のよりどころとなる「新行動指針」を06年2月に策定した。キーワードは、「誠実な行動」「人と社会を大切に」「夢のあるものづくり」の3つである。CSRのあり方を検討してきた従来のタスクフォースがビジョンやCSRの考え方などから重要な項目を選択、社員へのアンケートも実施。重要となる、①誠実な行動、②人と社会を大切に、③夢のあるものづくり――の3項目を抽出、これに基づいて策定した。推進には社員1人ひとりが考え方に共感し、自発的な行動に結び付けていくことが不可欠との判断のもと全事業所から200人のCSRサポーターを選任した。社員への浸透が主な役割である。

　RCマネジメントの一環として環境負荷低減活動にも傾注している。焦点の地球温暖化対

策では、CO₂やメタンなど温室効果ガスは、増産などで、04年度は628万トンと前年度比で増加したものの、単位生産量当たりのエネルギー消費量は同88.5％と減少。10年度に1990年度比で90％とする業界の目標を達成した。増加となった温室効果ガスは削減のため徹底的な省エネを実施、必要であれば京都メカニズムの活用も検討する方向。廃棄物削減では、2010年度までに各工場でゼロエミッションを達成するという新たな目標を設定した。新年の挨拶で社長の藤吉健二は、06年はグローバル展開の加速などとともに「CSR活動の推進に注力したい」と宣言している。取組みが注目される。

③ 三菱ケミカルHD－Good Chemistry for Tomorrow

　三菱化成と三菱油化が1994年に合併して誕生した三菱化学と、医薬が専門の三菱ウェルファーマが株式移転により2005年10月に設立したのが持ち株会社の三菱ケミカルホールディングス。約370社の企業を傘下に持つ国内最大手の総合化学メーカーである。グループの事業・組織戦略を担うほか、成長・飛躍に向けて経営を推進する。三菱化学と三菱ウェルファーマがグループを支える双璧であるのはもちろんである。

　「社会からの期待に応え、社会からより高い信頼を得られるグループへ」――同社が推進するCSRの拠り所となるのは、グループ理念の"Good Chemistry for Tomorrow"である。ケミストリーとは人と人との相性、関係、つながりの意味もあり、人、社会、そして地球環境のより良い関係の創造を目指し、活動するというグループの企業姿勢を表している。ホールディングス社長の冨澤龍一は、「グループ370社の協奏力を発揮し、人々の健やかで豊かな暮らしの実現と、地球環境との確かな共生のために貢献していきます」と取組みに向けた決意を語っている。

　発足してまだ、間もない同グループではあるものの、コンプライアンスを経営上の最重要課題と位置づけ、その確保・推進に努力。グループの企業倫理憲章や企業行動規範を制定。コンプライアンス推進統括執行役員が責任者としてグループ各社へ指導、監督している。

　企業倫理憲章は、①自覚・責任、②公正・公平・誠実、③遵法精神、④節度、⑤透明性・開放性――からなる。行動規範は、倫理憲章の各項目をさらに詳しく具体的に解説している。例えば、節度では、節度ある行動、会社財産の適切な使用、情報システムの適切な使用、利益相反行為の禁止、職場での政治・宗教活動の禁止、虚礼廃止などについて説明している。

　環境については、傘下の三菱化学が1990年代半ばからグループの方針を定めて取り組んできた環境改善・安全確保運動のRC活動を踏襲する方針。企業が社会の信頼を得て持続可能

な発展を続けていくための極めて重要な活動、との判断があるからだ。環境保護、保安防災、労働安全衛生、化学品安全、品質保証が柱でグループ全体での活動を展開している。

　社会貢献については、三菱化学が障害者雇用を目的とする子会社を設立、04年9月までの従業員108人のうちの障害者は、65人。業務内容には、OAセンター、メール・写真センター、パーソネルサービスセンターが核となっている。

医薬品業界 ─ 業界団体も音頭取り

　合併により巨大製薬企業が相次いで誕生している海外の動きの反映なのか、日本の医薬業界に再編の波が押し寄せている。業界3位だった山之内製薬と5位の藤沢薬品工業が合併し2005年4月にアステラス製薬が誕生、それまで2位だった三共を抜き去って業界第2位に躍り出た。3位に転落した三共は捲土重来を期して6位の第一製薬と統合することで合意、07年4月から事業持ち株会社へと移行する。いずれもシェア拡大に代表される外資の攻勢に対抗するためで、新薬開発コストがここに来て急速に膨らんでいることも見逃せない。

　激化する競争の中で、CSRへの取組みは、各社とも前向きである。勝ち抜くには、CSRの目指す企業価値、ブランドイメージの向上、さらにはステークホルダーの信頼の獲得が必須との認識があるからだ。かつてはスモン禍、最近では薬害エイズなどに代表される一連の不祥事で医薬品メーカーのイメージは必ずしも芳しいものではない。薬害エイズでは、市場から撤退宣告を受ける企業もあった。メーカーにとって不祥事の根絶そして信頼の回復は、キーワードであり、他人ごとでは決してないのである。

　こうした過去の経緯もあって業界団体が積極的。ガイドラインなどを設け、対応している。発端は1980年代あたりからで、日本製薬団体連合会が製薬企業倫理綱領を策定、最近では行き過ぎた営業活動に歯止めを掛ける公正競争規約を日本製薬工業協会が設定するなど業界団体が近代化に向けた中心的な役割を果たしている。CSRの関係では、人権尊重、法令・行動規範、企業倫理の遵守などを定めた「製薬協企業行動憲章」や「製薬協コンプライアンス・プログラム・ガイドライン」などを設定、会員企業の企業倫理の向上と法令遵守に業界を

あげて取り組んでいる。ガイドラインでは、各社が企業倫理を確立・実践すると同時にコンプライアンス・プログラムを制定・実施し、違法行為を未然に防止することなどを規定している。

1 武田薬品工業－タケダイズムが原点

「日本発の世界的製薬企業」を目指す武田薬品工業。そのトップに座る会長の武田國男は、日本経団連の企業行動委員会で委員長を務め、不祥事撲滅のためコンプライアンスや企業倫理の徹底を会員企業に呼びかける任務を負っている。率先垂範する立場にあるということなのか、「企業は社会の一員」、「経済性と社会性を両輪として企業活動を充実・強化する」「ステークホルダーとの間に信頼関係を構築し、企業価値の向上につなげていく」と呼びかけている。CSRを経営上の極めて重要な課題と位置づけ、積極的に取り組んでいる。

江戸時代中期の創業で、220年以上の歴史をもつ同社は、その歴史の中で、社会に貢献するという高い倫理観と強い使命感を醸成してきた。「(CSRの発想は)、私たちのDNAの中にしっかりと組み込まれており、決して新しいものではない」と武田は力説する。

経営の基本精神となっているのが、タケダイズム、経営理念、経営方針、行動原則など。うち最上位に位置するのがタケダイズムである。「従業員は高い倫理観を持って公正・正直に取り組む基本精神と、より良き姿を追求し続ける不屈の精神である誠実を旨とする」などの企業活動の方向性が盛り込まれている。経営理念では「優れた医薬品の創出を通じて人々の健康と未来に貢献する」とうたい、経営方針では、「高度に統合されたグローバル体制とする」などの5項目の企業目標を掲げている。行動原則は、①生命の尊厳に対する畏敬の念と高い倫理観、②事業の本質、自らの存在価値のたゆまぬ追求、③フェアで誠実に接する心と相互の信頼──などで構成される。

2005年2月に社長を委員長とするCSR推進委員会を発足させた。全社横断的に整理し、同社の特色を活かした方針を立案。グループ全体に浸透させるのが目的である。この委員会の下にプロジェクトチームを発足させ、05年12月に初のCSR報告書を作成した。今後の課題は、①社会との関係、②グループとしての環境への取組み、③取引先との関係──などである。

環境については、1992年に基本原則を制定、毎年度環境方針を策定、活動に取り組んでいる。環境会計も実施しており、2005年度の環境保全コストの投資額は約5億円、費用は約23億円、省エネに伴う経済効果は約5,000万円だった。CO_2の排出量の05年度実績は同社の第

８次省エネ計画の目標値である1999年度比で2.9％減を達成。廃棄物削減の同実績も2000年度比82％削減を果たし、目標の20％減を大きくクリア。現在、10年度までの５年を対象とした第９次省エネ計画に着手している。

社会貢献では、内外で基金を創設、科学技術の研究などに支援しているほか、やはり内外のNPOとの連携で病気の子どもたちや予防プログラムへの支援などを実施している。

❷ アステラス製薬－コンプライアンス最重視

山之内製薬と藤沢薬品工業が統合して2005年４月に誕生したアステラス製薬。損保ジャパン、新日本石油など統合企業は社員の新会社に対する求心力を高めるため、そのシンボルとしてCSRに取り組むケースが多い。ラテン語などで星を意味するアステラスを社名にいただく同社も同様なケースといえよう。合併を機にCSRへの取組みをスタートさせた。

新会社の発足にあたって存在意義、使命、信条から構成される経営理念を決めた。うち理念にあたる存在意義は、「先端・信頼の医薬で、世界の人々に貢献する」、使命は、「企業価値の持続的向上」、信条は、①高い企業理念、②顧客志向、③創造性発揮、④競争の視点──の４項目である。これに基づき企業行動憲章も制定した。憲章は、経営理念をより具体的に定めたもので、「すべてのステークホルダーと、高い倫理観をもって健全かつ正常な関係を保つ」「企業活動においては、公正で自由な競争を行う」などの10項目を規定している。CSRによって経営理念を貫徹し、企業価値の持続的向上を目指すということであろう。

それにしても今、なぜCSRなのか。それは経営理念が説く、存在意義、使命、信条の実現には、とりもなおさず、すべてのステークホルダーの信頼を獲得し、存続と企業価値が認められることが必要で、それによって企業活動を通じて利益が確保されると考えるからである。つまり、社会的な責任を積極的に果たすことで経営理念の実現が可能となるのである。その観点からCSR経営をスタートさせた。「社会的責任を強く認識し、経済性、社会性ならびに人間性を含めた総合的な見地から企業価値の持続的向上に努め、市場のみならず社会においても意義ある存在として受け入れられることを目指す経営」というのがその定義である。

特色もある。CSRは経済、社会、環境のいわゆるトリプル・ボトムラインのバランスをとって成長を目指すのが一般的な考え方である。同社の場合は、この３要素に社員とコンプライアンスを加えた５要素とした。コンプライアンスなくしては誠実な行動にも結びつかないとの判断があるためである。コンプライアンスをCSR経営のベースとした。

最重要と位置づけるコンプライアンスの取組みでは、企業行動憲章をより詳しく、具体的

にした「私たちの行動規準」を定めている。取組みに関する方針、計画、施策などをCSR委員会で審議、決定、コンプライアンス担当役員とCSR部によって各部門へ下ろされる。職場への浸透を図るため全部門に推進リーダーを任命した。2005年度は6月と3月の2回、コンプライアンス推進リーダー会議を開催、情報共有などを図った。ヘルプラインも設けられており、2005年度は75件の利用があった。医薬品メーカーらしく、遺伝子研究や臨床試験における人権配慮、動物実験における倫理的配慮などについても委員会を設け、配慮している。

発足間もない合併会社のため、実績などは少ない。統合を前に万全を期したということなのだろうが、外枠は極めて立派なものが整備されている。釈迦に説法であるが、大事なのは実践した中身である。CSRの推進にはトップのコミットメントが何よりも重要とされる。それがどこまで貫徹され、役職員を動かせるか。それが、アステラスのCSRの将来を決定するといえよう。期待したい。

❸ 三共－第一製薬との統合後も推進

第一製薬との経営統合に合意、2005年9月に共同持ち株会社「第一三共」を設立し、07年4月からは事業持ち株会社へ移行する三共。研究開発力や営業力を強化、外資の攻勢などに対応する。目指すのは日本発の「グローバル創薬型企業」である。具体的には、①革新的新薬の創出力、②卓越した競争力、③世界市場での確固たるプレゼンス——の発揮。「倫理観を持ち、透明性の高い経営を行なう」とCSR経営の推進を宣言、事業持ち株会社に移行しても「大筋での変更はない」（三共）見通しだ。

では、その事業持ち株会社に組み込まれる三共のCSRはどのようなものか。三共は「生命関連企業として世界に通用する製品を通じて、世界の人々の健康で豊かな生活に貢献する」との経営理念を掲げている。共同持ち株会社の社長でもある三共社長の庄田隆は環境・社会報告書2005の中で、「経営理念の実践のためには、すべてのステークホルダーへの経済的価値、環境的価値、社会的価値をバランスよく提供し、信頼を得なければならない。このため三共はCSR活動を企業戦略の重要な柱と位置付け、取り組みを強化します」と決意表明している。

推進体制強化のため04年4月に環境・コンプライアンス推進部を創設、コンプライアンス行動基準を策定。社長がコンプライアンス・オフィサーに就任、コンプライアンス宣言を発表した。プログラムの全体の統括と実施計画の策定が担当の同オフィサーは、コンプライア

ンス推進会議を召集、実施計画と結果を承認。研修などを通じて教育・啓発の強化を図る。

グループ会社を含めた環境管理水準を定め、温暖化防止、省資源、廃棄物管理にも注力している。04年度実績は、CO_2の排出量、エネルギー総使用量、廃棄物発生量とも前年度比で増加、取組みの強化が迫られている。

電気通信業界 ― 最近までばらつき

ガリバー日本電信電話公社（NTTの前身）の独占が戦後続いてきた電気通信業界。1980年代半ば、規制緩和により第二電電、日本高速通信などが設立され1社独占体制が崩れた。長らく日本の通信事業の盟主と自他ともに任じてきた同公社は民営化、新時代の幕開けとなった。期待されたものの新規参入組はNTTの牙城を突き崩すには至らず、安定を欠く経営も重なって合従連衡が続いていた。こうした事情を反映してか、業界のCSRへの取組みは最近までばらつきがみられた。寄り合い所帯のKDDIは社内体制が整備された最近になってやっと取組みを開始した。傘下に数多くの企業を抱えるNTTは、比較的早かった。グループ内のNTTドコモ、NTT東日本、NTT西日本などでやや違いがみられる。提供するサービスに公益性があり、各社とも社会的な責任を配慮した経営に馴染んでいたこともあって、CSRにはすんなり対応できた側面がある。創業者利得を享受しているNTTがCSR憲章を策定するなど先行している。

❶ NTTグループ―CSR憲章でさらに注力

連結ベースの子会社数が約400、従業員は20万人以上と国内最大級の規模を誇るNTTグループ。1999年度からグループの環境保護活動報告書を発行してきた。2005年度はグループのCSR報告書と改称、同6月にCSR委員会を発足させ、グループのCSRの推進に向け、継続的な議論を展開している。この6月には「最高のサービスと信頼を提供し、"コミュニケーション"を通じて、人と社会と地球がつながる安心・安全で豊かな社会の実現に貢献し

ます」との決意を柱としたグループのCSR憲章を制定、力を入れている。NTTがニューヨーク証券取引所に上場していることもあって内部統制に力を入れているのが背景でもある。

経営理念にあたるグループの使命としてNTTは、①ステークホルダーの期待に応え、企業価値を高める、②NTT法が定めるユニバーサルサービスなどの責務を果たす、③国のIT（情報技術）戦略の実現に貢献──の3つを挙げている。この使命を実践し、社会的・経済的な課題の解決に向けて積極的に取り組み、安心・安全、便利にサービスを提供するのが「まさにNTTグループのCSR」（和田紀夫社長）としている。

このため、高い倫理観で事業活動していくことが重要と判断し、02年11月にグループの企業倫理憲章を策定、行動指針を具体的に示している。中身は、一般の会社と同様。「経営トップは企業倫理の確立が自らに課せられた最大のミッションであることを認識し、率先垂範して社内に浸透させるとともに万一、これに反する事態が発生したときは自らが問題の解決に当たる」などとの心構えなどを7項目にわたり、列挙している。

この推進のため、企業倫理委員会のほか担当役員、担当部署などの責任体制を整備、グループ横断的な企業倫理ヘルプライン相談窓口を設置した。弁護士を活用した社内の窓口も別途、設けるなどして風通しの良い企業風土の醸成に努めている。

循環型社会の構築に向けて環境への取組み、とりわけリユース（再使用）、リサイクルに力を入れている。サービス提供のため各種通信設備を保有しており、耐用年数の経過や新サービスの開始などで設備更改が必要となる。この際にグループ内で再利用、可能な限りリサイクルしている。撤去通信設備のリサイクル率は2004年度で99.2％に達し、初めてゼロエミッションを達成、傘下のNTTドコモは携帯電話の100％リサイクルをすでに実現した。

効率的な環境経営の推進のため、00年度から環境会計を導入。04年度の環境保全コストは623億6,000万円。内訳は環境投資が116億3,000万円、環境費用が507億3,000万円。環境保全コストに対する物流効果としてCO_2排出量の6.8トンを削減。省エネなどの経済効果にリスク管理による効果などを加えた経済効果は、前年度比75億円増の429億6,000万円となった。

また、地球温暖化防止のためのCO_2排出の抑制で、05年にグループの新たな目標を定めた。1990年度を基準としてNTT東日本、NTTドコモなど通信系事業会社ではCO_2排出原単位を2010年以降35％以上削減するなどとしている。グループの主要企業のCSRに対する取組みを簡単に紹介しよう。

●NTT東日本－持続的発展に貢献

NTT東日本は、社会的責任を果たし社会の持続的な発展に貢献していくことがCSRと考

えている。そのため、①安心・信頼の通信サービスの提供、②光IPを中心としたサービスの充実、③抜本的な仕事の見直しによるサービスの向上——に重点を置いている。

推進のため社長の意思決定を支援する機関として経営会議を設け、この下部組織として人権啓発推進委員会、企業倫理委員会などを設置した。2005年8月に発足したCSR委員会は、同社グループの関連の基本戦略の策定や報告書の発行などで議論している。この内部委員会として地球環境保護推進小委員会、社会貢献推進小委員会を設けている。

環境保全にも積極的で、持ち株会社の地球環境憲章を土台に同憲章を策定、資源・エネルギー消費量の削減と循環型社会形成への貢献を柱に環境経営を推進している。04年度の実績は、環境保全コストとしての投資額が26億4,000万円、費用が88億9,000万円だったのに対し、123億5,000万円の実質的経済効果をあげた。

●NTT西日本ー西日本スピリッツで

創業時の1999年にエクセレントカンパニーを目指すことを宣言した企業理念「西日本スピリッツ」を策定、グループの中でも独自性には定評がある。CSRへの取組みも同様で、①顧客・地球環境・地球社会に対する社会的価値、②株主に対する経済価値、③社員に対する人間的価値——の増大をその目標に取り組んでいる。社長の森下俊三は「ステークホルダーに対する価値を高め、将来にわたってサービスを提供することで、安心・安全で持続可能な社会の構築に寄与できるものと確信しています」と語っている。

NTT東日本と同様の地球環境憲章を設け、これに沿って2010年に向けた行動計画目標を策定。①電話帳などの紙資源を節約し純正紙パルプの使用量を1998年レベル以下にする、②温暖化防止策としてCO_2の排出量を98年レベルの70％以下にする、③産業廃棄物の最終総廃棄量を98年レベルの半分以下にする——を定めている。環境会計にも取り組んでおり、2004年度実績は投資額が6,000万円、費用が56億円に対し、省エネなどによる経済効果は58億円だった。

●NTTドコモー「まじめにちゃんと生きる」

「事業活動そのものを誠実に進め、社会に貢献すること」「すでに着手してきたさまざまな取り組みを見直すための体制」「『まじめにちゃんと生きようよ』ということに尽きる」。NTTドコモ社長の中村維夫はCSRへの取組みについてCSR報告書2005でこう語っている。

「新しいコミュニケーション文化を創造する」が企業理念である。その実現に向け2004年12月にCSR委員会を設立。あらゆるステークホルダーに対する責任を果たす姿勢をさらに

明確にし、地球環境保全、持続可能な社会づくりに貢献すると同時に安心・安全な社会実現に向け、取り組んでいる。

循環型社会への挑戦として、回収した携帯電話などを100％資源化するリサイクルシステムをすでに構築したほか、環境負荷の少ない端末を開発するなど環境保全志向の活動を展開している。社会貢献では、国際環境NGOと連携してスマトラ島北部の環境保護活動やタイでの学校建設などを支援。国内では自然環境保護の一環として森の整備に取り組む「ドコモの森」の整備に取り組んでいる。

❷ KDDI－今後本格的に注力

KDD、第二電電、日本移動通信が2000年10月に合併して誕生したのが、KDDIである。KDDは、1998年に国際電話が専門の国際電信電話と高速道路系の日本高速通信が合併した会社。KDDIはその後も携帯電話のエーユー（au）や東京電力系のパワードコムを吸収合併し、現在に至っている。典型的な合併企業である。そうした規模拡大が進むなかで社内体制を整備するのに手一杯だったのか、CSRへの取組みは必ずしも早いほうではなかった。CSR報告書を出すなど、各社がCSRへの傾斜を強めるなかの2005年夏に出したのが「環境への取り組み2005」という具合だ。

ただ、新会社法の施行などで内部統制の構築が喫緊の課題となってきた。このため2006年春の取締役会で、会社業務の執行の公正性、透明性、効率性の確保と質の向上のため内部統制システムの整備を決議。このなかで、グループの経営の透明性確保とすべてのステークホルダーからの理解と信頼を得るため、環境への取組みや社会貢献などを含めたCSR報告書の作成やビジネスリスクを洗い出して適時、適正に開示することなども決めた。このほか、グループの経営の根幹であるとの判断から、通信の秘密の保護の厳守や情報セキュリティーの確保、災害時などの通信網の信頼性向上やサービス停止の防止施策も実施する。

「地球環境との調和」を経営理念の１つに掲げ、「環境憲章」を策定、環境に配慮した積極的な取組みを続けていく、とうたっている。CO_2換算の温室効果ガスの総排出量の2004年度実績は、基地局増加で前年度比3.8％増となったものの、原単位レベルでは改善した。携帯電話のリサイクルは可能であることがあまり知られておらず、家庭のゴミとして出されることが多い。このための啓発を図っており、グリーン購入の推進や廃棄物削減にも努力している。寄り合い所帯のKDDIの経営が軌道に乗ったのが最近で、今後のCSRの取組みが期待される。

エレクトロニクス業界 ― 最も積極的な対応

　消費者との接点が多いエレクトロニクス業界は、CSRの最も積極的な業界といってよいだろう。地球環境保全、社内貢献など、どれをとっても真面目に取り組んでいる。背景には、激烈な競争が続いているだけに取組みを通じたブランドイメージ、企業価値の向上が販売増、株価上昇など経営に直接跳ね返ってくることが大きい。不祥事を起こせばイメージがダウンし、大打撃となりかねない。真摯な取組みでこの芽を未然に摘み取りたいとする気持ちのほか、いったん表面化してもCSRに沿った適切な対応を取ることで被害を最小限にとどめたいとの意向も働いている。製造物責任（PL）にももちろん気配りしなければならない。犠牲者を出した温風暖房機で松下電器産業が全社をあげて回収に乗り出した空前絶後の対応や、大量のリコールにまで発展したパソコン用リチウムイオン電池で回収を決断したソニーの対応を思い出せばわかりやすいだろう。対応が悪ければ尾を引く。顧客重視を打ち出しているのもこの業界の特徴であろう。

　このほか、日立製作所、松下、ソニーは、ニューヨーク証券取引所に上場している。このため、米国サーベンス・オクスレー法（企業改革法）に沿った厳格な内部統制を強いられている事情もある。東芝やNECは国連のグローバル・コンパクトに参加している。

　これからもわかるように、各社がCSRで競い、それが好循環となって全体の水準をかさ上げしている側面は見逃せない。名称では多少の違いがあるが、いずれもCSR報告書を発行し、独自の取組みをアピール、積極的に対外発信しているのもこの業界の特徴である。業界団体主導というよりは、独自性をアピールするため各社が個別に取り組んでいるというのが実情である。

１ 日立製作所 ― グローバル化にも力点

　総合電機でトップをひた走る日立製作所。35万人以上が1,000を超える関係会社に働くマンモス企業。連結での売上げも、トヨタ自動車、NTTに次ぐ国内第３位を誇る。その日立が2010年の創業100周年を前に、グループ一丸となってCSRを推進している。

日立の考えるCSRは、特段、異質のものではない。「法令遵守の姿勢と高い倫理意識を背景に、経営トップの明確な意志とガバナンスのもと、社会的・経済的・環境的・人間的価値を高める活動にまい進すること」（グループCSR報告書2006）と規定している。手堅い社風を色濃く反映している。

　日立は、05年3月にグループのCSR活動取り組み方針を策定した。中身は、①企業活動としての社会的責任の自覚、②事業活動を通じた社会への貢献、③情報開示とコミュニケーション、④企業倫理と人権の尊重、⑤環境保全活動の推進、⑥社会貢献活動の推進、⑦働きやすい職場作り、⑧ビジネスパートナーとの社会的責任意識の共有化──である。

　05年度はこの浸透・徹底を図るとともに、前年度の重点課題に掲げた「人権」「サプライチェーン・マネジメント」への取組みの強化、ステークホルダーとのコミュニケーションをテーマに活動した。

　興味深いのは、中長期的なCSR活動の一環としてロードマップを策定、取組みに具体性をもたせていることである。年度ごとの工程表を定め、公表しているのは珍しいといってよいだろう。3ヵ年のロードマップ（06－08年度）の内容はこうである。初年度はグループの方針に基づく「現状把握」、2年目が「検証・評価」、3年目「活動の最適化と戦略的CSRの実践」、4年目の09年度以降は、「グループ一体の社会的課題への取り組み」である。

　巨大企業だけにグループ間の連携を円滑化させることは容易ではない。そうしたグループでの情報や課題を共有するため、グループ横断のプラットフォームを構築している。05年6月に、主要グループ企業の151社のCSR担当役員、推進責任者を選任、グループ責任者会議を開催。同9月には上場企業が中心のグループ11社の責任者と日立の担当者によるCSRワークショップを開き、共通のテーマについて議論した。海外も例外ではない。北米、欧州、アジア、中国の責任者とCSRグローバル会議を開催、海外現地法人との連携や地域特性に応じた活動について集中討議。今後もこうした活動を充実させ、具体的な活動を展開していく方向である。このほか、取組みの徹底のためガイドブックの英語版、中国語版も作成、現地法人でも活用している。

　環境については、環境保全行動指針を基礎に、長期計画である環境ビジョンを制定、年度ごとに行動計画を立てている。具体的には、01年度に05年度を目標とする「環境ビジョン2010」を策定、第1次環境戦略を推進。この実績を踏まえて、06年度からは「持続可能社会への開拓」「エミッションニュートラル」をキーワードに掲げた「環境ビジョン2015」を実施している。環境経営、グリーン調達など10以上の項目を設け、15年度に向けたロードマップを作成。計画を達成できたかどうかは「GREEN21」活動を通じてチェック、評価。活動

の継続的な改善とレベルアップのためこれを役立てている。

　キーワードの1つとなっているエミッションニュートラルとは、原料調達や生産、流通までの「直接負荷」と、完成した製品が顧客に渡ってから発生する「社会的負荷」の削減量を同一にすることである。これによって負荷の発生をゼロにする。つまり、15年度の直接負荷の発生をCO_2換算で約700万トンに抑え、省エネ製品などを通じて社会的負荷の低減を同約700万トンにするわけである。

　社会貢献については、1960年代から財団を設立し、国内外で息の長い社会活動を続けている。社会貢献活動の理念で、「良き企業市民として社会の要請と信頼に応え、豊かな人間生活とよりよい社会の実現に貢献します」と決意表明している。2005年度の活動については、車椅子バスケットボール体験講座、防災ボランティア研修、大学でのビジネス講座などをグループのCSR報告書で掲載している。

❷ 松下電器産業－企業は社会の公器

　「経営の神様」との異名をもつ松下幸之助が設立したことであまりにも有名な松下電器産業。幸之助の経営観が凝縮された「企業は社会の公器」との理念も、"破壊と創造"のスローガンのもと、大きく変貌を遂げる松下の中で今なお、脈々と引き継がれている。「自らを、社会の公器として強く認識し、行動することこそCSRにほかならない」「スーパー正直に徹しよう」（中村邦夫会長）との号令のもと、グループをあげてCSR活動に取り組んでいる。

　最近の松下のCSRを語るには、2005年に発生したFF式石油温風機による死亡事故を避けては通れないだろう。1985－92年に製造された同温風機の使用による一酸化炭素中毒で死亡・入院事故が5件発生。経済産業省は2005年11月末、回収などを含む緊急命令を発動した。これを受けて、松下は事故製品と同様の構造をもつ機種の回収・点検を加速させるため「謹告」を出すとともに、社長を本部長とする「FF緊急市場対策本部」を設置、新聞、放送など各種メディアを通じた告知の徹底を断行。製品のコマーシャルを一定期間、すべてこの「告知」に切り替えた。従業員による街頭でのチラシ配布や国内の全世帯向けに葉書を郵送するなど、利用者向けに告知活動を徹底。その費用は200億円以上に膨れ上がった。

　この時期は、ちょうど年末商戦にあたり、企業イメージの失墜で松下は大打撃を被るのではないかと憶測された。だが、こうした一連の努力が消費者の高い評価を得られたのか、年末商戦でも健闘した。松下のCSR活動が一定の評価を得たということであろう。失地挽回につながった一連の対応は、その後、不祥事を起こした企業がどう対応すべきかのモデルケ

ースとなっているのは興味深いところである。

　経営理念の中核となっているのは、その綱領である。中身は、「産業人たる本分に徹し、社会生活の改善と向上を図り、世界文化の進展に寄与せんことを期す」で、これが企業活動の根幹となっている。基本的な考え方は、①CSRの推進とは経営理念の実践そのもの、②経営トップのリーダーシップのもと、全部門、全社員で取り組む——など。

　取組みは、03年10月にCSR担当室を設置したことで本格化した。社長が議長の「全社CSR会議」で意識統一を図り、担当役員が委員長で、内外の各部門の代表者約30人で構成されるCSR推進委員会で確認している。議論の対象となるのは、①企業統治、②倫理・法令遵守、③リスクマネジメント、④サプライチェーン、⑤情報公開、⑥公益貢献——など。

　冒頭で紹介した「スーパー正直」という標語は、松下のCSRの中で中核を成す考え方である。透明性を確保し、説明責任を果たすのが企業行動の基本。素早くオープン行動するため、とにかく正直であれ、というのが内容だ。群を抜いた正直さを社内に貫徹させることでCSRを推進するという決意の発露と考えればよいだろう。

　リスクマネジメントについては、米国の企業改革法や国内の新会社法などの施行に伴い内部統制の強化の要請が強まってきた。松下でもグローバルに、一元的・網羅的にリスク情報の収集・評価をすると同時に、経営と一体化させている。このための委員会を05年4月に発足させた。

　環境についても「地球環境と共存」を事業ビジョンに掲げ、生活の質を高めると同時に負荷の低減に向け奮闘している。環境負荷の低減のため06年2月に、新「グリーンプラン2010」を策定、独自の環境基準を満たした製品をグリーンプロダクツと提示。その開発比率の引上げや海外を含めた工場の省エネ、廃棄物削減などで一定の目標値を定めたグリーンファクトリー制度を独自に設定、実施している。地球温暖化の観点から取り組んでいるCO_2の排出量原単位では目標を達成した。ただ、生産量の増加もあって総量では増加、この低減が今後の課題となる。01年から取り組んでいる製品のリサイクルは、05年度は約7割の再資源化を実現した。このほか、資材調達での法令遵守を徹底するため、CSR調達も進めている。

　社会貢献では、アジアの人材育成などの目的で、アジア各国の大卒者の日本の理工系大学院に留学するための費用助成「パナソニック・スカラシップ」や、社員ボランティア活動のための資金支援、災害支援なども実施している。

3 ソニー—"Entertaining the Future"でCSR強化

　トヨタやパナソニックとともに世界屈指のブランド力を持つソニー。先進的、革新的なイメージは、今なお変わらない。「イノベーションと健全な事業活動を通じて、企業価値の向上を追求する」「ステークホルダーの関心に配慮して経営上の意思決定を行う」これがCSRに対する基本的な考え方である。会長兼最高経営責任者（CEO）のハワード・ストリンガーは「ビジョン"Entertaining the Future"は使命であり、熱意であるとともにお客様の生活を豊かにするという点で、ソニーのCSRを強化するもの」「企業の社会的責任はさまざまなステークホルダーの支援や協力によって実現されるため、今後もステークホルダーとのコミュニケーションとCSR活動への取り組みを強化していきたい」と語っている。

　ソニーのCSRへの取組みは、経済界の中でも早い部類だったと言ってよい。2003年3月に担当部署を設置、活動方針の立案、仕組みの導入、規則の策定、啓発活動を担当した。同5月には、グループのコーポレートガバナンス強化、法令遵守と倫理の一層の徹底を目指すグループの行動規範を制定した。規範は、法令遵守のほか、人権尊重、環境保全、情報公開などを定めている。社員のコンプライアンス活動への参加を促し、同時に法令や規則違反の潜在的なリスクに対応するための内部通報制度も設けた。さらに、日米欧、アジアなど各地域に通報窓口を設置、電話、メール、郵便などで受け入れる国際的な体制を敷いている。05年度で約320件の通報があった。

　公正・公明・公平を調達の基本方針としており、客観的な基準に基づいて調達先、OEM先を選定している。このため、サプライヤーを含めたCSRマネジメント向上への取組みの第1段階として、03年にグリーンパートナー環境品質認定制度を設け、化学物質管理で必要な基準を満たすサプライヤーのみから調達している。

　さらに、05年にサプライヤーの行動規範を設けた。同規範は法令遵守、安全衛生、環境保全、倫理的経営などの項目から成り、04年に米国のエレクトロニクスメーカーが共同で制定した「電子業界行動規範」に基づいている。ソニーがいわゆるサプライチェーン・マネジメントにこだわるのは、欧州に輸出した販売直前の製品から基準を大幅に超える重金属が検出され、回収の憂き目にあうなど大打撃を被った過去がかつてあったからだ。そうした事態を未然に抑止したいとの思いがある。

　企業の社会的責任だけでなく、競争力にもつながるとの判断から、環境保全にも積極的である。03年11月にグループの環境ビジョンを制定、持続的な社会の実現を目指している。ビジョンの中の理念で、「持続可能な社会の実現に向け積極的に行動する」「環境効率の高いビ

ジネスを目指す」「環境負荷を減らし、汚染防止に努める」などと宣言している。

ビジョン実現のための中期目標「Green Management 2005」を制定、目標を定めた。ソニーは売上高を環境負荷などの環境指標で割った環境効率という独自の指標で目標を設定している。このうち05年度の温室効果ガス、資源投入、資源排出の環境効率を00年度比で1.5倍にするという目標を設けた。05年度の実績はいずれも1.42倍で、04年度から大幅に改善した。だが、温室効果ガスは1.05倍と、改善の度合いが芳しくなかった。06年度からは新たな中期目標「Green Management 2010」に入っている。10年度で、CO_2換算の温室効果ガスの総排出量（絶対量）を00年度比で7％以上削減などの目標を設定している。製品の環境負荷低減のための努力も重ねており、消費電力、資源使用量の削減などの目標を定めている。

社会貢献では、世界各地のソニーグループの会社や財団が推進している。対象は、科学教育などの教育分野、芸術・文化活動など。2005年度のグループの関連の支出は、約42億円だった。国内のみならず、米国での教育プログラム、南アフリカでの教育改善事業、マレーシアでの自然環境への意識向上を目指すなど、世界各地で取り組んでいる。

2006年8月に発生したノートパソコン用リチウムイオン電池の不具合でソニーは、事実の表面化2ヵ月後の10月下旬、約960万個の回収を発表した。費用を約510億円と見込んでいる。遅れればブランドイメージが傷つくばかりか、尾を引くとの判断もあったのだろう。

❹ 東芝－躍動感あふれるグループを

「躍動感あふれるグループをめざしCSR経営を強化する」。社長の西田厚聰は取組みへの決意をこう語っている。今後のCSR活動は、ますます重要で、質が問われる時代になりつつあるとの認識があるからだ。国際的に活動する企業の行動ルールである国連のグローバル・コンパクトにも参加、中期経営計画の柱にCSR経営の強化を掲げている。

CSRは「経営理念の実践そのもの」と力説するのは、多くの企業と同様である。その経営理念は、①人を大切に、②豊かな価値を創造、③社会に貢献──で構成されている。言い換えれば、すべてのステークホルダーを大切にし、技術革新の推進によって豊かな価値を創造、より良い地球環境の実現と、良き企業市民としての社会の発展に貢献する、が目標である。

重点は、①生命・安全、法令遵守の最優先、②環境で先導的な役割、③グループ、グローバルな浸透・定着、④従業員の日常活動への定着、⑤情報開示と積極的な情報発信──に置いている。

このためのCSR中期計画と年度ごとのCSR活動計画を策定。2006年度は生命・安全、法令遵守の最優先を最重要課題として取り組んでいる。信頼回復への努力に力点を置いているわけである。背景には、成田空港の受変電設備の入札妨害や東京電力の原子力発電所の点検データ改ざんへの関与などがあり、コンプライアンスの徹底が迫られているためである。

取組み体制としては、社長直属のCSR本部を設置、関係役員で構成するCSR推進委員会でグループの活動方針を審議、決定する。CSR関連の委員会は、社会貢献委員会、リスク・コンプライアンス委員会、地球環境会議などがあり、推進委員会で決定した方針に沿って計画を策定。決定されたCSR方針、基本的な活動方針は、カンパニー、グループ会社へ下ろされ、各部門で具体的な計画を策定、進める。CSR本部長は推進状況を取締役会に定期的に報告する。

サプライ・チェーンに関連しては「東芝グループ調達方針」を制定、CSR調達を拡大している。これは生産や出荷に必要な資材・サービスの調達にあたって関連法令を遵守し、人権や環境への配慮を重視するとともに、調達先との公正、オープンな取引と相互信頼に基づいたパートナーとしての関係を築くことが目的。約4,700社に上る取引先に協力を要請している。環境にも配慮するためグリーン調達ガイドラインを制定、有害化学物質の管理と環境保全への組織的な管理、改善活動を求めている。

「ライフサイクルを通じて環境負荷を低減して地球との共生を図り、持続可能な地球の発展に貢献する」との見地から環境経営も進めている。注目すべきは10年度までにグループの総合環境効率を00年度比で2倍に高め、CO_2排出量を25％削減するという一大目標を掲げていることである。05年12月の「環境ビジョン2010」でこう定めた。製品の同効率を2.2倍に、事業プロセスの同効率を1.2倍に引き上げることによって実現を目指している。資材調達や使用時などの製品の環境負荷が全体の8割、事業プロセスの同効率が2割を占めているためだ。

地球温暖化防止では、1990年度を基準とするエネルギー起源CO_2排出量原単位の削減目標31％に対し、2005年度は33％削減を達成、00年度を基準とする国内製品物流に伴うCO_2排出量原単位の削減目標21％に対し、05年度は28％削減するなど、成果を上げている。

社会貢献活動にも積極的。同年度は創立130周年を迎えたこともあって、世界で社会貢献キャンペーンを展開、グループの96社2万人以上が参加。清掃活動、献血、130円募金などがその中身で、同募金では会社の上乗せ分を合わせた1,470万円をあしなが育英会や地域団体に寄付した。顕著な成果を上げた活動に対し社長が表彰する社会貢献賞も創設している。

5 NEC-CSR経営でユビキタス社会を

　NECの掲げるCSR経営は、「リスク管理の徹底、社会的価値創出に向けた活動の促進、ステークホルダーとのコミュニケーションの推進」（矢野薫社長）である。「よき企業市民としての社会的責任を果たす」「社会全体の革新や活性化に貢献する」ことによって「企業価値の向上」を目指している。きっかけとなったのは、国際標準化機構（ISO）に代表される国際的な規格化、欧米を中心に法制化の検討や政府調達基準にCSRの視点を取り入れる動きが活発化したことなどだ。

　2004年4月に従来の「企業行動憲章」（1997年制定）、「行動規範」（99年制定）をCSRの観点から改定、さらに対象を拡大、グループとして取り組んでいる。

　企業行動憲章の中身は、関係法令、企業倫理を遵守し、健全な事業活動を通じて収益性を高める。社会的な課題に対しては社会貢献活動などを通じて解決に寄与、説明責任や双方向のコミュニケーションを通じてステークホルダーの信頼を獲得。企業価値を高め、「社会とNECグループの持続的な発展」を目指している。

　CSRへの取組みはステークホルダーの信頼確保に直結する。ベースには1人ひとりの企業倫理に徹した企業行動がある。こうした考え方から役職員が心がけていくべき事柄を具体的に定めたグループの行動規範を定めた。内容は、同業他社のそれと大差ない。社会との関係、公正な取引、接待・贈答、インサイダー取引などで守るべき規範を明示している。

　規範が定める企業倫理の徹底を推進するため、担当役員を委員長とするCSR推進委員会、企業行動推進部、経営監査本部などを社内に設置、これらが緊密な連携をとっている。同委員会では重要方針の審議や具体的課題の解決を、推進部ではグループの企業倫理の徹底を図っている。経営監査本部で業務の執行が関連法規・社内規程に沿っているかを確認・監査。風通しの良い職場環境を作るための1つとして、ヘルプラインも設置している。2005年は43件の相談が寄せられるなど、一定の役割を果たしている。

　注力するCSRリスク管理については、品質・安全性、環境、情報セキュリティー、人権など6つを重点項目として取り組んでいる。

　通信、IT（情報技術）、半導体分野に強みを発揮するNECの社会的責任として、ユビキタス社会の実現も掲げている。ユビキタス社会とは、いつでもどこからでも情報ネットワークにアクセスできる環境のことを意味する。東南アジア各国で展開している指紋認証システムなどで迅速・安全・安心な出入国管理を実現するeパスポートシステムや、海底に設置した観測機器と地上を通信ケーブルで結びリアルタイムで観測する海底地震、津波観測システ

ムなどの開発で実績を上げている。

　環境負荷などの削減のため環境経営も実施している。このため長期ビジョンを策定し、10年度にCO₂排出量を実質ゼロにすることを表明。業務効率化、生産革新、機器の省エネ化などによって実現を目指す。グリーン調達率、使用済み製品回収量、プラスチック再資源化の促進など、項目ごとに目標値を設けている。05年度実績は、グリーン調達率、プラスチック再資源化では達成したが、使用済み製品回収量では未達。サプライチェーンに対してもCSR推進活動への協力を求めており、そのためNECグループ資材調達基本方針とサプライチェーンCSRガイドラインを05年12月に定めた。デジタルデバイド解消のためのNPOとの連携によるシニアITサポーター養成講座などを社会貢献の一環として実施している。

コピー（複写機）業界 ── 3強がCSRで切磋琢磨

　リコー、キヤノン、富士ゼロックスの3強が熾烈な競争を繰り広げているコピー（複写機）業界。CSRへの取組みも、この3強が独自性を誇示している。いずれもマスコミなどが発表するCSRや環境保全の企業ランキングで上位に顔を出す常連である。社会的責任経営を標榜するリコーに対し、キヤノンは、CSRのスローガンこそストレートに掲げてはいないものの、企業倫理、コンプライアンス、環境保全などで独自の活動を展開中。中身は実質CSRである。老舗の富士ゼロックスは、廃棄物を徹底的に減らすため回収した製品に組み込まれた部品をテストし、再び製品に組み込むリユース（再使用）を業界に先駆けて実施、ライバル企業も手本とするなど、地球環境保全では優等生である。3強がお互いに意識し、熱心かつ積極的な取組みを続けていることが結果的に業界の水準を高めている。キヤノンの御手洗冨士夫会長は2006年の5月に日本経団連会長に就任、不祥事撲滅のためこの重要性を説き、経済界のCSRの向上に努力している。

❶ リコー－内外で高い評価

　CSRに力を入れる企業は多い。なかでもリコーの取組みは意欲的とさえいえる。国際的に活動する企業のルールでもある国連のグローバル・コンパクトへの参加を表明したのは、キッコーマンについで国内で2番目。社内にCSR室を発足させたのは国内初。2004年6月の日本版ニューズウィーク誌のグローバルCSRランキング企業の国内No1の栄誉に輝いたのもリコーという具合。内外での評価は高い。

　なぜ、そこまで積極的なのだろうか。根底には、「これからの企業は、社会に対する責任を果たしながら、本来の役割である企業価値の増大や利益の創出を図っていく必要がある」（社会的責任経営報告書2006）との認識があるからであろう。

　そして、その戦略は「コンプライアンス（法令遵守）を前提として、社会のニーズに応え、自ら高い目標を掲げ、その目標に向かって自主的に責任を持って活動し、新たな付加価値を生み出し続けることであり、それによって社会から愛され、存続を望まれる企業を目指す」（桜井正光社長）である。

　原点には、創業者の市村清が唱えた「三愛精神（人を愛し、国を愛し、勤めを愛す）」がある。1986年に定められた経営理念は、この三愛精神をベースに策定、グローバル化などを見据えて、2004年1月の「グループCSR憲章」「グループ行動規範」となっている。

　CSR憲章は、①誠実な企業活動、②環境との調和、③人間尊重、④社会との調和――の4項目から構成されている。誠実な企業活動では、グループ企業の品質・安全・情報セキュリティー・信頼性の確保や環境への配慮および使いやすさを追求した製品・サービスの提供のほか、公正・透明・自由な競争などを定めた。環境との調和では、自主的かつ積極的な取組みや環境に配慮した技術革新の推進などを盛り込んでいる。人間尊重では、個性・人権や差別、強制労働・児童労働を認めず、人権侵害に加担しないことなどをうたっている。社会との調和では、良き企業市民としての積極的な社会貢献活動や、国または地域の文化、習慣の尊重、情報開示を規定している。一方、行動規範の中では、自由な競争および公正な取引、インサイダー取引の禁止、接客・贈答の制限、公的機関との取引・政治献金の取扱い、厳密な輸出入管理、反社会的行為への関与の禁止などを盛り込んだ。ここまできめ細かく、規定、それを公表している企業は珍しいのではなかろうか。

　全員参加型で取り組んでいるリコーグループの特色は、環境経営でもある。環境保全と利益創出の同時実現を目指しており、その一環として50年までに事業活動全体の環境負荷を00年度比で8分の1に削減することなどを盛り込んだ超長期環境ビジョンなどを策定している。

これをブレイクダウンした環境行動計画（05－07年度）の進捗状況をみると、10年度までにCO_2の排出量（リコーおよび国内生産会社）を1990年度比で12％削減する目標については、2005年度で3.7％減を実現。用紙の古紙パルプ配合率の60％以上は、同56％とするなど成果を上げている。

社会貢献に対する活動も意欲的で、日本経団連の１％クラブに参加し、経常利益の1.3％から２％にあたる額をこれに充てている。国際協力や身体障害者支援の福祉協会などの各種NPOに支援している。このほか、「経済」「環境」「社会」でのバランスのとれた成長を目指すCSR経営を象徴するように、３分野での活動をまとめた報告書をそれぞれ用意している。多くの企業がCSRレポートなどに一本化されているのに対しリコーは、アニュアルリポートのほか、社会的責任経営報告書、環境経営報告書を別途作成しているのが目を引く。

❷ 富士ゼロックス－傑出した環境への取組み

「企業が収益の極大化に邁進していれば良い時代は終わり、新たな経営の質が問われる時代になった」。富士ゼロックス社長の有馬利男は、CSR時代を見据えた「サステナビリティレポート2005」の中でこう語っている。

冒頭にも触れたが、同社が傑出しているのは地球環境保全への取組みといってよいだろう。その象徴ともいえるのが、2004年12月にタイに完成した同社のリサイクル工場である。工場は、アジア・パシフィック地域での同社の廃棄物ゼロ計画を実現するために建設された。

廃棄物ゼロは同社の最近の社是ともいえる。回収された製品のうち使える部品は新たな製品の部品として再度活用する。それ以外の素材はリサイクルする。これによって廃棄物を一切出さない。同社は、この課題に1995年から取組みを開始、2000年には日本国内での100％再資源化システムを構築。03年に黒字化にこぎ着けた。環境保全は地球全体の問題だから日本だけの取組みでは限界がある、次はアジアというのが自然な流れになり、今回の工場の建設となった。

ところが、このリサイクル工場が稼動するまでに曲折があった。着工を予定しているタイ政府からは、「他国から廃棄物を持ち込み、処理するのは許可できない」との通告を受けた。再利用目的で輸入された中古パソコンが実際は不法投棄されたという悪しき先例があったからだ。同社は、タイ政府高官に日本工場のリサイクルシステムを見せるなどして粘り強く説得、やっとゴーサインが出たのである。

このケースからわかるように、地球環境保全に対する取組みは極めて先進的、粘り強いも

のがある。長期戦略の一環として環境経営の指標として01年に環境効率を採用した。10年度に環境効率を00年の2倍にするという内容である。04年度の実績では、CO_2の排出量と新規資源投入量の環境効率をいずれも1.3倍にすることを目指していたが、生産台数の増加で目標は未達に終わった。

　同社のCSRの理念は、1962年当時の米国ゼロックス社社長のジョセフ・ウィルキンソンが提起した「企業の存在には利益と真の価値の提供が重要」が起点となっている。富士ゼロックスでそれが具体化したのは88年の経営刷新運動「ニューワークウェイ」である。これがCSRのキーワード、トリプル・ボトムラインを彷彿とさせる「つよい（経済的価値）」「やさしい（社会的価値）」「おもしろい（人間的価値）」が柱の、目指す経営のあり方を提示した「よい会社構想」（92年）に発展。そして、98年改定の「経営理念（私たちが目指すもの）」につながった。会社を運営、社員のモラルを向上・維持させるための企業理念、「私たちが目指すもの」や企業理念と同等の位置づけの「私たちが大切にすること」（Shared Values）を規定している。

　高い倫理観を根付かせる目的で、97年10月に「社内行動規範」を制定、倫理研修の実践や誓約書の提出を海外の関連会社を含めて社員に求めている。企業不祥事の頻発を機に、2004年2月「倫理・コンプライアンス管理規程」を制定。リスクマネジメント委員会も設けた。

　CSRへの取組みは、その会社の出すCSRレポートなどを読めば、ある程度のことはわかる。同社は、04年のレポートで製品事故を取り上げ、それにどう対応したのかを説明、反響を呼んだ。それによってガバナンス、危機管理体制、説明責任、情報公開の姿勢が自然に滲んでくるからだ。興味深いのは、05年のレポートの社会性報告の中で、約1万4,000人の社員に対して実施した必ずしもよいとはいえないアンケート結果を掲載していることである。内容は、「仕事のやりがい」「職場の働きがい」など士気に関連した5項目。特に、「人事制度・運営への支持」「経営・組織運営への支持」への満足度が落ちている。6,000人台乗せとなった中国での雇用を筆頭に、オーストラリア、タイ、韓国などの海外での雇用が増えており、人種、性別、国籍など、あらゆる差別を排除する多様性にも取り組んでいる。

❸ キヤノン―人類全体のために社会的責任を

　革新的な経営でIT（情報技術）業界の勝ち組ともてはやされるキヤノン。会長の御手洗冨士夫が財界総理に就き、経済界のリード役として手腕を発揮中だ。御手洗は、「内外から信頼される公正な経済社会をつくるためには経済界としても企業倫理の確立と社会的責任経

営の推進に強力に取り組まねばならない」と宣言している。CSRの重要性に対する認識は人一倍強いと判断してよいだろう。では、その母体のキヤノンの取組みはどうなのか。

　キヤノンは企業理念を「共生」、企業目的を、①真のグローバル企業の確立、②パイオニアとしての責任、③グループ全員の幸福の追求―と規定している。「共生」とは世界の繁栄と人類の幸福のため貢献、そのために企業の成長と発展を果たすこととし、企業目的では、国境を越え、地域を限定せずしかも積極的に世界全体、人類全体のために社会的責任を果たすことなどをうたっている。特に、2006年から多角化と国際化を一層推進し、事業の健全なる拡大を実現する段階に到達。地球環境とステークホルダーとのサステナビリティ（持続可能性）の追求が一段と重要性を増している。

　ニューヨーク証券取引所にも上場しているキヤノンは、世界一厳格だといわれるサーベンス・オクスレー法（企業改革法）に沿った透明性の高い経営の推進のためコーポレートガバナンス、外部・内部監査、コンプライアンスなどで、厳格な内部統制を敷くことを余儀なくされている。04年に発足した社長を委員長とする企業倫理委員会では、役員、各本部の責任者を委員として、キヤノンの遵法・企業倫理に関する方針や各種施策を年4回の委員会で検討・承認している。委員会は、①遵法・企業倫理意識をグループに浸透させ、共通の価値として共有、②確実に遵法・企業倫理を意識する企業風土を醸成し、事業活動の透明性・健全性を高める――を眼目としている。

　また、同年に発足した内部統制委員会では、やはり社長を委員長に、全役員、全グループの経営者が参加。米国企業改革法が定めた財務報告の信頼性確保にとどまらず、業務の有効性と効率性の確立、関連法規や規則、社内の規程遵守を含めたグループの内部統制体制の見直しを推進している。

　保全と経済発展の両立を目指す環境の関連では、05年を最終年とする中期環境目標で、例えば、事業拠点活動の分野に関する目標で、総温室効果ガス排出量の売上高原単位の4％削減（国内：2000年電力CO_2排出係数で換算）を達成するなど一定の成果を上げ、10年ビジョンの達成に向け活動を続けている。

　同業他社のゼロックス、リコーが推進しているのと同様、キヤノンも回収した使用済み製品を解体・分別して再利用する高効率の材料再資源化を進めている。リサイクル率（重量比）は、すでに65％、再資源化可能率（同）75％を達成。さらなる省資源化に向けた内外での体制構築や国内拠点の整備を進めている。

　環境に配慮しながら高品質、適正価格でタイムリーに製品を提供するという考え方を実行するためには、資材供給先であるサプライヤーの協力が不可欠である。このためコンプライ

アンス、環境への配慮などを定めた「資材調達基本方針」や「キヤノングループ調達行動規範」などを定め、製品づくりを進めている。新規サプライヤーについては取引開始時に「地球環境保全」「部品供給体制」「財務状況」などの観点で基準を満たしているか審査している。社会貢献では、環境保全、社会福祉、地域社会など6分野を対象とした活動に取り組んでいる。

総合商社 ― 積極姿勢が鮮明

　総合商社のCSRへの取組みは極めて前向きである。内外で幅広く活動していることもあって温暖化、人口、食糧、エネルギーなど地球的な課題に対し敏感なほか、海外の資源開発プロジェクトなどで環境NGOなどからの批判を浴びた経験があることなどが大きい。古くは1970年代の石油危機で、買いだめなどが発覚し、業界が世論の指弾を受けた。不祥事の表面化により多大な打撃を受けた企業もあった。企業の社会的責任についてはもともと敏感な業種に入る。総合商社がそろってCSRに積極姿勢を見せるのは不祥事を起こした業界の企業を"対岸の火事"とせず、深刻に受け止め、業界全体で襟を正そうとの姿勢があるといってよい。このため日本貿易会が中心となって2005年6月に商社行動基準を改定した。グローバリゼーション、IT（情報技術）革命など取り巻く環境の激変などで、「CSRを問う声がますます高まっている」との共通認識が背景にある。

　商社行動基準はその前文の中で、「絶えず意識改革を図り、自らの経営を革新」「法令遵守と情報開示を社会的責任の重要な要素と位置付け」「変化する社会・経済の要請を的確に捉え」「持続可能な社会の実現に貢献すべき」と提唱。各論では、「社会、経済、環境の3つのバランスを取りながら企業活動を行う」「社をあげて企業倫理の確立に努める」「良き企業市民として積極的な社会貢献活動を行う」「多様性、人格、個性を尊重」などと規定、CSRに決然と取り組むべきとの姿勢を鮮明にしている。日本貿易会ではこのほか、環境行動基準、海外投資行動指針なども定めている。

1 三菱商事－三菱三綱領が軸

　2006年3月期連結決算で3,000億円を超える過去最高の利益を計上した三菱商事。三菱グループの中核企業の1つでもある。持続可能な社会の実現のため、環境、社会に与える影響を把握し、この低減や改善を行うことを自らの企業活動の課題と考えている。これがCSRに取り組む最大の理由である。石油や石炭などに比べCO_2などの排出の少ないことから需要が高まっている液化天然ガス（LNG）プロジェクトの推進で、環境影響評価、環境レビューを実施し、環境負荷削減に努めていることなどがその好例である。

　活動は、三菱の"時代を超えた共通の理念"でもある「三綱領」を軸に推進している。その中身は、①所期奉公、②処事光明、③立業貿易──。これを補完するための企業行動指針や環境憲章なども定めている。

　三綱領のうちの所期奉公とは、事業を通じ、豊かな社会の実現に向け努力すると同時に地球環境維持に貢献する。処事光明とは、公明正大で品格のある行動を旨とし、活動の公開性、透明性を堅持する。立業貿易とは、全世界的な視野に立脚した事業展開を図ることである。

　企業行動指針には、三綱領に沿って、①活動の目的、②人権などの尊重、③情報の管理・公開、④環境への配慮、⑤社会貢献活動──の指針がより具体的に記述されている。環境憲章も同様である。

　対象は、①地球温暖化・生物多様性、②資源・エネルギー、③食料と水資源──など。これによって企業価値の増大を目指しているのは、CSRに注力する多くの企業と同様である。

　興味深いのは「CSRの進め方には3つのレベルがある」と、直近の「サステナビリティ・リポート2005」で社長の小島順彦が力説していることである。中身はこうだ。基本的なレベルは法令遵守（コンプライアンス）。事業を進めている国、地域の法規制に従う。第2は法規制を超えた社会への配慮への意識。第3は、領域外であっても影響を及ぼすと想定される場合には自らが積極的に行動を起こす。同社のCSRはこの線に沿って進められている。

　推進体制となるのは「社会・環境委員会」と「CSRタスクフォース」。このうち、各営業グループの社会・環境責任者とコーポレートスタッフ部門の各部長で構成される社会・環境委員会では、CSR、地球環境、社会貢献をテーマに活動方針や施策などを議論、各営業グループとコーポレートスタッフ部門の中堅から構成されるCSRタスクフォースでは、社内各部の情報共有や関連施策を検討している。

　重点項目は、①研修などによる社内啓発、②事業投資先、サプライチェーンなどの実態把握、③情報開示──。投資案件についてもCSRの観点から審査、取引先、事業投資先を含

めた環境マネジメントにも力を入れている。

　どこの会社の悩みでもあるのが、推進体制を整備しても社員の行動が伴わないことが往々にしてみられることである。場合によってはそれが不祥事につながったりする。そうしたケースを想定して様々な工夫をしている。コンプライアンス違反者に対する明確な罰則規定もその一環である。内部通報制度としてコンプライアンス社内目安箱や弁護士目安箱も設置している。05年2月にはこれをグループ企業にまで拡大するため、国内子会社役職員用の三菱グループ弁護士目安箱も設けた。

　国際的に活動するなかで、地域との共生は欠かせない。このツールとなるのが社会貢献で、地球環境保全、福祉、国際交流など多面的にわたる。環境関連では、マレーシアでの熱帯林再生実験プロジェクトに1990年代から取り組んでいる。環境保全を実践し、地球環境を考えるきっかけを作る目的のエコツアー「ボルネオ熱帯林植樹の旅」なども実施。NPO（民間非営利組織）・NGO（非政府組織）との連携にも積極的で、特定非営利活動法人「人道目的の地雷除去支援の会（JAHSDS）」、自然資源や文化遺産の保全などを目的とするNPO「アースウォッチ・ジャパン」「日本野鳥の会」などにも支援している。

❷ 三井物産－不祥事を糧に

　雪印乳業、三菱自動車など度重なる不祥事で信頼を失墜、業績面でも大きな打撃を被った企業は少なくない。ここで取り上げる三井物産もそうである。興味深いのはこうした、いわば不祥事企業に共通していることが1つある。意外なことに、CSRにことのほか熱心で、信頼回復に向け一丸となって奮闘していることである。それは、企業イメージのダウンによって売上げ、利益、株価の実利面のほか各種の公共入札から締め出され、これが経営を直撃しただけでなく、世論の指弾を受けて社員の士気も低下、新卒採用への影響など被った痛手の大きさを骨の髄から熟知しているということであろう。

　物産は、2002年の国後島ディーゼル発電施設をめぐる不正入札を筆頭に、最近では04年のディーゼル車向けの粒子状物質減少装置（DPF）に絡み、補助金の指定を受ける申請の際にデータを捏造するなどの不祥事を起こした。内部監査で判明し、外部に公表したDPFデータ捏造は、02年の不正入札を教訓に、トップがコンプライアンス（法令遵守）意識の向上を社員に訴えていた最中だっただけにその影響は甚大だった。不正入札に端を発した一連の不祥事で当時の会長、社長などの首脳陣は、総退陣、出直しを誓ったのであるが、その後、間をあまり置かずしてDPFに絡む不祥事が再発したのである。

CSRに注力するのは、一義的には信頼回復のためである。方向は、「『社会的な存在意義とは何か』『事業における影響力の裏返しである当社の役割と責任とはいかがなものか』を常に念頭に置いて、プロセスや質をより強く意識した『良い仕事』を進めていく、そのような会社の実現に向けてあらゆる努力をしていく」（槍田松瑩社長）である。
　喫緊の課題としているのが、再発防止に向けた各種制度の強化、点検と社員1人ひとりのコンプライアンス、そしてCSRへの意識向上のための取組みである。
　その軸となっているのが2004年8月の「経営理念」と同9月の「CSR基本方針」である。DPF問題の対外的な公表前に策定した企業理念では、①企業使命、②目指す姿、③価値観、行動方針——を規定。使命には、「地球と人類の未来作りに貢献」を、目指す姿に「世界中の顧客のあらゆるニーズに応える『グローバル総合企業』」を、価値観、行動指針に「『Fairであること』、『謙虚であること』を常とし、社会の信頼に誠実に、真摯に応える」「志を高く、目線を正しく世の中の役に立つ仕事を追求する」などとうたっている。
　CSR方針は、社員、顧客、地域住民、取引先、株主・投資家、行政、NPO・NGOなどのステークホルダーを念頭に、3つの項目を定めている。取り立てて珍しいことが書かれているわけではない。社会的存在意義を十分考え、環境を強く意識し、誠実な活動によって会社の価値を持続的に向上させる。CSRへの社員の意識を高め、企業統治を強化、内部統制を徹底し、社会に積極的に貢献する。説明責任を果たし、継続的にCSR活動の向上を図る、という具合である。
　活動を担保するため、04年に「内部統制委員会」や、その傘下の「コンプライアンス委員会」「開示委員会」などを設置。CSR経営の推進のため、同4月に「CSR推進委員会」を設け、社内体制の構築や社員への浸透に取り組んでいる。並行して「社会貢献活動方針」「役職員行動規範」も整備。同10月には国連のグローバル・コンパクトへの支持も表明した。06年4月にはCSR推進部を設けている。
　再発防止のため社内研修を積極化させたほか、新しい手法も取り入れた。例えば、遵法意識の徹底のための宣誓を、従来の個人から部署ごとの職制のラインに変えた。内部通報者制度を強化するため匿名性を保ち、より安心して相談できるルートとして社外の第三者機関、監査役も追加した。さらに、内部監査制度があるにもかかわらず、DPFの不祥事が表面化するまで2年以上も要したことを踏まえ、対象の拡大と頻度を高めるため、05年7月に社長直轄の内部監査のスタッフを増員、抜き打ち監査を実施するなど、監査手法の多様化に取り組んでいる。
　そのほか、成果第一主義、「目前の利」を追い過ぎてこうした不祥事を起こしたとの反省

もあり、組織や個人の評価制度を改定。従来、管理職への任用は営業部門ごとに任せていたのを改め、本店の人事総務部長の決裁とした。人事制度についても、管理職を対象とする多面観察、いわゆる180度評価も導入した。このほか、労働組合からの提案もあって、労組と経営陣によるコンプライアンス協議会も発足させ、不祥事の再発防止に向けて話し合いを続けている。

地球環境保全活動の一環として、環境問題への積極的対応や持続可能な発展の実現に向けて最大限努力することなどを柱とした環境方針を策定、取り組んでいる。新規事業に関する取引では、環境影響を事前に評価、影響が大きいと判断した場合には解決策を策定することになっている。既存事業では、毎年1回環境影響評価を実施し、負荷や環境汚染リスクの低減を図っている。商品取扱いにあたっても、環境影響を評価、国内法のほか国際条約、世界銀行など国際機関のガイドラインを遵守、資源の開発・輸入に際しては持続可能な発展を基本姿勢に、生態系や地球環境への影響に配慮している。

❸ 住友商事－原点は事業精神

住友グループの商社部門を担当する住友商事。グループをあげて取り組んでいるCSRの原点には、400年にわたり受け継がれてきた住友の事業精神があると強調する。これは三菱商事が三菱三綱領をCSRの基本精神としているのと似通っている。

社長の岡素之は、「歴代の住友のリーダーたちは、『住友の事業は、住友自身を利とするとともに、国家を利し社会を利する事業でなければならぬ』『営利にのみ走ることなく、絶えず公益との調和を図れ』と繰り返し説いてきました。これはまさに今日でいうCSRの精神そのものであり、私たちはこの『住友の事業精神』をDNAとして受け継いでいます」と説明する。

住友商事は、総合力の発揮によって最適な価値をステークホルダーに提供することがCSRであると考えている。総合力とは、①信用、②世界的なネットワーク、③内外企業とのグローバルリレーション、④ノウハウ、情報、経験などの知的資産──を基盤にリスク管理、情報・分析、IT活用、金融サービスなどの多様な機能を統合し、新たな価値創造する力、を意味している。

環境では、地球的な課題である温暖化防止のため、山形や茨城で事業会社を設立、風力発電を推進。バイオマスでは、2004年7月に新潟県で日本発の発電所を稼動させた。太陽光発電に関連してEUは10年までに電力の22％を再生可能エネルギーでまかなうという一大目標

を掲げており、この協力のため、ドイツ向けの太陽光発電ユニットの輸出に取り組んでいる。対外的には、急速な発展を遂げている中国の環境保全に協力するため、天津市と共同で委員会を05年春に創設、環境保護対策の検討・立案に入っている。

コンプライアンスの関連では、00年11月に社長直轄のコンプライアンス委員会を設置、同マニュアルを作成し、全役職員に配布した。中身は、①営業活動上、②企業人、③働きやすい職場の維持、④私的行為――の4分野に分けて指針が示されている。営業活動では、独禁法遵守など。企業人としての指針では、贈収賄の禁止、反社会勢力との対決、働きやすい職場維持ではセクハラ、パワハラ、人権尊重、私的行為ではインサイダー取引規制などを盛り込んでいる。社会貢献では、浜離宮恩賜庭園環境保全活動、あしなが育英金への支援、障害者就労トレーニングなどで協力している。

❹ 伊藤忠商事－CSRは企業経営のインフラ

伊藤忠商事は、「清く、正しく、美しく」との言葉に代表される高い倫理観を社員に求め、再建に向け、社内改革を断行した丹羽宇一郎（にわういちろう）が会長に就いていることでも知られている。丹羽の路線を引き継ぎ、2004年6月に社長に就任した小林栄三（こばやしえいぞう）は「CSRは企業経営のインフラ」と強調、「嘘をつくな」「悪いことをするな」「謙虚であれ」と社員に対し常に呼びかけている。小林が社長就任時にPrinciple（主義、信念）として打ち出した「Challenge（挑戦）、Create（創造）、Commit（責任）」も目指すCSRの精神である。

伊藤忠のルーツは、創業者伊藤忠兵衛（いとうちゅうべい）が麻布で卸売業をスタートした幕末に遡る。忠兵衛は出身地である近江商人の経営哲学である、売り手よし、買い手よし、世間よしで知られる「三方よし」の精神を事業の基盤としていた。伊藤忠はこれを「企業はマルチステークホルダーとの間で、バランスの取れたビジネスを行うべきである」と現代風に解釈、「『三法よし』はDNA」と標榜している。

「豊かさを担う責任」これが伊藤忠の企業理念である。グローバリゼーションの進展、温暖化や途上国で深刻化する貧困。こうした地球的課題の影響の大きさを考慮すると、果たすべき責任は質、量ともに大きい。このため基本的な考え方をまとめ、「中期経営計画Frontier－2006」の重点施策の1つとして位置づけた。中身はごく一般的なもので、良き企業市民としての責任を果たすため、ステークホルダーとの対話を図り、有益なビジョンや施策を生み出し、実現するというもの。中期計画の基本方針ではステークホルダー対話のほか、商品・サービス・人の安全・安心面の向上、教育・啓発を盛り込んでいる。さらに、取組みを実効

あるものとするため、社内にある繊維、機械、食料など7部門（カンパニー）ごとにアクションプランを策定。実績は半期ごとにレビュー、改善している。例えば、繊維カンパニーのCSRは、衣を中心としたライフスタイルの多様化に貢献し、豊かな生活を享受したいという心に応えること。課題は、①海外からの調達に伴うリスク、品質管理などのサプライチェーン・マネジメントの強化、②安全性維持などの充実で消費者のニーズに応える――である。社会インフラ整備などを手掛け、社会環境への影響が大きい商品を取り扱う機械カンパニーでは、環境負荷削減に配慮したビジネスや商品開発・拡販への取組みと地域社会の発展、国際社会への貢献を使命としている。BSEや残留農薬などの課題が山積する食料カンパニーは、その使命に、消費者からの高い信頼を得つつ社会の健全な発展への貢献、豊かな食のライフスタイルの実現などを挙げている。

「良き企業市民」として社会との共生を図るため、社会の最低限のルールとするコンプライアンスでは、CSRの土台と位置づけ、「築城150年、落城1日」を合言葉に取組みを進めている。より組織的・体系的に進めるため、05年4月にCSR推進室を新設。基本方針や施策はCSR・コンプライアンス委員会で検討している。社内浸透は研修の実施やステークホルダーダイアログに社員が出席、CSRレポートを読む会などを開催している。

「三方よし」をDNAとする伊藤忠にとって「良き企業市民」としての社会貢献活動は重要で、ボランティア活動などを積極支援している。北米、パキスタンでの災害で被災地への義捐金や物資を提供。社員の募金活動も積極的で、会社がこれに資金を上乗せして支援した。ビジネスを通じた社会貢献としては岐阜県などの自治体と提携し、地域のきらりと光る企業などを応援している。MOTTAINAI事業ではブランドの商品化の収益の一部をアフリカのグリーンベルト運動に寄付。製造をケニアの女性に依頼して就業を支援している。

このほか、最大のステークホルダーでもある社員向けには、年に2回、休日に社長、役員、社員が一堂に会し、直接対話する自由参加型の社員総会を開催している。海外、国内支社支店とTV会議システムやインターネットで結び、遠隔地の社員も参加が可能。風通しのよい風土づくりに努力しているのは伊藤忠ならではの特長といえるかもしれない。

運輸業界 ─ 安全の確立を最重視

　安全がとりわけ重視されるのが運輸業界である。事故が発生すればひとたまりもない。大勢の犠牲者が出るし、信頼は地に落ちる。業績を直撃するのは間違いない。人命に直結するビジネスという業界の特性もあって、CSRが喫緊のテーマとして浮上している。不祥事を封じ込める意味合いもあり、不祥事を起こした企業はこれをテコに撲滅を目指している。安全の確立がそのツールである。これにCSRを総動員しているといっても過言ではない。CSR報告書などの中で、過去の不祥事を掲載し、安全に向けた決意を新たにしているのもこの業界の特徴といえよう。

❶ 全日本空輸─キーワードは「安全」「信頼」「お客様」

　文科系の学生就職ランキングで、常に上位に位置する全日空。抜群の好感度企業であるのは間違いない。売上げの大半が顧客相手のビジネスだけにCSRへの取組みは企業イメージの良し悪しを大きく左右する。「すべての活動において、青空のように澄んだ気持ちで誠実にありたい」と社長の山元峯生は「CSRレポート2005」でその決意を語っている。アジアを代表する企業グループへの変身を目指し、取組みは始まったばかりである。

　取組みが始まったのはそう古くはない。検討のためCSR推進会議を設け、議論を開始したのが2004年4月。翌年5月に社内に委員会を発足させ、事務局と専任の担当者を置いた。

　きっかけとなったのは、ライバル日本航空で火を噴いた不祥事。これが日航の経営を直撃、苦境に陥った。「対岸の火事ではない」。こうした危機感から全日空でもスタートした。

　「特別なことではなく、これまでの取組みを『誠実』に推し進めることがANAのCSR」（大橋洋治会長）との位置付けである。その基盤は、これまでの企業理念、安全理念などに立脚している。

　02年1月に策定したグループの経営理念は、基本理念と行動指針からなる。従業員の日々の活動の上での約束事である基本理念は、「安心」「信頼」を基礎に、①価値ある時間と空間の創造、②いつも身近な存在であり続ける、③世界の人々に夢と感動を届ける──で構成。

行動指針は、①安全こそ経営の基盤、守り続けます、②お客様の声に徹底してこだわります、③社会とともに歩み続けます——など6項目。このほか、グループの行動基準も03年5月にまとめた。これは、CSRの観点から作成したもので、安全・品質管理の徹底からステークホルダーとの関係、環境、社会貢献、企業倫理のあり方まで触れている。全日空ではこれを小冊子にして従業員に配布している。

　冒頭に述べたように、グループの経営ビジョンの中で全日空は、「世界の旅客・貨物輸送を担う航空事業を中核としてアジアを代表する企業グループを目指す」と宣言している。その中身は、①クオリティー、②顧客満足、③価値創造——でのそれぞれNo.1である。この達成のため、経営の軸を「利益重視・価値創造」、戦略の軸を「お客様にこだわり、徹底した差別化路線を一貫・継続して実行」に置いている。

　企業不祥事が頻発するなかで、コンプライアンスの優先順位は高い。なかでも重視しているのが、透明性と説明責任である。

　航空会社の特色といえるのが、安全への取組みである。事故は人命に直結する。「終わりのないテーマ」としてすべてに優先する課題と位置づけている。安全に関わる情報を収集・分析し、あらゆる角度から評価し、万一不具合があれば、迅速に対応する体制を敷いている。

　グループの基本理念にもある「安全」と「信頼」を実現する目的で策定したのが、「グループ安全理念」である。根底には、グループ全体で共通の認識と統一した方針・意思をもつことが必要であるとの判断からだ。「安全は経営の基盤であり、社会への責務である」を標語とした中身は、「私たちはお互いの理解と信頼のもと確かなしくみで安全を高めていきます」「私たちは一人ひとり責任ある誠実な行動により、安全を追求します」である。

　こうした理念のもと、グループの社長をトップとする安全推進委員会を設け、安全に関連する重要課題の審議、方針の決定、安全対策の全社的な実施状況の確認、監視、提言や勧告を行うことで安全の維持向上を図っている。このほか、社長、副社長、関連する各本部長間で運行に関する情報の共有化を図り、早期対策、改善報告などをするOR（Operation Report）会なども開催している。透明性、説明責任などを重視するためか、CSRレポート2005では対象期間中に、発生したトラブル、例えば、乗務員が出発予定時刻12時間以内に飲酒した社内規定違反や、小松空港で管制指示に違反した事案など5件を挙げて、概要、原因、対策を列挙している。

　航空事業は、飛行機の燃料として化石燃料を使うため、CO_2排出および環境負荷は決して少なくない産業である。こうした自覚から環境への取組みにも努力している。筆頭が燃費効率のよい航空機の採用である。04年度の航空機によるCO_2排出量は663万トンで、前年度比

3.2％減を達成。1990年比で10.5％抑制するという、日本経団連の航空業種目標（2010年までに1990年比の単位生産量当たり10％低減）をすでに達成した。このほか、環境保全活動の一環から空港周辺に植林する「私の青空」森作り活動を実施、沖縄の海でのサンゴの植え付け活動も進めている。

❷ 日本航空－安全、信頼への挑戦

　安全上のトラブルが頻発し、改善に向け奮闘中の日本航空グループ。利益などの面で全日本空輸に水をあけられている。捲土重来を期す牽引車となるのがCSR。JALグループの企業理念でうたう、①安全・品質を徹底して追求、②お客様の視点から発想、行動、③企業価値の最大化――などを目指している。存立基盤であると同時に社会的責務である安全運航はとりわけ重要で、CSRの要となる。

　「社員が生き生きと働けば、安全性にも良い影響を与える。安全性だけでなく、定時性、サービスの質なども確保できる。それが、社会的信頼、お客さまからのサポートにつながり、ひいては利益に結びつき、株主の皆様に還元できる」「安全を確保しなければ利益は確保できない。組織・風土を改革し、社員のやる気と満足度を高めなければステークホルダーから信頼は得られない」社長の西松遥（にしまつはるか）は取り組む決意をこう語っている。

　2005年3月に国土交通大臣から「航空輸送の安全確保に関する事業改善命令」および「警告書」を受け取った。CSRの中で、とりわけ注力しているのは安全運航への取組みである。

　指摘を受けた安全上のトラブルは、共通して「ヒューマンエラー」に起因するものであった。この解決に向けて安全意識改善や安全組織体制の見直しを断行、一連の改善策を実行した。具体的には、05年4月から2ヵ月間を「緊急安全意識向上運動」期間と定め、安全意識向上に傾注した。社長や役員が現場に赴き、緊急安全ミーティングを開催。安全啓発を行うとともに社員と直に意見交換することによって経営と現場の双方向のコミュニケーションを強化。国内外の支店、グループ会社で220回の会合を開き、5,530人が参加した。期限切れ後の7月以降は、安全ミーティングを開き、06年3月まで計235回、約2,800人の社員が社長、役員と直接意見交換した。

　マニュアルなどの関連では、05年4月から同12月末までを改善運動期間と規定、各部門で安全に関わる手順、マニュアルを見直した。運航、整備、客室、空港、貨物の現場でそれぞれ改善委員会を立ち上げ、改善案を収集。約700件がマニュアルに反映された。

　こうした改善策実施後も安全上のトラブルが発生した。このため日航グループは、同8月

に社外の有識者で構成される「安全アドバイザリーグループ」を設置。同グループが事故の当事者、関係者からヒアリングなどを実施。現場調査などを踏まえ、同12月に提言をまとめた。内容は、①意識改革、②組織改革、③安全担当中枢組織の確立——などであった。

こうした提言などを受けて、06年3月に「2006−2010年度中期経営計画」を策定、安全運航を支援するIT強化・活用、整備施設の充実を図るとともに、整備関連の人員の採用増などを盛り込んでいる。この期間中に安全に関する投資を約600億円とした。同4月には、経営トップの強力な参謀本部として安全担当の中枢を担う、安全推進本部を新設した。

グループのCSR委員会が発足したのは04年4月。委員会の委員長は現在、社長が務めている。トリプル・ボトムラインを意味する「経済」「社会」「環境」の3つの面で顧客、株主、投資家、社会、社員、取引先などすべてのステークホルダーとの関係を重視した活動を推進、より一層のグループの企業価値向上を目指している。もちろん、安全運航がその基盤をなす。

環境面では、化石燃料の消費や騒音などの環境負荷を自覚し、その抑制に努める基本理念と行動方針を02年10月に制定。環境経営の推進、温暖化対策、騒音対策、大気汚染対策など10項目にわたる中長期計画を策定、環境会計なども実施中。CO_2削減にも努めており、05年度の総排出量は、前年度比0.8％減の1,687.5万トンだった。このほか、国連が提唱するグローバル・コンパクトに04年から参加している。05年から発行のCSR報告書の06年版は、安全運航への決意を示すためか、機内気圧の低下のため新千歳空港へ緊急着陸した05年5月の事案をはじめとした7件のトラブルを、対策、再発防止策とともに掲載している。

❸ JR東日本−チャレンジする安全へ

JRグループのリーダー的な存在である東日本旅客鉄道（JR東日本）もグループをあげて取り組んでいる。鉄道事業自体が社会の発展を目的に建設された歴史があり、社会や地域との関係が極めて深い。「安全で信頼性の高い鉄道サービスとお客様のニーズに合った生活サービス事業を持続的に提供していくことが社会的責任を果たすことになる」（大塚陸毅社長）との判断で、CSRに取り組んでいる。

グループの理念では、「お客様とともに歩み、『信頼される生活サービス創造グループ』として社会的責任遂行と利益の創出とを両立し、グループの持続的成長を目指す」と規定。2005年度からスタートした中期経営構想「ニューフロンティア2008−新たな創造と発展」（2005−2008年）で、目指す「基本的な経営の方向」（3つの改革）の1つに「社会的責任の遂行と持続的成長の実現」を掲げている。

人の命を預かる航空事業と同様に、JR東日本も第1に果たすべき社会的責任として「鉄道の安全・安定運航」を最優先に掲げている。04年度以降の5年間は、「安全計画2008」のもとに、「守る安全」から「チャレンジする安全へ」の転換を目指している。目標は、「死傷事故・社員の死亡事故ゼロ」。安全に対する約4,000億円の投資を断行する。より安全な鉄道づくりとしてチャレンジ・セイフティ（CS）運動にも取り組んでいる。日々の業務の中で事故に発展する可能性のありそうな「ヒヤリ・ハット」などの体験を持ち寄り、職場で共有する。これによって社員の1人ひとりが常に安全について行動していく風土を作り、事故ゼロを目指している。

　「負荷の小さな鉄道を作る」を目標とする「環境」では、新たに08年度達成目標を設定し、取り組んでいる。これは、05年度目標が03年度実績で対象となる11項目のうちのCO_2総排出量などの6項目で達成、残りも順調に推移していることによる。グループ全体の環境管理強化の必要性が出てきたためである。

　このほか、CSRの実践に向け、①企業統治の確立、②コンプライアンスの確保、③説明責任のための情報開示の充実、④危機管理体制の強化——のためのマネジメント体制を整備。「ニューフロンティア2008」で法令遵守経営の徹底に一層力を入れると宣言しているコンプライアンス確保では、05年5月に「法令遵守及び企業倫理に関する指針」を策定、わかりやすく、望ましい行動のあり方を解説したコンプライアンス・アクションプランをグループの全員に配布。あわせて内部通報窓口を社内外に設置している。

生活用品業界 — 顧客重視がテーマ

　生活用品業界は食品業界と同様、サービスを提供する相手が消費者である。消費者が近い分だけ、その評価は製品の売れ行きを左右するし、業績にももちろん直結する。不祥事を起こせば消費者の総スカンを食い、市場からの撤退通告を受けかねない。コトは重大である。

　CSRへの取組みで企業イメージが向上、ブランド力がつけば競争力が向上する。差別化によって売上げが伸びるのは間違いない。そこまで想定しているかどうかは別にして、不祥

事を未然に防げるかもしれない。仮に起きても、被害を最小限に抑えることができる。力点はこのあたりから来ていると考えてよかろう。いずれのケースでも重視するのが顧客、お客様である。企業理念などでこれを掲げ、CSR に邁進している。

❶ 資生堂－価値の創造、社会への奉仕

　CSR に注力する国内企業の多くがそうであるように、化粧品のトップメーカー資生堂も創業の精神を活動の原点としている。資生堂は、1872年（明治5年）、日本初の洋風調剤薬局としてスタートした。社名の由来は、中国の古典易経の「万物資生」、つまり「新しい価値を創造してお客様の喜びをめざし、社会のお役に立つ」に起源がある。これが、創業の精神でもあり、価値の創造、社会への奉仕、貢献が同社の CSR の源流となっている。

　取組みの基本は、1997年に策定した同社の CSR 憲章と位置付けられる「THE SHISEIDO WAY（資生堂企業行動宣言）」と企業倫理・行動基準である「THE SHISEIDO CODE」。2003年に改定した CODE は、企業理念と THE SHISEIDO WAY を実現するため、グループの社員全員が従うべき行動指針となっている。

　中身は、企業理念が、①新しく深みのある価値の発見、②美しい生活文化の創造──がその柱。THE SHISEIDO WAY は、企業理念の実現に向け、各ステークホルダーに対し、どのような行動を取るべきかを具体的に掲げている。例えば、「お客様の視点に立って、真に満足していただける優れた商品とサービスの研究、開発、製造、販売に取り組む」「お客様に対し質の高い情報を提供する」など。その狙いは、ブランド価値の向上である。

　この推進のため、04年に社長直轄の組織の CSR 部と CSR 委員会を設置。06年4月に CSR 室を設けた。法令遵守のみならず、企業倫理の観点から公正な企業活動の徹底を図る企業倫理委員会、個人情報委員会、総合リスク対策委員会などもある。

　同社の特徴は、「企業の社会的責任として必ず取り組むべきこと（基本 CSR）」と「資生堂だからできること（選択的 CSR）」に分けていることである。基本 CSR は、コーポレートガバナンス、内部統制、企業倫理など。選択的 CSR とは、広く社会から期待されている資生堂らしい活動として本業を通じた活動である。1人ひとりの美しさに応える活動として06年度から4つの活動を加え、「100％お客様志向」を実践している。それは、①最先端のトータルビューティの開発を行い、情報を発信、②化粧による生活の質の向上のハード、ソフトの開発、提供、③化粧にはじめて出会うジュニア層への正しい化粧・美容情報の提供、④シニア期のアクティブなライフスタイル支援活動──で構成される。この一環として、女性を

応援する「SHISEIDO 社会貢献くらぶ－花椿基金－」を05年7月に創設した。趣旨に賛同する社員から寄付を募り、寄付やボランティアを通じ社会貢献活動を進める。途上国の女性たちの自立とジェンダー平等を目指す国連の女性開発基金や、ドメスチック・バイオレンス（DV）被害からの女性を支援する全国女性シェルターネットなどに拠出している。

　顧客の9割は女性、社員の7割が女性であるのにもかかわらず、女性の管理職、リーダーの占める割合が全社員の約1割にとどまっている。活力ある組織風土構築のための男女共同参画推進の観点からも07年度までに女性のリーダーの割合を2割まで引き上げる方向である。多様性を尊重する見地から知的障害者支援を積極化するため、特例子会社「花椿ファクトリー」を06年1月に立ち上げた。化粧品の加工やセット作業を中心に障害者と健常者が同一ラインで作業している。

　環境については、1992年に定めたエコポリシーに沿って、すべての事業活動で地球環境の保全に努める、を基本に活動を推進している。使用ガラス瓶のリサイクル、ペーパレスや地球環境温暖化防止などにも取り組んでおり、CO_2削減でも一定の成果を収めている。このほか、メセナ（芸術文化支援）、学術支援にも注力している。2004年9月には、国連のグローバル・コンパクトへの参加を表明、国際社会の良き企業市民として活動を続けている。

❷ 花王－共に感動を分かち合う

　高い収益率を誇り、カネボウ化粧品を買収するなど、話題を振りまく花王。企業イメージなど各種ランキングでも上位を占め、外部からの手堅い評価を受けている。社長の尾崎元規は、「CSRを通じ、多くのステークホルダーの皆様の共感を得る、魅力ある会社にしていきたい」と宣言。その目標は、すべてのステークホルダーと感動を分かち合う魅力的な会社の実現となっている。キーワードは「お客様と共に感動する会社」だ。

　花王は2004年10月に従来の基本理念をグローバルな視点で見直した「花王ウェイ」を策定した。企業の文化、精神を明示したもので、「使命」「ビジョン」「基礎となる価値観」「行動原則」などの5項目から構成される。この花王ウェイに基づいて"よきモノづくり"を行い、世界中で豊かな生活文化の実現に貢献することがCSRと考えている。

　経済、社会、環境のいわゆるトリプルボトムラインのバランスを意識しながら進めている。CSR活動の05年度の実績としては、①英国生活用品企業とカネボウ化粧品の株式取得、②国連のグローバル・コンパクトへの参加、③内部統制委員会の発足、④知的障害者の雇用を目的とした子会社の設立――などが挙げられる。

英国企業の株式取得は、花王が最優先の1つに掲げている事業のグローバル化の一環。カネボウ化粧品についても今後のビューティケア部門の起爆剤として期待されている。グローバル・コンパクトは活動のグローバル化を意識したもの。同9月の内部統制委員会の設置によって個々の委員会、部門ごとに計画・実施していた情報開示、コンプライアンス、危機管理、内部監査などの内部統制関連の機能を横断的に統合、質の向上を図った。知的障害者雇用を対象とした子会社の設立は、文字通り社会貢献の路線上にある。

　グループの推進体制を担うのは、04年7月に設立した社長が委員長のCSR委員会とCSR推進部である。委員会は、すべての部門のCSR担当から構成され、隔月で開催。社内の各種の課題が検討されるほか、ステークホルダー対話、環境保全、サプライチェーンの展開、多様性の尊重なども議論する。全員参加型の活動が不可欠と考える花王は啓発のため、グループの社員のすべてにCSR報告書を配布、「CSRレポートを読む会」なども実施している。

　企業不祥事が頻発するなかで、コンプライアンスは重要課題である。このため社員の日常の行動指針としてビジネス・コンダクト・ガイドラインを制定、社内外の相談窓口を設置、月平均10件程度の相談が寄せられている。定期的な研修などを通じて風通しのよい透明な会社であるべく努力を続けている。

　地球環境保全については、環境負荷の低減について取り組んでいる。05年度実績は、温室効果ガス排出量を原単位で1990年度比69とする目標値に対し、70と未達。省エネルギーについても、原単位で同76との目標をやや上回る77にとどまった。廃棄物については、ゼロエミッションを実現。グリーン購入、グリーン調達についてもほぼ達成した。このほか、循環型社会の実現に向けた容器包装のリデュース、リユース、リサイクルの3Rの推進のため、詰め替え、付け替え用製品の開発、容器包装の再資源化を積極的に実行している。社会貢献では、すでに言及した身障者用雇用の受け皿として設立した子会社を筆頭に、花王ファミリーコンサート、みんなの森づくり活動、海外工場での地域支援活動などに取り組んでいる。

食品業界 — CSRで不祥事封じ込め

　食品業界はCSR（企業の社会的責任）に対する取組みを各社で競っているような印象がある。売上げの大きな割合を消費者に依存。製品が直接、消費者の口に入り、反応が直ちに跳ね返ってくる。品質が疑われるよう製品が提供されれば当然として、不祥事を起こせば、ブランド・企業イメージは低下、消費者の反発は強まる。それは製品のボイコットにつながるし、企業業績を直撃しかねない。不祥事で壊滅的な打撃を受けた雪印乳業が、良くも悪くも手本となっている。明日はわが身、他人事では決してないのである。

　CSR活動によってブランドや企業イメージの向上を目指すのはどの社も一緒で、同時に、コンプライアンス（法令遵守）、企業倫理などの徹底で不祥事を未然に封じ込めたいとする危機管理の発想が垣間見える。

　双璧をなすのが、ビールのシェアでデッドヒートを演じているキリンビールとアサヒビールであろう。取組みは国連のグローバル・コンパクトにしてもアサヒが早めに取得、遅ればせながらキリンもキャッチアップ。その中身は互角といってよかろう。不祥事をテコに雪印が再建に向け涙ぐましい努力をしているのも目立つ。

❶ キリンビール − 原点に戻りCSR

　2006年上半期のビール系飲料のシェアで5年ぶりにアサヒビールを抜き去ったキリンビール。CSRの取組みでもライバルのアサヒ以上に力を注いでいるといっても過言ではないだろう。ブランドイメージが製品の売れ行きを左右する側面があるからだ。

　取組みは、05年3月にCSR・コミュニケーション本部を設立した頃から本格化したと考えてよいだろう。それ以降、矢継ぎ早に手が下される。同5月にはその決意を内外に表明するため「キリングループCSR宣言」を公表。社会や自然とコミュニケーションしながら推進するとの姿勢を打ち出した。同9月には多国籍企業の国際ルールとも言える国連のグローバル・コンパクトへの参加を表明した。

　取り組むきっかけは一体何だったのか。キーワードはビール類の売上高のトップの座をラ

イバルに明け渡した敗北経験が挙げられるだろう。屈辱的ともいえる首位転落から、捲土重来を期して当時の社長（現会長）の荒蒔康一郎が打開策を模索した。その抜本的な出直しが必要と考えるなかで、「お客様本位」と「品質本位」の重要性を繰り返していた。業界はキリンを中心に回っているという一種の独善性があった。荒蒔はキリンビールが信頼されていた時代、つまり、原点に戻ろうと考え、その矢先に出会ったのがCSRであった。

　キリンはCSRを「社会から信頼をいただくための取り組み」と位置づけている。その中身は、①スローガン、②経営理念、③経営指針——の3部構成である。「うれしいを、つぎつぎと。KIRIN」としたスローガンでは、果たすべきその役割をうたっている。経営理念では「私たちは世界の人々の『健康』・『楽しさ』・『快適さ』に貢献します」と、さらに鮮明にした。経営指針では、①お客様本位・品質本位、②オープンでフェアな行動、③人間性尊重、④健全経営、⑤社会貢献——を打ち出している。

　CSRの推進で最も重視されるトップのコミットメントとして、社長の加藤壹康が2006年のCSRレポートでこのようなことを語っている。「個人が市民として社会のために何らかの貢献が求められているのと同様に、法人も社会に貢献することが求められています。それが正に『CSRの取り組み』だと考えています」。06年度のCSRの重点項目として、①コンプライアンス、②安全・安心への取り組み、③個人情報保護、④適正飲酒啓発活動、⑤自然の恵みを守る活動——の5項目とした。

　中核になっているのが、グループのCSR委員会である。ステークホルダーの意見聴取が重要との判断から、同委員会に社外の有識者2人からなるアドバイザリーグループを設置、06年1月にステークホルダーダイアログを開催した。このほか、内外で相次ぐ粉飾決算などの会計不祥事に対応するため、情報開示委員会を06年1月に創設した。社長の諮問委員会として活動している。

　06年度の重点項目に掲げているコンプライアンスについては、03年に企業行動基準を改正、ガイドラインも制定した。法令遵守に加えて、社会倫理上求められる具体的な行動、してはならない行動なども掲げている。これを担保するための研修を随時実施しているほか、内部通報制度（ホットライン）も整備した。

　CSRに取り組む以前から地球環境保全にも力点を置いている。従来の「基本理念」「行動基準」を1999年8月に全面的に見直し、新たに「環境理念」と「基本方針」を策定。持続可能な循環型社会の構築に向け、ビールなどの容器を念頭に「3つのR（Reduce＝省エネ・再資源、Reuse＝再使用、Recycle＝再資源化）」のほか、「2つのA（Assessment＝事前評価、Audit＝監査）」を基本的な考え方とし、グループ内で環境対策を実施。環境会計などにも取

り組んでいる。

❷ アサヒビール－活動の基盤そのもの

　三菱系のキリンビールが時代を超えた共通の理念、と位置づける三菱三綱領（「所期奉公(しょきほうこう)」「処事光明(しょじこうめい)」「立業貿易(りつぎょうぼうえき)」）をCSRの取組みの中で打ち出していないのと同様に、住友系のアサヒビールも「浮利(ふり)を追わず」などの家訓を強調していない。住友のカラーを旗色鮮明にすると、それ以外の支持を得られにくくなるという営業上の事情もあるようだ。

　「企業活動の基盤そのものであり、永続的に社会に受け入れられ、企業価値を向上していくために必要不可欠な活動」とCSRを位置づけている。その姿勢は先進的かつ積極的である。それは、アナン国連事務総長が1999年に提唱した国際的な企業の行動ルールともいえる国連のグローバル・コンパクトへの支持を国内企業の中で、キッコーマン、リコーに次いで3番目に表明したことで推し量られよう。

　アサヒビールの最大の特色は、CSRをCS（カスタマー・サティスファクション＝お客様満足）とR（リレーション＝交流）と独自に読み替え、日常の企業行動に反映させていることであろう。会長兼最高経営責任者（CEO）の池田弘一(いけだこういち)と社長兼最高執行責任者（COO）の荻田伍(おぎたひとし)は2006年のCSRレポートの冒頭の挨拶で、こう説明している。「CSRを果たしていくことは、経営の指針であると同時に、自らの業務に関わるあらゆる人々との積極的な交流を通じてその満足を追求するという、一人一人の従業員にとっての、極めて実践的な行動指針」。そして、「お客様の満足」と「積極的な交流」がキーワードである。

　重視の契機となったのは、90年代後半に欧米で主流になった社会的責任投資（SRI）である。環境対策など先進的な企業の株式を組み込んだ投資信託、いわゆるエコファンドなどに関連して持ち上がった。各方面からのSRI関連のアンケート調査を受けるうちにCSRを重視する社内の共通認識が形成され、横断的に対応する部門の創設に迫られる。そして、2002年5月、人事、法務、品質企画、国際事業、原材料、環境社会貢献、広報部によるCSRプロジェクトチームを立ち上げた。国内企業の中でもかなり早いほうだと言ってよいだろう。翌年の10月には、同チームに経営戦略、総務、SCM（サプライチェーン・マネジメント）推進、技術部の4部を加えて社長直轄の「CSR委員会」を発足させた。04年9月にはグループCSR委員会に拡大した。取り組む中身は、品質管理、コンプライアンス、環境保全、社会との共生、適正飲酒の啓発活動、情報開示が対象だ。大枠は今でもさほど変化はない。

　このうち品質管理では、従来抽象的な表現にとどまっていた表現をより具体的にした「原

材料購買基本方針」を03年5月に改定。納入先にもCSRの取組みを調査、倫理的な問題がなければ取引をスタートするという形式とした。

1999年に設けた企業倫理規程については、CSRの観点から2003年10月に改訂、さらに具体的な内容とした。企業倫理の遵守については、誓約書を社員全員が提出する。

注目されるのは、国内企業での取組みが弱いとされる人種、国籍、性別、思想信条など、業務と関係のない理由による、あらゆる差別を禁止する「多様性」で一定の活動をしていることである。出産、育児、介護の支援制度の整備のほか、障害者雇用や女性管理職などの登用でも努力がみられる。

90年代から取り組んでいる環境保全については、2006年度までの目標を定めたグループの環境中期計画を策定。例えば、CO_2排出量を90年比で年9％増などと定めている。05年実績では、同11％増。06年の取組みが期待される。こうした取組みは、CO_2の循環利用、物流の効率化、用水使用量の削減、廃棄物の削減などにも広げている。

3 雪印乳業－CSRで企業再建

2000年6月の食中毒事件、02年1月の牛肉偽装事件と2度にわたる不祥事で消費者はもちろん、世論の批判を徹底的に浴びて壊滅寸前まで至った雪印乳業。混乱の中で、雪印のとった不手際の数々は批判を増幅させた。頻発する企業不祥事の中にあって、雪印の不祥事は6年以上経過した今なお記憶に新しい。不祥事によって子会社は解散、売上げはピーク時の4分の1、従業員は5分の1まで激減した。不祥事を起こせば、最悪の場合に、市場からの撤退宣告を受け、倒産の悪夢が現実化するという格好の事例となっている。皮肉なことに雪印の失敗体験が各社のCSRに取り組む参考例となっている。

だが、雪印にはもう1つの面がある。不祥事を真摯に反省、これをバネに経営体質の変革に着手、不死鳥のように復活の道を歩んでいることである。雪印の再生の過程は、一敗地にまみれた企業がCSRで立ち直ったモデルケースとして「十分、参考になるもの」（日本経団連社会本部）といってよいだろう。

雪印が推進するCSRの原点には相次いだ不祥事がある。取組みに対する真剣度は群を抜いている。再度、不祥事を起こせば、会社の存続は覚束ないとする、社員の危機感が背景にある。背水の陣に立っての取組みと表現してよいかもしれない。

雪印は、まず、2度の不祥事を招いた原因を総括、元凶は内向きの企業体質、危機管理体制の欠如と結論つけた。これを土台に新生雪印の再建計画を策定。それは、①事業構造改革、

②財務体質の改善、③企業体質の変革——の3つであった。企業行動憲章を全面改訂、これを軸に、再建の道を邁進している。

　急激に縮小、悪化した事業や財務体質の抜本改革とともに力を入れているのが、内向きとした企業体質の変革である。このツールとなっているのが、①新しい目標の共有化、②社外の視点を取り入れた経営、③現場主義の徹底、④リスクマネジメント、⑤企業倫理の体質化——である。

　新生雪印が目指す「新しい目標」は、企業理念とビジョンから構成される。社員アンケート、グループ企業を含めたインタビュー、役員のヒアリング、酪農家への聴取、社外モニター・有識者の提言などを通じて、原点となる価値観を決定。その上で、企業目標を「お客様の『おいしい笑顔』のあるくらしに貢献します」などと規定、新たな理念に盛り込んだ。さらに、5年後の企業像として「お客様に『安心』『健康』『おいしさ』『笑顔』をお届けする『おいしい笑顔のカンパニー』を目指す」とするビジョンを策定した。

　改革の軸となるのは、①安全・安心に向き合う、②お客様に向き合う、③食の責任を認識する——雪印に変革するである。

　特筆されるのが、社外の視点を取り入れた経営を実践するため社外取締役を起用したことであろう。社外役員制を採用する企業は、企業経営者や学者などを起用するのが通例だが、雪印は消費者団体からの招致を決定した。異例ともいえる選択であった。要請を受けた当時、全国消費者団体連絡会事務局長だった日和佐信子は就任の条件として、①不利な情報もすべて開示する、②日和佐個人の言動を制約しない、③消費者のスタンスを堅持する—を突きつけた。消費者本位の経営への転換を目指す雪印側が了承したのは、もちろんである。これによって「社外の視点による価値観を取り入れた経営」がスタートした。

　顧客と消費者の声に徹底的に耳を傾け、経営に取り入れるため、社内外の委員で構成される企業倫理委員会を設立。毎月、会合が開かれ、経営全般について社外の眼による提言、勧告、検証を行っている。

　雪印には、年に2日のメモリアルデー（記念日）がある。1月23日と6月27日である。この日を「事件を風化させない日」と決め、社員が一丸となって信頼回復に向けての様々な活動に取り組んでいる。うち、1月23日は、BSE（牛海綿状脳症）の混乱に乗じて子会社の雪印食品が政府の救済制度を悪用し、輸入牛肉を国産牛肉と偽装し補助金を騙し取った事実をマスコミが報道した日である。偽装に手を染め補助金を騙し取った雪印食品がその後、解散したのはよく知られている。もう1つの6月27日は、大阪工場製の加工乳による食中毒被害が保健所などを通じて大阪市に最初に報告された日である。これらの日に企業倫理委委員会

やシンポジウム、社内のグループによる発表会などを開いている。

　雪印がCSRに取り組む意義について、社長の高野瀬忠明はこう語っている。「CSRの前提として、まず、企業が社会との関わりの中で存在し、企業の存在そのものが社会に影響を与えていることを認識することが大切である。社会の変化に、敏感にそして責任を持って私たちの役割を果たすことがCSRであると考える。酪農を原点とする創業の精神『健土健民』を不変のものとしながら、『倫理・食の安全・品質』を優先する企業姿勢とお客様・消費者をはじめとしてステークホルダーと向き合う姿勢を鮮明にしてさまざまな取り組みを実践することによって、すべてのステークホルダーの『おいしい笑顔』のあるくらしに貢献することが私たちのCSRにほかならない」。

　モニター制度の実施、工場開放デーの開催、生産者との対話なども開始した。懸命な努力の甲斐があったのか、ブランド力は、徐々にではあるが着実に向上している。バター、チーズなどの主力商品のシェアも回復している。2002年に公表した新再建計画は黒字化の達成などで一定の成果を上げた。これを受け、2005年10月から3年半を取組みとする新たなグループの中期経営計画を策定、この中でもコンプライアンス・CSRを軸とした企業価値の向上をうたうなど、ブランドイメージの回復に向けた奮闘は続いている。

建設業界 — 独禁法改正を機にCSR

　談合、汚職など不祥事が尽きない建設業界。それが業界をあげて突然、CSRを口にし始めた。司法当局の姿勢がここにきて急速に厳格さを増したほか、先の独占禁止法改正で談合、カルテルなどの違反行為で調査開始前に申告すれば、重くなった課徴金が減免される措置が導入されたことが大きい。業界団体である日本建設業団体連合会（日建連）は2006年度の事業計画の中で「法令遵守を徹底し、企業高度の透明性を高めることが何よりも重要」「社会的貢献も不可欠」などと提唱。建設3団体は05年度末に共同でコンプライアンスの徹底を訴える異例の事態にまで発展した。日建連は会員企業のCSRへの取組みを支援する方針を打ち出している。取組みが業界全体の信頼確立につながるとの判断があるためである。CSR

の推進で、談合など長年にわたる慣行に支配された業界のイメージ改善のみならず、古い体質から脱却し、近代化を図りたいとの思いが背景にある。最近相次いでいる談合の摘発は、業界大手が課徴金減免のため司法当局に自主的に申告しているためとも言われている。CSRを軸に建設業界の近代化が一気に進展しそうな印象がある。足が地に着いた取組みが望まれる。

1 大成建設－コンプライアンスに徹する

　ゼネコン大手の一角を占める大成建設。初のCSR報告書の中で、CSRへの積極的な取組みを表明するなど、従来の姿勢を一変させた。これから判断する限りでは、業界の中で最も積極的な部類の企業に分類してよいだろう。必ずしも良好とはいえなかった旧来の企業イメージを改めたいとの狙いがあるのは間違いない。

　「人がいきいきとする環境を創造する」との経営理念のもと、建設業を中核とする企業活動を通じて社会に貢献し、持続的発展を目指している。この達成のため企業としての社会的責任を果たし、社会から信頼される企業づくりを推進するというのが基本的な考え方である。社長の葉山莞児は、同報告書の弁護士との対談の中で、「コンプライアンスの徹底、談合・調整行為は一切止めよう、後戻りは絶対にしない」と言明している。

　大成建設は2004年9月にそれまでの倫理委員会を、委員長が副社長で6人の取締役から構成されるCSR委員会に改称した。「企業行動憲章」「役職員等行動規範」などの活動に関する基本方針を審議、その遵守状況をチェックしている。同委員会の事務局として社長室内にCSR推進室を設置、社内の取組み状況の調査や啓発活動やグループ各社に対する諸規程の展開を図っている。

　大成建設は06年3月、防衛施設庁発注工事をめぐる競売入札妨害で、国土交通省から中国地方の公共土木工事の営業停止処分を受けるなど違反が続いていた。こうした事態を受けて同6月に社長直轄のコンプライアンス委員会を新設、体制の強化・確立を進めている。コンプライアンス室も法務部に設けた。コンプライアンスはCSRの基礎で、同社にとって目下の最大・喫緊の課題との認識があるからである。

　人類がより長く存続可能な社会を構築することが建設業でのリーディングカンパニーの役割であるとの判断から、環境保全と創造に努め、環境リスクや負荷の低減を実践している。掲げていた環境配慮の設計・提案の推進などの目標のうちの2005年度実績は、施工段階のCO_2排出量の削減など、ほとんどの項目で目標を達成できたものの、93%を目標とした建設

廃棄物リサイクル率が92.2%となるなど5項目で未達となった。

社会貢献では、公益信託・基金を設け、自然環境や歴史的建造物の保護、次世代に継承する団体を支援中。同年度で内外の23件をサポートした。

2006年9月の初の同報告書は、同5月に開催したステークホルダーダイアログを掲載するなど意欲的な内容である。ただ、第三者意見で「談合など法令違反の問題に関しては、ただ、事実の簡単な掲載にとどまっており、具体的に何があったのか、なぜ起こったのかについては触れられていない」「CSR報告書ではその原因を分析し、具体的な対応策を明記することが必要」との指摘が掲載されている。同社がコンプライアンスでどのような実績を残せるのかが今後、注目されるところである。

❷ 清水建設－確かな価値が共有できる経営を

新潟市の官製談合で国土交通省の営業停止処分を受けるなど、清水建設も過去に不祥事を起こした企業である。社会の一員として企業の社会的責任の重要性が高まっており、公正・透明な企業活動の推進が一段と重視されるとの認識のもと、持続可能な社会に貢献する企業を目指しCSR活動に取り組んでいる。社長の野村哲也は環境社会報告書の中で、「今後も、持続可能な社会の実現に向けて、社会的責任の遂行に努め、お客様、株主、取引先、従業員などあらゆるステークホルダーとともに、確かな価値が共有できる経営をグループ会社とともに実践してまいります」と語っている。

清水建設の創業以来の基本理念は、「論語と算盤」である。その意味は、倫理と営利の追求である。この考え方に基づき、よき企業市民として社会的使命を達成し、「正々堂々、わかりやすい透明な」経営の実践に努めている。

内部統制強化をうたった新会社法に伴い、2006年5月に内部統制システム整備の基本方針を決議。法令・社会規範の遵守は当然として、同社の企業倫理行動規範に沿った人を大切にする企業の実現、社会の要請に応えた事業活動の推進、社会との調和の促進などに取り組んでいる。

経営理念の1つでもある「地球社会への貢献」が重視する環境保全活動では、「エコロジー・エミッション」を掲げ、過去の建設分を含めて同社が手掛けたすべての建物が排出するCO_2を10年度に1990年度比で6％削減することを目標にしている。これは、空調などの設備効率や断熱性能などの向上、環境負荷の少ない工法の採用などによって可能となる。地球環境憲章、環境基本方針などを制定し、この理念のもと、環境経営を推進している。

企業倫理行動規範を設定し、役職員に周知徹底を図るとともに担当役員を任命、他社並みに内部通報制度の窓口を設けるなど企業倫理体制を整備、高い企業倫理観に基づいたコンプライアンス経営を推進している。だが、社長の野村が環境・社会報告書2006年で「社会的責任の遂行にあたってはまだまだ至らない点があるのも現実です」と指摘するように、十分とは言い切れないのが現状のようである。今後の奮起が望まれる。

❸ 大林組－談合を根絶させる

　スーパーゼネコン大手の一角を形成する大林組。大林組も談合などで司直の摘発を受ける不祥事企業の１つである。その大林組も2006年１月の独占禁止法の改正を機にこれまでの姿勢を180度転換、談合防止に向けた様々な施策を実施してきた。社長の脇村典夫は「企業がその社会的責任を果たし、社会の一員として広く信頼されることは企業が存続していく上での当然の努め」「全社を挙げて違法行為の根絶に取り組んでいきます」と環境報告書・社会活動報告書2006の中で、CSRに積極的に取り組む決意のほどを語っている。

　談合など古い体質が今なお残る建設業界にとってCSRの推進の際に最大のネックとなるのがコンプライアンスである。大林組は、独禁法改正を前にした05年12月に完全徹底を図るため、社長名で「独禁法を遵守し、違法行為は一切行わない」「これに違反した者は厳正に処罰する」との指示をすべての営業担当者に対して出した。

　06年２月には、全店の部長職以上の役職員１人ひとりから「独禁法及び刑法（競争入札妨害罪、談合罪）」を遵守し、違反する行為は絶対に行わない」とする誓約書を社長宛に提出させた。本人は当然として部下が違反した場合であっても、その上司を含めて厳しい処分を下すことにした。談合行為の根絶のため同３月には、全役職員、グループ各社に対し、社長通達「談合行為の根絶に向けて」を出した。このほか、監視を強化するため監査役会で「談合等監視プログラム」を策定・実施、モニタリングを強化。その関連で監査役会などの指揮下に入るコンプライアンス室を新設した。企業倫理への取組みを第三者の視点から評価する仕組みを導入するため、企業倫理委員会のメンバーに社外有識者、職員組合委員長らを迎えることも決めた。談合根絶のためこうした措置を公表しているのは極めて珍しい。企業体質の改革に向けた同社の姿勢が表れているとみてよいだろう。

　環境保全は健全な企業経営には欠かせない要素と位置づけ、環境経営にも力を入れている。省エネルギー建設などの提供で、CO_2の削減に努力。グリーン調達や建設廃材の削減、リサイクルの推進で建設廃材量と最終処分量の減少を目指している。05年度の実績は、建設段階

からのCO_2排出量の削減は1990年度比で32％減を達成、業界の目標である2010年度に1990年度比で17％削減を上回った。建設廃棄物の同実績は、4.9％で、2007年度に建設廃棄物の最終処分率の4％以下を上回っている。07年度に18％以上とするグリーン調達率は、05年度で14.8％だった。社会貢献では、財団を設け、都市に関する学術研究や研究者の招聘、派遣、国際交流、国際会議などに助成している。現場見学会なども随意、実施している。

❹ 鹿島－CSRの徹底を宣言

スーパーゼネコンの一角を占める鹿島。業界のオピニオンリーダーでもある。新潟市発注の土木工事をめぐる官製談合に連座するなど、鹿島も不祥事でたびたび名前の挙がる企業である。

その鹿島が2006年度からスタートしたグループの中期経営計画（2006－2008年度）の中で、「顧客志向の徹底」と「企業倫理の実践」を基本方針とした、コンプライアンスとCSRの徹底を宣言した。談合などに加担してきた従来路線からの事実上の軌道修正と受け止められている。社長の中村満義は、2005年版の鹿島環境報告書の中で「CSRの基本的な考え方は、鹿島の事業の持続的発展に向けて大きな意味をもつもの」と語っている。

環境への取組みをはじめとするCSRの活動の輪を広げていくため、05年6月にCSR推進室を設置、新会社法の施行もあって、06年6月に内部統制推進室も設けた。コンプライアンスを徹底し、リスク管理しながら業務を適切・効率的に遂行、財務報告の信頼性を確保するのが目的である。コンプライアンスでは、企業行動規範を定め、社長を委員長とする企業行動委員会を設置、企業倫理、法令遵守の徹底を図っている。05年6月に従来の企業行動監理室をコンプライアンス室と改称、06年2月には企業倫理通報制度も設けた。

中小企業のCSR ─ 遅れる取組み

遅れるCSRの取組み

　経済のみならず環境、労働、コンプライアンス、企業倫理、情報公開、説明責任、社会貢献など、様々な項目での気配りが求められるのがCSRである。これらの実践にはいずれもコストや人員を要する。このため取り組むのは、余裕のある大企業で、中小企業には無縁の活動と受け止められがちである。

　実際、その取組みは遅れている。経済産業省・中小企業庁の委託により人権教育啓発推進センターがCSRのパンフレット（ガイド）「一人ひとりから、はじめよう。企業の社会的責任」を2006年2月に作成したのも、中小企業の取組みを促進するためである。各地で中小企業向けのセミナーも開いているが、反応は思ったほどではない。

　これを裏づけるのが、東京商工会議所が05年7月にまとめた中小企業に対するCSRのアンケート調査（689社）である。それによると、中小企業のうち、CSRを「十分行えている」と回答したのが全体のわずか2.7%。「大体行えている」とした55.4%と合計すると、6割近くに跳ね上がる。だが、同時に実施した大企業に対する調査では、それが93.8%だった。差は歴然である。調査では同時に、CSRに取り組む意義についても質問した。回答は、大企業の8割強が「重要な経営課題」と前向きだったのに対し、中小企業のトップは「コスト」で、全体の67.6%だった。消極的な姿勢がにじみ出ている。

中小企業に求められるCSR規定の遵守

　対応に遅れが目立つ中小企業であるが、それでよいわけでは決してない。むしろ、切迫したものと受け止めたほうがよいだろう。ソニーなどエレクトロニクスメーカーを代表として大企業の多くは、環境基準、労働条件などのいわゆるCSR規定の遵守を取引先に対し厳格に求めている。この基準を守らず不祥事が表面化した場合、その影響が跳ね返ってくるからである。ソニーは数年前、在庫品から基準を大幅に上回る重金属が検出されたとの指摘を海外で、当局から受けた。外注した部品に重金属が含まれていたのである。結果的に製品の全面回収を余儀なくされ、損害は100億円規模に上った。それを契機に取引先に対するCSR規

定を設け、遵守を求めている。頻発すれば経営に重大な影響を及ぼすからである。こうした動きは、エレクトロニクス業界はもちろん、自動車業界、化学業界など様々な業種に広がっている。中小企業を含めた取引先にCSR規定の遵守を求めるのは、大企業のリスク管理、自己防衛策の一環と考えてよいだろう。下請けとして中小企業が影響を受けるケースももちろんあるだろう。好むと好まざるとに関わらず、中小企業は、CSR規定の遵守を求められているのが現状である。取組みが不十分ではサプライ・チェーンから排除されるばかりか、激烈な国際市場での競争から脱落する可能性もある。これが今後の帰趨を大きく左右するといっても過言ではない。

積極的な取組みの実例

　積極的な対応を見せる中小企業もある。先に紹介した人権教育啓発推進センターが中小企業庁の委託で作成した「知る、活動する、伸びる。企業の社会的責任取組事例集」には、中小企業の代表的なケースがいくつか紹介されている。全国の商店街をネットワークで結び、まちづくりの支援や地域の活性化などを推進する「商店街ネットワーク」（東京）は、リサイクルを中心としたまちづくりの支援や空き店舗を利用した病児保育システムの事業化などを進めている。大学生の起業によるものだが、スタートしてすでに6年。ネットワークを生かして知恵を出し合えば、社会的意義の高いユニークなビジネスが展開できる実例でもある。

　森林の生態系を生かして有機無農薬で栽培したコーヒーなどをエクアドルから輸入販売している「スローウォーターカフェ」（東京）は、持続可能なシステムによる現地生産者のサポートが目的。エコツアーなども企画、直接輸入で公正な取引を目指している。熊本市の「肥後タクシー」は、01年の創立40周年を機に、障害者、高齢者も利用しやすい多目的仕様のタクシーを開発した。国際標準化機構（ISO）の品質、環境の規格であるISO90001とISO14001も取得、"お客様本位"のタクシー会社を目指している。事例集以外のケースだが、資本金1億6千万円、従業員140人のアルファ・イーコー（本社：千葉県佐倉市）は、2003年11月に国連のグローバル・コンパクトに参加した。同活動に参加している多くが大企業の中で、異色の存在といえる。独自の環境方針などを掲げ、CSRに取り組んでいる。

〈本編執筆〉古賀純一郎 *Junichiro Koga*

東京大学経済学部卒、立教大学社会学部産業関係学科講師。著書には、『経団連』（新潮選書、翻訳され韓国でも出版）、『キーワードで読む日本経済』（共著：岩波ブックレット）、『40代宰相論』（東洋経済新報社）、『政治献金』（岩波新書、翻訳され台湾でも出版）、『郵貯激震』『CSRの最前線』（以上、NTT出版）などがある。
E-mail:kogaj11@titan.ocn.ne.jp

Column イオン株式会社〜その②〜

取引先・地域住民と共に様々な取組みを展開

――御社では取引先企業との間に「イオンサプライヤーCoC」を制定するなど、コンプライアンスを強く意識されていますね。

2001年に「グローバル10」というビジョンを社内外に打ち出しました。これは経済的指標だけではなく、「社会から尊敬されるという面においてもトップ10の企業になろう」という目標も含まれています。すべての事業のベクトルはそこに向いているのです。

その一環として、取引先企業様と「SA8000」という企業倫理と労働環境に関する国際的なマネジメントプロセスの認証を得るとともに、当社独自の「イオンサプライヤーCoC（Code of Conduct／取引行動規範）」を制定したのです。要求には児童労働、強制労働、環境、賄賂の問題などに関する法令を遵守してもらうという、イオンと取引先様が遵守する13の項目が盛り込まれています。

――それを実践するのは大変ですね。

これまで主に「トップバリュ」（イオンのプライベートブランド）に関係する取引先様500社以上に、イオンサプライヤーCoCの説明と遵守の要請を行い、各社から遵守宣言書を当社に提出していただきました。また、取引先様の後ろには、さらに膨大な企業群（委託先）があるわけですから、取引先様にも一緒になって取り組んでいただかなければ、「トップバリュ」に関わる企業すべてに浸透させることはできません。

そして、大切なことはそれが履行されているかどうかを確認する監査体制（モニタリング）を構築すること、つまりPDCAサイクルのCheckとActの部分を重視することです。当社では、「二者監査」と、「三者監査」のいずれかの方法を年に1回実施し、成果が確実に上がっております。

――地域住民と連携した活動も行っているそうですね。

外部の良識を社内に取り入れる仕組みを意図的に作りました。そのなかに「お客様副店長制度」という特徴的な制度があります。これは、地域のお客様のなかから公募で副店長を選び、1年間副店長として様々な改善提案を行うというものです。

地域の本当のお客様に副店長になっていただくことによって施策決定の優先順位にお客様の視点の実現を担保し、本当にお客様の視点から改善を重ねられるところに、この制度の価値があります。これまでの改善件数は実に6,000件にものぼっています。

――力を入れている環境問題について、今後の予定をお聞かせください。

当社は2010年までは、とにかく地球温暖化防止に取り組もうということで「イオン地球温暖化防止中期計画」を策定しています。その一環としてこれまで、レジ袋の使用を減らす取組みをお客様と一緒に続けていますが、来年1月11日より京都の東山二条店でレジ袋の有料化の実験に取組み、大幅削減を目指します。有料化することによって、客数が減る可能性もあり営業上リスクとなりますが、「次代の子どもたちに良い環境を継承していくためには市民はライフスタイルを変え、企業はビジネスプロセスを変えることが必要」ということを世の中に提言していきたいと思います。

レジ袋の取組みはシンボリックなもので、その他にも様々なテーマがあります。今後も皆様と一緒になって、環境負荷を減らしながらも生活の質を落とさないライフスタイルとビジネスプロセスを作っていきたいと考えています。

イオンサプライヤーCoC（取引行動規範）要求内容

製造・調達を行う国において法的に定められている社会的責任標準に適合すること

法令遵守	その国の法律・規範に適合する
1. 児童労働	違法な児童労働は許されない
2. 強制労働	強制・囚人・拘束労働は許されない
3. 安全衛生および健康	安全で健康な職場を提供すること
4. 結社の自由および団体交渉の権利	従業員の権利を尊重すること
5. 差別	生まれた背景、信条で差別してはならない
6. 懲罰	従業員に過酷な懲罰を課してはならない
7. 労働時間	労働時間に関する法令を遵守
8. 賃金および福利厚生	賃金および福利厚生に関する法令の遵守
9. 経営責任	イオンサプライヤーCoCの遵守宣言をすること
10. 環境	環境汚染・破壊防止に取り組むこと
11. 商取引	商取引に関する法令を遵守すること
12. 認証・監査・監視（モニタリング）	イオンサプライヤーCoCの認証・監査・監視を受けること
13. 贈答禁止	イオンとサプライヤーの贈答禁止

第2部
第3編

[座談会]
金融とCSR

座談会 I

金融機関のCSRを考える
金融機能から生まれる様々なCSRのかたち

金融機関のCSRとは何か。金融業界のCSRに精通する藤井良広氏を司会に、グローバルに展開するメガバンクのみずほフィナンシャルグループの大橋恵明氏、地域密着型経営を行っている全国の信用金庫を束ねる信金中央金庫の花岡隆司氏、世界トップクラスの保険会社を目指す東京海上日動の村木満氏に、金融業態ごとのCSRを通じて、様々な金融CSRの姿やその実践などを語っていただいた。

(以下の写真掲載は50音順。司会者を除く)

『私たち一人ひとりの心の中に、みずほというグループは社会のために役立つ、という実感をもちたい』
大橋恵明
株式会社みずほフィナンシャルグループ 執行役員 コーポレート・コミュニケーション部長

『地域密着を実践している信用金庫にとってCSRはきわめて身近な問題なんです』
花岡隆司
信金中央金庫 総合企画部 広報室長

『損害保険という本業を通じて実践する、これが私どものCSRです』
村木 満
東京海上日動火災保険株式会社 経営企画部部長 兼 CSR室長

『金融の本業そのものがCSRの重要な軸になっているんですよ』
藤井良広（司会）
上智大学大学院 地球環境学研究科 教授

金融業態それぞれのCSR

本業を通じたCSRの取組みはどのようなものか

藤井（司会） 最初に、それぞれの金融業態、あるいは個社でどのようにCSRに取り組んでいるかを聞かせてください。

大橋 みずほグループの場合、2005年4月にそれまでの危機対応から未来志向、顧客志向への転換ということで、「"Channel to Discovery" Plan」という事業戦略を策定いたしました。その中で従来からあったCSRの精神を「新たな企業価値の創造と発展に向けた企業行動の主軸」と明確に位置づけました。

CSR活動の大きな2つの柱に、「金融教育の支援」を挙げています。金融という本業を通じて得たノウハウを次世代の育成に生かしていく金融機関ならではのCSR活動として、初等・中等教育から高等教育まで一貫した形で取り組んでおり、東京学芸大学と共同して『お金のお仕事』というテキストを作りました。これは、どうやって儲けるかではなく、もっと基本的なところを子どもたちに勉強してもらいたいとの思いで行っているものです。

もう1つは「社会あるいは環境に配慮した事業支援」で、金融の仕組みを利用して事業や環境をサポートしていこうというものです。みずほコーポレート銀行の「エクエーター原則」（Equator Principles：赤道原則）[※1]の採択が1つの大きな柱になっています。また、みずほ銀行の「環境配慮型企業向け融資制度」の実施、この2つが大きく融資という本業を通じた形での環境への取組みの具体例となっています。

村木 私どもはミレアグループに属しておりまして、その中核の会社が東京海上日動です。CSR活動に関して1つの転機となったのが、2004年10月の東京海上と日動火災との合併です。東京海上日動の発足を受けて、ミレアグループの新しい経営戦略として、どう企業価値を向上させていくか、新しい企業ブランドを作っていくかを考えた結果、その基本に据えたのが新たなCSR戦略です。

私どもは、経営理念において「お客様の信頼をあらゆる事業活動の原点におき、『安心と安全』の提供を通じて、豊かで快適な社会生活と経済の発展に貢献します」を根本としており、CSRについても、「経営理念の実践がCSR」という位置づけをしています。CSRというと、「地域社会貢献」と「地球環境保護」の2つという認識が多いのですが、やはり本業ですね。お客様に提供する価値、これによって企業は存続していると思いますので、何よりもまず本業を通じてCSRを実践する、これがCSRという整理をしました。そうした中、保険金の支払い漏れという問題が発生し、お客様に提供する価値を損なったわけであり、大変申し訳ないと感じています。一日も早くお客様の信頼を回復すべく、現在、業務品質の向上に向けて全社を挙げて取り組んでいるところです。また、「経営理念の実践がCSR」という基本的な考え方に加えてもう1つ、『社員、代理店の人間力』を原動力としてCSRを推進していきたいと考えています。代理店が登場するのは、損保では代理店を介して商品を販売しているからです。「プロとしての実力」「活力をもって仕事をする」「常に相手の立場に立って考えて行動すること」という『人間力』をもってCSRを推進していく必要があります。

花岡 全国に290ある信用金庫では、津々浦々で地域に密着して仕事をしており、地域に密着して、地域のお客様と共に育っていくまさに地域密着型経営を実践しています。地域密着といえば聞こえはよいですが、実は信用金庫の経営という点では非常に大きなリスクをはらんでいるのです。すなわち、業種集

中リスクや地域集中リスクというものです。一般に金融機関の健全性の観点からは、なるべく営業地域は分散していたほうがいいし、業種もなるべく偏っていないほうがいいのです。しかしながら、全国の信用金庫の場合、個々それぞれの営業地域で、限られた業種を中心に金融サービスを提供しているというケースが多くあるのです。

例えば、温泉街であれば、取引先の大半は温泉旅館であるし、あるいは木材の集積地であれば木材加工業が大半を占めるわけです。そうすると、自分たちの金融機関経営が、地域の経済動向にそのまま直結するということが起こります。ある業界との取引を縮小して、他の業界との取引を多くしようということが簡単にはできないわけです。ですから、取引先や地域経済、雇用などを意識したCSRのような考え方は、信用金庫業界では、実はかなり昔から実践しており、またやらざるを得ないのですね。

各業態の特性からみた課題点

CSRに取り組む取引先を金融機関はどうサポートするか

藤井 確かに信用金庫の場合、顧客（会員）と一体的に発展していく、場合によっては信用金庫自体が顧客企業によって影響を受けてしまうという強い関係にあります。一般的にも金融は経済・社会の血流と言われるように、金融の仲介機能が結局は取引先にも、資金を預けてくれる人に対しても影響を及ぼしています。ですから、金融の本来機能そのものがCSRの重要な軸になっていると思います。

私がメガバンクに特に期待するのは、国際的に展開しているグローバル日系企業への対応です。海外で本業を踏まえたCSRに取り組んでいるグローバル企業を、金融の軸で評価し、資金面からも支えることが大きな使命ではないかと思いますが、どうですか。

大橋 グローバルな点という意味では、環境に国境はないということです。こうした地球環境問題では、京都議定書の採択なども、アメリカが参加していないとか、開発途上国がまだだとか、中国・インドがまだだという議論はありますが、日本はもちろん参加しているわけです。したがって、私たちとしては、先ほどのエクエーター原則などを通じながら、世界に展開している国際的銀行の一員として、欧米の銀行に負けないように、CSRをリードする形で積極的な活動を引き続きリードしていきたいと思っています。

藤井 メガの国際展開とは正反対の立場にある信用金庫のCSRへの取組みはどうですか。

花岡 日本経済全体としては「いざなぎ超え」という話です。しかし、実は地域経済は非常にまだら模様でして、各地にいくと相変わらず商店街がシャッター街になっていたり、地域によっては特定の業種や地域経済そのものが非常に疲弊しているところがまだ多くあります。そういうところに個別の信用金庫があり、彼らは厳しい経営環境に直面しています。このような状況下において彼らが実践しているCSR的な取組みということであれば、地域の商店街の活性化とか、あるいは中小企業の経営改善支援があげられます。第1段階として、自分たちの本業である貸出業務もさることながら、まずもってその商店街を元に戻すこと、あるいはその業態を少しでも改善

して、またお客様を呼べるような状況にしないことには、そこから先の信用金庫自体の金融サービスが提供できなくなります。事実、このような取組みにより経営危機に直面していた温泉旅館が立ち直り、その後、徐々に改装資金のニーズが出てきて、また新たなファイナンスにつなげることができたという成功事例もあります。

藤井 単にお金を貸すだけではなくて、地域そのものの改善を促進していく、雇用も新たに作り出していく、そうしたこと自体が金融のCSRの1つの柱になっているわけですね。そういう視点を発展させますと、保険業、とりわけ損保業界は、温暖化問題に対してはグローバルに、非常に早めに取り組んでこられましたね。これだけ異常気象が続くと、保険会社としても自然災害被害への支払い負担が傾向的にはどんどん増えてきます。そうした環境下にある保険業界が直面しているCSR、とりわけ環境面の課題をどのように考えておられますか。

村木 「環境金融」という考えを、損保業界に引き直して考えると、保険の引受けと資産運用という2つのビジネスの面があります。保険の引受けの面でいえば、例えば自動車保険においては、環境対策車については、地球環境にやさしいということになりますので、保険料の割引をしております。「エコ・カー割引」です。私どもですと自動車保険の全体の約4割が同制度の割引対象で、かなり高い割合です。また、事故が起きたときも、バンパーなど様々な部品を修理したりしますが、修理部品につきましても、全部新品を使うのではなくて、お客様の同意を得たうえですが、リサイクル部品を使うことで、地球環境への負荷を減らすサービスも実施しています。今後は、損保のあり方として、「リスクの引受け」という保険の機能を通じていかに、インパクトの強い商品・サービスを提供していくかということでしょうか。また、マクロな経営の面では、台風が増えると直接、保険会社の収益に影響するということもあります。したがって、もう少しベーシックなところで、温暖化というものが進んだときに損害保険会社の経営がどうなるかという研究も同時に進めていく必要があろうかと思います。

資産運用の面でいえば、私どもも機関投資家として、投資の観点からSRIの取組みを今後より進めていこうと考えております。

金融機関の収益性とCSR

CSRの取組みと営業現場の収益性とのジレンマをどう解消するか

藤井 みずほグループでは、中小企業向けの環境配慮型融資も実施していますね。銀行の本来機能を活用した同融資制度を通じて、その相手先企業のCSRを促進しているという手応えはどの程度感じていますか。

大橋 この融資の特徴は、もちろんいくつか条件があるのですが、現状すでに環境関連に十分取り組んでいる企業だけではなくて、今後そういうことを計画している企業も対象に含めています。ですから、現状は、例えばISO 14001などの外部認証を受けていないとか、環境報告書もまだ作成していないなど、基準に合致していなくても、「経営として、これから環境を重視してやっていきたい、こういう計画がある」ということを具体的に示して

いただければ、融資の対象になります。もちろん条件のチェックはします。

　逆に金融機関として、1つ整理が必要だと思っているのは、収益との関係です。「環境に配慮している商品を作っているから金利を優遇します」という銀行の営業方針をとったときに、収益を求めている現場の部店長にしてみると、それをやるよりも、より高い金利で通常の融資をしたほうが収益が上がるわけです。積極的に、ある意味で儲からない融資を促進していくことの営業上の評価を組織として、どう考えていくか、つまり収益性と社会的価値の関係が、内部的に整理されていないとだめだということです。誰かが思いつきでやっても、その人が現場からいなくなったら環境配慮融資が終わってしまうということでは困るわけです。環境配慮に取り組むという意思と財務力の両面において、優良な企業と私たちの接点を拡大することが、顧客基盤の強化につながるという整理をしています。

　もう1つは、エクエーター原則もそうですが、環境配慮の活動を、グループ内、社内でいかに評価するかということです。一方で「環境配慮をやれ」、もう一方で「全然収益が上がらない。何をやっているのだ」というのでは、現場の人間が板挟みになってしまう。

藤井　その場合の評価というのは。

大橋　人事評価との連動ですね。例えば、表彰制度もあります。そういう仕組みも備えて、評価と実践の両輪で動いていかないと長続きは難しいのではと思っています。実際にエクエーター原則は、「みずほグループ・アウォード」という内部での表彰をして、また皆に知ってもらうという形をとりましたが、そのようにうまく循環できればと思っています。

藤井　銀行も企業である以上、当然、収益を上げなければならない。東京海上日動の「エコ・カー割引」も、収益だけを考えれば、保険料を割引しない車で契約してもらったほうが保険料収入は増えるわけですよね。

村木　そうですね。「エコ・カー割引」（環境対策車割引）の割引率は1.5%だったと思いますが、現状では、リスクの統計があって、事故率が低いから割り引いているのではありません。経費の部分を削ってやっています。もちろん、当該車両のリスク実態が良好であれば、「エコ・カー割引」に加えて、新車割引等のリスクを反映した他の各種割引も適用されます。「エコ・カー」の例は、リスクの統計とまた別に、地球環境にやさしい環境対策車を普及させるために、いわば「地球のために」開発・販売しているともいえますので、そうすると割引率にも限界はあります。そのうえで、損保の場合も大橋さんが言われた社内評価をどうするかの問題もあると思いますね。

藤井　地域再生もCSRと絡んできます。特に再生が待ったなしの疲弊地域においては、まず、当該企業を潰さないように支えるという選択も迫られます。そこでは企業を支えるうえで収益性はどうしてもはずせないテーマではあるのですが、一方で、企業のCSRも同時に求められる。全国各地の現場の信用金庫はどのような両立を目指しているのでしょうか。

花岡　ある信用金庫の方と話したことを思い出しました。その方は「環境保護というが、地元は非常に真剣だ」と言うんですよ。「自分たちが同じ地域でずっと生きていくための事業基盤を守るために、地域の環境保護やコミュニティ配慮は身近なものだ。そうした意

味で、環境に配慮した活動は、金融機関にとってもそうだが、地元企業の理解も非常に高い」というわけです。つまり、地域密着を実践している信用金庫にとってCSRはそれほど身近な問題であり、中長期的には自らの事業基盤を守ることと収益とが相反するようなことはないと思います。

従業員にとってのCSR

CSRの取組みが従業員の誇りとなるためには

藤井 経営トップのCSRへのコミットメントという点ではいかがですか。

大橋 やはりトップがCSRへのコミットメントを強く打ち出して「グループ全体として、こういうことに真剣に取り組むのだ」という企業姿勢をまず示すこと、要するに、トップの真剣度を従業員にわかってもらわないといけないと思います。CSRレポートを発行したり、CSR推進室のような具体的組織を作りましたが、加えてグループ社員向けのいろいろなコミュニケーションの中でも毎回必ずCSRの特集をやる。今はそういう機運をグループ全体で盛り上げているところです。そうした活動を通じて経営トップから、お客様に対応する窓口の行員に至るまでが、同じ方向感をもって動くことが大事です。もちろん、それが人事評価という形で現れればなおよいのですが、そうでなくても、私たち一人ひとりの心の中に、「みずほというグループは社会のために役立つ」という実感を持ちたい。要するに、本業としてやることだけではなくて、もう少し枠を広げた形で、社会に役立つ金融機関として、私たちは新しい段階に入ったという実感を従業員が持つことが肝心です。それがこの会社、このグループ企業に勤めていることのひとつの誇りになるわけです。そのことはまた、いい意味で、普段の自分の仕事にもよい作用を及ぼす――という形での循環が生まれるのがベストだろうと思います。

村木 私どもは1999年から東南アジア5カ国（その後1カ国増加し、現在は6カ国）でマングローブの植林事業をやっています。第1期の5年間で3,444ヘクタール、今の第2期の5年間でさらに2,000ヘクタールを予定しています。第1期が終了した時点で、私どもの会社が事業で排出するCO_2の総量をこのマングローブ林が吸収し、会社として「カーボンニュートラル」を達成しています。世界の金融機関でも初めてか、それに近いと聞いています。

トップのコミットメントという面で、社長の石原邦夫も2年前にタイに行って、自ら植林をしました。現地は"泥田"みたいなところで、社長も長靴を履いて、泥だらけになりました。これは私どものテレビコマーシャルでも使っています。国内への波及もあります。このマングローブの植林というテーマで「みどりの授業」という教育プロジェクトを去年から東京都の小学校20校で総合学習の一環として始めました。社員が先生となって、マングローブ植林を題材として授業を行っています。地球温暖化問題への対応として、「会社としてこれをやっている。自分たちも植えに行った」という話をする。そうすると、先生役をやった社員が「子どもたちが喜んでくれて充実感を覚える」と感激するのです。実は、そうしたリアクションは当初から予測できた

のです。予測できなかったのが、先生役となった我が社の社員たちが「こういうアレンジをしてくれる自分の会社（東京海上日動）はすばらしい」という風に素直に感動してくれたことです。自分の会社に対するプライドを改めて感じ、強める。それが社員のモチベーション向上につながっています。

花岡　だいぶ昔になるのですが、北海道にある信用金庫の話です。実は200海里問題が起きた際に、地元の漁業がほぼ壊滅状態になりました。その信用金庫の取引先の多くは漁業の従事者でした。そのため、その地域では事実上金融機関経営は立ち行かなくなると思われたそうです。そこで、同金庫の理事長は自ら「何が何でもこの町を再生させるのだ」と宣言したのです。自分たち職員も当然その町に住んでいるわけですし、信用金庫職員の家族、親戚が漁師さんだったりと、いわゆる一蓮托生なわけです。政府筋とも渡り合ったり、日本とロシアの関係も含めていろいろ提言をしたりしながら取り組んだ結果、地元経済は徐々に回復基調に乗ったのです。今ではその信用金庫は立派にやっています。

今後の展開と課題

過去から取り組んできたCSRをさらに取り組みやすいようにするために

大橋　地球温暖化対策としての京都議定書は発効しましたが、では2013年以降、ポスト京都議定書以降の制度はどうなるのかというところが一向に見えません。議定書が定める12年までは一応、予測できるけれども、それ以降は温暖化対策の事業のキャッシュフローが本当に組めるのかどうかがあやふやになってしまう。参加国をもっと増やして、枠組みをもう少ししっかりした形で早期にルールづくりをしないと、現実の長期ファイナンスにもう支障が出始めているという気がします。

　結局、原点に戻りますけれども、金融機関は公共性の認識が必要だと思います。社会との共生を目指したCSRを大事にしないといけません。本業できちんと収益を上げるということはありますが、様々な形で社会のお役に立ちたいという姿勢をもつことが、みずほとしても大事だと思っています。特に金融機関としてできること、環境というのはもちろんですが、加えて、今一番力を入れている金融教育については非常に特色のある形で展開をし始めています。これについては、人と時間をかけ、みずほとしてのこだわりをもって進めていきたいと思っているところです。

村木　損保業界は、目下、保険金の支払い漏れ問題を抱えています。そうした喫緊の事態への対応に加え、コンプライアンス対応よりもさらに先のものとなる、ESG（Environmental・Social・Governance）が、今後、マーケティング的にもきっと大きな意味をもってくると思います。「少し値段が高いけれども、自分はESG配慮を評価する」という人は今でも増えていると思いますし、ロハス（LOHAS）[※2]というライフスタイルを好む人たちも増えています。私ども保険会社にとっても、保険引受けの面でも、資産運用の面でも、先取りをして対応していきたいと思います。

　企業価値を高めるというのは当然ですが、社会的な価値を創造することが伴わないと企業価値につながらないと思います。それは主として本業を通じて実現することだと思いま

す。本業外では、社会貢献として、マングローブ植林、あるいは、今全国展開を進めている「みどりの授業」などを通じた取組みを進めていきます。こうした基本方針のもとでミレアグループ全体で取り組んでいきたいと思っています。

花岡　信用金庫は、まさに地域金融の担い手として、これまでもCSRの取組みを続けてきたということが原点にあります。こうした思いを個々の信用金庫職員がもっているのでしょうから、今後もより実践的なCSR活動を業界全体の取組みとしてやっていきたいと思います。1点興味深いのは、金融庁のCSRアンケート[※3]で、信用金庫をはじめとする協同組織金融機関は、いわゆるCSRの専担部署を組織内に置いていないと答える一方で、多くは「前から取り組んでいる」とも答えているのです。彼らは「金融機関のCSRという言葉ができる前から、我々は説明責任を地域で果たすためにいろいろな取組みをやってきた」という気持ちがあるのだろうなと思っています。元々の信用金庫の生い立ちからいえば、協同組織金融機関で地域密着ということがあります。彼らがより地域を踏まえたCSRに取り組みやすいように、我々も業界としての取組みも推進していきたいと思います。例えばCSRに関する業界統一商品みたいなものを企画して、業界全体で取り組むようなことも進めていきたいと思っています。

藤井　金融業そのものはCSR的な公共性を本来機能の基本として持っています。金融業態、あるいは地域性などで多少の違いはありますが、結局、金融はCSR的な取組みが最もフィットする業種なのかもしれません。

※1　エクエーター原則（赤道原則）とは、総コスト1千万米ドル以上の国際的プロジェクトファイナンスにおいて、そのプロジェクトが地域社会や自然環境に与える影響に配慮して実施されることを確認するための枠組みを示す民間金融機関共通の原則である。みずほフィナンシャルグループは、2003年10月、邦銀として初めてこの原則を採択した。現在は三菱東京UFJ銀行、三井住友銀行も採択している。
※2　Lifestyles Of Health And Sustainability の略で、健康と環境、持続可能な社会生活を心がける生活スタイルといわれる。
※3　「金融機関のCSR実態調査結果の概要」（金融庁2006年3月31日公表）より。次頁参照。

大橋惠明 Yoshiaki Ohashi 株式会社みずほフィナンシャルグループ　執行役員　コーポレート・コミュニケーション部長	1977年神戸大学経済学部卒業。同年㈱日本興業銀行（現みずほフィナンシャルグループ）入行。97年から5年間同ロスアンゼルス支店およびニューヨーク支店で日系・非日系企業への営業を担当し、2002年4月みずほコーポレート銀行米州日系営業第三部長。同年10月㈱みずほホールディングス広報部長。05年4月執行役員。同年5月から現職。
花岡隆司 Takashi Hanaoka 信金中央金庫　総合企画部 広報室長	1966年東京都生まれ。89年慶應義塾大学商学部卒業。同年全国信用金庫連合会（現信金中央金庫）入会、財務企画部調査役、財団法人国際金融情報センター出向首席研究員、信金中金総合研究所主任研究員、信用金庫部調査役などを経て2005年4月より現職。社団法人日本証券アナリスト協会検定会員。
村木　満 Mitsuru Muraki 東京海上日動火災保険株式会社 経営企画部部長 兼 CSR室長	1958年新潟市生まれ。82年早稲田大学政治経済学部卒業、同年東京海上火災保険㈱入社。90年米国ピッツバーグ大学経営大学院修了、MBA取得。92年から5年間ニューヨーク駐在、97年から経営企画部で中期経営計画策定等を担当。2002年4月の会社設立時から㈱ミレアホールディングスでIR担当を経て、05年7月から現職。
藤井良広 (司会) Yoshihiro Fujii 上智大学大学院 地球環境学研究科　教授	1972年大阪市立大学経済学部卒業後、日本経済新聞社に入社。環境庁、国税庁、大蔵省、郵政省、日銀などの記者クラブ、88年欧州総局（ロンドン）駐在、英オックスフォード大客員研究員を経て、93年経済部編集委員。2006年現職。主な著書に、『金融で解く地球環境』（岩波書店）、『縛られた金融政策』、『現場発CSR優良企業への挑戦』共著（以上、日本経済新聞社）など。

（プロフィール掲載は50音順。司会者を除く）

＜資料＞「金融機関のCSR実態調査結果の概要」(抜粋)
調査期間：平成18年1月31日～3月3日（平成18年3月31日公表）

(出典) 金融庁ホームページより

【CSRを重視した具体的な取組みの実施状況等】

	(a)アンケートを実施した金融機関	(b)回答金融機関	割合(b/a)	(c)CSRを重視した取組みを行っている金融機関	割合(c/b)
預金取扱金融機関	670機関	663機関	99.0%	518機関	78.1%
主要行等	76行	71行	93.4%	48行	67.6%
地域銀行	111行	111行	100.0%	109行	98.2%
信金・信組・労金	483機関	481機関	99.6%	361機関	75.1%
保険会社	81社	81社	100.0%	64社	79.0%
証券会社等	483社	473社	97.9%	228社	48.2%
証券会社	283社	274社	96.8%	131社	47.8%
投信・投資顧問	166社	165社	99.4%	82社	49.7%
金先業者	34社	34社	100.0%	15社	44.1%
合計	1234機関	1217機関	98.6%	810機関	66.6%

(注) 主要行等：都長信銀等、外銀支店等（「金融機関のCSR事例集」では、「主要行（外銀等）」と記載）、新たな形態の銀行　等
地域銀行：地方銀行、第二地方銀行　　　信金・信組・労金：信用金庫、信用組合、労働金庫
保険会社：保険会社、外国保険会社等　　証券会社：証券会社、外国証券会社
投信・投資顧問：投資信託委託業者、投資顧問業者　金先業者：金融先物取引業者
※原則、回答先の協会に即して分類。

【CSRを専門に担当する組織又は機関及びその人員数】

	全金融機関	預金取扱金融機関				保険会社	証券会社等			
			主要行等	地域銀行	信金・信組・労金			証券会社	投信・投資顧問	金先業者
ある	165(13.6%)	86(13.0%)	20(28.2%)	20(18.0%)	46(9.6%)	22(27.2%)	57(12.1%)	30(10.9%)	20(12.1%)	7(20.6%)
ない・無回答	1052(86.4%)	577(87.0%)	51(71.8%)	91(82.0%)	435(90.4%)	59(72.8%)	416(87.9%)	244(89.1%)	145(87.9%)	27(79.4%)
平均人員数	4.8人	4.7人	4.8人	3.8人	5.0人	8.0人	3.7人	5.4人	1.9人	1.7人

( ) 内は回答金融機関数に対する割合。平均人員数は「ある」と答えた金融機関における平均。

【CSRの取組みを経営として意思決定し、取組みを開始した時期】

	全金融機関	預金取扱金融機関				保険会社	証券会社等			
			主要行等	地域銀行	信金・信組・労金			証券会社	投信・投資顧問	金先業者
1960年代より前	124(15.3%)	106(20.5%)	4(8.3%)	28(25.7%)	74(20.5%)	6(9.4%)	12(5.3%)	9(3.9%)	2(2.4%)	1(6.7%)
1960年代	20(2.5%)	16(3.1%)	0(0.0%)	6(5.5%)	10(2.8%)	2(3.1%)	2(0.9%)	2(0.9%)	0(0.0%)	0(0.0%)
1970年代	49(6.0%)	39(7.5%)	1(2.1%)	10(9.2%)	28(7.8%)	1(1.6%)	9(3.9%)	7(3.1%)	1(1.2%)	1(6.7%)
1980年代	77(9.5%)	61(11.8%)	1(2.1%)	15(13.8%)	45(12.5%)	2(3.1%)	14(6.1%)	9(3.9%)	5(6.1%)	0(0.0%)
1990年代	182(22.5%)	129(24.9%)	12(25.0%)	24(22.0%)	93(25.8%)	15(23.4%)	38(16.7%)	22(9.6%)	14(17.1%)	2(13.3%)
2000年代	332(41.0%)	153(29.5%)	29(60.4%)	23(21.1%)	101(28.0%)	36(56.3%)	143(62.7%)	78(34.2%)	54(65.9%)	11(73.3%)
無回答	27	15	1	3	11	2	10	4	6	0
うち、設立当初から	199(24.6%)	115(22.2%)	9(18.8%)	30(27.5%)	76(21.1%)	16(25.0%)	68(29.8%)	34(14.9%)	26(31.7%)	8(53.3%)

( ) 内はCSR金融機関数に対する割合。

【CSRを重視した取組みを行う主な理由（主なものを1つ選択）】

	全金融機関	預金取扱金融機関				保険会社	証券会社等			
			主要行等	地域銀行	信金・信組・労金			証券会社	投信・投資顧問	金先業者
株主価値の向上・市場での資金調達に有利	16(2.0%)	2(0.4%)	2(4.2%)	0(0.0%)	0(0.0%)	1(1.6%)	13(5.7%)	6(2.6%)	7(8.5%)	0(0.0%)
一般へのイメージアップ	52(6.4%)	21(4.1%)	3(6.3%)	4(3.7%)	14(3.9%)	7(10.9%)	24(10.5%)	13(5.7%)	7(8.5%)	4(26.7%)
社会的リスクの回避・削減	37(4.6%)	11(2.1%)	5(10.4%)	0(0.0%)	6(1.7%)	4(6.3%)	22(9.6%)	13(5.7%)	6(7.3%)	3(20.0%)
地域との共存共栄	489(60.4%)	415(80.1%)	13(27.1%)	99(90.8%)	303(83.9%)	11(17.2%)	63(27.6%)	47(20.6%)	13(15.9%)	3(20.0%)
取扱う事業の公共性に鑑みて	140(17.3%)	37(7.1%)	9(18.8%)	3(2.8%)	25(6.9%)	32(50.0%)	71(31.1%)	32(14.0%)	37(45.1%)	2(13.3%)
その他	70(8.6%)	29(5.6%)	15(31.3%)	3(2.8%)	11(3.0%)	8(12.5%)	33(14.5%)	18(7.9%)	12(14.6%)	3(20.0%)

( ) 内はCSR金融機関数に対する割合。

〈座談会Ⅰ〉金融機関のCSRを考える

【CSRに係る情報開示をどのような形で行っていますか。(複数回答可)】

	全金融機関	預金取扱金融機関				保険会社	証券会社等			
			主要行等	地域銀行	信金・信組・労金			証券会社	投信・投資顧問	金先業者
CSR報告書を発行	47(5.8%)	14(2.7%)	10(20.8%)	3(2.8%)	1(0.3%)	13(20.3%)	20(8.8%)	14(6.1%)	6(7.3%)	0(0.0%)
自社ホームページ上で取組みを発表	388(47.9%)	288(55.6%)	16(33.3%)	78(71.6%)	194(53.7%)	36(56.3%)	64(28.1%)	40(17.5%)	14(17.1%)	10(66.7%)
ディスクロージャー誌に掲載	539(66.5%)	472(91.1%)	22(45.8%)	106(97.2%)	344(95.3%)	45(70.3%)	22(9.6%)	16(7.0%)	3(3.7%)	3(20.0%)
その他	115(14.2%)	56(10.8%)	15(31.3%)	12(11.0%)	29(8.0%)	9(14.1%)	50(21.9%)	28(12.3%)	20(24.4%)	2(13.3%)
情報開示を行っていない	165(20.4%)	27(5.2%)	12(25.0%)	1(0.9%)	14(3.9%)	16(25.0%)	122(53.5%)	67(29.4%)	52(63.4%)	3(20.0%)

( )内はCSR金融機関数に対する割合。

【CSRを重視した具体的な取組みの分野(最も近いものをそれぞれ1つ選択)】

	全金融機関	預金取扱金融機関				保険会社	証券会社等			
			主要行等	地域銀行	信金・信組・労金			証券会社	投信・投資顧問	金先業者
取組み事例の全体数	1880件	1281件	127件	327件	827件	185件	414件	241件	149件	24件
うち経済	332(17.7%)	205(16.0%)	21(16.5%)	39(11.9%)	145(17.5%)	23(12.4%)	104(25.1%)	55(22.8%)	41(27.5%)	8(33.3%)
うち環境	384(20.4%)	296(23.1%)	34(26.8%)	99(30.3%)	163(19.7%)	43(23.2%)	45(10.9%)	21(8.7%)	18(12.1%)	6(25.0%)
うち社会	1149(61.1%)	774(60.4%)	72(56.7%)	189(57.8%)	513(62.0%)	116(62.7%)	259(62.6%)	161(66.8%)	88(59.1%)	10(41.7%)

( )内は取組み事例の全体数に対する割合。

【CSRを重視した具体的な取組みの項目(最も近いものをそれぞれ1つ選択)】

	全金融機関	預金取扱金融機関				保険会社	証券会社等			
			主要行等	地域銀行	信金・信組・労金			証券会社	投信・投資顧問	金先業者
取組み事例の全体数	1880件	1281件	127件	327件	827件	185件	414件	241件	149件	24件
コンプライアンス	146件(7.8%)	50件(3.9%)	10件(7.9%)	7件(2.1%)	33件(4.0%)	9件(4.9%)	87件(21.0%)	47件(19.5%)	33件(22.1%)	7件(29.2%)
顧客・消費者に関連する取組み	236件(12.6%)	165件(12.9%)	13件(10.2%)	37件(11.3%)	115件(13.9%)	28件(15.1%)	43件(10.4%)	31件(12.9%)	7件(4.7%)	5件(20.8%)
従業員に関連する取組み	125件(6.6%)	71件(5.5%)	13件(10.2%)	11件(3.4%)	47件(5.7%)	23件(12.4%)	31件(7.5%)	17件(7.1%)	14件(9.4%)	0件(0.0%)
環境保全	262件(13.9%)	193件(15.1%)	28件(22.0%)	70件(21.4%)	95件(11.5%)	34件(18.4%)	35件(8.5%)	19件(7.9%)	11件(7.4%)	5件(20.8%)
地域貢献	487件(25.9%)	419件(32.7%)	12件(9.4%)	113件(34.6%)	294件(35.6%)	18件(9.7%)	50件(12.1%)	35件(14.5%)	11件(7.4%)	4件(16.7%)
社会貢献	557件(29.6%)	357件(27.9%)	43件(33.9%)	83件(25.4%)	231件(27.9%)	67件(36.2%)	133件(32.1%)	80件(33.2%)	51件(34.2%)	2件(8.3%)
社会的責任投資(SRI)	34件(1.8%)	10件(0.8%)	3件(2.4%)	3件(0.9%)	4件(0.5%)	1件(0.5%)	23件(5.6%)	2件(0.8%)	20件(13.4%)	1件(4.2%)
その他	21件(1.1%)	10件(0.8%)	5件(3.9%)	3件(0.9%)	2件(0.2%)	3件(1.6%)	8件(1.9%)	6件(2.5%)	2件(1.3%)	0件(0.0%)

( )内は取組み事例の全体数に対する割合。

【各取組みの中で特に意識するステークホルダー(利害関係者)(最も近いものを回答)】

	全金融機関	預金取扱金融機関				保険会社	証券会社等			
			主要行等	地域銀行	信金・信組・労金			証券会社	投信・投資顧問	金先業者
取組み事例の全体数	1880件	1281件	127件	327件	827件	185件	414件	241件	149件	24件
株主(投資家)/出資者	63件(3.4%)	28件(2.2%)	4件(3.1%)	1件(0.3%)	23件(2.8%)	1件(0.5%)	34件(8.2%)	16件(6.6%)	18件(12.1%)	0件(0.0%)
政府・行政	29件(1.5%)	23件(1.8%)	7件(5.5%)	3件(0.9%)	13件(1.6%)	1件(0.5%)	5件(1.2%)	2件(0.8%)	2件(1.3%)	1件(4.2%)
NPO/NGO	66件(3.5%)	34件(2.7%)	3件(2.4%)	6件(1.8%)	25件(3.0%)	10件(5.4%)	22件(5.3%)	11件(4.6%)	9件(6.0%)	2件(8.3%)
マスメディア	2件(0.1%)	1件(0.1%)	0件(0.0%)	1件(0.3%)	0件(0.0%)	0件(0.0%)	1件(0.2%)	1件(0.4%)	0件(0.0%)	0件(0.0%)
業界団体	17件(0.9%)	7件(0.5%)	2件(1.6%)	1件(0.3%)	4件(0.5%)	1件(0.5%)	9件(2.2%)	9件(3.7%)	0件(0.0%)	0件(0.0%)
調達先・取引先	37件(2.0%)	34件(2.7%)	10件(7.9%)	7件(2.1%)	17件(2.1%)	1件(0.5%)	2件(0.5%)	2件(0.8%)	0件(0.0%)	0件(0.0%)
労働組合・従業員	93件(4.9%)	44件(3.4%)	15件(11.8%)	13件(4.0%)	16件(1.9%)	21件(11.4%)	28件(6.8%)	14件(5.8%)	14件(9.4%)	0件(0.0%)
顧客・消費者	537件(28.6%)	301件(23.5%)	35件(27.6%)	86件(26.3%)	180件(21.8%)	69件(37.3%)	167件(40.3%)	96件(39.8%)	54件(36.2%)	17件(70.8%)
地域住民	916件(48.7%)	748件(58.4%)	34件(26.8%)	202件(61.8%)	512件(61.9%)	62件(33.5%)	106件(25.6%)	68件(28.2%)	35件(23.5%)	3件(12.5%)
その他	104件(5.5%)	51件(4.0%)	21件(16.5%)	7件(2.1%)	23件(2.8%)	18件(9.7%)	35件(8.5%)	17件(7.1%)	17件(11.4%)	1件(4.2%)

( )内は取組み事例の全体数に対する割合。

座談会Ⅱ

日本企業のCSR問題
期待される金融のサポートとは

日本企業のCSRの取組みの現状を踏まえ、企業のCSR事情に精通する藤井良広氏を司会に、設立以来一貫してCSRの観点を持つ経済団体である経済同友会の藤巻正志氏、日本のSRIの実現のためにグローバルな活動・提言をする足達英一郎氏に、日本企業、とりわけ中小企業のCSR推進上の問題点にも触れながら、企業が取り組むCSRの方向性と、金融との関わりについて深く論じていただいた。

(以下の写真掲載は50音順。司会者を除く)

『「金融という世界にこういう可能性があるよ」というメッセージがこの国には必要なのです』
足達英一郎 株式会社日本総合研究所 上席主任研究員

『金融機関にはCSRに取り組む企業への目利きをするシステムを作っていただけるといいですね』
藤巻正志 社団法人経済同友会 執行役

『「CSRを評価する金融プロセスがないと、企業も市場も変わっていかないと思います』
藤井良広（司会） 上智大学大学院 地球環境学研究科 教授

日本企業のCSR取組み状況

「企業と社会との関係」に設立以来、取り組む経済同友会

藤井（司会） 日本企業の間で、CSRという言葉は相当普及してきました。特に大手企業の場合は、CSRレポートを出したり、社内にCSR対策室を作るなどの体制整備が進んでいます。現時点での、各企業のCSRの取組みをどのように捉えていますか。

藤巻 経済同友会は「企業と社会との関係」について、設立以来、一貫して取り組んできた団体です。企業の社会的責任の観点から、企業はその影響力が大きいだけに「社会の公器」として果たす役割も大きいという意識で活動してきました。80年代以降のコーポレートガバナンスの議論を経て、CSRという形になりましたが、今まさに動いている最中なんですね。
　そこで、我々はここ数年、会員企業と東証1部2部上場企業全体を対象に、CSRに関する「自己評価シート」という形で経営トッ

プに直接アンケートを送り、自ら答えてもらう趣旨の自己評価を実施しました。今年（2006年）は527社にご参加いただきました（回答率約20％）。一番驚いたのが60％の企業が、「何らかのCSRの推進体制を構築している」という返事をされたことです。2年前にも同様の調査を行いましたが、その時に比べると約2倍の数字になっているんですね。ですから、取り組みとしてはかなり進んでいると思われます。もう少し細かく言いますと、従業員5,000人以上の大企業の場合、製造業に運輸やエネルギーとか、いわゆる環境問題に直面する企業も加えると、95％が持続可能性報告書や環境報告書を作っています。一方、金融を含めた非製造業では、半分以下の43％にとどまっているという結果です。

我々はもともと、コンプライアンスとCSRは違うという認識ですが、最近は企業不祥事が相次ぐため、この自己評価とあわせて実施した経営者意識調査にコンプライアンス関係の質問項目を入れ、自社のCSRにどういう項目が含まれるかを聞いたのです。そうすると、やっぱりコンプライアンスをやらなくてはいけないという優先度が他の項目と比べると高いという結果が出ました。その次に多かったのが、より良い商品・サービスの提供、続いて環境問題でした。今はまだCSRの中でも基本的な取組みのところを重視している企業が多いという感じがしています。

日本のCSRの特徴を表すと「企業が自ら襟を正すCSR」

足達　私の手元に、日経テレコンでの1つの検索結果があります。「CSR」という言葉が登場する新聞記事件数のデータを検索したものです。日経、朝日、読売、毎日の各紙で2002年が合計79件、2003年が同336件、2004年が同1,042件、2005年が同1,257件。そして2006年では10月末ですでに1,174件ですから、新聞記事件数としては増え続けています。記事の中には、企業が新しく設立したCSR関連部署などの情報も1件とカウントして入っているためか、ここ1～2年で非常に増えてきたということです。

もう1つ、経済広報センターが行った興味深い調査があります。97年度に「企業が十分社会的責任を果たしているか」という質問に対して肯定的な答えが56.2％ありました。それが年を経るごとに53.3％、50.0％、44.6％と下がり、2001年度には38.3％にまで低下するのです。これは、相次ぐ企業不祥事で、一般の人々が「企業というのは社会的に役割を果たしていないんじゃないか」という企業不信が高まってきたという経緯だと思いますね。

このように企業が人々の信頼を失っていることに対する企業側の危機感というのが、日本のCSRのバックボーンになっている。したがって、CSRの取組みとして、企業がリスクマネジメントから入るというのが当然です。日本のCSRの特徴を一言で表すと、「企業が自ら襟を正すCSR」ということだろうと思うわけです。

海外企業のCSR

ステークホルダーから鍛えられてCSRに取り組む欧州企業

藤井 そういう意味では、日本的なCSRの土壌というか、取組みニーズの大きな部分は依然、コンプライアンスにあるわけですね。欧米との比較等で、今後「ここを何とかしたい」という点はありますか。

足達 私はISO[※1]のSRガイダンス作成議論に参加しています。そのなかで日本企業にとっての課題として、1つはステークホルダーとどう関わるのかという「ステークホルダーエンゲージメント」、2つ目は「サプライチェーンマネジメント」があります。

ステークホルダーで言えば、ヨーロッパ企業のCSRはNGOの企業批判をスタート点においています。ですから、企業の側もNGOなどのステークホルダーとどう関わるか、少し極端に言えば、ステークホルダーからどう批判を受けずにビジネスができるかを、この10年一生懸命考えてきたという側面があります。例えばNGOと経済界が一緒になって企業評価をするなどの試みもあります。すでにそういう段階に入ってきているのです。では、日本はどうかというと、伝統的に明治維新以後、企業は、非常に高いステータスをもって社会を構成し、日本の復興を担い、経済成長を引っ張ってきたという自負があります。ですから、他のステークホルダーも企業との対等な付き合いが難しかったということが挙げられます。しかし、今後は海外での展開をさらに強化せざるを得ない日本の企業の場合、そのようなステークホルダーとの対峙による免疫や抵抗力を持っている欧州企業との差がどこかで出るのではと心配です。

藤井 サプライチェーンに関してはどうですか。

足達 同じようなことが言えると思うのですが、日本企業の場合は取引先というのも、どちらかといえば身内の感覚ですね。それは逆に日本の経営の強さでもあったわけです。ドライな感覚で「安いから」「新しい製品が出たから」で調達先を変えていくことをせずに、長い時間をかけて1つのパートナーシップを作ってきたわけです。これまではあまりステークホルダーとか、サプライチェーンマネジメントなどの心配をしなくてよかったかもしれない。ところが国際競争の中で、見知らぬところで見知らぬ人と取引をして、そこから調達したものを海外に売るというようなケースがたくさん出てきているわけです。そうすると今までのやり方では通用しない部分が出てくるわけです。

中小企業の実態

コスト競争の中でのしわ寄せが及ぶ現場でのCSR

藤井 日本のCSRについていえば、大企業はすでにCSRの重要性に気づき、内部での体制もとっている。では、「中小企業はどうなんだ」というと、大企業の下請けになっているところは、その大企業に命まで預けているところが多い。日本全国を見渡しても、企業数では中小企業が圧倒的に多いわけですから、日本のCSRが定着するうえでも大企業

だけではなくて、中小企業がいかに社会に向き合った経営をするのかが1つのカギになります。中小企業でもグローバル市場を見据えたオンリーワン企業ならば自分たちの判断でやっていけると思います。しかし、大企業の取引先、下請けになっている中小企業の場合、取引先の大企業から「CSRに取り組んでくれ」と言われても、景気が少し悪くなってくれば「とてもCSRなんて言っていられない」という声も率直に聞こえてきます。この辺はどうお考えですか。

藤巻 先ほどの調査結果によれば、中小企業、大企業と明確に分けて行ったわけではないのですが、2006年5月の最新のものでは、CSR推進体制の構築に対して、思っていたよりは良い結果が出ています。従業員300人未満の企業においても、32％が何らかの推進体制を作っている。2年前の調査の時は、全体の平均が32％でしたが、今回は中小企業だけでもほぼ同じレベルです。これはやはり全体の底上げが進んでいるということで、中小企業の取組みも2年間でだいぶ社内に浸透してきたといえると思います。

足達 確かにCSRは中小企業にも浸透してきているようですが、一方で過労死の問題や、偽装請負の問題、パート・派遣の皆さんの労働条件の問題というのが、一向に良くならず、むしろ問題が噴出しているという点が心配です。結局CSRと大上段に言っても、コスト競争というところでどう勝ち残っていくかという悩みや不整合というのが、まだまだ日本企業の中では解決していないのも事実です。そのしわ寄せが及んでいるのが、中小企業の現場そのものだと思います。

CSRというものを企業の本質的な問題として取り組んでいこうではないかと、皆で言う以上は、やっぱりそれを社会、とりわけ消費者などが支持する必要があります。すなわち「あの会社は社会のことをこれだけ考えて物を作ってくれているんだから、高くてもあそこの物を買おう」という消費者からの広いサポートを得るようでないといけない。企業の側だけでかっこよく「CSR、CSR」と言い、報告書を出しても、いずれはガス欠になってしまうのではないでしょうか。「企業のCSRの取組み」と「企業の信頼あるものを買おう」という消費者の対応とが、車の両輪となることが必要です。それが実は中小企業の皆さんにもCSRに取り組めるきっかけを与えるのではないかなと思います。

藤井 今のお話は非常に重要なポイントですね。CSRの旗だけを振っていてもいずれ振り疲れてしまう。とはいっても、中小企業の3分の1がすでにそのような体制をとっているわけですから、芽というものも広がっているのは確かです。徐々に旧来の日本的なケイレツ的取引関係が変わってきているわけですね。そうした変化をさらに広げていくには消費者なり、社会を構成する他のステークホルダーも、CSRについての認識をもつことが重要です。企業の取組み情報が市場に正しく伝われば、消費者の選択も「良い物は単に目先の価格だけではない」という理解になってくると思います。

「この会社で働きたい」という会社にもっていくために

藤井 次に、企業によってCSRで重視する力点の違いについて、話を進めたいと思います。欧米の人は「なぜ日本の企業は環境だけ

なんだ」と驚くケースが多いようです。そういう思いを抱かせるくらい日本企業は大企業も中小企業も環境への配慮は高い。実際、環境経営、環境会計、環境報告書などは相当、普及していますね。しかし、人権とか労働問題への対応などは不十分に映ります。なぜ環境だけにとどまっているのか、あるいはそれで果たして企業価値の向上につながっているのかというところが見えづらいですね。

足達　日本の場合、環境については、水俣病などの悲惨な公害問題という原体験があります。環境の場合、明確に事の善悪を決めることができるというのが、市民の側の判断にもありますし、企業の側にもある。ところが日本で移民労働者の問題や賃金格差の問題などは、実態でわかっているんですけれども、明確な善悪の問題にできないというところがある。それから、環境の問題は客観的な指標で表せますが、労働問題は表しにくいということもあると思います。

藤巻　一方で、これから少子化が進むなかで、労働市場からみても人にやさしい企業、人が集うような魅力ある企業でないと、いずれは淘汰されるという意識をもった企業も出てきました。環境だけでなく、労働環境にも主眼を置こうという動きです。そこにはやはりCSRの観点が生かされることが望ましいと思いますね。そういう意味では労働者からみて「この会社で働き続けたい」という魅力ある企業に作り上げていく必要があるのではないでしょうか。それが企業の持続的な発展にもつながるわけで、そうしたことを自分たちで実現できるかが問われているわけです。

足達　環境報告書のように、それぞれの会社がどれくらい働きやすいのかを表した「労働報告書」といったガイドラインが定着すればよいのですが。

金融機関のCSR

社会や企業に広く影響を与える金融機関のCSR

藤井　企業のCSRを促進するために、金融機関にはどのようなことを期待されますか。

藤巻　金融機関というのは、ある意味で本業を通じたCSRを最も実践しやすいかもしれません。極端な言い方をすると、ある企業を生かすも活力をそぐのも金融機関次第というところがありますね。特に中小企業は、大企業に比べ、直接金融をしにくいという現実もあります。そうすると、やはり金融機関の行動が大きな影響力をもってきます。金融機関の取組みとしては、例えば環境や人にやさしい企業への金利優遇融資をはじめ、いろいろな事例があると思うのですが、まず金融機関にはCSRに取り組む企業への目利きをするシステムをしっかり作っていただきたいと思います。それによって、その金融機関への評価も高まるでしょう。そういう意味で、市場を介したSRI（社会的責任投資）同様、金融機関のCSRの取組みというのは、社会や企業に広く影響を与えると思いますね。

足達　私はもっともっと多様な金融機関というのでしょうか、ソーシャルファイナンスのように、「ここは社会的によい会社だからうちは貸せる」といった意識に金融が変わっていく必要性も感じています。

また、金融機関に対する世の中のプレッシャーというのでしょうか、「どこに貸し出し

ているんだ」「どこに運用しているんだ」という関心も今後は高まってくると思います。

藤井 銀行が融資の際に取引先企業のCSRを評価するという試みも起きています。この点はいかがでしょうか。融資判断に際して、内部格付け的なものを使うのでしょうか。

足達 日本の場合にはビジネスケースとしてCSRをどこまで金額に換算するかという評価の仕組みがまだ弱いんですね。例えば、土壌汚染などはわかりやすいのですが、女性の役員の比率が多いとどれだけ貸倒れが低いかというようなことの調査・研究もやらなければいけないと思います。

藤井 確かに、女性が多い企業が潰れやすいかというと、そういうデータも実はないわけです。結局は、先ほどの藤巻さんがおっしゃった、事業を見極める目利き力ですかね。それは金融庁ももっていない。もっているのは融資を通じて取引先を審査・評価する金融機関であるべきだと思います。

藤巻 金融機関のこれまでの融資基準を生かしながら、その基準とあわせてCSR貸付基準なるものに発展させていくことはできないでしょうか。

足達 究極としては「CSR銀行」なるものができればいいですね。今までもっている銀行のノウハウを、CSRの取組みに生かす世界初のモデルができればと思います。

金融に対する要望

銀行に求められるCSRを踏まえた経営を見抜く力

藤井 2005年に亡くなられた中山素平さん（元日本興業銀行頭取）に生前、インタビューした時に、印象に残る言葉を聞きました。中山さんが活躍された時代は高度経済成長期ですから、今とは経済構造も全く違うし企業構造も違います。しかし、中山さんは「銀行とは何ですか」という私の素朴な質問に対してこう答えられました。「銀行の要諦は相手の企業、貸出先に対して"親身"になることだ」と。「企業が新たに事業展開しようとしていることをきちんと理解して、アドバイスもし、支え、応援していくというのが銀行なんだよ」と。

「親身」とは、まさに貸出先の企業がCSRを踏まえた経営かどうかを見抜く力があるかどうかという自問だと思いました。それぞれの企業が本業としてCSRをいかに果たしていくかということを含めて、今の銀行は企業をチェックする役割をもっていますし、その能力はあるだろうということですね。企業が立脚する本来の事業だけでなく、企業が取り組むCSRを評価する金融プロセスがないと、結局、企業も市場も、なかなか変わっていかないと思います。銀行にとっても、企業の活動を目を凝らして見つめ、どれだけ優良な企業を自らの顧客とするかによって、銀行自身の収益をも左右されるものです。

藤巻 銀行がそういう役割を果たすことで中小企業も含めてCSRが本当に浸透するというきっかけになると思いますね。

ESGの関心度が高まる証券業界

藤井 証券会社の場合は、どうですか。証券は市場を舞台に活動しているわけですが、CSRに取り組む企業は本当に市場で評価されているのかどうか、そういう企業の銘柄を

アナリストも推奨しているのかというと、まだまだという気もしますが。

足達 それは言えますよね。しかし、昨今の海外で出ているレポートを見ると、海外の銀行や証券会社のアナリストが、ESG[※2]をベースにした売り手側のレポートを書き始めました。これは明らかに、それが商売になるという確信を彼らが持ち始めているということだろうと思います。つまり、ESGを念頭に株を売ろうとか買おうと考えている投資家が市場に現れていることの裏返しだと思います。だからUNEP（国連環境計画）の責任投資原則（PRI）のようなものも出てきました。マーケットは徐々にではありますが、CSR情報をきちんと金融行動の中に読み込もうという方向で動いています。日本の運用機関もESGに関心を高めていかざるを得なくなってきていますね。

藤井 ESGの価値を指標化するということは、結局は企業そのものの評価にもつながるということですね。

保険の機能を利用したCSR商品開発が急がれる

藤井 金融機関には保険業界もあります。私の知る限り、損保が日本の金融界の中では早目にCSRに取り組んできたと思います。その損保は2006年に保険金の支払い漏れ問題が各社で発覚し、課題に直面しました。保険の外務員あるいは代理店の問題というのは、まさにある面で金融のサプライチェーンマネジメントでもあります。現場で確かに競争はあるわけですけれども、何とか顧客に向き合った正々堂々とした競争の中に、CSRを位置づける方向で、乗り越えていってもらいたいものですね。

企業のCSRを考えるうえでも、保険の機能はものすごく大きいと思います。例えばCSRへの取組みによって企業価値が長期的に上がるとすれば、その企業に対する保険料を安くしてもいいわけですよ。CSRに熱心な企業は不祥事も少なくなるだろうし、防災などにも気を配るだろうから、保険ビジネス的には保険料を安くしても十分に採算が取れるということです。そういう形の商品提供が保険会社から発売されることを実は期待しています。保険会社も企業のリスクの増減を目利きして、保険料を組み立てるということはできるはずだと思います。

新たな金融のかたち

金融の可能性のメッセージを送る必要性

足達 今、銀行、証券、保険ときたのですけれども、金融機関を業務で分けてみる我々の従来の発想自体もいったん忘れて考えたほうがいいと思うんですよ。例えば、ロンドンに「クライメート・チェンジ・キャピタル」という温暖化関連の、それだけを専門にしているインベストメントバンクがあります。そこが2003年に誕生してから3年間で従業員がもう100人になりました。まず、温暖化対策のアドバイザリーをやり、リテールファンドを作り、排出権クレジットの仲介を行う、といった業務です。これらの業務は日本でも可能で、自由にできる1つの金融の仕組みでもあり、それが環境配慮なりCSRに役立っているのは事実です。

NPOバンクもそうだと思います。従来、我々が「金融」と言ったときに連想してきた銀行、証券、保険という業態の縁辺に、実はいろんな期待や可能性があるのではないかという思いです。「金融という世界にこういう可能性があるよ」というメッセージがこの国には今こそ、必要なのかなという気がします。

藤井 今、世界で求められているニーズはまさに温暖化対策だったり、そのための排出権取引だったりします。GS（ゴールマンサックス）が2005年、環境方針を出しましたが、単に社会貢献として環境をとらえているのではないようです。温暖化ビジネス、あるいはクリーンエネルギー投資などを20年くらい先をにらんで、「これは儲かるよ。しかも、金融が先導してできるよ」という流れで市場づくりに参加しようとしています。あるいはむしろ市場全体を引っ張っていこうという意欲も見えますね。

藤巻 社会への貢献につながるCSRという観点から入れば、新商品を作りやすくなるでしょうし、誰も反対しないと思います。まさに、今の金融界にはCSRをキーワードにしたいろいろなチャンスがあふれているのではないでしょうか。

藤井 CSRは結果的に企業自身だけでなく、経済社会全体に波及していくものです。温暖化対策の排出権取引がグローバル化されると、まさに二酸化炭素（CO_2）という空気自体が新たな経済的価値を生み出すことになります。そうした取引は費用効率面でも経済社会にプラスの貢献をすると思われます。そういう展開にこそ、まさに金融の役割が期待されていると思います。

※1 ISO（国際標準化機構）では、SR（社会的責任）の国際規格として、ISO26000を2008年に発行を予定している。ISOでは「CSRというと企業に限定されるため、政府や公共団体、非営利団体も社会的責任の対象」という観点からCを抜いて「SR」とした。

※2 ESG：Environmental（環境）、Social（社会）、(Corporate) Governance（企業統治）の問題のことをいう。「責任投資原則」でもこれらの問題が運用ポートフォリオのパフォーマンスに影響を及ぼすといわれていることから、ESGの配慮が投資家に求められている。

足達英一郎 Eiichiro Adachi
株式会社日本総合研究所
上席主任研究員

1986年一橋大学経済学部卒業。90年株式会社日本総合研究所入社。99年から社会的責任投資のための企業調査の業務に従事。現在ESGリサーチセンター長、上席主任研究員。著書（共著）に『図解 企業のための環境問題』（東洋経済新報社）、『SRI 社会的責任投資入門』（日本経済新聞社）、『CSR経営とSRI』『ソーシャル・ファイナンス―ヨーロッパの事例に学ぶ"草の根金融"の挑戦』（以上、きんざい）など。

藤巻正志 Masashi Fujimaki
社団法人経済同友会 執行役

1957年生まれ。民間企業、政府関係機関への勤務を経て、89年社団法人経済同友会事務局入局。政策調査、秘書、広報を担当。94年参事、2002年副理事・政策調査部長、05年執行役。現職。

藤井良広（司会）Yoshihiro Fujii
上智大学大学院
地球環境学研究科 教授

1972年大阪市立大学経済学部卒業後、日本経済新聞社に入社。環境庁、国税庁、大蔵省、郵政省、日銀などの記者クラブ、88年欧州総局（ロンドン）駐在、英オックスフォード大客員研究員を経て、93年経済部編集委員。2006年現職。主な著書に、『金融で解く地球環境』(岩波書店)、『縛られた金融政策』、『現場発CSR優良企業への挑戦』共著（以上、日本経済新聞社）など。

（プロフィール掲載は50音順。司会者を除く）

座談会III

SRIとCSR
良い社会をつくるための普及促進策

日本におけるSRI（社会責任投資）の牽引者の方々に集まっていただき、インテグレックスの秋山をね氏を司会に、運用会社の立場から大和証券投資信託委託の荒井勝氏、企業年金の立場から新日本石油の平井茂雄氏、そしてFPとして個人投資家に対しアドバイスをする生活設計塾クルーの浅田里花氏に、SRIの普及促進策について熱く語っていただいた。

（以下の写真掲載は50音順。司会者を除く）

『投資の原点って、まさに応援したい企業に自分の大切なお金を託すこと』
浅田里花
有限会社生活設計塾クルー 取締役 ファイナンシャルプランナー

『安定して長期的にSRIへ投資すればリターンがいいという実証研究がしたいんですね』
荒井　勝
大和証券投資信託委託株式会社 取締役 兼 専務執行役員 運用本部長

『SRIはまさに企業年金基金運用の基本的方針に合致しています』
平井茂雄
新日本石油株式会社 常務取締役

『SRIは広い意味で世の中を良くするお金の流れをつくること』
秋山をね（司会）
株式会社インテグレックス 代表取締役社長

SRIの考え方

欧米に比べまだまだ小さい規模の日本

秋山（司会） SRIについては、日本では1999年に設定されたエコファンドが最初と考えています。その後、環境だけでなく、広く企業の社会責任を評価基準とするSRIファンドが相次いで設定されました。当初は個人投資家向けの公募のファンドが多かったわけですが、年金基金等の機関投資家向けのファンドも設定されてきています。現在、公募ベースで約30のファンドがあって、残高も3,000億円程度になっていますが、欧米に比べると、

〈座談会Ⅲ〉SRIとCSR

残念ながらまだまだ非常に小さい残高といわざるを得ません。そのような中でSRIをどのように広めていくかというのが今後の課題と考えています。
　大和投資信託は残高ベースで現在日本最大のSRI運用会社で、すでに5つの公募ファンドを運用しておられるわけですが、SRIについてのお考えと今の日本のSRIの状況をどう見ていらっしゃいますか。
荒井　当社は現在、資産にして830億円ちょっと超えたところという状況です。大和証券投資信託委託株式会社というのが正式名称で、大和証券グループの会社ですので、当社のみならずグループとしてSRIへの取組みを行っています。本業としては、運用会社という意味で、やはりSRIが中心の取組みになっています。大和証券グループ全体としてはCSRという観点から、クールボンド（CO2L Bond）とか、地域・企業再生ファンド、世界銀行のカーボンファンド（炭素基金）への出資などにも取り組んでおります。

年金運用の基本は長期・安定的な運用

秋山　いち早く企業として年金でのSRI投資を開始された新日本石油のお話を伺いたいのですが、まず御社の年金基金について、そしてSRIファンドでの運用を始めた経緯やお考えをお聞かせください。
平井　私どもは、旧日本石油と旧三菱石油が1999年に合併いたしました。日本石油のほうは税制適格年金で、三菱石油のほうは厚生年金基金という形で、違った基金を使っていたものですから、その後、子会社も含めて4社の制度を2004年4月に統合しました。

　現在、統合後の基金は確定給付企業年金基金型でございまして、私ども新日本石油と関係会社の7社、全体として8社の運用基金という形になっております。当社は装置産業ですので、従業員数はあまり多くありません。したがって、加入者数も現在1万1,000名程度で、資産の運用額もこの9月末で1,550億弱ということです。幸いここ2年ぐらいは、運用利回りがかなり向上してまいりました。
　基金の運用は従業員の退職金という非常に大切な資産を預かるわけですから、基本はやはり長期・安定的な運用ということになるわけです。そういう観点から、このSRIファンドは、CSRへの積極的な取組みを評価できる企業をまず投資対象としております。そのような企業は、総じてしっかりした企業、サステナブルな企業であるといえます。よって、収益面においても、長期・安定的な高いパフォーマンスが期待できるのではないかと。そうなると、まさにこの企業年金基金の運用の基本的な方針と合致しているわけです。

SRIは投資のマイナスイメージをプラスに変える

秋山　浅田さんは個人の方の相談をいろいろ受けておられますが、アドバイスをする立場から、SRIをどのように考えていますか。
浅田　私自身が最初にSRIというのを知っ

475

たとき、社会責任という視点で良い企業に投資をすることにより、個人でも一種の世直しができるというお話をお聞きして、まさに投資の原点ってそうだなと。応援したい企業に自分の大切なお金を託して、企業とともに自分の資産も成長するという、この考え方が個人にもっと広まれば、一般的に日本人の中でもたれている投資のマイナス的なイメージがプラスに変わると思います。

　このSRIという考え方は、個人個人にお話しすると、すごく反応がいいんですね。自分のお金が世のためになるということになると、すごく関心を示されるんです。特に、エコファンドは女性からの反応がいいです。女性はどちらかというと男性よりも生活感があり、環境問題など子どもの将来を良くしたいということに関心が高い。「お父さん、そんな株なんて危ないこと、やめましょうよ」というお母さん方にも、投資という形で社会参加ができるところは非常に受け入れられやすい考え方だと思います。

SRIファンドの現状

投資信託としての SRIファンドの広がり

秋山　SRIの購入層は、ほかの投資信託の層とは違うのでしょうか。

荒井　今のところ、あまり違わないと思っています。投資信託はまだまだ日本ではそれほど普及していないという面もありますし、歴史的には証券会社が扱ってきたものですから、やはりリスクが高いなという印象があると思います。ところが、投資信託というのは、実は単なる制度的な入れ物であって、その中に何を入れるかでMMFもできればSRIファンドもできるということですから、それをどうお客様に説明するかが重要です。

　SRIが広まっていくと考えているのは、まず投資信託が広まりつつあるからです。これは、昔の証券会社しか販売していなかった時代から、銀行が積極的に扱うようになって、それから郵貯、実際には郵便局の窓口になりますが、ここで投資信託を扱うようになったといった点ですね。となると、投資家層が全く違うんですね。銀行や郵便局の場合は、今まで預貯金をされていた方が投資信託へ投資するという形になっていると思います。そういった意味から、投資にあまり興味のなかった方に対しての投資信託、なかでもSRIという位置づけを考えています。

秋山　日本の場合は、SRIの前に、投資に対する考え方を正しく理解する必要があるのかなと思いますが…。

荒井　そうですね。SRIというのは、短期の投資ではなく長期ですよね。それから、投資信託も実は短期で利益を上げようという制度・仕組みではありませんから、非常にマッチングしている。つまり、単に株式投資、ちょっと利益を上げようというのではなく、長期で資産形成をしようという考え方に使っていただく、そういう意味ではSRIは投資信託に最も適した手法の1つであると思いますね。

SRIファンドは 勝ち組ファンドの一面もある

秋山　先ほど平井さんから、年金にとって、そもそも長期・安定運用ということにSRI

の意味があるというお話をいただきましたが、今後、SRIをより良くしていくために、何かご要望がありますか。

平井 このSRIは、どうやら勝ち組ファンドみたいな一面もありそうです。ダウ・ジョーンズのアンケートなどを受けて、登用されている会社の名前を見ると、今最も乗っている超優良企業ばかりというイメージもあります。「CSRに取り組むだけの余裕がある」、そういう受け止め方もあるのかなと思います。一方で、今までは、社会貢献をやっているとか、環境に投資しているという企業は、（本業に精を出して）収益力をもっと上げるべきだというような考え方があったのではないかと思うんですね。

当社でもつい先般、これからの水素社会に向け、大学などの研究室の応募を受ける形で15億円の「水素基金」という信託財産を設定しました。また社会貢献グループというのを作り、「エネオス（ENEOS）の森」を全国的に広めていく運動をやっていますが、これも考えてみると結構なコストがかかるわけです。このような取組みに対する理解がまだ社会的に成熟していないという感じがします。

秋山 日本では、2003年頃からSRIファンドの運用が本格的に始まって、ようやく実績が出てきたところだと思うんですね。その実績によって投資される企業にとってもSRIが意味をもってくるのかと思いますが、実際に企業のCSRの取組みに影響を与え、それが評価されて株価に反映されるということは、結局それが企業の力になるということかと思いますが…。

平井 長期的な視点で見なければいけないと思いますね。ただ最近は、ちょっとした不祥事で一夜にして株価暴落、企業倒産のリスクがありますから、CSRがきちんとなされている会社は危機に対するリスク管理が優れている、そういう意味では非常に安心して投資できるかなと基本的に思っています。

ファンドを上手に使って個人の資産形成を

秋山 やはり「長期」というのが1つのキーワードになるのかなと思いますが、個人にとってもその視点は非常に重要だと思うんですね。個人投資家とってのSRIファンドについて、浅田さんのお考えはいかがですか。

浅田 やはりファンドという存在が個人にとっては非常にありがたい存在ではないかと思います。「ファンドはコストがかかるから個別銘柄に投資するべきだ」という声もあるのですが、時間的にも環境的にも、皆が皆対応できるわけではない。個人が投資という形で資産形成をしていくためには、商品性を理解したうえでファンドを上手に利用するということが大事だと思うんですね。

ただ、適切な情報が若い世代の耳に入っていない。上の世代が知らないから伝えられないわけで、情報発信に工夫が必要です。いろいろな企業のCSRの取組みなどでもそうですし、SRIファンドからなされた寄付なども、一般的にはほとんど知られていないですよね。例えば、SRIの話が一般の新聞に継続して出ているなど、何か目に触れる機会が続いていないと忘れてしまいます。何かそういう仕掛けが業界側でできないものだろうかと思います。

SRIの世界基準と日本の方向性

SRIやCSRはそれぞれの国や地域の文化に根付いたもの

荒井 イギリスにFTSE（フッツィー）というグローバルな指数を作っている会社があり、FTSE 4 Good（フッツィー・フォー・グッド）というCSRに優れた企業の株式指数を作っています。その指数を採用してくれた企業からの利益はすべてユニセフに寄付する。FTSEにとってもCSR的な社会貢献というような位置づけです。実は私は、その基準を作ったり、銘柄選択をする委員会に入っています。そこで感じたのは、SRIとかCSRというのはそれぞれの国とか地域の文化に根付いたものであって、自然とできてきた歴史があるわけです。日本でもこれからは日本に本来根ざしたものとしていく必要性を感じています。

秋山 確かに、日本で作られているファンドのSRIの基準とヨーロッパの基準は全く同じというわけではありませんし、私自身は違っていいと思っています。それは、CSRのSもSRIのSも社会、Socialということで、それぞれの社会で宗教も違えば、文化も違う、歴史も違うということがある。でもその中で重要なのは、言葉が違うという問題もありますが、日本のCSRについての考え方や企業の取組み状況、日本が考えるSRの基準などを積極的に発言していくことだと思います。そうでないと、グローバルな基準が欧米の文化や考え方にのみ基づいて、日本の企業にとっては違和感があるものになってしまうかもしれないのでは…。

荒井 FTSE 4 Goodで見ると、最近増えているのは日本企業です。日本の企業の方々はかなり熱心に取組みをされているし、それから環境という面の取組みは世界でトップレベルなのです。ただ、欧米の基準でやられると困ると言われることがたしかにありますが、実はそうではなくて、「それは世界の標準であって…」というのは、別に欧米先進国だけではなくて国連レベルの話であったりするわけです。世界レベルでの対話を深めていって、我々自身も世界のレベルを知り、日本のことも向こうに知らせるというのがSRIの発展のためには大事だと思います。

SRIを取り巻く環境

世界的な金融への期待とその責任を表している「責任投資原則」

秋山 この5年間を見ていると、日本の場合はSRIよりもCSRが急展開というか、急速に進んだなという感じを受けています。ある意味、日本の企業が今まで取り組んできた社会や環境、従業員などに対する配慮や責任をもう一度「CSR」という視点で見直して整理しているのかなと。ただ、そうした企業の取組みがなかなか投資、つまりSRIに結びつかないという歯痒さをこの数年感じています。投資すべき企業はたくさんあるし、商品もできてきたのですけど…。

荒井 これが難しい、非常に難しい課題だと思います。「株式投資をしたい」と投資家が思わないとSRIに回らないという根本があり、これが悩みの種です。

〈座談会Ⅲ〉SRIとCSR

SRIに絞ったファンドのほかに、国内外の株式、債券、REITの資産、これを組み合わせたバランス型ファンドというのが最近増えています。そうしたファンドでSRIの基準を使ったものもあり、銀行さんにも販売していただいているのですが、実際に販売するときに説明することがたくさんありすぎて、なかなかSRIの説明にはたどり着きません。

もう一方は、やはり年金でSRIがぜひ広まってくれないかと。そのためには法整備も必要なのかなと思っていますけれども、そもそもSRIが受託者責任に合っているかという根本的な議論があります。ただ、私は、受託者責任というのも、昔の理解と変わってきていると思うんですね。

また、国連環境計画　金融イニシアティブ（UNEP FI）から2006年の4月末に発表されたPRI（責任投資原則：The Principles for Responsible Investment）が、もしかしたらすごい力になると思っています。ここのポイントは、1頁目に国連事務総長のアナンさんからのメッセージがあり、最初のパラグラフの最後に『投資の分析・評価に「持続可能な発展」の観点が積極的に組み込まれない限り、「持続可能な発展」自体が牽引力を得るのは困難であり続ける』との考え方が書いてあります。つまり、「政府とか、NGOとか、いろいろ努力しているのだけれども、やはり金融の力というのはすごいんだよ。その力を活用しなければいけないのだ」というのがこのメッセージですね。やはり株式投資、特に年金ですが、この力を活用しなければいけないという流れに世界的になってきたということです。SRIという考え方自体が、受託者責任に反しないという流れへと世界的に変わってきたということですね。

秋山　投資への考え方も変わるし、それに伴って受託者責任の考え方も変わって当然だと思います。この責任投資原則で考えても、金融機関の果たす役割はすごく大きいと思うんですね。SRIで考えても、企業のCSRは取組みがどんどん進んできている、一方で良い企業を応援したいとという気持ちをもっている人たちもいる。それをつなぐのが金融機関ということになると思います。

将来の普及に向けたSRIの実証研究が始まる環境がようやくできてきた

荒井　専門的に言えば、SRIだからといってパフォーマンスがいいとは必ずしも言えないところがありまして、ここが最大の問題です。SRIの評価に基本的には財務データが含まれていないんですね。今後は財務データとどのように結びついていくかを、実証していく必要を運用会社として感じています。

責任投資原則（和訳）（抜粋）

私たち機関投資家には、受益者のために長期的視点に立ち最大限の利益を最大限追求する義務がある。
この受託者としての役割を果たす上で、（ある程度の会社間、業種間、地域間、資産クラス間、そして時代毎の違いはあるものの）環境上の問題、社会の問題および企業統治の問題（ESG）が運用ポートフォリオのパフォーマンスに影響を及ぼすことが可能であることと考える。
さらに、これらの原則を適用することにより、投資家たちが、より広範な社会の目的を達成できるであろうことも認識している。
したがって、受託者責任に反しない範囲で、私たちは以下の事項へのコミットメントを宣言します。
1. 私たちは投資分析と意志決定のプロセスにESGの課題を組み込みます。
2. 私たちは活動的な（株式）所有者になり、（株式の）所有方針と（株式の）所有慣習にESG問題を組み入れます。
3. 私たちは、投資対象の主体に対してESGの課題について適切な開示を求めます。
4. 私たちは、資産運用業界において本原則が受け入れられ、実行に移されるように働きかけを行います。
5. 私たちは、本原則を実行する際の効果を高めるために、協働します。
6. 私たちは、本原則の実行に関する活動状況や進捗状況に関して報告します。

責任投資の原則は、環境上の問題、社会問題および企業統治上の問題が投資実務へ与える影響度合いが高まってきていることを認識している、機関投資家の国際的なグループによって作成されたものである。
本プロセスは国連事務総長によって召集されたものである。
本原則に署名するにあたり、受託者責任に反しない範囲で、私たちは投資家として本原則を採用し実行することに正式に約束する。今後は、私たちは本原則の内容の効果を評価し、改訂することを約束する。
私たちは、本原則が、受益者へのコミットメントを果たす能力を向上させるとともに、運用活動と広範な社会的利益とがより整合性のあるものとなることを確信している。
私たちは、本原則を他の投資家も採択することを奨励する。

（出所）「責任投資原則」（日本語版）http://www.unpri.org

秋山　それは非常に重要なことだと私も思います。ようやく実績が出てきたというのは、必ずしもすべてのパフォーマンスがいいということではなくて、やっと運用成績が出てきたので、ようやく実証研究が始められるようになったということです。5年前に最初の調査をしたときには、「CSRを果たす会社は長期的に社会の信頼を得て成長していくと考えられます」と言って、概念的にはわかっても、実際の運用成績が出てこないと、実証的な研究が全くできなかったわけです。そういった意味で、運用実績を積み上げていくということはSRIの今後の発展のためにもすごく重要なことだと私自身も感じています。

SRI普及への課題

SRIファンドに社債を組み込んではどうか

浅田　どうしてもPRの工夫ということが頭に浮かびます。投信は認知も広まり、分配金が毎月出るタイプなどが売れ筋です。年金生活者の方たちは分配金が楽しみでしょうが、若い世代だったら、将来のためにもっと効率よく効果的に増やしていくほうが大事ですよね。「こういう方にはこういう商品」というような、それぞれの属性に合ったものを提供していくのがよいと思います。

また、一般の方に興味をもっていただくには、「投資」という言葉を使うのではなくて、わかりやすい言葉づかいが必要です。中身が投信でも変額年金が受け入れられやすいのは、「年金」という言葉のわかりやすさでしょう。あくまでも、短期的な、投機的な投資ではなく、長期的な資産形成に必要であり、誰もが取り組みたい「投資」と理解されることが理想的ですね。

金融機関からの投資情報としても、「CSRやSRIの観点からみた銘柄」というようなものを提供していくといかがでしょうか。

秋山　平井さん、年金の立場からは、実際にすでに投資をしていらっしゃるわけですが、普及策についてはどうお考えですか。

平井　私たちは資金の運用もしますけれども、調達もするわけですね。今までは社債を発行するときは、資金使途というと「設備投資」とか、それで終わっていたんですが、「これはこういうものに投資するのだ。こういう採算、利回りがある」ということで、社債で発行する。何々省エネ投資300億とか、そういうのをSRIファンドに社債の部として組み込んでいただくと…。

荒井　SRIというと株式が中心で、債券ではいわゆるクレジットレーティング的な考え方が主流ですが、おっしゃるように債券でもCSR評価をする流れがありますので、将来的に十分あり得る話だと思いますね。

秋山　SRIは、特に株式の投資信託に限ったものではもちろんないわけで、私は広い意味で世の中を良くするお金の流れをつくることだと思っています。「投資」というと上場企業への株式投資と考えがちですが、ファイナンス、債券、ベンチャー投資等にもそういう視点が必要ではないか、広い意味でのSRIの普及が必要だと思います。ですから、SRIの今後については楽観視はしています。そうでなければ、このビジネスはしていないわけですし…（笑）。

SRIへの期待

投資資金によって世直しが行われることを期待したい

浅田 将来に対して悪い世の中を望んでいる人はいないので、この考え方は必ず受け入れられると思います。本当に投資資金によって世直しが行われるということを期待したいですね。また、生活設計のバランスをアドバイスするFPの立場としては、例えば、SRIファンドを使った月々1万円からの積立なども、1万円の資金で分散投資、長期的な資産形成を行っていけますから、投資を生活に取り入れるスタートとして利用できる。いろいろなご家庭で利用していただけるよう情報発信していきたいという気持ちがあります。

平井 SRIへの理解は社会の成熟度と比例しているようなところもあると思います。私どももCSR活動を始めてそんなに時間が経っていません。でも今はすごく定着しているわけですね。基本的にこれに異を唱えるような人はいないわけです。息の長い、前進的な取組みだと思うので、このような出版物の企画とか、先ほど浅田さんが言われたPRの工夫を入れながらやっていけば大いに期待できる、きっと成長するのではないかと思います。

荒井 我々の立場からすると2つ。1つは、一般の方にどう気づいてもらうか。私はたまたま出張での飛行機の中でアル・ゴアが取り組んでいる環境の映画（「An Inconvenient Truth：「不都合な真実」）を観たのですが、今の地球の環境は思っていた以上にこんなに大変なのか、と感じるところがすごくあったんですね。SRIでも、環境でもよいと思いますし、あるいは秋山さんの会社でフォーカスしている、企業倫理、ガバナンスなどという観点について、様々な機会に気づいていただくということ。もう1つは、専門家として、SRIというのがどういう投資であるのか受託者責任やパフォーマンスも含め、しっかりと説明をしていきたいと思っています。

浅田里花 Rika Asada 有限会社生活設計塾クルー取締役 ファイナンシャルプランナー（FP）	1982年同志社大学卒業後、日興証券（当時）に入社、証券営業を経験。88年独立系FP会社㈱エムエムアイに入社、ファイナンシャル・プランナーとなる。現在、FPサービス会社㈲生活設計塾クルー取締役、個人事務所リアサイト代表。生活者対象のコンサルティングをはじめ、執筆、講演を行っている。CFP、1級FP技能士。著書に、『お金はこうして殖やしなさい』（共著：ダイヤモンド社）、『住宅・教育・老後のお金に強くなる！』（集英社be文庫）などがある。
荒井　勝 Masaru Arai 大和証券投資信託委託株式会社 取締役 兼 専務執行役員 運用本部長	1972年4月大和証券入社、カイロ・アメリカン大学留学、サウジアラビア駐在、大和ANZインターナショナル社長等を経て、92年1月、大和証券投資信託委託入社。現在、同社の運用本部長を務める。2005年6月より、GRIガイドラインの第3次改訂作業に、インベスター・コンサルテーション・グループ（諮問委員会）のメンバーとして参加。同年12月、FTSE 4 Good Indexのポリシー委員会メンバーに就任。
平井茂雄 Shigeo Hirai 新日本石油株式会社 常務取締役	1948年熊本県生まれ。慶應義塾大学法学部卒業。71年日本石油（現、新日本石油㈱）入社。国際金融課長、社長室4課長、総合企画部長、取締役総合企画部長を経て、2005年より現職。新日本石油㈱執行役員経営管理第1本部長として人事、経理、IR、広報を担当。㈳日本経済団体連合会金融制度委員会委員。石油連盟政策委員会副委員長。
秋山をね（司会）One Akiyama 株式会社インテグレックス 代表取締役社長	1983年慶應義塾大学経済学部卒業。98年青山学院大学院修了、ファイナンス修士。2001年SRIを日本に普及、定着させることを目的に㈱インテグレックスを設立。現在、インテグレックスでは、CSR評価を基に7つのSRIファンドに投資助言を行っている。内閣府国民生活審議会臨時委員、同IT新改革戦略評価専門調査会委員、NHKコンプライアンス委員会委員、企業年金連合会理事等を務める。

（プロフィール掲載は50音順。司会者を除く）

座談会Ⅳ

環境と金融
金融主導での地球問題への取組み

CSRにおける環境と金融問題に精通する河口真理子氏を司会に、NPOバンクの代表として市民とりわけ女性のための金融に一生懸命取り組む向田映子氏、国連の活動を通じ、環境・金融問題への活動・提言を行う末吉竹二郎氏、地球環境問題の解決に向け、国の内外を問わず精力的に活動する山本良一氏を迎え、地球環境の現状を踏まえ、環境問題における金融機関の役割とあるべき方向性について、率直かつ厳しい話のやりとりが行われた。金融機関への大きな期待を込めて…。

（以下の写真掲載は50音順。司会者を除く）

『「借入れは基本的人権の一部だ」あれはショックでしたね』
末吉竹二郎
UNEP FI（国連環境計画・金融イニシアチブ）特別顧問

『我々のお金がどう使われるのがよいことなのか家庭でも学校でも教わってこなかったんですよね』
向田映子
女性・市民信用組合（WCC）設立準備会 代表

『エコ製品の100兆円マーケットとSRI残高100兆円を2010年までにやらないと…』
山本良一
東京大学生産技術研究所 教授

『グリーン購入法があるんだから、グリーン投資法があってもおかしくないですね』
河口真理子（司会）
大和総研経営戦略研究所 主任研究員

環境問題の現状

観測史上地球が最も暑かったのは2005年

河口（司会） 環境問題の現状での問題意識を共通化したうえで、その問題に対する日本と海外での取り上げ方の違いについて、そしてなぜ今「環境と金融」なのか、今後の対策としてどのようなことをすべきか、特に金融機関に対しては何が求められているのかという点についてお話をしたいと思います。

山本 産業革命以前に比べて気温上昇を2℃以上に上げてはならない。これはヨーロッパの気候ターゲット（目標）なのですが、

その2℃を突破すると非常に気候リスクが高くなる。つまりマラリアや水不足、飢餓、洪水というものにさらされる人間の数が数十億に達してしまう。ところが、この1年で情勢は一変しました。続々と観測事実が出てきたわけです。2005年の10月から2006年の4月にかけて、なんと北極海で72万平方キロの北極海氷が消失してしまった。そこにぽっかり穴が開いていますから、太陽光線は今、全部北極海に吸収されているわけです。まさに温暖化の加速が始まっていると考えざるを得ない。

それにだめ押しするように、NASAのHansen博士たちの研究では、なんと1975年から2005年にかけて全世界の平均気温が0.54℃上がったというわけです。20世紀全体で年間で0.6℃温度が上がったといわれているのに、たった30年でもう0.54℃温度が上がってしまったと…。そうすると、1.5℃突破するのがおそらく2016年、2℃突破が2028年といわれているわけですね。なぜ1.5℃突破するのが恐ろしいかというと、そのグリーンランド氷床のノンストップ・メルティングが始まる。さらには、2050年までに100万種くらいの膨大な生物種の絶滅が起きていく。さらに2℃突破すると、先ほどお話ししたように数十億の人類が影響を被る。

河口 1年前の状況や半年前ともうどんどん違うという…。すごく怖いですね。

山本 怖い、怖い。だって、2005年が130年の観測史上最も暑かった年なんですよ。2番目が1998年、3番目が2002年、4番目が2003年、5番目が2004年ですからね。つまり21世紀にナンバー5のうち4つが入ってしまっているわけです。しかも、2006年の1月から6月までの平均気温は2005年の1〜6月を上回っているという調査結果がある。ということは、2006年がまた新たに観測史上最高温度に達するかもしれない。この劇的な現象が2006年の冬も続くようであれば、これはもう到底自然変動とはいえない。まさに人為的な温暖化の加速でそういう現象が起きていると我々は考えざるを得ないと思います。

環境問題は人間活動が引き起こしたもの

末吉 私がここ2、3年、感じることは、日本と海外とでは、センス・オブ・アージェンシー（危機感）が全く違うということなんですね。日本の人たちは頭でわかっていたり、口では言うんですけれども、本当の危機感を前面に出して動くというところが非常に遅れているのが心配なんです。少なくともビジネス界の用語でいえば、クライメートリスク・イズ・ビジネスリスク（Climate risk is business risk：気候リスクはビジネスリスク）なんですよ。

さらに、これは人間活動が引き起こしたのだというわけですね。「経済的被害も非常に増えているんだ」「そのことは実は人間活動が引き起こしたんだ」「だから人間活動の一部、大きな要素を占める経済活動がこうするべきだ」という話です。そして今は、「カーボンマネジメントは経営の一部になってい

る」という認識で、欧米の企業ではそのことを自分のビジネスの中に取り込んで、反映させ始めているのです。これが「ビジネスリスク」という欧米での危機感と、「100年後の真夏日は120日ある」と悠長に考えている日本の危機感との非常に大きな差で、日本の経済や金融にとって非常に大きなマイナスだと思います。

山本 私は9月にスペインのバルセロナで、「エコプロキュア」というグリーン調達に関する国際会議に出席しました。会議主催の彼らは、イベントのグリーン化というのを今一生懸命やっていまして、私が成田からロンドン経由でバルセロナ往復で航空便を使うと6,850kgの炭酸ガスを出したというのですよ。それを参加者はみんなできる限りオフセット（相殺）してくださいというわけです。私は、68.5ユーロ、約1万数千円払ってオフセットしてきたんですが、今そういうのが当たり前になりつつありますね。これは日本では到底考えられない状況だと思います。

日本社会のあり方

なぜエコの取組みの評判が上がらないのか

向田 私たちもずっと生活協同組合の中でリサイクル運動をやってきたんです。地球環境問題はまず自分の生活から見直そうということで、容器をリユース（再利用）するとか、結局人々の生活が地球全体に影響しているという観点で動いてきているんですけど、それがなぜまだまだ広がらないのかなと…。エコとかエコロジーという言葉はできているんですが、それがなぜ「評判がいい」というふうにもっともっとならないのか、その動きがなぜ広がらないのか不思議です。

河口 そうですよね。たしかにカーボンオフセットのようなことは、ある石油会社で先進的に、「ここでガソリンを買うとこっちの植林ができます」とやっていましたけど、ほとんど盛り上がらなかったですね。エコという言葉はみんな知っていて、ゴミのリサイクルとかは日本人はそれなりに熱心にやるじゃないですか。駅のゴミ分けなんかでも。けれども、切迫感がないというのはどうしてでしょうか。

山本 1つは、絶対的な目標値というものがみんなに共有されていないからなんですよ。それがまた経済に反映されていないという、その2つの問題なんですけどね。

例えば炭酸ガスの問題でいえば、年間250億トン放出していて、だいたい半分くらいが海とか森林が吸収してくれるわけですね。その吸収量が絶対量なんですよ。だから地球の環境容量を上回るような活動を我々が行ってはいけないのです。だから、6％ではなくて、まず50％減らすことが正しい目標値なわけですね。さらに南北格差の問題とか、途上国の発展の問題を考えると、日本などの先進国は80％減らさなければならない。リサイクルの問題についていえば、リサイクルすればいいという問題ではなくて、そもそも資源を使う量を減らさなくてはいけない。その脱物質化が問題なわけです。その絶対的目標値が共有されていないことが一番大きな問題で、しかもそれが社会経済の制度として、インセンティブが付与されておらず、みんな一人ひとり

の自発的な意思に任されているから、進まないわけですね。

河口 一般の人の意識、基本的なエコレベルというのは、日本人は欧米に比べて低くないわけですけれども、社会全体の問題として共通に取り組もうということになると難しいんですよね。

山本 1つは欧米ではやはり科学というものをちゃんと身につけているということだと思うんです。やっぱりヨーロッパ人のほうがサイエンスをちゃんと踏まえて議論をするということ。2番目は、実は日本が恵まれすぎた環境状況にいる。つまり中緯度地方にあるわけですね。しかも島国で非常に温暖、温和な気候の中にいるわけですよ。ところがヨーロッパは、北大西洋海流が止まればものすごく寒冷化するという状況にあるわけです。そして3番目の問題は、日本はどうも世界の問題を率先して解決しようという志がなさ過ぎるというか、ほとんどないのではないかと思うんですよね。

金融機関の役割とは

金融と環境が結びついていない現状

河口 特に、事業会社の場合、「環境にやさしい」などと言ってはいるものの、その対応は自社のサイト内が中心で、まだ不十分です。けれども、環境問題を深刻にとらえている人は金融機関よりはずっと多い。一方で、金融機関には「環境問題はわかりません」という人がまだたくさんいる状況もあります。「そもそも環境と金融は関係ない」という雰囲気さえあります。

向田 私はなんで関係ないと思うのかなと不思議です。だって、お金の出し手なわけでしょう。その事業を支援するかどうかというのは、やはりお金の出し手が判断することです。当然その事業に関心をもっているからこそ、出す、出さないと決めるわけで、そのときに出し手としてその企業に対していろんなことを言えると思うんですよ。

河口 お金を貸すときに、貸していい会社かどうかを判断する根拠は、財務諸表であって、「環境」は基本的に評価対象にはなりませんね。最近は環境配慮型融資というのもありますが、基本的には環境評価は見なくてもお金は貸せるということです。

向田 一市民というか一預貯金者からすると、そのお金の元のところは市民のお金であるとすれば、やはりどういうところに融資しているのかと非常に関心があるんです。そのときに、「こういうことに注意をして関心をもって融資をしましたよ」というのをもっともっと聞きたい。情報公開してほしいし、市民側としてはディスクロージャー誌などで点検したいですね。

山本 わかりにくい理由があると思うんです。グリーン購入の場合には、例えばハイブリッド自動車を購入するというのが明確になります。ハイブリッド自動車を市民が好んで購入するようになれば、メーカーはそういう製品を作らざるを得ないということだからです。ところが金融の場合は、財務諸表しか見ていないとすると、直接的ではないわけです。間接的に社会的公正を損ない環境を破壊するということがあったとしても、財務諸表の中に

直接表れていないのです。

お金が動かなければ社会や経済は変わらない

末吉 UNEP（国連環境計画）が始まって20年経つけれども、民間、プライベートセクターからこの運動に参画しているのは全部産業界、企業サイドの人です。銀行員は1人として姿を現していない。UNEPとしてみれば、社会のお金を動かす立場の人がここに注意を向けないのはおかしい。と同時に、お金が動かなければ社会は変わらない、経済は変わらないというわけですね。それで呼びかけて始めたのがこのUNEP FI（国連環境計画・金融イニシアチブ）です。ですから、それくらい産業に対して金融というのは遅れていたのは世界的な傾向なんですけれどもね。

それからもう1つ、改めて僕も元銀行員として反省をすると、金融は社会の中でお金を動かして流れをつくっていくというインフラの機能をもっているわけですよね。残念ながら、多くの銀行員は、目の前の取引先とのビジネスについては一生懸命考えるけれども、ふっと離れてみたときに、自分たちのお金がどこに流れるかによって経済が変わるんだ、もっといえば企業が変わるんだ、社会が変わるんだ、というところへの思いになかなかいかない。

預貯金のお金がどのように使われるのか

向田 私たちは子どものときからお金があると預貯金するのがいい子だとずっと言われてきたんですけれども、本当はそのお金がどういうふうに使われるのかを問わなくてはならないと思うのですが、家庭でも学校でもどこでも教わってこなかったんですね。90年代、銀行が倒産したり、金融の不祥事が起きたときに、「ああ自分たちのお金はそういうことに使われちゃうんだ」とか、「もっといいことに使ってほしい」と思いましたね。

末吉 例えばSRIの世界でいうと、僕の解釈では、SRIファンドへの本当の支持者が国内に少ない。SRIの対象になる企業と、そこから外れる企業とであまり社会の評価に差がないと思うんです。だから我々が口では環境が大事だと言っていても、環境を一生懸命考えている企業の商品を買うのか、環境を壊している企業の商品は買わないのか、消費者行動1つとっても、なかなか思っていることを行動に出さないわけです。預金者も、あの銀行には預金をしない、この銀行だったら預金をする、この企業の商品だったら買うけれどもあそこの商品はもう買わない、などが出てきて、環境社会的責任の要素が企業業績に真に影響を与えるというのが必要ですね。

山本 具体的には、エコビジネスでの、ハイブリッドカーだとか、エコ製品の100兆円マーケットを作り出す。それから今のSRIの100兆円。それからエコライフとかLOHAS（ロハス）[※1]文化とか、そういうものを花盛りにさせる。それを2010年までにやるというくらいのスピードでいかないと、もう間に合わないのではないかと思います。

金融資産についてのグリーン調達は可能か

山本 例えば国家公務員の共済年金などの資産の運用がSRIに向けられないのか。つまり、政府ではグリーン購入法があって、すで

にグリーン調達はやっているのに、なぜ金融資産についてのグリーン調達というのがないのか、不思議でしようがない。

河口 その話ですけれども、環境省の「金融と環境を考える会」に1つの案として出しました。グリーン購入法があるのだから、政府の公的資金でグリーン投資をすればよいのではと。やっぱりコアとなる資金がないとだめですね。海外のSRIをみると、個人が購入する投信というのは全体のマーケットの1割ぐらいで、残りは年金であったり、教会や大学や労働組合のお金などがコアの資金となっていて、その人たちの運用はブレない。そこに個人のお金がくっついているという仕組みなんですね。

日本の場合は公的なお金はなく、個人の金しかない。とにかくコアとなる資金をつくらなければいけないのです。公的な部分で無理やりつくってしまうのが1つの手段ではないかと思います。今後もしSRIを本格的にやるのであれば、そういうSRIにできる公的な金がどこにあるのか。それをまず見つけるのが第一歩として非常に重要です。いずれにしても、グリーン購入法があるんだから、グリーン投資法があってもおかしくないですね。

環境関連のビジネスに制度的にお金を出す

末吉 銀行の貸出残高がいま全銀協ベースで直近で411兆円あるんです。そうすると、各銀行に対して貸出残高の2％でも5％、最初は1％でもいいですけれども、「きちんと対応している環境関連のビジネスに金を出せ」と。あるいは「ファンドであれば、運用残高の何％くらいのお金をそういうところに入れなさい」と。個別判断で十分ですから、どこに入れろと言う必要はないんですね。そのようなフレームワークを作って、銀行の例えば400兆円の貸出残高のうち1％といっても4兆円の金が動くんです。そのことが「損をして出せ」という意味じゃないんです。もっと環境に配慮した、あるいは環境技術の開発などに商業ベースで金を出してほしいというわけです。

そうすると競争が起きるんです。早く良い案件で1％、5％、埋めたいんですよ。良いので先に埋めたほうが勝ちです。残りはどちらかというと悪い案件ばかりが残る。だからそういう競争を起こさせるようなことを…。

山本 すでに、ある金融機関で環境格付融資で数千億といっていますよね。

末吉 それはこういう基準でスコアリングをして、「非常に良くやっているというところはAクラスで金利をこれだけ安くします」という話ですね。そうではなくて、これは残高でいくんです。これだけ金を貸せと。これには実例がありまして、アメリカで都市の、特にマイノリティの地域の活性化を図るときに、FRB※2が銀行に検査に入って、例えば、マンハッタンでいくとブルックリンとかハーレムとかそういう地域に全体のどれだけ融資をしているか、そこでいくらビジネスをしているかというのをチェックして、成績をつけて公表したのです。これによって、まさに向田さんがいう預金者が、その銀行と取引をしている消費者とか企業が、その銀行を判断するわけです。そういう社会的プレッシャーをかけていったわけです。

河口 残高の一部をというのはとてもいい話ですね。それを公表して、第三者機関みたい

なところが、ここはよくやっている、よくやっていない、というような評価をするのですね。

末吉 僕はいつも、「在庫の見直しのほうが重要だ」と言っているんです。100兆円の貸出残高を新しい目で見直すことこそ意味があると。新規に、同じ企業に環境プロジェクトをやるといって10億円を出して、その企業が従来どおりのビジネスをやっているのに100億円お金を貸したままというのは矛盾ですよね。ちょっと過激すぎるかな（笑）。

あと、金融機関の人に申し上げたいのは、いずれそこに行き着くと思うんですけれども、今の状況は、「環境によくしているところにお金を出していきます」「金利を安くします」という、いわばインクルージョン（包含）といいますか、エンカレッジメント（激励）ですよね。でも、早くエクスクルージョン（排除）にいってほしいんです。していないところを排除していく。やっているところの良さを認めてあげる、やっていないところを排除していく、この差は大きいですからね。

出資した自分のお金が社会貢献に使われることの満足

山本 介護の問題とか、今いろいろな問題が出てきているでしょう。そういうビジネスというのは、市民が金を出して一緒にやろうということにならないんでしょうか。

向田 私どもは、今まで80件で3億円融資してきたんですけれども、デイサービス、お年寄りへの配食、グループホームや保育園など、半分が高齢者福祉の分野です。

山本 市民がみんなでお金を出して、というものはないですか。

向田 1口10万円のお金を市民が出し合って、現在1億3,000万円になっています。それを原資に融資しています。出資した自分のお金が、あそこのリサイクルショップの立ち上げに使われたんだとか、お年寄りのグループホームになったんだというのがそれぞれの満足なのです。現在450人と50団体の方々が出資をしてくださっていますが、その中にはITの企業も含まれています。自分たちも何かしたい、社会貢献の1つとしてNPOバンクに出資してくださったと思うんです。

山本 でもまだまだ、ものすごく少ないという感じがするんですよね。

末吉 銀行にやってもらう中間ステップとして、貸出の審査をする稟議書とか査定書という申込書があるんですけれども、そこにぜひ環境の要素を入れるスペースをみんなで作るということをまず始めたらいいと思うんです。環境を1つのファクターとして入れ込んで判断要素にするということであれば、まずそういうところから始めるといいですね。そこにスペースがあれば書き込むわけですから…。

ノーベル平和賞受賞のグラミン銀行[※3]とは

河口 この間のノーベル平和賞、バングラディシュのグラミン銀行の話も日本の金融機関の後押しになればいいんですが…。貧困問題の解決として金融を使ったことが評価されたのは、金融業界にとって意味のあることですよね。

末吉 これはぜひとも日本全国の銀行員にかみしめてほしいのですが、僕が非常にショックだったのは、あのユヌスさんがこういうことを言ったのです。「借入れは基本的人権の

一部だ」と。僕が思うに、「貸す、貸さないは、全く銀行の独断で決めるのだ」という発想でずっときたわけです。それに対して彼は、借りることこそ基本的人権なんだと。もう大変なショックでした。だって普段そう思わないでしょう。普通は「貸してください」ですよね。

向田 私たちが活動を始めたきっかけのひとつは、女性たちが行っている自民事業に対して銀行から融資を受けられなかったことです。だから、自分たちで作ろうと…。ユヌスさんの5人組は、システム的にも非常にうまく作られていますね。

末吉 昔の無尽の発想ですね。だけど本当にショックでしたね。借りるのが権利だというのは。

山本 人間社会がある限り、たしかに借りることができるというのは基本的人権かもしれませんね。

向田 私たちは、お互いに助け合う組織を作って、今活動しているので、当たり前のような気もしますが…。もちろん審査はきちんとする必要はありますけど。

　　　　　　◆　　　　◆

河口 どうもありがとうございました。だいたい問題点は同じような認識ですね。危機意識をもって、それを改善させる意思をもってリーダーシップをとらなければいけないのですね。

※1　Lifestyles Of Health And Sustainability の略で、健康と環境、持続可能な社会生活を心がける生活スタイルといわれる。
※2　Federal Reserve Banks（連邦準備銀行）
※3　1976年にバングラデシュのムハマド・ユヌス氏が創設した貧困救済のための小額融資銀行。貧困層に無担保で小額のお金を融資し（マイクロ・クレジット）、自助努力を促すもので、女性を中心に500万人以上に貸付を実行している。融資のシステムとしては、顧客5人組による互助グループが作られ、それぞれが他の4人の返済に関して責任を負うというものである。貸倒率は2％と低く、同様の手法は世界に広がっている。創設者のユヌス氏とグラミン銀行は2006年のノーベル平和賞を受賞した。

末吉竹二郎 Takejiro Sueyoshi UNEP FI（国連環境計画・金融イニシアチブ）特別顧問	1967年東京大学経済学部卒業後、三菱銀行入行。ニューヨーク支店長、取締役、東京三菱銀行信託会社（ニューヨーク）頭取を経て、98年日興アセットマネジメント副社長。日興アセット時代にUNEP FIの運営委員会のメンバーに就任。現在も、引き続きUNEP FIに関わるほか、環境問題や企業の社会的責任（CSR/SRI）について、各種会議会、講演、TV等で啓蒙に努めている。
向田映子 Eiko Mukaida 女性・市民信用組合（WCC）設立準備会 代表	1946年東京生まれ。東京薬大卒業。横浜に転居後リサイクル運動に参加。生活クラブ生協神奈川理事、横浜市会議員（2期）、神奈川県議会議員（1期）を経て、96年に非営利・相互扶助の地域金融システムの設立を目指し、女性・市民バンク設立準備世話人会を立ち上げ、98年から現職。
山本良一 Ryoichi Yamamoto 東京大学生産技術研究所 教授	1946年茨城県水戸市生まれ。工学博士（東京大学）。東京大学工学部金属材料学科助教授、東京大学先端科学技術研究センター教授を経て92年より東京大学生産技術研究所教授。2001年～02年には東京大学国際産学共同研究センター長を務め、学外では04年より文部科学省科学官の他、エコマテリアル研究会名誉会長、国際グリーン購入ネットワーク会長等多数の役職・アドバイザーを務める。
河口真理子（司会）Mariko Kawaguchi 大和総研経営戦略研究所 主任研究員	1986年一橋大学大学院修士課程修了、同年大和証券入社。94年に大和総研に転籍、企業調査などを経て現職。GRI日本フォーラム評議委員、社会的責任投資フォーラム運営委員、青山学院大学・南山大学非常勤講師。著書には、『SRI 社会的責任投資入門』『CSR 企業価値をどう高めるか』（ともに共著：日本経済新聞社）など。研究テーマは、環境経営、企業の環境評価、企業の社会的責任、社会的責任投資。

（プロフィール掲載は50音順。司会者を除く）

第2部 第4編

金融機関のCSR評価基準

本編を利用するにあたって

【本評価基準の対象】

本評価基準の作成にあたっては、地域に営業基盤をおく預金等受入金融機関（主に地方銀行および第二地方銀行、信用金庫、信用組合）を対象とした。同時に、本文では、株式会社でかつ監査役設置会社を想定した記述になっている。そのため、信用金庫や信用組合においては、文中の「株主」を「会員／組合員」、「株主総会」を「総会／総代会」、「取締役」を「理事」、「監査役」を「監事」等、それぞれを適宜読み替えていただきたい。

【本評価基準の性格】

いわゆるエクセレント・カンパニーや我が国の大手金融機関の中には、すでに先進的なCSR経営を志向し実践しているところが増えている。例えば金融機関と国際機関等とのCSRに関するパートナーシップ等も珍しくない。本基準の作成にあたっては、こうした世界の金融機関におけるCSRの先行事例を参照する一方で、我が国特有の社会・経済事情や、金融業界の特性や公的規則、また中小の地域金融機関に特に求められる事項等を考慮に入れた。そのうえで、既存の評価基準等に含まれる項目を参考に、CSRを実践する際に必要と考えられる標準的な項目を決定した。

【本基準の構成】

〈トピックス〉
- トピックスは、大きく総論と各論の2つに分かれている。
- 「Ⅰ．総論」は、会社経営の基盤となる理念や経営体制やガバナンス、および全社的にCSRを推進するうえで重要なテーマに関する項目になっている。一方で、「Ⅱ．各論」では、金融機関にとってCSRの観点から特段の配慮が必要と考えられるステークホルダーを挙げた。それらに対するCSR活動の取組み状況を評価している。
- 各論では、株主（会員）を挙げていないが、株主が金融機関にとって最重要なステークホルダーの1つであることは言うまでもない。株主については、総論の「2．ガバナンス・内部統制」の項で言及している。このように、各論で取り扱っている対象以外にも、金融機関が重視すべきステークホルダーがあることを認識するとともに、事業活動において十分な配慮が必要なことに留意すべきである。
- 真のCSR経営の実現には、経済的側面で株主等のステークホルダーへの責任を果たすことが不可欠なのは言うまでもない。しかしながら、本基準では、ガバナンス・内部統制や社会的・環境的側面を中心に評価基準を設けており、金融機関の収益性や財務面での健全性等に関する定量的な評価基準は設けていない。

【評価基準・チェックリスト】

本編の最終ページに、本評価基準項目の一覧表を掲載している。各評価項目には、CSR経営における重要度に応じて点数を付している。各評価項目について自社の実施状況をチェックすることで、自社のCSRの取組み度合いを採点することができる。自社のCSR取組みの現状を確認する意味で、ぜひ試していただきたい。ただ、取組みの合格点等は特に設けていない。一度だけでなく、定期的に採点することで、ゴールまでの進捗度を把握するために活用していただくことが適当と考える。

〈サンプル〉 **∷ Vision**

- トピックごとに、複数項目の「ビジョン」を設定している。
- ビジョンは、各トピックに挙げた事項について「目指すべき理想のCSR像」を示している。つまり、ビジョンは、金融機関のCSR経営の実践におけるゴールイメージを想定している。
- なお、各トピックに設けたビジョンは、原則的に次のような構成になっている。

まず冒頭の「Vision（総則）」は、各トピックにおける総体的な理想像を示した総体的なビジョンである。そして、その総体的な理想像を実現するための要素を、個別課題に分解したものを2番目以降の「Vision（各論）」で示している。つまり、「Vision（各論）」をすべて達成すれば、「Vision（総則）」の達成、つまりそのトピックにおける理想のCSR像を達成していると評価できる。

【トピックスにおける各ビジョンの内容】
○Vision（総則）
　　各トピックにおける総体的な理想像
○Vision（各論）
　　①取組みについての方針や計画の有無、②方針を具現化するための体制・ルールの整備状況、③方針に基づいた実施の状況、④実施状況の検証や改善のプロセスの有無

〈サンプル〉 評価項目

　各ビジョンに対して、その達成に向けて取り組むべき具体的項目を挙げたのが「評価項目」である。つまり、各ビジョンに併記された評価のポイントを参照し、自社の現状と比較し適合の可否をチェックすることで、各ビジョンに対する自社の達成度を測ることができる。

〈サンプル〉 解　説

　各ビジョンの評価項目について、解説を記載している。各ビジョンおよび評価項目を設定した理由やその背景、その重要性等を主に解説している。

〈サンプル〉 実践ポイント

　各ビジョンの達成に向けてCSR取組みを実践する場合の留意事項や参考情報等を、評価項目の内容を踏まえ記載している。

【参照基準】
　本評価基準を作成するにあたって、次の評価基準や文書等を参照した（カッコ内は、各基準等の発行年月もしくは最新改訂版の発行年月を示している）。

金融庁	「中小・地域金融機関向けの総合的な監督指針」	（2006年5月）
同	「預金等受入金融機関に係る検査マニュアル」	（2004年2月）
同	「金融機関のCSR実態調査結果」	（2006年3月）
国連環境計画	「環境と持続可能な発展に関する金融機関声明」	（1997年5月）
日本経団連	「企業行動憲章」	（2004年5月）
同	「CSR推進ツール」	（2005年10月）
GRI	「サステナビリティ・リポーティング・ガイドライン　2002」	（2002年8月）
経済同友会	「企業評価基準（自己評価シート）」	（2003年3月）
麗澤大企業倫理研究センター	「ECS2000　ガイダンス・ドキュメント」	（2005年7月）

　　　他

I. 総論　1　経営理念

　経営理念は、自社が事業活動を展開するうえで根幹となる精神や価値観を明文化すると同時に、社会に対して自社の存在意義を示すものである。また、CSR経営の実践においても根幹となるものである。経営理念に込められた精神・価値観から、自社のCSR経営の姿が描きだされていることが必要である。本項では、経営理念に自社および社会の持続可能な発展を追求する精神が反映されているが、その精神を役職員や社外のステークホルダーに対して周知・浸透を図っているかを確認する。

> **Vision（総則）** ※このトピックにおける総体的な理想像
> 　自社および社会の持続可能な発展を追求する意思が明示された経営理念が役職員に浸透し、事業活動において実践されている

評価項目　（「解説」「実践ポイント」に連動）

A 経営理念に、自社および社会の持続可能な発展を追求する趣旨が示されている
　・経営理念に、経済・環境・社会（トリプル・ボトムライン）の全側面に配慮した経営を実践する意思が示されている
B 経営理念を、役職員に浸透させるための取組みを行っている
C 経営理念が、対外的に広く公表されている

解説

A CSR経営の根幹として、「トリプル・ボトムライン」の各側面に配慮し、自社および社会の持続可能な発展を念頭に置いた事業活動を実践する姿勢を欠かすことはできない。トリプル・ボトムラインとは、企業の活動を、安定的に収益を確保し成長を実現する「経済的」側面に加えて、自社の事業で生じる環境負荷の軽減を図るとともに地球環境の保護に努める「環境的」側面と、法令やルールを遵守するとともに誠実な企業風土を備えた"良き企業市民"としての責務を果たす「社会的」側面の、3つの側面から捉えるものである。自社の経済的利益のみを追求し環境的側面および社会的側面をなおざりにすれば、社会の支持を失い、結果的に経済的利益を得ることもできなくなる。それら3つの側面をバランスよく備えた事業活動を実践することなしに、自社の持続的発展は不可能である。

以上の前提に立ち、経営理念もしくは社是、行是、基本方針等で、トリプル・ボトムラインを重視した経営姿勢や自社および社会の持続的発展のために事業活動を実践する意思を示しているかを問う。ただし、経営理念等が、抽象的・大局的文言である場合においても、「持続可能な発展」等の文言が直接盛り込まれている必要はない。自社の経営理念等からCSR経営の精神を読み取ることが可能であり、自社の経営においてそれを実践する姿勢があれば、本項の趣旨を満たすものである。

B 経営理念に含まれるCSR経営の精神や価値観を役職員に浸透させるため、それらを具体化・明文化した企業行動憲章等の規程を整備し、自社内に普及・促進させるための取組みを実践しているかを問う。

C 社外のステークホルダーの多くは、経営理念に沿った事業活動を実践しているか否かという視点からも、それぞれの企業を評価することを望んでいるため、経営理念を広く公表することは、自社が社会からの信用・信頼を得るために不可欠といえる。そのため本項では、経営トップが様々な場面で経営理念およびその趣旨に言及するとともに、様々なコミュニケーションの手法・手段を駆使して、経営理念を社外に広く示しているかを問う。

実践ポイント

A トリプル・ボトムラインの各側面に配慮し、自社および社会の持続的発展を図る経営の実践には、自社にとって特に重要なステークホルダーを認識し、それらの自社に対する期待を踏まえた事業活動を遂行することが必要である。その意思表明として、経営理念等には自社の重要なステークホルダーを意識して、自社が果たすべき責務と行動の原則を盛り込み、持続的発展を目指す自社のコミットメント（約束）を示すことが望ましい。

> **例** 三井住友フィナンシャルグループの経営理念
> ●お客さまに、より一層価値あるサービスを提供し、お客さまと共に発展する。
> ●事業の発展を通じて、株主価値の永続的な増大を図る。
> ●勤勉で意欲的な社員が、思う存分にその能力を発揮できる職場を作る。

　特に、昨今では、社会が金融機関に求める社会的責任の幅が広がっている。そうした社会的な環境の変化に柔軟に対応できるよう自社の姿勢や価値観を不断に見直す必要がある。しかし、経営理念はそもそも長期的な展望に基づくものであり、あらかじめ変更を前提に策定されるべきものではない。そこで、経営理念の基本的な精神や価値観を踏まえてその時々の社会的要請に応えた自社の姿勢や行動の原則を導き出し、経営方針や企業行動憲章といった形で社内外に自社のメッセージを発するよう努めたい。

> **例** 三井トラスト・ホールディングスの経営理念
> ●金融機能と信託機能を駆使して社会のニーズに応え、国民経済の発展に寄与していきます。
> ●企業市民としての自覚を常に持ち、その社会的責任を果たしていきます。
> ●リスク管理体制と法令等遵守(コンプライアンス)体制の充実を図り、経営の健全性を確保していきます。

B 企業行動憲章とは、経営理念の趣旨を具体的項目に列挙・明文化し、企業としての判断・行動をする際の基本原則を示したものである。各社の歴史で培われた不文律や企業風土等を反映し、特に重要と考えられる各CSR課題について、果たすべき責任を明示する。行動憲章の項目を検討する際には、日本経団連の「企業行動憲章-社会の信頼と共感を得るために」や全銀協等が策定した行動憲章等も参考になるであろう。

また、企業行動憲章で定めた原則を役職員レベルでの行動の指針として条文化したものとして「役職員行動基準」等があり、さらに行動基準の条文を具体的行動の種類を挙げるなどして解説する文書に「行動基準ガイドライン」がある。これらを整備し、経営理念の根幹にある考えを具体化するとともに、各種研修や職場内ミーティング等を通じて浸透を図る。同時に、CSR取組み計画等に経営理念の実現に向けた具体的課題を盛り込み、徹底することが必要である。

C ディスクロージャー誌のほか、自社のホームページやCSR報告書、アニュアルレポート等の自社発行のコミュニケーション・ツールには、必ず経営理念と企業行動憲章等を掲載したい。

経営理念の実現を目指して誠実な事業活動の実践をしていることを開示することは、ステークホルダーの信頼を確保するための第一歩になる。

I. 総論　2 ガバナンス・内部統制
(1) ガバナンス

ステークホルダーのニーズを的確に把握したうえで、各種ニーズに迅速かつ適切に応え、もってステークホルダーの信頼を強固なものにしていくためには、経営レベルにおいて、合理的な意思決定、効率的な業務執行、実効性のある監視が、各々透明性をもって適切に機能していることが必要である。これらガバナンスの一連のプロセスにおいては、適正性が確保されていることが重要であり、実効性のある内部統制システムを整備することによって、ガバナンスの適正性が担保され、健全な企業風土が醸成されることになるといえる。

■ Vision（総則） ※このトピックにおける総体的な理想像

意思決定、業務執行、監視の各観点から、適切なガバナンスの仕組みが構築・運用されている

評価項目 （「解説」「実践ポイント」に連動）

A 公正性および合理性のある意思決定を行う仕組みが構築・運用されている
B 機動性および効率性、適正性のある業務執行を行う仕組みが構築・運用されている
C 実効性のある監視を行う仕組みが構築・運用されている
D 意思決定および業務執行、監視の各機能において、透明性を確保するための仕組みが構築・運用されている

解説

ガバナンスの基本的機能である意思決定および業務執行、監視の各々において、適切な仕組みが構築されているかを問う。各機能に求められる要素を満たしつつ、各々について透明性を維持するための方針や具体的取組みがなされていることが必要である。

実践ポイント

A 経営者の独断専行等を防止しつつ、経営陣が株主等のステークホルダーから付託された責任をまっとうするためには、取締役の職責にふさわしい人材を選任するための仕組みが必要である。また、必要に応じて社外専門家の視点を意思決定に反映させる仕組みや機関構成の整備を行うことも大切である。
B 取締役が業務執行を担当する場合は、各取締役の業務分掌や担当部門等を規定する。
C 監視機能の実効性を確保するため、社外監査役の選任を含めた監査体制の強化を図る。同時に、監査役の業務を補佐するスタッフの独立性を確保する。
D ガバナンスにおける各機能の役割・権限・責任を分別し範囲を明確にしたうえで明文化するとともに、自社のガバナンス体制を積極的に開示し、ステークホルダーに対する説明責任を十分に果たすことが必要である。

■ Vision（各論1）
ガバナンスの強化に向けた方針がある

評価項目　（「解説」「実践ポイント」に連動）

A 意思決定において公正性および合理性を確保する方針がある
B 執行において機動性および効率性、適正性を確保する方針がある
C 監視機能の実効性を確保する方針がある
D 意思決定および執行、監視の各機能において、透明性を確保する方針がある

解説

　金融機関を含めた企業経営者に対して、公正かつ効率的で、透明性の高いガバナンスを求める社会の要請は年々高まっている。また、金融庁の「リレーションシップバンキングの機能強化に向けたアクションプログラム」は、中小・地域金融機関に対してガバナンス強化を求めている。こうした要請に応えるため、意思決定および業務執行、監視の各機能の強化とともに、それらの透明性向上に向けた方針・方策を検討しているかを問う。

実践ポイント

A 社外取締役の積極的な登用や、委員会設置会社への移行等も視野に入れつつ、意思決定の公正性・合理性確保を強化するための方針・方策を検討しておきたい。
B 執行役員制度の導入や、効率性・適正性のバランスを踏まえた権限委譲のあり方などの観点で、業務執行の現状を常に見直すことが大切である。
C 必要に応じて社外監査役の選任や増員等を検討するとともに、監査実務の充実化を図るために、監査役スタッフの拡充や担当者の能力開発等を整備するなどの方針が打ち出されていることが望まれる。さらに、執行側における監視機能（内部監査部門）や、外部監査人（監査法人等）との効果的な連携も視野に入れたい。
D ガバナンスの「見える化」を推し進めるとの方針のもと、ガバナンスのプロセスの文書化や、自社のガバナンス体制に関する情報開示強化などの方策を検討する。

Vision（各論2）
　意思決定および執行、監視の各観点から十分なガバナンス機能が発揮されている

評価項目　（「解説」「実践ポイント」に連動）

A 意思決定において公正性および合理性を確保している
- 取締役等の選考基準を明文化している
- 社外取締役の選任基準がある
- 委員会設置会社もしくはそれに準じた体制を整備している
- 株主・会員の意見が意思決定に活かされている

B 執行において機動性および効率性、適正性を確保している
- 業務執行取締役以下の業務分掌・職務権限の明確化および適正化が図られている

C 監視機能の実効性を確保している
- 社外監査役を選任している
- 監査役を補佐するスタッフの独立性を確保・強化している

D 意思決定および執行、監視の各機能において、透明性を確保している

解説

A 公正・合理的な意思決定を行うことができる人材を経営者として登用するため、取締役の選任基準を明文化しているかを問う。また、社外の専門家や他社の経営者などをガバナンスに組み込み、客観的な視点を反映させるとともに、取締役会が実質的な審議に基づいて意思決定を行うための体制・ルールが整備されているかを問う。さらに、株主や会員とのコミュニケーションを充実させ、意思決定の公正・合理性の確保に向け、彼らの意見を経営に反映させているかも確認する。

B 取締役の役割・権限を明文化するとともに、代表取締役をはじめとする、業務執行担当取締役の職務分掌を明確にしているかを問う。また、意思決定を専管する取締役会と、業務執行を担う他の組織体との間における指揮命令系統や役割分担の規定化も必要である。

C 会社法の施行により、監査役の役割として、内部統制システムの監査も加わるなど、監査役機能の重要性が高まっていることから、監査役による監査業務の実効性を確保・強化するための具体策が実際に講じられているかを問う。

D 経営の透明性向上に向けて、ガバナンスのプロセスの文書化や、情報開示の充実に向けた具体的取組みを行っているかを問う。

実践ポイント

A 取締役の選任基準を規程などの形式で明文化する。また、社外取締役について、自社との利害関係のない人材を選任するための基準を規定する。同時に、取締役会規程を定め、開催頻度や付議事項等の運営ルールを明示するとともに、取締役員数を絞り込むなどで、形骸化を防ぎ、活発な審議に基づく意思決定を行う。一方で、信金・信組等では、理事の任期を短縮する等、経営に対する会員のチェックを強化する仕組みも検討したい。

意思決定に社外の第三者的な視点を反映させる仕組みとして、社外取締役の選任に加えて、経営者が社外有識者から助言等を得るためのアドバイザリーボードの設置や委員会設置会社への移行も選択肢として挙げられる。近年では、委員会設置会社に準じて主に社外取締役で構成する指名（人事）委員会や報酬委員会を任意で設置する金融機関も増えている。

株式を上場している金融機関では、株主総会の活性化を図り、信金・信組では総代会の機能強化を図りたい。

株主総会の活性化策では、例えば、

- 開催集中日の回避
- 個人株主に配慮した休日開催
- 本店所在地以外での開催
- 衛星通信での中継やインターネットでの配信
- ネットでの議決権行使制度の導入も含めた情報技術の積極的活用
- 株主懇親会や株主向けのアンケートの実施　――等が考えられる。

一方、信金・信組等の総代会の活性化策では、例えば、

- 総代の選考基準や手続きの透明化
- 定年制や重任制限等のルール化
- 必要に応じた総代の増員や地区別定数制度の導入
- 一般会員向けの業務報告会や経営モニター、アンケートの実施　――等が考えられる。

B 例えば、総務部門や営業部門等、各取締役が担当する業務が社内の該当する部門等で明確に区別できる場合においては、担当部門を規定することで責任の範囲を明確に定めることができる。一方で、取締役が最高情報責任者（CIO）や最高リスク責任者（CRO）等、全社にまたがる経営課題を担当し、かつそれぞれにIT部門やリスク管理部門等の専任部門が置かれていない場合には注意が必要である。それらの所掌や権限の範囲を明らかにする必要がある。そうした所掌業務の範囲は、取締役会決議等によって定める。また、内部統制を維持する観点からも、そ

れらを所管する取締役に対して、必要な情報がきちんと伝達されるラインを確保しておく必要がある。

同時に、機関構成においても、基本方針の決定および監督の両機能を専管とする取締役会と、業務執行責任を担う経営会議といった他の会議体組織との役割分担を図り、経営と執行の分離を明確にすることで、機動的な執行を実現したい。近年では、金融機関でも執行役員制度が普及しており、選択肢として検討に値するであろう。

C 会社法が求める監査役の義務を遂行するためには、これまでと同様の体制では不十分であることが予想されるため、監査役スタッフの増員等により拡充を図りたい。その際には、監査役スタッフ部員の選任、異動、評価を監査役の承認事項としたり、これらスタッフが監査役以外の指揮命令を受けない等、他の執行部門からの独立性を確保するための措置が必要である。

D 意思決定、業務執行、監視の各機能において、各々の役割・権限・責任の範囲を明確にし、相互に適切な牽制効果をもたせたうえで、ガバナンス体制の運用ルールを明文化することが必要である。そのうえで、現行のガバナンス体制やその強化策等について、社外に対する情報開示を充実させる。さらに、経営計画やそれに基づく各種経営課題の実践状況や実践結果、結果の検証等に踏み込んで開示すれば、経営の透明性を一層向上させることができるだろう。また、信金・信組等においても、銀行同様に四半期開示も積極的に実践したい。

■■ Vision（各論 3）
ガバナンス体制を定期的に見直している

評価項目（「解説」「実践ポイント」に連動）

ガバナンスの体制を定期的に見直し、是正している

解 説

経営の透明性や効率性の観点からガバナンスの体制を定期的に見直し、必要に応じて体制の構成や規模・運営方法等の観点で見直し・改善を行っているかを問う。

実践ポイント

ガバナンス体制の見直し・改善については、経営理念や経営方針に適った透明性・効率性の高い経営の実践や、現行の体制を決定した時の目標と結果とのギャップ等の観点から問題点を抽出し改善に活かしたい。その際には、株主等のステークホルダーや社外取締役等の意見を重視する

ことが必要である。そのうえで、先進企業や他の金融機関の事例等を参考にしながら、体制全体の構成や取締役会を含む各機関の構成・役割の見直し、社外取締役等の人選等の見直し・改善を定期的に実施する。

I. 総論　2 ガバナンス・内部統制
(2)内部統制システム

> ■ **Vision（総則）** ※このトピックにおける総体的な理想像
> 実効的な内部統制システムが構築され、機能している

評価項目　（「解説」「実践ポイント」に連動）

A 内部統制の基本的要素が有効に機能するための態勢がある
B 経営者が、内部統制システムの有効性を検証するとともに、必要な是正措置を講じている

解説

　内部統制とは、「企業経営において、法令の遵守や効率的な業務等の目的を実現するための仕組みおよびルールに基づく社内管理」と言い表すことができる。2006年5月施行の会社法は、すべての大会社に内部統制システムの構築を義務づけた。さらに、同年6月に成立した金融商品取引法でも、上場会社に財務報告の適正性に関する内部統制システムの構築を求めるとともに、経営者には内部統制システムの有効性を評価した報告書の提出義務を課している。一方、信金・信組等の協同組織金融機関でも、金融庁の監督指針において、財務諸表等の正確性および財務諸表作成に係る内部監査の有効性の確認が求められている。本項では、これらの法令等の要請に適った有効な内部統制システムを確立しているかを確認する。

実践ポイント

　内部統制システム構築のモデルとなるものに、「COSOフレームワーク」がある。これは、米国の民間組織であるトレッドウェイ委員会組織委員会（COSO）が提唱したもので、内部統制システムのデファクト・スタンダードと位置づけられている。同モデルによると、内部統制は、3つの目的（「業務の有効性・効率性」「財務報告の信頼性」「関連法規制への準拠」）と、5つの基

本要素（「統制環境」「リスクの評価」「統制活動」「情報と伝達」「モニタリング」）によって構成される。これらの目的の達成に向け、基本要素において経営者の合理的判断により具現化すべき課題やレベルを明らかにして、実践していくことが必要である。

内部統制システムの構築は、継続的・段階的な取組みである。経営トップは、内部統制システムが有効に機能しているかどうか、不備はないか、を常にチェックし、機能が不足していたり、不備があった場合には、是正策を講じることが必要である。システムの見直し・改善を図るためには、経営トップが、日常的なモニタリングや、内部統制に関する内部監査や監査役監査の結果等、様々な手法を通じて内部統制システムの不備や欠陥を発見し、改善につなげることが必要である。

■ Vision（各論1）
有効な内部統制の基礎となる統制環境の整備が図られている

評価項目　（「解説」「実践ポイント」に連動）

A 経営トップが、誠実かつ倫理的な企業風土の構築を率先している
- 役職員に倫理的・道徳的価値観の浸透を図っている

B 自社の倫理的価値観や行動の原則を明示している
- 経営理念を踏まえ、倫理的行動の基本原則等を含んだ「企業行動憲章」を策定している
- 研修等を通じて、役職員に企業行動憲章等を浸透させている
- 社会の要請の変化などを踏まえて、企業行動憲章等を適宜見直し、是正している

解説

A 2006年11月、金融庁は、内部統制システム構築の指針となる「内部統制の基本的枠組み」案を公表した。ここで示された枠組みは、COSOフレームワークに則ったものである。それによると、統制環境とは「組織の気風を決定し、統制に対する組織内のすべての者の意識に影響を与えるとともに、他の基本的要素の基礎をなし、影響を及ぼす基盤」と定義している。統制環境を整えることは経営トップの重要な任務の1つであり、経営トップの姿勢こそが、自社の統制環境を形づくる最大の要素でもある。このため、経営者が倫理的・道徳的に正しい理念や目標を定め、その方向に役職員を誘導する風土や仕組みの確立を図っているかを問う。

B 経営理念の精神や経営トップの倫理的・道徳的な考え方・価値観を明文化した文書が、企業行動憲章である。自社の全役職員の行動を統制するために、きわめて重要な規範となる。経営理

念の精神を反映しつつ、自社としてのモラル的な行動の原則・基準を列挙して示すとともに、役職員に浸透させる具体的な取組みを実践しているかを問う。また、社会的価値観の変化や法令の変更等、自社を取り巻く環境の変化に応じて、行動規範を随時改定することも必要である。

> **実践ポイント**

A「数字を上げるためには、多少の無理もやむを得ない」という価値観が社内に蔓延していては、適正な統制環境の確立は望めない。経営トップが、「収益よりもコンプライアンスを優先する」という価値観を明確にし、自らが実践するのはもちろんのこと、全社に向けた訓示や各種会議等の場面、様々な社内のメディアを通じて役職員に倫理に則った姿勢・行動の重要性を繰り返し説く必要がある。同時に、社外に対してもコミットメントを発信することで、役職員に自覚と意識改革を促し、適正な統制環境の醸成が期待できる。

B 企業行動憲章とは、自社の経営理念に含まれる精神や価値観等を、重要なステークホルダーやテーマごとに自社が果たすべき責任をCSRの観点から、具体的に列挙し明文化したものであり、自社の経営における行動の基本原則を示すものである。行動憲章の作成では、次のようなプロセスが有効である。

1．行動憲章の核となるキーワードを洗い出す。キーワードは、主に経営理念や行是等から抽出するが、創業者や過去の経営トップの訓示、不文律等の自社の理念・規範、全銀協の行動憲章や信用金庫倫理綱領等の業界指針、他社事例等も参照する
2．洗い出したキーワードと自社の理念とをマッチングし、重みづけを行う。優先順位の高いキーワードから、ステークホルダー（お客さま、社員等）もしくはテーマ（倫理法令遵守、地域貢献等）ごとに整理し、文章の草案を作成する
3．社内のディスカッションで草案をブラッシュアップする
4．経営トップの承認を得て発効する

完成した行動憲章は、経営トップ自らが社内にリリースすることで、徹底に向けた決意を示したい。そのうえで、解説書の作成や社内の情報ツール、研修等を通じて役職員に普及・浸透を図ることが必要である。

∷ Vision（各論2）
自社の重要リスクを評価・抽出し、リスク低減に有効な統制活動や情報伝達が実践されている

〈総論〉2　ガバナンス・内部統制

> **評価項目**　（「解説」「実践ポイント」に連動）

A 自社の重要リスクを経営トップが認識するとともに、リスクを低減するために必要な意思決定を行っている

B 不正や違法行為を防止するための統制活動が実践されている
  ・従業員の業務に応じて行動の具体的な指針等が整備されている
  ・リスクの顕在化を防止する観点から適正な業務の手順および手続きを定めている
  ・法令や社内規則に違反した者に対する懲罰規定があり、厳格に運用されている

C リスクに関する情報が適時・適正に伝達される仕組みがある
  ・経営の決定事項やリスクに関する情報が適正に伝達されるためのルールやインフラが整備されている
  ・法令違反やリスクの発見に関する従業員向けの通報窓口があるとともに、通報者が不利益を被ることを防止する運用がなされている

> **解　説**

A リスクの評価と対策とは、組織目標の達成を阻害する要因をリスクとして識別、分析および評価したうえで、それらのリスクへの適切な対応を選択するプロセスである。自社の業務全体を俯瞰して重要リスクを網羅的に洗い出し、それらのリスクが顕在化した場合に自社が被る損失をできる限り計量的に評価し、そのリスクを許容可能な程度まで低減させることである。つまり、全社的なリスクマネジメントを確立することを指している。リスクの低減に向けてリスクマネジメントのプロセスが体系的に実施されているかを問う。

B 統制活動とは、経営者の命令および指示が適切に実行されるために定められる方針および手続きと定義づけられる。例えば、従業員による不正や違法行為の発生を防止し、規律ある行動を徹底するために、役職員行動基準や職務規則等の規程を整備することで、業務において遵守すべき行動を明確にする。業務遂行上の不正やミスを防止するため、業務を適正な手続き・手順に基づき標準化した業務マニュアルを整備するとともに、その的確な履行をチェックする。これらの取組みを実践しているかを問う。

C 情報と伝達とは、内部統制上必要な情報が識別、把握および処理され、組織内外および関係者に正しく伝えられることをいう。経営トップの決定・指示が社内外のステークホルダーに正確に伝わる一方で、不正やミス等の内部統制上で重要な情報が経営トップや関連部門に適時・適切に伝わることも不可欠である。こうした必要な情報が社内外に適正に伝達される仕組みを確保し実現されているかを問う。特に、職制（ライン）による共有・処理が有効に機能しているかの観点のみならず、リスクに関する情報を早期に察知する手段として、従業員による通報窓口となる企業倫理ヘルプラインを設けているかも確認したい。

> **実践ポイント**

A リスクマネジメントは、主に「リスクの発見・確認」「リスクの分析・評価」「リスクの処理」「結果の検証」の4つの基本的なプロセスで構成される。

　リスクの発見・確認では、自社の業務内容を正確に把握したうえで、存在するリスクを漏れなく探し出し、見逃さないようにすることが肝要である。収益・財務状況やビジネスモデルといった自社の経営全般に関わる全社的なリスクと、各業務プロセスにおいて発生するリスクの両面の観点から洗い出す。

　リスクの分析・評価では、洗い出しにより確認したリスクについて、各リスクの顕在化による損害の発生頻度と損失の規模の両面から、経営への影響度を推定する。預金等受入金融機関の重要リスクである信用リスクや市場リスクについては、過去のデータに基づく統計的手法等を活用して発生頻度や損失規模の計量化を図る。

　リスクの処理では、「リスクコントロール」および「リスクファイナンシング」の2つの手段がある。前者には、リスクの要因となる事業や商品の中止等による「回避」、ルールや手続きの厳格化等でリスクの発生可能性や影響を抑制する「除去・低減」、業務のアウトソーシング等でリスクそのものを第三者に転嫁する「移転」がある一方、後者では、自己資本によるリスク管理等の「保有（受容）」がある。さらに、保険による「転嫁」もある。これらの手段から、各リスクについて効果適合性（損害の最小化を図る）および費用適合性（費用を最小・経常化する）に配慮しながら適切に選択する。

　リスク処理の効果を検証し、手段の見直しにつなげるのが「結果の検証」である。

B 従業員の規律を図るための文書規程としては、経営理念や行動憲章の内容を従業員の行動レベルでの指針である「役職員行動基準」や、それをさらに業務上の具体的な行動に落とし込んだ解説書となる「役職員行動基準ガイドライン」がある。役職員行動基準やガイドラインの作成にあたっては、個別業務において、業務の特性を考慮するとともに、特に注意する法令や取る対応等、具体的な行動のイメージが伝わりやすい内容にすることが望ましい。特に、「べからず集」のような形になるのは避け、そもそも自社の従業員としてなぜそうした姿勢・行動を取らなければならないのかという理由や根拠を含めて自社としての明確な考え方やスタンスが必要である。一方、実際の業務遂行においては、業務マニュアル等により、各従業員の役割・権限を明確化・分離し、承認や記録、管理等のプロセスを分担させる態勢等により、相互牽制を機能させるとともに、業務の各プロセスでチェックをかける仕組みおよび運用が必要である。また、法令や社内規則等の違反行為については、従業員の規律意識を維持するために、明確な手続きのもとで厳正な処分を適用することが必要である。

C リスクマネジメントやコンプライアンスといった内部統制の主要な取組みでは、それぞれの運用規程で関連する各部門の役割と権限を明確にするとともに、経営トップの各施策に関する指示や意思を関連部門および全役職員に漏れなく伝えるための伝達ラインを規定することが重要

である。また、平常時および緊急時の双方の場面を想定して、リスクに関する必要な情報が現場部門から経営トップに伝達され、その逆に経営トップの指示命令が現場に迅速・正確に伝達されるための手順・手続きを緊急時対応計画やマニュアル等で示す。さらに、緊急時を想定した模擬訓練等を実施して、既存の情報伝達体制が適正に機能するかを確認し、必要に応じて是正を図る取組みも有効である。また、社外に対する情報の伝達では、証券取引所の規則等に対応した体制・ルールの整備が不可欠である。

職制を通じた情報伝達が事情により機能しない事態に備えて、ヘルプラインを構築・運営することも有効である。留意すべき事項としては、通報者に不利益が及ばないことへの保証が極めて重要であり、通報窓口を弁護士事務所等の社外に置くなどの工夫も検討したい。

■ Vision（各論3）
内部統制の実施状況が的確にモニタリングされるとともに、経営トップによる有効性の評価および必要な是正が行われている

評価項目　（「解説」「実践ポイント」に連動）

A　内部統制の実施状況がモニタリングされている
- 業務部門レベルでのモニタリングが実践されている
- 内部監査の専任部署があるとともに、独立性を高めるため特段の配慮を講じている
- 監査役監査を拡充するための体制が整備されている

B　経営トップが内部統制の有効性を定期的に評価し、是正措置を講じている
- モニタリングや内部監査等の結果が的確に経営トップに報告されている
- 内部統制システムに関する問題の分析・評価および是正・改善が実施されている

解説

A モニタリングとは、内部統制が有効に機能していることを継続的に評価するプロセスを指す。日常的モニタリングと独立的監査の2つの側面があり、双方ともに体制を整備し実践されているかを問う。日常的モニタリングとは、各業務レベルにおいて日常的な業務管理のプロセスに組み込まれた活動をいう。例えば、部門長等が部下の業務でミスや不正がないかを日々確認・監視することなどがある。一方、独立的評価は、監査役や内部監査部門等の業務部門から独立した部署が、第三者的視点から内部統制の実施状況や有効性を評価し、問題点を発見するものである。

B 経営トップは、取締役会が定めた基本方針に従って、有効に機能する内部統制システムを整備する義務がある。同時に、内部統制システムは必要に応じて段階的に改善し、有効性を高めていくものでなければならない。内部監査や監査役監査、会計監査人の監査結果等、自社の内部統制システムの実施や整備状況に関する情報を綿密に収集するとともに、それらによってあぶり出された問題点を分析・評価・是正し、内部統制システムの改善を行っているかを問う。

実践ポイント

A 日常的モニタリングでは、各部門の業務フローを踏まえたマニュアル等の整備により、部門長等が各段階で適正なモニタリングを実施するための手順・手法等を明確に規定したい。また、モニタリングによって、業務のミスや内部統制運用上の問題等が発見された場合は、直ちに問題を是正するとともに、重大性に応じて経営トップを含めた社内のしかるべき部門・役職者に情報が伝達されるためのルール化等が必要である。一方、内部監査部門については、内部監査規程の策定等で、部門の権限や監査プロセスの重要性を担保したい。そのうえで、社長や会長の直轄部署とする等で部門の独立性を高める手当によって、監査の実効性を高める。また、部員の異動等に配慮し業務部門との馴れ合いを防止したり、専門性の高い人材を置き能力開発を充実させることなども効果的である。さらに、監査役の業務を補助する専任スタッフを置くとともに、陣容の拡充や部員の能力向上を通じて監査役監査の充実を図りたい。

さらには日常的モニタリングと独立的評価が相乗効果を発揮できるよう、方針や手法、対象等について、多角的・効果的な検証の実施を志向すべきである。

B 各業務部門による日常的モニタリングや、内部監査および監査役監査等の結果が経営トップに的確に報告されるとともに、経営トップが監査役と密接なコミュニケーションを行うことを、関連規程の整備等を通じてルール化することが必要である。それに加えて、自社の内部統制における不備や欠陥等の端緒を早期に把握し、内部統制の体制や手続き等の改善につなげるため、投資家やお客さま、取引先、一般従業員、メディア等の情報チャネルを幅広く確保するよう努めたい。

I. 総論 3 CSR マネジメント

　自社および社会の持続可能な発展を実現するため、経済・環境・社会の各側面および様々なステークホルダーに配慮した CSR 経営を実践するには、CSR の取組みについて PDCA サイクルを構築し運用する CSR マネジメントが必要となる。CSR に関するビジョン（目指

すべき理想像）を明確に示すとともに、重要な課題やテーマ、ステークホルダーに対する活動を実践・管理するための態勢を整備することが求められる。

■ Vision（総則） ※このトピックにおける総体的な理想像
CSRのビジョンが明確に示されるとともに、その実現に向けた取組み計画がある

評価項目 （「解説」「実践ポイント」に連動）

A CSRのビジョン（目指すべき理想像）が確立している
B 重要ステークホルダーに対して果たすべき責任・取組み計画が明確になっている

解説

A CSRとは、「企業が社会における良き企業市民として、経済的・環境的・社会的な各側面に配慮して事業活動を行い、様々なステークホルダーとのより良い信頼関係を構築し、社会および企業の持続可能な発展を追及すること」と定義することができる。この実現に向けて、自社が各ステークホルダーに対して果たすべき責任を明確にするとともに、CSRを経営戦略として位置づけ、PDCAサイクルを構築し運用するのが、CSRマネジメントである。有効なCSRマネジメントの確立には、自社がCSRに取り組む目的や重要性等を明確にし、目指すべき理想像を自社のCSRビジョンとしてしっかり固めることが必要である。

B 同時に、ステークホルダーとのより良い信頼関係を築くために、それらに配慮した事業活動を推進していく必要がある。自社業務の現状を精査し、重視すべきステークホルダーを特定するとともに、各ステークホルダーに対して果たすべき責任やその実現に向けて実施すべき取組みが計画化されているかを問う。

実践ポイント

A CSRビジョンを策定するにあたっては、まず自社のCSRに関する基本的な考え方を明確にする。CSR経営の推進が自社および社会の持続可能な発展に不可欠な取組みであり、社会の要請に迫られて行うのではなく、自社の企業価値の向上に向けた自発的な投資であることを明確にしたい。経営理念や行是、これまでに培われてきた自社の経営哲学等との整合性にも留意することは必須である。

次に、自社のCSR取組み計画の基本コンセプトを固める。例えば、自社のステークホルダーに対する責任を実践する領域において、「事業活動」と「事業外活動」、そして「内部的な企業体質の強化」という視点で整理してみる。金融機関でいえば、事業活動の領域では、お客さ

ま満足（CS）の向上、事業外活動の領域では、社会貢献といった取組みテーマ、そして内部的な企業体質の強化の領域では、コンプライアンスやリスク管理といった取組みが挙げられる。こうした個別テーマや取組みを念頭におきながら、取組み計画を検討する。

次の図は、CSR取組みの全体像を整理したモデルである。

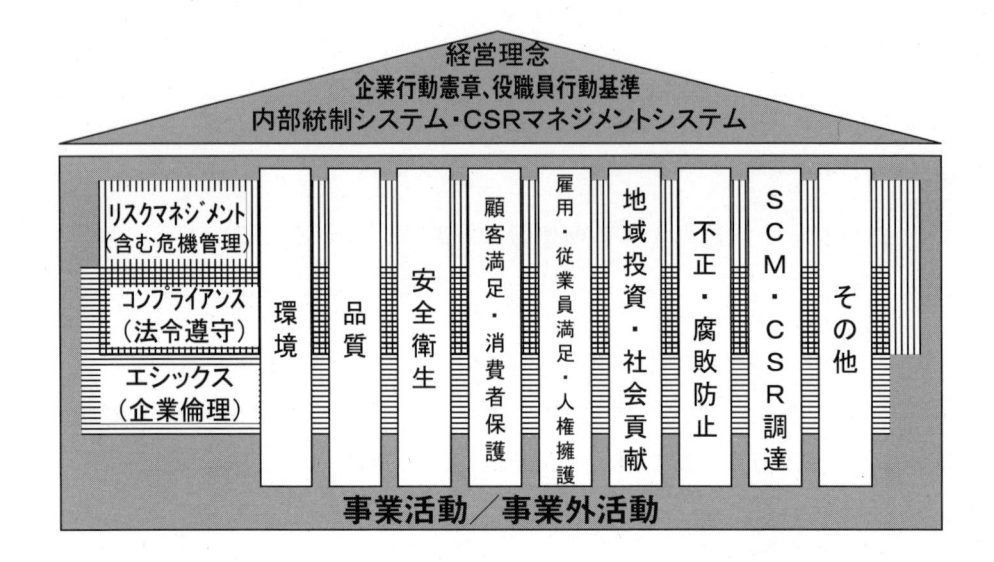

```
            経営理念
     企業行動憲章、役職員行動基準
  内部統制システム・CSRマネジメントシステム
┌─────────────────────────────────────┐
│ リスクマネジメント                            │
│ （含む危機管理）  環 品 安 顧 雇 地 不 S そ │
│ コンプライアンス  境 質 全 客 用 域 正 C の │
│ （法令遵守）          衛 満 ・ 投 ・ M 他 │
│ エシックス            生 足 従 資 腐 ・   │
│ （企業倫理）             ・ 業 ・ 敗 C    │
│                          消 員 社 防 S    │
│                          費 満 会 止 R    │
│                          者 足 貢         調│
│                          保 ・ 献         達│
│                          護 人            │
│                             権            │
│                             擁            │
│                             護            │
│         事業活動／事業外活動                │
└─────────────────────────────────────┘
```

取組み計画をさらに具体的に検討し決定するに際しては、自社の重要ステークホルダーとそれらに対する責任を明確にするとともに、責任を果たすための取組み・テーマを整理する。自社の業務内容や組織体制、既存マネジメントシステム等の現状を再検証・再認識する作業に加えて、日本経団連の「企業行動憲章」や全銀協の「行動憲章」といった各種ガイドライン・規格の参照、SRIの評価項目や専門家の意見、先進企業や同業他社との比較、そしてステークホルダーとの直接的な対話等を通じて検討する。

重要ステークホルダーに対する責任には、次のようなものが考えられる。

〈重要ステークホルダーに対する責任〉
○お客さま
　　・公平・公正・誠実な対応
　　・安全で高品質の商品・サービスの提供
○株主（会員）
　　・適時・適正な情報開示
　　・自社経営とバランスの取れた利益還元
○取引先
　　・公正・誠実で、共存共栄を目指した対応
○従業員

・健全な職場環境の維持
・公平・公正な待遇
○地域社会
・地域の持続可能な発展への貢献
○環境
・自社事業の環境負荷の低減
・環境保護・保全への積極的な取組み
○監督官庁
・関連法令・規則の遵守
○マスコミ
・取材への公平・公正な対応

▪ Vision（各論1）
CSRマネジメントシステムを構築している

評価項目　（「解説」「実践ポイント」に連動）

A CSRマネジメントシステム基本規程を策定している
B 全社的なCSR推進の組織体制が整備されている
・経営トップを長とする、組織（グループ）横断的なCSR推進機関を設置している
・CSR担当役員および専任担当部署・担当者を設置している
・各拠点・部門レベルの推進担当者を置いている

解説

A CSRマネジメントシステム基本規程を策定しているかを問う。同基本規程とは、CSR活動を実践していくための運用体制や役割・権限手続き、つまりCSRマネジメントシステムを明文化した文書である。他の重要な経営課題と同様、取組みの促進やパフォーマンス向上のために、PDCAサイクルに基づく運用を明確に規定していることが必要である。

B 有効なCSRマネジメントを実現するために、経営トップから各事業部門の全従業員まで指揮統括が及ぶラインを確保した推進体制が構築されているかを問う。自社の規模・人員体制等を考慮しつつ、経営トップを最高責任者とし、全社的な取組み計画の立案から現場レベルでの取組みの推進・徹底が図られる体制を整備することが望ましい。

> **実践ポイント**

A CSRマネジメントシステム基本規程の一般的なモデルを次に示す。なお、基本規程では、CSRマネジメントの基本的事項の規定にとどめ、具体的な活動内容は別途全社共通の取組み計画や部門別の取組み計画にて規定するのが望ましい。

〈CSRマネジメントシステム基本規程のモデル〉

・目的
　基本規程の目的が、経営理念の具現化であり、そのために企業行動憲章等に沿った事業活動の実践であることを端的に明示する。

・定義
　自社におけるCSR活動のステークホルダーおよび具体的要素・テーマ等を明示する。

・CSR活動推進の基本的方針

・CSR推進体制
　CSR推進の組織体制とともに、各組織の構成や役割・権限を規定する。

・CSR活動計画
　CSRの具体的活動に関する計画の策定と、計画の承認プロセス等を定める。

・CSRの社内普及・周知の促進
　CSRに関する教育プログラムの主管部門および実施事項を定める。

・情報開示
　CSR取組みに関する情報開示の方法や頻度等を規定する。

・活動の検証および是正措置
　CSR活動に関する自主点検の実施や必要な是正措置の実施を規定する。

B 有効なCSRマネジメントを実現するために整備すべき推進体制を機能別に整理すると、次のようになる。ただし、企業規模等その他の特性を勘案し、自社に適切な体制を検討する必要がある。特に小規模な金融機関では、CSR専任部門は必須ではなく、PDCAサイクルをきちんと運用できる体制が整っていればよい。

①意思決定機能
　・取締役会、経営会議、またはCSR委員会（経営会議メンバー＋本社部門長等）

②推進事務局機能
　・専任部門（CSR室等）または兼任型（複数部門による小委員会）

③個別テーマ詳細検討機能
　　例：普及促進ワーキンググループ（人事、広報、拠点統括各部門＋事務局）

④点検・監査機能
・CSR委員会、業務監査部、監査役（室）等

⑤拠点別・部門別推進機能
・チーフCSRオフィサー（＝委員長＝社長もしくはそれに準ずる役員）
・CSRオフィサー（各部門長）
・推進担当者（各部門中堅社員）

なお、リスクマネジメントやコンプライアンス、環境等の委員会がすでに設置されている場合は、本社委員会と各部門別委員会とのラインを維持しつつ、CSR体制の中にうまく入れ込むことも検討したい。既存の組織や委員会、取組み課題を一定残しつつ効率的に束ねるほうが有効であり、複雑化した各種マネジメントシステムや推進組織をCSRの機軸で整理し直すことで、内部統制を強化する効用も期待できる。

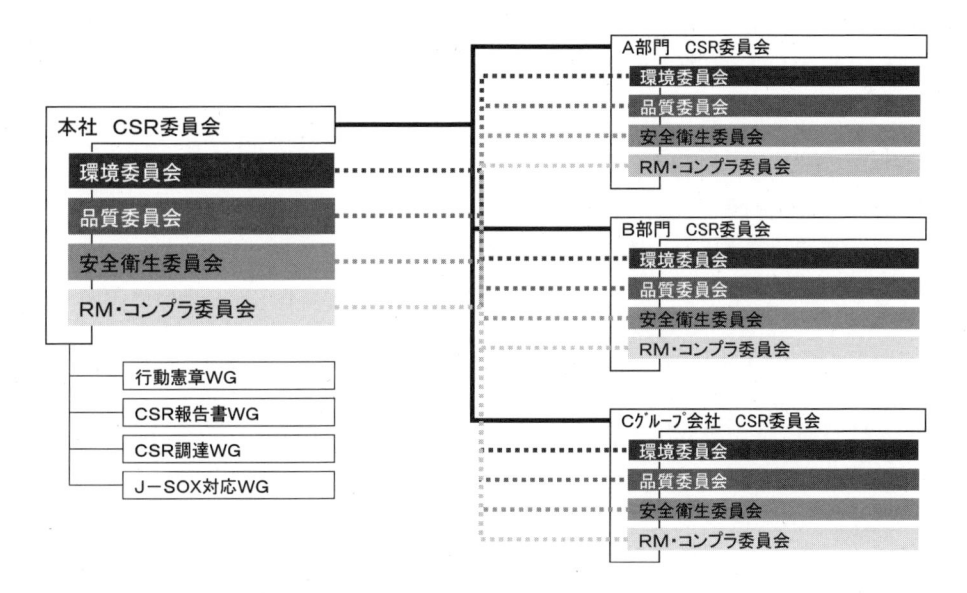

:: Vision（各論2）
CSRビジョンを実現するための具体的取組みを実践している

評価項目　（「解説」「実践ポイント」に連動）

A 適切な個別課題を設定し、CSR取組み計画に従って実践している
・ステークホルダー分析の結果を踏まえて、個別課題を合理的に設定している
・個別課題を各部門および個人の取組みに展開している

- ・適切な進捗管理を行っている
- ・ステークホルダーの期待とのギャップを定期的に分析している

B CSRに関する教育普及プログラムが整備され、適切に運用されている
- ・役職員の階層や各部門の業務分掌を踏まえた実効性のある研修プログラムが定められている
- ・教育普及プログラムが適切に実施されている

解説

A 各重要ステークホルダーへの責任に応じた主な個別課題には、「お客さま満足（CS）・消費者保護」や「投資家広報（IR）・株主対応」「労働安全衛生」「雇用・従業員満足（ES）」「社会貢献・地域投資」「不正・腐敗防止」「環境」等がある。これらの個別課題を、各部門や役職員個人の課題として実践・管理することが必要である。また、そうした個別課題における具体的な取組み内容がステークホルダーの要請や期待に沿ったものであるか、という観点で適正性が求められる。ステークホルダーの関心や要請と、自社の現状とのギャップを定期的にチェックし、必要に応じて改善を図ることが必要になる。

B CSRを全役職員に浸透させ、業務において徹底させるためには、役職員に対する実効的な教育普及プログラムの策定が不可欠である。教育のねらいとして例えば、事件等の問題が発生した時に、目先の利益にとらわれず自社のCSRの理念に基づいて判断・行動ができる、といった現実の場面で効果が期待できること等が挙げられる。各役職員の業務や職責に応じて、教育のねらいや目標を設定するとともに、到達度を測定し是正を図るといった、適切な運営が実施されているかを問う。

実践ポイント

A ここでは、個別課題である「社会貢献・地域投資」の実践プロセスを例示する。

①**様々なステークホルダーの「社会貢献・地域投資」に関する期待を把握する**

　　ステークホルダーごとに期待の内容や優先度が異なるため、これらの網羅的に把握したうえで、現状とのギャップを分析する。

②**社会貢献に関する全社方針・計画を定める**

　　自社の強みや弱みを踏まえたうえで、例えば、地域の中小企業支援や、芸術・スポーツ支援、ボランティアを重点的に推進する等を方針として挙げる。

③**部支店や個人レベルの課題・目標に落とし込む**

　　例えば、地元ベンチャー企業向け融資の充実や地域イベントへの協賛、ボランティア活動の参加等について、数値目標を設定する等が考えられる。

④**進捗状況を把握する**

定期的に、目標の達成状況をチェックし、必要に応じて取組みの促進や問題の改善を図る。

⑤**再評価を行い、必要に応じ是正する**

　ステークホルダーの期待について再度分析評価を行う。地域住民やNGO/NPO等を対象にしたステークホルダー・ダイアログ等を通じて、自社の社会貢献の評価や問題点についての意見を集め、それらを参考にして取組みを見直すことも有益である。

こうした一連のプロセスを、すべての個別課題について実施していくことが必要である。

B 教育普及で一番問題なのは、単発の研修を1回行って終わり、という例である。教育の実効性を得るためには、中長期的視点から「ねらい」や期待する効果を設定するなど計画的に実施する。例えば、1年目には「自社のCSR理念の理解や行動規範の理解を徹底する」、2年目には「CSR理念を踏まえた難題の解決能力を育成する」というように、段階ごとに達成のマイルストーンを設定し、理想像に向けて成長可能なプログラムにするのが望ましい。現状の役職員の達成度を測りながら、必要に応じて教育の強化を図っていく、という継続的な取組みが必要である。

　一方、役職員の階層に応じて、各種研修における教育項目にCSRを織り込む等、効率的な実施を検討する。職責に応じた教育の点では、特に役員への浸透を強化することが重要である。役員への有効な教育方法の1つに、シミュレーション・トレーニングの実施がある。重大な事件・事故等のワーストシナリオを想定し、実戦さながらに緊急時対応の模擬訓練を行う。いざという時に、自社のCSR理念に基づいて適切な判断・行動を徹底するのに有効であるとともに、自社のCSRの本質を再認識することも期待できる。

　このほか、従業員に対して、企業行動憲章等の遵守を誓約させたり、CSRに関する個人目標を設定する等の取組みも有効と考えられる。

:: Vision（各論3）
CSR取組みの結果を点検し、改善に活かしている

評価項目　（「解説」「実践ポイント」に連動）

CSR取組みの点検を定期的に実施している
- マネジメントシステムの有効性とパフォーマンスの妥当性の両面から点検を実施している
- ステークホルダーの意見やCSRに関する外部評価基準等を参照し、取組みの改善に活かしている

解説

　経営課題のマネジメントの要諦は、経営トップの意思に基づき立案した方針・計画・実施した結果を点検し、点検によって抽出した問題点について改善を図るという、継続的なプロセスを実施することにある。このPDCAの「点検（C）」および「是正（A）」のプロセスはきわめて重要である。特に、CSRマネジメントは、自社を取り巻くステークホルダーの期待を踏まえた事業活動を目的としているため、自社のCSRを見直す際にステークホルダーの視点をバランスよく取り込むことが重要になる。CSR取組みの点検を定期的に実施するとともに、ステークホルダーの意見・評価等を取組みの改善に活かしているかを問う。

実践ポイント

　マネジメントシステムの有効性やプロセスの履行状況を点検するだけではなく、CSR活動のパフォーマンスを点検し、問題点の抽出や改善につなげることが必要である。例えば、従業員アンケートによりCSRの認識度・理解度をチェックし、その後のフォローアップとしてのサンプリング調査（個別従業員面談ヒヤリング）等を行うことも、経営者が自社のCSR経営の進捗をより客観的に把握するためには有効な手段となる。さらに部門相互間の点検やCSR専任部署による監査、業務監査部門による監査や監査役監査等を通じて、CSRマネジメント全体の点検を行う。監査の方針や手法、対象等について、相互に情報・意見を交換し、多角的な点検・検証が可能になるよう工夫が必要である。

　一方、各種のステークホルダーの意見・評価を広く取り入れるコミュニケーションを充実させるには、次のような手法が考えられる。

・お客さまや株主等については、アンケートや意見カード等で、自社への意見や評価を把握する
・地域の中小企業や地域住民等では、ステークホルダー・ミーティングで生の声を聞く
・NGO/NPOから、自社の環境や社会貢献の取組みに対する評価を収集する
・自社ホームページで様々なステークホルダーの意見を収集する

　いずれの場合も、自社が十分な情報開示を実践することが、コミュニケーションを充実させる前提である。CSR報告書等のツールを充実させ、自社の経済的・環境的・社会的各側面の取組みを開示することが必要である。

　また、自社の取組みを検証する際には、CSRに関する外部評価基準等も極めて参考になる。金融庁が2006年3月に公表した『金融機関のCSR事例集』は、我が国の金融機関が行っているCSRの取組みを網羅しており最適な資料の1つであろう。この他に、日本経団連の「CSR推進ツール」や経済同友会のCSR取組みに関する「自己評価シート」等や、各メディアが実施している企業のCSRランキング等も活用できる。

I. 総論　4 コンプライアンス

　法令遵守の徹底は、あらゆる企業にとって必須である。特に、事業の公共性が高く、監督官庁の厳密な指導・監督のもとで事業を営む金融機関にとって、一層重要な課題である。現在金融機関を含めた企業全般に求められているコンプライアンスとは、単に法令・規則を守るだけでなく、社会通念として確立されたルールやモラルも遵守することをいう。このような広義のコンプライアンスを自社に定着させるための体制を確立する必要がある。

■ Vision（総則）　※このトピックにおける総体的な理想像
　法令等の遵守および公正・誠実な行動の実践が、自社の企業文化として定着している

評価項目　（「解説」「実践ポイント」に連動）

A コンプライアンスの推進に向けた基本方針を定めている
　・基本方針で、法令だけではなく社会規範を含めた広義のコンプライアンスを推進する意思が明示されている

B コンプライアンスを全社的に推進・徹底するための体制・ルールが整備されている

C 特に重要な法規制について遵守を徹底する取組みがある

解説

A 金融機関が参考にするコンプライアンス体制構築のための代表的な指針に、金融庁の「金融検査マニュアル」がある。しかし、同マニュアルで示すものは、主として関連法規の遵守を前提としたものであり、金融機関に求められるコンプライアンスのミニマム・スタンダードと捉えるべきである。同マニュアルの要求を満たすことは当然として、法令のみならず社会通念として確立されたルールやモラルに基づいた判断や行動を全役職員に徹底することが、真のコンプライアンス経営といえる。本項では、そういった広義のコンプライアンスの実現を目指した基本方針を定めているかを問う。

B 基本方針に従い、広義のコンプライアンスを推進するための体制が構築されているかを問う。具体的には、全社的にコンプライアンスを推進・徹底するための方針や組織体制・ルール、推

進のための具体的取組み、取組み状況の点検プロセス──等の有無を問う。

C 金融検査マニュアルの「確認検査用チェックリスト」では、「金融機関とその経営者等が遵守すべき具体的な法令等」を列挙している。このチェックリストに示される法規制はあくまでも金融機関の本業に関するものであるため、チェックリストに掲載された法以外の法規制も洗い出し、遵守に向けた取組みを実践しているか否かを確認する。

実践ポイント

A コンプライアンスに関する基本方針に、何を盛り込みどのようなスタイルにするか、どのくらいのボリュームにするか等は、自社の企業風土により異なるが、自社のコンプライアンスに関する考え方を示す性格上、最低限押さえておくべき共通のポイントとして、次の3点が挙げられる。

〈コンプライアンス基本方針策定時の留意事項〉
(a) 自社の経営理念・行是・経営方針との整合性をとる。
(b) 「収益よりコンプライアンスを優先する」等の明確な意思表明を経営トップの言葉で示す。
(c) 記載内容が役職員にとっての判断・行動の基準たり得る文言にする。

具体的な文言の作成には、日本経団連の「企業行動憲章」や全銀協や全信協の「倫理綱領」等を活用できる。特に、(c)について、金融検査マニュアルでも「基本方針…は、単に倫理規定にとどまらず、具体的な行動指針や基準を示しているか」と規定されていることに留意が必要である。また、「反社会的勢力には毅然とした態度で臨む」等の企業モラルに関する事項も不可欠である。

B PDCAサイクルに基づくコンプライアンス推進体制を構築するためには、次のような要素を実施するための体制を整備していく必要がある。

①コンプライアンス推進に向けた経営トップの明確な意思表示
②コンプライアンス推進のための組織体制
③コンプライアンス抵触リスクの洗い出しおよび分析評価
④コンプライアンス・マニュアルの策定
⑤コンプライアンス・プログラムの策定
⑥役職員への周知徹底
⑦取組みの検証・見直し

コンプライアンス体制構築に取り組むにあたっては、まず目指すべき到達目標（ビジョン）を明確にしたうえで、段階的なゴールを定め計画的に展開していく認識を、経営トップ以下の全役職員で共有することが肝要である。

C 金融機関に関連する法令について、その解説や具体的な違反事例等を示した解説書やマニュア

ルを作成し、全役職員に周知徹底を図る。さらに各部門の業務プロセスにおいてコンプライアンスの側面から実施すべき事項を網羅したチェックリストを作成したり、そのチェックリストをもとに、部門内でセルフチェックを行う等のルール化も求められる。

また、金融検査マニュアルに示された金融機関に固有の法令以外にも、金融機関が一企業として遵守すべき法令・規則についても洗い出しを行い、必要に応じてマニュアルやガイドラインを作成する等の取組みが必要である。

Vision（各論1）
法令等の遵守および公正・誠実な行動の実践のための体制や計画がある

評価項目　（「解説」「実践ポイント」に連動）

A コンプライアンス推進に向けた全社的な体制が整備されている
- 全社的なコンプライアンス推進に関する審議機関が設置されている
- コンプライアンスの担当役員および推進部署・担当者を置いている
- 各部門にコンプライアンス担当者を置いている

B コンプライアンスの確立を目的にしたコンプライアンス・プログラムがある
- 同プログラムが具体的な実践計画となっている
- 同プログラムを毎年度見直している

解説

A コンプライアンスを全社的に推進するために、組織体制を整備しているか否かを問う。特に、金融機関におけるコンプライアンスの重要性を踏まえると、自社のコンプライアンス取組みの統括・推進・調整を担当する部署および各部門や職場において取組みの旗振り役となる推進責任者（コンプライアンス・オフィサー）の設置は必須の体制といえる。

B コンプライアンス・プログラムについて、金融検査マニュアルは、「コンプライアンスを実現するための具体的な実践計画」と規定している。つまり、コンプライアンス基本方針を実現し、コンプライアンスを自社に定着させていくための具体的事項の実施や整備等に関する計画を指す。コンプライアンスは、単年度で完結するものではなく、中長期的な視点で継続的に実施していく必要がある。そのため、過年度の取組み結果を踏まえ、同プログラムを毎年見直しているか否かを確認する。

実践ポイント

A 実効性のあるコンプライアンスを推進するためには、①経営トップの直接的な関与がある、②推進部門や推進担当責任者を職務分掌の中で明確化し、しかるべき役割と権限を付与する——の２点を押さえておくことが最低限必要である。

コンプライアンス推進に向けた組織体制の一例を次に示す。

〈コンプライアンス推進体制の一例〉
- コンプライアンス推進委員会（社長を長とし、役員および各部門の上位役職者で構成）
  コンプライアンス・プログラムの承認、進捗の把握・評価、関連諸規程の制定・改廃、等を実施
- コンプライアンス推進事務局（コンプライアンス推進部門の長およびメンバーで構成）
  コンプライアンス・プログラムの企画・立案、進捗管理、委員会への報告、関連諸規程の策定等を実施
- コンプライアンス・オフィサー（部門長等の役職者）
  普及啓発、コンプライアンスに関する質問・相談の対応、日常業務でのモニタリング、不祥事等発生時における調査等を実施

B コンプライアンス・プログラムの策定のポイントは、まず当該年度内の取組み方針（目標）を設定したうえで、その実現のための具体的な項目およびスケジュールを組み立てていくことにある。同プログラムの項目としては、①コンプライアンス取組みの周知徹底、②組織体制の拡充、③関連規程の整備・改善、④教育研修の拡充、⑤運営体制の検証および見直し——等がある。単年度ごとに実施状況を評価・検証のうえ、次年度の計画に適切に反映させていくといったPDCAサイクルが必要である。

■■ Vision（各論２）
コンプライアンス徹底のために効果的な具体策を講じている

評価項目（「解説」「実践ポイント」に連動）

A コンプライアンス・マニュアルを作成している
- マニュアルが、役職員の行動を律するための基本原則や規範を示した内容になっている
- 重要な法令規則等を示し、対応の留意事項を記載している

・マニュアルが随時見直されている
B 全役職員に、コンプライアンスの周知徹底を図っている
・全役職員を対象にした教育研修が計画的に実施されている
・役職員の階層や担当業務の特性等を考慮した教育研修を実施している
C 役職員による不正への関与を防止するための取組みを講じている
・定期的な人事異動や連続休暇の取得徹底等、職員の不正防止策を講じている
・法令に基づく「本人確認」や「疑わしい取引」の届出をルール化している
・偽造紙幣や偽造・盗難カード等による犯罪の予防策を講じている

解説

A コンプライアンス・マニュアルについては、金融検査マニュアルで「コンプライアンスを実現するための具体的な手引書(遵守すべき法令の解説、また、違法行為を発見した場合の対処方法を具体的に示したもの)」と規定されている。ただし、単なる関連法規の解説書や緊急時の対応マニュアルではなく、自社のコンプライアンスに関する基本方針・綱領や、関連諸規定・運営ルール等をとりまとめて自社の役職員の判断・行動を律するための基本原則や規範を示した、いわば自社のコンプライアンスにおけるバイブルとして位置づけたい。また、法規則の改正や自社の運営体制の変更等に対応して、同マニュアルを随時見直し、必要な改訂等を実施しているかも確認する。

B コンプライアンス経営の実現は、経営トップから従業員一人ひとりに至るまでがコンプライアンスの重要性・必要性を認識し、実践できるか否かにかかっている。そのため全役職員に対して、それぞれの業務内容や職責に応じたコンプライアンス教育研修の実施等を通じて、コンプライアンスの周知徹底を図っているかを確認する。

C 金融機関には、社内外の要因によって、犯罪行為に関与してしまうリスクが存在している。金融検査マニュアルに示されているように、自社従業員による違法行為・犯罪やいわゆる反社会的勢力に悪用されることを予防する取組みが実践されているかを問う。

実践ポイント

A コンプライアンス・マニュアルは、(1)全役職員が遵守すべき経営理念やコンプライアンスの基本方針等の自社役職員としての行動の規範、(2)コンプライアンス推進のための運営体制・ルール、(3)遵守すべき法令の解説および留意事項——を網羅する必要がある。

特に、(3)については、同マニュアルのチェックリストで示された金融機関の関連法令を含む必要がある。それに加えて、チェックリストに含まれていない重要な法令についても、各業務フローに沿ってコンプライアンス・リスクを洗い出し、リスク顕在化の頻度・自社へのダメージを分析し、優先順位を検討したうえで、重要度の高い法令・規則の解説と留意事項等をマニ

ュアルで示すことも不可欠である。

コンプライアンス・マニュアルに盛り込むべき項目の一例を次に示す。

〈コンプライアンス・マニュアルの構成例〉

- 社長巻頭言
- 経営理念・経営方針
- コンプライアンス基本方針
- コンプライアンス基本規程
  目的／定義／役職員の義務と責任／組織体制・役割・権限／教育研修／コンプライアンス抵触行為発生時の対応／懲戒／その他の規程との関係
- 重要法規則と留意事項
  法令・規則の解説／禁止事項／違反事例
- 参考資料
  推進組織体制図・連絡網／不祥事発覚時の対応手順／就業規則・懲戒ガイドライン／その他社内規程等の抜粋／監督官庁・業界団体のガイドライン等

周知徹底のため、同マニュアルは全役職員に1冊ずつ配布する。また、理解を促すために、マニュアルとは別に、特に重要な部分のエッセンスを平易な表現でまとめたコンプライアンス・ハンドブックや携帯カード等を作成し、配布する等の工夫も必要である。

B 周知徹底の観点から、コンプライアンスをテーマとした継続性のある社内教育の実施が重要になる。具体的な方法としては、
- コンプライアンス・オフィサーを講師とした職場勉強会の実施
- 社内通信講座やeラーニングでの自己学習
- 新入社員研修や、新任管理職研修プログラムへの組込み
- 定期的な理解度テストの実施――等が考えられる。既存の教育研修制度がある場合は、カリキュラムにコンプライアンスを追加することも効果的であるが、実効性を確保するためには、
- 綿密な年間計画に基づき実施する
- 通信講座の受講や研修への出席を必須にする
- 周知徹底の実施を記録に残す（勉強会の終了後、参加者に対し宣誓書への署名捺印を求めるケースもある）
- ハンドブックやビデオ等のツール類を工夫する――等に留意することが必要である。最も重要なのは、経営トップがコンプライアンスの重要性を機会あるごとに役職員に対して説き、周知徹底することである。

C 従業員による不正・犯罪防止については、連続休暇の取得をルール化するとともに、各部門や人事所管部門の各レベルで取得状況を確認するルールを作り、徹底を図る。一方、反社会的勢

力による犯罪への関与を防止するために、「本人確認」や「疑わしき取引」の確認・報告方法を関連部門の業務プロセスに即して手順化するとともに、マニュアルを周知するなど、予防策の徹底を図りたい。また、最近増加する「振り込め詐欺」や偽造カード・紙幣等を使用した犯罪についても、予防策の充実を金融機関の社会的責任として実践したい。こうした犯罪は、次々に新たな手法が考案され、対策もいたちごっこになりがちである。監督官庁や業界団体の指導・ルール等を的確に履行するのに加えて、警察等の捜査機関と連携を図ったり、金融機関同士で情報交換する等、最新の情報を収集し対策に活かす姿勢が必要である。

Vision（各論3）
コンプライアンスの取組みを定期的に見直し、改善を図っている

評価項目 （「解説」「実践ポイント」に連動）

コンプライアンスの取組みが定期的に見直されている
・コンプライアンス違反の原因が分析され、取組みの改善に活かされている

解説

　コンプライアンスは、中長期的視野に立った継続的な取組みとなるため、毎年度末に実施状況をきちんと総括し、問題点と改善策を整理したうえで、経営トップに報告し、次年度の是正措置につなげていくことが必須である。経営トップがリーダーシップを発揮し、コンプライアンスに関する問題点の把握やそれに基づく取組みの見直しを継続的に実施しているかを問う。
　監督官庁から処分を受けることは、営業停止等のペナルティによって営業活動に直接的な支障が生じるだけでなく、自社の信用失墜につながるおそれが大きい。過去3年間に、コンプライアンス違反に関する行政処分を受けていないかどうかを問う。

実践ポイント

　自社内におけるコンプライアンスの点検には、各部門において日常的に行われるモニタリング、内部監査部門等によって行うコンプライアンス監査等の手法がある。
　各部門におけるモニタリングでは、あらかじめコンプライアンス違反が想定される事項等をリストアップしたうえで、日常的にそうした違反事項が発生していないか、または、違反を防止するためのルールがきちんと守られているかを点検する方法が有効である。
　コンプライアンス監査では、コンプライアンス・プログラムに沿って取組みがきちんと実施されているか、または、コンプライアンス体制が有効に機能しているか、等の観点からもチェック

を行っていく。

　こうしたチェックによって、問題が明らかになった場合、問題の原因が個人にあったり、特定部門のみで発生しているのならば、部門レベルで予防措置を徹底する等の是正措置を講じる。一方、同様の問題が複数部門で発生していたり、コンプライアンス・プログラム自体に問題がある場合には、経営トップの主導により全社レベルで是正する必要がある。また、チェックの過程で重大な違反が発生した場合に備えて、監督官庁への報告を含めた対応手順をあらかじめ定めておくことも重要である。

　万一、行政処分を受けた場合は、処分の内容や原因を精査し究明を図るとともに、再発防止策の徹底を図ることが不可欠である。原因の究明にあたっては、自社の処分事案の十分な検証と同時に、他社で類似した事例がないかどうかを確認したい。他社の事例を原因究明や再発防止策の検討・決定に活用しながら、適正な対策を講じることが必要である。まさに経営トップの姿勢が問われる機会であり、再発防止策に真摯に取り組むとともに、計画の実施状況等を広く開示し信頼回復に努めることが不可欠である。

I. 総論　5　リスク管理／リスクマネジメント

　金融機関を取り巻くリスクは多様化・複雑化の度合いを増しており、リスクを適切に管理する体制の構築は、経営の健全性を高めるための最重要課題の1つである。明確な方針のもと、金融検査マニュアル等によって示された金融機関の重要リスクに加えて、自社が抱える様々なリスクに対して全社的な管理を実践する必要がある。

> **■■ Vision（総則）**　※このトピックにおける総体的な理想像
> 　自社のリスク管理の方針が示されるとともに、方針に従った実効的なリスク管理が実践されている

評価項目　（「解説」「実践ポイント」に連動）

A リスク管理に関する方針および基本的な原則を定めている
　・リスク管理の目的が定められている
　・リスク管理のプロセスが定められている

・リスク管理体制の枠組みが構築されている
B 方針に基づき、重要リスクを管理するための体制が整備されている

解説

　企業のリスクマネジメントは、一般的に「企業を取り巻く様々なリスクを予見し、そのリスクがもたらす損失を予防するための対策や、不幸にして損失が発生した場合の事後処理対策などを効果的・効率的に講じることによって、事業の継続と安定的発展を確保していく企業経営上の手法」と定義される。こうした目的の実現に向け、リスク管理の目的やプロセスを示すとともに、全社的にリスク管理を実施するための運営体制の枠組みおよび各部門の役割と果たすべき行動等を明示した方針を策定しているかを問う。

　また、基本方針で示されたリスク管理態勢の実現に向け、必要なプロセスが整備されているかを問う。

実践ポイント

A 全社レベルのリスク管理に関する基本方針では、まず全社統合的なリスク管理の重要性とともに、自社におけるリスク管理の目的を明示する。そのうえで「リスクの特定」および「リスクの評価」「リスクの処理」「効果の検証・改善」といったリスクマネジメントの基本的プロセスを示す。また、「リスク管理意識の向上」や「リスク対応のための組織体制・ルールの整備」「報告・情報共有」「モニタリング」等についても定める。

B 基本方針に基づき、実効的なリスク管理態勢を確立するためには、次の要素・プロセスを整備することが必要である。

①管理すべきリスクの特定およびリスク評価・対策検討に関するアプローチ手法の決定
②リスクを統合的に管理する部門および重要リスクを個別に管理する部門の明示
③個別リスクの管理プロセス・手法の策定
④各実施部門によるリスク管理実施状況の報告およびモニタリング
⑤リスク管理体制・取組みの見直し・是正

▸▸ Vision（各論1）

基本方針で示したリスク管理を実践するための取組み・体制等の枠組みが定められている

評価項目 (「解説」「実践ポイント」に連動)

A リスク管理の基本規程を策定している
　・平常時および緊急時を想定した手順・ルールを定めている

B リスク管理を実践するための体制が整備されている
　・全社的なリスク管理を推進する機関がある
　・重要リスクごとに管理体制が確立されている

解 説

A リスク管理方針で示した自社のリスクに対する基本的な考え方や、リスク管理を実践するために取るべき行動や整備する体制等の指針を示したリスク管理の基本規程を策定しているかを問う。規程において、リスク管理の目標やリスクの定義のほか、管理体制等を明示することが必要になる。同時に、リスクが顕在化した緊急時を想定した危機管理基本規程も策定が必要である。

B リスク管理全般を監視・監督する取締役会を頂点に、リスク管理を実践する体制を整備しているかを問う。全社的なリスク管理の推進・徹底を図る機関と重要リスクごとに方針立案・管理・監視を徹底するための組織体制、これら双方の体制整備が必要である。

実践ポイント

A リスクマネジメント基本規程を例に、盛り込むべき事項を次に示す。
　・基本方針・目的
　・適用範囲
　・定義
　・達成目標
　・管理体制
　　各組織の構成員、役割や権限について具体的に定める。
　　特に、緊急時を想定した体制については、基本規程内で平常時の体制とは別に定めるか、または別に危機管理基本規程で定めることが重要である。緊急時には、すみやかに対応組織が設置される仕組みとともに、責任者不在時の権限委譲順位を明記し、不測の事態に備える。
　・対象とする重要リスク
　　リスク管理の対象とする重要リスクを、「信用リスク」や「事務リスク」「災害リスク」等のように具体的に示す。

B リスク管理を実施するための組織体制および各機能の一例を次に示す。
　・取締役会

リスク管理方針、基本規程の決定
・リスク管理委員会
　　　リスク管理方針の立案／取組み状況の監視／リスク管理の重要事項の協議・調整
・リスク管理委員会ワーキンググループ
　　　個別リスク管理の方針立案／個別リスクへの対応策の検討
・リスク管理部門
　　　リスク管理委員会の事務局機能／リスク管理の取りまとめ
・各部門
　　　規程等に基づくリスク管理の実践
・監査部門、実践状況のセルフチェック
　　　リスク管理の適正性・有効性の検証

■ Vision（各論2）

各重要リスクに対して適切かつ十分な対策を講じ、許容可能なレベルまでリスクを低減している

評価項目　（「解説」「実践ポイント」に連動）

A 信用リスクに対して適切かつ十分な対策を講じ、許容可能なレベルまでリスクを低減している

B 市場リスクに対して適切かつ十分な対策を講じ、許容可能なレベルまでリスクを低減している

C 流動性リスクに対して適切かつ十分な対策を講じ、許容可能なレベルまでリスクを低減している

D 事務リスクに対して適切かつ十分な対策を講じ、許容可能なレベルまでリスクを低減している

E システムリスクに対して適切かつ十分な対策を講じ、許容可能なレベルまでリスクを低減している

F その他の重要リスクを洗い出し、適切かつ十分な対策を講じ、許容可能なレベルまでリスクを低減している

G 各重要リスク対策の方針や対策状況を公表している

> 解説

　リスク管理の基本方針において特定した自社の重要リスクを、リスクごとに管理体制を設け適正に管理しているかを問う。預金等受入金融機関の主要なリスクとしては、「信用リスク」「市場リスク」「流動性リスク」「オペレーショナルリスク」「システムリスク」が挙げられる。いずれのリスクについても、リスク管理目標やリスク許容レベルを設定し、日常的なモニタリングによって不具合の早期発見を図るとともに、不具合が発見された場合には、早期に是正する必要がある。また、上記のリスク以外のリスクを洗い出し、定義づけを行ったうえで、対策を講じることが求められる。

　上記評価項目で挙げた各重要リスクについて、次のような対策を講じているかを問う。

A 信用リスクは、「与信先の財務状況の悪化等により、資産の価値が減少ないし消失し、損失を被るリスク」と定義される。次のような対策を講じているかを問う。
・行内格付制度等、個別与信先の信用リスクを評価するスキームを整備している
・個別与信および与信ポートフォリオごとに損失可能性を試算するなど信用リスクを計量化し管理している

B 市場リスクは、「金利・株式・為替等の市場相場の変動により、資産の価値が変動し損失を被るリスク」と定義される。次のような対策を講じているかを問う。
・金融商品ごとに市場の変動による様々なシナリオを想定してリスク対策を策定している
・部門間で牽制機能が発揮する態勢を整備している

C 流動性リスクは、「財務内容の悪化や信用力の低下等により必要な資金の確保ができなくなり、資金繰りがつかなくなる場合や、通常よりも著しく高い金利で資金調達を余儀なくされるリスク」と定義される。次のような対策を講じているかを問う。
・資金ギャップの極度額を設定し管理している
・資金繰り危機時のコンティンジェンシープラン（緊急時対応計画）を策定している

D 事務リスクは、「役職員の事務上のミスや不正等によって損失を被るリスク」と定義される。次のような対策を講じているかを問う。
・事務管理規程の策定などによって、事務管理の基本的指針を示している
・事務処理および事務運営に対するチェックが体系化されている

E システムリスクは、「コンピュータ・システムのダウンや誤動作、システムの不備、不正使用等で損失を被るリスク」と定義される。次のような対策を講じているかを問う。
・情報システムに関するリスク評価を行い、必要に応じて適切な対策を講じている
・システム障害が発生した場合のコンティンジェンシープランを策定し、実効性を検証している

F 上記以外に、金融機関が対策を講じるべきリスクには、風評リスクや法務リスク等が挙げられるが、その他にも、地震・災害等で業務が継続不能になるリスクや従業員の労働安全衛生に関するリスク、環境リスク等も考えられる。そうしたリスクを把握し、必要な対策を講じている

かを問う。

G 自社の重要リスクを特定するとともに、各リスクに関する管理の体制や管理手法について、ステークホルダーに対して説得力のある開示がなされているかを問う。

実践ポイント

A 信用リスクに対しては、個別与信および与信ポートフォリオ全体のリスクを定量的・経常的に管理・把握することがポイントになる。具体的には、与信業務の基本的な指針・規範となる「融資基本方針（クレジット・ポリシー）」を制定し、遵守の徹底を図るとともに、与信先・案件に対する行内格付制度の整備や、与信に関するデータベースやシミュレーションによる予想損失額の算出等がある。また、厳正な融資審査や与信先への定期的・継続的なモニタリング等により個別与信管理を強化するとともに、リスク資本の極度額の設定や大口与信先等に対する上限設定等の与信ポートフォリオ管理を行う。

B 市場リスクの管理では、実際に市場取引業務を担う部門（フロントオフィス）と市場リスクの所管部門（ミドルオフィス）や事務管理部門（バックオフィス）を明確に分離するとともに、リスクの計量管理や取引内容のチェック等を通じフロントオフィスに対して牽制機能を発揮する運用が必要である。そのうえで、最大予想損失の算出やリスク管理も必要となる。

C 流動性リスク管理においては、日常的なモニタリングによる、資金繰り状況の監視徹底が前提になる。資金ギャップの極度額の設定等、流動性リスクの回避策を講じる。また、万一の金融危機時に備えて、対策会議の設置要領や資金調達手段の確保、営業拠点への現金輸送手段等を規定したコンティンジェンシープランを策定することが重要である。さらに、即時売却が可能な資産の保有等、流動性を確保する。

D 事務リスク管理においては、事務運営および事務処理に関するリスクの洗い出しや事務の標準化、事務担当部門へのチェックを強化する。業務上発生し得る事務に関連するミスや不正等のリスク要因を洗い出し、原因を分析する。その結果をもとに、ミスや不正を防止するための事務運営および事務処理の標準的なフローおよび管理体制を、事務管理規程やマニュアルに明文化し、担当部門に周知徹底を図る。それらの規定・ルールを徹底するため、事務担当部門自身によるセルフチェックおよび事務リスク所管部門による担当部門へのチェックや監査部門による監査等によって、適正な事務運営および事務処理を確保する仕組みを確立する。また、事務担当者の事務処理スキルおよびモラルの向上を図るため、研修等による教育も不可欠である。

E システムリスク管理では、自社の情報システムのリスク評価を定期的・継続的に実施し、管理体制の強化を図る。リスク評価のツールには、「金融検査マニュアル」や金融情報システムセンター（FISC）の「安全対策基準」がある。自社の情報資産の保護に関する基本方針となるセキュリティポリシーの策定も求められる。具体的な安全対策では、災害発生時を想定したインフラの強化やバックアップ体制の構築、お客さま情報の漏えい・流出を防止するためのハードおよび運用面の管理強化、コンピュータ・システムに対する社内外からの不正アクセス対策、

ATMによる犯罪の防止があり、拡充が求められる。

また、情報システムに関する緊急時に備えた、コンティンジェンシープランや事業継続計画（BCP）の策定が必要である。自社のコンピュータ・システムに関する犯罪や地震・火災等、情報漏えいやシステム障害等の様々な突発的シナリオを想定して、具体的な対応手順を定める。さらに、同プランに基づいた訓練を実施し、有効性を確認するとともに、必要な見直しを行う等の取組みも必要である。

F 業務プロセスや従業員や取引先、マスコミ等の主要なステークホルダーとの関係において、リスクとなる要因を洗い出す。そのうえで、例えば従業員の健康に関するリスクについては、就業状況の監視や健康診断の受診徹底、外部犯罪リスクであれば強盗発生時の初動対応や通報連絡等の対策を決める。必要に応じてガイドラインやマニュアル等によってルール化するとともに、ルールの履行状況を確認するためのモニタリングの実施等により対応を徹底することが必要である。

G 自社のリスク管理の取組みを、ディスクロージャー誌や自社ホームページ等を通じて適切に開示する。リスク管理方針や体制、重要リスクおよび各リスク対策の手法や取組み状況について、可能な範囲において、ステークホルダーに理解しやすい内容で記載する。自社のリスク管理取組みに関するステークホルダーの意見を取組みの改善に活かす姿勢が望まれる。

■■ Vision（各論3）
リスク管理を定期的に見直し、改善がなされている

評価項目　（「解説」「実践ポイント」に連動）

経営トップが、リスク管理体制を定期的に見直し、必要な是正措置を行っている

解　説

経営トップがリスク管理体制の見直しや改善を主導的に行っているかを問う。リスク管理は主要な経営課題であり、経営トップが、自社のリスク管理に関する様々な情報やデータ等に基づいて、リスク管理の体制や取組み結果を検証し、必要な見直しを行い、継続的に改善を図っていくことが求められる。

実践ポイント

リスク管理に関するモニタリングの結果をもとに、リスク管理体制を評価するとともに、リスク顕在化による損失の発生状況やリスクの軽減効果等のデータを基に管理手法の有効性を検証し、

それぞれの見直しにつなげる。リスク管理の実施状況や自社のリスクに関する情報を検証し、態勢および対策方法の見直しを行う際のポイントとして、次の事項が挙げられる。

○予定したリスク管理手法が実施できたか

リスク管理計画等で予定していた取組みが実施できたか、できなかった場合はその原因について検証する。計画と実態のギャップを見出し、より実効性の高いリスク管理手法に改善する工夫が必要である。例えば、事務リスクについては、事務処理上のミスや不正等の予防措置が部門レベルできちんと履行されていたか、また、市場リスクについては、フロント・ミドル・バックの各部門間で適正な牽制が機能していたか、等の観点から検証する。

○期待したリスク管理効果が得られたか

計画どおりの取組みを実施したにもかかわらず、期待した程度のリスク軽減効果が得られなかった場合は、その原因・問題点の所在を明らかにして、以降のリスク管理手法に反映していく必要がある。例えば、システムリスクにおいては、システムトラブルの発生時にコンテンジェンシープランが有効に機能したか、また、信用リスクについては、既存の与信管理手法が期待どおりの効果を発揮したか、等の観点から検証する。

○リスク管理手法の見直しを迫られる事態や環境変化等が発生していないか

自社の規模が急激に拡大したり、もしくはマーケット環境や公的規制が大きく様変わりした場合等には、自社を取り巻くリスクの大きさが変化したり、新たなリスクの発生も想定される。常に客観的に自社のリスクを分析し、必要に応じてリスク管理手法の軌道修正を行う必要がある。例えば、流動性リスクにおいては、金融システム全体の環境に変化はないか、また、法務リスクについては、法令の変更への対応に抜け・漏れはないか、等の観点から見直しを行う。

I. 総論　6 情報開示・説明責任

適時・適切な情報開示により説明責任を果たすことは、金融機関の経営の根幹であるステークホルダーの信用を確保するために不可欠である。投資家や預金者等に加えて、地域社会といった多様なステークホルダーの要請に対して必要十分な情報開示を誠実に実践することが、金融機関としての重要な社会的責任として求められている。

▚ Vision（総則） ※このトピックにおける総体的な理想像

ステークホルダーのニーズに適(かな)った情報開示を実践し、説明責任を果たしている

評価項目　（「解説」「実践ポイント」に連動）

A 幅広いステークホルダーに向けた、情報開示を推進する方針がある
B 適時・適切な情報開示を実現するための仕組み・体制がある

解 説

A 適時・適切な情報開示の重要性に対する認識と情報開示を具体的に実践する方針を明文化するとともに、自社の社会に対するコミットメント（約束）として、自社の広報媒体等を通じ公表する必要がある。開示情報の内容、開示基準、開示方法、情報開示のための社内体制、適用範囲等について、「情報開示基本方針」や「ディスクロージャーポリシー」等として策定しているかを問う。

B 適時・適切な情報開示を実践していくためには、社内において健全なコミュニケーションが図られ、正確な情報が的確に集約・管理される体制の構築が必要である。法定の開示事項はもちろん、特に上場企業については、決算や経営に重要な影響を与える可能性のある事象について、証券取引所のルール等に従って正確な情報を適時開示するための体制は必須である。それに加えて、環境・社会面に関する非財務情報についても、十分な開示を行うための仕組み・体制があるかを問う。

実践ポイント

A 金融機関の重要ステークホルダーのうち、株主・会員・投資家に対しては、自社の事業や資産・収益等について、関連法令や証券取引所のルール等に従って、適時・適切に開示を実践する。また、預金者等の利用者に対しても、自社の信頼性評価に資するようなデータ等をわかりやすく開示する姿勢を示した方針が必要である。さらに、地域社会や社会全般に向けて、環境取組みや地域社会に貢献する取組み等の非財務情報についても、積極的に開示する意思を明らかにしたい。

開示項目では、各業法に基づく開示項目や上場会社であれば証券取引所の開示規則等に準拠する。さらに、これらの既存基準以上に自社独自の開示基準を作成し、それに従って開示を充実させることも、より積極的な姿勢として評価されるものである。

開示方法では、ディスクロージャー誌や自社ホームページ、ニュースリリース等に加えて、

出資者や利用者、アナリスト等を対象にした説明会の実施やCSR報告書の発行等の充実を図る方針が望まれる。また、情報の適切性を確保するための社内体制や、適用範囲に関連会社を含めグループとしての情報開示強化を図る姿勢も明示したい。

B 適時・適切な情報開示を実践するための組織体制を整備するためには、情報開示の対象ごとに基礎となる情報を報告する部署や取りまとめを行う部署を特定し、役割を明確にすることが必要である。グループ会社も含めて、情報の報告・集約の手続き・ルール・体制を情報開示基本規程のような形式で明文化することが望ましい。

Vision（各論1）
適時・適切な情報開示を実践するための体制・ルールがある

評価項目（「解説」「実践ポイント」に連動）

A 情報開示に関する手続き等を定めた規程等がある
B 情報開示を体系的に管理する体制がある

解説

A 適時・適切な開示に向けた社内の体制・ルールを、「情報開示基本規程」や「適時開示規程」等の文書として社内に周知し、実践を徹底しているかを問う。法令や証券取引所の開示規則等、開示が必要な項目を明示するとともに、各部門の役割や報告・集約に関する手順・手続きを定めていることが必要である。

B 情報開示の是非や開示情報の内容を審議する情報開示委員会等の機関を設置するのが望ましい。また、情報開示の種類ごとに所管部門を定め、情報の集約・管理や開示書類の作成を一元的に実施する体制が必要である。これらの体制が整備されているかを問う。

実践ポイント

A 情報開示基本規程等で情報開示に関する組織体制やルール等を定める場合は、まず有価証券報告書や各業法に基づく開示書類に関する事項とともに、特に上場金融機関等については適時開示を想定した内容を網羅する必要がある。そのうえで、有価証券報告書等や業法等で開示が求められている情報の項目および証券取引所の規則等による適時開示項目等を列挙する。

　開示情報の種類ごとに所管部門を定め、情報の記録・収集・処理等の手順を規程等で明文化するのが望ましい。情報開示に関する統制を確保するために、各部門の役割と責任を明確化することが重要である。

また、役職員に対して情報開示の重要性および開示手順・手続きの的確な履行を周知するための教育研修や、開示内容およびプロセスに関する点検・監査の実施等も項目に盛り込むのが望ましい。

B 役員や関連部門長で構成する情報開示委員会等の機関を設置する。各種報告書の作成プロセスの適正性や適時開示の実施時期、内容が適切であったかどうか等の観点からチェックする。一方で、実務レベルでは開示情報の対象ごとに、集約・管理・発信の一連の業務を所管する部門を定める。例えば、主に株主・投資家向けの財務面に関する情報開示はIR担当部門が所管する一方で、非財務情報は広報担当部門の所管にする等の体制が考えられる。各ステークホルダーとのコミュニケーションを促進するための取組みを実践することも、所管部門の重要な役割として規定されるべきである。

Vision（各論2）
開示情報の適切性の向上を図るとともに、情報開示を充実させる取組みを実践している

評価項目 （「解説」「実践ポイント」に連動）

A 開示情報の適切性を高めるための取組みを実施している
- 情報開示に関する役職員向けの教育研修を実施している
- 適正な手続きおよび情報の正確性を担保するための取組みがある

B 開示内容の充実を図っている
- ネガティブ情報を含めた経営状況の開示を充実させている
- 環境・社会面等の非財務情報を開示している

C 情報開示のツールを充実させている
- 充実したアニュアルレポートやCSR報告書等を発行している
- 自社HPの開示内容を充実させている

解説

A 開示情報の適切性を向上させる取組みとして、役職員に情報開示の重要性を周知するとともに、開示の手順・手続きの厳格な履行が徹底されているかを問う。前者では、情報開示の重要性と並んで必要な手続きや項目を明確に認識させることが重要である。後者では、実務レベルにおいて、情報開示の手続き・ルールの履行を徹底するための仕組みを整備する必要がある。情報

の収集・報告の標準化や確認手続き等を設けていることが望ましい。

B ほぼすべての金融機関は、ディスクロージャー誌に各業法で定められた開示項目を掲載することで、財務情報の開示を実践している。しかし、昨今では金融機関のみならず企業全般において、非財務情報の開示が求められるようになっている。非財務情報は、企業価値をはかるうえで重要な要素としてみなされるようになってきているのである。地域貢献活動や環境取組みの実績等の幅広い非財務情報を開示しているかを問う。

一方、不祥事例等のネガティブ情報をいかに積極的に開示しているかも、企業の誠実さを測る要素として重視されている。自社の広報媒体等を通じて、発生の事実、原因、対応、再発防止策等を開示した例の有無を問う。

C 企業の情報開示に対する社会の関心の高まりを考慮すると、中小金融機関においても、開示ツールを充実させ、可能な限り広範なステークホルダーに自社の情報を提供することが望まれる。既存のディスクロージャー誌を補完するため、自社の事業内容や事業計画等をさらに詳細に記載したアニュアルレポートや、環境・社会面の取組みを詳述したCSR報告書等の発行が望ましい。

実践ポイント

A 管理職や実務レベルの各層において、全社的に情報開示の重要性を周知するための教育研修を実施する。実際の事例等を用いて、不適正な情報開示が行われた場合に自社が被る損失や、情報開示の充実が自社の価値向上に与えるメリット等の観点を盛り込む。

正確な情報開示を実現するために、開示書類の作成および基礎となる情報の収集・報告の作業を実施する部門ごとに、該当する開示項目を整理しリスト化を図る。特に、法令や規則に基づく開示書類の作成については、チェックリストを作り、作成や報告を行う際に添付することを義務づけることで、抜け・漏れ等を防止することができる。チェックリストには、①自社部門に関連する開示項目か否か、②手順どおり作成・報告したか否か、③自部門でクロスチェックしたか否か、④正確性を確認した記録・資料の有無――等の観点がチェック項目として考えられる。

B 金融機関の健全性を測るうえで、特に関心の高い不良債権や自己資本比率の内訳を示す等積極的な開示を実践したい。一方、自社の財務・経営状況に大きな影響を及ぼす事項や監督官庁の指導等に関連する事項が発生した場合は、法規則に則った迅速な開示が必要なのは言うまでもない。また、法定を下回る障がい者従業員の雇用率や、女性管理職登用や環境取組みの計画目標の未達等、自社独自の環境・社会面での取組み結果についても、積極的に開示していく姿勢が求められる。いずれの場合も、不祥事の発生や目標未達の事実に加えて、それらが発生した原因の究明結果やそれをもとに講じた対応策等を、あわせて開示するのが望ましい。

非財務情報としては、ガバナンス体制や内部統制システム、CSR・リスク管理・コンプライアンス、情報管理等の推進体制や取組み状況等を、体制図等を示しながらわかりやすく記載し

たい。また、自社の環境負荷低減の取組みや地域貢献活動の実績、さらに従業員が働きやすい職場の実現に向けた取組み等、より幅広いステークホルダーを意識した自社の環境・社会面の取組みについて、計画や目標達成度等を記載する。特に、社会・環境面での取組みをより定量的に開示する手法として環境・CSR会計を策定・開示する金融機関も増えつつある。環境省が「環境会計ガイドライン」を公表しているほか、CSR会計では麗澤大学等が策定した「R-BEC 004」等のガイドラインがある。

C 自社の事業活動全般に関する情報開示ツールには、アニュアルレポート（年次報告書）がある。単年度の事業業績や内容だけでなく、中長期的な事業展開等、自社経営の方向性を広く伝えるための媒体として活用できる。一方、環境報告書等を作成する際には、環境省の「環境報告書ガイドライン」が参考になるであろう。改訂を重ねており、CSR報告書や持続可能性報告書を作成する場合の指針としても活用できる。また、同様の国際的ガイドラインに、グローバル・レポーティング・イニシアチブ（GRI）の持続可能性報告書ガイドラインがあり、採用する企業が増加している。CSR報告書の内容を決める際の検討材料として活用が可能である。

　他方、自社のホームページでは、即時性の高い情報を積極的に開示する等、広報媒体の特性を活かした情報開示の充実が求められる。

■ Vision（各論3）
適時・適切な情報開示を実現するために、体制を定期的に見直し・是正している

評価項目　（「解説」「実践ポイント」に連動）

情報開示の内容や体制を定期的に見直し、改善に活かしている
・経営トップが情報開示プロセスの適切性を評価し、必要な見直しを講じている
・ステークホルダーの意見を、情報開示の改善に活かしている

解　説

　経営者トップは、正確で適切な情報開示を実現する体制を構築するだけでなく、体制が有効に機能しているかどうかを定期的に点検しなければならない。モニタリング活動を計画的に実施し情報開示体制の問題点を把握・改善しているかを問う。

　一方で、自社の情報開示が、多様なステークホルダーのニーズに適っているか否かを検証し、さらに充実を図っていく取組みも不可欠である。ステークホルダーとのコミュニケーションを充

実させ、意見を収集する機会を設けているか否かを問う。

実践ポイント

　モニタリングでは、開示情報の正確性・適切性と情報開示の手順・手続きが適正に履行されているか否かを検証する。実施部門等による日常的な点検や内部監査の結果等をもとに、基礎情報の収集や情報の裏付け、正確性の確認や適正な報告等の各プロセスにおいて、不備や不適当な処理が行われなかったかを確認することが必要である。経営トップがモニタリングの結果を把握するとともに、必要に応じて情報開示の体制・手順・手続き等を是正する。

　一方、株主や出資者、利用者、マスコミ、地域社会等の情報開示において関係の深いステークホルダーについて、アンケートを通じて自社の情報開示の取組みへの評価や要望を集めたり、ミーティング等の直接の対話機会を設け、自社のディスクロージャー誌やCSR報告書、ニュースリリース、ホームページ等の広報媒体に関する満足度や批評を聴取するのも有効であろう。また、最近では、大手メディア等が、CSR報告書やIR活動に対するランキング等を行っていたり、金融機関のホームページ情報を専門に評価する機関もある。それらの評価手法等を研究し、自社の情報開示の充実に活かすことも検討すべきである。

II. 各論　1　お客さま（預金者および融資先）

　金融機関は、資金の供給者（預金者）とユーザー（融資先）がともに「お客さま」に位置づけられるという特有の構造がある。双方のお客さまに対して、公正・誠実な対応を実践することで、最低限の期待に応えると同時に、お客さまの満足度向上に向けた全社的な取組みが必要である。

> **■ Vision（総則）** ※このトピックにおける総体的な理想像
> 「お客さま視点」の取組みが全社的に浸透するとともに、お客さま満足の高いサービスを実現している

評価項目（「解説」「実践ポイント」に連動）

A 経営理念等で、お客さまに配慮した経営を実践する意思を示している
B お客さま満足度向上のための基本方針がある
C お客さまの満足度向上を目的にした取組みが体系化されている

解説

A「お客さま」が重要視すべきステークホルダーであることは、金融機関の共通項といえるだろう。経営理念にお客さまに対して果たすべき責任を明示することで、その認識とそれに基づく事業活動の実践に向けたコミットメントを社内外に示しているかを問う。

B お客さま満足（CS）とは、お客さまのどんなニーズにも従うといった姿勢ではなく、また苦情対応に限定されるものでもない。「お客さまの期待を満たし、さらにその期待を上回る商品・サービスを提供すること」と認識しなければならない。商品・サービスの質に加えて、提供の仕組み・提供後の対応、社員の教育レベル、経営者・管理者のリーダーシップ、経営理念・ビジョン・戦略等、CSは、お客さまと自社の接点となるあらゆる要素を含むものである。したがって、自社の活動の全場面において全役職員が生み出すものへのお客さまの満足水準である。そうした認識のもと、お客さま満足の向上に努める自社のコミットメントを「CS基本方針」等の文書で示しているかを問う。

C お客さま満足（CS）の向上を図る観点でも、「計画」「実施」「点検」「是正」のPDCAサイクルに基づく全社的な取組みが有効である。CS向上に向けた全社的な推進体制を構築し、機能

させているかを問う。特に、既存のマネジメントシステム規格に準拠した体制を整備するなど、効率的・効果的にCS向上を図るための体制があるかを確認する。

実践ポイント

A お客さまに対する自社の責任を明示するとともに、どのような方法でその責任を実践するかを示したい。自社の営業地域の特性や主たるお客さま像等、自社の実情に適した文言を経営理念に盛り込んでいるのが望ましい。

> 例　三井住友フィナンシャルグループの経営理念（抜粋）
> ・お客さまに、より一層価値あるサービスを提供し、お客さまと共に発展する。
>
> 例　きらやかフィナンシャルグループの基本理念
> ・私たち「きらやかフィナンシャルグループ」は、地域に根ざす総合金融グループとして、"お客様ベスト"に挑戦し、共に煌やかな未来を創造してまいります。

B 基本方針では、自社がお客さま視点に立ってCSに積極的に取り組む意思・姿勢を示す文言を盛り込むべきである。基本方針が、自社および経営者としての社会に対するコミットメントであると同時にCS取組みの原則であることから、自社がお客さま満足向上のために、どのような観点を重視し、どういった取組みを実践していくかを、読み手がイメージできる表現にすることが望ましい。

> 〈CS基本方針の例〉
> 例　みずほフィナンシャルグループのCS方針
> 　お客さまに対する基本姿勢
> ・お客さまの満足と信頼を得るために常に努力し、長期的な信頼関係を築きます。
> ・お客さまを良く知り、誠実な姿勢で臨みます。
> ・お客さまに十分な情報を提供し、最高水準の総合金融サービスを提供します。
> ・お客さまの資産を厳正に管理します。
> ・お客さまに役立つよう、優れた識見や専門的知識・技能を身につけるために自己研鑽に努めます。

C お客さま満足度向上に向けた取組みの基本方針やCS推進のための組織体制、お客さまの意見の収集やそれらに基づく取組みの見直し等といった一連のプロセスが体系的に実施されていることが望ましい。CS向上の目標設定や、CS管理者等の推進体制の整備、PDCAサイクルのC（点検）のプロセスにお客さまの意見・評価を効果的に盛り込む、さらに商品・サービスの改善やお客さま対応の強化等の取組みが必要である。昨今では、CSの向上や金融商品・サービ

スの質向上、業務の効率化を目的に、品質マネジメントシステムの国際規格である「ISO9001」の認証を取得する金融機関が出始めており、同規格も参考にできる。

■ Vision（各論1）
お客さま満足度向上に向けた個別の取組みについて、基本的な考えを定めている

評価項目　（「解説」「実践ポイント」に連動）

A 勧誘方針を策定している
B お客さま情報保護に関する方針がある
C 融資の基本方針（クレジットポリシー）を策定し、公表している

解 説

A 金融機関は、金融商品販売法によって、お客さまに対して商品の正確な説明や適正な勧誘を実施するための「勧誘方針」を策定し、公表することが義務づけられている。本項では、同法第8条が規定する事項を満たした勧誘方針を策定するとともに、お客さまに対し広く周知するための取組みが実施されているか否かを問う。

B 金融機関が保有する個人の資産状況等に関する情報は極めてセンシティブである。金融機関では、たびたび情報の漏洩や流出の不祥事案が発生しており、自社の信頼を損なうリスクが大きく、個人情報保護法を遵守するうえでもきわめて厳格な対応が必要な課題である。そのため、お客さまの個人情報を適正に管理・利用・保護する方針およびその実践が求められる。自社の個人情報保護を徹底する姿勢を、個人情報保護方針やプライバシーポリシーで明文化し、広く公表しているかを問う。

C 金融庁の「リレーションシップバンキングの機能強化の推進に関するアクションプログラム」で示されているように、地域の経済および特に中小企業経営への支援は中小金融機関の主要な使命となっている。"貸し渋り"や"貸しはがし"、金融機関の優越的な地位を利用した不公正な融資は避けなければならない。一方で、金融機関自身の資産の健全性の視点では、融資等の際に慎重な信用リスク管理が不可欠である。これらのように、中小金融機関の使命を果たしながら、健全で公正な融資を履行することのコミットメントとして、融資の基本方針を作成しているか否かを確認する。さらに、融資先への説明責任を果たすため、基本方針を公表していることが望ましい。

実践ポイント

A 金融商品販売法では、勧誘方針に①お客さまの知識・経験、財産の状況への配慮②勧誘の方法および時間帯への配慮――等を定めることを義務づけている。お客さまへの誠実な対応の制約として、法定以上に「関連法令の遵守」や「従業員の知識向上に向けた研修の充実」「個人情報の適正な管理」等の事項も盛り込みたい。また、お客さまの便宜をさらに図るため、お客さまからの相談・苦情を受け付ける窓口の連絡先等も明示するのが望ましい。また、勧誘方針の公表方法も工夫したい。店頭での掲示や自社ホームページでの掲載は不可欠として、さらにお客さま向けの説明用リーフレットの作成や、口座開設書類や通帳・残高報告書等への記載等も実践したい。

B 金融庁の「金融分野における個人情報保護に関するガイドライン」の第23条では、個人情報保護方針として次のような項目を策定公表することを求めている。

1．関係法令の遵守、目的外利用の禁止、苦情処理への対応
2．個人情報の利用目的の通知・公表手続きの説明
3．個人情報の開示および取扱手続きの説明
4．個人情報の取扱に関する質問・苦情処理の窓口

このほか、「個人情報の安全管理体制の構築」や「役職員に対する教育の実施」等についても、条項に加えるのが望ましい。

また、開示請求の手続きや利用目的、個人信用情報機関による提供・利用などについても、別途詳しい文書を策定することが求められる。これらを、ディスクロージャー誌や自社ホームページ等の、利用者がアクセスしやすい手段で広く公表することが必要である。

C 融資の基本方針にあたっては、①地域への貢献、②自社資産の健全化、③公平・公正な融資――等の視点を盛り込むのが望ましい。具体的には、

①地域への貢献
・地元企業の育成や幅広いお客さま層への融資サービスの提供
・担保・保証に過度に依存しない融資の実施

②自社資産の健全化
・信用リスクの管理強化
・適正な回収
・リスクに見合ったリターンの確保

③公平・公正な融資
・融資条件等の十分な説明
・客観的な融資判断
・優越的な地位を利用した不公正な融資の防止　――等が考えられる。

これらの観点から、自社の特性を考慮しバランスのとれた内容としたい。

■ Vision（各論2）
お客さま満足度向上のための具体策が講じられている

評価項目（「解説」「実践ポイント」に連動）

A 適正な商品の説明・表示を徹底するための取組みがある
- 適正な商品の説明および表示に関するマニュアル等を作成し、社内で周知している
- お客さま向けの説明文書等の適正性を点検する仕組みがある

B 苦情対応を全社的に実践する体制が整備されている
- 全社的な苦情対応体制を構築している
- 苦情対応マニュアルを作成し、社内で徹底している
- 苦情対応のマネジメントシステム規格に準じた体制を構築している

C お客さまの個人情報保護に向けた体制を構築している
- 個人情報保護法の規定への対応が講じられている
- 個人情報の安全管理体制を構築している

解説

A 近年、構造が複雑な金融商品の増加と相まって、お客さまへの表示や商品説明の不備が原因となりトラブルに至るケースが増えている。特に、元本割れリスクがある預金商品や投資信託、変額保険等については、お客さまが通常の預金等と誤認したり、実際に受け取り可能な利息を正確に表示する等の細心の注意が必要である。各業法や業界ルールを遵守した表示・説明がなされるよう自社の体制・ルールを整備しているかを問う。

B お客さまからの苦情は、判断や対応を誤ると自社の評価失墜のおそれがある一方で、不祥事案の重要な予兆である場合も少なくない。「苦情」を単に処理すべき申し出と受け取るのではなく、お客さまからの貴重な意見として、収集・分析し、業務の改善に活かす仕組みを全社的に構築することが必要である。適切・迅速な苦情対応を実践するための組織体制や規程が整備され、対策がとられているかを問う。

C 金融機関によるお客さま情報の取扱いおよび管理については、金融庁の「金融分野における個人情報保護に関するガイドライン」および「ガイドラインの安全管理措置等についての実務指針」で実施すべき事項が示されている。お客さま情報の取得・取扱いや社内における保護管理体制について、上記のガイドラインに沿った対応が整備されているかを問う。

実践ポイント

A 適正な商品の説明・表示を実践するために、説明・表示方法の標準化や各種マニュアルを作成し、関係の従業員に周知することが必要である。各金融商品に加えて、店頭での口頭による説明や電話、郵送等のあらゆる場面を想定して、手順を示すとともに、必ず説明しお客さまの同意を得るべき事項を列挙する。

　一方、商品の説明文書および表示方法についても、商品ごとに記載すべき事項を規定したマニュアルを整備するとともに、作成部門以外の専門部門が内容をチェックする体制・ルールづくりも有効である。その際には、商品品種ごとに記載項目のチェックリストを整備すると、効率的でかつ抜け・漏れのないチェックを行うことが期待できる。

B 迅速・適切な苦情対応体制の構築は、明確な計画に基づき進めることが肝要である。まずは、自社の苦情対応体制の現状を精査し、組織や仕組み・ルール、従業員のスキル等の観点から強み弱みを明確化する。それに、他社の取組み手法や経営環境等の社外の要因を加味し、これらに基づいて苦情対応体制・対策のコンセプトを策定し、目指すべきゴールを設定する。同時に、苦情対応に関する各部門の役割・権限を明確にすることで、情報・ノウハウが早期に共有化され、各部門が有機的に連動可能な組織体制を整備する。

　また、苦情対応のノウハウを共有化し、各従業員のスキルを向上させるために、苦情対応マニュアルの作成は不可欠になる。マニュアルには、

- 苦情対応の自社の基本方針
- 苦情対応の最高責任者の設置および関連部門の役割と権限
- お客さま別・段階別の対応フロー
- 緊急時対応のルール
- 類型別の対応指針　――等を記載する。

　苦情対応体制の確立には、役割と権限を明確化し、具体的な対応手順を定め、適切な苦情対等活動が維持されるように検証する仕組みが必要である。これらに取り組む際には、苦情対応マネジメントシステム規格のISO（JISQ）10002が参考になるであろう。

C 個人情報保護法を遵守する観点から、お客さま情報の取得・取扱いで特に注意が必要なのは、①利用目的の設定と②目的の通知または公表、の2点である。

　利用目的の設定では、できる限り具体的な利用目的を列挙する形で網羅性を確保する。利用目的には金融商品・サービスを特定する。金融機関の場合、お客さま本人への利用目的の通知は、原則書面（電子的方式等を含む）となっている。また、公表は、自社ホームページや店頭での提示・備付けとなっているが、お客さま本人が利用目的を知る機会を提供するという同法の趣旨を考慮すると、通知・公表のいずれも単にホームページへの記載だけでなく複数の手法を組み合わせるのが望ましい。

　一方、社内の安全管理体制を整備する際のポイントには、(1)対応組織(2)取組計画(3)お客

さま情報の取扱状況の把握、④問題点の洗い出しおよび改善、⑤社内周知・検証——がある。特に、「対応組織」では、全社統一的な管理を実施するために、各部の実務担当者からなる横断的な対応組織が有効である。そのトップには、お客さま情報保護責任者として経営トップクラスの役職員を置くのがよい。必要なハード整備の投資判断や緊急時の意思決定を迅速化できる。また、「問題点の洗い出しおよび改善」では、金融庁のガイドラインの要求事項を踏まえながら、①個人情報保護法の具体的規定の準拠、②安全管理措置で求められる組織やルール、人の管理、設備・機器の実践——の2つの視点でチェックポイントを設定し問題点を洗い出す手法が望ましい。

Vision（各論3）
お客さま満足の向上に向けた取組みを評価し、改善につなげている

評価項目（「解説」「実践ポイント」に連動）

お客さまの満足度を把握し、取組みの改善に活かしている

解説

お客さま満足向上の全社取組みの「点検（C）」および「是正（A）」にあたるプロセスを実践しているかを問う。お客さま満足度を把握し、その結果をもとに経営トップが取組みの計画や内容を見直しているかを確認する。

実践ポイント

CS向上の要諦は、お客さまのニーズに応えるだけでなく、お客さまの期待を満たし、さらにその期待を上回る商品・サービスや対応を提供することである。

その実践には、まずお客さまの意見・ニーズに対して耳を傾け、自社に対するお客さまの満足度を継続的に検証する必要がある。定期的なお客さまアンケートの実施や、"お客さまの声カード"、お客さま相談窓口等を通じてお客さまの意見を定点観測する。その際、地域金融機関のCSR経営の観点からは、地域の中小企業や高齢者、障がい者等を含めた様々なお客さまの意見に配慮することも必要である。

さらに、収集した意見や評価を、お客さま満足度の向上のために活用する。苦情はもちろんのこと、多様なお客さま層からの意見を社内で集約・共有する。また、最近では、大手マスコミが金融機関のCSに関するランキング等を実施しており、それらの結果からお客さまの関心の高い事項や、他金融機関や他業種の先進事例も把握することができる。これらを通じて把握したCS

に関する課題について、全役職員が自らの担当業務をベースにしつつ、全社的な視点で部門を越えた改善を提言し、お客さまにより高い満足を提供できる商品・サービスの改善につなげる仕組みを構築する。

同時にそうしたCS向上に向けたプロセスを機能させるため、推進体制の適正性を内部監査で定期的に点検し、必要に応じて改善を実施することが肝要である。

II. 各論　2 地域社会

地域金融機関が、経済・環境・社会の各側面に適正に配慮した経営を達成するために、いわゆる地域貢献活動の実践がさらに重視されるようになった。経営の健全性を確保しつつ、適切な資源投入により活動を促進するとともに、活動実績の積極的な開示も行い、預金者等を含む様々なステークホルダーが納得する地域貢献が求められている。

■ Vision（総則）　※このトピックにおける総体的な理想像

地域貢献活動に積極的に取り組む方針があるとともに、活動を全社的に管理する体制がある

評価項目　（「解説」「実践ポイント」に連動）

A 経営理念または経営方針で、地域貢献活動を積極的に実践する姿勢が明示されている

B 地域（社会）貢献に関する基本方針がある

C 地域貢献活動を全社的に管理する仕組みがある

解説

A いずれの地域金融機関でも、地域経済や社会の安定と成長への貢献を経営理念や行是等に掲げているであろう。しかしながら、昨今では"良き企業市民"の条件としていわゆる地域貢献の実践がさらに重視されるため、地域貢献活動の実践を経営課題として重視する姿勢を社内に表明していく必要がある。経営理念（基本理念や行是、経営方針等を含む）に、その趣旨が盛り込まれているかを問う。

B 自社が地域貢献活動を通じて何を重視し、何を実現しようとするかを「地域（社会）貢献基本方針」や「地域（社会）貢献基本理念」等として社内外に示しているかを問う。役職員に活動の指針を示すと同時に、その他のステークホルダーに地域貢献活動に対する自社の真剣度を示す意味もある。

C 地域貢献活動は、単なる広告宣伝活動や慈善活動ではなく、自社の企業価値を向上するための戦略的な取組みである。より効果的な活動を実現するために、地域貢献活動をPDCAサイクル（計画・実施・改善）に則って全社的に管理する仕組みやルールが構築されているかを問う。具体的には、活動を全社的に推進・管理するための組織・人員の体制が整備されるとともに、具体的な活動の計画的な実施や取組み結果の経営陣による評価・見直しが実施されているのが望ましい。

実践ポイント

A 経営理念に、地域の「経済」に加えて、「地域」や「文化」等の成長・発展に寄与する文言により、地域貢献活動に前向きな姿勢をより明確に示すことができる。

> **例　静岡銀行の企業理念**
> 私たちは、地域とともに歩む良き企業として、地域の経済と文化の発展に努めます。
>
> **例　大東銀行の経営理念**
> 地域発展への貢献　大東銀行は、地域とともに歩み、地域社会の発展のために尽くします。

このように、経営理念自体に具体的な文言が含まれていなくても、地域貢献の実践を明示した経営方針を取締役会で承認し公表したり、ディスクロージャー誌や自社のホームページ等で、経営者の宣言や自社の方針として地域貢献に積極的に取り組む意思を明示することも有効である。

B 基本方針には、地域貢献活動で重視する分野や対象をできるだけ具体的に示すことが望ましい。地域社会において、特に改善が求められている課題や自社の経営資源やノウハウ等の強みが活かせる分野等を示したい。金融機関の取組み事例では、地域活性化や福祉・教育、芸術・文化・スポーツ、環境保全・美化、青少年育成等が代表的である。

> **例　大垣共立銀行の社会貢献基本方針**
> 「地域に愛され、親しまれ、信頼される銀行」の基本理念のもと、社会貢献活動に対する意識の熟成を図りながら、地域活性化・環境・高齢化・福祉等の課題に対して取り組みをしていく。

C 地域貢献活動の全社的なマネジメント体制を整備するためには、まず組織体制の整備が必要である。本社部門に、計画の策定および活動推進の担当部門（者）を置き、各部門にも推進担当がいるのが理想的である。次に、自社の地域貢献のテーマや体制整備、具体的取組みとその目標、予算等を定めた実施計画を策定する。さらに、実施結果に基づく成果や課題を経営陣が評価し、次年度の計画見直しにつなげる。こうした一連のルール・手順を文書化する等により、地域貢献活動を経営課題として管理することが求められている。

Vision（各論1）
地域貢献活動を推進するための体制・ルールがある

評価項目　（「解説」「実践ポイント」に連動）

A 地域貢献活動の取組み計画および予算がある
B 地域貢献活動の専任部署・担当者を置いている

解説

A 取組み計画は、次のような要素を検討し盛り込むのが望ましい。

① 活動の対象や分野

自社が地域貢献を通じて特に支援・協力しようとする人やグループ等の対象と、活動を通じて問題の解決や改善に寄与しようとする課題やその領域等。「対象」としては、子どもや女性、高齢者、学生、障がい者、災害被災者等に加えて、NPO/NGOや行政、地元企業等も含まれる。「分野」としては、地域活性化や少子・高齢化、福祉、スポーツ・芸術振興、国際交流、教育支援、環境保全等が挙げられる。

② 活動の手段

地域貢献活動として実践する具体的な方法。金銭や物資・サービス等の寄付、役職員の派遣やボランティア、自社施設の開放、ノウハウ・情報の提供等が挙げられる。

③ 活動に配分する経営資源

地域貢献活動に配分する経営資源には主に「ヒト」「モノ」「カネ」がある。「ヒト」では、役職員の直接的な活動の実践を指す。例えば、役職員のボランティア等がある。「モノ」では、自社の所有する資産の地域貢献活動への活用を指す。自社店舗を地域住民のイベントに提供する等である。他方、中小企業の経営支援や役職員を学校に派遣する金融教育、職場訪問や学生のインターン受け入れなどは、業務ノウハウといった無形の資産も有益な資源になる例である。「カネ」は、地域貢献活動に充てる費用を指す。諸団体への寄付等の直接的な支出だけでなく、

地域貢献活動担当者の人件費や役職員の活動を支援するための諸施策に要する費用も考慮すべきであろう。

④　活動の目標

役職員の活動時間数や寄付・募金の総額等、活動実績の観点からの目標や、さらには活動による地域社会の課題の改善度や地域住民の自社に対する好感度の向上等の観点からの目標が考えられる。

⑤　実施体制の整備

自社が地域貢献活動を実施していくために必要な整備に関する事項。これらの要素を網羅した地域貢献の実施計画を、毎年度策定しているかを問う。

B 自社の地域貢献活動を全社的に計画・実施・管理するためには、専任の担当部署もしくは担当者を設置するのが望ましい。地域貢献活動の計画策定および実施推進、活動実績の取りまとめ等を所管する専任部署・担当者の有無を問う。

実践ポイント

A 基本計画の策定に際しては、次のような点に留意すべきである。

○ステークホルダーのニーズの把握

地域社会が抱える課題や自社への期待等自社のステークホルダーのニーズをくみ取り、それらに適った取組みを検討する。地域住民等に対するアンケートや要望の募集、地域住民や地域の諸団体と直接の対話機会等を通じてニーズを把握する。同時に、活動の目標についても、ニーズや自社に対する期待に適ったものかどうか、という視点から検討し設定する。

○自社実績の洗い出し

自社がこれまでに実施してきた活動事例を洗い出し、整理することも、計画の策定に有効である。従来の取組み実績を検討材料に、自社全体の地域貢献活動において重視していく対象や分野を決める。同時に、取組み実績を見直すことで、利用可能な自社の経営資源を再確認することもできる。また、従来の取組みの検証によって、役職員の支援体制等の課題を抽出し、自社が地域貢献活動の実施体制を整備していくためのヒントを得ることにもつながる。

○他社事例等の参照

自社と同じ営業エリアにある金融機関の活動事例を検証することは地域のニーズをつかむ手掛かりになると同時に、他社との差別化を図った自社の独自性のある地域貢献活動を行うためのヒントにもなり得る。また、金融庁が2006年に実施した「金融機関のCSR実態調査」は、自社の強みや資源を勘案しながら、活動対象や分野を決める際の参考になる。

また、地域貢献活動のスタンダードを認識することも実施計画を作るうえで重要となる。例えば、地域貢献活動の予算を検討する際の目安の1つに、日本経団連の「1％（ワンパーセント）クラブ」による調査が参考になる。

B 専任の部署・担当者でなくても、総務部や広報部等の関連部署に担当者を置くことで、地域貢献活動を全社的に管理することも可能である。担当者の設置も困難な場合は、各部門からの選出者で構成し地域貢献活動の企画や推進、管理等の機能を持った社内横断的な推進組織を設け、役職員の自発的な参加を促すとともに、活動に社内の多彩な意見を反映することも期待できる。

Vision（各論2）
地域貢献活動を推進する具体的な施策があるとともに、特色ある活動を実践している

評価項目　（「解説」「実践ポイント」に連動）

A 本業を通じた地域貢献として、次のような活動を行っている
- 地域の企業支援を目的にした商品・サービスがある
- 融資先等のCSR活動の支援を目的にした商品・サービスがある
- 地元地域での雇用を創出している
- SRI投信を積極的に販売している
- 融資判断等に際して、環境・社会面での影響等に配慮している

B 本業以外の地域貢献として、次のような活動を行っている
- 全社的な寄付・募金活動を行っている
- 役職員がボランティア活動を行っている
- 役職員を行政機関や学校等に派遣している
- 学校や行政、NPOなどと協力した活動がある
- 芸術・文化振興のイベントを主催または協賛している

C 役職員の活動をサポートする社風や制度・ルールがある
- 役職員に地域貢献活動に関する情報を提供している
- ボランティア休暇・休職制度がある
- 役職員の活動を資金的に支援する制度がある

解説

A 金融機関は、経済の血液であるカネの流れを担っており、地域の経済システムや住民生活に絶大な影響力をもつ。昨今では、「持続可能な社会および経済」の実現に向けて、この影響力の有用性が注目されている。金融機関本来の機能を活用して、地域貢献を実践しているかを問う。

B 「ヒト」「モノ」「カネ」といった自社の経営資源を活用して、本業以外のいわゆる地域貢献活動を実践しているかを問う。

C 全社的に地域貢献活動を充実させるためには、地域貢献活動を重視する社風の醸成とともに、制度的な手当ても必要になる。役職員による地域貢献活動の実践を支援する環境整備の取組みを問う。明文化された制度・ルール等であることが望ましい。

実践ポイント

A 金融機関の本業の機能を通じた地域貢献活動の実践例として、以下のような事例がある。
- CSRもしくは環境に配慮した企業への融資で優遇金利の設定
- 中小企業の経営支援を目的にした無担保・低利融資、コンサルティング機能等の充実
- 利子の一部や預金残高の一定割合相当分を慈善団体に寄付する預金商品の販売
- 育児や介護等費用への充当を対象にした低金利融資
- NPO等への融資サービス
- 融資判断に社会・環境への影響度を考慮した基準の採用
- 社会的責任投資(SRI)商品の積極的な販売
- 地域企業支援ファンドへの出資
  ――等々

B 「ヒト」を活用した活動例としては、役職員によるボランティア活動が代表に挙げられる。多くの金融機関が、営業地域周辺の環境美化や福祉活動への支援、災害地支援やNPO活動への参加等である。また、役職員が学校等で金融に関する講義等を行う金融教育の実施も、金融機関の特性やノウハウを活かした活動といえるだろう。

「モノ」を活用した活動では、自社事業所の施設を、地域住民を対象にしたイベント開催や展示施設として開放する等の事例が多くみられる。また、学生等のインターンの受け入れも一般的である。地域社会の次世代の担い手に職業体験の場を提供する一方で、自社にも優秀な人材の発掘につながるメリットもある。

また、「カネ」による貢献活動では、災害支援や諸団体等に対する資金や物品の寄付、地域イベントの主催や協賛、地域を対象にした表彰制度の運営、公益活動を目的にした財団法人等の設立・運営等が代表的。独自の奨学金制度で教育支援を実践する金融機関も少なくない。

C 社風づくりには、自社のイントラネットや社内情報ツールで地域貢献やボランティア活動に関する情報を提供したり、表彰制度等で社員のモチベーションを高めることが有効である。さらに、ボランティアの参加実績を業績評価に加味する取組みも一部で始まっている。

一方、制度的な手当てとしては、短期のボランティア活動に参加するために休暇取得を認めるボランティア休暇や、長期のボランティア休職制度の採用も増えている。また、従業員などが慈善団体等に寄付をする場合、会社が上乗せするマッチング・ギフト制度も代表的な支援策といえる。

▉ Vision（各論 3）
活動の評価がなされ、見直しが行われている

評価項目　（「解説」「実践ポイント」に連動）

A 地域貢献活動の実績を公表するとともに、地域住民等の評価・意見を収集している

B 地域住民等の意見に基づき、取組みを見直している

解説

A 金融庁の「リレーションシップバンキングの機能強化に関するアクションプログラム」は、「地域貢献」活動の情報開示を求めている。自社のPRとしての側面だけでなく、様々なステークホルダーに対して、自社の活動の妥当性や適正性に関しての説明責任を果たす側面もある。ディスクロージャー誌やCSR報告書、自社ホームページ等を通じて、自社の地域貢献活動の実績に関する情報を開示するとともに、地域住民の評価や意見を収集しているかを問う。

B 地域社会のニーズや自社への期待に適った活動を実践しなければ、代表的なステークホルダーである地域住民の高い満足度は得られない。地域住民の意見等に基づいて、地域貢献の活動内容や取組み計画の改善に活かした事例等、自社の地域貢献活動に関する「見直し（Check）」および「是正（Act）」の実践状況を問う。

実践ポイント

A 地域貢献活動で自社が重視する領域・テーマ・目標等と活動実績を開示し、ステークホルダーが自社の活動の妥当性を判断するための検証材料を提示する。さらに、活動実績を数値的に示す（CSR支援融資の実績額等）ことも実践したい。そうした情報開示を実践したうえで、次のような機会を通じて地域住民等からの積極的な意見をくみ上げる取組みが必要である。

- 地域の協議会やイベント等への参加
- 地元紙広告等による実績報告と意見の募集
- 地域住民からの意見受付窓口を設置
  ——等々

B 地域住民との対話やアンケート結果等をもとに、地域貢献活動についての、自社の思惑と地域社会の受け止め方のギャップを分析することが必要である。分析をもとに、活動のテーマや対象、領域等の観点から、地域社会のニーズに適った活動の見直しを進めていくべきである。一方で、役職員の意見の収集も、社内の支援体制を改善するために必要である。

II. 各論　3 従業員

　従業員は、金融機関の主要な経営資源である「ヒト、モノ、カネ」の一角をなし、お客さまや出資者（株主）と並んで重要なステークホルダーの1つであることはいうまでもない。従業員の人権に配慮し、能力に応じた適正な処遇等を心掛けるとともに、安全で健康的な職場を実現することで、自社の成長の推進力となる従業員の満足度向上を図りたい。

■ Vision（総則）　※このトピックにおける総体的な理想像
従業員に配慮した職場環境を実現し、高い従業員満足を得ている

評価項目　（「解説」「実践ポイント」に連動）

A 経営理念等で従業員を重視する姿勢を示している
B 従業員に関する各種の課題を認識し、対策を講じている

解説

A 会社が、従業員を重要なステークホルダーの1つと認識し、十分に配慮した職場環境の整備や公平・公正な扱いのほか、働きがいの創出や私生活とバランスがとれたワークスタイルの支援等、従業員満足の向上に取り組む姿勢を社内外に明確に示すことが必要である。経営理念や経営方針、もしくは経営トップの宣言として、従業員を重要なステークホルダーとして重視する意思および姿勢を明文化し、社内外に開示しているかを問う。

B 安全で健全な職場環境や人権への配慮、機会均等、私生活との調和、能力開発等、従業員に関する個別の課題について、継続的に改善していく意思を社内に明示するとともに、具体的な取組みが実践されているかを問う。

実践ポイント

A 経営理念や経営方針では、従業員が自社の重要ステークホルダーの1つであることを明示していることが望ましい。そして特に、従業員に対する公正・公平な対応や、従業員個々の権利や特性等を重視・尊重する意思と姿勢を明確に示したい。こうした従業員に対する誠実な姿勢は、現在の従業員だけでなく、将来自社の従業員となり得る人材へのコミットメントでもあり、自社のディスクロージャー誌やホームページ等を通じて社外にも開示することが肝要である。

> **例** 滋賀銀行の経営理念（抜粋）
> …2．和の精神にもとづく労使協調の基盤に立脚して、従業員福祉の向上をはかると同時に、株主、顧客の繁栄に奉仕する。

> **例** 西武信用金庫の基本指針（抜粋）
> …2．役職員がはつらつと力いっぱい働ける職場にします
>   ① 公正な人事を行ないます
>   ② 組織的な業務運営を行ないます
>   ③ 自由に発言します

B 従業員に関する課題の具体例としては、心身両面の健康管理や公平・公正な採用・処遇・登用、残業時間の削減や従業員の能力や意欲を高めるための人材開発や登用等が挙げられる。これらの課題について、必要なルールや制度を整備していくことがポイントになる。

■ Vision（各論1）
従業員満足の向上に向けた個別課題に関する取組み方針や体制がある

評価項目（「解説」「実践ポイント」に連動）

A 従業員の権利を尊重する方針・体制がある
B 従業員の健康維持および働きやすい職場づくりを目指した方針・体制がある
C 従業員の特性や業務に則した効果的な能力開発・登用を実施する方針がある

解説

A 従業員の権利に関する事項としては、労働三法等の関連法規の遵守はもとより、採用や登用等における公正・公平な待遇のほか、セクシャル・ハラスメントやパワー・ハラスメントの防止等も重視されている。こうした、従業員の人権や権利に関わる事項に適正に対応する方針を文書等で明文化し、社内外に示しているかを問う。

B 金融機関における労働安全衛生上の課題としては、過度の残業や休日出勤等の長時間労働による疾病があるとともに、最近では従業員のメンタルヘルス不全に注目が高まっている。そのため、従業員の就労時間管理やメンタルヘルスケアを徹底するなど、ゆとりある職場環境の実現

や従業員の健康管理を重視し、実践する方針を明文化し社内に浸透させているかを問う。

C 金融庁の「リレーションシップバンキングの機能強化の推進に関するアクションプログラム」は、中小・地域金融機関に、事業再生および中小金融円滑化に向けて人材育成の取組みを求め、多くの金融機関が、従業員に関連する資格の取得や研修の受講等を方針化し実施している。こうした取組みに加えて、さらに従業員の全般的な能力向上を図るための人材開発や登用制度を充実する方針の有無を問う。

実践ポイント

A 従業員の人権尊重や公平・公正な人事の実施、あらゆる差別的な扱いの排除、セクハラやパワハラの防止等も行動憲章等に盛り込み、社内外に開示するのが望ましい。これは、社内外に対し、会社として人権の重視や差別の排除を社内外にコミットメントすることを意味する。特に、人権の啓発に関しては、従業員だけでなく、顧客や取引先等あらゆるステークホルダーを視野に置いた観点から会社としての指針等を定め、役職員に浸透させることが肝要であろう。

B 行動憲章等において、安全で健康的な職場づくりを推進する等の労働安全衛生に関する会社の姿勢を明示することが望ましい。また、労働安全衛生法に沿った業務上の災害防止に向けた体制の整備はいうまでもない。労働安全衛生については、国内外のマネジメントシステム規格がある。国内では厚生労働省が指針を策定しており、方針の決定や体制の構築の際に参考にするのがよい。

C 能力開発等についても、積極的な取組み方針を示すのが望ましい。それと同時に、全社的な取組み計画を策定し、能力開発等に関する基本認識や目指すべき社員・組織像、重点的な取組み課題等を従業員に示し、会社の取組み方針および姿勢を浸透させることが必要である。

∷ Vision（各論2）
従業員の安全や権利への配慮、働きがいの向上等に向けた具体的取組みを行っている

評価項目　（「解説」「実践ポイント」に連動）

A 従業員の健康に配慮した具体的な取組みがある
- 残業時間削減の取組み
- 役職員の心身両面の健康に配慮した取組み

B 公正な採用・登用・処遇を目的にした取組みがある
- 人事評価の基準や方法を公表している

- ・女性を積極的に総合職に採用し、役員や管理職に登用している
- ・障がい者雇用率が法定以上である

C 従業員の人権に配慮した取組みがある
- ・役職員向けに人権啓発プログラムを実施している
- ・セクハラ・パワハラ防止策を実践している
- ・従業員向けの相談窓口がある
- ・社外取締役および社外監査役を選任している

D 従業員および組織がともに成長するための人材開発制度がある
- ・業務別、階層別の研修プログラムがある
- ・社内公募制や社内FA制度など、従業員のモチベーション向上を目的にした人事制度がある

E 従業員の私生活に配慮した取組みがある
- ・法定以上の育児・介護休業制度がある
- ・勤務地や勤務時間に配慮した制度がある

解説

A 長時間の残業や休日出勤が常態化している場合、従業員に心身両面における疾病のリスクが高まるだけでなく、身体的疲労や精神的ストレスにより、会社全体の生産性を大きく阻害する要因になる。残業時間の削減とともに役職員の心身両面の健康維持・促進を図る等、健全な職場づくりを目指した具体的制度や取組みを整備・実践しているかを問う。

B 公平・公正な従業員の評価は、従業員の人格を尊重する観点だけでなく、モチベーションを高めるうえでも重要である。納得感や透明性、公平性のある従業員評価を実践するためには、明確なルールを策定し、公開するとともに、評価者の恣意性を排除する運用が必要である。

「女性の活用」は、我が国の企業に共通する長年の課題といえる。女性従業員の採用・登用の増加に向けた明確な方向性を定めるとともに、具体的な取組みの有無を問う。

同様に、障がい者の雇用促進も、自社の重要な社会的責任の1つといえる。「障害者雇用促進法」が定める雇用率（全従業員の1.8％以上）は、少なくともクリアすべき要件である。雇用の促進とともに、障がい者が働きやすい環境整備が図られているかを問う。

C 「人権擁護」は、近年重要性を高めているテーマの1つである。従業員の権利の尊重はもちろん、お客さまをはじめとするマルチ・ステークホルダーとの関係においても、人権は細心の注意が必要な事項である。そのため、自社のすべての役職員に対して、人権に関する適切な知識と行動の周知徹底を図るための全社的なプログラム等を実施しているかを問う。

一方、社内におけるセクシャル・ハラスメントは、人権の侵害であり、本人のみならず会社

が使用者としての法的責任を問われるうえに、自社のイメージダウンに直結するおそれがある。また、最近では上司が立場を利用して部下に嫌がらせをする等のパワー・ハラスメントも認識されるようになってきた。会社全体でセクハラやパワハラへの問題意識を共有するとともに、防止に向けた取組みを実践しているかを問う。

また、セクハラ等を含めて権利の侵害を受けた従業員が、不利益を被ることなく相談できる窓口・制度の有無も確認する。

D 組織および従業員双方の目標達成のためには、高度な業務知識・スキルに加えて、経営感覚やマネジメント能力、お客さまのニーズへの対応力等、様々な能力に秀でた人材の育成が必要であり、職種別および階層別双方の面から、多様かつ効果的な人材開発の実施が必要である。

一方、従業員のモチベーションの向上と個々の能力を最大限に活かすためには、各従業員の希望と業務のミスマッチを軽減することが有効である。自分の専門能力を活かしたり、自身の明確な目標を持った従業員が、希望する部門や業種に配属されるチャンスが得られる人事制度があるかを問う。

E ライフスタイルや家族形態の多様化等の社会的な変化によって、旧来型の会社一辺倒の価値観は受け入れられにくくなっている。仕事とプライベートのバランスに配慮しながら、様々な状況にある従業員が、継続的に働くことができる環境づくりも従業員に対する大切な社会的責任である。柔軟な勤務形態や育児・介護休業制度の充実等の取組みの有無を問う。

実践ポイント

A 前提として、労働基準法に基づく「36協定」の締結が不可欠である。そのうえで、「ノー残業デー」の設定や、強制的なオフィスの消灯等も、従業員を心理的に早期退社に仕向けるだけでなく、業務時間の効率的な使い方を習慣づける効果も期待できる。また、休日取得についても、全社や各部門レベルで取得目標を設定する等のインセンティブが必要であろう。ただ、単に早期退社や休日取得のルールを作るだけでなく、勤務時間や勤怠管理等を徹底し、早期退社のルールが遵守されていない部署に対しては、重点的に管理指導する仕組みがなくてはならない。そうした部門の管理職や従業員への聞き取りや対話を通じて、残業や休日出勤の原因を特定し、必要に応じて業務の効率化を図ることが重要である。

一方、健康面への配慮では、労働安全衛生法に基づいた健康診断の実施は必須である。健康に不安のある従業員には、適切にフォローアップする体制が必要である。また、メンタルヘルスケアに関しては、次のような対策が望まれる。

①セルフケア……従業員自身によるストレスの気づきと対処
②ラインによるケア……管理職による職場環境の改善と相談への対応
③産業医や衛生管理者等の社内スタッフによるケア……職場の問題点把握や相談・指導
④社外によるケア……社外の医療機関・相談機関や家族等との連携

これらを有機的に統合し、1つのシステムとして機能させるのが効果的である。

メンタルヘルスケアを含めて、従業員を公私にわたって支援する従業員支援プログラム（EAP）も広がりつつある。

B「女性の活用」の促進には、経営者が意思を明確にするとともに、女性の総合職や管理職への採用・登用の具体的な目標を定めた取組みが大切である。そのうえで、ポジティブアクションの取組みが望まれる。ポジティブアクションとは、自社内で女性の能力発揮を阻害する要因を是正する取組みであり、具体的には、女性が特性を活かすことができるポジションを新設したり優先的に配置するなどの措置が考えられる。

　一方、障がい者を雇用しようとする企業は、各都道府県にある「障害者雇用促進協会」で雇用に関する相談や情報提供を受けることができるほか、自社施設のバリアフリー化等に各種助成金が利用可能である。また、最近では、主に障がい者の雇用を目的にした特例子会社を設立する企業も増えている。こうした制度等の活用で障がい者の雇用促進を図るとともに、定期面談やサポート人員の確保等で障がいをもった従業員の支援・定着を図る取組みも重要である。

C 人権の啓発には、全役職員に対する研修の徹底が必須である。職場レベルでの研修の徹底とともに、新入社員や管理職等の各層別ごとに研修を実施する。また、啓発ポスターやパンフレットの作成、業務の具体的な場面を想定した人権マニュアルの作成やEラーニングを使った学習も有効である。

　セクハラやパワハラ防止においても、研修や啓発広報等の取組みに加えて、就業規則にセクハラやパワハラに関する事項を盛り込み、懲戒事由と位置づけることも抑止効果が期待できる。

　これらに関する相談窓口を設置する場合には、相談者のプライバシーが厳守されるとともに、相談したことにより不利益を受けることがないようにする保証および措置は必須である。男女双方の担当者を置くなど相談しやすい配慮とともに、人事部門等と連携して加害者の異動や懲戒等、有効な被害者の救済策を講じることができる体制の確立が必要である。

D 人材開発においては、自社が目指すべき組織および従業員の理想像を描いたうえで、その理想の実現に向けた重点項目を設定し、具体的取組みおよび方法を構築する手順が必要である。例えば、地域金融機関としては、「地域密着型金融の機能強化の推進に関するアクションプログラム」で示されている中小企業経営への「目利き力」に長けた人材の養成等が重点を置くべき事項と捉えることができる。そうした重点課題を設定したうえで、業種ごとの専門的スキルや各階層に求められる能力の向上を図ることになる。具体的取組みとしては、社内外研修への参加や有用な専門資格の取得等の奨励に始まり、管理職層の指導スキルの強化、マネジメント力育成やOJTの充実、最近では社内トレーニー制度を導入する企業も増えている。

　一方、従業員のモチベーション向上を狙った人事制度としては、社内公募制や社内フリーエージェント制度が代表的である。また、いわゆる一般職から総合職への転換を可能にする制度も、意欲的な一般職員にとってモチベーションを高める材料になる。また、一部では、新入社員を対象に希望の部門への配属を認める制度を導入している金融機関もある。

E 育児・介護休業の取得支援策として法律の規定以上に、①休業期間の延長、②休業取得が可能

な子どもの対象年齢の引き上げ、③パート従業員等にも取得の対象を拡大、④育児休業給付金への上乗せ支給——などが行われている。それらを制度化するだけではなく、男女ともに育児休業取得率等の目標を設定・公表するなどして、従業員が育児休業を取得しやすい職場風土を醸成する取組みが不可欠である。

■ Vision（各論3）
取組みの成果を評価し、取組みの改善につなげている

評価項目　（「解説」「実践ポイント」に連動）

A 目標の達成度を定期的に測定し、取組みの見直しに活かしている
B 従業員の満足度を測る取組みを行っている

解説

従業員に配慮した取組みに関して、その成果や効果を定期的に検証するとともに、取組みの改善に活かすことを実践しているかどうかを問う。

実践ポイント

A 従業員に対する取組みの目標の達成度を検証し、成果を測ることが必要であろう。設定すべき目標としては、例えば残業時間の削減率、健康診断受診率、女性管理職の増加数、人権研修の受講状況、社内FA制度への応募者数と実現率、育児休業の取得率等が挙げられる。こうした目標と実績とを数値的に捉えながら、達成度合が低いものの原因を特定し改善につなげる取組みが必要である。

B 一方で、数値では現れにくい定性的な従業員の満足感等を別途把握し、改善の材料に活用することも重要である。具体的には、従業員満足を測るためのアンケートの実施のほか、部門や職種、各役職等、様々な領域間でミーティング機会を設けたり、経営トップが直接職場で従業員と対話の機会をもつことも、従業員の満足度の把握に加えて風通しのよい企業風土づくりの点からも有効といえる。

〈各論〉4 環境

II. 各論　4 環境

　大半の金融機関にとって、環境問題の経営課題としての優先順位はこれまで決して高いものではなかった。しかし、昨今では、持続可能な社会・経済の実現に向けて、経済システムの血液を担う金融機能の役割への注目が高まっている。金融機関は、自社の省エネ・省資源といった取組みと同時に、地球規模の視点から環境問題を意識した経営が求められている。

> **■ Vision（総則）** ※このトピックにおける総体的な理想像
> 環境経営を実践し、地球および地域の環境保全・改善に貢献することを目的にした取組みがある

評価項目 （「解説」「実践ポイント」に連動）

A 経営理念等で、環境に配慮した経営を実践する意思を示している
B 環境経営に関する方針（環境方針）がある
　・本業を通じて環境保全・改善に貢献する方針がある
C 環境経営のためのマネジメントシステムがある

解説

A 経営理念等に、自社の事業活動が生じる環境への影響に配慮するとともに、環境問題に取り組む趣旨を盛り込んでいるかを問う。持続可能な社会を実現するうえで、金融機能の影響力は決して小さくない。このため、自社の経営を通じて環境問題に積極的に取り組んでいく意思を社会に明示していく必要がある。

B 環境省が主に中小企業向けに策定した簡易型の環境マネジメントシステムである「エコアクション21」によると、環境方針は「組織が自主的、積極的に環境経営に取り組み、継続的な環境負荷の削減に取り組んでいくことについての社会的な誓約（約束）であるとともに、組織の環境活動の基本的方向、つまり枠組みを示すもの」と定義されている。本項では、基本方針を策定するとともに、ディスクロージャー誌や自社ホームページ等を通じて、社内外に周知しているかを問う。

C 環境への取組みを自主的、かつ積極的に行う環境経営の基本は、事業活動において環境に与えるすべての影響を考慮することといえる。省資源・省エネルギー・廃棄物削減といった自社の

環境負荷を低減させる取組みおよび金融機能を通じて環境問題の改善に貢献することを目的にした取組みを、PDCAサイクル（計画・実施・改善）に則って全社的に管理・運用するための体制およびルールを整備する必要がある。環境マネジメントシステム規格の外部認証を取得しているか、または省エネ・廃棄物削減等の具体的目標について計画的な取組みが実践されていてもよい。

実践ポイント

A 経営理念等に、環境保全を盛り込む例は今のところ我が国の金融機関では多くはみられない。しかし、昨今の環境問題の改善における金融機関への期待に応えるためには、経営理念等において環境保全を明示し、自社の重要な経営課題の1つとして認識したい。

> 例　三菱UFJフィナンシャルグループの経営理念〈抜粋〉
> …5．地域の発展に寄与すると共に、環境に配慮した企業活動を通じ、持続可能な社会の実現に貢献する。

B 環境取組みの基本方針を検討するうえでは、既存のマネジメントシステム規格も参考になるであろう。例えばISO14001では、次のような事項を環境方針で明示するよう求めている。

・継続的改善と汚染の防止
・関連法規制等の遵守
・目標設定およびその見直しの枠組み
・環境方針の文書化および社外への公表
・役職員への周知徹底

以上のような観点を踏まえつつ、自社の事業活動の実態に即した内容の方針を策定する。金融機関の環境経営には、自社の事業活動で生じる環境負荷の軽減と環境の保全・改善にプラス効果を生む活動の2つの側面があり、双方ともに実践していくことが求められる。

C 環境マネジメントシステムの構築には、自社経営における環境への取組み姿勢を示した基本方針のもと、具体的な環境目的および取組み計画を立案・実施するとともに、実施結果を点検および是正するPDCAサイクルを確立することが必要である。

▪ Vision（各論1）
環境経営を実践するためのルール・体制を整備している

評価項目　（「解説」「実践ポイント」に連動）

環境経営を全社的に運営するための体制・ルールが整備されている
- 担当役員および主管部門・担当者を設置している
- 環境マネジメントのためのルール等が明文化されている

解説

　全社的な環境マネジメントシステムを構築するためには、各プロセスを実行する責任者の役割・責任・権限を明確にすることが不可欠である。特に、環境取組みを重要な経営課題の1つとして取り組む意思を社内外に示すために、環境マネジメントの最高責任者に経営トップをあてる。また、自社全体に環境経営の意識を浸透させ、実践させるために、環境に関する取組みの所管部門を設置するとともに、各部門に推進担当者を置く等の全社的な推進体制をとっているかを問う。また、運営の体制やルール等を明文化するなど、明確に規定しているかも問う。

実践ポイント

　環境マネジメントの体制および役割・責任の一例を次に示す。ただし、自社の規模や陣容を考慮し、適正な体制を検討することが大切である。

〈環境マネジメント体制および役割・責任の一例〉

- **最高責任者（社長、または環境担当役員）**
　全社（グループ）的取組みの監督・監視
- **環境管理責任者（環境所管部門の長）**
　環境マネジメントシステムの確立・運用、運用状況や課題等の最高責任者への報告
- **各拠点・部門の推進責任者（各拠点・部門の長）**
　各拠点・部門における環境活動の推進徹底
- **各拠点・部門の推進担当者（中堅クラス）**
　部門内の取組推進・進捗把握

　また、環境マネジメントの体制や運用ルール等を定め、環境基本規程等の形式で文書化するのが望ましい。各組織の権限・役割を明確に定義するとともに、計画の立案・承認や計画の実施手順、連絡・報告等のプロセスについて基本的な事項を定める。特に、取組み手順には、計画の実証状況を検証・点検する監査のプロセスや役職員に環境取組みに関する理解と行動を徹底するための教育・普及等の項目に関してもしっかり定めることが必要である。

■■ Vision（各論2）

環境経営の実践として、自社の事業活動の環境負荷軽減とともに、金融機能を通じた環境取組みを実践している

評価項目　（「解説」「実践ポイント」に連動）

A 省エネ・省資源等、自社の環境負荷を低減するプログラムがある
B 環境保全に寄与する商品・サービスを提供している
　・個人向けの環境配慮型商品がある
　・企業の環境取組みを支援するサービスがある
　・SRI商品を積極的に取り扱っている
C 役職員に対し、定期的に環境教育を実施している
D 環境マネジメントシステムを導入している

解説

A 自社の事業活動で生じる環境負荷に対しては、紙・ごみ・電気・ガソリン等の省資源・省エネやリサイクル、二酸化炭素（CO_2）等の温室効果ガス排出量の削減、グリーン購入の推進等の具体的取組みがある。グリーン購入とは、自社の業務上必要な資材やサービス等を調達する際、再生原料の使用や、リサイクルや長期間使用可能等、環境への負荷が少ない製品等を優先的に調達することをいう。これらの事項について、削減（達成）目標を設定し、全社的に取り組んでいるかを問う。

B 金融機関における環境経営のもう一方の側面は、金融商品・サービスの提供を通じて、地球もしくは地域レベルで環境問題の改善に寄与する活動である。例えば、社会的責任投資（SRI）商品の積極的な販売や、環境経営を実践する企業を対象にした優遇融資等がある。こうした環境に配慮した金融商品・サービス提供等、金融機関としての本業を通じて環境取組みを実践しているかを問う。

C 自社の環境取組みの方針や、具体的なテーマや目標、さらに環境取組みの必要性と意義を役職員間に浸透させることが、環境取組みを実効的に実施するための基本的な条件である。業務や階層ごとにそれぞれの役割や責任を反映させた内容で、全職員を対象にした教育研修を実施しているかを問う。

D 外部機関による第三者認証が行われる環境マネジメントシステム規格で、最も一般的なのは国際規格であるISO14001である。ただし、主に中小企業者を対象にした日本国内の環境マネジメント規格が複数ある。それらをベースにしながらも、一部の要求事項を除外するなど、経営

資源の少ない中小企業でも導入しやすいよう配慮したものであり、これらいずれかの環境マネジメントシステム規格の外部認証を取得しているか、もしくはそれらの規格に準拠した体制を確立しているかを問う。

実践ポイント

A 環境負荷の軽減は、具体的な環境目標に基づく実践が必要である。まず、紙・水・ガソリン等の使用量、および廃棄物やCO_2の排出量等の事業活動が生じる環境負荷を定量的に評価する。そのうえで、各項目について、削減目標等を数値化するとともに、目標を達成するための手段（リサイクルの推進、設備の改善等）を明確化する。全社的な削減目標とともに、部門別の目標も必要である。これらの目標は、関係する役職員に周知されるとともに、必要に応じて実施手順を説明したガイドラインやマニュアル等を作成する。

B 金融機関の本業を通じた環境経営の代表例としては、「環境配慮金融商品・サービス」の提供が挙げられる。主に個人向けの商品では、環境配慮型の住宅や乗用車の購入に対する優遇ローンの設定等が普及している。前者では、オール電化や太陽光発電等の省エネ住宅の購入資金ローンに対する金利優遇、後者では、ハイブリット車や電気自動車、低燃費車等への優遇ローンを、多くの中小金融機関が提供している。特色ある例では、地域内の可燃ごみ排出量の削減量に応じて金利を増額する定期預金やリサイクル等の取組みを宣言した個人預金者の金利を増額する定期預金等がある。

一方、各金融機関が事業者の環境取組みを支援するサービスも増えている。融資先の環境負荷軽減を目的にした設備の導入や環境マネジメントシステムの導入費用に対する貸出金利の優遇、環境経営を実践する企業の私募債引受等のサービス等もすでに広く普及している。また、融資先のCO_2排出量や省エネ目標の達成度合いによって貸出金利を引き下げるサービスも出始めている。政府系金融機関の日本政策投資銀行は、独自の手法で融資先企業の環境取組みを格付けし、金利等を優遇する「環境配慮型経営促進事業」制度を運用しており、地方金融機関との連携も推進している。

また、大手金融機関では、「赤道原則」のように、融資先の事業が環境や住民生活に及ぼす影響を融資決定の判断時に重視するところも出始めている。中小金融機関でも、今後「貸し手責任」に基づいた取組みが求められる可能性は高い。

本業を通じた金融・サービスを充実するためには、自社の営業・商品企画部門等が連携し、顧客企業のニーズや地域社会の環境面に対するニーズ等を的確に勘案しながら、各営業地域の特性に適した商品開発・提供が必要であろう。

C 役職員の業務内容や階層、職責等を勘案して、それぞれの状況に適した教育内容を実施する必要がある。役職員全般では、自社にとっての環境取組みの必要性を再認識させるとともに、自社の環境方針や取組みテーマ、行動のルール等を周知するための教育内容が必要である。同時に自部門の環境目標や、その達成に向けた取組み方法、関連の法規制等についても教育内容に

加えたい。

D 第三者による認証・登録制度がある国内の環境マネジメントシステム規格には、環境省が策定した「エコアクション21」等がある。また、昨今では、地域レベルの認証制度も増えている。それらは、ISO14001に比べてシステムの構築と運用が容易で、費用も割安であるため、中小企業が比較的に導入しやすい。

Vision（各論3）
取組みの成果を評価し、取組みの改善につなげている

評価項目 （「解説」「実践ポイント」に連動）

経営トップが取組み結果の検証および改善を行っている

解説

経営トップが、少なくとも年1回以上、環境取組み全体の評価をもとに環境マネジメントシステムの有効性および適正性等を判断し、必要に応じて環境方針や目標、活動計画、マネジメントシステム等の見直しを行っているかを問う。

実践ポイント

経営トップによるマネジメントシステムの評価や見直しにあたっては、環境取組みの相当役員・所管部門からの報告や内部監査の結果等を通じて、次のような情報に基づいて検証および改善策の検討を行うことが肝要である。

・マネジメントシステムの運用状況
・目標の達成状況
・是正措置の状況
・自社の環境負荷や環境取組みの成果
・ステークホルダーの意見
　　――等

評価基準・チェックリスト

採点のしかた

〈VISION（総則）＝満点10点〉 大変よくできている10点：よくできている8点：できている6点：
できているが改善が必要4点：ほとんどできていない2点：できていない0点

〈VISION（個別）＝満点5点〉 大変よくできている5点：よくできている4点：できている3点：
できているが改善が必要2点：ほとんどできていない1点：できていない0点

	トピック		ビジョン		評価基準項目	評点
Ⅰ. 総論	1. 経営理念	VISION（総則）	自社および社会の持続可能な発展を追求する意思が明示された経営理念が役職員に浸透し、事業活動において実践されている	A	経営理念に、自社および社会の持続可能な発展を追求する趣旨が示されている	
				B	経営理念を、役職員に浸透させるための取組みを行っている	
				C	経営理念が、対外的に広く公表されている	
					合計	

	トピック		ビジョン		評価基準項目	評点
Ⅰ. 総論	2-1. ガバナンス	VISION（総則）	意思決定、業務執行、監視の各観点から、適切なガバナンスの仕組みが構築・運用されている	A	公正性および合理性のある意思決定を行う仕組みが構築・運用されている	
				B	機動性および効率性、適正性のある業務執行を行う仕組みが構築・運用されている	
				C	実効性のある監視を行う仕組みが構築・運用されている	
				D	意思決定および業務執行、監視の各機能において、透明性を確保するための仕組みが構築・運用されている	
		VISION（各論①）	ガバナンスの強化に向けた方針がある	A	意思決定において公正性および合理性を確保する方針がある	
				B	執行において機動性および効率性、適正性を確保する方針がある	
				C	監視機能の実効性を確保する方針がある	
				D	意思決定および執行、監視の各機能において、透明性を確保する方針がある	
		VISION（各論②）	意思決定および執行、監視の各観点から十分なガバナンス機能が発揮されている	A	意思決定において公正性および合理性を確保している	
				B	執行において機動性および効率性、適正性を確保している	
				C	監視機能の実効性を確保している	
				D	意思決定および執行、監視の各機能において、透明性を確保している	
		VISION（各論③）	ガバナンス体制を定期的に見直している		ガバナンスの体制を定期的に見直し、是正している	
					合計	

	トピック		ビジョン		評価基準項目	評点
Ⅰ. 総論	2-2. 内部統制システム	VISION（総則）	実効的な内部統制システムが構築され、機能している	A	内部統制の基本的要素が有効に機能するための態勢がある	
				B	経営者が、内部統制システムの有効性を検証するとともに、必要な是正措置を講じている	
		VISION（各論①）	有効な内部統制の基礎となる統制環境の整備が図られている	A	経営トップが、誠実かつ倫理的な企業風土の構築を先行している	
				B	自社の倫理的価値観や行動の原則を明示している	
		VISION（各論②）	自社の重要リスクを評価・抽出し、リスク低減に有効な統制活動や情報伝達が実践されている	A	自社の重要リスクを経営トップが認識するとともに、リスクを低減するために必要な意思決定を行っている	
				B	不正や違法行為を防止するための統制活動が実践されている	
				C	リスクに関する情報が適時・適正に伝達される仕組みがある	
		VISION（各論③）	内部統制の実施状況が的確にモニタリングされるとともに、経営トップによる有効性の評価および必要な是正が行われている	A	内部統制の実施状況がモニタリングされている	
				B	経営トップが内部統制の有効性を定期的に評価し、是正措置を講じている	
					合計	

	トピック		ビジョン		評価基準項目	評点
Ⅰ. 総論	3. CSRマネジメント	VISION（総則）	CSRのビジョンが明確に示されるとともに、その実現に向けた取組み計画がある	A	CSRのビジョン（目指すべき理想像）が確立している	
				B	重要ステークホルダーに対して果たすべき責任・取組み計画が明確になっている	
		VISION（各論①）	CSRマネジメントシステムを構築している	A	CSRマネジメントシステム基本規程を策定している	
				B	全社的なCSR推進の組織体制が整備されている	
		VISION（各論②）	CSRビジョンを実現するための具体的取組みを実践している	A	適切な個別課題を設定し、CSR取組み計画に従って実践している	
				B	CSRに関する教育普及プログラムが整備され、適切に運用されている	
		VISION（各論③）	CSR取組みの結果を点検し、改善に活かしている		CSR取組みの点検を定期的に実施している	
					合計	

565

第4編　金融機関のCSR評価基準

	トピック		ビジョン	評価基準項目		評点
Ⅰ. 総論	4. コンプライアンス	VISION（総則）	法令等の遵守および公正・誠実な行動の実践が、自社の企業文化として定着している	A	コンプライアンスの推進に向けた基本方針を定めている	
				B	コンプライアンスを全社的に推進・徹底するための体制・ルールが整備されている	
				C	特に重要な法規制について遵守を徹底する取組みがある	
		VISION（各論①）	法令等の遵守および公正・誠実な行動の実践のための体制や計画がある	A	コンプライアンス推進に向けた全社的な体制が整備されている	
				B	コンプライアンスの確立を目的にしたコンプライアンス・プログラムがある	
		VISION（各論②）	コンプライアンス徹底のために効果的な具体策を講じている	A	コンプライアンス・マニュアルを作成している	
				B	全役職員に、コンプライアンスの周知徹底を図っている	
				C	役職員による不正への関与を防止するための取組みを講じている	
		VISION（各論③）	コンプライアンスの取組みを定期的に見直し、改善を図っている		コンプライアンスの取組みが定期的に見直されている	
						合計

	トピック		ビジョン	評価基準項目		評点
Ⅰ. 総論	5. リスク管理／リスクマネジメント	VISION（総則）	自社のリスク管理の方針が示されるとともに、方針に従った実効的なリスク管理が実践されている	A	リスク管理に関する方針および基本的な原則を定めている	
				B	方針に基づき、重要リスクを管理するための体制が整備されている	
		VISION（各論①）	基本方針で示したリスク管理を実践するための取組み・体制等の枠組みが定められている	A	リスク管理の基本規程を策定している	
				B	リスク管理を実践するための体制が整備されている	
		VISION（各論②）	各重要リスクに対して適切かつ十分な対策を講じ、許容可能なレベルまでリスクを低減している	A	信用リスクに対して適切かつ十分な対策を講じ、許容可能なレベルまでリスクを低減している	
				B	市場リスクに対して適切かつ十分な対策を講じ、許容可能なレベルまでリスクを低減している	
				C	流動性リスクに対して適切かつ十分な対策を講じ、許容可能なレベルまでリスクを低減している	
				D	事務リスクに対して適切かつ十分な対策を講じ、許容可能なレベルまでリスクを低減している	
				E	システムリスクに対して適切かつ十分な対策を講じ、許容可能なレベルまでリスクを低減している	
				F	その他の重要リスクを洗い出し、適切かつ十分な対策を講じ、許容可能なレベルまでリスクを低減している	
				G	各重要リスク対策の方針や対策状況を公表している	
		VISION（各論③）	リスク管理を定期的に見直し、改善がなされている		経営トップが、リスク管理体制を定期的に見直し、必要な是正措置を行っている	
						合計

	トピック		ビジョン	評価基準項目		評点
Ⅰ. 総論	6. 情報開示・説明責任	VISION（総則）	ステークホルダーのニーズに適った情報開示を実践し、説明責任を果たしている	A	幅広いステークホルダーに向けた、情報開示を推進する方針がある	
				B	適時・適切な情報開示を実現するための仕組み・体制がある	
		VISION（各論①）	適時・適切な情報開示を実践するための体制・ルールがある	A	情報開示に関する手続き等を定めた規程等がある	
				B	情報開示を体系的に管理する体制がある	
		VISION（各論②）	開示情報の適切性の向上を図るとともに、情報開示を充実させる取組みを実践している	A	開示情報の適切性を高めるための取組みを実施している	
				B	開示内容の充実を図っている	
				C	情報開示のツールを充実させている	
		VISION（各論③）	適時・適切な情報開示を実現するために、体制を定期的に見直し・是正している		情報開示の内容や体制を定期的に見直し、改善に活かしている	
						合計

	トピック		ビジョン	評価基準項目		評点
Ⅱ. 各論	1. お客さま（預金者および融資先）	VISION（総則）	「お客さま視点」の取組みが全社的に浸透するとともに、お客さま満足の高いサービスを実現している	A	経営理念等で、お客さまに配慮した経営を実践する意思を示している	
				B	お客さま満足度向上のための基本方針がある	
				C	お客さまの満足度向上を目的にした取組みが体系化されている	

	トピック		ビジョン	評価基準項目	評点
II.各論	1.お客さま（預金者および融資先）	VISION（各論①）	お客さま満足度向上に向けた個別の取組みについて、基本的な考えを定めている	A 勧誘方針を策定している	
				B お客さま情報保護に関する方針がある	
				C 融資の基本方針（クレジットポリシー）を策定し、公表している	
		VISION（各論②）	お客さま満足度向上のための具体策が講じられている	A 適正な商品の説明・表示を徹底するための取組みがある	
				B 苦情対応を全社的に実践する体制が整備されている	
				C お客さまの個人情報保護に向けた体制を構築している	
		VISION（各論③）	お客さま満足の向上に向けた取組みを評価し、改善につなげている	お客さまの満足度を把握し、取組みの改善に活かしている	
					合計

	トピック		ビジョン	評価基準項目	評点
II.各論	2.地域社会	VISION（総則）	地域貢献活動に積極的に取り組む方針があるとともに、活動を全社的に管理する体制がある	A 経営理念または経営方針で、地域貢献活動を積極的に実践する姿勢が明示されている	
				B 地域（社会）貢献に関する基本方針がある	
				C 地域貢献活動を全社的に管理する仕組みがある	
		VISION（各論①）	地域貢献活動を推進するための体制・ルールがある	A 地域貢献活動の取組み計画および予算がある	
				B 地域貢献活動の専任部署・担当者を置いている	
		VISION（各論②）	地域貢献活動を推進する具体的な施策があるとともに、特色ある活動を実践している	A 本業を通じた地域貢献活動を行っている	
				B 本業以外の地域貢献活動を行っている	
				C 役職員の活動をサポートする社風や制度・ルールがある	
		VISION（各論③）	活動の評価がなされ、見直しが行われている	A 地域貢献活動の実績を公表するとともに、地域住民等の評価・意見を収集している	
				B 地域住民等の意見に基づき、取組みを見直している	
					合計

	トピック		ビジョン	評価基準項目	評点
II.各論	3.従業員	VISION（総則）	従業員に配慮した職場環境を実現し、高い従業員満足を得ている	A 経営理念等で従業員を重視する姿勢を示している	
				B 従業員に関する各種の課題を認識し、対策を講じている	
		VISION（各論①）	従業員満足の向上に向けた個別課題に関する取組み方針や体制がある	A 従業員の権利を尊重する方針・体制がある	
				B 従業員の健康維持および働きやすい職場づくりを目指した方針・体制がある	
				C 従業員の特性や業務に則した効果的な能力開発・登用を実施する方針がある	
		VISION（各論②）	従業員の安全や権利への配慮、働きがいの向上等に向けた具体的取組みを行っている	A 従業員の健康に配慮した具体的な取組みがある	
				B 公正な採用・登用・処遇を目的にした取組みがある	
				C 従業員の人権に配慮した取組みがある	
				D 従業員および組織がともに成長するための人材開発制度がある	
				E 従業員の私生活に配慮した取組みがある	
		VISION（各論③）	取組みの成果を評価し、取組みの改善につなげている	A 目標の達成度を定期的に測定し、取組みの見直しに活かしている	
				B 従業員の満足度を測る取組みを行っている	
					合計

	トピック		ビジョン	評価基準項目	評点
II.各論	4.環境	VISION（総則）	環境経営を実践し、地球および地域の環境保全・改善に貢献することを目的にした取組みがある	A 経営理念等で、環境に配慮した経営を実践する意思を示している	
				B 環境経営に関する方針（環境方針）がある	
				C 環境経営のためのマネジメントシステムがある	
		VISION（各論①）	環境経営を実践するためのルール・体制を整備している	環境経営を全社的に運営するための体制・ルールが整備されている	
		VISION（各論②）	環境経営の実践として、自社の事業活動の環境負荷軽減とともに、金融機能を通じた環境取組みを実践している	A 省エネ・省資源等、自社の環境負荷を低減するプログラムがある	
				B 環境保全に寄与する商品・サービスを提供している	
				C 役職員に対し、定期的に環境教育を実施している	
				D 環境マネジメントシステムを導入している	
		VISION（各論③）	取組みの成果を評価し、取組みの改善につなげている	経営トップが取組み結果の検証および改善を行っている	
					合計

第3部
第5編

CSRの用語解説

掲載用語一覧

A. 基本用語

1　サステナビリティ（持続可能性）　573
2　サステナブル・デベロップメント（持続可能な開発・発展）　573
3　トリプル・ボトムライン　573
4　ステークホルダー　573
5　コンプライアンス（法令遵守）　574
6　リスクマネジメント　574
7　ERM　574
8　危機管理／クライシスマネジメント　575
9　グローバル化　575
10　サプライチェーン　575
11　地域社会　575
12　行政　576
13　株主・投資家　576
14　販売代理店等　576
15　取引先　577
16　従業員・労働組合　577
17　投資先・融資先　577
18　消費者　578
19　地球環境　578
20　メディア　578
21　NGO/NPO　579
22　品質　579
23　労働安全衛生　579
24　人権　580
25　多様性（ダイバーシティ）　580
26　ユニバーサルデザイン　580
27　ポジティブ・インパクト　581
28　LOHAS（ロハス）　581

B. ガバナンス

1　コーポレート・ガバナンス　581
2　コーポレート・シチズンシップ／良き企業市民　582
3　企業文化　582
4　企業倫理（エシックス）　582
5　コミットメント経営　582
6　企業ブランド（経営）　583
7　企業価値　583
8　内部統制　584
9　COSOフレームワーク　584
10　内部統制ガイドライン　584
11　トランスペアレンシー　585
12　インテグリティ　585
13　アカウンタビリティ　585
14　定性的情報　586
15　非財務データの評価　586
16　株主代表訴訟　586
17　情報セキュリティリスク　587
18　インサイダー取引防止　587

C. マネジメント

1　経営理念／経営ビジョン　587
2　企業行動憲章　588
3　行動規範　588
4　CSR推進責任者・担当者　588
5　CSRグランドデザイン　588
6　ステークホルダー分析　589
7　フィージビリティ・スタディ（実現可能性調査）　589
8　PDCAサイクル　589
9　バランスド・スコアカード／評価システム　589
10　モニタリング　590
11　内部監査機能　590
12　是正措置　590
13　グッドプラクティス　590
14　社員教育　591
15　投資家向け広報（IR）　591
16　CSRレポート／持続可能性報告書　591
17　ステークホルダーダイアログ　592
18　企業評価基準（自己評価シート）　592
19　コンプライアンス委員会／法令遵守委員会／企業倫理委員会　592
20　BCM（事業継続管理）　593

D. 歴史

1　ブルントラント報告書　593
2　ブレント・スパー事件　593
3　経済人コー円卓会議（企業行動指針）　594
4　リオサミット（宣言）　594
5　ヨハネスブルグ・サミット（WSSD）　594
6　アジェンダ21　595
7　国連ミレニアム開発目標（MDGs）　595
8　地球温暖化防止京都会議（COP3）　595
9　「三方（さんぽう）よし」　596

E. 規格・規範

1　国連グローバル・コンパクト　596
2　GRI（グローバル・リポーティング・イニシアチブ）　596
3　持続可能性報告のガイドライン　597
4　OECDコーポレート・ガバナンス原則　597
5　OECD多国籍企業ガイドライン　597
6　日本経団連企業行動憲章　598
7　プライバシーマーク（Pマーク）制度　598
8　情報セキュリティマネジメントシステム

（ISMS）適合性評価制度　598
9　CERES（セリーズ）原則　599
10　RoHS 指令　599
11　ISO9001　599
12　ISO14001　600
13　ISO26000　600
14　OHSAS　600
15　海外の CSR 規格　600
16　SA8000　601
17　AA1000　601
18　ECS2000　601
19　「企業倫理・企業行動強化のための社内体制の整備運用に関する要請」（日本経団連）　602
20　「企業の社会的責任（CSR）推進にあたっての基本的考え方」（日本経団連）　602
21　「CSR に関するアンケート調査結果」（日本経団連）　602
22　「市場の進化と社会的責任経営－企業の信頼構築と持続的な価値創造に向けて－」（経済同友会）　603
23　「日本企業の CSR：現状と課題－自己評価レポート 2003」（経済同友会）　603
24　「CSR に関する経営者意識調査」（経済同友会）　603

F. 法令等

1　個人情報保護法　604
2　製造物責任（PL）法　604
3　会社法　604
4　サーベンス・オクスレー法（米国企業改革法、SOX 法）　604
5　金融商品取引法（日本版 SOX 法、J－SOX 法）　605
6　米国連邦量刑ガイドライン　605
7　不正競争防止法　605
8　下請法（下請代金支払遅延等防止法）　606
9　独占禁止法　606
10　東証適時開示規則　606
11　公益通報者保護法　607
12　消費者契約法　607
13　ILO 国際労働基準　607
14　労働三法　608
15　労働安全衛生法　608
16　労働者派遣法　608
17　消費者基本法　608
18　男女共同参画社会基本法　609
19　男女雇用機会均等法　609
20　土壌汚染対策法　609
21　環境基本法　610
22　大気汚染防止法　610
23　水質汚濁防止法　610
24　リサイクル法　610
25　廃棄物の処理及び清掃に関する法律　611
26　国際人権規約　611
27　生物多様性条約　611
28　地球温暖化対策推進法　612
29　特許法　612
30　著作権法　612
31　商標法　613

G. 関連機関

1　国際連合　613
2　国際標準化機構（ISO）　613
3　日本規格協会　614
4　米国規格協会（ANSI）　614
5　BSR　614
6　経済同友会　614
7　日本経済団体連合会（日本経団連）　615
8　海外事業活動関連協議会（CBCC）　615
9　COPOLCO（消費者政策委員会）　615
10　SAI　616
11　米国証券取引委員会（SEC）　616
12　トレッドウェイ委員会組織委員会（COSO）　616
13　世界銀行　617
14　経済協力開発機構（OECD）　617
15　持続可能な発展のための世界経済人会議（WBCSD）　617
16　国連環境計画（UNEP）　618
17　国際労働機関（ILO）　618
18　CSR ヨーロッパ　618

H. 環境

1　地球環境問題　619
2　ゼロエミッション　619
3　京都議定書（京都メカニズム）　619
4　CDP（カーボン・ディスクロージャー・プロジェクト）　619
5　環境経営　620
6　環境マネジメントシステム　620
7　環境コミュニケーション　620
8　環境会計ガイドライン（環境省）　621
9　環境パフォーマンス指標（環境省）　621
10　環境報告書ガイドライン（環境省）　621
11　PRTR 制度　622
12　環境アセスメント　622
13　温室効果ガスと地球温暖化　622
14　排出量取引　622
15　ヒートアイランド現象と対策　623
16　クールビズ・ウォームビズ　623
17　ハイブリット自動車　624
18　循環型社会　624

19　生物多様性　624
20　チームマイナス6％　624
21　環境配慮商品　625
22　バイオマス　625
23　グリーン調達　625
24　環境税／環境目的税　626
25　レスポンシブル・ケア　626
26　環境ラベル／エコマーク　626
27　アースデー　627
28　モーダルシフト　627
29　3R（リデュース、リユース、リサイクル）　627
30　エコアクション21　628
31　環境効率／エコ・エフィシェンシー　628
32　京都メカニズム　628
33　MOTTAINAI（もったいない）　628

I. 金融

1　エコマネー（または地域通貨）　629
2　ポジティブ・スクリーニング／ネガティブ・スクリーニング　629
3　環境社会配慮確認のための国際協力銀行ガイドライン　629
4　世銀・国際金融公社　環境・社会基準　630
5　赤道（エクエーター）原則　630
6　環境配慮型融資　630
7　UNEP FI（国連環境計画・金融イニシアチブ）　631
8　責任投資原則　631
9　受託者責任　631
10　貸し手責任　632
11　カルパース（米国カリフォルニア州公務員退職年金基金）　632
12　略奪的貸付　632
13　グラミン銀行　632

J. 顧客・消費者

1　フェアトレード　633
2　コーズリレーテッドマーケティング　633
3　顧客満足（CS）　633
4　カスタマー・リレーションシップ・マネジメント（CRM）　633
5　消費者団体訴訟制度　634
6　QC活動　634
7　消費生活アドバイザー制度　634

K. 取引先

1　SCM（サプライチェーン・マネジメント）　635
2　CSR調達　635

L. 従業員・労働

1　児童労働　635
2　スウェットショップ　636
3　内部通報制度（ヘルプライン）　636
4　人的資源に関わるマネジメント（HRM）　636
5　障害者雇用　636
6　セクシャルハラスメント　637
7　ジェンダーハラスメント　637
8　パワーハラスメント　638
9　従業員満足（ES）　638
10　米労働安全衛生局（OSHA）　638

M. 社会貢献

1　社会貢献活動　（フィランソロピー、メセナ）　639
2　地域投資（コミュニティ投資）　639
3　社会貢献活動実態調査（日本経団連）　639
4　マッチングギフト　639
5　ボランティア休暇・休職　640

A 基本用語

1. サステナビリティ（持続可能性）

「維持できる、持続できる」を意味する英単語"sustainable"の名詞形をカタカナ表記したもの。

言葉の趣旨そのものは、文字どおり「将来にわたって保ち続けることができる」であり、「人類文明が、将来にわたり持続性・永続性をもって維持・発展し続けるためには、今のままでよいのか」という根元的な命題を端的に示すキーワードとして定着した。

企業経営の側面に照らした場合、一般にサステナビリティとは、「自社の経営が、目先の利益にとらわれ不安定な状態に陥ることなく、健全な経営のもと、将来にわたって持続性・永続性を有していること」との意味合いで用いられる。

2. サステナブル・デベロップメント（持続可能な開発・発展）

人類文明が、将来にわたり持続性・永続性をもって発展し続けるためには、地球環境や天然資源の保全に配慮した開発行為が必要不可欠であるとする考え方。「持続可能な発展」と訳されることもある。

環境破壊の問題が典型であるように、人類文明はただ単に発展すればよいというわけではなく、それが将来にわたって持続性・永続性を有していなければ意味がない。こうした認識のもと、国際自然保護連盟などが中心となって、1980年に「持続可能な開発のための生物資源の保全」を副題とする「世界保全戦略」が策定され、「サステナブル・ディベロップメント」の概念が初めて登場した。

その後、国連に設置された「環境と開発に関する世界委員会」（通称：ブルントラント委員会、1984年設置）が1987年にリリースしたレポート「地球の未来を守るために」（原題「Our Common Future」）の中で、サステナブル・デベロップメントを、「将来の世代の欲求を満たしつつ、今日の世代の欲求をも満たす開発」と定義づけ、環境保全に向けたその後の世界レベルでの取組み推進に際してのキーワードとして普及した。

3. トリプル・ボトムライン

企業活動を評価するにあたり、経済的側面（財務面）のパフォーマンスのみならず、社会的側面および環境的側面のパフォーマンスも含めた3つの側面で総合的に評価すべきであるとする考え方で、英国サステナビリティ社の創立者であるジョン・エルキントン氏によって提唱された概念。

本来、企業活動は、収益をあげる（「経済的側面」）だけでなく、法令やルールを遵守する良き企業市民である（「社会的側面」）とともに、地球環境を保護し、環境負荷の軽減に努めなければならない（「環境的側面」）という、3つの側面から捉えることができる。従来の企業活動は「経済的側面」を重視するあまり、それ以外の側面を軽視してきたきらいがあったが、社会と企業が共に永続的に発展していくためには、こうした3つの側面のバランスをうまくとった経営がこれからは不可欠であることを、端的に示した用語として定着した。

4. ステークホルダー

企業の活動に対して、直接・間接を問わず、何らかの利害関係を有する者をいう。

「利害関係者」には、顧客や取引先だけではなく、従業員、株主・投資家、行政、地域社会、地球環境なども含まれる。これらすべての利害関係者を総称して、一般に「マルチ・ステークホルダー」という。

企業活動は、マルチ・ステークホルダーとの関わり合いのなかで成り立っているといえるが、ともすれば企業がこうしたステークホルダーの存在を軽視した独善的な判断に陥ったり、一部のステークホルダーの利害ばかりを重視するなどの弊害が見られた。CSRの観点からは、これらの多種多様なステークホルダーと自社の関係を見つめ直し、各々のステークホルダーとの関係のバランスが崩れていないか、見落としている点はないかを点検することがまずは求められる。そのうえで、日頃からの良好なコミュニケーションを通じて、各ステークホルダーとの信頼関係を強固なものにしていくことが必要とされている。

5. コンプライアンス（法令遵守）

法令を含む社会一般に求められるルールやモラルを遵守すること。

本来「コンプライアンス」とは、「（要求・命令などに対する）応諾・追従」を意味する"Compliance"という英単語から派生した言葉である。実際の使われ方は状況によって様々であり、新聞等のマスメディアでは、単に「コンプライアンス」＝「法令遵守」と表記されるケースが多く見られる。

企業経営の観点からみた場合、一般にコンプライアンスとは、「企業が株主の利益の最大化を追求し、あるいは顧客等に製品やサービスを提供する過程で行う様々な事業活動が、社会一般に求められるルールやモラルに準拠していること」という意味合いで用いられる。ここにいう「ルールやモラルに準拠していること」とは、単に法令、規制、社内規程等の明文規定のみを遵守するだけでなく、企業として遵守すべき商慣習や良識、常識といった明文化されていない社会的規範を遵守し、さらには、倫理観を重視した判断や行動をすることを含むとするのが一般的な捉え方である。

6. リスクマネジメント

企業経営を脅かす様々なリスクに対して、最小かつ経常化されたコストで、適切な処理を行い、安定した経営を行うための管理手法をいう。

リスクマネジメントそのものの定義については統一的なものは存在しないが、日本工業規格（JIS）が定めるリスクマネジメントシステム規格（「リスクマネジメントシステム構築のための指針」：JIS Q 2001）では、「リスクに関して、組織を指導し管理する、調整された活動」と定義している。

企業がリスクマネジメントに取り組む場合、通常は、①リスクの発見・確認（企業活動の中で、どこにどのようなリスクが存在するのかを的確に洗い出す）、②リスクの分析・評価（発見・確認したリスクを、「リスクの発生頻度」および「損害の規模」を予測することによって分析し、企業活動への影響度を評価する）、③リスクの処理（「リスクの回避」、「リスクの除去・軽減」、「リスクの転嫁」など、予防策および事後処理策の両面から各種の手法を組み合わせて、リスクを処理する費用を最小かつ経常化するための最善の処理を行う）、④結果の検証（事故データや、各種対策の実施状況などを検証し、リスク処理の方法を見直したうえで、改善策の検討につなげる）のプロセスを踏む。

なお、従来のリスクマネジメントでは、主に純粋リスク（火災リスク、労働災害リスク、外部犯罪リスクなど、顕在化したときには常に損失のみが発生するリスク）への対応を念頭に置いていたものに対し、投機的リスク（資産運用リスクや為替変動リスクなど、損失が発生することもあれば利益を生むこともあるリスク）を含む、事業リスク全般を網羅し、これを俯瞰的・統合的に管理すべきとする「統合的リスクマネジメント」（ERM：Enterprise Risk Management）の概念が、近時広まりつつある。

7. ERM—Enterprise Risk Management

一般に「統合的リスクマネジメント」と呼ばれるもので、事業運営（枠組み、方法、プロセスなど）に支障や変動をもたらす「すべての事象」を統合的に管理する経営手法をいう。

ERMに関しては、米国のCOSO（The Committee of Sponsoring Organization of the Treadway Commission；トレッドウェイ委員会組織委員会）が2004年にリリースした報告書である「エンタープライズ・リスクマネジメントの統合的枠組み」（Enterprise Risk Management-Integrated Framework）の内容が、デファクトスタンダードとされており、ここでは、ERMを「事業体の取締役会、経営者及び従業員が実行し、全事業を対象とした戦略設定に適用し、事業体に影響する潜在的なイベントを特定するよう設計し、リスク選考できるようマネジメントするプロセスであり、事業体の目的の達成に関して合理的な保証を提供するもの」と定義づけている。

本報告書は、COSOが1992年にリリースし、その後、内部統制システムのモデルに関するデファクトスタンダードとして、国際的に広く認められることとなった「COSOレポート」（「Internal Control-Integrated Framework」：内部統制の統合的枠組み）をさらに発展させたものであることから、「COSOレポートⅡ」とも呼ばれる。内部統制とERMの関係について、同報告書では、内部統制をERMの不可欠な要素と位置づけたうえで、ERMに

ついて「従来以上にリスクに焦点を合わせ、内部統制を包含した概念」であると説明している。

そのうえで、ERM の具体的取組みにあたっては、4つの目的（戦略、事業経営、報告、コンプライアンス）を設定し、個々の目的ごとに8つの構成要素（内部環境、目的設定、事象の特定、リスク評価、リスクへの対応、コントロール活動、情報とコミュニケーション、モニタリング）を整備・実行することを求めている。

8. 危機管理／クライシスマネジメント
―Crisis Management

役職員の生命の危機や、企業の存亡に関わる事件・事故発生時等における緊急時対応の管理のこと。

リスクマネジメントでは、発生頻度・発生規模の如何を問わず、あらゆるリスク（何らかの損失が発生する可能性）を扱うのに対し、危機管理では、リスクのうち、予想される発生規模が大きいもの（危機＝クライシス）のみを扱う。また、リスクマネジメントでは、予防策および事後処理策の両面を対象とするのに対し、危機管理では、主に事後処理策のうちの緊急時対応計画（コンテンジェンシープラン）の策定・運用が中心となる。

すなわち危機管理は、対象をクライシスに絞ったうえで、危機発生時の対応に特化したアプローチを行うものであり、位置づけとしては、あくまでリスクマネジメントの一部ということになる。

9. グローバル化

社会的、文化的、経済的な活動が、国家の枠を超えて、地球規模で結びつきが強まることをいう。文脈によってその意味する内容は異なるが、経済面で捉えた場合、「資本や労働力の移動が活発化し、貿易や投資が増大することによって世界における結びつきが深まること」を指す（内閣府・2004年度年次財政報告）。

1990年代以降、世界経済はグローバル化の傾向が顕著となり、市場の単一化が急速に進んできている。その背景には、冷戦の終結による資本主義・自由経済主義の台頭と、これに伴う自由貿易協定（FTA）の進展があり、さらに、物流ネットワークや情報技術の発達が経済のグローバル化を後押ししたものとみることができる。

こうした経済活動におけるグローバル化の進展は、消費者が安価で高品質な製品・サービスを享受できるというメリットをもたらす。その反面、企業側は消耗戦を余儀なくされ、体力の優劣が競争にストレートに反映される結果、多国籍企業による市場の寡占化が進むのではないかとの危惧も指摘されており、自国産業の保護・育成政策との間でどのようにバランスを保つかが大きな課題とされている。

さらには、ヒト・モノ・カネの流動化に伴い、従業員の多国籍化、進出先地域との共存・調和、サプライチェーンマネジメントの複雑化、様々に異なる現地法規制への対応、現地従業員の安全確保対策など、企業がこれまでにあまり経験したことのない各種課題への対応に迫られている。

10. サプライチェーン

商品がユーザーに届くまでには、原材料や部品の供給業者、メーカー、卸売業者、物流業者、小売業者等の多数の企業が関わっており、これらの連鎖のことをサプライチェーンという。

企業経営上、サプライチェーン全体の最適化は極めて重要な課題であり、一連の情報を、IT 技術を活用して管理するサプライチェーン・マネジメント（SCM）が、1980年代以降米国において発展してきた。当初はロジスティックス（物流）中心に捉えられていたが、最近はサプライチェーンの対象範囲を原材料や部品の調達・生産管理・物流・販売までを連続した1つのシステムとして捉える、より広い範囲のものとして認識されている。サプライチェーンに関わる様々な主体は、消費者も含め企業にとっていずれも重要なステークホルダーである。グリーン調達や CSR 調達、自社や下請けにおける人権や良好な労働環境の確立、環境負荷の少ない商品やサービスの提供を行うことは、企業が社会的責任を果たしていくうえで重要な課題である。

11. 地域社会

一定の地域に住む人々から成る集団（地縁社会）のことをいう。英語のコミュニティとほぼ同義であるが、コミュニティはラテン語の「互いに奉仕する状態」（出典：プログレッシブ英和中辞典）を語源

とし、地縁以外の血縁や宗教、あるいは共通の関心（インターネットコミュニティ等）による集団についても用いられる点が異なる。企業にとって地域社会は生産、販売等の活動を行う拠点であり、労働者や行政等のサービスの供給を受ける基盤でもある。他方、廃棄物の処理等に関わる公害問題やリストラに伴う雇用問題等、対立や緊張関係が生じることもある。我が国においては、1970年代に公害問題や消費者問題で企業不信が高まったことにより、企業の地域社会に対する責任が問われるようになった。また、今日では大企業、特にグローバルな活動を行う企業の場合、多数の拠点を世界各地に有しているため、様々な地域社会と向かい合わなければならない。地域社会は本来的に地域特有の価値観の上に成立している集団であるが故に、企業はその多様な価値観を理解し共生を図っていく必要がある。CSRの観点においては、地域社会は重要なステークホルダーの1つであり、企業はその地における「良き企業市民」として積極的に社会貢献活動等を行い、共生を図っていくことになる。

12. 行政

内閣、およびその管轄下にある省庁等により行われる活動であり、国家機能から立法と司法を除いた残りの機能のことをいう。一般的には、国や地方公共団体やその委託先、特殊法人等が行う活動を広く行政と呼んでいる。

戦後、我が国の経済はいわゆる行政指導を通じた国の保護と支援により短期間で復興し、国際的な競争に耐えられる力を身につけることができた。行政はまた、公害、薬害、労働争議等、様々な社会的問題で企業と住民、消費者、従業員等との仲裁者の役割も果たしてきた。しかし、時代の変化とともに行政に求められる期待と役割は変わり、企業との関係も変化してきている。1994年に施行された「行政手続法」は許認可などの審査手続きをより公正で透明なものとし、行政指導にありがちな行政の恣意性を排除することを目的としている。また、2006年5月に成立した「行政改革推進法（略称）」は、簡素で効率的な政府（小さな政府）を目指しており、行政のあり方に変化が求められている。企業にとっては、規制緩和の進展の一方、不祥事が発生した場合には行政より従来に増して厳格にペナルティを課せられる可能性があり、行政との関係もより緊張感を持ったものに変わっていくものと考えられる。CSRの観点においては、行政も重要なステークホルダーの1つとして捉えられている。

13. 株主・投資家

株主とは、株式会社の株式を保有する個人、法人のことをいう。投資家とは、株式のみならず、債券・商品・不動産・通貨等に投資する個人、または法人を指す。

我が国の会社法においては株主の責任は「その有する株式の引受価額を限度とする」（第104条）と定められ、株主は原則としてその持株数に応じた権利である株主権を会社に対して有する（第105条）とされている。近代的な企業の発展は株式会社制度における有限責任制度の確立によるものであり、さらに前世紀初頭の米国において確立した「所有と経営の分離」により、多くの場合、経営は株主から経営者に対して委任されている。しかしながら、一定数以上の株式を保有することにより株主が経営を支配できることも事実であり、近年M&Aにより敵対的な買収を仕掛けてくる株主も多い。また、カリフォルニア州職員退職年金基金（カルパース）のように、企業経営に対し株主権を行使することにより一定の影響を与えようとする機関投資家や、CSRに積極的に取り組む企業を選別して投資する社会的責任投資（SRI）を行うファンドも登場してきている。2006年4月には、国連環境計画・金融イニシアティブ（UNEP－FI）が「責任投資原則」を公表し、投資家に環境・社会・企業統治等に配慮した投資を行うよう呼びかけており、投資する側にもCSRの観点が求められている。

企業はその企業価値を高めることによって、長期的にその株式や債券を保有してくれる株主・投資家の期待に応え、持続的に発展していくことができるといえよう。

14. 販売代理店等

法律上は、一定の商人のために営業取引について代理または媒介をする独立の商人のことを「代理商」（商法第27条、会社法第16条）といい、「代理

店」は本来その営業所のことを指す言葉であるが、一般的には同様の意味で使われている。

会社の従業員と同じく営業上の活動を継続的に補助する者であるが、賃金ではなく、成立した取引に対する手数料を受け取り独立した活動を行う点が異なる。取引を代理し契約の締結権のある締約代理商と、媒介のみを行う媒介代理商があるが、共に最終消費者に対しては提供した商品やサービスについて企業と一緒に責任を負う。損害保険代理店や旅行代理店は、保険業法や旅行業法によりその役割と責任が定められているが、製造業や流通業等においては根拠となる法律のない代理店制度を販路としている事業もある。近年、金融業界においては規制緩和に伴い、銀行その他の金融機関が保険会社の代理店業務を行ういわゆる保険窓販や、金融機関以外の企業が信託代理店や銀行代理店を行う事業形態が徐々に拡大してきている。従来と異なる金融商品を販売するにあたっては、消費者に誤解を与えないよう留意し、従業員に対する教育も十分行うことが必要とされている。販売代理店は企業にとって取引先であると同時に利害を共有するパートナーでもあり、代理店を主要な販路とする企業にとっては重要なステークホルダーとなる。

15. 取引先

現代社会においては、企業は自社で製品の製造から販売のすべてを賄うことは困難であり、多様な取引先をパートナーとして必要としている。

取引先は、企業に原材料やサービスを提供するサプライヤー（仕入先、下請け先、製造委託先等）と、企業の生み出す商品やサービスを購入し販売するバイヤー（流通先、業務委託先、販売代理店等）とに分けることができる。取引先との良好な関係を築き、共存共栄していくことこそが企業の発展・成長にとって不可欠であり、そのためには企業はそのサプライチェーン全体の中で各取引先と権利義務関係を明確にし、不正な取引や不公平な取引が生じないよう留意する必要がある。具体的には、優良企業の多くが、談合や優越的地位の濫用を廃し、下請けいじめや企業秘密の侵害等を禁止し、法令や国際的な基準を遵守することを明確にした企業行動基準を定めている。企業は取引先を重要なステークホルダーの1つとして認識したうえで、ともに社会に貢献し、地球環境に配慮した公正、公平な経営の実現を通じて、自らの繁栄を図ることとなる。

16. 従業員・労働組合

他人に雇われ業務に従事している者を従業員といい、法律上の「労働者」（労働基準法第9条等）、「被用者」（職業安定法第4条等）、「商業使用人」（商法第25条等）を含む。一般に正社員に限らず、契約社員、パートタイマー、アルバイト等も含めて用いられている。

我が国企業は、戦後終身雇用制、年功序列制、充実した福利厚生制度の3制度を活用し従業員を重視する経営を行い、労働組合との友好的な関係を強化し発展してきた。しかし、この日本型経済モデルとでもいうべき仕組みも1990年代のバブル崩壊過程で崩れ、多くの企業で雇用の過剰が指摘されリストラが行われた。労働組合もまた、人々の多様なニーズに応えきれず、近年その組織率を低下させつつある。逆に、これまであまり従業員を重視していないといわれた米国において、1990年代後半以降の好景気に伴い企業間の競争が激化すると、有能な従業員を如何に確保するかが企業の業績を左右することになり、多くの企業でストックオプションや401Kによるインセンティブを採用する等、従業員重視の政策に移行してきている。現代の企業経営においては、ヒト、モノ、カネに加えて情報が重要な経営資源とされているが、それらの資源を活用する主体もヒトである。

企業は重要なステークホルダーの1つである従業員に対し、安全で健全な職場環境を提供するとともに、差別を排除した公平・公正な処遇を確保する取組みによって、従業員の満足度を向上させていかなければ、自らの持続的発展を期待することはできないといわれている。

17. 投資先・融資先

投資は、資金提供をすることの見返りとして一定の利益を期待する行為であり、融資は、金融機関等が利子を売ることを目的に法人や個人に金銭を貸し付けることである。

投資先、融資先は、投融資を行う金融機関や企業にとって、多くの場合利害をともにする顧客、ない

し取引先であり、ステークホルダーとしても位置づけることができる。かつて我が国においては、金融機関が投融資先に対し大きな影響力を行使した時代があったが、経済の変化と規制緩和の進展により間接金融中心から直接金融のウエイトが増すことにより、両者の立場は対等なものへと変わりつつある。今日においても、投融資先への優越的な立場による不公正な取引については、独占禁止法や金融商品販売法等により禁じられている。また、近年では社会的責任投資（SRI）や貸し手責任（レンダーズ・ライアビリティ）といった考え方が提起され、持続可能な社会を構築するために、健全な投融資を行うことが求められている。2006年4月には、国連環境計画・金融イニシアティブ（UNEP－FI）が「責任投資原則」を公表し、金融機関等の投資家に環境・社会・企業統治等に配慮した投資行動を行うよう呼びかけており、世界の主要機関投資家や年金等が署名し、日本の複数の金融機関も参加している。

18. 消費者

我が国においては、「消費者基本法」等において、消費者には安全で安心な製品やサービスの提供を受ける権利があることが定められている。世界各国においても、1962年に米国のケネディ大統領が宣言した消費者の4つの権利（安全であることの権利、知らされるべき権利、選択できる権利、意見が反映される権利）に代表されるように、消費者の権利が認められ法制化されている。

しかしながら、近年、牛肉偽装表示、リコール隠し、欠陥製品による事故の多発等、企業の不祥事や消費者トラブルが絶えない。国民生活センターの資料によれば、1991年に17万件であった消費者トラブルの件数は、2003年以降100万件を超え、内容も多様化・複雑化している。製品・サービスに関わる不祥事を起こした企業が適切な対応や説明を怠ったために消費者の支持を失い、その存続に関わる事態に発展したケースもある。このように、消費者を取り巻く経済社会情勢が大きく変化したため、消費者の保護だけでなく自立支援が求められるようになり、2004年には36年ぶりに「消費者保護基本法」が「消費者基本法」へと抜本改正された。これにより、行政に対しても消費者施策を推進することが求められ、多数の消費者保護関係の法律が制定されており、国・地方を通じて様々な施策が実施されつつある。消費者は企業にとって重要なステークホルダーであり、消費者重視の経営を行っていないとみなされた企業は、消費者のみならず行政など他のステークホルダーからも厳しい追及を受けることになる。

19. 地球環境

人類の経済活動の拡大、発展に伴い、地球温暖化、世界各地での砂漠化、酸性雨、森林破壊、水質汚染等、地球規模での環境の悪化が進んでいる。

これらは一部の地域にとどまらず国境を越えて影響を与える問題であり、ある国で環境保護のための法整備を進めても、他国での環境破壊行為によって被害を受けることもあるため、国際的な枠組みでの対策を必要とする。国連は、1992年にリオデジャネイロで「環境と開発に関する国際連合会議」（通称「地球サミット」）を、2002年にヨハネスブルグで「持続可能な開発に関する世界首脳会議」（ヨハネスブルグ・サミット）を開催し、ほぼすべての国連加盟国と多数のNGOが参加し、持続可能な開発に向けた地球規模での新たなパートナーシップの構築に向けた宣言等が採択され、産業界や企業に対しても社会貢献の一環として地球環境問題への取組みを求めた。我が国の産業界においては、経団連が1991年に「経団連地球環境憲章」を公表し「企業も、世界の『良き企業市民』たることを旨とし、また環境問題への取組みが自らの存在と活動に必須の要件であることを認識する」とされ、1996年の経団連環境アピールでは「企業は『地球企業市民』としての意識を持つべき」とされている。すべての企業活動は地球環境に対し一定の負荷を与えるものであり、その負荷を軽減し環境の悪化を改善する取組みが求められている。我が国においても、多くの企業が地球環境問題に取り組み、環境報告者やCSR報告書等でその活動を報告している。

20. メディア

「中間」「媒介」等を意味するラテン語mediumを語源とし、情報の伝達を媒介するものや手段を意味する言葉であるが、一般には新聞・テレビ・ラジオなどの情報媒体（マスメディア）についても使わ

れている。

CSRにおいては、マスメディアは企業のステークホルダーの1つとして捉えられる。他のステークホルダーと異なる点は、企業行動についてプラス、マイナス両面についての報道の自由を持ち、その報道の内容如何によっては他のステークホルダーに大きな影響を与える可能性がある点にある。しかしながら、企業が不祥事等の報道を恐れ、情報の出し手として虚偽の事実を公表したりすれば、結果的にその信用を大きく失墜させる可能性がある。日本経営倫理学会が2005年に公表したCSRイニシアチブにおいては、「マスメディアの取材に対しては、企業秘密や個人情報に関することを除き、事実をありのままに開示し、虚偽の発言やミスリードを行わず法令を遵守する」こと、「株価操作につながる可能性をもつ情報操作を行わない」ことが求められている。

21. NGO／NPO

NGO（Non-Governmental Organization）は非政府組織、NPO（Non-Profit Organization）は非営利組織を意味する。

NGOという用語は、国際連合憲章第71条に使われたことが起源とされ、国連と連携する各国政府機関以外の組織のことを指すが、現在は公共的な活動に自発的に関わる民間組織について広くNGOとよぶ用例が一般化している。

NPOは社会の様々な分野において、ボランティア活動をはじめとした社会貢献活動を行う民間の非営利団体のことをいう。NGO、NPOともに、政府から独立した非営利の社会活動を行う団体の呼び方で、ほぼ同じものを指すことが多い。我が国においては法人格を持たない任意団体が中心であったが、1998年に施行された特定非営利活動促進法（NPO法）により法人格を取得できることになり、その活動の社会的基盤が整備された。企業にとっては、社会貢献活動を行う際のパートナーであり、NGO、NPOの多くもその活動のために企業の協力を期待している。しかしながら、1990年代後半に米系メーカーが東南アジアの下請企業における児童労働等をNGOに暴露され不買運動に発展したように、反社会的な行為があった際には厳しい批判勢力となる。NGO、NPOは企業にとって重要なステークホルダーの一員であり、企業がCSRを推進するうえで無視し得ない存在である。

22. 品質

品質マネジメントの国際規格であるISO9000シリーズによれば、品質とは、「本来備わっている特性の集まりが要求事項を満たす程度」（ISO9000 3.1.1）と定義されている。「本来備わっている特性」の具体的な内容としては色々なものが想定されるが、「顧客（消費者）等が安心して選択することができるか否か」という視点からさかのぼって考える必要がある。とすれば、少なくとも「安全性」は欠かせない特性の1つである。我が国の製造物責任法において「欠陥」を「当該製造物が通常有すべき安全性を欠いていること」と定義しているのも、一定レベルの「安全性」が製造物に不可欠であるとの考え方が根底にあるといえる。

同様に、上記の視点から品質の要素を考えるのであれば、安全性以外にも、使いやすさ（機能性）、美しさ（デザイン性）、環境へのやさしさなども重要なものとして挙げられよう。

しかし、顧客等の選択基準も、時代、地域、社会情勢等によって常に変化している。したがって、「品質」として求められる内容も永久不変ではなく、昨今、「企業品質」「経営品質」という言葉が使われているように、企業そのものの品質も問われている。これは、企業には顧客のみならず他の様々なステークホルダーの常に変化する期待に的確に応えることが求められることを意味する。このことはCSR活動が目指す方向性とも一致しており、まさに「企業品質」「経営品質」の向上こそがCSR活動であるともいえる。

23. 労働安全衛生

我が国においては、労働安全衛生法等により、企業（事業者）に、労働災害の防止のための最低基準を守るだけでなく、職場における労働者の安全と健康を積極的に確保することが義務づけられている。

労働安全衛生は、語義の上では労働災害防止に関わる労働安全と、衛生環境の改善に関わる労働衛生から構成されているが、事業者に対してはその一体的運営が求められている。厚生労働省は1999年に

「労働安全衛生マネジメントシステム（OSHMS）に関する指針」を告示し、計画（Plan）→実施（Do）→評価（Check）→改善（Act）の一連のサイクルを継続することにより事業場における安全衛生水準を向上していくことを推奨している。世界各国においても、その制度の仕組みや内容に差異はあるものの、ほとんどすべての国で労働安全衛生に対する法制は確立している。企業にとって従業員は重要なステークホルダーの1つであり、下請けや製造委託先等を含めた職場の労働安全衛生の確保と向上は、企業が持続的に発展していくうえで必須の課題となっている。

24. 人権

もともとは人間が生まれながらもっている基本的な権利のことをいい、国家権力や国法によって制限されない権利（自由権）のことを指したが、現代では人間が人間らしく生きるための様々な権利を含めて用いられている。

1948年の国連総会で採択された世界人権宣言では、第1～20条は人種差別を受けない権利、生命・身体の安全に関する権利等の自由権について、第21条では参政権、第22～27条では労働、医療、教育等に関わる社会的諸権利について定められている。また、国連グローバル・コンパクトは企業に対し「その影響の及ぶ範囲で国際的に宣言されている人権の擁護を支持し、尊重する」ことを求めており、人権は企業にとっても守るべき重要な課題となっている。1990年代後半に米国企業の途上国にある製造委託先が、児童労働や低賃金労働等の人権を無視した雇用を行っていることがNGOから指摘され、不買運動にまで発展したことがある。経済のグローバル化に伴い企業活動の及ぶ範囲は文化や価値観の異なる国々にも広がっている。企業は、自社についてだけでなく、そのサプライチェーン全体において人権を無視した活動が行われていないか、継続的にチェックする必要性をいわれている。

25. 多様性（ダイバーシティ）

ダイバーシティとは、「多様性」、「相違」等を意味する英語であるが、CSRとの関連では、人々の多様な属性（人種、性別、宗教、価値観、文化等）を受容し、社会や組織の発展に結びつけようとする考え方を表す用語として使われている。

ダイバーシティは、もともと、米国において人種差別的な人事慣行を排除していこうという労働問題の分野から始まった。その後、文化、宗教、年齢、障害等様々な「マイノリティ」を包括的に受容しようとする考え方に発展し、あらゆる意味での多様性を尊重し、様々な人々がもつ能力を充分に発揮できる社会や企業を作ろうという方向に変わりつつある。我が国においては、2002年に日経連ダイバーシティ・ワーク・ルール研究会が「多様な属性や価値・発想を取り入れることで、ビジネス環境の変化に迅速かつ柔軟に対応し、企業の成長と個人の幸せにつなげようとする『多様な人材を活かす戦略』」とする定義を公表している。

従来、日本社会は階級や人種による差異の少ない環境にあったが、グローバル化の進展による世界中の国々での雇用や商品販売、価値観の多様化、人口減少社会の到来等により幅広い特性をもった人材の採用を進めざるを得ない我が国企業にとって、ダイバーシティは重要な人事・労務戦略として検討課題となっている。

26. ユニバーサルデザイン

性差・年齢差・体格差、障害の有無、言語・文化の相違などを問わず、あらゆる人が利用可能な、設備・製品・サービスに関するデザイン（設計）のことを指す。

米国ノースカロライナ州立大学・ユニバーサルデザインセンターの創設者であるロン・メイス氏が提唱した概念で、同センターではユニバーサルデザインを「全ての人々にとって出来うる限り利用可能な、製品並びにその利用環境に関する設計であって、仕様変更や特殊設計を必要としないもの」（"the design of products and environments to be usable by all people, to the greatest extent possible, without the need for adaptation or specialized design"）と定義するとともに、「ユニバーサルデザインの7原則」として以下を掲げている。

原則1：Equitable use（誰でも公平に使用できること）
原則2：Flexibility in use（柔軟に使用できること）
原則3：Simple and intuitive（使い方が簡便で直感的に理解

原則4：Perceptible information（必要な情報が理解しやすいこと）
原則5：Tolerance for error（誤使用を考慮していること）
原則6：Low physical effort（身体への負担が軽いこと）
原則7：Size and space for approach and use（アクセスや使用に際して十分な大きさや空間を確保していること）

27. ポジティブ・インパクト

一般に「プラスに作用する影響力または効果」のことをいい、対語はネガティブインパクト。

本用語そのものは、様々な学問、分野、領域で広く用いられており、対象となるテーマによってその意味するところは異なってくるが、CSRの分野で用いられる場合、地域貢献、社会貢献などへの取組みや、CSRの要素を加味した本業における取組み（例．メーカーが環境負荷の低減に役立つ新製品を開発する）などは、「企業価値を向上させる」との観点でなされるものであることから、ポジティブ・インパクトへの対応と位置づけられる。これに対し、一般にリスクマネジメントやコンプライアンスへの取組みは、「企業価値を守る」との観点でなされるものであることから、ネガティブインパクトへの対応であると整理される。

28. LOHAS（ロハス）

Lifestyles Of Health And Sustainability の略語で、地球環境保護と健康な生活を最優先し、人類と地球が共存共栄できる持続可能なライフスタイルと、それを志向する人たちの総称。日本におけるLOHASマーケットの創出・拡大の活動を行う有限責任中間法人「ロハスクラブ」によると、アメリカの社会学者ポール・レイと心理学者のシェリー・アンダーソンが、全米15万人を対象に行った調査で、地球環境、平和、社会正義、自己実現などに深い関心を寄せる、いわゆるLOHASな価値観をもった「カルチュアル・クリエイティブズ」が、全米成人人口の29％、いることを証明した。米国のLOHASビジネスの市場規模は、いまや3,510億ドル余（約38兆円）にのぼるとされる。EUでも成人人口の約35％、日本でも同等数の潜在的LOHAS人口がいるといわれている。

また、自然エネルギー、社会的責任投資（SRI）、オーガニック食品、エコツーリズムなどは、利益と社会的責任を両立させながら、環境と人間の健康を守ろうとするLOHASビジネスとされ、CSRと相まってビジネス教育の現場や学生の意識にも影響を与えている。

関連情報

ロハスクラブHP：http://www.lohasclub.jp/

B ガバナンス

1. コーポレート・ガバナンス

日本語では「企業統治」と訳され、企業経営において、一般に、「意思決定」「業務執行」「監視・監督」で構成される一連の統治機能の総称をいう。

株式会社の場合、法律上、企業の所有者は株主である。このため、法は、株主総会を最高意思決定機関と位置づけたうえで、企業経営全般について取締役に委任する。取締役で構成される取締役会は、経営に関する重要な意思決定を行うとともに、他の取締役の業務執行を監視する。さらに監査役（および監査役会）は、取締役から独立した監視・監督機能に特化したうえで、取締役の業務執行を監視する（監査役設置会社である株式会社のケース）。

以上が、現行法の定めるコーポレート・ガバナンスの基本概念であるが、昨今、大企業による企業不祥事が相次ぐなかで、現行制度の形骸化が指摘され、企業統治改革の必要性が訴えられるようになった。こうした声に応える形で、1990年代後半以降、我が国では取締役の員数削減、執行役員制度の導入、監査役機能の強化、さらには委員会設置会社制度の新設や内部統制システムの導入などが図られるようになり、必要な法改正も相次いで実施された。

他方、こうした法制度上の議論に加え、近年は、CSRの観点から、「企業の存在意義とは何か」「会社は誰のものか」というテーマでの議論が活発化しており、企業をとりまく様々なステークホルダーの利益をどう実現すべきか、利害が衝突する場合に誰の利益を優先させるべきかとの切り口で、コーポレ

ート・ガバナンスのありようを捉え直すべきとの議論にも発展しつつある。

2. コーポレート・シチズンシップ／良き企業市民

企業は社会を構成する市民の一員であり、市民の立場に立って、積極的に社会に貢献する「良き企業市民」たるべきとする考え方。

本来、企業は営利追求を目的とする組織であるが、高度成長期においては、企業が自社の利益を優先させる活動を先鋭化させたため、進出先の地域社会やそこに住む一般市民の利害と対立する局面が増えるようになった。にもかかわらず、企業側は、「企業の論理」を盾に自らを正当化させ、彼らの声に耳を傾けることに消極的であったことから、こうした企業の姿勢が、厳しい批判にさらされるようになった。

このような批判に応える形で、「そもそも企業は社会と深い関わりを有しており、社会そのものが企業にとっての存立基盤である」、「社会との共生なくして、企業活動は成り立たず、企業は自己の利益と社会の利益の調和に配慮した活動を行うことが求められる」との考えが台頭し、社会の支持を得るようになってきた。

こうした背景のもと、我が国企業は、メセナ活動などの慈善的な芸術文化支援活動や、地域ボランティア活動などの取組みを展開することで、「良き企業市民」の具現化に努めてきた。ただ、CSRの観点からみた場合、我が国では、コーポレート・シチズンシップの概念を、社会的側面のうちの「社会貢献」・「地域貢献」のなかで限定的に捉えられているきらいがあるともいえる。社会的側面全般や環境的側面への対応も視野に入れ、自社が目指す理想のCSR像に「良き企業市民」像を重ね合わせることで、改めてコーポレート・シチズンシップの概念を捉え直すことが、今後、企業に求められる。

3. 企業文化

企業の長い歴史のなかで培われ、その企業内において、一種の暗黙知として共有化されている価値観、慣習、行動様式、思考パターンなどの総称を指す。

通常、企業の内部には、役職員の活動を規律するための明文化された規則・ルールが存在するが、長い年月をかけて、会社の体質として染み込んだ、その企業固有の価値観が、企業内部の意思決定に大きく作用するのが実態であり、時には明文化された規則・ルールの上位規範として作用する場合もある。

この企業文化が普遍性をもつ優れたものであれば、その企業にとっては価値ある無形資産となり得る。しかしながら、これまでに起きた数多くの企業不祥事の例からも明らかなとおり、企業文化と呼ばれているものの実態が、内部にしか通用しない、いわば悪しき慣習としての社内常識にとどまるようなものであった場合、企業にとっては有害な作用しかもたらされず、これを一朝一夕に変革していくことも困難である。このことからも、経営者にとって、日頃から良好な企業文化を醸成しこれを維持していくことは、すべてに勝る最優先の経営課題といっても過言ではないといわれている。

4. 企業倫理 (エシックス)

一般に倫理とは、ある生活共同体や社会集団の中で、それらの構成員に共通するものとして、長年にわたる慣習のなかで、自然発生的に培われ確立された善悪の判断基準に関わる規範をいう。このことから企業倫理とは、「企業が社会の一員として、自らの事業の遂行において遵守すべき社会的規範の総称」を指し、明文化された規範のみならず、商慣習・商道徳などの不文律的な規範も含むとされる。

企業におけるコンプライアンス取組みについて、多くの場合、コンプライアンスで遵守対象とする規範は、法令等の明文規範のみならず、商慣習や良識、常識といった明文化されていない規範も広く含むとしているため、こうしたケースでは「コンプライアンス」＝「企業倫理の遵守」と位置づけられることになる。

企業倫理の内容そのものは、地域特性（政治、宗教、文化・風土、生活様式など）の影響を大きく受けるため、広く普遍性をもつものではない。また、同じ地域であっても、時代の変遷とともに、その時々の社会のおかれた環境によって規範の中身が刻々と変化していくため、常に一定のものではない。

5. コミットメント経営

「コミットメント」の本来の意味は「言質・公約」

であるが、企業経営の分野で用いられる場合は「自ら誓約した必達目標」の意で用いられる。ここから、一般にコミットメント経営とは、「企業として自ら主体的に掲げた必達目標を内外に示し、その達成を株主に約束するとともに、達成できなかった場合は具体的な形でその責任をとる経営スタイル」のことをいう。日産自動車のカルロス・ゴーン氏が社長就任時にコミットメント経営を掲げ、同社の業績を急回復させたことから広く知られるようになった。

コミットメント経営における最大のポイントは、企業の掲げる必達目標が、企業内部における構成員1人ひとりの必達目標として落とし込まれ、個人の必達目標の総和により企業としての必達目標を実現する経営手法をとっていることにある。このため、企業の構成員1人ひとりにとっても、必達目標を達成できなければ、その責任を明確にとらなければならないことになる。

我が国では、従来、目標管理制度の手法などが用いられていたが、運営面では、目標を達成した場合・未達に終わった場合の評価や、未達に終わった場合の責任のとり方があいまいであり、これが従業員の士気やモラルの低下を招くなどの弊害が指摘されていた。コミットメント経営は、このようなあいまいさを排除するとともに、個人レベルで必達目標を宣言させることで、当人の本気を引き出す効果があることや、組織目標に対して全構成員のベクトルを一致させることにより、組織としての一体感を醸成させる効果があるとして注目されている。

6.企業ブランド（経営）

製品・サービスの購入者をはじめとして、企業をとりまく様々なステークホルダーがその企業に対して抱く信頼感・安心感などのイメージの総和をいう。

一般にブランドとは、競合他社との差別化を図るために自社の製品やサービスに付した名称やデザインなどを指すが、企業間競争が激化する近年にあって、ブランドは、「ヒト」「モノ」「カネ」「情報」に並ぶ重要な経営資源として位置づけられるようになった。とりわけ企業ブランドについては、その企業が提供するすべての製品・サービスに関わるものであることから、自社の競争力の源泉となるばかりでなく、株主、従業員、取引先などの様々なステークホルダーとの信頼関係の向上にも寄与することから、企業の持続的な発展の礎（いしずえ）となり、かつ企業の価値創造を支えるものであるといえる。

企業ブランドについては、それ自体が無形資産の1つであるとして、ここ数年具体的な定量評価がなされるようになってきている。2002年には、経済産業省が財務データから企業のブランド価値を計測する評価モデルをまとめた。当時のデータを基に国内の上場企業のブランド価値を試算すると、1位のソニーは約4兆4,000億円、2位のトヨタ自動車が約2兆円、3位は松下電器産業で1兆6,000億円だった。

7.企業価値

一般に、企業価値とは、その企業がもつ総体としての価値をいう。日本経団連が2006年3月にリリースした報告書「企業価値の最大化に向けた経営戦略」では、企業価値とは「企業が将来にわたり生み出すことを期待されている付加価値の合計」と説明している。我が国では、ここ数年、大型の敵対的買収事案が相次ぎ社会の高い関心を呼んだが、敵対的買収に対する防衛策を発動すべきか否かは、「企業価値基準」、すなわち「企業価値の維持・向上に資する買収であれば防衛策の発動を認めるべきでなく、企業価値を毀損・侵害する買収に限って、必要かつ相当な範囲内での防衛策が認められる」とする考えが定着するなかで、「企業価値」という言葉が一躍スポットライトを浴びるようになった。

通常、企業価値を図る尺度として「株式時価総額」を用いるケースが多く見られる。しかしながら、株式時価総額は株主の立場から見た企業の価値であり、「その企業がもつ総体としての価値」という点では切り口の1つを表しているに過ぎない。いずれにせよ、広い意味での企業価値は、主観的な要素を含むものであるうえ、その測定方法についても、多くの専門機関が様々な手法を提唱している段階であり、唯一絶対のスタンダードが存在しているわけではない。

経営環境が激変する昨今にあって、経営者にとっては、企業価値の向上に向けた取組みが今後ますます重要性を帯びるとともに、取組みの内容とその効果について、説明責任を適切に果たせるかどうかが

8. 内部統制

企業経営に関する不正や法令違反等をなくすための社内統制の仕組み。

20世紀後半以降、米国の企業会計分野を中心に発展してきた概念であり、元来は「財務報告の信頼性確保」に主眼が置かれていたが、1970年代に発生したロッキード事件やウォーターゲート事件などを契機に、「業務の有効性・効率性」や「関連法規の遵守」も目的に包含され、現在は「統合的リスク管理（Enterprise Risk Management：ERM）」の概念へと発展してきた。その一方で、1990年代末から2000年代初頭にかけて、エンロン事件やワールドコム事件等、大型の不正会計処理事件が頻発したこともあって、米国では依然として「財務報告の信頼性確保」に主眼が置かれており、その一環として2002年に企業改革法（サーベンス・オクスレー法：SOX法）が制定された。

他方、我が国では、被告の都銀役員が多額の損害賠償を命じられた2000年9月の株主代表訴訟判決で、一般論として、「取締役には、リスク管理や法令遵守への取組みを中核とする内部統制システムの構築義務がある」と示されたことを契機に、内部統制システムの概念が経済界で広まり、ここでの議論の結果が2006年5月に施行された会社法にも反映された。会社法（362条4項6号）では、内部統制システムを「取締役の職務の執行が法令及び定款に適合することを確保するための体制、その他株式会社の業務の適正を確保するために必要なものとして法務省令で定める体制の整備」と定義づけるとともに、会社法施行規則（100条1項）において、「法務省令で定める体制」とは、次に掲げる体制を指すと定めている。

（1号）取締役の職務の執行に係る情報の保存及び管理に関する体制
（2号）損失の危険の管理に関する規程その他の体制
（3号）取締役の職務の執行が効率的に行われることを確保するための体制
（4号）使用人の職務の執行が法令及び定款に適合することを確保するための体制
（5号）当該株式会社並びにその親会社及び子会社から成る企業集団における業務の適正を確保するための体制

加えて、我が国においても、鉄道事業者による有価証券報告書虚偽記載事件や、化粧品メーカーによる粉飾決算事件などの会計不祥事が相次いで表面化し、「財務報告の信頼性確保」の観点から内部統制システムの強化を求める声が強まったことから、すべての上場企業に内部統制報告書の提出を義務づけることなどを盛り込んだ金融商品取引法（日本版SOX法）が2006年6月に成立し、2008年4月以降に開始する事業年度から適用されることが決定している。

9. COSOフレームワーク

米国のトレッドウェイ委員会組織委員会（the Committee of Sponsoring Organization of Treadway Commission：COSO）が提唱した内部統制システムのフレームワーク。

米国では、1970年代以降、大型の企業不祥事が相次いだことから、企業における内部統制のあり方を確立させるべく、米国の公認会計士協会や大学機関等が中心となって1985年にCOSOを設立。その後1992年にリリースした「COSOレポート」において、本フレームワークが提唱され、内部統制システムのモデルに関するデファクトスタンダードとして、国際的に広く認められるようになった。これによれば、内部統制システムとは、3つの目的（「業務の有効性・効率性」、「財務報告の信頼性」、「関連法規制への準拠」）と、5つの基本要素（「統制環境」、「リスクの評価」、「統制活動」、「情報と伝達」、「モニタリング」）で構成されるとしている。

2004年9月には、「COSOレポート」を包含・発展させる形で、「ERM（Enterprise Risk Management）の統合的枠組み」と題するレポート（いわゆる「COSOレポートⅡ」）がリリースされている。

10. 内部統制ガイドライン

企業が自社（または自社グループ）の組織内に内部統制システムを構築するにあたっての、実務上の参考となる指針や基準などをいう。

現在、内部統制システムのモデルについては、米国のトレッドウェイ委員会組織委員会が提唱した

「COSO フレームワーク」がデファクトスタンダードとなっている。実際、内部統制システムに関するガイドラインは、国内外を問わず、行政、専門機関などの数多くの関係機関から様々なものが公表されているが、そのほとんどが、多かれ少なかれ COSO フレームワークの影響を受けているといってよい。ちなみに、2002年に米国で制定された企業改革法（サーベンス・オクスレー法：SOX 法）で要求される、外部監査人による内部統制監査について、PCAOB（公開会社会計監視委員会）が定める監査基準（PCAOB 監査基準2号）では、COSO フレームワークに基づいて実施することを原則としている。

なお、我が国における内部統制ガイドラインの代表的なものとしては以下が挙げられる。

- 「リスクマネジメントと一体となって機能する内部統制の指針」（経済産業省　リスク管理・内部統制に関する研究会　2003年5月）
  http://www.meti.go.jp/kohosys/press/0004205/1/030627risk-hokokusyo.pdf
- 「コーポレートガバナンス・リスク管理・内部統制に関する開示・評価の枠組みについて」（経済産業省　企業行動の開示・評価に関する研究会　2005年8月）
  http://www.meti.go.jp/report/data/g60605aj.html
- 「財務報告に係わる内部統制の評価及び監査の基準のあり方について」（金融庁　企業会計審議会・内部統制部会　2005年12月）
  http://www.fsa.go.jp/news/newsj/17/singi/f-20051208-2.pdf

11. トランスペアレンシー

一義的にはトランスペアレンシーとは「透過性」を意味する言葉であるが、昨今は「企業経営の透明性」を表す言葉としても使われており、情報開示や説明責任とも密接に関係する概念である。

米国では1970年代から80年代にかけて、情報開示（Disclosure）、説明責任（Accountability）と共に透明性が重要視されてきた。

企業にとってステークホルダーから信頼を得るためには、事業活動や方針等について説明する「説明責任」が求められるが、その場合に真実・公正であることを担保するなど、「透明性（トランスペアレンシー）」を確保することが不可欠である。

近年、透明性の高い経営を実践するために、環境報告書や CSR レポート等によって、自社取組みの開示・説明が進みつつある。しかし、それら企業の取組みが一方通行の情報開示にとどまったり、自社にとって都合の良い情報のみを恣意的に開示したりしていては、透明性が確保されているとはいえず、ステークホルダーから十分な信頼が得られない恐れがある。こうしたなか、2005年8月に経産省から示された「コーポレートガバナンス及びリスク管理・内部統制に関する開示・評価の枠組について」において、社内体制等の情報開示や監査役監査の機能強化を企業に求めたり、2006年5月に施行された「会社法」において、内部統制システム構築に関する基本方針の決定とその概要を開示することが規定されたりするなど、企業経営の透明性すなわちトランスペアレンシーを高める取組みがより一層求められるようになりつつあるといえる。

12. インテグリティ

高潔、誠実、正直あるいは完全性などを意味する言葉。昨今は企業倫理のあり方や法令遵守など企業経営の姿勢のあり方として使われることが多い。

近年、不祥事等によって社会からの信用が失墜し、大きな損害を被る企業が散見されるようになった。そのなかには、必ずしも法令に抵触するとは限らないケースも含まれる。法令やルールを守ることのみならず、社会規範や企業倫理などを含めた広義のコンプライアンスを実現するための基本的理念がインテグリティである。

企業が持続可能な発展を遂げるためには、インテグリティを高める経営を実践することが不可欠であり、このことからインテグリティは道徳や礼節といった観念的な概念から、企業が存続するための必要条件として捉えられるようになってきている。つまり、経営者自らがインテグリティを高めるとともに、いかにインテグリティを組織内に浸透させ、実効性の高い取組みを実践するかが企業経営の重要な課題の1つであるといえる。

13. アカウンタビリティ

本来は会計上の用語で、企業が株主に対して会社の経営状況を説明すること、あるいはその義務のことを指すが、昨今は「ステークホルダーに対する説

明責任」の意味合いで多用される。

アカウンタビリティは「透明性」や「社外取締役監査」と並び、米国型のコーポレート・ガバナンスを構成する要素とされている。最近は透明性やアカウンタビリティの強化策として、効率的な経営システムを実現するITの高度活用、国際会計基準などのグローバルスタンダードに準拠した財務情報開示の取組み、IR（インベスターリレーション）活動などが活発に行われている。

CSRの観点からアカウンタビリティを実践するには、単に情報を一方的に開示するだけではなく、経営者が率先して、自社の業績、今後の事業計画・施策についてステークホルダーから理解が得られるよう説明責任を果たすことが求められる。さらには、ステークホルダーとの対話を行う機会を創出するなど、双方向のコミュニケーションを図ることも重要である。それらを継続的に取り組むことによって、ステークホルダーとの信頼関係が醸成され、より強固な関係を築くことが期待できる。

14. 定性的情報

財務諸表の数値情報だけでは読み取ることが困難な経営実態について、企業自身がその分析・判断に基づいて説明を加え、文章情報としてまとめたもの。

近年、上場会社の事業活動に伴うリスクが多様化するなか、企業経営上どのようなリスクを抱えているのか、将来の経営環境に対する見通しはどうかなどの情報に対して投資家のニーズが急速に高まっており、定性的情報開示の重要性は非常に増しつつあるといえる。企業にとっては、こうした定性的情報を正確かつわかりやすく説明することが、今後、より一層求められる。なお、東京証券取引所では、決算短信等に定性的情報を記載するよう求めており、その記載項目として以下を挙げている。

1．経営方針
(1) 会社の経営の基本方針
(2) 会社の利益配分に関する基本方針
(3) 投資単位の引下げに関する考え方及び方針等
(4) 目標とする経営指標
(5) 中長期的な会社の経営戦略
(6) 会社の対処すべき課題
(7) コーポレート・ガバナンスに関する基本的な考え方及びその施策の実施状況
(8) 関連当事者（親会社等）との関係に関する基本方針
(9) その他、会社の経営上の重要な事項

2．経営成績及び財政状況
企業においては、証券取引所の要求事項をクリアすることにとどまらず、定性的情報の正確性の確保、記載内容の充実、積極的な開示などに努め、ステークホルダーから信頼を得るよう取り組むことが重要である。

15. 非財務データの評価

財務データなどの経済的側面に関する情報だけではなく、社会的側面、環境的側面に関する情報を開示すること。

企業を取り巻く環境の変化に伴い、企業は株主や投資家のみならず、様々なステークホルダーから信頼を得ることが求められ、財務データなどの経済的側面に関する情報のみならず、環境的側面や社会的側面などに関する非財務情報についても開示することが求められつつある。このような背景のなか、環境省から「環境報告書ガイドライン」が示されたり、経済産業省から「企業の社会的責任に関する懇談会中間報告書」が示されたりするなど、財務情報以外の情報開示のあり方について、諸機関で活発な議論が展開されている。例えば環境省が発行した「環境報告書ガイドライン（2003年版）」によれば、環境報告書に記載することが重要として以下の5分野を具体的に示している。

1) 基本的項目
2) 事業活動における環境方針・目標・実績等の総括
3) 環境マネジメントの状況
4) 事業活動に伴う環境負荷及びその低減に向けた取組の状況
5) 社会的取組の状況

企業においては、これら各種ガイドラインで示された項目を参考にしつつ、経済的側面に偏ることなく、環境的側面、社会的側面についても適切に情報開示を行い、ステークホルダーから信頼を得るよう取り組むことが重要となってくる。

16. 株主代表訴訟

株式会社の取締役や執行役、監査役、会計監査人、

発起人等が会社に対して何らかの責任を負っているのに、会社がその責任を追及しない場合、株主が所定の手続きを経たうえで会社に代わってその取締役等の責任を追及する訴訟を提起できる制度。株主代表訴訟を巡っては、都市銀行の役員を被告とする2001年9月の代表訴訟判決（判決額830億円、その後和解）が産業界に衝撃を与えたことから、2001年の商法改正で取締役の責任軽減規定の創設を図るなどの緩和措置がとられたが、企業経営者にとって、株主代表訴訟リスクは依然として大きな脅威であるといえる。

2006年に施行された会社法で、大企業に対して内部統制システムの構築が義務づけられたことからも、企業経営者としては、実効性のある内部統制システムを構築・運用し、適正なコーポレート・ガバナンスを実現していくことが株主代表訴訟リスクを低減させることにつながるといえる。

17. 情報セキュリティリスク

不正アクセス、悪意、詐欺、自然災害などの脅威により組織の業務を支える情報資産または情報資源について、価値の喪失、データの破壊、サービスの中断、ユーザーの信頼の喪失など組織が損害を被る可能性が発生すること。具体的な事象としては、社内不正・外部からの不正アクセス、自然災害等によるシステムのトラブル、機密情報や個人情報の漏洩、コンピュータウィルスへの感染、情報資産や情報自体の滅失、システムトラブルによる事業中断等が挙げられる。

情報セキュリティリスク対策の内容は様々であるが、ISO/IEC17799（情報セキュリティマネジメントの実施基準）等の国際規格を踏まえ、対策の基本方針である情報セキュリティポリシーを策定して取り組む企業が増えつつある。

最近では日本経団連が2004年の企業行動憲章改定にあたり、「社会的に有用な製品・サービスを安全性や個人情報・顧客情報の保護に十分配慮して開発、提供し、消費者・顧客の満足と信頼を獲得する」との原則を盛り込むなど、情報セキュリティはCSRの一環であると捉えられている。

18. インサイダー取引防止

インサイダー取引とは、会社の役職員などの会社関係者が、その立場を利用して会社の重要な内部情報（重要事実）を知り、その情報が公表される前にその会社の株式等を売買することを言う。インサイダー取引は、一般の投資家との不公平が生じ、証券市場の公正性・健全性が損なわれる恐れがあるため、証券取引法（2007年中に金融商品取引法と改称）において規制されている。米国では早くから規制が行われてきたが、日本では1988年に証券取引法が改正されてインサイダー取引禁止規定が設けられた。会社関係者には、役職員のほか、大株主などの帳簿閲覧権者、監督官庁の公務員、取引先や顧問弁護士などその会社と契約を締結・交渉中の者も含まれる。会社関係者から重要事実の伝達を受けた者（情報受領者）も規制対象となるが、米国と異なり、情報受領者からさらに情報を得た者（情報の二次受領者）は規制の対象とならない。

TOB（株式公開買付）を行う会社の関係者は、株式売買対象の会社関係者ではないため、インサイダー取引とは異なるが、同様の規制がある。TOBの場合も含めてインサイダー取引ということが多い。

インサイダー取引に対しては厳しい目が向けられるようになっており、罰則も強化されている（5年以下の懲役、500万円以下の罰金、その併科。法人の場合は5億円以下の罰金）。社内においてインサイダー取引防止策を徹底することが求められている。

C マネジメント

1. 経営理念／経営ビジョン

企業が事業活動を行ううえで、最も重視する精神・理念を明文化したものであり、企業内部の各種文書体系における最上位規範と位置づけられる。

通常、どの企業でも経営理念なり経営ビジョンの中で、創業時の精神、これまでの歴史の中で築き上げられてきた企業風土・企業文化などを取り入れつつ、企業の存在意義や事業活動の目的を示している。そのため、経営理念は企業の社会的責任のあり方に

ついても、示唆していることが多い。

このことから、CSRの取組みに着手するうえで、最初のステップが経営理念を再認識することとなる。一般に経営理念は抽象的な表現が多く、概念的な内容であることが多いため、経営理念の内容を咀嚼し、ステークホルダーとの関わりのなかで現在の事業をいかに展開していくのか、その基本姿勢について現状を踏まえ再認識することが必要である。

CSRの取組みを推進していくうえでは、経営理念を最上位概念に位置づけたうえで、経営理念や経営ビジョンを実現するために、その下位文書である企業行動憲章や行動規範などで具体的な取り決めを行い、さらに経営計画で個別具体的な課題について計画的に取り組んでいくことになる。

2. 企業行動憲章

事業活動を行ううえで、企業としての判断や行動のあり方を明文化した文書。企業理念を具現化するためのベースとなるものである。企業理念は表面上、抽象的・精神論的で少ない記述となっている場合が多い。そのため、企業理念の価値観や精神を役職員に理解しやすいよう具体的に条文形式で列挙したものである。CSRの取組みを進めていくなかで、その拠り所となる本質的・根源的な規範となる。その内容は、各企業の経営理念や哲学、歴史等を踏まえ、企業行動に対する社会の価値観や要請を反映させたものになる。

経済団体等も行動憲章を策定しており、代表的なものに日本経団連の「企業行動憲章」がある。また、全国銀行協会でも、1997年9月に「倫理憲章」を策定し、さらに2005年11月にその改訂版となる「行動憲章」を公表した。

3. 行動規範

役職員の行動レベルにおける具体的な指針を示すものであり、一般には企業行動憲章等の下位に位置づけられることが多い。

経営理念や企業行動憲章を具現化するためには、会社としての行動のみならず、役職員の行動についても、具体的に文書で示すことが不可欠であるといえる。また、組織内のすべての構成員によって実践される必要があることから、行動規範の名宛人としては正社員のみにとどまらず、派遣社員、パート社員、アルバイト、協力会社社員などを含める必要がある。

行動規範は、企業行動憲章等とともにCSRマネジメントのプラットフォームをなすものであることから、CSRの実践を具体的に促すものでなければならない。そのため、策定にあたっては、日常業務を念頭に置いた具体的な内容であるか、役職員が理解しやすく共感が得られる内容であるか等の点に留意することが重要である。また、教育研修等を通じて、役職員へ周知徹底を図ることも不可欠である。

4. CSR推進責任者・担当者

「CSR推進責任者」は各部門・各拠点におけるCSR推進の責任者であり、「CSR推進担当者」はCSR推進責任者のもとでCSRの普及促進の実務を担う旗振り役である。CSRの取組みを全社に展開するにあたって、拠点別・部門別に推進責任者や推進担当者を置き、彼らをキーステーションとしてCSRの普及促進を隅々まで図っていくことが有効である。

CSR活動は日常業務と密接な関わりを持つものであることから、通常のライン活動に落とし込むことが有効であり、CSR推進責任者は部門長・拠点長あるいはそれらに準ずる役職者が担うことが適切である。一方、CSR推進担当者は実務面で所管部門をリードしていく必要があることから、当該部門全体を見渡すことのできるポジションにある中堅社員クラスの人物に担ってもらうのが得策といえる。

5. CSRグランドデザイン

自社のCSRのコンセプトを体系的に整理したもの。CSRの取組みに着手する際、明確なコンセプトを定めることなく手当たり次第に取り組むと、中途で行き詰まりが生じかねないため、取組み初期の構想段階で、グランドデザインを適切に策定することが重要である。

グランドデザインには自社の現状を適切に反映させることが不可欠なため、業務内容、組織体制、既存のマネジメントシステムの現状などを整理し、そのうえで、例えばCS活動や品質管理などCSRに関連する取組みについて整理することが必要である。さらに、各種の規格・ガイドライン、SRI評価項目、

外部専門機関のアンケートなどを参照し、様々なステークホルダーの意見や専門家の意見を考慮のうえ、コンセプトを練り上げていくことが有効である。

6. ステークホルダー分析

自社を取り巻くステークホルダーとバランスの取れた良好な関係を築くために、自社に影響を与えるステークホルダーを洗い出し、ステークホルダーとのあるべき関係を分析すること。

近年、企業の事業内容は多様化し、グローバルな活動を行う企業も増えている。それに伴いステークホルダーの要請も多様化、増大化、複雑化する傾向にあるものの、企業の経営資源が限られるなか、すべてのステークホルダーの個別要請に対して、万遍なく取り組んでいくことは物理的に困難であるうえ、内容によってはステークホルダー間の利害が対立することもある。このため、ステークホルダーの要求内容や個々の要求に内在するリスク、ステークホルダー相互の利害関係などについて詳細な分析を行い、課題の優先順位を明確にして、より適切に経営資源を配分することが必要である。

CSRグランドデザインを策定する際は、上記ステークホルダー分析の結果やステークホルダーが期待する取組みと自社の現状とのギャップ評価などを自社のCSRコンセプトに反映させることも重要である。

7. フィージビリティ・スタディ
　　（実現可能性調査）

プロジェクトの実現可能性を事前に調査・検討すること。プロジェクトが頓挫するケースで多く見られるのは、本来、事前に想定しておくべきリスクや環境変化を十分に吟味せず、見通しが甘いまま進めたことに起因する場合がほとんどである。そのため、計画を実行に移す前に、起案された計画内容についてフィージビリティ・スタディを入念に行うことがゴール到達には不可欠である。

CSRのアクションプランを実行に移す際には、予算や要員といった経営資源に関する検討はもちろんであるが、経営トップの理解や関与、社内の合意形成や各部門長・拠点長のリーダーシップ、ステークホルダーへの影響といった経営資源以外の要素についても、幅広くきちんと検討しておくことが肝要である。

8. PDCAサイクル

課題に対して、計画（Plan）、実践（Do）、監査（Check）、是正措置（Act）を1つのサイクルとして繰り返し取り組むことによって、継続的に改善を図るマネジメントシステムの基本サイクルのこと。

1950年代、品質管理の第一人者であったエドワード・デミング博士が、生産プロセスの中で改良・改善を必要とする部分を特定・変更できるようプロセスを測定・分析し、それらを継続的に実施すべく改善プロセスを連続的なサイクルにつながるよう提案したことが始まりである。なお、当初デミング博士が提案した時は、PDSAサイクル（SはStudy）とされていたが、内容はPDCAと同じである。PDCAの各取組みの概要は以下のとおりである。

- Plan：目標を設定し、それを実現するためのプロセスを設定する
- Do：計画を実行する
- Check：実行したパフォーマンスを測定し、目標と比較するなど評価・分析を行う
- Act：改善・向上に向けて必要な措置を行う

なお、CSRの取組みにおいては、CSR基本規程でPDCAサイクルが機能するよう体制や仕組みなどのフレームを定め、CSRアクションプランでPDCAサイクルが実践されるように活動内容を具体的に策定することになる。

9. バランスド・スコアカード／評価システム

企業活動を「財務の視点」「顧客の視点」「業務プロセスの視点」「成長と学習の視点」の4つの視点で捉え、企業のビジョンや戦略に反映させる業績評価手法のこと。90年代初頭に米国で開発され、米国の製造業、サービス業等に広く浸透していった。

バランスド・スコアカード（以下、BSC）の特徴は、顧客との関係のあり方、業務プロセスの改善、企業のナレッジなど財務諸表には表れない重要な要素について評価指標を与え、有機的に関連させることで、経営マネジメントを効率化させることである。

4つの視点はそれぞれ独立ではなく、互いに関連性をもって設定される。そのため、短期的利益と長

期的利益のバランス、全社目標と部門目標のバランス、過去と将来のバランス、自社と顧客のバランスなど、様々な要素について互いに整合性を取りながら、総合的に戦略を描くことが期待できる。

CSRの取組みでは、例えば、CSRグランドデザインを策定する際、BSCを活用することによって、株主や顧客、従業員といった各ステークホルダーとの関係のあり方について、整合性を取りつつ総合的に検討することなどが期待できる。

BSCはこのような「業績評価ツール」であるため、グランドデザイン策定やアクションプラン策定の基礎資料として、あるいはそれらの評価・見直しを検討する際に有効である。

10. モニタリング

日常的かつ継続的な点検のこと。企業活動においては、内部統制の適切性・有効性を継続的に監視および評価するプロセスのことを指す。業務改善など通常の業務に組み込まれて行われる日常的なモニタリングと内部監査など通常の業務から独立した視点で行われるものとがある。

CSRのアクションプランを実践する上では、各部門・各拠点による自主点検と同時に、部門相互間のモニタリング、CSR専任部署によるモニタリング、あるいは業務監査部による内部監査など、日常的なモニタリング機能と日常業務から独立して行われるモニタリング機能が相乗効果を発揮し得るように、各々の方針、手法、対象などについて、整合性チェックや相互の情報交換を図るなどして、多角的かつ効果的な検証を行うことが可能なように工夫することが得策である。

11. 内部監査機能

コーポレートガバナンスの観点では、業務執行部門における機能の1つであり、社長直轄の立場で、他の執行部門から独立して会社の内部統制の適切性・有効性を検証、評価し、その結果を社長に報告する役割を担う。あくまでも社長の命を受けて行うものであり、社長に対する報告義務を負っていることから、株主との間で直接の委任関係をもち、株主に代わって会社経営全般を監視する監査役の機能・役割とはその性質を異にする。

日本内部監査協会（The Institute of Internal Auditors-Japan）では、内部監査人が監査の実施にあたって遵守すべき事項等を以下のとおり示している。

・内部監査の実務において範となるべき基本原則を明らかにすること
・組織体の目標達成のために内部監査を実施し、これを推進するためのフレームワークを提供すること
・内部監査の実施とその成果を評価する規準を確立すること
・組織体の運営プロセスや諸業務の改善の促進に役立つこと
・内部監査の実施内容の開示に関する要件を提供すること

なお、内部監査が効果的にその目的を達成するためには、監査による助言や勧告において公正かつ客観性が確保されていることが必要である。そのためには、内部監査部門の独立性が、形だけではなく実質的に担保され、自立的な監査活動が行えるよう環境を整備することが肝要である。

12. 是正措置

PDCAサイクルの「A」に該当するものであり、監査等によって問題点が抽出された場合に、それらに対して改善を実施すること。

一般的に日本企業は、課題に対する計画（Plan）や実行（Do）には比較的力を注ぐものの、監査（Check）や是正措置（Act）については未だ手薄な傾向が見られ、結果的に適切な評価や是正措置がなされないまま放置されるケースが少なからず散見される。換言すれば、是正措置を適切に行うことこそが、実効性のあるPDCAサイクル定着の重要なポイントの1つであるといえる。

CSR活動において是正措置を図る際、PDCAサイクルの体制や仕組みなどマネジメントシステムに関する評価・改善だけではなく、CSRに関する業務課題や個別テーマに対するパフォーマンスについても徹底的に評価し、問題点を漏れなく抽出のうえ、さらなる取組みのための是正を図ることが不可欠である。

13. グッドプラクティス

ベンチマーキングを行う際に指標として設定する、

他社が行っている優れた取組み・活動。なかでも最高レベルの取組み・活動の事をベストプラクティスという。

経営・マーケティングの分野で、自社取組みの改善・革新を指向する際に用いる手法としてベンチマーキングという手法が確立されており、その際に先進的な他社の取組み事例・優秀な他社の取組み事例をテーマごとにグッドプラクティス・ベストプラクティスとして設定して分析を行う。

企業がCSR取組みを進めるうえでも、このベンチマーキングを活用して、グッドプラクティス・ベストプラクティスを設定し自社と比較することで、効率よく目標設定・取組み方針の見直しなどを行うことができる。

14. 社員教育

人材育成および企業の各種取組み・制度等に関する社内普及・促進策の1つとして、社員に対して企業が実施する教育。

企業が理想とする事業活動・各種取組み活動を進めるためには、組織を構成する社員がその意図を理解し、能力を発揮する必要がある。そのためには、社員に対して経営理念・経営方針を浸透させ、また、各種の能力の維持向上を図る活動を実施する必要がある。その手段の1つとして、社員教育は重要であるといえる。また、社員教育には、社員個人のエンプロイアビリティ（現在雇用されている企業に継続的に雇用され得る能力、および他の企業でも通用する個人の能力）の向上による社員満足のための施策という側面も併せもっている。

社員教育の実施には、まず教育プログラムを作成することから始める。短期間にすべてを社員に詰め込むような無理なカリキュラムを設定せず、理想像に向けて段階的な目標を設けて継続的・発展的にその理想像に近づいていけるような教育プログラムを作成する事が望ましいといえる。また、単に講義型の研修を行うだけでなく、通信教育など様々なカリキュラムを織り込んでプログラムを作成するほうが良い。これらの社員教育を通じ、社員に求める知識・能力の向上に努め、企業として期待する人材の育成を図っていく。CSR活動を社内に定着させる際にも、社員の一人ひとりが自社のCSRの内容や活動の必要性・重要性を理解し、社員自らが納得して実践に移す必要があるといえ、その有効な手段の1つとして、社員教育制度を整備し、活用していく必要性がいわれている。

15. 投資家向け広報 (IR) —Investor Relations

狭義では、上場企業が株主・投資家向けに行う広報活動を指すが、広義としては、企業のステークホルダーの1つである株主・投資家との間に良好な関係を構築することを目的として、株主・投資家の適正な投資判断に必要な自社の情報を積極的に提供すること。同時に、自社の事業・施策に関する株主・投資家の意見を聴取しステークホルダーにとって満足の高い経営を実践することを目的にした双方向のコミュニケーション活動である。英語表記の頭文字をとった「IR」の呼称が一般的。

日本インベスター・リレーションズ協議会が、全株式公開会社3,811社に対して2006年4月に調査した「IR活動の実態調査」によれば、回答を寄せた1,032社中95.6％の企業がIRを実施しており、そのうち50.6％の企業が「CSR・SRIを意識したIRを実施している」と回答している。CSRに関するIRとしては、環境報告書・CSR報告書の作成、自社ホームページでのCSR情報の掲載、事業報告書やアニュアルレポート・有価証券報告書等へのCSR関連情報の掲載等が挙げられる。

従来の広報活動は、企業の良い面を積極的にアピールすることを主眼として行われていたが、近年では企業経営の透明性確保の視点が重視されるようになったのに従って、ネガティブ情報を含め重要な情報を継続して積極的に発信し、説明責任を適切に果たすことが重視されるようになった。それに伴い、株主・投資家のよりよい評価によって自社株式の適正な株価を形成し、有利な資金調達や社会的評価の向上を実現するためにも、IRの重要性が増している。

16. CSRレポート／持続可能性報告書

企業が実施しているCSRに関する各種取組みについて、社会的側面・環境的側面から具体的にどのような取組みを行っているかについて積極的に情報開示することを目的として作成する報告書。企業によって「CSRレポート」「社会環境報告書」「持続

可能性報告書」「企業行動報告書」など名称が異なる。

従来、多くの日本企業では、1997年に環境省より公表された「環境報告書ガイドライン」に基づき、環境報告書を作成し、環境に関する取組みについて積極的に情報開示を行っていた。その後、GRIにより公開された「サステナビリティ・リポーティング・ガイドライン」（2000年制定、2006年改訂）にて社会的側面・環境的側面で企業活動を評価するという報告書のガイドラインが示されるなど、CSR取組みの重要性が社会的に広く認識されるようになったことなどから、多くの企業が環境報告書から持続可能性報告書へと移行、あるいは環境報告書とは別に持続可能性報告書を発行するようになっていった。

また、これまで環境報告書を発行していなかった企業でも、新たに環境報告書を発行したり、あるいは持続可能性報告書／CSRレポートを発行したりする企業も現れており、今後も増加すると思われる。

17. ステークホルダーダイアログ

ステークホルダーの意見を取り入れた経営を目指し、同時にステークホルダーとの信頼関係の醸成を図ることを目的として、企業が自社のステークホルダーと対等な立場に立って、CSRの観点から現在の取組みや今後のあるべき姿について、直接意見交換を行うこと。

これまで企業は、ステークホルダーとのコミュニケーション手段としては、情報公開を積極的に行うことで、自社を理解してもらうことに重きを置いていた。ただ、CSR取組みにおいては、このような一方的な情報発信だけでなく、各ステークホルダーの要望や意見等を吸い上げるという活動も必要であり、双方向のコミュニケーションが大切となる。そのための手段の1つとして、ステークホルダーダイアログの場を設定する企業が増えている。

ステークホルダーダイアログについては、各ステークホルダーの代表を集めて、CSR取組みに関する議論を行う「ステークホルダーミーティング」や、CSRレポート等企業が公表した報告書をステークホルダーと共に検証する「報告書を読む会」等がある。ステークホルダーから聴取した意見を如何にして経営・事業活動に取り入れ、またその結果をどのようにステークホルダーにフィードバックしていく

かが今後の課題といわれている。

18. 企業評価基準（自己評価シート）

経済同友会が2003年3月に発行した第15回企業白書『「市場の進化」と社会的責任経営』において提唱した、企業が自社のCSR・コーポレート・ガバナンス取組みに関する自己評価を行うための評価基準および評価シート。

構成としては、CSR（市場・環境・人間・社会の4分野）に関する項目が83項目、コーポレート・ガバナンス（理念とリーダーシップ・マネジメント体制・コンプライアンス・ディスクロージャーとコミュニケーションの4分野）に関する項目が27項目あり、その他として自由記入欄が設けられている。企業のCSR取組みについて優劣をつける事を目的としたものではなく、企業がCSR取組みに際し現状の認識と将来のビジョンについて確認することを目指したものであり、評価基準の現状評価については主観的に行ってよいとされている。

本評価基準をもとに、経済同友会にて会員企業に対し自主的な実施を呼びかけ、回答を得たものを集計し、2004年1月に「日本企業のCSR：現状と課題—自己評価レポート2003」を公表している。

その後、2004年に同評価基準・評価シートの改訂作業が行われ、現在の構成はCSRに関する項目が90項目、コーポレート・ガバナンスに関する項目が30項目になっている。また、改訂版基準・シートをもとに会員企業に自主評価を依頼し、集計したものを「日本企業のCSR：進捗と展望—自己評価レポート2006」として公表している。

19. コンプライアンス委員会／法令遵守委員会／企業倫理委員会

企業の社内委員会組織の1つであり、主に企業倫理に関する自社としての方針策定や社内周知徹底策等について検討を行う委員会。企業が不祥事を起こした際に、再発防止策等を検討する場合もある。また、企業によって呼び名は様々である。

企業がCSR取組みを進め、ステークホルダーの信頼を得るためには、明文化された法令や規格等を遵守するという、いわゆる狭義のコンプライアンスだけではなく、常識・商習慣・社会通念といった企

業倫理等も重視した広義のコンプライアンスを視野に入れた事業活動を進めていかなければならない。そのため、自社におけるコンプライアンスの定義を明確にし、コンプライアンス・プログラムを策定したうえで、自社の社員への周知徹底策として研修・勉強会等の企画・運営を行ったり、個別の課題に対する対策を検討する等の役割を担う。

多くの企業では、社長直轄の委員会として設立し、倫理担当役員が委員長を務め、関連部署の代表者が委員として参画して活動を行う。最近では、CSR委員会がこの委員会を含めた社内の委員会を統合する形で設置されるケースも増えつつある。

20. BCM（事業継続管理）
—Business Continuity Management

企業に、災害や不祥事等の緊急事態が発生し、それに伴って通常の事業活動が中断した場合に、損害を最小限に止めつつ、中核となる事業の継続あるいは早期復旧を可能とするための計画（事業継続計画：BCP—Business Continuity Plan）を策定し運用するための管理手法。

通常は、事業の中断により発生する業務や財務上の影響度を分析し、事業遂行上の弱点や各業務の相互依存関係を明確にしたうえで、業務プロセス上のボトルネックを把握することから始める。そのうえで、緊急事態に際し損害を最小限に食い止めるため、さらには自社の社会的責任を全うするために最低限継続すべき事業は何かを洗い出し、事業継続計画を策定するというステップで進める。

日本では、過去から台風・地震・豪雨などの自然災害が多く発生していることから、企業において防災という観点で各種対策を進めてきていたが、特に2000年以降に相次いで発生した台風災害・地震災害等の自然災害や企業不祥事・個人情報漏洩等の事件など、事業活動を中断せざるを得なくなる企業を取り巻くリスクの増大により、事業継続管理の手法に関する関心が高まってきた。また、行政においても、2005年3月に経済産業省から「事業継続計画策定ガイドライン」が、同年8月に内閣府中央防災会議より「事業継続ガイドライン」が、また、2006年2月には中小企業庁より「中小企業BCP策定運用指針」がそれぞれ公表されるなど、企業のBCM取組みを推進している。

D 歴史

1. ブルントラント報告書
—Brundtland Commission Report

国連の「環境と開発に関する世界委員会」が1987年に発表した報告書、「Our Common Future（邦題：地球の未来を守るために）」のこと。同委員会は、日本の提案により1984年に設置されたもので、委員長がノルウェーのブルントラント首相（当時）であったため、このように呼ばれている。

ブルントラントは、若くして環境相として成果をあげて労働党の党首に選ばれ、ノルウェー初の女性首相となった。その経歴から、国連の同委員会の委員長への就任を要請されることになった。委員会は日本も含め21カ国から選ばれた政治家や学者等から構成され、その半分以上は開発途上国出身。

報告書において「将来の世代のニーズを損なうことなく現在の世代のニーズを満たす」開発が必要であるとして「持続可能な開発」という概念を唱えた。

持続可能な開発は、環境保全と経済成長の両立を目指す画期的な概念で、1992年のリオサミットの開催の契機となり、また、現在のCSR経営におけるサステナビリティの議論の起点となっている。

2. ブレント・スパー事件—Brent Spar Incident

欧州系石油メジャー、ロイヤル・ダッチ・シェルの石油採掘海上構造物の廃棄計画に対して、環境NGOグリーンピースが反対運動を起こし、計画撤回に追いこんだ事件。

北海のブレント油田で採掘された石油を貯蔵するスパー（井桁）が1991年に廃止されたため、シェルは処分方法を検討し、海底投棄を計画し、英国政府も1995年5月に許可を与えた。これに対してグリーンピースが計画に反対するキャンペーンを繰り広げ、シェル製品の不買運動が欧州数カ国に広がった。このため、シェルは1995年6月に海底投棄計画を撤回し、陸上で解体せざるを得なくなった。

ブレント・スパー事件は、NGOが多国籍企業の行動やそれに許可を出す政府をも変えられるほどの力を持つようになったことを象徴するものとして語られる。その後、シェルは、経営理念を見直し、持続可能な発展に貢献することをうたい、事業の意思決定に経済、環境、社会面への影響を反映させることとした。1997年に発表されたこの新しい経営理念の構築に、コンサルタントとして関わったサステナビリティ社（英国）のジョン・エルキントンは、その後、この考え方を「トリプルボトムライン」として発表した。

3. 経済人コー円卓会議（企業行動指針）
―The Caux Round Table of Business Leaders

日米欧の経済人が経済・社会問題について共同で責任を果たしていくための基盤づくりを目的として、オランダの総合電機大手フィリップス元社長フレデリック・フィリップス氏とヨーロッパ経営大学院（現INSEAD）元副理事長オリビエ・ジスカールデスタン氏の呼びかけにより、1986年にスイスのコーに創設された組織。

経営者は行動を起こす前に、自らの決定が中長期的に社会にもたらす影響を十分考慮すべきであるという理念を掲げ、各国のリーダーが集まってCSRなどについて討議を重ね、1994年に、「コー円卓会議・企業の行動指針」を発表した。この指針は、「共生」と「人間の尊厳」という倫理的理念に根ざしており、7つの一般原則と、顧客、従業員、オーナー・投資家、サプライヤー、競争相手、地域社会別のステークホルダーに関する原則からなっている。この指針は、日本経団連の企業行動憲章のモデルになったとされる。また、「企業の行動指針」に照らしてその達成度を自己評価するためのツール「CSRイノベーション」を開発するなど、CSRを実際に推進するための支援活動も行っている。

4. リオサミット（宣言） ―the Rio Summit

1992年6月にブラジルのリオ・デ・ジャネイロで開催された、持続可能な開発をテーマとした国際会議「環境と開発に関する国連会議」のこと。「国連環境開発会議」や「地球サミット」などとも呼ばれる。

地球環境問題の深刻化を背景に、国連加盟国のほとんどである約180カ国が参加し、約100カ国の元首・首脳が出席した国際会議であった。また、会議と並行して世界中から集まったNGOによる様々な会合が開催され、政府関係者と合わせて約4万人の参加者があったといわれている。

サミットでは、持続可能な開発のための行動原則を定めた「環境と開発に関するリオ宣言」、その行動計画である「アジェンダ21」、そして「森林に関する原則声明」が採択された。また、「気候変動枠組条約」と「生物多様性条約」が署名のために開放された。リオ宣言は、持続可能な開発に関する国際的な原則を確立するための宣言であり、アジェンダ21は、持続可能な開発のための21世紀に向けた具体的な行動計画であった。アジェンダ21は、大気、森林、砂漠化、生物多様性、淡水資源、海洋、廃棄物などに関する具体的課題についてプログラムを示すとともに、それを実現するための資金メカニズム、技術移転などについて規定している。

5. ヨハネスブルグ・サミット（WSSD）
―the World Summit on Sustainable Development

リオサミットから10年後の2002年に、同サミットで採択された行動計画「アジェンダ21」の見直しと強化を行い、またリオサミット以降進展したグローバル化やIT化が持続可能な開発にどのような影響を及ぼすかなどを議論するために、南アフリカのヨハネスブルグで開催された国際会議「持続可能な開発に関する世界首脳会議」。

この会議において、持続可能な開発に向けた首脳の政治的意志を示す「持続可能な開発に関するヨハネスブルグ宣言」と、持続可能な開発を進めるための各国の指針となる「実施計画」が採択された。実施計画の主要な論点は、貧困撲滅、持続可能でない生産消費形態の変更、経済および社会開発の基礎となる天然資源の保護と管理などであり、それらを実施する手段や制度的枠組みについても指針が示された。

会議は、政府間交渉の他に、NGO、地方公共団体、産業界、学会などのマルチステークホルダーによるイベントが数多く開催された。また、日本政府が、NGO、日本経団連、連合や地方公共団体首長

を政府代表団顧問として加えるなど、マルチステークホルダーの参加が進んだ。

6. アジェンダ21 —Agenda 21

地球サミットにおいて、持続可能な開発を実現するために各国や国際機関が実現すべき具体的な行動計画として採択されたもの。

アジェンダ21は前文を含めて40章からなり、4つの部分から構成されている。2～8章が貧困撲滅、消費パターンの変更などの社会的・経済的側面に関するもの、9～22章が大気保全、森林保全、砂漠化防止、生物多様性保全など、開発のための資源の保全と管理に関するもの、23～32章が、女性、子供、NGO、地方公共団体、企業などの主たるグループの役割の強化に関するもの、33～40章が、資金メカニズム、技術移転、教育訓練、国際機構、国際法などの実施手段に関するものとなっている。

アジェンダ21では、国別行動計画の策定が示唆されているため、日本政府は、2003年に「地球環境保全に関する関係閣僚会議」において、「『アジェンダ21』行動計画」を決定した。アジェンダ21に対応して日本が実施する事項をまとめたものである。

また、アジェンダ21では、実施主体として地方公共団体の役割が期待されており、市民や企業と対話し「ローカルアジェンダ21」に取り組むべきとされている。現在、すべての都道府県と政令指定都市、また約300の市区町村が「ローカルアジェンダ21」を策定している。

7. 国連ミレニアム開発目標（MDGs）
—Millennium Development Goals

2000年にニューヨークで開催された国連ミレニアム・サミットで採択された「国連ミレニアム宣言」と、1990年代に開催された主要な国際会議で採択された国際開発目標を統合して、1つの共通の枠組みとしたもの。

2015年までに達成すべき目標として以下の8つが掲げられている。

 目標1：極度の貧困と飢餓の撲滅
 目標2：初等教育の完全普及の達成
 目標3：ジェンダー平等推進と女性の地位向上
 目標4：乳幼児死亡率の削減
 目標5：妊産婦の健康の改善
 目標6：HIV／エイズ、マラリア、その他の疾病の蔓延の防止
 目標7：環境の持続可能性確保
 目標8：開発のためのグローバルなパートナーシップの推進

日本は、これらの達成に向けて、目標1に対して途上国の村おこし、国づくりの支援、目標2、3に対して基礎教育分野への支援、目標4、5、6に対して保健医療分野への支援、目標4、5、7に対して飲料水と衛生分野への支援を行っており、また目標7に対して環境分野における協力、目標8について貿易・投資環境の改善に取り組んでいる。

ミレニアム開発目標の達成に向けて企業が役割を果たすべきであるとし、企業の中にはそれに対する取組みをCSR報告書に掲載する等の例がみられる。

8. 地球温暖化防止京都会議（COP3）

1997年12月に京都で開催された気候変動枠組条約の第3回締約国会議。この会議で、温室効果ガスの排出削減を先進国に義務づける京都議定書が採択された。

1992年、気候変動枠組条約がリオの地球サミットにより採択され、2000年までに温室効果ガスの排出量を1990年の水準に戻すという目標が設定された。しかし、1995年4月にベルリンで行われた第1回締約国会議は、気候変動枠組条約の内容を不十分であるとし、先進国に対して排出削減目標を設定することを決定した（ベルリンマンデート）。さらに1996年7月にジュネーブで開催された第2回締約国会議（COP2）は、この削減目標に法的拘束力を持たせることを宣言した（ジュネーブ閣僚宣言）。

これを受けて1997年12月に京都で開催された第3回締約国会議（COP3）において、京都議定書が採択された。京都議定書は、先進国の削減目標を設定するとともに、排出量取引などのいわゆる京都メカニズムを導入した。京都議定書により、日本は、第一約束期間（2008～12年）における温室効果ガスの排出を1990年比で、6％削減することが義務づけられた。京都議定書は2005年2月に発効した。

京都議定書の温室効果ガスの排出削減義務は、国に対して課されたものであるが、削減目標を達成す

るためには、企業や国民一人ひとりの努力が不可欠である。

9.「三方（さんぽう）よし」

日本の商いにおいてステークホルダーとの"Win-Win"の関係構築を心得とする伝統があったことを表すために注目されている用語。

商いが、売り手と買い手だけでなく、社会全体の幸福に貢献するものであるべきという近江商人の理念が、現代において、「売り手よし、買い手よし、世間よし、の三方よし」として簡潔に標語化されたものである。

江戸から明治に活躍した近江商人は、地元以外で、原材料を仕入れ、商品を販売する行商を行っていたため、取引先、顧客、各地域から信頼を得るために、こうした理念をもつようになったと考えられている。

近江商人は家訓の中で、「よい商品を十分に供給して顧客満足を徹底すること」「取引先の在庫過剰、顧客の品不足などにつけこんで高利を求めるようなことをせず薄利で長期的に利益を上げること」「地道に本業に集中し投機的な虚業は行わないこと」「こうした心得を維持するために信心を厚くすること」などを掲げている。また、地域のために多額の慈善事業を行っている。

「世間よし」を「世界よし、地球よし」に置きかえれば、グローバル化社会におけるCSR経営のために近江商人から学べることは多い。

E 規格・規範

1. 国連グローバル・コンパクト
―The Global Compact

1999年1月に開催された世界経済フォーラムで国連のアナン事務総長が提唱し、2000年7月に国連本部で正式に発足した、自主的目標として定めた人権・労働・環境・腐敗防止の4分野における10原則への支持を企業に呼びかける活動。

グローバル・コンパクトの活動は各種のネットワークを通じて行われる。日本においては、2005年5月に経団連会館で行われた説明会がローカルネットワークの正式発足とみなされている。ローカルネットワークに参加した企業・団体は、その事業活動にグローバル・コンパクトの10原則をできる限り反映させ、実践することが求められている。

10原則の具体的内容は、以下のとおり。

〈人権〉
①国際的に宣言されている人権の擁護を支持し、尊重する。
②人権侵害に加担しない。

〈労働〉
③組合結成の自由と団体交渉の権利を実効あるものにする。
④あらゆる形態の強制労働を排除する。
⑤児童労働を実効的に廃止する。
⑥雇用と職業に関する差別を撤廃する。

〈環境〉
⑦環境問題の予防的なアプローチを支持する。
⑧環境に関して一層の責任を担うためのイニシアチブをとる。
⑨環境にやさしい技術の開発と普及を促進する。

〈腐敗防止〉
⑩強要と賄賂を含むあらゆる形態の腐敗を防止するために取り組む。

グローバル・コンパクトへの参加団体数は、全世界で3,679団体に上り、日本からは48団体が参加している（2006年8月現在）。企業のCSRへの関心の高まりを背景に、今後も参加団体は増加していくものと思われる。

関連情報
グローバル・コンパクトHP：http://www.unic.or.jp/globalcomp

2. GRI（グローバル・リポーティング・イニシアチブ）
―Global Reporting Initiative

持続可能性に関する報告書（サステナビリティ・リポート）の国際的なガイドライン作成を目的とする非営利団体。

米国の環境NGOであるセリーズ（CERES：Coalition for Environmental responsible economies）が、国連環境計画（UNEP：United Nations Environment Programme）などと連携して、持続可能性報告書における質や厳密さ、利便性の向上を目的として1997年に発足。2002年に理事会を発足し、国連本部で理事就任式が行われ、正式に常設の国際機関となった。本部はオランダのアムステルダムに設置さ

れている。GRIでは、持続可能性報告書のグローバルスタンダードとなるガイドラインを作成しており、2006年10月に改訂された第3版が発行されている。

日本国内においては、2002年にGRI日本フォーラムが設立された。このフォーラムはGRIとは別個の非営利団体として設立されたものであるが、GRIとは密接に協力し、GRIガイドラインの日本語訳の発行や各種セミナー・勉強会・シンポジウムなどを開催し、日本国内でのGRIガイドライン普及活動を行っている。

関連情報
GRI日本フォーラムHP：http://www.gri-fj.org

3. 持続可能性報告のガイドライン

企業の持続可能性報告書（サステナビリティ・リポート）の国際的な作成基準としてGRI（グローバル・リポーティング・イニシアチブ）が作成したガイドライン。

当初GRIは、環境報告書の世界的基準作成を目的として活動していたが、その後、イギリスのジョン・エルキントン氏が提唱した「トリプル・ボトムライン」の考え方に基づき、社会の持続可能な発展の達成には環境的側面だけでなく、社会的側面・経済的側面も踏まえて活動することが必要との判断から、持続可能性報告書の国際的なガイドラインの作成に取り組んでいった。1997年に、ガイドラインの公開草案が発表され、2000年に第1版が発表された。その後、2001年から、ガイドライン改訂の検討が開始され、2002年の第2版（GRIガイドライン2002）に続いて、2006年10月には、更なる改訂版である第3版が正式に発行された。

なお、ガイドライン第3版は次のように構成されている。

1．報告原則とガイダンス
・報告書内容の確定に関するガイダンス
・報告書内容の確定に関する原則
・報告情報の品質確保のための原則
・バウンダリー（報告対象組織の範囲）に関するガイダンス

2．標準開示項目
・戦略と分析
・組織のプロフィール
・報告要素（対象機関、対象組織等）
・ガバナンス、コミットメント、ステークホルダー・エンゲージメント
・マネジメントアプローチとパフォーマンス指標

我が国でも、本ガイドラインの指標を準拠・参照してCSRレポート等を作成する企業が増えており、今後も持続可能性報告書のデファクト・スタンダードとしての位置づけが予想される。

4. OECDコーポレート・ガバナンス原則
―OECD Principles of Corporate Governance

OECD加盟国および非加盟国がコーポレート・ガバナンス（企業統治）に関する法令や制度・規制の枠組みを改善する際に役立てる事を主な目的として作成された原則。

社会情勢の変化に伴い、投資家・従業員・取引先などが企業のコーポレート・ガバナンスへの関心を高めていくなか、OECD内においてあるべきコーポレート・ガバナンスに関する共通要素を整理して示すことで、各国の法令・制度・規制の改善に役立てる事ができるとの指摘が行われ、その後の検討作業を経て、1999年5月のOECD閣僚理事会において同原則が承認された。その後、エンロン事件等を契機として1999年原則の見直しの気運が高まり、2002年より見直し作業が行われ、2004年に改訂版が発行された。

改訂版の本原則は、第一部が原則本文、第二部が各原則に関する注釈という二部構成である。原則は全部で6項目あり、①「有効なコーポレート・ガバナンスの枠組みの基礎の確保」、②「株主の権利及び主要な持分機能」、③「株主の平等な取扱い」、④「コーポレート・ガバナンスにおけるステークホルダーの役割」、⑤「開示及び透明性」、⑥「取締役会の責任」の構成となっている。

5. OECD多国籍企業ガイドライン
―The OECD Guidelines for Multinational Enterprises

OECD加盟国に本社をもつ、あるいは加盟国において事業活動を行っている多国籍企業に対して、加盟国政府がその企業に対して責任ある行動をとるよう勧告したもので、「OECD多国籍企業行動指針」とも呼ばれる。

本ガイドラインは、1976年にOECD加盟国間の直接投資を容易にするために採択した「国際投資及び多国籍企業に関する宣言」の一部として採択されたもので、世界経済の変化や企業の行動の変化に伴い、これまでに4回（1979年、1984年、1991年、2000年）改訂され、現在に至っている。

内容は、情報開示・雇用・労使関係・環境・消費者利益等、全部で8項目（定義と原則・一般方針を含めると10項目）で構成されており、各項目に関して企業が責任を持って行動するための原則と基準が定められている。同ガイドラインは企業に対する拘束力はなく、適用するか否かは企業の自主性に委ねられているが、日本政府はその促進を確約している状況にある。

6. 日本経団連企業行動憲章

企業が社会・経済・環境の側面を勘案し、持続可能な社会の創造に向けて自主的な事業活動取組みを推進することを目的として、日本経団連が制定した企業の行動指針。

初版は1991年に制定され、その後社会・経済状況の変化・発展に伴い、1996年、2002年、2004年の計3回改訂されている。2004年の改訂の際には、CSRに対する社会の関心が高まっていたことを背景として、企業の社会的責任の視点が盛り込まれた。前文では、「企業は、公正な競争を通じて利潤を追求するという経済的主体であると同時に、広く社会にとって有用な存在でなければならない」と企業の存在意義について触れ、人権・法令遵守・社会貢献活動など10原則を規定している。また、同憲章の10原則を実践していくうえで必要と思われる項目を例示する「『企業行動憲章』実行の手引き」も同時に制定、公表されている。

企業の自主的な取組みを促す目的で制定されたものであるが、CSR活動を積極的に展開する企業・社員がとるべき原則の基本要素が織り込まれているものであり、多くの企業が自社の企業行動憲章・社員行動指針等を作成する際の参考となっている。

関連情報
日本経団連HP：http://www.keidanren.or.jp/

7. プライバシーマーク（Pマーク）制度

個人情報の取得・取扱を適切に行っている事業者に対し、一定の要件を満たした場合に財団法人日本情報処理開発協会（JIPDEC）よりマークが付与される、個人情報保護に関する審査登録制度。

IT社会の発展に伴い、個人情報の保護に関する重要性が次第に認識されていく中で、1988年にJIPDECが「民間部門における個人情報保護のためのガイドライン」を制定、1989年より通商産業省（現経済産業省）が関係事業者に対し、同ガイドラインに基づいた個人情報保護への取組み指導を行っていた。その後、1995年に欧州連合より「データ保護指令」が採択された事をきっかけに、個人情報保護の対策強化を目的として通産省が1997年に「民間部門における電気計算機処理に係る個人情報の保護に関するガイドライン」を公表。民間事業者に対し、同ガイドラインを遵守するインセンティブを与える目的として、プライバシーマーク制度が設立された。なお、現在Pマークを取得するにはJIS Q 15001：2006に合致した個人情報保護体制が社内で確立されている必要がある。また、有効期間は2年間となっており、2年ごとに更新する必要がある。

多くの企業において、情報セキュリティマネジメントの確立・強化は企業にとってのCSR活動の一部として位置づけられており、同制度やISMS（別掲）など情報セキュリティに関する審査登録を受ける企業も増加している。

8. 情報セキュリティマネジメントシステム（ISMS）適合性評価制度
　　　　　　　　　　　—Information Security Management System

日本国内において、財団法人日本情報処理開発協会（JIPDEC）が運用する適合性評価制度で、情報セキュリティに関し個別の技術対策だけでなく、組織のマネジメントとして「必要なセキュリティレベルを決め、プランを持ち、資源配分して、システムを運用する」情報セキュリティマネジメントシステム（ISMS）に関する審査登録制度。

ISMSでは、リスクをゼロにすることを求めているわけではなく、情報セキュリティに関する基本方針を定め、リスクの洗い出し・評価・リスク対策を適切に実施し、経営陣による監視・改善の実施とい

う、リスクマネジメントシステムの構築を要求している。ISMS認証の国際規格は、ISO/IEC 27001：2005（英国規格協会によって策定されたBS7799‐2をISO化したもの）であり、日本国内では2006年5月に発行されたJIS Q 27001が認証基準となっている。多くの企業において、情報セキュリティマネジメントの確立・強化は企業にとってのCSR活動の一部として位置づけられており、このような情報セキュリティに関する審査登録制度を受ける企業も増加している。

9. CERES（セリーズ）原則—CERES Principles

1989年に米国のCERES（Coalition for Environmentally Responsible Economies）が発表した、企業が環境保全について守るべき10原則。

CERESは、アラスカで米エクソンモービル社の石油タンカー「エクソン・バルディーズ号」が座礁し原油流出事故を起こしたことを契機として、環境保護団体、投資家、金融機関などによって設立された団体で、CERES原則は、かつてはバルディーズ原則と呼ばれていた。

10原則は、①生物圏の保護、②天然資源の持続的な利用、③廃棄物の削減と適正処理、④エネルギーの保全と効率的な利用及び持続可能なエネルギー源の活用、⑤環境リスクの低減、⑥環境保全型製品・サービスの提供、⑦環境破壊の低減及び修復、⑧市民への環境リスク情報の提供、⑨環境問題に対する経営層の責務、⑩年次内部監査の実施と報告書の作成と公表、から構成されている。CERESは、原則を受け入れた企業に投資し、環境経営の推進を支援している。また、1997年には、国連環境計画と連携してGRIを設立した。

関連情報
CERES HP：http://www.ceres.org/

10. RoHS指令

特定の電気・電子機器について、6種類の有害物質の使用を原則禁止する欧州（EU連合）の指令。2006年7月以降にEU加盟国の市場に投入される製品へ適用されている。

正式名称は、「電気電子機器に含まれる特定有害物質の使用制限に関する指令」である（2002／95／EC、Restriction of the Use of Certain Hazardous Substances in Electrical and Electronic Equipment）。電気・電子機器の廃棄が急増し、有害物質の環境中への排出による悪影響が懸念されることから、2003年1月、メーカーに回収・リサイクル義務を課す廃電気電子機器リサイクル指令（WEEE指令）と同時に制定された。

使用が禁止される物質は、鉛、水銀、カドミウム、六価クロム、ポリ臭化ビフェニル（PBB）、ポリ臭化ジフェニルエーテル（PBDE）の6物質。物質の代替が困難な医療機器や監視・制御機器、2006年7月より前に市場に投入された機器の再利用や補修用スペアパーツなどには適用されない。

日本メーカーも、RoHS指令への対応を求められた。原材料や部品の納入先に対して、管理体制の確立や物質不使用証明の提出を求めるなど、グリーン調達にも影響を与えている。

11. ISO9001

企業等の組織が、品質マネジメントシステム（QMS：Quality Management System）を確立し、かつ継続的改善を図るために要求される事項を規定した国際規格で、1987年に制定され、その後JIS規格（日本工業規格）にもなっている。

ISO9001は、2000年に改訂され、ISO14001環境マネジメントシステムと同様にPDCAサイクルの要素が盛り込まれ、「品質マネジメントシステム」「経営者の責任」「資源の運用管理」「製品実現」および「測定、分析、及び改善」の5つのセクションで構成されている。企業等の組織が、審査登録機関の審査を受審し、ISO9001に適合した品質マネジメントシステムであると判断されれば、ISO9001の認証が取得でき、より均質な製品・サービスの提供、顧客満足度の向上、従業員の品質に関する意識の向上、コストダウンと経営基盤の強化、そして市場参入の機会拡大などのメリットが期待できる。

金融機関においても、都銀の外国為替業務、信託銀行の不動産業務、地方銀行のテレフォンバンキング業務、そして信用金庫の相談業務などでISO9001の認証取得をしている事例があり、より高品質なサービス提供を目指している。

12. ISO14001

企業等の組織が、環境マネジメントシステム（EMS：Environmental Management System）を確立し、かつ継続的改善を図るために要求される事項を規定した国際規格で、1996年に制定され、同年JIS規格（日本工業規格）にもなっている。

ISO14001環境マネジメントシステムは、企業等の組織に対して、環境方針および目的を定め、その実現のための計画（Plan）を立て、それを実施および運用（Do）し、その結果を点検および是正（Check）し、さらに次のステップを目指した見直し（Act）を行うというPDCAサイクルを確立することを要求している。それによって環境マネジメントシステムを継続的に向上させ、環境への負荷を減少させることを狙いとしている。企業等の組織が、審査登録機関の審査を受審し、ISO14001に適合した環境マネジメントシステムであると判断されればISO14001の認証が取得でき、前述の環境負荷の低減に加え、環境リスクへの対応強化、従業員の環境に関する意識の向上、コストダウンと経営基盤の強化、そして市場参入の機会拡大などのメリットが期待できる。金融機関においても、都銀・地銀・信金、損保・生保、そして証券会社などでISO14001の認証を取得している事例が多くある。

13. ISO26000

ISO（国際標準化機構）において作成作業が進められているSR（Social Responsibility：社会的責任）に関する国際規格。企業等の組織が社会的公正や環境への配慮などを行い、ステークホルダーなどとの対話を通じて、経済的・社会的・環境的パフォーマンスの向上を目指すことを目的としている。

これまでに開催されたISO/SR総会では、SRについてISO26000としてガイダンス文書を策定することが決まっており、その項目は「⓪序文、①適用範囲、②引用規格、③用語の定義、④SRの内容、⑤SRの原則、⑥SRの項目、⑦SR履行のガイダンス、⑧ガイダンス附属書、⑨参考文献」の10項目である。またSRを「社会及び環境に対する活動の影響に責任を果たす組織の行動。それらの行動は、社会の関心及び持続的発展と整合がとれたものであり、倫理行動、遵法性及び政府間文書に基礎を置き、かつ、組織の既存の活動と一本化したものであるとする」と定義し、SRの範囲として「①環境、②人権、③労働慣行、④組織的な管理、⑤公正ビジネス慣行／市場ルール、⑥コミュニティ参画／社会開発、⑦消費者課題」が決議された。ISO26000は、現在のところ2008年10月頃に発行される見込みである。

14. OHSAS

企業等の組織が、労働安全衛生マネジメントシステム（OHSMS：Occupational Health & Safety Management System）を確立し、かつ継続的改善を図るために要求される事項を規定した規格で、Occupational Health & Safety Assessment Seriesの頭文字をとったもの。英国規格のBS8800をベースとして、国際コンソーシアムによって作成された。ISO9001品質マネジメントシステムやISO14001環境マネジメントシステムとの両立性も図られ、PDCAサイクルの要素も盛り込まれている。

企業等組織の従来の労働安全衛生活動は、例えば"安全第一"や"災害ゼロ"などといったスローガン的な活動が主であったが、労働安全衛生に係る「方針」や「目標」を定め、その達成に向けたマネジメントシステムに基づく活動がOHSMSである。OHSAS規格は、未だISOの国際規格にはなっていないが、企業等の組織が、審査登録機関の審査を受審し、OHSASに適合した労働安全衛生マネジメントシステムであると判断されれば、OHSASの認証が取得できる。そして、従業員の労働安全衛生に関する意識の向上、労働災害リスクの低減、経営基盤の強化、そして市場参入の機会拡大などのメリットが期待できる。

15. 海外のCSR規格

フランスのSD21000（持続可能な開発－企業の社会的責任－企業のマネジメント及び戦略において持続可能な開発の問題点を考慮するためのガイド）、オーストラリアのAS8003（企業の社会的責任）、カナダのNQ9700-950（企業の社会的責任）、スペインのPEN（企業倫理マネジメントシステム）などが、自国用のCSR規格として発行されている。

SD21000は、フランス規格協会が2003年に発行したCSR規格で、マネジメントシステムの基本であ

るPDCAサイクルを利用して、企業戦略の策定時点において持続可能な開発の原則を考慮に入れた仕組みを構築し、運用するシステムである。規格の構成は、①持続可能な開発（由来と定義）、②持続可能な開発の原則を考慮した各企業固有の方法、③企業への意義、④戦略的アプローチ、⑤方法の実施となっている。

AS8003は、オーストラリア規格協会が2003年に発行したCSR規格で、「ガバナンス・シリーズ」として、他にAS8000（ガバナンスの原則）、AS8001（不正と腐敗の管理）、AS8002（組織の行動規範）、AS8004（事業者のための内部告発者保護プログラム）も発行されている。

16. SA8000

SA8000（Social Accountability 8000）は、ILO（国際労働機関）の国際労働基準のほか、世界人権宣言や子供の権利条約を基礎として策定された、基本的な労働者の人権の保護に関する規格である。

1997年に、米国のCSR評価機関であるCEP（Council on Economic Priorities）の下部組織であるCEPAA（Council on Economic Priorities Accreditation Agency）によって策定された。なお、CEPAAは現在CEPから独立してSAI（Social Accountability International）と改称しており、本部はニューヨークにある。SA8000が取り扱うテーマは、①児童労働の撤廃、②強制労働の撤廃、③労働者の健康と安全、④結社の自由と団体交渉の権利、⑤差別の撤廃、⑥肉体的な懲罰等の撤廃、⑦労働時間の管理、⑧基本的な生活を満たす報酬、⑨マネジメントシステムの9分野となっている。

SA8000は、ISOの国際規格ではないが、企業等の組織が、審査登録機関の審査を受審し、SA8000に適合したシステムであると判断されれば、認証が取得できる。そして、企業のイメージアップ、社会的評価・信用力の向上、他社との差別化などにつながり、健全な労働環境の創出によって、労働意欲が向上して生産性も上昇するなどのメリットが期待できる。

17. AA1000

AA1000基本原則ならびにAA1000保証基準は、企業等の組織のサステナビリティ報告に際し、ステークホルダーとの対話を通じ、説明責任の質を改善し、信頼性を向上させることなどを目的に開発されたガイダンス文書で、1999年、社会倫理アカウンタビリティ研究所（Account Ability）によって策定され、AA1000シリーズとして公表されている。

AA1000は、GRI（the Global Reporting Initiative）ガイドラインなどの関連規格・基準と整合しており、組織のサステナビリティ（CSR）報告書に信頼性を付与する保証声明書に関しても規定している。AA1000を採用する組織は、「包括的な説明責任への公約」と、3つの基本原則、即ち①重要性（Materiality、ステークホルダーが必要とする重要な情報が記載されているか）、②完全性（Completeness、重要事項に関連する情報を必要な範囲で完全に把握しているか）、③対応性（Responsiveness、ステークホルダーの関心・懸念に的確に対応し、開示しているか）に基づき取り組まなければならない。

我が国の金融機関でも、AA1000を採用して、より信頼性の高いサステナビリティ報告書（CSR報告書）の発行を目指している事例がある。

18. ECS2000

麗澤大学経済研究センター「企業倫理研究プロジェクト」が1999年に策定した倫理法令遵守マネジメント・システム規格のこと。企業倫理とコンプライアンス（法令遵守）に関する一般基準である。「Ethics Compliance（Management System）Standard」の頭文字をとり、また西暦2000年からの本格的な活用を期待し、ECS2000と称しており、最新版は「ECS2000v1.2」である。作成主体である「企業倫理研究プロジェクト」の目的は、企業その他組織の倫理法令遵守体制の確立を支援し、公正かつ責任あるビジネスの実践を促すこと、および倫理法令遵守マネジメントシステムの構築と普及を通して、倫理的な企業その他組織が、より正当に評価され、明確な形で報われるビジネス社会を建設していくことである。

ECS2000によれば、例えばISO14001環境マネジメントシステムと同様に、企業その他組織は、倫理法令遵守マネジメントシステムに関するPDCAサイクルを回しながら継続的改善を繰り返すことで、

倫理法令遵守体制全体の実効性を上げていくことを狙っており、これが「組織のインテグリティ」（組織の誠実さ、清廉さ、品格）を高める、最も有効かつ着実な方法になると期待している。

19. 「企業倫理・企業行動強化のための社内体制の整備運用に関する要請」（日本経団連）

日本経団連の企業行動憲章を各企業が実践する際、企業の経営トップが実施すべき社内体制の整備・運用について、2002年10月に日本経団連が発した要請。

日本経団連は、企業倫理の確立を推進するため企業行動憲章を策定しているが、その実効性をより高めるための具体策の一部としてこの要請を行った。内容は下記の7項目。

・行動指針の整備・充実（各社独自の企業行動憲章の策定等）
・経営トップの基本姿勢の社内外への表明と具体的な取り組みの情報開示（ホームページ、年次報告書、社会報告書への掲載等）
・全社的な取り組み体制の整備（企業倫理担当役員の任命、企業倫理委員会・担当部署の設置および権限の明示等）
・「企業倫理ヘルプライン（相談窓口）」の整備（通常の業務ラインとは別に、重要情報が現場から経営層に伝わるルートを整備、相談者の権利保護等に配慮）
・教育・研修の実施・充実（階層別、職種別）
・企業倫理の浸透・定着状況のチェックと評価
・不祥事が起こった場合の適時適確な情報開示、原因の究明、再発防止策の実施、ならびにトップ自らを含めた関係者への厳正な処分

経団連は本要請を通じて、法令遵守の徹底を意識づけ、問題が生じた際は、社会への説明責任を果たし、再発防止策を講じることを求めており、CSR実践の指針の1つと位置づけられる。

20. 「企業の社会的責任（CSR）推進にあたっての基本的考え方」（日本経団連）

CSRを民間の自主的な取組みとして推進していくという日本経団連の考え方を示したもの。2004年2月17日に公表された。

日本経団連はこのなかで、企業の社会的責任をより広い視野から捉え直すことが重要であるとし、CSRを「企業活動において経済、環境、社会の側面を総合的に捉え、競争力の源泉とし、企業価値の向上につなげること」であるとしている。

「企業の社会的責任（CSR）推進にあたっての基本的考え方」は、①日本経団連はCSRの推進に積極的に取り組む、②CSRは官主導ではなく、民間の自主的取り組みによって進められるべきである、③企業行動憲章および実行の手引きを見直し、CSR指針とする、という3つを挙げている。CSRは、民間の自主的かつ多様な取組みによって進められるべきであるとして、官主導による取組みや規格化・法制化に対して反対の意思を表明している。また、CSRは営利企業に限定されないとして、行政、NGO等の非営利な団体に対しても自主的に取り組むことを促している。「企業の社会的責任（CSR）推進にあたっての基本的な考え方」は、日本企業のCSRへの取組みに対して、経団連がどのような姿勢で携わろうとしているのかを明確に打出した内容となっている。

21. 「CSRに関するアンケート調査結果」（日本経団連）

日本経団連が、CSR活動の現状や今後の方向性を把握するため、社内体制の整備、対応する分野、報告書作成状況等、会員企業のCSRの取組み状況についての調査結果。2005年3月～4月、日本経団連として初めてCSRに関する調査が実施された。回答社数は572社、回答率は43.2％となっている。

調査結果によると、CSRを意識して活動している企業は75.2％に達している。また、CSRに対する取組み開始時期は、2003年度以前が最も多く52.7％となっており、2004年からが37.7％、2005年からが9.1％と続く。CSR活動を実施している企業のなかで、トップダウンでCSRに取り組んでいる企業は79.0％に達している。社内体制については、52.5％の企業がCSRを推進する社内横断的な機関を設けており、66.3％がCSR専門部署または専任担当者を設置しているが、専門部署、専任担当者の所属は多岐にわたっている。また、CSRに関する報告書を発行している企業は55.4％に達している。CSRを推進する際に企業として特に注力している対応は「コンプライアンス」が最も多く、「環境」、「安全

・品質」、「個人情報保護・情報セキュリティ」と続いている。本調査結果により、日本企業のCSR活動に対する現状を、数値データとして把握することができる。

22.「市場の進化と社会的責任経営―企業の信頼構築と持続的な価値創造に向けて―」(経済同友会)

2003年3月に公表された経済同友会の第15回企業白書で企業の社会的責任(CSR)を扱い、このなかで「企業評価基準」が提案された。

同白書では、CSRを法令遵守や社会貢献活動に限定して捉えるのではなく、経済・環境・社会等、あらゆる側面において社会のニーズを迅速に察知し、企業の持続的な発展を図るための「投資」として位置づけている。

タイトルにある「市場の進化」とは、市場における企業価値を「経済性」の評価に限定せず、「社会性」「人間性」を含めた総合的な基準により、評価することを意味する。経済同友会は、「市場の進化」により、社会の期待と企業の目的が自立的に調和し、持続的、相乗的に発展することを目指している。同白書は、CSRの実践を促進するため、「企業評価基準」を提唱した。「企業評価基準」は、経営者がCSRに対する現状の仕組みと成果を評価し、将来の目標を設定し、その実現をコミットするまでの流れを評価の対象としている。その後、この基準による各企業の自己評価が取りまとめられている。また、企業不祥事、CSについての考え方、CSRの取組み状況について、企業アンケートの調査結果を掲載している。同白書は、CSRの具体的な実践を促すためのツールであり、日本企業の活力再生の原動力として、CSRの取組みを持続的に実践することを推進している。

23.「日本企業のCSR:現状と課題―自己評価レポート2003」(経済同友会)

経済同友会が2003年3月の第15回企業白書で提唱した「企業評価基準」を用い、日本企業が実施したCSRに関する自己評価の結果を取りまとめたレポート。「自己評価レポート2003」は2004年1月16日、「自己評価レポート2006」は2006年5月23日にそれぞれ公表された。

「自己評価レポート2003」と「自己評価レポート2006」を比較すると、CSR専用の部門を設けるなどのCSR推進体制の構築が2年間で倍増している。女性の活用に関しては、「女性役員がいない」と回答した企業が80％以上となり、2年間で大きな変化はなかったが、女性管理職は増加傾向にあった。

持続可能性報告書(CSR報告書)を発行している企業は、23.3％から39.1％に増加した(会員企業のみ)。ただし、環境報告書も含めれば大きな変化はなく、環境報告書から持続可能性報告書へのシフトが進んでいることがわかる。従業員5,000人以上の企業では、製造業の94.8％、非製造業の43.4％が持続可能性報告書を発行している(自己評価レポート2006)。企業は、自己評価を継続的に実施することにより、自らのCSR取組みの進捗状況を確認することができる。

24.「CSRに関する経営者意識調査」(経済同友会)

経済同友会が、会員所属企業と東証1部・2部上場企業の経営者を対象として、企業不祥事、CSR、社会的責任投資(SRI)に関して行った意識調査。2002年秋と2005年秋に実施された。

調査結果により、経営者の意識の変化がわかる。2005年秋の調査によれば、経営者は、企業不祥事の主たる原因を「経営者」や「社内体質」と考えている。また、ほとんどの企業が、従業員への周知徹底、コンプライアンス体制の構築、社内の点検等に取り組むようになっている。自社の不正行為については、「正直なところ不安」と回答する傾向が強まっており、不正行為防止に対する体制が万全ではないことを裏づけている。

経営者は、CSRを経営の中核に位置づける重要課題との認識を深めており、CSRの項目として、「経済性」に限定せず、「人権」、「社会貢献」、「環境保護」などの社会・環境分野を含める考え方が大幅に増加した。SRIに関しても「知らない」との回答が大幅に減少している。CSRについての理解が経営者に浸透しつつあるとともに、経営者は不祥事を自らの問題として捉え、コンプライアンス体制の構築・徹底を行うことが一般的になっていることが

F 法令等

1. 個人情報保護法

正式な名称は「個人情報の保護に関する法律」。個人情報の適正な取扱いに関する国や地方公共団体の責務、個人情報取扱事業者の義務等を定めている。

情報化社会において個人情報の利用が増大する一方で、個人情報の漏洩・不正利用が相次ぎ、個人情報保護法制の必要性が急速に高まった。こうしたなか、2003年5月に本法が成立、一部施行された。さらに2005年4月、民間企業や医療機関等の「個人情報取扱事業者」の義務等に関する規定を含めて全面施行されたことを受け、多くの企業が保護法対策に追われることとなった。

日本経団連では、2004年の企業行動憲章改定にあたり、「社会的に有用な製品・サービスを安全性や個人情報・顧客情報の保護に十分配慮して開発、提供し、消費者・顧客の満足と信頼を獲得する」と個人情報の保護を盛り込んだ。また、個別企業の行動憲章等にも、個人情報の保護が盛り込まれるケースが増加している。今や個人情報保護は、個人情報保護法への対応にとどまらず、CSRを果たしていくうえでの重要な取組み項目の1つといえる。

2. 製造物責任（PL）法

製品の欠陥により人の生命、身体または財産に係る被害が生じた場合におけるメーカー等の損害賠償責任について定めた法律。1994年に成立し、1995年7月より施行されている。

もともと、上記の場合においては民法の不法行為責任に基づく損害賠償請求が可能であったが、メーカー等の故意・過失を、現実には立証能力の乏しい被害者が立証しなければならなかった。PL法は民法の特別法という位置づけで、この立証責任を緩和している。本法を受けて、消費者の権利意識の向上等とも相まって、製品安全に対する企業側の意識も向上したことは間違いない。PL法遵守は、顧客・消費者に対する社会的責任を果たすうえで最低限の事項といえる。

3. 会社法

我が国における会社の設立、組織、運営および管理など、会社制度の全般を規律する法律。2005年6月に国会で成立し、2006年5月1日より施行されている。

会社法制については、従来より商法第2編、商法特例法、有限会社法などがあったが、これらを1つの法典にまとめ、用語の整理、現代語化などを施したもの。また、内容についても会社制度相互間の不均衡の是正、社会経済情勢の変化に対応するための各種制度の見直しがなされている。

同法のなかで注目すべき規定の1つに「取締役の職務の執行が法令及び定款に適合することを確保するための体制その他株式会社の業務の適正を確保するために必要なものとして法務省令で定める体制（いわゆる内部統制システム）の整備」に関する規定が挙げられる。これは、①取締役会設置会社において、内部統制システム構築に関する基本方針の決定を取締役会の専決事項とし、②そのうち大会社について、この決定を義務づけるものである。企業がCSRを果たしていくうえで、会社法の内部統制システムの内容を押さえておくことは不可欠となった。

4. サーベンス・オクスレー法
（米国企業改革法、SOX法）
―Sarbanes Oxley Act of 2002

企業の財務報告の正確性と信頼性の向上により、投資家を保護することを主目的として2002年7月に成立した米国の法律。当時、エンロン事件、ワールドコム事件など、企業の財務報告をめぐる大型不祥事が相次いで発覚したことを受けて制定された。

規制内容は多岐にわたるが、特に重要な規定の1つに、「経営者が財務報告に係る内部統制の構築・維持について責任を持つ」旨の記述や内部統制の有効性の評価を含む、内部統制報告書の義務化が挙げられる。また、この有効性の評価については、会計事務所の監査を受けなければならず、報告書の虚偽記載には、厳重な罰則が科される。

一方で、上記の内部統制監査を中心に、本法対応

に多大なコスト、作業負担がかかることへの批判も高まっており、現在、米国証券取引委員会（SEC）や公開会社会計監視委員会（PCAOB）において監査基準改正等の検討を進めているところである。

SOX法をめぐる米国の動向は、金融商品取引法（いわゆる日本版SOX法）の成立など、日本企業の内部統制にも大きな影響を及ぼしている。今後の日本企業の内部統制のあり方を考えるうえでも、SOX法の動向を注視する必要がある。

5. 金融商品取引法（日本版SOX法、J-SOX法）

投資家保護と証券取引の透明性向上を図り、証券取引法を抜本改正し、2006年6月に成立した法律。規制内容は多岐にわたり、2006年7月4日以降段階的に施行され、公布日より1年6ヵ月以内に「証券取引法」から「金融商品取引法」に改正される。

本法は、投資性の強い金融商品を対象に幅広く横断的な規制を加える点で欧米の「投資サービス法」に相当するとされる一方、米国のサーベインズ・オクスレー法（SOX法）を手本とし、財務報告に関わる内部統制の強化を上場会社に義務づけていることから、「日本版SOX法」ともいわれる。

内部統制の強化については、経営者が財務報告に係る内部統制の有効性を自ら評価した「内部統制報告書」を作成し、監査人は経営者の評価に対する監査を行って「内部統制監査報告書」を作成することが義務づけられる。同報告書の虚偽記載には、罰則が科される。

内部統制の評価・監査の基準については、金融庁企業会計審議会が検討を進めており、2005年12月に「財務報告に係る内部統制の評価及び監査の基準のあり方について」を公表しているが、基準案自体については2006年10月現在未公表である。米国のSOX法同様、膨大なコストや作業負担が生じることへの懸念が経済界より出されており、引き続き動向を注視する必要がある。

6. 米国連邦量刑ガイドライン

米国において、連邦裁判所の下す量刑の基準を明確化・公平化するため、1984年量刑改革法に基づき組織された量刑委員会により定められたガイドライン。「個人に関するガイドライン」は1987年に、「組織に関するガイドライン」は1991年に施行されており、連邦法上のほとんどの犯罪について損害賠償や罰金などを規定している。

「組織に関するガイドライン」においては、企業等で働く職員がその職務に関し有罪となった場合でも、組織が法令遵守のための効果的なコンプライアンスプログラムを定めていたり、司法に協力的であったりした場合は、組織に科される賠償金等の総額が大幅に軽減される。他方、司法当局が適切なコンプライアンスプログラムを構築していないと判断した場合は、数年間にわたって保護観察下に置かれ有効なプログラムを確立しなければならない。これにより、企業にとって適用される罰則や様々な負担が、コンプライアンス体制整備の程度により左右されることになり、以後の米国企業のコンプライアンスへの積極的取組みが促進されたといわれている。我が国には量刑に係わる同様のガイドラインはないが、2006年5月に施行された会社法により内部統制システム構築義務が明確化され、コンプライアンス等の体制整備が不可欠であることが明らかにされた。

7. 不正競争防止法

事業者間の公正な競争と、これに関する国際約束の的確な実施を確保するため、不正競争の防止を目的として制定された法律。

この法律の対象となる不正競争は多岐の分野にわたるが、1998年の改正において、外国公務員等に対する不正の利益の供与等の禁止を定める第18条が追加された。これは、OECD（経済協力開発機構）が1997年に採択した「国際商取引における外国公務員に対する贈賄の防止に関する条約」を国内的に実施するために追加されたものである。2001年には適用除外規定の削除、2004年には国外犯処罰が導入されている。これにより、我が国企業が海外において公務員に行った贈賄行為についても国内法によって処罰され、最高3億円の罰金が科されることになった。米国においては、ウォーターゲート事件に関わる調査から、ロッキード社等大手企業が海外の高官に贈賄行為を行っていたことが発覚したため、1977年に「海外不正行為防止法」が成立していた。しかし、特定の国のみが海外での贈賄行為を禁じていたのでは、不正を行う企業のみが利益を上げることになる

ため、国際的に取り締まることになったものである。企業にとっては、海外で行った不正行為についても我が国で処罰される可能性があり、グローバルなコンプライアンス体制の整備が求められることとなった。

8. 下請法（下請代金支払遅延等防止法）

下請法は、下請事業者の利益を保護するために独占禁止法の特別法として1956年に制定された法律であり、正式名称は「下請代金支払遅延等防止法」。

下請事業者への下請代金支払遅延等の行為は、元々独占禁止法で規制される「優越的地位の濫用」に該当する可能性があるが、独禁法の違反事件処理手続では時間がかかり、十分に下請事業者の保護を図れないことから、独禁法に比べ簡易な手続を定め、違反行為の内容も具体的に定めている。資本金3億円超の親事業者から資本金3億円以下の下請事業者への委託、および資本金1,000万円超3億円以下の親事業者から資本金1,000万円以下の下請事業者へ委託を適用対象となる取引とし、受領拒否、代金支払いの遅延・減額、不当な返品、買いたたき等の禁止事項、および違反した場合の勧告措置（第7条）、罰金（第10条）等を定めている。また、経済のソフト化・サービス化の流れを受けて2003年に改正が行われ、ソフトウェアやテレビ番組等の情報成果物の作成委託および運送やビルメンテナンス等の役務の提供委託も新たに本法の対象となった。親事業者は、下請事業者も自社のステークホルダーであるとの認識のもと、コンプライアンスの一環として、下請取引に関する自社の現状を見直すとともに、従業員の意識改革を図っていくことが求められている。

9. 独占禁止法

正式名称は「私的独占の禁止及び公正取引の確保に関する法律」（1947年制定）であり、事業者の公正かつ自由な競争を促進し国民経済の民主的で健全な発達を促進することを目的とし、その運用は内閣府の外局である公正取引委員会によってなされている。

同法は、戦後日本経済の構造変化に対応して改正が重ねられ、1990年代には政府による規制緩和政策のもと、自由競争と自己責任原則に立脚した企業活動を促進させるべく適用除外制度の廃止などの規制強化が行われてきた。しかしながら、2000年以降も違反事件が後を絶たない状況を踏まえさらに改正され、2006年1月より施行された。同年の改正の特徴は、課徴金算定率の大幅な引上げによる罰則強化と、課徴金減免制度（事業者が自ら関与したカルテル・談合について公正取引委員会に自主的にその違反内容を報告し、裏づける資料を提出した場合は、その報告順位等に応じて課徴金が免除または減額される制度）が同時に導入された点である。これにより、早期に違反行為を報告した事業者とそうでない事業者との間に負担額の大きな差異を生じさせることになる。そのほか、刑事告発のために公正取引委員会に対し犯罪調査権限の導入等が行われた。今回の改正を含む独占禁止法の規制強化により、多くの企業にとって公正な取引の徹底と、コンプライアンス体制の整備は従来にも増して重要な課題となった。

10. 東証適時開示規則

証券市場の公正性、健全性に対する投資者の信頼を確保するためには会社情報の適時、適切な開示が不可欠であることから、東京証券取引所が平成11年に制定し、上場会社に対しその遵守を求めた規則。正式名称は「上場有価証券の発行者の会社情報の適時開示等に関する規則」。

適時開示を求められる情報は、上場有価証券に関する権利等に係る重要な事項についての決議または決定の情報（決定事項に関する情報）、経営に重大な影響を与える事実の発生に係る情報（発生事項に関する情報）、重要な会社情報として認められる決算情報（決算に関する情報）等と定められている。近年、有価証券報告書等の不実記載や粉飾決算等の企業不祥事が相次いだことから、2005年には「適時開示に係る宣誓書」と添付書類として「適時開示体制概要書」および「有価証券報告書等の適正性に関する確認書」の提出を義務づける改正が行われ、公衆の縦覧に供するため東京証券取引所のホームページに公開されている。また、取引所は不適正な情報開示が認められた場合には、その程度に応じ「口頭注意」、「経緯書の徴求」、「改善報告書の徴求」等の注意喚起を行っており、このうち改善報告書については公衆縦覧に供しており、2003年5月分より毎月件数について公表している。

2006年6月に公布された改正証券取引法においても、上場企業の財務報告の信頼性を高めるための規制が強化される方向にあり、企業にとっては情報の適時、適切な開示が行われる体制の整備が不可欠となった。

11. 公益通報者保護法

公益を守るために内部通報をした通報者の解雇等を無効とし、事業者および行政機関がとるべき措置を定めることにより、通報者の保護等を図るために制定された法律（2006年4月施行）。近年、企業の不祥事が企業内部からの通報によって発覚するケースが増加しているが、通報者は当該企業から解雇等の不利益を受ける可能性がある。同法では、国民の生命等に関わる法令違反を通報することを公益通報と定め、通報を行った労働者を公益通報者とし保護している。公益通報の対象となる法律は刑法、食品衛生法、証券取引法、JAS法、大気汚染防止法、廃棄物処理法、個人情報保護法、その他政令で定める法律に限定されており、すべての違法行為が対象となるものではない。通報先としては、①労務提供先等、②当該通報事実に関する権限を有する行政機関、③通報が法令違反の発生や被害の拡大を防止するために必要であると認められる者（消費者団体、マスコミ、社外弁護士等）と定められている。通報者が保護される要件としては、通報の目的が不正な目的でないことはもちろん、②については通報対象事実が生じているかまさに生じようとしていること、③については上記2つに加えてその通報が解雇等の不利益に結びつく相当の理由がある場合や、個人の生命身体に切迫した危険がある場合等に限られている。企業にとって、不祥事の芽を早期に把握し、自浄作用を発揮することが大切であり、同法の趣旨を踏まえながら「企業倫理ヘルプライン」等内部通報制度の整備を進めていく必要性がいわれている。

12. 消費者契約法

消費者と事業者との間で締結されるすべての契約に適用される、消費者と事業者の契約の適正化を図ることを目的として制定された法律。2000年4月に成立し、2001年4月より施行された。

事業者と消費者にある情報の質・量、交渉力の格差があることを前提として、消費者契約法では、事業者が事実と異なることを告げて契約を勧誘したり、将来の変動が不確実な事項について断定して勧誘したりした場合など事業者の不当な勧誘行為があった場合、消費者は契約を取り消すことができる。

また、消費者に一方的に不利になる条項、例えば商品に瑕疵があった場合でも事業者の賠償責任を免除する条項などは無効としている。

さらに、2006年5月に成立し、2007年6月から施行される改正においては、悪徳商法など消費者契約法に違反する事業者の不当な行為に対して、適格要件を満たす消費者団体が差し止め請求権を行使できる「消費者団体訴訟制度」が導入されるなど、消費者、事業者双方にとって、ますますその重要性が高まっている。

13. ILO 国際労働基準
―ILO International Labour Standards（Conventions and Recommendations）

国際労働機関（ILO/ International Labour Organization）の国際労働総会で採択された条約および勧告において設定される国際基準。

国際労働機関（ILO）は、1919年にベルサイユ条約に基づいて設立され、1946年に国際連合の専門機関となった。「世界の永続する平和は、社会正義を基礎としてのみ確立することができる」という憲章原則の上に立ち、労働条件の改善、職場の安全や平和な労使関係などを国際レベルで推進することを目的とする。条約は、加盟国の批准によってのみ、その加盟国において拘束力をもつ。一方、勧告は、政策、立法、慣行の指針となる。

ただし、採択時に反対票を投じた国であっても、加盟国は、総会で採択されたすべての条約および勧告を自国の批准権限のある機関に提出しなければならない。185の条約と195の勧告があり（2005年8月現在、一部は現状にそぐわなくなったために撤回されている）、その範囲は基本的人権（強制労働や児童労働の廃止等）、労働条件、社会保障、労働安全衛生、女性の雇用など労働に関するほぼすべての事項を網羅しており、企業はその投資において（特に発展途上国への投資）、国際労働基準への配慮が必要とされる。

社会的責任投資（SRI）が、企業の国際労働基準への配慮を後押しし、結果としてILOの条約の批准、勧告の浸透が進むことも期待されている。

14. 労働三法

労働法の中核となる法律である労働基準法、労働組合法、労働関係調整法を総称して労働三法という。

労働法は、労働関係を規律する法規範の総称であり、社会的・経済的にみて、使用者に対し弱い立場にある労働者を保護し、豊かな労働生活の実現を目指すことを目的とする。

労働基準法は、憲法27条第2項「賃金、就業時間、休息その他の勤労条件に関する基準は、法律でこれを定める」としているが、この憲法の条項を具体化し、労働条件の最低基準を定めた法律である。

労働組合法は、憲法第28条に保障する労働三権（勤労者の団結権・団体交渉権・その他の団体行動権）を具体化した法律。労働者が使用者との交渉において対等の立場に立つことを促進することにより労働者の地位を向上させること等を目的としている。

労働関係調整法は、労働組合法とあいまって、労働関係の公正な調整を図り、労働争議を予防・解決して、産業の平和を維持し、もって経済の興隆に寄与することを目的としている。

15. 労働安全衛生法

職場における労働者の安全と健康の確保と快適な職場環境の形成を促進することを目的とする法律で、労働安全衛生の基本法。

1972年に労働基準法で定められていた安全衛生に関する規定を引継いで独立した法律として制定されたが、労働安全衛生は賃金や労働時間などのほかの労働条件と一体となって改善を図っていくことが必要であり、労働基準法と一体的に運用されるものである。危害防止、安全衛生管理体制、安全衛生教育や健康診断など労働災害を防止するために遵守することが求められる労働安全に関する最低基準について規定しているほか、安全衛生水準の向上のための努力を事業者に求め、事業者の安全および健康の確保に関する包括的な責務を定めている。労働環境や社会環境の変化、大きな災害や新しい形の事故により犠牲者がでるたびに、新たな改正や追加・補足が重ねられてきており、2003年夏以降、製造業で続発した事故・災害を受け、労働者の雇用形態の変化、労働者の健康不安など企業、労働者を取り巻く社会情勢・雇用環境の変化にも配慮し、事業者とりわけ製造事業者の安全措置義務の強化を図る抜本的な改正が行われ、2006年4月から施行されている。

事業者は、重要なステークホルダーの1つである従業員に対して、安全かつ安心な職場環境・労働条件を提供する責務を負っており、かつ生産性・効率性を上げることによる企業価値の向上のために最大限の努力が求められている。

16. 労働者派遣法

労働派遣事業の適正な運営を確保し、派遣労働者の雇用の安定と労働条件保護を確保することを目的とする法律。正式名称は「労働者派遣事業の適正な運営の確保及び派遣労働者の就業条件の整備等に関する法律」。

労働者派遣事業とは、派遣事業主が自己の雇用する労働者を、派遣先の命令を受けてこの派遣先のために労働に従事させることを業として行うことをいう。これにあてはまるものは、労働者派遣法の適用を受ける。

労働者派遣には、同じ業務に一定期間継続して従事した派遣労働者を、同一業務に引き続き雇い入れようとする場合は、その労働者を直接雇用する義務が生じるなど、様々な規制があるが、これらを遵守できていないなどのコンプライアンス上問題のある事例が度々マスコミ等で報道されている。「偽装請負」と呼ばれる請負・業務委託の名で行われる事実上労働者派遣とみなされる労働形態も指摘されている。労働者派遣法は、雇用形態が多様化する実状に即して、適正な労働条件を整備し、労働者を保護する基本となる法律であり、CSRを実践するにあたっては、この法律の遵守に加えて、この法律の趣旨を十分に反映した雇用が求められている。

17. 消費者基本法

消費者を取り巻く経済社会情勢が大きく変化したことを踏まえて、1968年5月に制定された「消費者保護基本法」を2004年6月に名称も含め全面改正した法律で、消費者関係法の中心となる法律。

消費者基本法は、「消費者と事業者との間の情報の質、量および交渉力の格差」の存在を前提に、「消費者の権利の尊重」と「消費者の自立の支援」を基本理念としている。この基本理念に則り、国および地方公共団体は消費者政策を推進する責務があり、事業者は、供給する商品および役務について消費者の安全および消費者との取引における公平性を確保することなど5項目の責務があることが定められている。

また、政府は、消費者政策の推進に関する基本的な計画として、2005年4月に以降5年間を対象とした「消費計画基本法」を定めた。企業にとって、重要なステークホルダーである「お客さま（消費者）」に対して法令に則った適切な対応を行うことは最低限のレベルであり、消費者基本法に基づいた社内規程とマニュアルの整備が求められている。

18. 男女共同参画社会基本法

男女共同参画社会の形成についての基本理念を明らかにし、男女共同参画社会の形成に関する取組みを総合的かつ計画的に推進するため、1999年6月に制定された法律。

「男女共同参画社会の形成」とは、「男だから」「女だから」という性差による役割を押しつけず、男女が社会の対等な構成員として、自らの意思によって社会のあらゆる分野における活動に参画する機会が確保され、もって男女が均等に政治的、経済的、社会的および文化的利益を享受することができ、かつ、共に責任を担うべき社会を形成することをいう。

①男女の人権の尊重、②社会における制度又は慣行についての配慮、③政策等の立案及び決定への共同参画、④家庭生活における活動と他の活動の両立、⑤国際的協調、の5つの基本理念を規定し、その理念を受け、男女共同参画社会の形成を促進するための、国、地方公共団体、国民の責務、男女共同参画基本計画など男女共同参画社会の形成を促進するための基本的施策を規定している。

21世紀に我が国が目指す男女平等社会を実現するための根拠となる法律であり、働く場における男女の共同参画は、企業にとってもCSR推進の上で大きな課題である。

19. 男女雇用機会均等法

労働者が性別により差別されることなく、また、働く女性が母性を尊重されつつ、その能力を十分に発揮できる雇用環境を確保し、整備するための法律。正式名称は、「雇用の分野における男女の均等な機会及び待遇の確保に関する法律」。

事業主に対して、募集・採用、配置・昇進・教育訓練、定年・退職・解雇等について女性の差別を禁止し、妊娠・出産・産前産後休業の取得を理由とする解雇を禁止している。また、セクシャルハラスメント対策について雇用管理上必要な配慮を事業主に義務づけているほか、妊娠中および出産後の健康管理に関する措置を義務づけている。法令違反の企業については企業名を厚生労働大臣が公表できる。この法律は、1985年に旧勤労婦人福祉法を改正して成立したが、1999年に努力義務にとどまっていた規定を法的義務とするなどの大幅な改正が行われた。

さらに、2006年6月に女性に対する差別の禁止が男女双方に対する差別の禁止に拡大されるとともに、男性に対するセクシャルハラスメントも含めた対策を講じることが義務づけられるなどの改正法案が成立し、2007年4月に施行される。

CSRに取り組む企業は、本法を雇用機会、待遇等の雇用環境の整備における最低基準として認識する必要性がいわれている。

20. 土壌汚染対策法

土壌汚染による健康被害を防止するため、工場を廃止する際などに土壌汚染調査・対策を求める法律。2003年2月から施行されている。

特定有害物質を使用する水質汚濁防止法上の特定施設の管理者は、特定施設を廃止する場合、指定調査機関に土壌汚染の有無を調査させて調査結果を自治体に報告しなければならない。調査結果が基準値を超えていれば、自治体は指定区域に指定し公示する。指定区域のうち、健康被害の恐れがあるものについては、対策命令が出される。この他、有害物質使用特定施設でなくても、土壌汚染により健康被害の恐れがある場合には、調査・対策命令が出される。土壌汚染対策法は、人の健康被害の防止を目的としており、生活環境の保全（油臭・油膜等）や生態系の保全については対象となっていないが、国会の付

帯決議では、これらについても今後検討すべきであるとしている。土壌汚染対策法を契機として、土壌環境の重要性が認識され、自主的な調査・対策が増加した。また、汚染原因者でない土地所有者にも調査・対策義務が課される場合があるため、土地を取得する際には事前に汚染調査を行うことが一般的になっている。

21. 環境基本法

環境保全に関する基本的事項を定めた法律であり、1993年、それまでの公害対策基本法に代わるものとして制定・施行された。環境の保全について基本理念を定め、国、地方公共団体、事業者および国民の責務を明らかにするとともに、環境の保全に関する施策の基本となる事項を定めている。

それまでの公害問題が主として特定人の環境汚染行為を対象としていたのに対し、新たにクローズアップされてきた地球環境問題や廃棄物問題では、すべての人が加害者となっていることが認識されてきた。こうした点を背景としてできた環境基本法は、特定者の環境汚染行為を対象とした公害対策から、すべての人を対象にした環境管理への転換を促すものといわれている。環境基本法は、環境基本計画の策定、環境アセスメントの推進、地球環境保全に関する国際協力の推進等を定めているが、主としてプログラム規定（政策目標を示すのみで法的拘束力をもたない）であり、具体的な規制等は個別の環境法規に委ねられている。しかし、環境基本法は、国の責務を定めるだけでなく、事業者や国民は自ら環境保全に努めるべきとしており、規制に従うだけでなく、自主的な取組みの重要性が示されている。

22. 大気汚染防止法

工場・事業場からのばい煙、揮発性有機化合物、粉じんの排出規制や、自動車の排ガスの許容限度等を定めた法律。大気汚染防止対策を総合的に推進するために、1962年の「ばい煙の排出の規制等に関する法律」に代わって1968年に制定された。

固定発生源である工場・事業場については、発生施設の届出、排出濃度等の測定、排出基準の遵守等が要求される。揮発性有機化合物の排出規制は、2006年4月から実施されている。移動発生源である自動車については、排ガスの許容限度が定められているほか、交通規制が行われることがある。

アスベストについては、「特定粉じん」として発生施設が規制される。阪神・淡路大震災を契機として、吹付けアスベスト等が使用されている建築物の解体作業について、作業基準の遵守が義務づけられた。さらに、2006年の改正により、建築物以外の工作物の解体作業も規制対象に追加された。

排出濃度・量の測定については、2006年に大企業による測定値の書き換え・虚偽報告が問題になっており、企業の法令遵守の姿勢が問われている。

23. 水質汚濁防止法

工場・事業場から公共用水域への水の排出規制、汚水の地下浸透の禁止、生活排水対策の実施等を定めた法律。1958年の水質保全法と工場排水規制法に代わるものとして、1970年のいわゆる公害国会で制定された。規制の対象となるのは、政令で指定された施設（特定施設）であり、設置の届出、排出水の測定、排出基準の遵守、事故時の応急措置・報告等の義務がある。このほか、特定施設でない貯油施設についても、事故時の応急措置・報告義務が課せられている。

1980年代には地下水汚染が社会問題になったため、1989年の改正によって地下水に関する規制が追加され、汚水の地下浸透が禁止された。さらに1996年には地下水汚染の浄化命令を出すことができるようになった。生活排水対策は1990年の改正で追加され、行政や国民の責務が定められ、生活排水対策を計画的に推進することとされている。

排出水の測定については、2005年、複数の大企業による測定値の書き換え・虚偽報告が問題になっており、企業の法令遵守の姿勢が問われている。

24. リサイクル法

リサイクルの推進を目的として制定された、資源有効利用促進法、容器包装リサイクル法、家電リサイクル法、建設リサイクル法、食品リサイクル法、自動車リサイクル法の総称。

最終処分場の残余容量が逼迫し、焼却についてもダイオキシン等の有害物質発生の危険性があることから、リサイクルの推進が必要とされている。1991

年にリサイクル対策を定めた再生資源利用促進法が制定された後（2000年の改正により、リデュース、リユースを追加して資源有効利用促進法と改称）、容器包装（1995年）、家電（1998年）、建設（2000年）、食品（2000年）、自動車（2002年）について個別のリサイクル推進法が制定された。容器包装、家電、自動車については、生産者が自ら生産する製品等について、使用され廃棄物となった後まで一定の責任を負うという「拡大生産者責任」の考えが盛り込まれ、従来は市町村が回収・処理の義務を負っていたのに対し、そのうちの再商品化（容器包装）、引き取りと再商品化（家電、自動車）については、製造事業者等の責任とされた。

拡大生産者責任の原則は、2000年に廃棄物・リサイクル関連の基本法として制定された循環型社会形成推進基本法において、明確に規定された。製品が使用されて廃棄物になった後まで事業者が責任を負うという考えは次第に強くなっており、事業者の自主的な対策も期待されている。

25. 廃棄物の処理及び清掃に関する法律

廃棄物の排出や処理を規制する法律であり、1970年のいわゆる公害国会で制定された。廃棄物処理法、廃掃法という略称で呼ばれることが多い。

特徴として、産業廃棄物（事業活動に伴って生じた廃棄物のうち政令に定めるもの）と一般廃棄物（産業廃棄物以外の廃棄物）に区別して規制されていることが挙げられる。産業廃棄物は事業者、一般廃棄物は市町村が処理を行う。処理基準、収集運搬・処分業者の許可、処理施設の許可についても、産業廃棄物と一般廃棄物で別々に定められている。また、有害性の高い廃棄物は、特別管理産業廃棄物、特別管理一般廃棄物として、より厳しい規制が適用される。

近年では、排出事業者の責任が強化されている。排出事業者は、産業廃棄物の処理を委託する際にはマニフェスト（産業廃棄物管理票）を作成・交付し、これによって産業廃棄物の移動・処分状況を確認しなければならない。また、不法投棄が行われた場合、不法投棄を行った処分業者だけでなく、処分を委託した排出事業者に対しても、状況により除去命令が出されるようになっている。産業構造審議会の「排出事業者のための廃棄物・リサイクルガバナンスガイドライン」（2004年9月）がいうように、廃棄物等の不適正処理・不法投棄を防止し、処理・リサイクルに潜む企業経営リスクの顕在化を回避するために、廃棄物・リサイクル問題を企業経営の観点から捉え直し、従来の廃棄物マネジメントの枠組みを超えて、企業が廃棄物・リサイクル問題に向き合うことが求められている。

26. 国際人権規約

1948年の国連総会で採択された世界人権宣言の内容を基礎として、これを条約化したもの。社会権規約と自由権規約がある。1966年の国連総会において採択され、1976年に発効した。日本は1979年に批准している。

社会権規約（経済的、社会的及び文化的権利に関する国際規約）は、労働の権利、社会保障についての権利、教育についての権利などの社会権を保障するものであり、国際人権A規約とも呼ばれる。自由権規約（市民的及び政治的権利に関する国際規約）は、身体の自由と安全、移動の自由、思想・信条の自由、差別の禁止、法の下の平等などの自由権を保障するものであり、国際人権B規約とも呼ばれる。1998年の自由権規約委員会の見解では、日本の状況について、同和問題、女性の人権、日本にいる外国人の人権、人権侵害に対する救済制度などで不十分な点があると指摘されている。また、2001年の社会権規約委員会は、女性差別、障害者差別、長時間労働、中高年層の給与削減・解雇等の問題を指摘している。国際人権規約には企業に関係する項目も含まれており、企業にとっても無視できるものではない。国際人権規約を支持することを表明し、役職員行動規範において遵守すべき関連法令として明記している企業もある。

27. 生物多様性条約—Convention on Biological Diversity

生物多様性の保全、生物資源の持続可能な利用、遺伝資源の利用から生ずる利益の公正かつ衡平な配分を目的とする条約。

地球規模で生態系の破壊が進み、野生生物の大量絶滅が進行していることから、生物の多様性を包括的に保全するための国際的な枠組みを設ける必要性

が1980年代から国連等によって唱えられた。1992年のリオサミットにおいて条約として署名のために開放され、翌年に日本などが締結して発効した。締結国は、生物多様性の保全および持続可能な利用を目的とする国家戦略を作成することとなっており、日本は地球環境保全に関する関係閣僚会議によって1995年と2002年に生物多様性国家戦略を策定している。

新・生物多様性国家戦略では、日本の生物多様性の危機を3つに大別している。第1の危機は、乱獲や土地開発など、人間の活動や開発が種の減少・絶滅、生態系の破壊・分断を引き起こしていること。第2の危機は、里山のように自然に対する人間の働きかけが減っていくことによってバランスが崩れること。第3の危機は、移入種や化学物質が、生態系に悪影響を及ぼすことである。これらの危機に対して3つの目標を掲げており、地域固有の動植物や生態系を地域特性に応じて適切に保全すること、特に日本に生息・生育する種に絶滅の恐れが新たに生じないようにすること、将来世代のために生物多様性を減少させず持続可能な利用を図ること、としている。

28. 地球温暖化対策推進法

国、地方公共団体、事業者、国民が一体となって地球温暖化対策に取り組むための枠組みを定めた法律。1997年の京都議定書の採択を受け、1998年に制定された。2006年度からは事業者の排出量報告・公表制度が実施されている。

2002年には、京都議定書の批准を受け、京都議定書目標達成計画の策定等の改正が行われ、2005年に計画が策定されている。さらに2005年の改正により、温室効果ガスを一定量以上排出する者に温室効果ガスの排出量を毎年算定し国に報告することを義務づけ、国が報告されたデータを集計し公表する制度が導入された。この制度は、2006年度の排出量から適用される。エネルギー使用の多い工場・オフィスだけでなく、一定規模以上の輸送事業者や荷主も対象となる。なお、省エネルギー法によって、エネルギー起源の二酸化炭素排出量を報告する義務が課せられているが、地球温暖化対策推進法は、エネルギー起源以外の温室効果ガスも対象とし、さらに公表制度を設けたという違いがある。地球温暖化対策推進法は、排出量そのものについて規制を課すものではないが、事業者による排出量の算定・把握とその公表によって、自主的な対策が促進されると期待されている。

29. 特許法

発明の保護および利用を図ることにより、発明を奨励し、産業の発達に寄与することを目的とする法律。

特許制度は、特許を受けている発明を対象とし、発明者に一定期間、一定条件で、特許権という排他的・独占的に支配できる権利を与えて発明の保護を図る代わりに、発明を公開して利用を図ることにより、技術の進歩を促し、産業の発達に寄与する制度である。特許制度で保護する発明とは、自然法則を利用した技術的思想の創作のうち高度なもの（特許法第2条）をいい、産業上利用することができる発明であること、新規性、進歩性を有することなど一定の要件を満たす必要がある。特許権は、特許庁に特許出願を行い、審査などの所定の手続きを経て特許原簿に特許権設定の登録がなされてはじめて発生する。

職務発明については、発明の特許は従業員に取得する権利を帰属させる一方で、会社は無償で通常実施権を取得する（特許法35条）とされる。従業員は、「相当の対価」を受ける権利を有するとされるが、「相当の対価」の額を巡っては、訴訟が相次いでおり、会社と従業員の双方が納得できる仕組み作りが求められている。

CSRを進めていくにあたっては、特許侵害を起こさない仕組みを構築することは最低限必要であるが、従業員のモチベーションを維持し、優れた発明に対しては「相当の対価」で応える制度を導入することが望まれている。

30. 著作権法

著作物ならびに実演、レコード、放送および有線放送に関し著作者の権利およびこれに隣接する権利を定め、著作者の権利の保護を図り、文化の発展に寄与することを目的とする法律。

著作物とは、思想または感情を創作的に表現したものであって、文芸、学術、美術または音楽の範囲

に属するものをいい、小説、音楽、美術、映画、コンピュータプログラム等がこれに該当する。著作者は著作権および著作人格権をもつ。著作権は著作物を排他的に利用する独占的権利である。著作人格権は、公表権、氏名表示権、同一性保持権をいい、著作者の人格的利益を保護する権利である。著作隣接権とは、実演家、レコード制作者、放送事業者、有線放送事業者を保護するために認められた権利で、録音権、録画権、放送権、レコード複製権などが該当する。著作権、著作人格権、著作隣接権は、著作物を創作した時点で自動的に発生し、保護期間は原則として著作者の生存年間およびその死後50年間である。企業の日常業務において、著作権をはじめとする他人の知的財産権を侵害しかねない場面は多々あり、コンプライアンスの観点から、従業員への周知徹底が不可欠とされている。

31. 商標法

商標を保護することにより、商標の使用する者の業務上の信用の維持を図り、もって産業の発達に寄与し、あわせて需用者の利益を保護することを目的とする法律。

商標とは、文字、図形、記号もしくは立体的形状もしくはこれらの結合またはこれらと色彩の結合であって、①業として商品を生産し、証明し、又は譲渡する者がその商品に使用するもの（商品商標）、②業として役務を提供し、又は証明するものがその役務について使用をするもの（サービスマーク）をいう（商標法第2条）。

商標権者は、定められた手続きに則って商標を登録することにより、商標権を取得する。商標権は、指定商品・指定役務について登録商標を排他的独占的に使用することができる権利と、第三者が指定商品・指定役務について登録商標に類似する商標を使用した場合、指定商品に類似する商品に登録商標や登録商標に類似する商標を使用した場合、これを禁止することができる権利をいう。商標登録は先願主義をとっており、同じような商標の出願が競合したときは、最も早い出願が優先する。

商標は、企業の商品やサービスのアイデンティティを形や文字で表すものである。商標権については、侵害をすることを防ぐこと、受けることを防ぐことの両面から対策を講じることが必要である。

G 関連機関

1. 国際連合 – United Nations

第二次世界大戦後、1945年10月に発足した国際連合憲章の下に設立された国際機構。当初の加盟国は51ヵ国であったが、現在の加盟国数は192ヵ国（2006年6月末現在）。国連の重要な目的は以下の4つ。

・全世界の平和を守ること
・各国の間に友好関係を作り上げること
・貧しい人々の生活条件を向上させ、飢えと病気と読み書きのできない状態を克服し、お互いの権利と自由の尊重を働きかけるように、共同で努力すること
・各国がこれらの目的を達成するのを助けるための話し合いの場となること

国連はCSRの分野においても、1999年にアナン国連事務総長が提唱した「グローバル・コンパクト」により、リーダーシップを発揮している。

グローバル・コンパクトは、

・企業に責任ある企業市民として向上することを求め、
・それによってグローバル化によって生じた課題の解決を担い、
・持続可能かつ包括的なグローバル経済を実現することを目指すものである。

現在、世界各国・地域から3,000以上（2006年8月現在）の企業、国際労働団体、市民社会の組織がグローバル・コンパクトに参加している。

関連情報
国際連合HP（英語）：http://www.un.org/
国連広報センター・東京HP：http://www.unic.or.jp/

2. 国際標準化機構（ISO）
– International Organization for Standardization

各国の代表的標準化機関からなる国際標準化機関であり、工業分野（電気および電子技術分野を除く）の国際的な標準規格を策定する民間の非営利団

体。本部はスイス・ジュネーブ。電気および電子技術分野の標準規格は、国際電気標準会議（International Electrotechnical Commission /IEC）によって策定される。

　国際標準とは、製品の品質、性能、安全性、寸法、試験方法などに関する国際的な取決めであり、グローバルな経済活動が一般化するなかで、円滑な取引を行うために共通の基準が求められる。また、技術内容が国際的に共有され、普及することにも貢献している。代表的なものとして、「ISO9000シリーズ（品質関係）」「ISO14000シリーズ（環境関係）」などがある。

　CSRに関しては、2001年4月のISO理事会において、消費者政策委員会（COPOLCO）にて企業社会責任に関する国際標準規格の必要性、実現可能性につき調査・検討することを決議されて以降、検討が進められており、2009年に「SR＝社会的責任※」に関する国際規格ISO26000として発行される予定である。
※対象を企業に限定しないことから「SR＝Social Responsibility」としている。

関連情報
国際標準化機構（ISO）HP：
　　　　http://www.iso.org/iso/en/ISOOnline.frontpage

3. 日本規格協会—Japanese Standards Association

　1945年に設立された「工業標準化及び規格統一に関する普及並びに啓発等を図り、技術の向上、生産の能率化に貢献すること」を目的とした経済産業省産業技術環境局所管の公益法人。1．調査・研究・開発事業、2．教育研修事業、3．JIS規格等普及事業、4．国際標準化協力事業、5．審査登録等事業、6．JISマーク公示検査事業、の6つの事業を行っており、国際標準化機構（ISO）に参加する日本を代表する唯一の標準化機関となっている。SR（社会的責任）に関する国際規格ISO26000の策定に関しても、主導的な役割を果たしている。

関連情報
日本規格協会HP：http://www.jsa.or.jp/

4. 米国規格協会（ANSI）—American National Standards Institute

　1918年に設立された米国内における工業製品の規格を策定する団体。数多くの学術団体や米国材料試験協会（ASTM）等の工業会が作成する各々の分野の規格は、ANSIが承認することにより国家規格として登録される。日本における日本規格協会にあたる標準化組織である。

　また、ここで定められた規格であることを示すためにANSIが使われ、例えば、安全標識・警告ラベルに関する規格では「ANSI Z535」と表示される。アメリカの国内規格ではあるが、ISO等の規格に先だって作成されることも多く、ANSI規格がISO規格となることも多い。

関連情報
米国規格協会HP：http://web.ansi.org/

5. BSR—Business for Social Responsibility

　倫理的価値、人権、地域社会や環境に配慮しつつ、事業を行う会員企業を支援する国際的な非営利団体。

　事業の経済的な成功と社会的責任を果たすことの両立を目指す約50社の中小企業からなる団体として1992年に米国で設立された（本部：米国カリフォルニア州サンフランシスコ）。

　現在では、企業活動の社会的影響に対する消費者や投資家の関心の高まりに伴い、大企業の参加もあり、会員数は87社（2005年4月現在）へと拡大している。BSRでは、全世界の主要紙の中からCSRに関する記事をまとめて発行する「News Monitor」などの会員企業向けサービスも提供している。

関連情報
BSR HP：http://www.bsr.org/

6. 経済同友会—Japan Association of Corporate Executives

　1946年に設立され、企業経営者が個人の資格で参加し、国内外の経済社会、国民生活の諸問題について、一企業や特定業界の利害にとらわれない立場から議論・調査・研究・提言を行う団体。日本経団連、日本商工会議所と並ぶ、「経済三団体」の1つ。

　設立以来、「企業と社会との関係」について一貫して取り組んでおり、CSRに関しても、積極的な提言や調査を実施している。2003年に発表された第

15回企業白書「市場の進化と社会的責任経営」は、新たな企業評価基準を提唱し、企業の社会的責任とコーポレートガバナンスに関する110項目から構成されている。

また、CSR に対する企業の関心が一気に高まった2003年と2006年の2度にわたり実施された「日本企業のCSR」のレポートは、日本企業のCSR活動の実態を把握する為の貴重な資料といえる。

・2006年05月：「日本企業のCSR：進捗と展望－自己評価レポート2006」
・2006年03月：「第2回 企業の社会的責任（CSR）に関する経営者意識調査」
・2004年01月：「日本企業のCSR：現状と課題－自己評価レポート2003」
・2003年03月：第15回企業白書「市場の進化と社会的責任経営」

関連情報
経済同友会HP：http://www.doyukai.or.jp/

7. 日本経済団体連合会（日本経団連）
－Japan Business Federation

2002年5月に旧経団連（社団法人経済団体連合会）と日経連（日本経営者団体連盟）が統合して発足した総合経済団体。経済同友会、日本商工会議所と並ぶ、「経済三団体」の1つ。略称は「日本経団連」。会員数は1,658社・団体等にのぼり、わが国の代表的な企業、団体等により構成されている（2006年5月24日現在）。

「民主導・民自律型の経済社会」の実現に向け、企業の付加価値創造力の向上、その活動を支える個人や地域の活力の向上を促し、我が国経済ならびに世界経済の発展を促進することを使命としている。

この使命を実現するために、経済界が直面する課題について、経済界の意見を取りまとめるとともに、政治、行政、労働組合等との対話、働きかけを行っている。コンプライアンス、CSRに関しても積極的な提言、情報提供を続けており、会員企業に対し「企業行動憲章」の遵守を働きかけるとともに、「企業の社会的責任（CSR）推進にあたっての基本的考え方」（2004年2月）や「CSR推進ツール」（2005年9月）を発信するなど、企業のCSR取組の後押しを行っている。

1991年9月：「経団連企業行動憲章」制定
1996年12月：同憲章改定（第1回改定）
2002年10月：「企業行動憲章」へ改定（第2回改定）
2004年2月：「企業の社会的責任（CSR）推進にあたっての基本的な考え方」を発表
2004年5月：同憲章改定（第3回改定）
2005年9月：経団連社会的責任経営部会の成果として「CSR推進ツール」完成
2005年10月：「CSRに関するアンケート調査結果」を発表

関連情報
日本経団連HP：http://www.keidanren.or.jp/indexj.html

8. 海外事業活動関連協議会（CBCC）
－Council for Better Corporate Citizenship

1980年代後半に対米直接投資が急増するなかで、投資摩擦を回避するため対米投資関連協議会を発展的に解消する形で、1989年に経団連のイニシアチブにより設立された団体。日系企業が進出先社会から「良き企業市民」として受け入れられるよう、地域社会、従業員をはじめ、企業を取り巻く様々なステークホルダーと良好な関係を築くための支援活動を行っている。具体的な活動は以下のとおり。

・国際基準・規格の策定プロセスにも参加し、我が国企業の視点から働きかけ
・各国固有の歴史、文化、宗教、政治体制、経済発展段階の状況に応じた日本企業地域貢献活動の支援
・セミナー・シンポジウムの開催、「CSRニュース」の発行などの情報提供

「CSRニュース」は、BSRが発行する「News Monitor」の中から、特に我が国企業の関心が高いと思われる記事を抜粋・翻訳したものであり、CBCCとBSRは提携関係にある。

関連情報
海外事業活動関連協議会HP：
http://www.keidanren.or.jp/CBCC/

9. COPOLCO（消費者政策委員会）
－Committee on Consumer Policy（COPOLCO）

1978年に国際標準化機構（ISO）理事会の下に設置された機関であり、ISOの規格化作業が消費者の立場において利益になるものかどうかについて検討する役割を担っている。

特に消費者と国際標準化の両方に優先的な利益となる項目や分野については、優先課題ワーキンググループが設置される。

CSRに関しては、2001年のISO理事会において、COPOLCOにて企業社会責任に関する国際標準規格の必要性、実現可能性につき調査・検討することが決議された。この決議を受けて、「企業の社会的責任規格ソリューションフォーラム」がCOPOLCO優先課題ワーキンググループの1つである「グローバル市場における消費者保護ワーキンググループ（"Consumer Protection in Global Market" Working Group）」に任され、同ワーキンググループにおいて検討が開始された。

2002年5月に同ワーキンググループが「ISO企業の社会的責任規格の必要性と実現可能性」報告書（The Desirability and Feasibility of ISO CSR Standards）を提出し、そのなかでCSR規格を新たに策定することを提案した。

10. SAI—Social Accountability International

企業が労働環境に関する責任を果たすことを規定した国際労働規格である「SA8000（Social Accountability 8000）」を策定する過程において、企業、労働組合、大学、人権擁護団体、各種専門家等の代表者により作られた非営利法人。自らを「非政府の国際的な多様な利害関係者により構成された組織（a non-governmental, international, multi-stakeholder organization）」と定義している。

自らが策定した規格であるSA8000を通して、企業に対し、児童労働や強制労働の禁止など労働環境の改善を求めている。

SAIの前身であるCouncil on Economic Priorities Accreditation Agency（CEPAA）は、米国のCouncil on Economic Priorities（CEP）の下部組織であったが、CEPAAは2000年にCEPから独立し、Social Accountability International（SAI）と改称した（本部はニューヨーク）。

関連情報
SAI HP：http://www.sa-intl.org/

11. 米国証券取引委員会（SEC）
—U.S. Securities and Exchange Commission

1934年に設立された連邦政府機関であり、米国の証券取引の健全性維持を目的として設立された証券取引監督機関。5人の委員は、上院の承認を得て大統領に任命されるが、連邦政府からの一定の独立性が保たれている。

日本では、証券取引等監視委員会がSECに類似した機能を有する組織となるが、SECには民事制裁金の請求などの強力な権限が与えられている点が異なる。CSRの1つの大きな柱となるコーポレート・ガバナンスの分野においても、SECはその根幹を支える重要な役割を担ってきたが、サーベインズ・オクスレー法（SOX法）の制定と同時に、SECは多くの新規則を導入し、上場企業のガバナンス、内部統制強化に対して、より一層主導的な役割を果たしてきている。

関連情報
米国証券取引委員会HP：http://www.sec.gov/

12. トレッドウェイ委員会組織委員会（COSO）

1980年代前半、米国で社会的問題に発展していた企業の粉飾決算や経営破綻等に対処するため、米国公認会計士協会（AICPA）が、米国会計学会（AAA）、米国財務担当役員協会（FEI）、米国内部監査人協会（IIA）、米国会計人協会（NAA）に働きかけた結果、1985年に産学官共同の研究組織として「不正な財務報告に関する国家委員会（The National Commission on Fraudulent Financial Reporting）」が設けられた。委員長であったJ.C.Treadway, Jr.の名前から一般に「トレッドウェイ委員会」と呼ばれる。トレッドウェイ委員会は、1987年に「Report of the National Commission on Fraudulent Financial Reporting」（いわゆる「トレッドウェイ委員会報告書」）を公表し、多岐にわたって不正な財務報告を防止・発見するためのフレームワークとその方策について勧告を行った。トレッドウェイ委員会自体はこの報告書の公表をもって活動を終えたため、この勧告を受けて内部統制のフレームワークを提示するために組織化されたのが、トレッドウェイ委員会組織委員会（the Committee of Sponsoring Organizations of Treadway Commission/COSO）である。その後、COSO は内部統制の考え方に大きな影響を与えることになる「Internal Control －Integrated Framework」（内部統制－統合的枠組み）という報告書（いわゆる「COSO レポート」）を1992年に公表し、以降の内部統制システムのモデルに関するデファクトスタンダードとして、国際的に広く認められている。

なお、2004年には、「COSO レポート」を包含・発展させる形で、「ERM（Enterprise Risk Management）の統合的枠組み」と題するレポート（いわゆる「COSO レポートⅡ」）がリリースされている。

13. 世界銀行 —World Bank

加盟途上国への経済成長を目的とした融資を行う国際連合の専門機関。本部は米国・ワシントンD.C.。加盟国は184カ国。

第二次世界大戦末期の1944年、連合国代表が米国ニューハンプシャー州ブレトン・ウッズに集まり、戦後の世界経済の安定と復興について協議した「ブレトン・ウッズ会議」において、国際復興開発銀行（the International Bank for Reconstruction and Development/IBRD）と国際通貨基金（IMF）を創設する協定が起草され、IBRD は1945年に設立された。一般的には1960年に設立された国際開発協会（International Development Association/IDA）と併せて世界銀行とよぶ。

また、姉妹機関である国際金融公社（International Finance Corporation/IFC）、多数国間投資保証機関（Multilateral Investment Guarantee Agency/MIGA）、国際投資紛争解決センター（International Center for Settlement of Investment Disputes/ICSID）を併せて世界銀行グループとよぶ。

融資の対象は多岐にわたるが、政府の職員の資産公開から、裁判官の研修、ジャーナリスト向けの調査報道研修まで汚職・腐敗防止に関するプログラム等の提供も行っている。

【関連情報】
世界銀行東京事務所HP：http://www.worldbank.or.jp/

14. 経済協力開発機構（OECD）
—Organization for Economic Co-operation and Development

先進国間の自由な意見交換・情報交換を通じて、以下の3つの目的を果たすことを目指す国際機関（本部：フランス・パリ）。

1）経済成長：出来る限りの経済成長、雇用の増大、生活水準の向上を図ること
2）貿易自由化：多目的かつ無差別な世界貿易の拡大に寄与すること
3）途上国支援：経済発展途上にある諸地域の経済の健全な拡大に寄与すること

第二次世界大戦後、米国のマーシャル国務長官が提案した欧州復興計画「マーシャルプラン」の発表を契機として、1948年に欧州16カ国で OEEC（欧州経済協力機構：Organization for European Economic Co-operation）が発足した。その後、欧州経済の復興に伴い1961年に米国、カナダが加わり、発展的に改組され、OECD が創立された。我が国は1964年に加盟。現在の加盟国は30カ国（2006年8月現在）。

【関連情報】
OECD 東京センターHP：http://www.oecdtokyo.org/index.htm

15. 持続可能な発展のための世界経済人会議（WBCSD）

持続可能な地球社会の発展に向けて産業界として貢献することを目的とする組織であり、30カ国以上の約180社の企業トップで構成されている。日本からは27社が参加。

WBCSD は、「経済成長」「環境的なバランス」「社会の進歩」を通じて「持続可能な発展」を目指すとしており、ミッション（使命）を次のように表明している。

「持続可能な発展に向けての変化を起こす触媒としてのビジネス・リーダーシップを提供するとともに、持続可能な発展についての課題が増大する世界において、ビジネスが社会に受け入れられ、革新を図り、成長することをサポートする」

WBCSD は、1992年のリオ地球サミットにおいて、持続可能な発展について産業界の考え方を提供することを目的として設立された BCSD（持続可能な発展のための経済人会議）を前身としている。1995年、

国際商工会議所のWICE（世界産業環境協議会）と合併し、WBCSDとなった。これまでに、ISO（国際標準化機構）に対して環境マネジメントシステムに関する国際規格の検討を要請したり、環境効率性の概念を提唱しその普及活動を行うなどの活動を行っている。

関連情報
WBCSD HP（英文）：http://www.wbcsd.org/

16. 国連環境計画（UNEP）

環境に関する活動の総合的な調整を行うとともに、新たな問題に対しての国際的な協力を推進することを目的とした国連の機関。

1972年6月、ストックホルムで開催された国連人間環境会議において採択された「人間環境宣言」および「環境国際行動計画」を実施に移すための機関として、同年の国連総会決議に基づき設立された。

本部をナイロビにおき、6つの地域事務所がある。オゾン層保護、気候変動、有害廃棄物、海洋環境保護、水質保全、土壌の劣化の阻止、森林問題等の環境分野を対象として国連活動・国際協力活動を行う。国連環境計画は、多くの国際環境条約の交渉を主催し、成立させてきた。ワシントン条約、オゾン層保護に関するウィーン条約、バーゼル条約、生物多様性条約などの環境に関する条約の事務局にも指定されている。UNEPの技術産業経済局では、産業界と共同して環境取組みを推進するため、業界別に組織化を進めている。現在、金融、旅行、通信、自動車、広告、建設、鉱業の分野において、UNEPと産業界の共同組織（イニシアチブ）が設立されている。

17. 国際労働機関（ILO）

世界の労働者の労働条件と生活水準の改善を目的とする国際機関。毎年開催される国際労働総会において、国際労働基準を設定する条約や勧告を採択している。1919年に、ベルサイユ条約により国際連盟とともに設立された。1946年には国際連合と協定を結び、国際連合の専門機関として活動している。2006年7月現在、179カ国が加盟。ILOの特徴として、政府、労働者、使用者の三者構成をとっていることが挙げられる。国際労働総会には、各加盟国が政府2名、労働者1名、使用者1名の代表を送り、代表はそれぞれ独立して発言・投票を行う。

主なILO条約として、強制労働条約（1930年）、結社の自由及び団結権保護条約（1948年）、団結権及び団体交渉権条約（1949年）、同一報酬条約（1951年）、強制労働廃止条約（1957年）、差別待遇（雇用及び職業）条約（1958年）、最低年齢条約（1973年）、最悪の形態の児童労働条約（1999年）などがある。1998年の総会で採択された「労働における基本的原則及び権利に関する宣言」では、結社の自由と団体交渉権の尊重を確認するとともに、強制労働の禁止、児童労働の廃絶、雇用・職業における差別の排除に向けた活動を加盟国に求めている。

18. CSRヨーロッパ －CSR Europe

「社会的な排斥行動に反対する産業界の欧州声明（European declaration of businesses against social exclusion）」を契機に1995年に設立された、欧州産業界の非営利組織であり、企業が収益性と社会性を両立させて持続可能な発展を成し遂げるための支援を行うことを目的としている。

2005年7月現在、60を超える多国籍企業が会員となっている。CSRヨーロッパはその活動の目標として、以下の3つを掲げている。

1. 企業がCSR活動を日々のビジネス活動に統合していくための援助を行うこと。
2. ビジネスマネージャーに対して、教育、ベンチマーク、能力開発の機会を提供すること。
3. 産業界、EUの政策決定者、政府機関、投資家、市民活動家等との広範囲にわたるステークホルダーダイアログを活性化させること。

各種会議の開催、CSRに関する調査・報告、情報提供などを行っており、「ヨーロピアン・アカデミー（European Academy of Business in Society）」もその1つである。このアカデミーは、企業・ビジネススクール・大学が連携してCSRの教育・研究を行うプロジェクトである。

関連情報
CSRヨーロッパHP：http://www.csreurope.org/

H 環境

1. 地球環境問題

人類の将来にとって大きな脅威となる、地球的規模あるいは地球的視野に立った環境問題。具体的には、①地球温暖化（「温室効果ガスと地球温暖化」参照）、②オゾン層の破壊（フロンなどで成層圏のオゾン層が破壊され白内障・皮膚ガンなどが増加）、③熱帯林の減少（先進国向けの木材輸出や途上国の人口増加により熱帯林が減少）、④開発途上国の公害、⑤酸性雨（工場や自動車から排出される二酸化硫黄や窒素酸化物を原因とする酸性の雨）、⑥砂漠化（草原が小雨や地球温暖化のため砂漠化）、⑦生物多様性の減少（詳細は別途記載）、⑧海洋汚染、⑨有害廃棄物の越境移動（有害廃棄物の先進国から途上国への越境移動）、の9つの問題が主に認識され、かつ取り組まれてきているが、厳密な定義がなされているものではない。

従来問題となっていた大気汚染や水質汚染などの公害問題は、加害者（原因者）と被害者の因果関係が比較的明らかであり、かつ地域的な問題であったが、これに対し地球環境問題は、例えば地球温暖化などのように、誰もが加害者（原因者）や被害者になる可能性があり、かつ地球的規模の国際問題であることが特徴的である。

2. ゼロエミッション—Zero Emission

国連大学が、リオサミットのアジェンダ21を受けて、1994年に循環型社会実現のために提唱した概念。

国連大学は「ゼロエミッションのコンセプトには製品生産もしくはほかの産業の加工過程において、価値ある投入資源として変換された廃棄物などのすべての投入が含まれる。これにより各産業は、それぞれの廃棄物や副産物がほかの需要に見合うがゆえに、排出ゼロを実現し得る完全な組み合わせをもったクラスターとして再編成することができる」としている。ゼロエミッションは、厳密に定義された概念ではなかったため、環境マネジメントシステムを導入した製造業が「ごみゼロ」など独自にゼロエミッションを定義し、取組みを進めている。また、工業団地全体での取組み、地方公共団体がリサイクル事業者を集めたエコタウン事業などが進められている。

今後は、排出物の有効利用といった川下の取組みから、排出物を出さないような製品と製造工程の設計、排出後にほかの産業が原材料として購入できるような素材の選定といった、川上の取組みが求められている。

3. 京都議定書（京都メカニズム）

先進国の温室効果ガス排出の削減目標を設定するとともに、国際的に協調して目標を達成するための仕組み（京都メカニズム）を定めたもの。

1997年12月、京都で開催された気候変動枠組条約第3回締約国会議（COP3）において採択された。本議定書は、55カ国以上が批准し、批准した締約国の1990年における CO_2 の排出量合計が、締約国全体の55％以上を占めた日より90日後に発効するとされていたが、ロシアの批准によって、2005年2月に発効した。日本は2002年6月に批准している。

京都議定書は、1994年に発効した気候変動枠組条約の目的を達成するために策定され、先進国に対し、2008〜2012年の第一約束期間における温室効果ガスの排出削減目標を定めている。日本は1990年比で6％の削減目標が課された。また、削減目標を国際的に協調して達成するため、排出量取引、共同実施（JI）、クリーン開発メカニズム（CDM）の仕組み、いわゆる京都メカニズムを導入した。

なお、CO_2 の最大排出国である米国は、経済への悪影響と途上国の不参加等を理由に本議定書を批准していない（2006年10月時点）。京都議定書の発効により、今後も温室効果ガスの排出に対する規制が強化されることが予想され、企業はこれまで以上に取組みが求められる可能性がある。

4. CDP（カーボン・ディスクロージャー・プロジェクト）

世界の155機関投資家（運用資産約2,300兆円）が、企業の地球温暖化対策の遅れを投資リスクとして捉え、世界のトップ500企業に対して地球温暖化対策に関する情報開示を求めることにより、その対策の促進を図る取組み。

これまで、2002年、2003年、2005年と3回の調査を実施している。FT500企業（英フィナンシャル・タイムズ紙による世界企業ランキング上位500社）に対して調査が行われた2005年の結果は、報告書「On Behalf of 155 investors with assets of $21 trillion」(155投資家〈資産総額21兆ドル〉を代表して）として取りまとめられWeb上に公開されている。同報告書によれば、地球温暖化をリスクやビジネスチャンスとして捉えるなど企業の認識は高まっているが、排出データの質や排出量削減プログラムの推進などの取組み面では未だ十分ではなく、認識と行動のギャップが見られると分析している。

2006年も対象企業を広げて調査が行われており、今後は毎年実施される予定である。機関投資家が、これらの情報を投資判断に反映させる動きも顕在化してきている。我が国でも、銀行・証券・損保など数社が署名機関投資家として名を連ねている。

関連情報

カーボン・ディスクロージャー・プロジェクトHP（英文）:
http://www.cdproject.net/

5. 環境経営

企業が環境に対して消極的な対策をとるのではなく、経営そのものの中に積極的に環境配慮を織り込み事業活動を展開していくことを意味している。

企業が環境経営を展開すれば、その結果、省資源・省エネルギー・廃棄物削減によるコストダウン、企業イメージの向上、取引先からの信頼の獲得や新規市場の開拓、環境リスクの未然防止など、企業にとっても様々なメリットが期待できる。環境経営においては、環境マネジメントシステムの導入、環境配慮型製品・サービスの提供、製造工程のグリーン化、資源や部品のグリーン調達、環境に関する社会貢献活動などの取組みが進められている。消費者や投資家も消費や投資をグリーン化しつつあることなどを背景に、企業にとっては「環境」という新しい評価基準が競争条件として出現しつつあるといえる。この、いわゆる「環境淘汰」に生き残っていくためにも、例えば環境報告書の発行など環境コミュニケーションの重要性が高まってきているといえる。

環境経営は、当然の事ながらCSRの実践においても必須の要件となる。

6. 環境マネジメントシステム

企業等の組織が環境配慮を確実に進展させるうえで基盤となるシステム（仕組み）のことで、国際規格のISO14001や環境省が同規格の簡易版として中小企業向けに策定したエコアクション21などがある。

環境マネジメントシステムは、EMS（Environmental Management System）ともいわれ、ISO14001では「全体的なマネジメントシステムの一部で、環境方針を作成し、実施し、達成し、見直しかつ維持するための、組織の体制、計画活動、責任、慣行、手順、プロセス及び資源を含むもの」と定義されている。中小企業向けの簡易版の環境マネジメントシステムとしては、エコアクション21以外にもKES（京のアジェンダ21フォーラムが策定）やエコステージ（有限責任中間法人エコステージ協会が策定）などがある。これらのマネジメントシステムの詳細はそれぞれ多少異なるものの、基本的には環境方針および目的を定め、その実現のための計画（Plan）を立て、それを実施および運用（Do）し、その結果を点検および是正（Check）し、さらに次のステップを目指した見直し（Act）を行うというPDCAサイクルを確立することは共通している。

7. 環境コミュニケーション

環境に関する情報を、積極的に外部に公開し、ステークホルダーと相互コミュニケーションを図ることを意味しているが、厳密な定義はない。

環境問題は、様々なステークホルダーに影響を及ぼすことから、企業等の組織は、積極的な、かつ双方向の環境コミュニケーションが求められてきている。例えば、ISO14001環境マネジメントシステムでは、環境方針の公表やステークホルダーとのコミュニケーション手順の整備が要求されている。さらに最近は、環境報告書やCSR報告書などを自主的に発行したり、自社のホームページ上に環境取組みに関する情報を積極的に開示する傾向にある。また特に有害化学物質については、漏洩や爆発があると周辺住民に甚大な被害をもたらすことから、企業のリスクコミュニケーションの一環として、有害化学物質の使用量や貯蔵量などを公表したり、工場などでは、周辺住民に対して自工場の環境取組みについて説明する機会を定期的に設けているケースもある。

金融機関における環境コミュニケーションも進展しつつあり、ISO14001環境マネジメントシステムの認証を取得した金融機関を中心に、環境報告書やCSR報告書などを発行したり、自社のホームページ上に環境取組みに関する情報を積極的に開示する事例が増えている。ただし、一方的な情報開示にとどまっていることも多く、双方向のコミュニケーションを進展させる必要性も指摘されている。

8. 環境会計ガイドライン（環境省）

環境保全のコストと効果を把握する環境会計について、環境省が策定したガイドライン。最新版は「環境会計ガイドライン2005年度版」である。

同ガイドラインでは、環境会計について「企業等が、持続可能な発展を目指して、社会との良好な関係を保ちつつ、環境保全への取組みを効率的かつ効果的に推進していくことを目的として、事業活動における環境保全のためのコストとその活動により得られた効果を認識し、可能な限り定量的（貨幣単位又は物量単位）に測定し伝達する仕組み」と定義している。なお、環境会計の機能は、内部機能（企業等の環境情報システムの一環として、環境保全コストの管理やその効果の分析を可能にし、適切な経営判断を通じて環境保全への取組みを促す機能）と外部機能（企業等の環境保全の取組み結果を定量的に開示することによって、ステークホルダーの意思決定に影響を与える機能）に分けられる。環境会計の構成要素は、「環境保全コスト（貨幣単位）」、「環境保全効果（物量単位）」、および「環境保全対策に伴う経済効果（貨幣単位）」である。金融機関においても環境会計、さらにCSR会計に取り組んでいる事例も散見され、その概要は環境報告書やCSR報告書に公開されている。

9. 環境パフォーマンス指標（環境省）

環境パフォーマンスを把握・評価する手法について、環境省が策定したガイドライン。最新版は「事業者の環境パフォーマンス指標ガイドライン－2002年度版－」である。

企業等の組織が、事業活動についての環境配慮を進めていくにあたっては、自らが発生させている環境への負荷やそれに係る対策の成果（環境パフォーマンス）を的確に把握し、評価していくことが重要である。「環境パフォーマンス指標ガイドライン」は、この環境パフォーマンスを的確に把握、評価する手法を提供するものである。企業等の組織が、環境保全上適切な環境パフォーマンス指標を選択できてはじめて、実際に意義のある環境保全活動を行うことが可能となる。さらに、環境パフォーマンス指標は、環境報告書やCSR報告書等に盛り込まれることにより、ステークホルダーに対して環境情報を提供するという意義もある。金融機関においても、自らの組織の環境パフォーマンスを把握・評価し、その結果を環境報告書やCSR報告書等に記載する過程や、SRI（社会的責任投資）のほかの投融資で当該企業を評価する過程などにおいて、本ガイドラインの活用が想定される。

10. 環境報告書ガイドライン（環境省）

環境報告書に記載する内容等について、環境省が策定したガイドライン。2006年10月時点での最新版は「環境報告書ガイドライン（2003年度版）」である。

環境報告書とは、企業等の組織が、経営責任者の緒言、環境保全に関する方針・目標・計画、環境マネジメントの組織体制、法規制の遵守状況、環境保全技術の開発や環境負荷の低減に向けた取組みの状況（二酸化炭素排出量の削減、廃棄物の排出抑制等）等について取りまとめ、一般に公表するものである。環境報告書を作成・公表することにより、ステークホルダーとの環境コミュニケーションが促進され、企業等の組織の環境保全に向けた取組みの自主的改善とともに、社会からの信頼を勝ち得ていくことに大いに役立つと考えられる。また、企業等の組織は環境に関する情報を公開していく社会的責務があるとの考え方も広まりつつある。本ガイドラインでは、サステナビリティ（持続可能性）報告書、社会・環境報告書、およびCSR報告書も、「環境報告書」に含まれている。なお環境報告書の公表媒体として従来は冊子等の印刷物が主流であったが、最近ではウェブやコンパクト・ディスク等様々な媒体がある。金融機関においても、環境報告書やCSR報告書等を作成する過程において、本ガイドラインの活用が想定される。

11. PRTR制度 —Pollutant Release and Transfer Register

行政、事業者、市民、NPOなどの関わりのもとに、潜在的なハザード（有害性）を有する化学物質の環境媒体（水・大気・土壌）への排出・移動量などのデータを公表することにより、事業者による自主的な化学物質のリスク管理を進めるための制度。

日本においては、「特定化学物質の環境への排出量の把握等及び管理の改善の促進に関する法律」（化学物質排出把握管理促進法）の中で1999年に制定され、指定化学物質等に関する情報提供を義務づける化学物質等安全データシート（MSDS）制度とともに導入された。

対象となる事業者は、製造業、電力、廃棄物処理業等の対象業種で、常用雇用者が21人以上であり、対象物質（第一種指定化学物質）の年間取扱量が1トン以上（発ガン性物質は0.5トン以上）である事業所等を有するものである。対象事業者は、対象物質の排出量および廃棄物としての移動量を把握し、物質ごと、事業所ごと、年度ごとに、事業所所在地の都道府県経由で主務官庁に届け出る義務がある。これらのデータは集計されて公表され、また個別の事業所のデータも開示請求することができる。

事業者は、これらのデータを行政や地域住民と共有し、リスクコミュニケーションを行っていくことが望まれている。

12. 環境アセスメント
—Environmental Impact Assessment

開発事業を実施する際に、環境への影響を事前に調査、予測、評価し、必要な環境保全対策をとれるようにしておくための行政手続きのこと。環境影響評価ともいう。

環境アセスメントは、1969年にアメリカで初めて制度化されて以降、世界各国で制度化が進んだ。日本においては、1984年の閣議決定で行政指導による制度化がなされ、一部の大規模事業に対して実施されるなどしたが、1997年にようやく環境影響評価法（通称：環境アセスメント法）が制定された。法の対象となる事業は、道路、ダム、空港などの13種類の事業である。このうち規模が大きく環境影響を及ぼす恐れがあるものを「第1種事業」、第1種事業に準ずる規模のものを「第2種事業」とし、すべての第1種事業と国等の許認可権者がアセスメントを実施すべきと判断した第2種事業が対象となる。

環境アセスメントは、対象事業を実施する事業者が自ら行うものである。調査、予測、評価、環境保全対策検討の結果をまとめたものに対して、地域住民などの市民、地方公共団体の長、許認可権者、環境大臣の意見を受け、見直す手続きを経て、はじめて事業者は事業を開始することができる。

13. 温室効果ガスと地球温暖化

温室効果ガスとは、太陽からの熱を地球に封じ込め、大気を暖める働きをもつ物質。地球温暖化とは、人間の活動により大気中の温室効果ガスが増加し、地球全体の気温が上昇する現象のこと。

温室効果ガスには様々なものがあるが、温室効果ガスの排出削減目標を設定した京都議定書は、二酸化炭素（CO_2）、メタン（CH_4）、一酸化二窒素（N_2O）、ハイドロフルオロカーボン（HFC）、パーフルオロカーボン（PFC）、六フッ化硫黄（SF_6）の6種類を対象としている。

温室効果ガスの排出は、18世紀の産業革命以降大幅に増加しており、これに伴って、主な温室効果ガスである二酸化炭素の大気中の濃度も増え続けている。温室効果ガスの増加によって、地球の平均気温は20世紀の100年間で0.6度上昇している。地球温暖化により、海水の膨張や氷河などの融解による海面の上昇、気候メカニズムの変化による異常気象の頻発、自然生態系や生活環境への影響が懸念されている。地球温暖化対策として、1992年に気候変動枠組条約が採択された後、2005年には京都議定書が発効し、地球温暖化防止への取組みが地球規模で行われている。国内では地球温暖化対策推進法などにより、国、地方公共団体、事業者、国民が一体となって地球温暖化対策に取り組むこととなっている。

14. 排出量取引 —Emissions Trading

環境汚染物質の排出量削減のため、国や事業者等の排出主体が排出枠を市場で取引する制度。排出削減コストは排出主体によって異なるため、削減コストの安い主体は削減を行い、削減コストの高い主体は削減を行わずに排出枠を購入することとなり、一律に削減義務を課すよりも効率的に目標を達成する

ことができるとされる。排出量取引の例として、京都メカニズムの温室効果ガス排出量取引、アメリカのSOx排出量取引、CO_2を対象としたEU域内排出量取引、イギリスの廃棄物を対象とした排出量取引等がある。排出量取引には、キャップ・アンド・トレード、ベースライン・アンド・クレジットという2つの方式があるとされる。

キャップ・アンド・トレードは、排出主体に対して、環境汚染物質の排出量の上限（キャップ）を定めることにより排出枠を設定し、排出枠の一部の移転を認める方式であり、京都メカニズムの排出量取引がこの方式を採用している。

ベースライン・アンド・クレジットは、環境汚染物質の一定期間における許容排出量の基準（ベースライン）を設定しておき、排出量削減プロジェクトを実施した場合、削減された排出量に対してクレジットを発行し、そのクレジットを取引する方式である。京都メカニズムの共同実施（JI）やクリーン開発メカニズム（CDM）はこの方式に分類されることが多い。

日本国内では環境省が自主参加型の排出量取引制度を運用しているが、本格的な取引市場はまだ成立していない。しかし、排出量取引をビジネスチャンスと捉え、あるいはリスク軽減のために、排出量取引に乗り出す企業が増えている。

15. ヒートアイランド現象と対策 —Heat Island

都市のエネルギー使用の高密度化により、都市の気温が周辺部よりも高くなる現象。等温線を描くと都市の中心部ほど高くなって島状に見えることからこのように呼ばれる。

気象庁は、ヒートアイランドの要因として、人工排熱、土地利用の変化による緑地の減少と人工地表面の増加、建築物の増加による空の見える割合の減少、地表面摩擦の増加を想定し、関東地方の夏季のシミュレーションを行っている。この結果、日中は土地利用の変化によって蒸発熱による冷却が弱くなることの影響が大きく、夜間は建築物によって放射冷却が阻害されることや建築物に蓄積された熱が放出されることの影響が大きいことが明らかとなった。暑さから逃れるためにエアコンがさらに使用されるといった悪循環が生まれていることから、ヒートアイランド現象の緩和が求められている。政府は、2002年にヒートアイランド対策関係府省連絡会議を設置し、2004年にヒートアイランド対策要綱を発表した。また、地方公共団体も、東京都が対策ガイドライン、大阪府、市が対策推進計画、横浜市が対策取組方針を定めるなど、取組みを進めている。

具体的には、省エネルギーによる人工排熱の削減、建築物の緑化の強化、高反射性塗料・保水性建材による建築物の蓄熱の減少、保水性舗装や打ち水による道路の冷却などが進められている。

16. クールビズ・ウォームビズ —COOL BIZ・WARM BIZ

チームマイナス6％のプロジェクトの一環として、2005年に環境省によって提唱されたビジネススタイルのこと。

チームマイナス6％とは、2005年4月、環境省が温室効果ガスの6％の排出削減目標を達成するために提唱した、国民的なプロジェクトである。

クールビズは、夏のエアコン設定温度を28℃に設定することを前提に、オフィスで快適に過ごすための服装等を提案しており、ジャケットとネクタイを着用しないスタイルが一般的である。環境省が公表した2005年のクールビズ実施による成果は、推計で約46万トンの削減となった。この数値は、約100万世帯の1ヵ月分のCO_2排出量に相当する。なお、すべての企業がクールビズを実施すれば、約160〜290万トンのCO_2が削減されると見込まれている。クールビズには、約5,000の団体が参加している（2006年8月現在）。

一方、ウォームビズは、冬のエアコン設定温度を20℃に設定することを前提に、暖かく働きやすい服装等を提案している。外気温7℃の時に、エアコン（2.2kw、1日9時間使用）の暖房設定温度を21℃から20℃に下げた場合、エアコン1台あたりの年間CO_2削減量は約25.7kgとなる。この削減量は、夏の冷房設定温度を27℃から28℃に上げた場合のCO_2削減量の4倍以上になる。ウォームビズには、約2,300の団体が参加している（2006年8月現在）。

クールビズ、ウォームビズともに、企業が積極的に取り組むことにより、CO_2の削減だけでなく、従業員1人ひとりの環境保全への関心を高める効果も

期待できる。

17. ハイブリット自動車 – Hybrid Car

省エネと低公害を実現するため、状況に応じて複数の動力源を同時、または個々に作動させて走行する自動車のこと。

ハイブリッド自動車は、主にガソリンエンジンと電気モーターを搭載しており、特徴としては、排気ガスが少ない、燃費が良い、騒音が少ない等が挙げられる。量産型のハイブリッド自動車の第1号は、1997年末に発売された。

ハイブリッドの技術には、停止時や低速走行中に発電したものをバッテリーに蓄え、加速時にガソリンエンジンで発生した動力に加えて電気モーターの動力を駆動輪に伝えるパラレル方式と、ガソリンエンジンを使用した効率の良い回転数での運転により発電し、これをバッテリーに蓄えて電気モーターのみで駆動するシリーズ方式、この2つの機能を持つシリーズ・パラレル方式等がある。また、ハイブリッド自動車を所有すると、自動車取得税軽減等の優遇措置が受けられる（2006年8月現在）。

日本では自動車のCO_2排出量が全体の約2割を占めており、この削減が課題となっているが、ハイブリッド自動車は、自動車メーカーの環境保全取組みの1つとして位置づけられる。今後、電気自動車や水素を使用した燃料電池車の開発により、さらなる環境負荷低減が実現する可能性がある。

18. 循環型社会

廃棄物等の発生抑制、資源の循環的な利用および適正な処分によって、天然資源の消費を抑制し、環境への負荷ができる限り低減される社会。

日本は、第二次世界大戦後、昭和30年代から高度経済成長期に入り、大量生産、大量消費の時代を迎えた。一般家庭からは、耐久消費財やプラスチック製品などのごみが増えて処理に困難をきたすようになり、事業者からの排出物は、公害を引き起こすなどしたため、1970年に廃棄物処理法が制定され、廃棄物の処理体系が確立した。しかし、その後も廃棄物の量の増大、質の多様化が進み、不適切な処理が増えたため、廃棄物処理法を改正して排出事業者の責任を強化するなどしたが、対処療法的な対応では限界にきていた。

そこで、政府は2000年を「循環型社会元年」と位置づける一方、循環型社会を実現するための基本的な枠組みとして「循環型社会形成推進基本法」を成立させた。この法により廃棄物等でも有用なものは循環的な利用が求められる「循環資源」と位置づけられた。また、処理にあたっては、優先順位が、発生抑制、再使用、再生利用、熱回収、適正処分と定められた。これに伴って、廃棄物処理法と再生資源利用促進法の廃棄物・リサイクル関係の法律が改正され、また建設資材、食品などの個別のリサイクル法が整備されるようになった。

19. 生物多様性 – Biodiversity

自然生態系を構成する生物がいかに多様であるかをあらわす概念で、遺伝子の多様性、種の多様性、生態系の多様性の3つのレベルで捉えられることが多い。同じ生物種でも遺伝的な多様性があり、遺伝子の多様性が高いほど環境の変化があっても生き残りやすいと考えられている。遺伝的な多様性があることによって、育種や医薬品開発のための優れた遺伝子資源がもたらされる。

多様な種が生息できる環境は、人間にとっても安定した穏やかな生活環境をもたらすものである。また、種の多様性は、森林、草原、湿地などの多様な生態系が存在するほど高まることがわかっている。

生物多様性による自然の恵みを「生態系サービス」とよぶが、食料の供給、きれいな水の供給、大気の浄化、自然災害の緩和などのサービスを、人間はほとんど無償で受けている。開発や汚染などによって生物多様性を破壊することは、生態系サービスを減少・劣化させ経済的に大きな影響を与えることから、企業には生物多様性を保全する社会的な責任があると考えられるようになってきている。欧州発のCSRに関するガイドラインにおいて生物多様性が重視されていることが刺激となって、日本においても生物多様性の保全に取り組む企業が増えている。

20. チームマイナス6％

温室効果ガスの6％の排出削減目標を達成するために、環境省が2005年4月に提唱した国民的なプロジェクト。

京都議定書の締結により、日本では大気中の温室効果ガスの排出量を第1約束期間中（2008〜2012年）に、1990年比6％削減することが義務づけられている。同プロジェクトは、幅広い主体が参加し、地球温暖化防止に国民すべてが一丸となって取り組むことが可能な「国民的運動」を推進するためのものである。同プロジェクトの趣旨に賛同する個人、法人、団体（政治団体および宗教法人を除く）すべてに参加資格があり、具体的な活動内容として、6つのアクションが提案されている。

1. 温度調節で減らそう（冷房は28℃、暖房は20℃）
2. 水道の使い方で減らそう（蛇口をこまめにしめる）
3. 自動車の使い方で減らそう（エコドライブ）
4. 商品の選び方で減らそう（エコ製品の購入）
5. 買い物とごみで減らそう（過剰包装を断わる）
6. 電気の使い方で減らそう（コンセントをこまめに抜く）

チームマイナス6％は、約667,000の個人と、約8,000の団体が参加している（2006年8月現在）。企業においても、CSRの取組みの一環として、HP等で積極的に活動報告を公開する傾向にある。

21. 環境配慮商品

環境に与える負荷を少なくするように工夫された商品。消費電力を抑えた家電製品や、燃費効率のよい自動車等、商品の性能改善により環境負荷を低減させた商品だけでなく、原材料の採取から使用後の廃棄に至るまでの商品のライフサイクルを通じて、環境負荷を低減させる商品も含まれる。例として、環境負荷の少ない方法で採取された原材料の使用、製品使用後のリサイクルが容易な設計などが挙げられる。

環境配慮商品には明確な定義はなく、エコ商品認定制度により認定された商品を環境配慮商品として公表しているケースが多くみられる。エコ商品認定制度は、法律による義務づけはなく、GPN（グリーン購入ネットワーク）登録商品、またはエコマーク認定商品を環境配慮商品として公表しているケースや、各企業が独自の判断基準を設定し評価するケースがあり、企業によっては独自の環境ラベルを作成している例もある。企業が自主的に、商品のライフサイクルを通じた環境配慮商品の製造・販売に取り組むことにより、環境保全の一助となるだけでなく、企業イメージの向上やグリーン購入による販売の拡大につながると考えられる。

22. バイオマス — Biomass

生物由来の有機性資源のこと。太陽エネルギーから生物によって生産されるため、再生可能な資源である。石炭などの化石資源は生物由来であるが含まれない。地球温暖化防止のための代替エネルギー源や石油由来でないプラスチック原料として注目されており、技術開発と実用化が進められている。

バイオマスエネルギーは、家畜糞尿、間伐材などの農林水産系廃棄物や下水汚泥、生ごみ、廃油などの廃棄物、トウモロコシなどの作物などが原料となる。そのまま燃やして熱を回収したり、アルコールなどの液体やメタンなどのガスに化学的、生物的に変換して利用したりすることができる。バイオマスエネルギーは、化石燃料と違い二酸化炭素のバランスを崩さないためカーボンニュートラルといわれる。

国内の事例としては、京都市が市民や事業者から回収した廃食用油からバイオディーゼル燃料を製造して、ごみ収集車とバスに使用している取組み、ビール会社が工場廃水の発酵によりメタンガスを製造し燃料電池で発電して工場利用している取組みなどがすでにある。

またバイオプラスチックは、植物でんぷんを原料として製造され、生分解性を有し、すでに容器包装、自動車部品、パソコン部品などで実用化されている。原油価格が高値で安定するほど、バイオマス資源の価格競争力が出て、利用が拡大することが予想される。

23. グリーン調達

国や事業者が製品やサービスを調達する際、環境への負荷が少ない商品を優先的に調達すること。環境への負荷が少ない商品の基準は、リサイクル可能、長期間使用可能、再生原料の使用等が挙げられる。

1990年代、環境保全やリサイクルへの関心が高まり、それまでの大量生産・大量消費・大量廃棄型の社会から、資源やエネルギーを循環して利用する循環型社会へ移行する必要性が認識された。2000年には「循環型社会形成推進基本法」とともに、その個別法として、3R（リデュース、リユース、リサイ

クル）等の供給面の取組みに加え、需要面からの取組みであるグリーン調達を推進することを目的とした、グリーン購入法が制定されている。グリーン購入法は、主に国や地方公共団体等のグリーン調達を定めた法律であるが、事業者および国民に対しても、グリーン調達に努めるという責務を定めている。

グリーン調達の取組みを促進するため、1996年2月に企業・行政・消費者のネットワークの場として、グリーン購入ネットワーク（GPN）が設立された。GPNは、基本原則の制定と普及、ガイドラインの策定、フォーラムやセミナーの開催等、グリーン調達に関する幅広い活動を展開している。各企業も、グリーン調達に対する独自のガイドラインを作成し、結果をCSRレポートで公表する他、CSR調達への発展的展開に取り組む例が増えている。

24. 環境税／環境目的税 —Environmental Tax

経済活動による環境負荷を低減させるために、環境負荷の大きさに応じて汚染原因者（供給者や需要者）に課す税。こうした経済的手法は環境負荷の削減目標を達成するための社会的費用を規制的手法よりも小さくできるとされる。代表的なものとして、地球温暖化防止のため、二酸化炭素の排出量に応じて課す炭素税がある。欧州の一部の国で導入されているが、実際には税だけで削減目標を達成しようとすれば負担が大きくなりすぎることから、省エネルギー、新エネルギー導入のための補助金といったほかの施策と組み合わせて、税率を低く押さえている。日本では環境省が具体案を提言しているが、国民や産業界の賛同を得られていない。

一方で、地方公共団体が法定外目的税として課す環境目的税の導入が進んでいる。このうち、産業廃棄物減量化のための技術開発や施設整備などの財源となる産廃税、消費者のゴミ減量への行動を促すレジ袋税などは、環境負荷低減費用を供給者や需要者に課しており、環境税として機能し得るものである。なお、水源かん養等、森林の公益的機能を保全するための財源となる森林環境税や水源かん養税は、財源を広く受益者に求めるものであり、汚染原因者に課すわけではないため、ここでいう環境税ではない。

25. レスポンシブル・ケア —Responsible Care

化学物質を製造または取扱う企業が、自主的に「環境・安全・健康」を確保し、活動の成果を公表し社会との対話・コミュニケーションを行う活動のこと。1985年にカナダ化学品生産協議会が提唱し、1990年に国際化学工業協会協議会が設立され世界各国に普及した。1992年のリオサミットで採択されたアジェンダ21においても行動計画として推奨された。

日本では、社団法人日本化学工業協会が推進に取り組み、1990年に「環境・安全に関する日本化学工業協会基本方針（レスポンシブル・ケア基本方針）」を策定し、1995年には「日本レスポンシブル・ケア協議会」を設立した。

協議会会員企業は、経営トップが基本方針に沿って実施することを宣誓し、環境保全、保安防災、労働安全衛生、化学品・製品安全、物流安全の5項目を中心にPDCAサイクルに沿って活動を行い、その成果を公表して社会とのコミュニケーションを行なわなければならない。会員企業は、毎年、「実施計画書」「実施報告書」「内部監査証明書」を協議会に提出し、またレスポンシブル・ケア報告書や環境報告書によって活動を情報開示している。

26. 環境ラベル／エコマーク —Ecolabel

製品やサービスの環境性能が、特定の水準を満たしている場合、その情報を購入者に伝達するためのラベル。

ISOは、14020シリーズで環境ラベルについて規定している。環境ラベルに共通して求められる一般原則がISO14020で提示され、検証可能性、判断基準情報の入手可能性などが求められる。ISO14021でタイプ2と呼ばれる環境ラベル、ISO14024でタイプ1、ISO技術報告書14025でタイプ3について述べられている。

タイプ1は第三者認証を必要とするもので、タイプ2は、第三者認証を必要とせず、事業者による自己宣言によるものである。タイプ3では、ライフサイクルアセスメントに基づく環境負荷の定量データが表示され、マークの有無だけではわからない詳細な環境性能がアピールできるが、そのデータの妥当性は購入者が判断しなければならない。

国内で最も知られている環境ラベルは、財団法人

日本環境協会が認定した商品につけることができる「エコマーク」であり、タイプ1である。また、社団法人産業環境管理協会が運用する「エコリーフ環境ラベル」は、タイプ3で、製品の製造・使用・廃棄のライフサイクルの環境負荷が定量的に表示される。タイプ2の環境ラベルは、各事業者が様々なものを作成している。

27. アースデー—Earth Day

4月22日を地球環境問題への関心を高め、地球のために行動する日として、米国市民が提唱した。

アースデーは、代表や規則がなく、民族・国籍・宗派等を超えて、地球の環境保全に対する意思表示をするものである。1970年、ウィスコンシン州選出のゲイロード・ネルソン上院議員が、市民の環境問題や環境保全への関心を高めるため、4月22日を"アースデー"であると宣言した。当時スタンフォード大学の全米学生自治会長であったデニス・ヘイズ氏が全米への呼びかけを行い、1970年のアースデーは、2,000万人以上が地球への関心を表現するという、アメリカ史上最大規模のイベントとなった。アースデーにより、環境問題への人々の関心が高まり、環境保護庁の設置や環境法（大気浄化法、水質浄化法、他）の整備が行われた。

日本のアースデーへの参加は、1990年に始まる。カリフォルニアからの呼びかけにより、全国200カ所、1,000を超えるグループが参加した。1990年のアースデーは、世界141の国や地域で2億人が参加する一大イベントとなった。アースデーのような草の根の活動によって、今後も環境保全に向けた動きが地球規模で広まっていくことが考えられる。

28. モーダルシフト

貨物を輸送する際、環境保全を考慮して、環境負荷の小さい輸送手段への切替えを推進すること。通常、幹線貨物輸送をトラックから大量輸送機関である鉄道・海運へ転換し、トラックとの複合一貫輸送の実施を推進することをいう。

複合一貫輸送とは、ドア・ツー・ドアの輸送ルートを、鉄道、海運の大量性、低廉性という特性と、トラックの各戸口まで輸送を行う機能とを組み合わせて完結するもので、輸送の効率化、低廉化を図る一貫輸送方式である。

トラック輸送は、荷主にとって利便性が高く、高速道路網を中心とした道路整備の進展により、近距離輸送だけでなく、中長距離幹線輸送においてもトラック輸送を中心とした物流体系が形成されてきた。しかし、トラックで大量の貨物を中長距離輸送する場合、鉄道・海運と比べ、二酸化炭素排出量が大きく、労働者も多く必要となるなどの問題があった。

モーダルシフトは、1．大量輸送によるエネルギーの節減、2．複合一貫輸送による二酸化炭素、窒素酸化物の排出抑制、3．トラック台数削減による道路交通渋滞・騒音の低減、4．少子高齢化による労働力不足の緩和、等の利点がある。問題点としては、鉄道、船舶を利用することにより駅や港での荷の積み替えが必要となり、時間とコストがかかることが懸念されていた。しかし、現在では貨車とトラックの両方がISOコンテナに対応することにより、コンテナの積み替えのみの作業となっており、時間とコストが大幅に低減した。現在、環境保全対策としてモーダルシフトを推進し、CSR報告書等でその内容を開示する企業が増えている。

29. 3R（リデュース、リユース、リサイクル）

3Rとは、Reduce（リデュース）、Reuse（リユース）、Recycle（リサイクル）の3つの頭文字をとった略称であり、廃棄物の量を可能な限り削減するための基本的な考え方。リデュースは、ごみの発生を抑制すること。リユースは、ごみを廃棄せずに再び使用すること。リサイクルは、ごみを再加工するなどして再利用することである。

資源消費や環境負荷の少ない「循環型社会」の構築を促すことを目的として2000年に制定された「循環型社会形成推進基本法」は、廃棄物の適正処理やリサイクルを推進するための基本方針を定めた。その中で、3Rの考え方に基づき、廃棄物処理やリサイクルの優先順位を、1．リデュース、2．リユース、3．リサイクル、4．熱回収（サーマルリサイクル）、5．適正な処分、と定めている。

3RにRefuse（リフューズ、ごみになるものを買わない）を加えて「4R」、さらにRepair（リペア、修理して使う）を加えて「5R」という場合もある。

3Rの実施によって循環型社会を形成することで、環境負荷の少ない社会の実現が可能となる。また、3Rの実施が容易な製品の設計、製造等も求められている。

30. エコアクション21

環境省が策定したISO14001環境マネジメントシステムの簡易版。主に中小企業を対象としている。

エコアクション21は、経営資源の乏しい中小企業等が、「環境への取組を効果的・効率的に行うシステムを構築・運用・維持し、環境への取組みに関する目標を持ち、行動し、結果を取りまとめ、評価し、公表する」方法として、1996年に環境庁（現環境省）が策定したISO14001の簡易版の環境マネジメントシステムである。近年、中小企業等のグリーン調達・CSR調達の対策の一環として、エコアクション21を認証・登録制度にしてほしいとの要望が高まり、これを受けて財団法人地球環境戦略研究機関持続性センター（IGES-cfs）は、2004年10月から、環境に取組む中小企業等を認証・登録する「エコアクション21認証・登録制度」を実施している。エコアクション21は、ISO14001と対比して、ISOでは要求されていない環境報告書を作成・公表する必要があるが、システム構築が容易であり、また審査登録費用も約20～30％程度と安価なため、中小企業を中心に採用する企業が増加している。

経営資源の乏しい中小企業等のCSR取組みとして、エコアクション21は極めて有効な制度の１つであるといえる。

31. 環境効率／エコ・エフィシェンシー

持続可能な社会を構築するため、企業、産業界あるいは経済単位で生産される製品の価値を環境負荷で割った指標。身近な事例として、例えば乗用車の燃費など製品レベルの環境効率指標や、当該企業の売上高や営業利益を二酸化炭素排出量などの環境負荷で除した企業レベルの環境効率指標がある。

最初に環境効率（eco-efficiency）が提唱されたのは、1992年の地球サミットで、その後「持続可能な開発のための世界経済人会議（WBCSD）」が、「環境効率は、生態系への影響や資源集約度（Material Intensity=MI、ある製品を製造するために必要な直接材料だけでなく、間接的な材料、例えば電力、空気、水等の間接材すべてを含めた総物質投入量を指す）を漸進的に減少させながら、人間の要求を充たし、生活の質を向上させることのできる価格競争力をもつ製品・サービスを提供することにより達成される。製品・サービスの供給はライフサイクルの視点から考慮されるべきである。その影響度は少なくとも地球の推定容量のレベルまで引き下げられなければならない」と定義した。企業のCSR取組みにおいて、「経済」と「環境」の取組みをバランスよく包括的に評価できる可能性のある指標として、環境効率を採用する企業が増加しており、その概要は環境報告書やCSR報告書などで公表されている。

32. 京都メカニズム

京都議定書において、国際的な協調によって温室効果ガスの排出量を削減するために導入された仕組み。排出量取引、共同実施（JI）、クリーン開発メカニズム（CDM）の３つがあり、総称して京都メカニズムと呼ばれている。

京都議定書は先進国に対して温室効果ガス排出の削減義務を課したが、同時に、自国内における排出の削減だけでなく、京都メカニズムの活用によっても削減目標を達成することができるようにした。

排出量取引は、温室効果ガスの排出枠が設定されている先進国の間で、排出枠の一部を売買する仕組みである。共同実施（JI）は、排出枠が設定されている先進国間で、温室効果ガスの排出削減プロジェクトを実施し、その削減量を当事国の間で分かち合う仕組みである。クリーン開発メカニズム（CDM）は、途上国内で実施される温室効果ガスの排出削減プロジェクトに対して、先進国が技術や資金の援助を行い、その結果生じた削減量を支援した先進国が取得する仕組みである。企業には排出枠が設定されていないものの、排出量取引を行ったり、共同実施やクリーン開発メカニズムのプロジェクトに参加する企業が増えている。

33. MOTTAINAI（もったいない）

2004年に環境分野で初めてノーベル平和賞を受賞したケニア環境副大臣のワンガリ・マータイ（Wangari Maathai）女史が、2005年２月の来日の際にこ

の言葉を知り、消費削減（リデュース）、再使用（リユース）、再生利用（リサイクル）、修理（リペア）などの概念を一語で表せる語として、深く感銘を受ける。

もともと「もったいない」とは、ものを意味する「物体＝勿体（もったい）」と、それを打ち消す「ない（無い）」で、ものが粗末に扱われ惜しい、有効に生かされず残念だ、という気持ちを表す。日本人が昔持っていた、ものへの感謝、尊敬、愛情の念である「もったいない」の考え方こそ、環境問題を考えるにふさわしい精神として、彼女は、そのまま『MOTTAINAI』を世界共通の言葉として広めている。

Ⅰ 金融

1. エコマネー（または地域通貨）

ビジネスライクには解決しがたい地域の環境保全、福祉、教育といった課題に対して、ボランティア活動などの無償の財やサービスが取引されている場合に、その価値を評価し取引を促進するための媒体となる仕組み。

国際的には地域通貨（Community Currency）と呼ばれているが、97年に加藤敏晴氏（特定非営利法人エコミュニティ・ネットワーク代表）がコミュニティの信頼関係の再構築を強調した地域通貨としてエコマネーを提唱し、日本においては一般的に、ほぼ同義に使われている。

地域通貨の形式は、運営事務局が発行する「紙幣形式」、財やサービスを提供すると黒字（プラス）、受けると赤字（マイナス）が記入される「通帳（口座）形式」、財やサービスの受益者が手形を発行する「手形方式」などがあり、それぞれ一長一短がある。地域通貨は、法定通貨との交換はできないが、地域内で一般の商品やサービスと交換できるものもある。世界の2,500以上、国内で100以上の地域で導入されているといわれている。

2005年の愛・地球博では、「EXPOエコマネー」が導入され、会場内のエコ活動への参加や、エコ商品を購入すると入場券のICチップを介してポイントが記録された。また、会場外の協力店舗でレジ袋を断るなどの活動でも蓄積することができ、会期終了後も継続している。今後は、NPOなど単体による運営から、企業も含めた多様な主体による活動の広がりが期待されている。

2. ポジティブ・スクリーニング／ネガティブ・スクリーニング

SRI（社会的責任投資）の投資対象とする企業のスクリーニングにおいて、前者は社会・環境などの取組みを総合的に評価して企業を選定する投資法のことであり、後者はタバコや酒、武器関連企業などを一律に排除する投資法のこと。

ネガティブ・スクリーニングは、タバコや酒、ギャンブル、武器など、特定の価値観から見て好ましくない業務を行う企業を一律に除外していく投資法であり、評価基準がわかりやすい一方、投資対象を狭めるリスクがある。ポジティブ・スクリーニングは、当該企業の環境取組みやコンプライアンス、従業員や人権の配慮、社会貢献などの社会的な取組みを総合的に評価して企業を選定する投資法であり、投資対象企業の間口は広いが、評価基準が見えにくく、なぜその企業が選定されたのかがわかりにくいという欠点がある。

SRIの歴史が古い欧米では、宗教観や倫理観といった理念重視のネガティブ・スクリーニングから始まったが、現在では、ネガティブ・スクリーニングを行った後にポジティブ・スクリーニングを行うSRIもある。一方、我が国のSRIは、ポジティブ・スクリーニングによって投資先企業を選定するファンドがほとんどである。

3. 環境社会配慮確認のための国際協力銀行ガイドライン

国際協力銀行がプロジェクトへの融資を検討する際、環境面、社会面の配慮の観点からプロジェクトに求められる要件を示したもの。

国際協力銀行は、日本の輸出入や海外における経済活動を支援するための貸付、開発途上地域の経済・社会の開発や経済の安定に寄与するための貸付等を行うために、国際協力銀行法によって設立された政府系金融機関。

このガイドラインは、2002年4月、それまでの国際金融等業務と海外経済協力業務（円借款事業）の2つの「環境配慮のためのガイドライン」を統合して制定され、2003年10月から実施されている。環境だけでなく、プロジェクトに起因する住民移転、HIV／AIDS等の感染症対策、子供の権利・先住民族・女性への配慮等の社会面も対象としているため、「環境社会配慮」という用語が使用されている。環境への影響度に応じてカテゴリ分類を行い（スクリーニング）、分類に応じて環境レビューを行う。

ガイドラインの特徴として、次の点が挙げられる。
・事業者に対し、事業計画段階からステークホルダーの参加を求めている。
・融資決定前にプロジェクトのカテゴリ分類を、融資決定後には環境レビュー結果を公開するなど、同行が積極的に情報公開を行うことを定めている。

ここに示されたステークホルダーの参加と積極的な情報開示は、企業のCSR活動にとっても重要な点といわれている。

4. 世銀・国際金融公社　環境・社会基準

国際金融公社（IFC）が開発途上国における事業への融資の審査を行う際、環境・社会への影響について判断するための基準。2006年2月に新しい基準が制定された。

国際金融公社は、世界銀行の関連機関であり、開発途上国において民間企業が行う事業に融資などを行う。178カ国の加盟国によって運営されている。

国際金融公社は従来も環境・社会影響に関する基準を導入していたが、新基準は項目を追加し、内容も充実させた。新たに設けられた項目として、コミュニティの健康・安全・治安、労働条件、汚染の防止・軽減、統合的社会・環境アセスメント、管理システムなどがある。要求事項が強化された事項として、コミュニティの参加、生物多様性の保全、コミュニティと労働者の苦情処理手続、警備員の使用、温室効果ガスのモニタリング、情報公開などがある。

また、新たに成果重視型アプローチを採用し、企業に対して、社会面・環境面でのリスクに対処するための、事業運営やビジネスモデルと一体となった効果的なマネジメントシステムを求めている。

国際金融公社の環境・社会基準は、民間の金融機関も参考としており、金融機関の自主的なガイドライン「赤道原則」も、国際金融公社の新しい基準に従って改正されている。

5. 赤道（エクエーター）原則—Equator Principles

金融機関が、主に開発途上国で実施されるダムや工業プラントといった大型の開発案件等にプロジェクトファイナンスによって融資する際に、そのプロジェクトが周辺の自然環境や住民生活に与える影響度を融資の是非の判断材料にする方針を対外的に示した自発的な"公約"。

同原則を採用した金融機関は、総事業費が1,000万ドル以上のプロジェクトのうち、環境破壊や人権侵害など社会・環境面に多大な負の影響を及ぼす恐れがある案件については、事前に世界銀行グループの基準を用いて詳細な環境影響評価を実施。影響の軽減策や計画の変更等を講じても、社会や環境への負荷を基準以下に抑えることができないと判断した場合には、同プロジェクトへの融資を自粛しなければならない。

2003年6月に米シティグループや英バークレイズ銀行など欧米の有力金融機関10社によって発足し、これまでに世界の約40の金融機関が採用。邦銀では、同年10月のみずほコーポレート銀行に続いて、三菱東京UFJ銀行、三井住友銀行の3行が採用している（2006年9月時点）。

同原則は、資金の流れをコントロールすることで環境や社会に好ましくない事業を抑制し持続可能な環境・社会を実現しようという、金融機関による本業を通じたCSRの実践といえる。

関連情報
赤道原則HP（英文）：http://www.equator-principles.com

6. 環境配慮型融資

環境負荷の少ない、あるいは環境保全に貢献する企業や事業に対して、金融機関が優先的に融資を行ったり金利を優遇したりすること。環境負荷の少ない企業・事業に融資するタイプと、環境保全対策に融資するタイプがある。

環境配慮型融資として、以下の例が挙げられる。
・ISO14001やエコアクション21など、環境マネジメントシステムの認証登録企業に対して、低利融資を行う。

- 企業の環境経営度を評点化し、融資の可否の判断や金利に反映させる。
- 土壌汚染や水質汚濁の防止、省エネ対策、リサイクル、環境 ISO 認証取得など、環境保全対策を行うための資金に対して、貸付金利を優遇する。

また、一部の金融機関が採用する「赤道原則」（大規模プロジェクトのうち、社会や環境への負荷を基準以下に抑えることができないと判断されたものには融資しないという原則）も、環境配慮型融資といえる。

金融は、「投資や融資に際して財務上のリスクと収益のみならず環境などの社会的価値も考慮するようにしていくことによって、お金の流れを環境など社会に配慮されたものに変えていくことができ、このことが経済社会を大きく変えていく鍵になる」と考えられるようになっている（環境省、環境と金融に関する懇談会「環境等に配慮した『お金』の流れの拡大に向けて」2006年7月）。

7. UNEP FI（国連環境計画・金融イニシアチブ）

金融機関の業務において、環境および持続可能性に配慮した望ましい事業のあり方を追求し、これを普及、促進することを目的とした、国連環境計画（UNEP）と世界の民間金融機関とのパートナーシップ。国連環境計画と各産業界のパートナーシップとしては最も古く、1992年から活動を開始している。金融イニシアチブと保険イニシアチブに分かれて活動していたが、2003年に統合して1つの組織となった。世界各地の銀行・保険・証券会社等約180社が参加し、日本からは16社が参加。参加企業の代表と国連環境計画の代表から構成する運営委員会が中心となって活動している。

UNEP-FIは、業務に直結する専門的な調査、環境に配慮したビジネスモデルの提案、専門家研修プログラムの運営などのほか、環境配慮行動を指向するためのレポート発表、世界中の専門家を一堂に集めた国際会議の開催などを行っている。国連事務総長が提唱した「責任投資原則」の策定にも協力している。

8. 責任投資原則

国連事務総長が提唱し、国連グローバル・コンパクトと国連環境計画金融イニシアチブが協力して策定した、機関投資家の原則。環境（Environment）、社会（Society）、コーポレート・ガバナンス（Governance）のESGの問題に配慮して資産運用を行うもの。

環境、社会、コーポレート・ガバナンスの問題が、投資ポートフォリオのパフォーマンスに影響を及ぼす可能性があるため、受託者責任を果たすうえでもこれらの問題を考慮する必要があるとし、署名者は、受託者責任に反しない範囲で、以下の6つの原則を採用し実行することを約束するとしている。

1. 私たちは投資分析と意思決定のプロセスにESGの課題を組み込みます。
2. 私たちは活動的な（株式）所有者になり、（株式の）所有方針と（株式の）所有慣習にESG問題を組み入れます。
3. 私たちは、投資対象の主体に対してESGの課題について適切な開示を求めます。
4. 私たちは、資産運用業界において本原則が受け入れられ、実行に移されるように働きかけを行います。
5. 私たちは、本原則を実行する際の効果を高めるために、協働します。
6. 私たちは、本原則の実行に関する活動状況や進捗状況に関して報告します。

9. 受託者責任

広くは、他人（受益者）のために一定の裁量をもって業務を行う者（受託者）は、受益者の利益のために行動する義務があることをいう。社会的責任投資との関係では、他人の資産の運用に携わる受託者は、受益者の利益になるように業務を行う義務があるため、社会的要素を考慮することは受託者責任に反しないかが問題となる。

「受託者責任」という言葉は、英米法における fiduciary duty の翻訳であり、もともとは裁量をもって財産を管理する信託受託者の義務を指していたが、今日では、信託受託者のほかに、弁護士、医師、公認会計士など「他人のために裁量性をもって専門的能力を提供する者」に拡大されている（企業年金連合会「運用機関の受託者責任に関する研究会報告」2000年3月）。

受託者は受益者の利益の最大化を図るべきであり、

投資先の選定に際して環境保護や人権擁護などの社会的評価を考慮する「社会的責任投資」は、受託者責任に違反するという見解があるが、これに対しては、リスク分散のためには社会的要素を考慮することが役立つ、等の反論もある。米国労働省は、「社会的な要素を考慮して銘柄選択した場合に、社会的な要素を考慮しなかった場合に比べてリスクが大きくならない限り、受託者責任に違反しない」としている。

10. 貸し手責任

融資に関連して金融機関が負う責任の総称であり、明確な定義はない。米国におけるLender's Liabilityの訳語であり、融資者責任ともいわれる。

様々な意味で使われており、融資を拒絶したとき、変額保険等のハイリスク商品への融資に際してリスクを十分説明しなかったとき、借り手の返済能力を十分確認しないで融資を行ったとき等に問題とされる。また、融資先が事業活動によって第三者に損害を与えた場合に、融資者も一定の責任を負うという意味で使われることもある。例えば、事業者の土壌汚染対策義務を定めた米国のスーパーファンド法において、融資を行った金融機関も対策義務を負うとされたことがある。

11. カルパース（CalPERS：米国カリフォルニア州公務員退職年金基金）
—California Public Employees' Retirement System

米国カリフォルニア州の公務員の年金基金である。2,000億ドルを超える資産を保有・運用しており、投資先企業の経営への介入など「もの言う株主」の代表格であるといわれている。

1932年に設立され、現在では140万人を超える人に対して確定給付年金と健康保険を提供している。タバコ関連企業の株式を売却したり、コミュニティ投資等の活動を行うほか、積極的な株主活動を展開し、投資先企業に対してコーポレート・ガバナンスに関する改革を働きかけたり、株主利益を損なうような議案に対して反対票を投じるなどの活動を展開している。海外企業に対しても株主活動を行っており、1997年には、日本、英国、ドイツ、フランス向けにガバナンス原則を策定し、この原則に沿った株主権の行使を行うことを表明している。

日本向けのガバナンス原則は、「日本コーポレート・ガバナンス・フォーラム」が作成したコーポレート・ガバナンス原則を採用することを求めており、特に重要なものとして、独立取締役の選任、取締役会の規模縮小、独立監査役の選任を挙げている。また、情報開示の改善、株主投票の正確な集計と結果の公表、ストックオプションの導入、株主持合いの削減等を行うことによって、取締役と株主の関係を強化すべきとしている。

関連情報
CalPERS HP（英文）：http://www.calpers.ca.gov

12. 略奪的貸付

借り手の無知につけこんで貸し手が利益をあげるために行う不公正な貸付。借り手や保証人の不動産を取得することを目的として返済の見込みがない者に貸付を行う、というように表現されることもある。米国で問題となったPredatory Lendingの訳語。

日本では略奪的貸付についてほとんど論じられていないようであるが、消費者金融の問題において紹介されることがある。金融庁の「貸金業制度等に関する懇談会（第8回）議事要旨」（2005年12月8日）では、略奪的貸付が次のように紹介されている。「（米国では）略奪的貸付けが問題になっている。例えば、低所得者の住宅を担保に入れてConsolidation、いわゆるおまとめローンとか債務の一本化といわれるようなローンを組んで最終的に住宅を取り上げてしまうという点が問題にされている」

米国の住宅都市開発省と財務省が共同で作成した報告書は、略奪的貸付を次の4つの形態に分類している。

・繰り返し借り換えをさせて高い手数料を何度も支払わせる。
・十分に開示しないで過度に高い手数料を課す（手数料としてではなく返済金額に加える等）。
・返済能力がないのに貸し付ける。
・明白な詐欺（例えば、ボロボロの家屋を買って見せかけのリフォームを行い、融資を受けさせて売却する）

13. グラミン銀行

1976年にバングラデシュのムハマド・ユヌス氏が創設した貧困救済のための小額融資銀行。貧困層を

対象に無担保で小額のお金を融資し（マイクロ・クレジット）、自助努力を促すもので、女性を中心に500万人以上に貸付を実行している。融資のシステムとしては、借り手は5人ほどのグループを作り（5人組）、グループ内で返済計画について話し合い、他のメンバーの返済にも責任をもつというものである。貸倒率は約2％と低く、同様の手法は世界に広がっている。創設者のユヌス氏とグラミン銀行は、「社会の底辺からの経済的および社会的発展の創造に対する努力」を賞賛され、2006年のノーベル平和賞を受賞した。

J 顧客・消費者

1. フェアトレード

発展途上国との間で、長期的に公正な価格での取引を継続すること。発展途上国の生産者は、低賃金での雇用や低価格での輸出といった不利な貿易条件を強いられてきたことから、彼らの地位や生活の向上を継続的に支援することで経済的自立を促すこと等を目的としている。

欧米ではすでに多くの企業がフェアトレードに参加しており、フェアトレードに関する国際的な認証を受けた商品の取扱いも増えている。我が国でも、フェアトレードへの注目は高まっているが、調達コストがかかることや、消費者側の認知度などの問題等もあり、未だにNGOを中心とした取組みであり、市場規模が小さい、といわれているのが現状である。

しかし、フェアトレードは生産者にとって、安全性や環境に配慮した商品を生産するインセンティブとなることから、持続可能な社会の実現にも重要な役割を果たし得るものである。我が国企業も、フェアトレードの採否について真剣に検討すべき段階にきているといわれている。

2. コーズリレーテッドマーケティング
—Cause Related Marketing

企業が、製品・サービスの提供が社会貢献につながるようなマーケティング活動を行うこと。製品・サービスの売上の一部を社会問題解決のために寄付する活動などが典型であり、企業にとっては自社の製品・サービスの購入が社会貢献に結びつくことをアピールし、売上や社会的評価の向上につなげることが期待できる。また、NGOなどと協力して実施されるケースも多く、この場合、NGOにとっては企業の資金力等を活用できるメリットがある。

コーズリレーテッドマーケティングの最初の事例として有名なものは、1980年代にアメリカン・エクスプレス社が行った「自由の女神修復キャンペーン」である。会員がカードを利用するごとに、同社が自由の女神の修復資金を1セント寄付するというもので、その結果170万ドルの資金が集まり、キャンペーン期間中の同社カードの新規申込者は45％、カード使用率は28％増加したという。

本業を通じた社会貢献活動の一環として、今後我が国でも浸透していくことが予想されている。

3. 顧客満足（CS）

顧客の期待を上回る商品・サービスの提供や顧客対応を行うことによって、顧客の満足を実現すること。時代とともにその内容は徐々に変容しており、かつては顧客の「期待通り」の商品・サービス提供や顧客対応とされてきたが、現在では最重要ステークホルダーである顧客とのよりよい関係構築を目指す観点から、顧客の「期待を上回る」商品・サービス提供や顧客対応と考えられている。

また、「ホスピタリティ」（思いやり、まごころ、心のこもったおもてなし）という、主に観光・福祉業界を源として用いられてきた人的（人間系）サービスの形も、CSを高める方法として、様々なサービスの現場で重要視され、取り入れられている。

戦略的なCS活動を実践することができれば、①既存顧客との良好な関係の構築、②潜在的顧客へのプラス情報の伝達、③顧客以外のステークホルダーからの評価向上などにつながり、ひいては企業の収益拡大や企業価値の向上が期待できる。

4. カスタマー・リレーションシップ・マネジメント（CRM）

企業が、顧客との間に長期的な信頼関係を築く経営手法。大量生産・大量消費を前提としたマス・マ

ーケティングに対し、個々の顧客のニーズに応え、顧客満足の向上を目指すワンツーワン・マーケティングの考え方に基づいている。

CRMという概念は1990年代に米国より入ってきた。しかし、同様の考え方は我が国でも江戸時代から実践されていたといわれている。「大福帳」と呼ばれる顧客データベースや、「富山の置き薬」のビジネスモデルなどはその一例といえる。

現在のCRM活動としては、例えば顧客データベースを活用して個々の顧客への応対や苦情など顧客対応全般を管理することで、顧客ニーズをきめ細かく探り、よりニーズに沿ったサービスを提供していく活動などが該当する。顧客というステークホルダーとの信頼関係の構築という意味で、CSRの一要素と捉えることもできる。

5. 消費者団体訴訟制度

一定の要件を満たす消費者団体が、消費者全体の利益擁護のため、事業者の不当な行為に対して訴訟を提起することを認める制度。消費者契約法の改正により導入されるもので、改正法は2006年5月に成立し、2007年6月7日より施行される予定。

2000年に消費者契約法が成立し、消費者契約に関して事業者の不当な勧誘行為や不当な契約条項の使用があった場合、消費者は契約の取消しや条項の無効を主張することが認められた。しかし、消費者契約に関連する被害は同種の被害が多数発生しており、個々の被害者の事後的救済では、被害の未然防止や拡大防止の観点から十分でないといわれてきた。そこで、消費者団体に事業者の不当行為に対する差止請求権を認める制度として、本制度の導入に至ったものである。内閣総理大臣の認定を受けた適格消費者団体は、消費者契約法に違反する事業者の不当行為に対して、1週間前の事前請求を経て差止請求権を行使することができる。本制度導入を受けて、消費者の権利意識のさらなる高揚が予想されるが、企業としては主体的に消費者保護への取組みを一層進め、消費者とのコミュニケーションを図ることが求められている。

6. QC活動

QCはQuality Controlの略で、品質管理を指す。品質管理は、JIS Z 8101（品質管理用語）によれば、「買手の要求に合った品質の品物又はサービスを経済的に作り出すための手段の体系」と定義されている。

日本企業におけるQC活動は、職場単位で少人数により結成される「QCサークル」を中心として行われてきた。QCサークルは、メンバーが品質管理について自己啓発や相互啓発を行う現場主導による自主的かつ継続的な品質改善運動であり、日本企業の強みとされた。

QCは品質管理の手法であるが、QCサークル活動と相まって、継続的な業務改善活動となり、全社的にQC活動を広げたものを、TQC（Total Quality Control）とよぶ。QC活動には、ボトムアップ型の活動であるために全社的な視点を欠いているとの指摘もあり、現在ではTQM（total quality management）が広く受け入れられている。

TQMとは、1980年代のアメリカで提唱された考え方であり、日本企業で独自に進化したボトムアップ型の「継続的なカイゼン活動」をベースにして、会社全体をマネジメントするという観点からトップダウン型の意思決定プロセスによる品質管理を行う手法といえる。プロセス管理に重きをおくISO9000等の普及に伴い、QC活動を含むTQCから企業の活動の主流はTQMへと変わっているが、現場主導のQC活動も、顧客満足や消費者保護はもちろん、職場の活性化や従業員のやりがいの創出といった点でES（従業員満足）につながることも期待できることから、CSRの観点で再評価することは可能である。

7. 消費生活アドバイザー制度

消費生活アドバイザー試験（消費者の意向を企業経営または行政への提言に反映させるとともに、消費者からの苦情相談などに対して迅速かつ適切なアドバイスができる人材を養成する目的で実施）に合格し、なおかつ一定の要件を満たした者に対し消費生活アドバイザーの称号を付与する制度。

主に企業や行政機関、各種団体等の消費者関連部門において消費者の苦情相談に応じるほか、消費者の意見や消費者動向を的確に把握して、商品・サービス等の開発、改善に反映させるなどの役割が期待

されている。

例えば、イトーヨーカ堂では1981年から「くらしのアドバイザー」制度を導入し、消費生活アドバイザーの資格者に店舗を見てもらい、顧客の立場からの意見を聞く、といった取組みを継続している。

企業が消費者とのコミュニケーションを通じて、よりよい商品・サービスを提供し、顧客満足（CS）を実現していくうえで、今後ますますその役割に期待がかかるところである。

K 取引先

1. SCM（サプライチェーン・マネジメント）

原材料の調達から消費者への製品・サービス販売に至るまでの供給に関わる流れの全体を管理する手法。原材料のサプライヤーから小売業者に至る利害関係者の協力により、サプライチェーン全体の効率化を図ろうとする点で、個々の企業内の業務効率化を目指すロジスティクスとは異なる。例えば、メーカーとサプライヤーで生産や在庫等に関する情報を共有して在庫削減等に活用する、といった取組みが挙げられる。

サプライチェーン・マネジメントの究極の目的は、消費者が求める高品質の製品・サービスを必要なだけ、タイムリーに供給していくことにある。したがって、サプライチェーン・マネジメントの要は、サプライチェーン上の利害関係者が自社の利益のみを追求するのではなく、消費者の視点に立って共存共栄に向けた協力関係を構築していくことにあるといえる。これは、マルチステークホルダーにバランスよく配慮し、社会に貢献していくというCSRの考え方と軌を一にしており、その意味で、CSRと密接に関連する経営手法といえる。

2. CSR調達

企業が原材料等を調達するにあたり、品質、コスト、納期等の条件だけでなく、調達先におけるCSRに関する取組みの実践状況を購買基準のなかに取り入れて行う調達。

調達先に対し、環境保護、法令遵守、労働安全衛生、消費者保護等、CSRに関する取組みを促し、サプライチェーン全体でのCSRに関する取組みレベルを向上させることで、自社だけでなく、社会の持続可能な発展に結びつけていこうというもの。

調達先のCSRの実践状況については、アンケートなどで定期的に確認を行うが、実践の十分でない企業との取引を即座に停止する、ということでは必ずしもなく、改善を促すというのが実際の運用である。グリーン調達と類似する概念だが、グリーン調達は環境分野に着目しているのに対し、CSR調達は環境のみにとどまらず、CSR全体に着目しているなどの点で異なっている。

我が国では、未だにCSR調達が一般化しているとまではいえないが、CSRの重要性が浸透しつつあるなかで、CSR調達導入の動きも着実に加速している。我が国の企業では、ソニーなどの取組みが先進事例として知られている。

L 従業員・労働

1. 児童労働

子どもを健康や身体的、精神的発達に有害な労働条件のもと、低賃金もしくは無賃金で長時間働かせること。

ILO（国際労働機関）は1999年に「最悪の形態の児童労働条約（第182号）」を採択し、我が国を含む161カ国が批准している。同条約は、1973年に採択された「最低年齢条約（第138号）」および同勧告を補足するものであり、18歳未満の児童による強制労働、売春、不正な生産・取引、危険な労働等を「最悪の形態の児童労働」として禁止しており、批准国は刑罰を含む条約の効果的な実施を確保するための措置を講じる必要がある。しかしながら、2004年のILOの調査によれば、世界の児童労働は発展途上国を中心になお2億1,800万人に及んでいる。先進国の企業においても、1997年に東南アジアにある米メーカーの下請工場で児童労働等が行なわれていた問題がNGOに暴露され、不買運動にまで発展したこ

とがあり、児童労働は看過できない問題である。国連グローバル・コンパクトはその第5原則を「児童労働を実効的に廃止する」とし、「地理的に遠く離れたサプライ・チェーンをもつ特定の産業部門で子どもを採用する企業は、特に用心しなければならない」としている。グローバルに活動する企業には、国際基準を考慮に入れつつ、児童労働をなくすために国内外の下請、サプライヤー等に影響力を行使していくことが求められている。

2. スウェットショップ

労働者を長時間、低賃金、悪条件で働かせる工場のことで、「搾取工場」と訳される。

もともとは1800年代中葉から1900年代初めにかけて、英国や米国における劣悪な労働環境下にある工場を指す言葉として使われたが、先進国においてはその後労働組合の活動や労働安全衛生関連法規、最低賃金法の成立等により減少した。現代においてスウェットショップが問題となったのは、1990年代後半、米メーカーの途上国にある下請工場で、児童労働、低賃金労働、長時間労働、セクシャルハラスメント等の問題があることがNGOにより指摘され、米国で同社製品の不買運動、訴訟問題に発展したことによる。企業のグローバル化により賃金の低い発展途上国に工場を設置、低コストの商品を製造することが一般化した結果であり、問題は特定のメーカーに限らないと見られた。アパレル産業を中心に、多くの米国企業は消費者の批判をまねかぬよう発展途上国での生産について留意するようになり、製造委託先の労働環境を製品調達や製造委託の条件とするようになった。企業は、その社会的責任を果たしていくために、低コストの製品調達を図るだけでなく取引先の労働条件等をチェックするCSR調達の採用等、倫理的な行動を求められる時代となった。

3. 内部通報制度（ヘルプライン）

企業において、法令違反や社内不正の可能性のある問題について、役職員から通報を受け付ける制度。

昨今の企業不祥事の多くが社外への内部告発を契機に発覚しているが、事前に社内で事実関係を把握し、自浄作用を働かせていれば、企業へのダメージを最小限に食い止めることも不可能ではない。しかし現実には、事実関係を把握した役職員が通常の職制を通じて相談・通報することは困難であるため、専用の窓口を設けるものである。

日本経団連は会員企業に対し、「企業倫理・企業行動強化のための社内体制の整備・運用に関する要請」の一項目としてヘルプラインの設置を求めている。また、2006年4月より施行された公益通報者保護法では、内部通報を行った者が通報を理由として不利益を被ることのないよう保護することなどが定められている。

「内部告発の奨励」という暗いイメージで捉えられがちだが、あくまで企業倫理に反する事項の早期発見・是正を通じて、企業の持続可能な発展を実現することが本来の目的である。

4. 人的資源に関わるマネジメント（HRM）
—Human Resource Management

人材を重要な「知的資産」と位置づけ、企業の経営戦略、事業戦略を実現するために、人材の活用を中長期的視点から戦略的に行うことをいう。HRMでは、企業のもつ人的資源を最大限有効に活用するとともに、従業員個人のモチベーションを高め、従業員満足を実現することを目的としている。

従来の人事管理（Personnel Management）は、経営戦略と連動が不十分で、人事計画・戦略は人件費コストを主とした抽象的なものになりがちであったが、HRMが目指すものは、経営戦略と一体となった自社固有に求められる能力を的確に把握することである。

一方、従業員の価値観はこれまで以上に多様化しており、個々人の能力の最大化が重要なステークホルダーである従業員の満足に資するとともに、組織全体のパフォーマンス向上へつながるという効果が期待できる。

5. 障害者雇用

障害者とは、障害者基本法では「身体障害、知的障害又は精神障害があるため、継続的に日常生活又は社会生活に相当な制限を受ける者」、障害者の雇用の促進等に関する法律では「身体障害、知的障害又は精神障害があるため、長期にわたり、職業生活に相当の制限を受け、又は職業生活を営むことが著

しく困難な者」と定義されている。

障害者の雇用の促進と職業の安定を図ることを目的とした「障害者の雇用の促進等に関する法律」は、次のような施策を講じるとされている。
・職業リハビリテーションの推進
・障害者雇用率制度の運営
・障害者雇用納付金制度の運営

また、障害者雇用率制度では、以下の区分で法定雇用率が決められている。

・一般事業主（常用雇用労働者数56人以上）1.8％
・特殊法人　2.1％
・国、地方公共団体　2.1％
・都道府県等の教育委員会　2.0％

この雇用率を満たさない場合、高齢・障害者雇用支援機構が、事業主から障害者雇用納付金を徴収する。また、その納付金を財源として障害者雇用調整金、報奨金および各種助成金の支給を行っている（障害者雇用納付金制度）。

この制度は、障害者を雇用するには、施設・設備の改善など健常者の雇用に比べて一定の経済的負担を伴う場合があり、障害者を積極的に雇用する企業とそうでない企業との経済的負担のアンバランスを是正することを目的としている。

企業が障害者雇用を考えるうえで、法定雇用率の達成は必要最低限の目標であり、企業に合わせた人材を捜すだけではなく、特例子会社の設立や多様な働き方を提示するなど柔軟な受け入れ態勢の構築が期待される。

(注)「障害者」の表記について、特にCSRレポート等では、近年、「害」の字が入っているのは好ましくないとして、本来の用字で「障碍者」や「障がい者」と表記する傾向にある。「障害」の表記は1949年の身体障害者福祉法の制定を機に一般的に使われるようになったが、元来の用字である「碍」が当用漢字の使用制限により法律では使用できなくなったことを受けて「害」と表記したもの。

6. セクシャルハラスメント —Sexual harassment

性的ないやがらせをいい、「セクハラ」と略されることも多い。

その範囲について明確な定義はないが、改正男女雇用機会均等法においては「職場において行われる性的な言動で女性労働者の対応によりその労働条件につき不利益を受けること、またはその性的な言動により当該女性労働者の就業環境が害されること」と定義されている。

この定義においては対象を「女性労働者」に限定しているが、セクハラは男性から女性に対する行為に限定されるものではなく、同性同士や女性から男性に対する行為も含まれる。また、そのタイプにより、性的な言動に対する従業員の対応により当該従業員がその労働条件につき不利益を受ける「対価型」と、性的な言動により従業員の就業環境が害される「環境型」に大別される。

2007年4月の男女雇用均等法の改正では、女性に対する差別の禁止が男女双方に対する差別の禁止に拡大されるとともに、男性に対するセクシャルハラスメントも含めた対策を講じることが義務となる。

女性のみならず全従業員にとって健全な職場環境を実現するために、企業は、職場におけるセクハラに関する方針の周知徹底・研修の実施から、相談窓口の設置など積極的な対策が必須である。

7. ジェンダーハラスメント —Gender harassment

セクシャルハラスメントの「セックス（sex）」が「生物学的な性」を表すのに対して、一般に「ジェンダー（gender）」は、「男女の役割分担等に基づき歴史的、社会的、文化的背景等によって後天的につくられた性」という概念を持ち、そういった固定概念に基づき男女の役割分担を押しつけようとする行為・言動を、ジェンダーハラスメントという。

国家公務員に適用される人事院規則10－10では、「セクシャル・ハラスメントの防止等」について規定しており、具体的な指針を示した人事院事務総長通知（平成10年11月13日）「職福－442人事院規則10－10（セクシャル・ハラスメントの防止等）の運用について（通知）」において、職場における以下のような言動は「性別により差別しようとする意識等に基づくもの」＝ジェンダーハラスメントとして例示している。

○「男のくせに根性がない」、「女には仕事を任せられない」、「女性は職場の花でありさえすればいい」などと発言すること。

○「男の子、女の子」、「僕、坊や、お嬢さん」、「おじさん、おばさん」などと人格を認めないような呼び方をすること。

セクハラとどちらが広義の概念であるかは諸説あるが、セクハラの原因となる「性的な言動」には、「性的な関心・欲求に基づくもの」と、「性別により差別しようとする意識等に基づくもの」の両方が含まれ、後者によるものを、「ジェンダーハラスメント」と区別することもできる。

職場における性による画一的な役割分担は、男女を問わず労働者の能力発揮の機会を奪うとともに、そのような意識がセクハラを許す土壌ともなり得る。

8. パワーハラスメント —Power harassment

職務権限（職務上の地位や立場）を使った嫌がらせをいい、セクシャルハラスメントもその1つの形態とも考えられる。「パワハラ」と略される。

一般的には、役職などが上位の者が部下に対して、その地位を利用して行う嫌がらせであるが、同僚間や部下から上司へも起こり得る。具体的には、処理が不可能なほどの業務量を押しつけたり、些細なミスを人前で叱責するなどがある。

従来からパワハラに代表されるような理不尽な職場環境は存在したが、近年、問題が深刻化した背景には、リストラに伴う人員の削減、目標管理制度や成果主義による個人業績評価の導入などで、職場全体にゆとりがなくなってきたことも影響しているといわれている。パワハラは、当事者間の問題と考えられがちだが、職場のモラールダウンにより企業に大きな損失を与えている可能性もある。企業はよりよい職場環境を提供することで重要なステークホルダーである従業員に貢献し、その結果、業績にもプラスに作用することで株主や投資家にも評価されることを目指すことが期待される。

米国では、従業員をサポートし、企業全体の生産性の向上を目指すEAP（Employee Assistance Program/従業員支援プログラム）が注目されている。

9. 従業員満足（ES）—Employee Satisfaction

働きがいや働きやすい職場の創出等を通じて、企業の従業員の満足を実現すること。従業員が満足して働くことがよりよい製品・サービスの提供など、企業の競争力強化につながり、ひいては企業の持続的な発展を可能にするとの考え方が根底にある。従業員というステークホルダーに対して企業が果たすべき責任の中核でもある。

従業員満足を実現する手法は様々であるが、単に給与・福利厚生を手厚くすることや、労働安全衛生・セクハラ防止等のネガティブな労働環境の改善にとどまらない。例えば従業員の能力開発の支援や社内コミュニケーションの活発化なども従業員満足を念頭においた取組みといえる。日本企業においても、終身雇用の崩壊や労働形態の多様化などを受け、優秀な従業員をつなぎとめ、かつその能力を最大限に発揮させるため、従業員満足に積極的に取り組むべきとの考え方が浸透しつつある。

10. 米労働安全衛生局（OSHA）
—Occupational Safety and Health Administration

米労働安全衛生局（OSHA：Occupational Safety and Health Administration）は、1970年に法制化された労働安全衛生法に基づき設立された、米国労働省の管下にある連邦機関。

米国の労働安全衛生法の適用範囲は、民間部門の事業者とそこで働く労働者であり、OSHAによって直接、あるいはOSHAが認定した州プログラムを通じて適用される。自営業者や、連邦機関・州政府・地方自治体の職員は対象とならないが、民間と整合性のある基準を政府機関も遵守するよう定められており、1998年には米国郵政公社について本法が適用されるようになった。事業者は危険のない職場を提供し、OSHAが定める諸基準を遵守し、違反を通告された場合には是正する義務がある。一般に、監督官の調査は抜き打ちで行われ、違反があった場合には罰則が課せられる。安全衛生についての苦情をOSHAに申立てた内部告発者については、解雇や降格等を事業者が行うことを禁じられている。OSHAには2005年現在、1,100人の監督官を含む2,220人以上の職員がいる。我が国の労働基準局、および労働基準監督署に相当する組織であるが、米国では労災保険が民間事業として行われているためその給付には関わらないこと、労働時間や最低賃金に関わる監督は行っていない等、異なる点も多い。我が国企業も、米国で事業を行う場合は米国の労働安全衛生法

を遵守する必要があり、OSHAの定める基準等に留意しなければならないといわれている。

M 社会貢献

1. 社会貢献活動（フィランソロピー、メセナ）

社会の様々な問題に気づき、自分の考え・信念に照らし合わせて、自ら進んでその問題解決に取り組む活動をいい、私益や義務を超えて行う活動をいう。

日本経団連では、社会貢献を「社会の課題に気づき、自発的にその課題に取り組み、直接の対価を求めることなく自らの資源を投入すること」と定義している。企業の社会貢献活動は、1990年頃から急速に関心が高まり、多くの企業で取組みが進んだ。

社会貢献活動に類似の言葉として、「フィランソロピー」、「メセナ」がある。フィランソロピーは、ギリシャ語のフィラン（愛する）とアンソロポス（人）に由来し、「博愛」や「慈善」を表すものであり、本来の意味からは、民間の公益活動や個人の社会参加活動となるが、日本においては、社会貢献活動という意味で使われている。メセナは、文化・芸術活動の支援という意味のフランス語で、社会貢献活動のなかでも特に、企業の芸術・文化、スポーツに対する支援活動を指して使われる。

社会貢献活動は、企業は直接的な対価を期待して行うものではないが、副次的に「柔軟で創造的な企業文化が醸成される」ことが期待できる。

2. 地域投資（コミュニティ投資）

主に通常の金融機関が融資しにくい地域の改善や発展を目的とする投資をいい、米国で広く行われている。社会的責任投資（SRI：Socially Responsible Investment）の形態の1つ。

コミュニティ投資の具体的な例としては、地域における低所得者層への融資、小規模事業者の自立を目指す融資、子育支援のための融資、地域交通機関の再生を図るための投融資などが挙げられる。

この投資は寄付等の慈善事業ではなく、あくまでも「投資」であり、投資先である地域等が融資により活性化することで、リターンを得られるとの考え方に基づいている。社会問題だけにとどまらず、環境問題や災害対策に対してもコミュニティの果たす役割の重要性は増しており、コミュニティ投資は、持続可能な社会を築くための投資であると考えられている。

3. 社会貢献活動実態調査（日本経団連）

日本経団連が、1991年から毎年、会員企業と1％クラブ法人会員を対象に実施している企業の社会貢献活動に関わる実態調査。1％クラブとは、日本経団連が1990年に設立した「経常利益や可処分所得の1％相当額以上を自主的に社会貢献に支出しよう」と努める企業や個人からなる組織。企業による社会貢献活動の実態を明らかにし、社会の理解を深めるとともに、今後の各社の活動に資することを目的とし、社会活動支出額、比率（対売上・利益等）、社会貢献活動促進体制等の社会貢献活動実績調査と災害被災地支援、CSRと社会貢献の関係などを調査項目とする。

2006年1月に公表された2004年度の調査結果では、企業は1社平均約3.5億円の社会貢献活動の費用を支出し、その額は、売上高の約0.1％、税引き前利益の約2％にあたる。支出総額は、1997年度から2000年度までは減少したが、2001年度以降は毎年度増加し、2004年度は前年約5％増の1,508億円に達している。65.4％の企業が、CSRの高まりが自社の社会貢献活動に影響を与えていると回答している。社会貢献活動は、CSRの一部を担う活動であり、この調査は、企業の社会貢献活動およびCSR活動への理解の深まりと対応の進化を把握できる調査である。

関連情報

日本経団連　1％（ワンパーセント）クラブHP：
http://www.keidanren.or.jp/japanese/profile/1p-club/index.html

4. マッチングギフト

企業が従業員の寄付金に上乗せして寄付金を拠出し、企業と従業員が共同して寄付を行う仕組みをいう。従業員と企業の寄付額は同額とする（1対1）ケースが多いが、従業員1で企業2の場合、従業員の寄付額の一定割合を企業が拠出する場合など、企

業の考えにより様々である。

　従業員個人が寄付先を指定する場合や従業員と企業であらかじめ寄付先を決めておく場合、寄付を行う分野を決めておく場合など、寄付先についても個々の企業ごとに異なっている。

　マッチングギフトは、1960年代に始まり、米国においては多くの企業に採用されているが、日本ではまだ採用している企業は少ないのが実態である。日本経団連が実施した「2004年度社会貢献活動実績調査」によると、マッチングギフトを採用している企業は74社にとどまった。マッチングギフトは、寄付の活性化に役立つ制度として認識されており、CSRの活動の一環として我が国の企業に普及することが期待されている。

5. ボランティア休暇・休職

　社員のボランティア活動のために企業が有給休暇を提供し、長期間にわたりボランティア活動を行う場合には、活動終了後の復職を保証するという、社員のボランティア活動を支援する制度である。

　1980年代の後半から、ボランティア活動の社会的関心と活動を求める声が高まり、それに企業が応える形で、ボランティア活動を支援する各種の制度が企業に導入されてきた。ボランティア休暇・休職制度も企業のボランティア活動支援制度の1つとして、1990年以降に導入が広がった。

　1996年に人事院が国家公務員に対して年間5日間の災害時ボランティア休暇の制度化を勧告したことも、民間企業へのボランティア休暇普及の弾みとなった。ボランティア休暇の取得可能日数は、企業によって異なるが概ね5日から2週間程度。ボランティア休職制度における休職期間は、概ね半年から2年数カ月で、青年海外協力隊に参加する場合をモデルとしている企業が多い。休職期間に給与の一定額を支給する企業もある。企業がボランティア活動を支援することは、従業員の豊かな生活に貢献するとともに、間接的に地域社会・国際社会に資する活動でもある。

〈本編執筆〉株式会社　インターリスク総研 InterRisk Research Institute & Consulting, Inc.

リスクマネジメントに関する先進的な調査研究機能と実践的なコンサルティング機能を併せ持つ国内最大級のリスクマネジメント専門会社。2001年10月に㈱インタリスクと㈱住友海上リスク総合研究所が合併して誕生した。CSRに関しては、部門横断でコンサルティングおよび調査研究体制を備えている。このほか、内部統制や事業継続経営（BCM）といった重要課題から多様な個別リスクまで、高度なノウハウや経験をもとに時代の変化を先取りした最高品質のリスク・ソリューションの提供を通じて、企業経営をサポートしている。
インターリスク総研 HP: http://www.irric.co.jp/

塩見信太郎	Shintaro Shiomi	法務・環境部 部長（現三井住友海上火災保険㈱　業務監査部　部長）
高橋清二	Seiji Takahashi	法務・環境部 主席研究員（現三井住友海上火災保険㈱　業務監査部　次長）
木下弘志	Hiroshi Kinoshita	法務・環境部 主席研究員
猪刈正利	Masatoshi Ikari	法務・環境部 マネージャー・上席コンサルタント
田村直義	Naochika Tamura	法務・環境部 マネージャー・上席コンサルタント
原口 真	Makoto Haraguchi	法務・環境部 主任研究員
伊納正宏	Masahiro Ino	法務・環境部 上席コンサルタント
奥村武司	Takeshi Okumura	法務・環境部 上席コンサルタント
砂川直樹	Naoki Sunagawa	法務・環境部 上席コンサルタント
松井慎哉	Shinya Matsui	法務・環境部 上席コンサルタント
植原崇文	Takafumi Uehara	法務・環境部 上席コンサルタント
高橋敦司	Atsushi Takahashi	法務・環境部 上席コンサルタント
星野公平	Kohei Hoshino	法務・環境部 コンサルタント

主要事項索引

【ＡＢＣ順】

AA1000　260,601
ABN－AMRO　302
ABP（オランダ政府関係職員退職年金基金）　311,324
BCP（事業継続計画）　346
BCP（事業継続管理）　593
BOP（Bottom of the Pyramid）　113
Carbon Disclosure Project　151
CBCC（海外事業活動関連協議会）　116,615
CDFI（コミュニティ開発金融機関）　308,335,338
CDVCF（CDベンチャー・キャピタル・ファンド）　338
COP3（地球温暖化防止京都会議）　595
COPOLCO（消費者政策委員会）　615
COSO（トレッドウェイ委員会組織委員会）　46,62,616
COSOフレームワーク　584
CPPIB（カナダ公的年金）　311,324
CRA（地域再投資法）　308,335,337
CR活動　107
CRプログラム　108
CS（顧客満足）　633
CSR関連コスト　271
CSRグランドデザイン　588
CSR推進責任者・担当者　588
CSR調達　214,635
CSR調達基準　239
CSRヨーロッパ　618
EAI（Enhanced Analytics Initiative）　304
ECS2000　601
EICC（Electric Industry Code of Conduct）　99,219
ELV（End of Life Vehicle）　95
EMAS（Eco-Management Audit Scheme）　219
ERM（Enterprise Risk Management）　574
ES（従業員満足）　638
ESG（環境・社会・ガバナンス）　75,151,303,318,370,462,472
ETI（Ethical Trading Intiative）　222
FLA（Fair Labor Association）　223
FRR（フランス退職準備ファンド）　311,324
GRI（グローバル・リポーティング・イニシアチブ）　24,46,123,168,234,260,267,596

ICCR（Intefaith Center on Corporate Responsibility）　329
IFA（国際枠組み協約）　104
ILO（国際労働機関）　618
ILO国際労働基準　607
IPP（Integrated Product Policy：包括的製品政策）　368
IR（投資家向け広報）　591
ISO（国際標準化機構）　43,48,119,125,172,181,217,238,260,266,287,366,421,453,613
ISO/IECガイド51　287
ISO14001　169,237,344,385,453,600
ISO14063　49
ISO26000（SR）　119,125,238,266,601
ISO26000/WD2　184
ISO9000　125
ISO9001　599
IUCN（国際自然保護連合）　167
JBIC（国際協力銀行）　34
JICA（国際協力機構）　34
LCA（ライフサイクルアセスメント）　150,172
LOHAS（ロハス）　6,114,462,486,581
MDGs（国連ミレニアム開発目標）　110,113,595
MRIモデル　108
MSC（海洋管理評議会）　210
NAPF（英国年金基金協会）　329
NPO法人こども環境活動支援協会（LEAF）　295
NSC（サスティナビリティ・コミュニケーション・ネットワーク）　265
NWIP（New Work Item Proposal）　48
OECD（世界協力開発機構）　617
OECDコーポレート・ガバナンス原則　597
OECD多国籍企業ガイドライン　597
OHSAS　600
OSHA（米労働安全衛生局）　638
PDCAサイクル（CSRMS）　61,67,115,151,259,272,589
PEFC（Programme for the Endorsement of Forest Certification）　211
PGGM（オランダ医療関係年金基金）　311
PROPER（Performance Level Evaluation Program）　32

641

PRTR制度　622
QC活動　634
REACH（新化学品規制）　367
RoHS（Restriction on Hazardous Substances：有害物質使用制限）指令　95,217,368,599
RSPO（持続可能なパーム油のための円卓会議）　209
SA8000　122,601
SAI　222,616
SEC（米国証券取引委員会）　21,616
SGEC（緑の循環認証協議）　211
SIF（米国SIFソーシャル・インベスティメント・フォーラム）　307,327,334,370
SRI（社会的責任投資）　13,21,113,298,302,317,321,331,345,474
SRIのメインストリーム化　302,314
SRIファンド　201,313,319
TBT協定（Technical Barriers to Trade：貿易の技術的障害に関する協定）　45
The Institute of Social and Ethical AccoutAbility　260
TLS80001－2003　123
TMB（技術管理評議会）　125
UNDP（国連開発計画）　234
UNEP（国連環境計画）　78,234,267,618
UNEP FI（国連環境計画・金融イニシアチブ）　45,113,323,486,631
WBCSD（持続可能な発展のための世界経済人会議）　167,223,617
WHO（世界保健機関）　403
Workplace Code of Conduct　223
World Resources　2005　234
WTO（世界貿易機関）　44,114,371
WTO/TBT協定　45
WWF（世界自然保護基金）　207,210

【あいうえお順】
【あ行】
アースデー　627
アカウンタビリティ（説明責任）　67,71,125,220,585
アドボカシー　124,323
アジェンダ21　595
アナン国連事務総長　66,78,217,302,444
アンチグローバリズム　9

アンチグローバリゼーション運動　16
イーマス（EMAS、エコマネジメント・監査スキーム）　263
石田梅岩　36
インサイダー取引防止　587
インテグリティ　585
エコアクション21　263,344,628
エコ・カー割引　459
エコファンド（環境投資）　67,281,313,349
エコマネー　629
エクエーター（赤道）原則　457,630
エミッションニュートラル　416
近江商人　37,365
温室効果ガス　149,156,175,404,419,622

【か行】
カーボン・ディスクロージャー・プロジェクト（CDP）　331,619
カーボン・リーケージ　147
外国公務員贈賄防止条約　57
会社法　51,60,69,181,189,449,604
化学物質管理規制　342
科学物質審査規正法　368
拡大生産者責任　94
貸し手責任　632
カスタマー・リレーションシップ・マネジメント　633
家電リサイクル法　133
ガバナンス・アカウンタビリティ　318
株主議決権行使に関するガイドライン　329
株主提案　78
株主モデル　141
カルパース（CalPERS：カリフォルニア州公務員退職年金基金）　77,323,370,632
環境影響評価法（環境アセスメント法）　166,622
環境会計　279,341,621
環境格付融資　151,340
環境基本法　610
環境許容量（carrying capacity）　266
環境効率（エコ・エフィシェンシー）　628
環境コミュニケーション　70,620
環境社会コスト　205
環境社会配慮ガイドライン　34

環境（目的）税　626
環境適合性　196
環境と開発に関する世界委員会　53,232
環境と金融に関する懇談会　314
環境配慮型投資信託　349
環境配慮型融資　630
環境配慮促進法　172,263
環境報告書ガイドライン　70,260,621
環境報告書ネットワーク　265
環境パフォーマンス指標　621
環境保護基準　360
環境保護法　122
環境保全コスト　407
環境ホルモン　166
環境マネジメントシステム　135,237,620
環境マネジメント14000s　45
環境ラベル（エコマーク）　626
環境レイシズム　355
企業行動憲章（日本経団連）　116
企業情報開示制度　177
企業評価基準　349
企業ブランド　583
企業倫理に関する懇談会　116
議決権行使基準　324
技術者倫理　286
供給者基本原則　28
京都議定書　45,144,158,371,394,619
京都メカニズム　628
キンバリー・プロセス　27,230
金融機関のCRS事例集（金融庁）　128
金融商品取引法　68,182,603
グッドプラクティス　590
クライシスマネジメント（危機管理）　575
グラミン銀行　488,632
グリーン・コンシューマー運動　203
グリーンウォッシュ　31,113
グリーン購入　133,202,216,413,441
グリーン購入基本原則　203
グリーン購入法　95,202,216
グリーン調達　95,202,212,216,441,450,625
グリーン調達ガイドライン　420
グローバル・サリバン原則　22

グローバル・ディフェクトスタンダード　46
経営倫理実践研究センター（Busiess Ethics Research Center BERC）　256
経済人コー円卓会議　594
経済同友会　614
経団連企業行動憲章　39,116,598
ケン・サロウィワ　26
ゴーイングコンサーン　270,361
コーズリレーテッド・マーケティング　110,247,633
コーポレートガバナンス　66,237,306,323,341,383,391,396,581
公益通報者保護法　181,187,401,607
公害対策基本法　132
工場立地法　166
行動規範（CoC：Code of Conduct）　222,588
公務員倫理規定　127
胡錦濤　122
国際エネルギー機関（IEA）　156
国際人権規約　611
国際労働権利基金（ILRF）　28
国連環境開発会議　367
国連グローバル・コンパクト　2,33,67,122,143,217,303,430,440,444,453,596
国連食糧農業機関（FAO）　210,233
国連ミレニアム宣言　236
個人情報保護法　181,192,604
国家公務員倫理法　126
コミットメント経営　582
コミュニティ経済開発　335
コミュニティ投資税額控除制度　339
コンプライアンス体制　86,188

【さ行】

サーベンス・オクスレー法（Sarbanes Oxley Act of 2002：SOX法、米国企業改革法）　19,46,270,381,414,426,604
再生可能エネルギー　157,160
再生可能資源　165,167,206
ザ・グリーン・コンシューマー・ガイド 203
サステナブルデベロップメント　573
サステナブル・ファンド　21
サプライチェーン・マネジメント（SCM）　34,121,172,

643

197,202,214,229,353,383,415,433,444,575,635
三方よし　362,365,432,596
ジェンダーハラスメント　637
「市場の進化」と社会的責任経営　67
持続可能性（サステナビリティ）報告書（Sustainability Report）　71,259,263,267,591
持続可能性報告書（サステナビリティ・リポーティング）ガイドライン　234,260
持続可能な発展のための世界首脳会議（通称リオ＋10）　234
下請法　606
児童労働（Child labor）　2,27,42,100,118,215,228,344,635
社員教育　591
社会貢献（フィランソロピー）　12,67,110,125,183,240,347,443
社会貢献活動　106,111,116,257,360,403,430
社会的疎外に反対するビジネスのヨーロッパ宣言　12
上海宣言　33
従業員退職所得保障法（エリサ法）　321
受託者責任　321,330,631
循環型社会形成推進基本計画　176
消費者運動　83,356
消費者基本法　82,184,608
消費者契約法　80,179,607
消費者支援基金　85,184
消費者政策　178,184,192
消費者政策委員会（COPOLCO）　47
消費者団体訴訟制度　184,634
消費者保護基本法　83,178
消費生活アドバイザー制度　634
商標法　613
情報セキュリティ27001　45
情報セキュリティマネジメントシステム（ISMS）適合性評価制度　598
情報セキュリティリスク　587
食育基本法　84
食品安全22000s　45
親民路線　122
スーパーファンド法　262
水質汚濁防止法　610
スウェット・ショップ（sweat shop：搾取工場）　215,
　　636
スターンレビュー　155
ステークホルダー・エンゲージメント　183,297,358
ステークホルダーダイアログ　592
ステークホルダー分析　62,589
ステークホルダーモデル　142
ストック重視経済　138
ストックホルム条約（POPs条約）　371
製造物責任法（PL法）　80,414,604
生態系サービス　164,176
生物多様性条約　164,371,611
世界銀行　617
世界経済フォーラム（WEF）　143,226,302
責任投資原則（PRI）　46,76,303,311,317,323,327,370,478,631
セクシャルハラスメント（セクハラ）　637
是正措置　590
セリーズ（CERES）原則　262,599
ゼロエミッション　139,389,395,405,411,619
ソフトロー　44

【た行】

大気汚染防止法　610
ダイバーシティ（人材の多様性）　255
タイ労働規格　33,122
多国間環境条約協定（MEA）　371
男女雇用機会均等法　252,609
男女共同参画社会基本法　609
チームマイナス6％　624
地球温暖化対策　145,157,438
地球温暖化対策推進法　612
地球環境憲章　382
地球サミット（WSSD）　164,266,367
著作権法　612
罪深い株（sin stock）　306
定性的情報　586
適格消費者団体　184
デザイン・スペシフィケーション：DS　119
デジュールスタンダード　43
デファクト・グローバルスタンダード　43
ドーハ宣言　371
東証適時開示規則　606

土壌汚染対策法　609
特許法　612
トランスペアレンシー　585
トリニダード・トバコ会議　47
トリプル・ボトムライン　13,53,70,172,196,272,393,
　408,425,437,440,573

【な行】
内部監査機能　590
内部告発　186
内部通報制度　189,443,450
内部統制　68,270,449,451,584
内部統制ガイドライン　584
内部統制報告書　182
日本規格協会　614
日本技術者認定機構（JABEE）　286
日本経団連　615
ネガティブ・クライテリア　21
ネガティブ・スクリーニング　306,321,629
ネガティブスクリーン　299
ネガティブインセンティブ　284

【は行】
バイオマス　157,431,625
廃棄物の処理及び清掃に関する法律　611
排出量取引　622
ハイブリット自動　624
ハイレベル・アドバイザリー・グループ（HLAG）　47
不正競争防止法　605
パフォーマンス監査　64
ハラーム問題　355
バランスド・スコアカード（評価システム）　589
パワーハラスメント　638
ヒートアイランド　623
非財務データの評価　586
ヒューマン・セキュリティ（人間の安全保障）　109
品質管理9000s　45
フィージビリティ・スタディ（持続可能性調査）　589
風力発電　159
フェアトレード　6,29,229,299,633
部品・材料における環境管理物質管理規定（SS－00259）
　95

プライバシーポリシー　181
プライバシーマーク（Pマーク）制度　598
プルーデント・インベスター・ルール　321
ブルントラント報告書　593
ブレント・スパー事件　196,593
紛争のダイアモンド　27,230
米国規格協会（ANSI）　614
米国連邦量刑ガイドライン　605
ヘルプライン（内部通報制度）　191,636
ポイント・オブ・ノーリターン　266
防災格付融資　346
ポジティブ・クライテリア　21
ポジティブ・スクリーニング　306,322,629
ポジティブインセンティブ　284
ポジティブ・インパクト　581
ポジティブスクリーン　300,329
ボランティア休暇　640

【ま行】
マイクロファイナンス（貧困層への小口融資）　113
マテリアリティ　325
マックブライド原則　308
マッチングギフト　639
マネジメント・バイアウト（MBO）　21
マネジメントシステム監査　64
マネジメントシステム規格（MSS）　49
マルチ・ステークホルダー　48,59,122,196,272,432
ミティゲーション　169
ミューチャルファンド（公募投信）　19,322
ミレニアム開発目標（MDGs）　236
ミレニアム生態系調査　164
ムハマド・ユヌス　488,489
モーダルシフト　627
もったいない（MOTTAINAI）　628
モニタリング　590

【や行】
ユニバーサルデザイン　581
容器包装リサイクル法　133
ヨーロピアン・マルチステークホルダーフォーラム
　（Europian Multistakeholder Forum on CSR）　10
良き企業市民　120,363,383,416,423,427,433,582

ヨハネスブルグ・サミット／宣言 168,234,269,594

【ら行】

リオサミット／宣言 367,371,594
リサイクル（再生利用） 140,341,387,411,417,424,
　441,450,627
リスクアセスメント 65,281
リスクコミュニケーション 65
リスボンEUサミット 10
リデュース（減量） 140,441,627
略奪的貸付 632
リユース（再利用） 140,411,422,441,627

倫理・コンプライアンス 51,56
倫理的投資 310
倫理法令遵守マネジメント・システム（ECS2000） 181
レスポンシブル・ケア 626
レッドライニング問題 337
レピュテーション・マネジメント 17,113
レピュテーション・リスク 110
労働組合 27,41,100,126,143

【わ行】

ワークライフバランス 5
和諧社会 358

編集を終えて

　本書は「経済法令研究会創業50周年記念企画」として2007年1月に発刊すべく、2006年の春先から制作に着手しました。巷のCSRに関する書籍等の資料を収集し、セミナーに参加しながら、"今のCSRの動き"を掴み、本書に反映させるように心がけましたが、多岐にわたる様々なCSRの形が存在するゆえに、全体の枠組みや扱うテーマの選定などの構成が思いのほか難航しました。ずいぶんと試行錯誤を重ね、本格的な執筆依頼を始めたのが、梅雨が明け、まさに夏本番に入ろうとしていた頃でした。そして、秋口から徐々に執筆者の方々の原稿が集まり始め、並行して座談会も行いました。以降、原稿整理と座談会のまとめ、そして校正に追われる日々が続き、気がついてみればすでに年の瀬でした。

　特に夏頃から仕事の時間のほとんどを使って本書制作に没頭していたためか、今年（2006年）ほど季節の移り変わりを感じなかった年はありませんでした。また、昔のように寒いと感じることも少なく、12月上旬現在でまだ厚いコートを着ていません。本書の座談会でも東大の山本先生が言われていたように、21世紀に入ってから、毎年のように年間の平均気温上昇の記録が更新されているとすれば、地球温暖化が私の季節感をますます弱めている原因ともなっているはずです。

◆　◆　◆

　実は"没頭"の最中に日本を抜け出し、10月上旬にアメリカのソルトレークシティに行って来ました。弊社が2000年より毎年参加しているECOA（米国倫理・コンプライアンスオフィサー協会）の年次大会出席のためです。そこでは、アメリカ企業を中心とした約600名の企業や団体の倫理・コンプライアンス担当責任者が、セッション（分科会）等を通じて情報を交換し、今後の実務に役立てるべく、企業価値・企業文化の創造から、ヘルプライン、内部統制、そしてCSRに至るまで熱く論じられていました。

　日本でも、相次ぐ企業不祥事を受けて、倫理・コンプライアンスの重要性は増す一方です。本書でも菱山隆二氏が「根底に倫理・コンプライアンスが存在しないCSRはありえない」、小樽雅章氏も「コンプライアンスは当たり前」と論じています。人が温もりと潤いを忘れずに、当然のこととしてルールを守り、それがCSRに取り組むうえでの原動力となって、社会問題、地球環境問題の解決に向けた、持続可能な社会を作り上げる礎となることは間違いなさそうです。

　ECOA年次大会ですが、毎年、日本からの参加者は10名以下と、寂しい状況が続いています。ちなみにお隣の韓国は、日本の倍くらいの参加者でした。2007年の開催は、9月25日～28日にロサンゼルスで行われる予定です。願わくば金融機関の皆さんにお声掛けして、ご一緒に参加できる機会が得られれば、と思案しておりますが、その節はよろしくお願いします。とりわけグローバルに展開する企業の方々にとっては有益な情報を得ることができますので、一度、参加されてみてはいかがでしょうか。

◆　◆　◆

　今回、執筆や座談会等でご協力いただいた方々は、企業社会にCSR文化を根づかせることに心血を注いでおられる方ばかりでした。企画相談や原稿依頼の際にも、真摯に本書企画に耳を傾け、ご賛同をいただきました。皆さまからは、本書を単なるお飾り的な記念本にするのではなく、読者の方や企業社会に何らかの影響を与え、CSRが活力あるものとなるように、との様々なアドバイスや叱咤激励を受け、ここまでたどり着くことができました。ここに御礼申し上げます。

（菊池一男）

経済法令研究会創業50周年記念企画
金融CSR総覧

2007年1月10日　初版第1刷発行	編　者	経済法令研究会
	発行者	下平　晋一郎
	発行所	㈱経済法令研究会

〒162-8421　東京都新宿区市谷本村町3-21
電話 代表 03(3267)4811　制作 03(3267)4823

営業所／東京03(3267)4812　大阪06(6261)2911　名古屋052(332)3511　福岡092(411)0805

カバーデザイン・本文レイアウト／清水裕久(Pesco Paint)　制作／菊池一男、八重樫純生　印刷／㈱眞珠社

©Keizai-hourei Kenkyukai 2007　　　　　　　　　　　ISBN978-4-7668-2000-3

"経済法令グループメールマガジン"配信ご登録のお勧め
当社グループが取り扱う書籍、通信講座、セミナー、検定試験情報等、皆様にお役立ていただける情報をお届けいたします。下記ホームページのトップ画面からご登録ください。
☆ 経済法令研究会　http://www.khk.co.jp/ ☆

定価はケースに表示してあります。無断複製・転用等を禁じます。落丁・乱丁本はお取替えいたします。

PRINTED WITH SOY INK　　R100